Ulrike Binder | Michael Jünemann |
Friedrich Merz | Patrick Sinewe (Hrsg.)

Die Europäische Aktiengesellschaft (SE)

Ulrike Binder | Michael Jünemann |
Friedrich Merz | Patrick Sinewe (Hrsg.)

Die Europäische Aktiengesellschaft (SE)

Recht, Steuern, Beratung

GABLER

Bibliografische Information Der Deutschen Nationalbibliothek
Die Deutsche Nationalbibliothek verzeichnet diese Publikation in der
Deutschen Nationalbibliografie; detaillierte bibliografische Daten sind im Internet über
<http://dnb.d-nb.de> abrufbar.

1. Auflage 2007

Alle Rechte vorbehalten
© Betriebswirtschaftlicher Verlag Dr. Th. Gabler | GWV Fachverlage GmbH, Wiesbaden 2007

Lektorat: RA Andreas Funk

Der Gabler Verlag ist ein Unternehmen von Springer Science+Business Media.
www.gabler.de

Umschlaggestaltung: KünkelLopka Medienentwicklung, Heidelberg
Druck und buchbinderische Verarbeitung: Wilhelm & Adam, Heusenstamm
Gedruckt auf säurefreiem und chlorfrei gebleichtem Papier
Printed in Germany

ISBN 978-3-8349-0444-7

Vorwort

Seit dem 8. Oktober 2004 können in allen Mitgliedstaaten der Europäischen Union und des Europäischen Wirtschaftsraums Gesellschaften in der supranational-europäischen Rechtsform der Societas Europaea (SE) gegründet werden.

Die SE findet ihre europarechtlichen Grundlagen in der Verordnung über das Statut der Europäischen Gesellschaft (SE-VO), die sich mit der Gründung und gesellschaftsrechtlichen Ausgestaltung der SE befasst, und in der Richtlinie 2001/86/EG (SE-RL), die die Beteiligung der Arbeitnehmer in der SE regelt. Gesellschaften in der Rechtsform der SE mit Sitz in unterschiedlichen Mitgliedstaaten unterliegen jedoch keinem vollkommen identischen Rechtsregime. Vielmehr gelten für sie neben diesen europarechtlichen Regelungen auch die von den Mitgliedstaaten für die SE erlassenen besonderen Bestimmungen und das auf Aktiengesellschaften des jeweiligen Mitgliedstaats anwendbare Recht. In Deutschland sind die SE-VO und die SE-RL durch das Gesetz zur Einführung der Europäischen Gesellschaft vom 22. Dezember 2004 (SEEG) ausgeführt worden. Das deutsche Aktiengesetz ist für eine SE mit Sitz in Deutschland maßgeblich, sofern die SE-VO bzw. das SEEG keine abschließenden Regelungen enthalten. Die SE ist also eine europäische Rechtsform mit einzelstaatlicher Ausprägung.

Steuerlich wird die Gründung einer SE in Deutschland durch das Gesetz über steuerliche Begleitmaßnahmen zur Einführung der Europäischen Gesellschaft und zur Änderung weiterer steuerlicher Vorschriften („SEStEG") erleichtert, das seit dem 13. Dezember 2006 grenzüberschreitende Umstrukturierungsvorgänge ohne Aufdeckung und Versteuerung stiller Reserven zulässt.

Die SE hat in Deutschland mit der Allianz, Fresenius, BASF und Porsche, die jeweils bereits ihre Rechtsform in eine SE geändert haben oder sich gegenwärtig im Umwandlungsprozess befinden, prominente Vertreter gefunden. Die Rechtsform der SE eignet sich aber nicht nur für große, europaweit tätige börsennotierte Konzerne, sondern auch für mittelständische Unternehmen, die grenzüberschreitend in Europa tätig sind.

Dieses Buch befasst sich mit der Gründung einer SE in Deutschland, mit ihrer Ausgestaltung und ihrem Rechtsleben. Es beleuchtet gesellschaftsrechtliche, steuerliche und arbeitsrechtliche Aspekte der SE. Als Handbuch für die Praxis gibt es einen Überblick als Grundlage für die Entscheidung zur Gründung einer SE. Da die SE eine noch junge Rechtsform ist, sind zahlreiche Fragen zum Zusammenspiel europäischer und nationaler Vorschriften noch nicht geklärt. Dieses Buch ersetzt deshalb nicht die individuelle Beratung bei der Gründung einer SE.

Wir danken den für ihre Beiträge verantwortlichen Autoren für ihren großen Einsatz. Für tatkräftige Mithilfe bei der Erstellung des Manuskripts und der Beschaffung von Material danken wir Hans Martin Bäcker, Kim Laura Frank, Dr. Hendrik Otto, Nicole Schutzbier und Dr. Peter Stadler. Unser besonderer Dank gilt Sonja Altwein, Karin Dapper, Britta Durdel und Patricia Huppert für die Bewältigung der Schreib- und Korrekturarbeiten.

Frankfurt am Main, Juni 2007
Die Herausgeber

Inhaltsübersicht

Abkürzungsverzeichnis

ABl.	Amtsblatt (der EG)
AG	Aktiengesellschaft
AG	Die Aktiengesellschaft (Zeitschrift)
AK	Anschaffungskosten
AktG	Aktiengesetz
ArbG	Arbeitsgericht
BaFin	Bundesanstalt für Finanzdienstleistungsaufsicht
BAG	Bundesarbeitsgericht
BB	Betriebs-Berater (Zeitschrift)
Begr RegE	Begründung zum Regierungsentwurf
BetrAVG	Gesetz zur Verbesserung der betrieblichen Altersversorgung
BetrVG	Betriebsverfassungsgesetz
BGB	Bürgerliches Gesetzbuch
BGBl.	Bundesgesetzblatt
BGH	Bundesgerichtshof
BGHZ	Entscheidungen des Bundesgerichtshofes in Zivilsachen
BR-Drs.	Bundesrats-Drucksache
BS	Betriebsstätte
BStBl.	Bundessteuerblatt
BT-Drs.	Bundestags-Drucksache
DB	Der Betrieb (Zeitschrift)
DBA	Doppelbesteuerungsabkommen
Dritte RiL	Dritte Richtlinie des Rates vom 09.10.1978 gemäß Art. 54 Abs. 3 Buchstabe g) des Vertrages betreffend die Verschmelzung von Aktiengesellschaften (Richtlinie 78/855/EWG)
DrittelBetG	Drittelbeteiligungsgesetz
DStR	Deutsches Steuerrecht (Zeitschrift)
EG	Europäische Gemeinschaft
EGHGB	Einführungsgesetz zum Handelsgesetzbuch
Erste RiL	Erste Richtlinie des Rates vom 09.03.1968 gemäß Art. 54 Abs. 3 Buchstabe g) des Vertrages betreffend die Verschmelzung von Aktiengesellschaften (Richtlinie 78/855/EWG)
EStG a.F.	Einkommensteuergesetz in der Fassung vor Inkrafttreten des SEStEG
EStG n.F.	Einkommensteuergesetz in der Fassung des SEStEG vom 12.12.2006
EuGH	Europäischer Gerichtshof

EuGVO	Verordnung über die gerichtliche Zuständigkeit und die Anerkennung und Vollstreckung von Entscheidungen in Zivil- und Handelssachen vom 22.12.2000 (ABl. Nr. L 12 vom 16.01.2001, S. 1); zuletzt geändert durch Verordnung Nr. 2245/2001 vom 27.12.2001 (ABl. L 381 vom 28.12.2004, S. 10).
FGG	Gesetz über die Angelegenheiten der freiwilligen Gerichtsbarkeit
FR	Finanz-Rundschau (Zeitschrift)
FRL	Fusionsrichtlinie 90/434/EWG des Rates (ABl. Nr. L 225 vom 23.07.1990 S. 1) über das gemeinsame Steuersystem für Fusionen, Spaltungen, Abspaltungen, die Einbringung von Unternehmensteilen und den Austausch von Anteilen, die Gesellschaften verschiedener Mitgliedstaaten betreffen, sowie für die Verlegung des Sitzes einer Europäischen Gesellschaft oder einer Europäischen Genossenschaft von einem Mitgliedstaat in einen anderen Mitgliedstaat; zuletzt geändert durch Art. 1 ÄndRL 2005/19/EG vom 17.02.2005 (ABl. Nr. L 58 vom 17.02.2005, S. 19)
GewStG a.F.	Gewerbesteuergesetz in der Fassung vor Inkrafttreten des SEStEG
GewStG n.F.	Gewerbsteuergesetz in der Fassung des SEStEG vom 12.12.2006
GmbHR	GmbHR-Rundschau (Zeitschrift)
GrEStG	Grunderwerbsteuergesetz vom 26.02.1997 (BGBl. I 1997, S. 1804)
GVG	Gerichtsverfassungsgesetz
HGB	Handelsgesetzbuch
IDW Standard	Grundsätze zur Durchführung von Unternehmensbewertungen des IDW (Institut der Wirtschaftsprüfer in Deutschland e.V.)
ILF	Institute for Law and Finance an der Johann Wolfgang Goethe-Universität Frankfurt
IStR	Internationales Steuerrecht (Zeitschrift)
KGaA	Kommanditgesellschaft auf Aktien
Konzern	Der Konzern (Zeitschrift)
KStG a.F.	Körperschaftsteuergesetz in der Fassung vor Inkrafttreten des SEStEG
KStG n.F.	Körperschaftsteuergesetz in der Fassung des SEStEG vom 12.12.2006
MitbestG	Gesetz über die Mitbestimmung der Arbeitnehmer – Mitbestimmungsgesetz
Montan-MitbestG	Gesetz über die Mitbestimmung der Arbeitnehmer in den Aufsichtsräten und Vorständen der Unternehmen des Bergbaus und der Eisen und Stahl erzeugenden Industrie
NJW	Neue Juristische Wochenschrift (Zeitschrift)
NZG	Neue Zeitschrift für Gesellschaftsrecht (Zeitschrift)

OECD-MA	Musterabkommen von 2005 zur Vermeidung der Doppelbesteuerung auf dem Gebiet der Steuern vom Einkommen und vom Vermögen der Organization for Economic Cooperation and Development
S.A.	Société anonyme (französische Aktiengesellschaft)
SEAG	Gesetz zur Ausführung der Verordnung (EG) Nr. 2157/2001 des Rates vom 08.10.2001 über das Statut der Europäischen Gesellschaft (SE) (SE-Ausführungsgesetz) (Artikel 1 des SEEG)
SEBG	Gesetz über die Beteiligung der Arbeitnehmer in einer Europäischen Gesellschaft (SE-Beteiligungsgesetz, Artikel 2 des SEEG)
SEEG	Gesetz zur Einführung der Europäischen Gesellschaft vom 22.12.2004 (BGBl. 2004 I, S. 3675)
SE-RL	Richtlinie 2001/86/EG des Rates vom 08.10.2001 zur Ergänzung des Statuts der Europäischen Gesellschaft hinsichtlich der Beteiligung der Arbeitnehmer (ABl. Nr. L 294, S. 22)
SEStEG	Gesetz über steuerliche Begleitmaßnahmen zur Einführung der Europäischen Gesellschaft und zur Änderung weiterer steuerlicher Vorschriften vom 12.12.2006 (BGBl. 2006 I, S. 2782)
SE-VO	Verordnung über das Statut der Europäischen Aktiengesellschaft vom 08.10.2001 (ABl. L 294, Nr. 2157/2001, S. 1)
SpruchG	Gesetz über das gesellschaftsrechtliche Spruchverfahren (Spruchverfahrensgesetz)
UmwG	Umwandlungsgesetz
UmwG a.F.	Umwandlungsgesetz in der Fassung vor Inkrafttreten des Zweiten Gesetzes zur Änderung des Umwandlungsgesetzes vom 19.04.2007 (BGBl. 2007 I, S. 542)
UmwStG a.F.	Umwandlungssteuergesetz in der Fassung vor Inkrafttreten des SEStEG
UmwStG n.F.	Umwandlungssteuergesetz in der Fassung des SEStEG vom 12.12.2006
Verschmelzungs-richtlinie	Richtlinie 2005/56/EG über die Verschmelzung von Kapitalgesellschaften aus verschiedenen Mitgliedsstaaten (ABl. Nr. L 310 vom 26.10.2005, S.1)
VZ	Veranlagungszeitraum
WG	Wirtschaftsgut oder Wirtschaftsgüter
WpÜG	Wertpapiererwerbs- und Übernahmegesetz
ZGR	Zeitschrift für Gesellschaftsrecht (Zeitschrift)
ZIP	Zeitschrift für Wirtschaftsrecht (Zeitschrift)
Zweite RiL	Zweite Richtlinie des Rates vom 13.12.1976 zur Koordinierung der Schutzbestimmungen, die in den Mitgliedstaaten den Gesellschaften im Sinne des Artikels 58 Absatz 2 des Vertrages im Interesse der Gesellschafter sowie Dritter für die Gründung der Aktiengesellschaft sowie für die Erhaltung und Änderung ihres Kapitals vorgeschrieben sind, um diese Bestimmungen gleichwertig zu gestalten (Richtlinie 77/91/EWG)

Literaturverzeichnis

Assmann, Heinz-Dieter/Pötzsch, Thorsten/Schneider, Uwe H. Wertpapiererwerbs- und Übernahmegesetz, Köln 2005 (zit.: *Bearbeiter*, in: Assmann/Pötzsch/Schneider, WpÜG);

Barnert, Michael/Dolezel, Alexandra/Egermann, Clemens/Illigasch, Alexander Societas Europaea, Das Handbuch für Praktiker in Deutsch/Englisch, Wien 2005 (zit.: *Barnert/Dolezel/Egermann/ Illigasch*, Societas Europaea);

Bartone, Roberto/Klapdor, Ralf Die europäische Aktiengesellschaft: Recht, Steuer, Betriebswirtschaft, Berlin 2005 (zit.: *Bartone/Klapdor*, Die europäische Aktiengesellschaft);

Brandt, Ullrich Die Hauptversammlung der Europäischen Aktiengesellschaft (SE), Frankfurt 2004 (zit.: *Brandt*, Die Hauptversammlung der Europäischen Aktiengesellschaft (SE));

Dötsch, Ewald/Patt, Joachim/Pung, Alexandra/Jost, Werner F. Umwandlungssteuerrecht, Umstrukturierung von Unternehmen, Verschmelzung, Spaltung, Formwechsel, Einbringung, 5. Auflage, Stuttgart 2003 (zit.: *Bearbeiter*, in: Dötsch/Patt/Pung/Jost, UmwStG);

Emmerich, Volker/Habersack, Mathias Aktien- und GmbH-Konzernrecht, 4. Auflage, München 2005 (zit.: *Bearbeiter*, in: Emmerich/Habersack, Aktien- und GmbH-Konzernrecht);

Erle, Bernd Der Preis der Organschaft, in: *Hommelhoff, Peter/Zätzsch, Roger/Erle, Bernd (Hrsg.)*, Festschrift für Welf Müller zum 65. Geburtstag, S. 557 ff., München 2001 (zit.: *Erle*, Der Preis der Organschaft, FS W. Müller);

Grundmann, Stefan Europäisches Gesellschaftsrecht: eine systematische Darstellung unter Einbeziehung des europäischen Kapitalmarktrechts, Heidelberg 2004 (zit.: *Grundmann*, Europäisches Gesellschaftsrecht);

Hüffer, Uwe Aktiengesetz, 7. Auflage, München 2006 (zit.: *Hüffer*, AktG);

Hopt, Klaus J./Wiedemann, Herbert (Hrsg.) Großkommentar der Praxis, 4. Auflage, Berlin 2006 (zit.: *Bearbeiter*, in: Großkommentar AktG);

Jannott, Dirk/Frodermann, Jürgen (Hrsg.) Handbuch der Europäischen Aktiengesellschaft, Societas Europaea, Heidelberg 2005 (zit.: *Bearbeiter*, in: Jannott/Frodermann, Handbuch der Europäischen Aktiengesellschaft);

Kallmeyer, Harald (Hrsg.) Umwandlungsgesetz, 3. Auflage, Köln 2005 (zit.: *Bearbeiter*, in: *Kallmeyer*, UmwG);

Kropff, Bruno/Semler, Johannes/Goette, Wulf/Habersack, Matthias (Hrsg.) Münchener Kommentar Aktiengesetz, Band 9/2, 2. Auflage, München 2006 (zit.: *Bearbeiter*, in: MünchKomm AktG);

Lutter, Marcus Umwandlungsgesetz, Kommentar, Köln 1996 (zit.: *Bearbeiter*, in: *Lutter*, UmwG);

Lutter, Marcus/Hommelhoff, Peter (Hrsg.) Die Europäische Gesellschaft, Köln 2005 (zit.: *Bearbeiter*, in: *Lutter/Hommelhoff*, Die Europäische Gesellschaft);

Manz, Gerhard/Mayer, Barbara/Schröder, Albert (Hrsg.) Europäische Aktiengesellschaft – SE, Baden-Baden 2005 (zit.: *Bearbeiter*, in: *Manz/Mayer/Schröder*, Europäische Aktiengesellschaft SE);

Nagel, Bernhard/Freis, Gerhild/Kleinsorge, Georg Die Beteiligung der Arbeitnehmer in der Europäischen Gesellschaft – SE, Kommentar zum SE – Beteiligungsgesetz, München 2005;

Palandt Bürgerliches Gesetzbuch, 66. Auflage, München 2007 (zit.: *Bearbeiter*, in: *Palandt*);

Reebmann, Kurt/Säcker, Franz Jürgen/Rixecker, Roland (Hrsg.) Münchener Kommentar zum Bürgerlichen Gesetzbuch, Band 11, 4. Auflage, München 2006 (zit.: *Bearbeiter*, in: MünchKomm);

Riegger, Bodo/Wassmann, Dirk (Hrsg.) Kölner Kommentar zum SpruchverfahrensG, Köln 2005 (zit.: *Bearbeiter*, in: Kölner Kommentar zum SpruchG);

Ringe, Wolf-Georg Die Sitzverlegung der Europäischen Aktiengesellschaft, Tübingen 2006 (zit.: *Ringe*, Die Sitzverlegung der SE);

Rößler, Nicolas Der triftige Grund in der Besitzstandsschutzrechtsprechung des Ruhegeldsenats des BAG, Dissertation, Frankfurt 2006 (zit.: *Rößler*, Der triftige Grund in der Besitzstandsschutzrechtsprechung des Ruhegeldsenats des BAG);

Schmitt, Joachim/Hörtnagl, Robert/Stratz, Rolf Christian Umwandlungsgesetz, Umwandlungssteuergesetz, 4. Auflage, München 2006 (zit.: *Bearbeiter*, in: *Schmitt/Hörtnagl/Stratz*, UmwG/UmwStG);

Schwarz, Günther Christian Verordnung (EG) Nr. 2157/2001 des Rates über das Statut der Europäischen Gesellschaft (SE) – (SE-VO), Kommentar, München 2006 (zit.: *Schwarz*, SE-VO);

Semler, Johannes/Volhard, Rüdiger (Hrsg.) Arbeitshandbuch für die Hauptversammlung, 2. Auflage, München 2003 (zit: *Semler/Volhard*, Arbeitshandbuch);

Theisen, Manuel Reneé/Wenz, Martin (Hrsg.) Die Europäische Aktiengesellschaft, 2. Auflage, Stuttgart 2005 (zit.: *Bearbeiter*, in: *Theisen/Wenz*, Die Europäische Aktiengesellschaft);

Thümmel, Roderich C. Die Europäische Aktiengesellschaft (SE): ein Leitfaden für die Unternehmens- und Beratungspraxis, Frankfurt am Main 2005 (zit.: *Thümmel*, Die Europäische Aktiengesellschaft (SE));

von Bünau, Heinrich Beratungsverträge mit Aufsichtsratsmitgliedern im Aktienkonzern, Köln 2004 (zit.: *v. Bünau*, Beratungsverträge mit Aufsichtsratsmitgliedern im Aktienkonzern);

Widmann, Siegfried/Mayer, Dieter Umwandlungsrecht, Loseblatt (zit.: *Bearbeiter*, in: *Widmann/Mayer*, UmwG);

Widmann, Siegfried/Mayer, Dieter (Hrsg.) Wertpapiererwerbs- und Übernahmegesetz, Köln 2005 (zit.: *Bearbeiter*, in: *Widmann/Mayer*, WpÜG);

Zang, Axel Sitz und Verlegung des Sitzes einer Europäischen Aktiengesellschaft mit Sitz in Deutschland, Frankfurt am Main 2005 (zit.: *Zang*, Sitzverlegung).

Bearbeiterverzeichnis

Dr. Ulrike Binder Rechtsanwältin in Frankfurt am Main	§ 1 Teil A, Teil B § 4 Teil A, Teil B, Teil F § 5 Teil A Anhänge
Dr. Heinrich von Bünau Rechtsanwalt in Frankfurt am Main	§ 3 Teil A
Carsten Flaßhoff, LL.M. Rechtsanwalt in Köln	§ 3 Teil B, Teil C
Dr. Michael Jünemann Rechtsanwalt in Frankfurt am Main	§ 2 Teil A (I, II, III, IV, V), Teil B (I, II, III), Teil D (I, II, III), Teil E (I, II), Teil F (I) § 3 Teil A
Dr. Frank Jungfleisch Rechtsanwalt in Freiburg im Breisgau	§ 2 Teil C (I, II, III)
Friedrich Merz Rechtsanwalt in Berlin	§ 1 Teil A, Teil B
Dr. Thomas Riedel Rechtsanwalt und Steuerberater in Frankfurt am Main	§ 1 Teil C § 2 Teil A (VI), Teil B (IV), Teil C (IV), Teil D, Teil E (III), Teil F (II)
Dr. Nicolas Rößler, LL.M. Rechtsanwalt in Frankfurt am Main	§ 2 Teil G § 3 Teil D § 4 Teil E § 5 Teil C
Dr. Patrick Sinewe Rechtsanwalt/Fachanwalt für Steuerrecht und Steuerberater in Frankfurt am Main	§ 1 Teil C § 2 Teil A (VI), Teil B (IV), Teil C (IV), Teil D (IV), Teil E (III), Teil F (II) § 4 Teil A (III, 4), Teil C, Teil D § 5 Teil B
Dr. Jan Streer LL.M. Rechtsanwalt in Köln	§ 3 Teil C Anhänge
Dr. Guido Zeppenfeld, LL.M. Rechtsanwalt/Fachanwalt für Arbeitsrecht in Frankfurt am Main	§ 2 Teil G § 3 Teil D § 4 Teil E § 5 Teil C

Nähere Informationen über die Autoren sind unter www.gabler-steuern.de/autoren zu finden.

§ 1 Einführung

A. Der Rechtsrahmen in Europa

I. Das auf die SE anwendbare Recht

Die Societas Europaea (SE) ist eine supranationale Gesellschaftsform des Europäischen Rechts.   1
Sie ist eine Handelsgesellschaft, die nach den Regeln der Verordnung über das „Statut der Europäischen Gesellschaft"[1] (SE-VO) gegründet werden kann.[2] Die SE-VO, die am 8. Oktober 2004 in
Kraft trat, ist in allen Mitgliedstaaten der Europäischen Union und des Europäischen Wirtschaftsraums[3] (EWR) unmittelbar anwendbares Recht. Seit dem 8. Oktober 2004 können deshalb in allen Mitgliedstaaten der EU und des EWR („Mitgliedstaaten") europäische Aktiengesellschaften
gegründet und im jeweiligen nationalen Handelsregister eingetragen werden.

Die SE-VO regelt neben der Gründung der SE auch deren Binnenverfassung (monistisches und   2
dualistisches Leitungssystem), enthält Regelungen zum Mindestkapital, zur Hauptversammlung,
zur Rechnungslegung und zur Auflösung der SE. Außerdem eröffnet sie der SE ein Verfahren zur
grenzüberschreitenden Sitzverlegung von einem Mitgliedstaat der EU bzw. des EWR in den anderen. Die SE-VO enthält aber keine abschließende Regelung zur SE. Vielmehr gilt die SE nach
Art. 10 SE-VO als Aktiengesellschaft des jeweiligen Sitzstaates. Sie unterliegt

- den Bestimmungen der SE-VO,
- den Bestimmungen ihrer Satzung (die mit der SE-VO bzw. dem nationalen Aktienrecht
  vereinbar sein müssen),
- sowie in Bezug auf Bereiche, die in der SE-VO nicht oder nur teilweise geregelt sind
  - den nationalen Rechtsvorschriften, die speziell für SE erlassen werden (in Deutschland
    also dem SEEG) und
  - den Rechtsvorschriften, die für Aktiengesellschaften im jeweiligen Sitzstaat gelten (in
    Deutschland also dem AktG sowie dem UmwG und dem HGB).[4]

Außerdem unterliegt die SE bei der Ausübung ihrer Geschäftstätigkeit den allgemeinen Vor-   3
schriften des Rechts ihres Sitzstaats bzw. des Rechts der Staaten, in denen sie aktiv ist (wie z.B.
dem Wettbewerbs- und Kartellrecht und dem allgemeinen Zivilrecht).

Die Beteiligung der Arbeitnehmer in der SE wird durch die Richtlinie 2001/86/EG geregelt. Diese   4
Richtlinie musste von den Mitgliedstaaten bis zum 8. Oktober 2004 in nationales Recht umgesetzt
werden. Das ist in Deutschland mit dem SEBG geschehen.

Europäische Aktiengesellschaften können also mit Sitz in unterschiedlichen Mitgliedstaaten nach   5
den einheitlichen Vorschriften der SE-VO gegründet werden und unterliegen bestimmten ein-

---

1   Verordnung (EG) Nr. 2157/2001 des Rates v. 8. Oktober 2001 über das Statut der europäischen Gesellschaft (SE), ABl.
    Nr. L 294 v. 10.11.2001, S. 1 ff.
2   Art. 1 Abs. 1 SE-VO.
3   Der Gemeinsame Ausschuss des EWR hat am 25.06.2002 beschlossen, die SE-VO und die SERL in den Rechtsbestand
    des EWR-Abkommens zu übernehmen (Beschluss Nr. 93/2002 vom 26.06.2002 zur Änderung des Anhangs XX(II)
    (Gesellschaftsrecht des EWR-Abkommens)).
4   Art. 9 Abs. 1 SE-VO.

1

heitlichen Regelungen der SE-VO, unterscheiden sich in ihrer konkreten organisationsrechtlichen Ausgestaltung aber wie Aktiengesellschaften des jeweils nationalen Rechts voneinander. Aufgrund der Wahlfreiheit zwischen dem monistischen und dem dualistischen Leitungssystem, die die SE-VO eröffnet, können sich sogar erhebliche Unterschiede zwischen SE eines Mitgliedstaats ergeben.

II.   Besonderheiten der SE

6   Gegenüber den nationalen Rechtsformen weist die SE insbesondere folgende Besonderheiten auf:

- Die Gründung einer SE erfolgt nach einem *numerus clausus* der Gründungsformen, wobei sich an den verschiedenen Gründungsformen jeweils nur Gesellschaften bestimmter Rechtsform beteiligen können.

- Die SE-VO lässt den Gründern bzw. der Hauptversammlung der SE die Wahlfreiheit zwischen einem dualistischen Leitungssystem (bestehend aus Vorstand und Aufsichtsrat) und einem monistischen Leitungssystem (bestehend nur aus einem Verwaltungsrat).

- Die SE kann grenzüberschreitend ihren satzungsmäßigen Sitz von einem Mitgliedstaat in einen anderen verlegen, ohne hierbei im Herkunftsmitgliedstaat aufgelöst und im Aufnahmemitgliedstaat neu gegründet zu werden (identitätswahrende Sitzverlegung).

III.   Die Entstehungsgeschichte der europäischen SE-Regelungen zur SE und ihre Umsetzung in Deutschland

7   Den Anstoß zur Entwicklung einer europäischen Aktiengesellschaft gaben Thibièrge[5] und Sanders vor mehr als vierzig Jahren. Erste Vorschläge und eine Denkschrift der Kommission über die Schaffung einer europäischen Handelsgesellschaft mündeten 1966 in einem Vorentwurf für das Statut der Europäischen Aktiengesellschaft.[6] Auf verschiedene Entwürfe der EG-Kommission in den Jahren 1970 und 1975 folgte ein Stillstand des Projekts, der dem Widerstand einzelner Mitgliedstaaten geschuldet war und seine Ursachen in der Verteidigung der nationalen Aktienrechtsregime fand.

8   Neuen Schub gab erst das Weißbuch der Kommission im Jahr 1985, das den Plan der Vollendung des Binnenmarktes der EU bis zum Jahr 1992 aufzeigte.[7] Nach diesem Plan traten bis Ende 1992 fast 300 Verordnungen und Richtlinien in Kraft, die in nationales Recht umgesetzt wurden. Hinsichtlich der SE nutzte die Kommission das Weißbuch, um auf die Notwendigkeit der Schaffung der SE ausdrücklich hinzuweisen. Fortentwickelt wurde dieser Hinweis im Memorandum der Kommission an das Europäische Parlament, den Rat und die Sozialpartner vom 8. Juni 1988.[8] Es führte zum Verordnungsentwurf der Kommission im Jahr 1989 und mündete nach Übernahme der Änderungsanträge von Europäischem Parlament und Wirtschafts- und Sozialausschuss im

---

5   *Thibièrge*, Le Statut des sociétés étrangères, 57ᵉ Congrès des notaires de France tenu à Tours 1959, Paris, S. 270 ff., 352, 360 ff.
6   Vgl. zu dieser ersten Phase der Entstehung der SE *Lutter*, BB 2002, 1 ff. m.w.N.
7   *Kommission der Europäischen Gemeinschaften*, Vollendung des Binnenmarktes, Weißbuch der Kommission an den Europäischen Rat, KOM (85) 310 endgültig v. 14.6.1985.
8   *Kommission der Europäischen Gemeinschaften*, Statut für die Europäische Aktiengesellschaft, Beilage 3/88 zum Bulletin der Europäischen Gemeinschaften.

Verordnungsvorschlag von 1991.[9] Bei einem solchen Vorschlag blieb es zunächst auch, so dass der im Weißbuch aufgezeigte Europäische Binnenmarkt am 1. Januar 1993 ohne eine Europäische Aktiengesellschaft in Kraft trat.

Den rückblickend entscheidenden Schritt auf dem langen Weg zur SE ging man wohl mit der Einsetzung einer Expertengruppe unter dem Vorsitz von Etienne Davignon, deren Abschlussbericht aus dem Jahr 1997 die Lösung des bis dahin nicht konsensfähigen Problems der Arbeitnehmer-Mitbestimmung beinhaltete.[10] Nach Beseitigung letzter Widerstände im Europäischen Rat von Nizza im Jahr 2000 konnte noch vor Ablauf desselben Jahres das Statut der SE geschaffen werden.[11] SE-VO und SE-RL wurden schließlich am 8. Oktober 2001 vom Europäischen Rat verabschiedet.[12] Zum planmäßigen Inkrafttreten der SE-VO kam es auch wegen des Klageverzichts des Europäischen Parlaments. Obwohl die Frage nach der richtigen Rechtsgrundlage und dem Umfang der Mitwirkungsbefugnisse des Europäischen Parlaments streitig waren, wollte man die Entstehung der SE nicht an Kompetenzstreitigkeiten scheitern lassen.[13]

9

Nach den Erfolgen auf europäischer Ebene waren in Deutschland nunmehr die Bundesministerien für Justiz sowie für Wirtschaft und Arbeit zuständig, die nationalen Ausführungsbestimmungen zu erarbeiten. In Anhörungen kam es zu grundsätzlicher Kritik an der Gestaltung der Mitbestimmung in der SE insbesondere von Seiten der Arbeitgeberverbände, während sich die Gewerkschaften zustimmend äußerten. Nach der Beschlussfassung des Bundeskabinetts über den Entwurf eines Gesetzes zur Einführung der Europäischen Gesellschaft (SEEG) im Mai 2004 und der Zuleitung an den Bundesrat noch im selben Monat wurde der Gesetzentwurf dem Deutschen Bundestag zur Beratung und Beschlussfassung zugeleitet.

10

Das SEEG besteht aus zwei Teilen, dem Gesetz zur Ausführung der SE-VO (SE-Ausführungsgesetz – SEAG, Art. 1 des SEEG) und dem Gesetz über die Beteiligung der Arbeitnehmer in einer Europäischen Gesellschaft (SE-Beteiligungsgesetz – SEBG, Art. 2 des SEEG).

11

Der federführende Rechtsausschuss des Deutschen Bundestags beschloss im September 2004, eine öffentliche Anhörung durchzuführen. Insbesondere die Beteiligungsrechte der Arbeitnehmer in einer SE mit monistischer Unternehmensverfassung, einer bisher im deutschen Recht nicht vorgesehenen Struktur, standen dabei im Fokus des Interesses und waren unter Sachverständigen umstritten. Die Übertragung der Grundsätze der paritätischen Mitbestimmung der Arbeitnehmer im Aufsichtsrat einer deutschen Gesellschaft auf den Verwaltungsrat einer monistischen SE wurde als problematisch angesehen. In den Ausschüssen wies die Regierungskoalition verschiedene Änderungsanträge von Fraktionen der Opposition zwar zurück. Mit der Einfügung von § 35 Abs. 3 in den Gesetzentwurf des SEAG reagierte die Koalition aber auf die geäußerten Zweifel und normierte eine zusätzliche Stimme des Vorsitzenden des Verwaltungsrats bei bestimmten Beschlussfassungen, bei denen andernfalls eine verfassungskonforme[14] Stimmgewichtung gefährdet oder ausgeschlossen wäre.[15] Nach seinem Weg durch Bundestag, Bundesrat und Vermittlungsausschuss trat das SEEG schließlich am 29. Dezember 2004 in Kraft.[16]

12

---

9 Vgl. *Lutter*, BB 2002, 1, 2.
10 Zum Davignon-Bericht siehe *Heinze*, ZGR 2002, 66, 69 ff.
11 Vgl. *Theisen/Wenz*, Die europäische Aktiengesellschaft, A III 5.
12 Das Europäische Parlament hat auf eine Klage gegen die SE-VO vor dem EuGH verzichtet, um das Verfahren nicht zu gefährden.
13 Vgl. ausführlich hierzu *Kleinsorge*, in Nagel/Freis/Kleinsorge, S. 8, 9.
14 Vgl. BVerfGE 50, 290.
15 Vgl. zu diesem Themenkreis § 3 Rn. 1 ff., Rn. 309 ff.
16 Zur namentlichen Abstimmung über das SEEG im Bundestag vgl. Plenarprotokoll 15/149 v. 17.12.2004 S. 14036; BR-Drs. 989/04 (Beschluss neu) v. 17.12.2004.

1

13 Den thematischen Rahmen, in den sich die SE einordnen lässt, sowie die mit der SE verbundene Zielvorgabe kann man unter anderem dem bereits erwähnten Weißbuch zur Vollendung des Binnenmarktes von 1985 entnehmen. Die Schaffung einer europäischen Aktiengesellschaft ist Teil der Verwirklichung des europäischen Binnenmarkts, einem Raum ohne Binnengrenzen, in dem der freie Verkehr von Waren, Personen, Dienstleistungen und Kapital gemäß den Bestimmungen des EGV gewährleistet ist (vgl. Art. 14 Abs. 1 und 2 EGV). Mit der SE steht europäischen Unternehmen in allen Mitgliedstaaten eine einheitliche Rechtsform zur Verfügung.

IV. Die Harmonisierung des EU-Gesellschaftsrechts

14 Die Schaffung der SE als supranational-europäische Rechtsform steht neben der fortlaufenden Harmonisierung des nationalen Unternehmensrechts durch europäische Regelungen. Diese Angleichung der rechtlichen Standards in Europa führt gleichzeitig zu mehr Wettbewerb zwischen den Gesellschaftsformen der Mitgliedstaaten bzw. in der EU. So sind beispielsweise grenzüberschreitende Verschmelzungen nicht nur aufgrund der SE-VO zur Gründung einer SE, sondern auch nach der Verschmelzungsrichtlinie möglich, die in Deutschland bereits in nationales Recht umgesetzt wurde.[17]

15 Für mehr Mobilität von Gesellschaften hat auch der EuGH gesorgt. Im SEVIC-Urteil stellte er fest, dass es eine unzulässige Beschränkung der Niederlassungsfreiheit darstelle, einer luxemburgischen Gesellschaft die Verschmelzung auf eine deutsche Gesellschaft zu versagen.[18] Nach der Rechtsprechung des EuGH ist es Gesellschaften außerdem gestattet, ihren Verwaltungssitz in einem anderen Mitgliedstaat als demjenigen ihrer Gründung zu nehmen, ohne in dem Aufnahmemitgliedstaat erneut ein Gründungsverfahren zu durchlaufen. Der Aufnahmemitgliedstaat muss die Gesellschaft vielmehr als solche, d.h. in ihrer ausländischen Rechtsform anerkennen.[19] Das bedeutet, dass z.B. eine englische Limited ihren Verwaltungssitz nach Deutschland verlegen kann und in Deutschland weiter als englische Limited zu behandeln ist, auf die englisches Gesellschaftsrecht Anwendung findet.

16 Die Harmonisierung des Europäischen Gesellschaftsrechts findet in zahlreichen Bereichen statt, deren nähere Betrachtung den Rahmen dieses Handbuchs sprengen würden. Hervorzuheben ist der am 21. Mai 2003 vorgelegte Aktionsplan „Modernisierung des Gesellschaftsrechts und Verbesserung der Corporate Governance in der Europäischen Union".[20] Ziele dieses Aktionsplans sind ein verbesserter Schutz der Aktionäre und Dritter sowie die Steigerung der Wettbewerbs- und Leistungsfähigkeit der in der EU angesiedelten Unternehmen. Dies soll durch Maßnahmen zur Förderung der Mobilität und des Aufbaus von Unternehmensverbindungen, die den Unternehmen mehr Flexibilität verschaffen sollen, sowie durch eine verbesserte Corporate Governance erreicht werden.

---

17 RL 2005/56/EG des Europäischen Parlamentes und des Rates v. 26.10.2005 über die Verschmelzung von Kapitalgesellschaften aus verschiedenen Mitgliedstaaten, ABl. Nr. L 310/1. Diese Richtlinie wurde durch das Zweite Gesetz zur Änderung des Umwandlungsgesetzes vom 19. April 2007, mit dem Regelungen über grenzüberschreitende Verschmelzungen das UmwG eingefügt wurden (§§ 122a ff. UmwG), in nationales Recht umgesetzt.

18 EuGH, Urteil vom 13.12.2005, Rs. C-411/03, NZG 2006, 112 f.

19 EuGH, Urteil vom 30.09.2003 – Rs. C-167/01, BB 2003, 2195 (Inspire Art), vorbereitet durch EuGH, Urteil vom 05.11.2002 – Rs. C-208/00, BB 2002, 2402 (Überseering) und EuGH, Urteil vom 09.03.1999 – Rs. C-212/97, BB 1999, 809 (Centros).

20 Mitteilung an den Rat und das Europäische Parlament (KOM(2003) 284 endgültig), Abdruck in NZG 2003, Sonderbeilage zu Heft 13; näher dazu Hopt, ZIP 2005, 461 ff.

Der Aktionsplan umfasst 21 Maßnahmen, die in unterschiedlichen Zeiträumen umgesetzt werden   **17**
sollen. Als kurzfristige Maßnahmen wurden die Richtlinie über grenzüberschreitende Verschmelzungen,[21] die Lockerung der Kapitalrichtlinie,[22] verschiedene Corporate Governance Themen[23]
und die Richtlinie zum Schutz der Aktionärsrechte[24] genannt. Zu den mittelfristigen Projekten
des Aktionsplans gehören zum Beispiel die Vereinfachung der 3. und 6. Richtlinie betreffend die
innerstaatliche Verschmelzung und Spaltung[25] oder erneut Fragen der Corporate Governance.
Hervorzuheben ist in diesem Zusammenhang auch das Ziel, Wahlfreiheit zwischen dem dualistischen und dem monistischen System der Unternehmensleitung auch für nationale Aktiengesellschaften herzustellen.

Weitere Mobilität in Europa wird schließlich geschaffen, wenn es zu der schon seit langem ge-   **18**
planten Sitzverlegungsrichtlinie kommen sollte.[26] Damit hätte die Verlegung des satzungsmäßigen
Sitzes einer Kapitalgesellschaft in das EU-Ausland nicht mehr deren Auflösung im bisherigen
Sitzstaat und die Neugründung im Aufnahmestaat zur Folge. Solange die Sitzverlegungsrichtlinie
nicht beschlossen und umgesetzt ist, kann nur die SE ihren satzungsmäßigen Sitz identitätswahrend in einen anderen Mitgliedstaat verlegen.

Bereits seit längerem wird darüber diskutiert, der SE als „kleine Schwester" eine Europäische Pri-   **19**
vatgesellschaft (EPG) zur Seite zu stellen. Um dieses Ziel zu erreichen, hat das Europäische Parlament die EU-Kommission am 01. Februar 2007 aufgefordert, noch in diesem Jahr einen Le-
gislativvorschlag über das Statut für eine Europäische Privatgesellschaft vorzulegen.[27] In seiner
Entschließung führt es aus, dass eine Europäische Privatgesellschaft durch eine oder mehrere natürliche oder juristische Personen, die nicht notwendig in einem Mitgliedstaat ansässig sind, gegründet werden können soll. Die Europäische Privatgesellschaft soll Rechtspersönlichkeit besitzen, für ihre Verbindlichkeiten soll nur das Gesellschaftsvermögen haften und der SE vergleichbar
soll ein Wahlrecht des Systems der Unternehmensleitung (monistisch oder dualistisch) eingeführt
werden. Das Mindestkapital soll 10.000,00 Euro betragen. Die Gründung einer Europäischen
Privatgesellschaft würde sich damit gegenüber der SE deutlich einfacher darstellen. Die Gründung einer SE erfolgt nämlich nach einem *numerus clausus* bestimmter Gründungsformen, wobei jeweils nur Unternehmen bestimmter Rechtsform sich an der Gründung beteiligen können,
und setzt Mehrstaatlichkeit voraus. Das Mindestgrundkapital der SE beträgt 120.000,00 Euro. Die
Europäische Privatgesellschaft wäre deshalb gerade für kleine und mittelständische Unternehmen
eine attraktive Rechtsform.[28]

Der europäische Binnenmarkt, die dem Binnenmarkt zugrunde liegenden Verkehrsfreiheiten und   **20**
vor allem die Rechtsprechung des EuGH haben das Gesellschaftsrecht der Mitgliedstaaten schon
bisher nachhaltig verändert. Das europäische Gesellschaftsrecht folgt damit der Marktentwick-
lung im grenzüberschreitenden Güter- und Dienstleistungsaustausch. Die mit dem Konzept des
Binnenmarktes beabsichtigte Verschärfung des Wettbewerbs wird somit auf die Rechtsordnungen

---

21   Bereits umgesetzt, siehe oben § 1 Rn. 14.
22   RL 2006/68/EG des Europäischen Parlaments und des Rates vom 06.09.2006 zur Änderung der RL 77/91/EWG des
Rates in Bezug auf die Gründung von Aktiengesellschaften und die Erhaltung und Änderung ihres Kapitals, ABl. L
264/31.
23   Siehe *Habersack*, NZG 2004, 1, 3 ff.
24   Die Richtlinie über Aktionärsrechte wurde am 12. Juni 2007 durch den Rat verabschiedet, vgl. www.ec.europa.eu/
internal_market/company/docs/shareholders/dis/draft_dis_de.pdf und *Noack*, NZG 2006, 321 ff. m.w.N.
25   Vgl. zum Richtlinienvorschlag vom März 2007 www.ec.europa.eu/enterprise/regulation/better_regulation/docs_
admin_b/com_2007_0091_de_acte.pdf.
26   Vgl. hierzu www.ec.europa.eu/internal_market/company/seat-transfer/2004-consult_de.htm.
27   Abrufbar auf der Internetseite www.europarl.de/presse/pressemitteilungen.
28   Vgl. zur EPG *Steinberger*, BB 2006 (BB-Special 7), 27 ff., m.w.N.

1

übertragen. Genau in dieses Spannungsfeld tritt die im Grundsatz einheitliche Rechtsform einer Europäischen Aktiengesellschaft, die einerseits grenzüberschreitend ungehindert und vor allem unabhängig vom Recht ihres Sitzstaates tätig sein soll, und die andererseits gerade den Wettbewerb der Rechtsformen um eine europäische Alternative ergänzt.

B.   Vor- und Nachteile der SE

21   Die Gründung einer SE kommt insbesondere für Unternehmen in Betracht, die grenzüberschreitend in Europa tätig sind oder sein wollen und über Tochterunternehmen oder Niederlassungen und Mitarbeiter in verschiedenen Mitgliedstaaten verfügen. Die SE-Gründung kann aber auch für Unternehmen interessant sein, die noch nicht über ausländische Tochtergesellschaften verfügen.[29] Die SE bietet sich insbesondere als Obergesellschaft eines Konzerns an. Die nachfolgend aufgeführten Vor- und Nachteile der SE gegenüber nationalen Rechtsformen werden in den weiteren Kapiteln dieses Buches näher erläutert.

22   Die Vorteile der SE bestehen insbesondere in Folgendem:

- Die SE eröffnet die Wahlmöglichkeit zwischen dualistischem und monistischem Leitungssystem. Dies ist für SE mit Sitz in Mitgliedstaaten interessant, die für nationale Aktiengesellschaften diese Wahlmöglichkeit nicht kennen. Eine SE mit Sitz in Deutschland kann also ein monistisches Leitungssystem bestehend nur aus einem Verwaltungsrat haben, obwohl Aktiengesellschaften nach deutschem Recht nur mit dualistischem System bestehend aus Vorstand und Aufsichtsrat gebildet werden können. Die SE-VO eröffnet damit zusätzliche Flexibilität, die gerade für ausländische Investoren interessant ist, die oft nur das monistische System kennen.

- Die Größe des Aufsichtsrats der SE ist nicht abhängig von der Anzahl ihrer Arbeitnehmer. Die SE-VO regelt nur Höchstzahlen von Aufsichtsratsmitgliedern in Abhängigkeit von der Höhe des Grundkapitals. Deshalb ist es in der SE möglich, einen Aufsichtsrat zu bilden, der leistungsfähiger ist, weil er aus weniger Mitgliedern besteht als dies nach deutschem Mitbestimmungsrecht vorgeschrieben wäre.

- Durch die Gründung einer SE kann der Mitbestimmungsstatus dauerhaft eingefroren werden. Denn die Mitbestimmungsregeln in der SE sind von der Anzahl der in der SE beschäftigten Arbeitnehmer unabhängig. Die Gefahr des Ansteigens der Einflussnahme der Arbeitnehmer bei wachsender Größe der SE besteht also nicht.

- Die SE bietet die Möglichkeit, die Unternehmensmitbestimmung im Rahmen der Verhandlung mit den Arbeitnehmern anders festzulegen als dies nach deutschem Mitbestimmungsrecht vorgesehen ist. Dies bietet die Chance für gegenüber dem deutschen Mitbestimmungsrecht „unternehmerfreundlichere" Gestaltungen.

- Auch in der dualistischen, paritätisch mitbestimmten SE besteht größere Flexibilität als in der nach deutschem Recht mitbestimmten AG. So kann ein Vetorecht für den Vorstandsvorsitzenden etabliert werden. Außerdem kommt dem Aufsichtsratsvorsitzenden, der zwingend ein Vertreter der Anteilseigner ist, stets ein Stichentscheidungsrecht zu. Darüber hinaus kann, anders als nach deutschem Mitbestimmungsrecht, dem stellvertretenden Aufsichtsratsvorsitzenden ein Zweitstimmrecht eingeräumt werden.

---

29   Vgl. § 2 Rn. 23 ff. zu Gestaltungsmöglichkeiten bei der Gründung einer SE.

- Die SE kann grenzüberschreitend ihren satzungsmäßigen Sitz verlegen, ohne hierbei im Herkunftsstaat aufgelöst und im Aufnahmestaat neu gegründet werden zu müssen.

- Die SE ist als europäische Gesellschaft geeignet, die Integration in europaweit tätigen Konzernen zu fördern. Sie ermöglicht die Vertretung auch ausländischer Arbeitnehmer im Aufsichtsrat oder Verwaltungsrat. Gleichzeitig dokumentiert die Wahl dieser Rechtsform die europäische Verankerung auch nach außen.

- Das deutsche Umwandlungssteuerrecht sieht bei Umstrukturierungen oder der Sitzverlegung von Gesellschaften in der Rechtsform der SE steuerliche Begünstigungen vor. Diese liegen insbesondere darin, dass bei einer durch eine grenzüberschreitende Umstrukturierung (unter Beteiligung einer SE) eintretende Beschränkung des deutschen Besteuerungsrechts vom Grundprinzip der sofortigen Besteuerung vorhandener stiller Reserven zugunsten einer nachgelagerten zukünftigen Besteuerung abgewichen wird.

Diesen Vorteilen stehen insbesondere folgende Nachteile gegenüber: 23

- Die Gründung der SE ist komplexer, zeit- und kostenaufwändiger als die Gründung einer Gesellschaft nationalen Rechts. Der *numerus clausus* der Gründungsformen schränkt die Möglichkeiten der Gründung einer SE ein und kann vorbereitende Umstrukturierungsmaßnahmen notwendig machen.

- Das Rechtsregime, dem die SE unterliegt, ist unübersichtlich. Denn Regelungen für die SE finden sich in der SE-VO, in dem speziell für SE geschaffenen nationalen Recht sowie in dem auf Aktiengesellschaften anwendbaren nationalen Recht. Bis zur Herausbildung einer gesicherten Praxis ist in vieler Hinsicht streitig, ob und welche Regeln des nationalen Rechts neben der SE-VO anwendbar sind. Diese Unübersichtlichkeit hat eine höhere Rechtsunsicherheit zur Folge und führt zu einem höheren Beratungsbedarf.

Dass die Gründung einer SE vorteilhaft sein kann, belegen die Beispiele aus der Praxis.[30] Die erste   24
SE-Gründung vollzog noch im Oktober 2004 der Finanzdienstleister MPIT Structured Financial Services SE. Ihm folgten die Brenner Basistunnel BBT in Innsbruck und Anfang des Jahres 2005 die Schering-Plough Clinical Trials SE als erste britische SE. Als Beispiele für SE-Gründungen in Deutschland sind die Allianz SE, die Fresenius SE, die MAN B&W Diesel SE und die Mensch und Maschine Software SE zu nennen. Weitere Unternehmen haben Umwandlungen in eine SE bereits beschlossen, darunter BASF und Porsche. Die meisten dieser SE entstanden durch formwechselnde Umwandlung von Aktiengesellschaften in eine SE. Die Allianz ist ein Beispiel für eine Verschmelzungsgründung einer SE.[31]

C.   Neue steuerliche Rahmenbedingungen

I.   Geänderte Fusionsrichtlinie vom 17.02.2005

Da die SE-VO keine steuerlichen Regelungen enthält, ist mangels eines SE-spezifischen Regulierungssystems bei der steuerlichen Strukturierung der Gründungsvorgänge oder der Sitzverlegung einer SE auf die steuerliche Fusionsrichtlinie zurückzugreifen.[32] Die Fusionsrichtlinie sieht steu-   25

---

30   Eine Auflistung bereits gegründeter sowie geplanter SE ist unter www.seeurope-network.org zu finden.
31   Ziel der Gründung der Allianz SE war insbesondere die vollständige Integration der italienischen RAS-Gruppe in den Allianz-Konzern Zu diesem Zweck wurde die RAS S.p.A. auf die Allianz AG verschmolzen, die gleichzeitig die Rechtsform der SE annahm.
32   RL 90/434/EWG v. 23.07.1990, zuletzt geändert durch Art. 1 ÄndRL 2005/19/EG v. 17.02.2005.

1

erliche Regelungen zu Verschmelzungen, Spaltungen, zur Einbringung von Unternehmensteilen und zum Austausch von Anteilen an Kapitalgesellschaften zwischen Unternehmen innerhalb der EU bzw. EWR vor.

26 In ihrer ursprünglichen Fassung von 1990 erfasste die Fusionsrichtlinie jedoch nicht Gesellschaften in der Rechtsform der SE und sah keine Regelungen zur steuerneutralen Sitzverlegung von Gesellschaften vor. Da bislang nur Vorschläge für eine 14. Richtlinie zur identitätswahrenden Sitzverlegung in einen anderen EU bzw. EWR-Staat vorliegen, hatte man sich dazu entschieden, die durch die SE-VO notwendig gewordenen steuerlichen Änderungen in die Fusionsrichtlinie aufzunehmen.

27 Dieser Änderungsbedarf fand seinen Niederschlag in der modifizierten Fusionsrichtlinie[33] vom 17.02.2005. Im Rahmen dieser Änderungen wurde im Anhang zur FRL die SE ausdrücklich als Gesellschaft aufgenommen, die unter den Anwendungsbereich der Richtlinie fällt. Außerdem wurde die Richtlinie explizit für die SE um Sondervorschriften im Hinblick auf eine steuerneutrale Sitzverlegung ergänzt.

28 Die einzelnen Mitgliedstaaten waren danach verpflichtet, die geänderte FRL bis zum Januar 2006 umzusetzen. Deutschland hatte die Umsetzung jedoch nicht fristgerecht vollzogen.

II. Implementierung durch das SEStEG

29 Diese Umsetzung erfolgte erst im Rahmen des Gesetzes über steuerliche Begleitmaßnahmen zur Einführung der europäischen Gesellschaft und zur Änderung weiterer steuerlicher Vorschriften (SEStEG). Mit dem Gesetzesvorhaben war nicht nur bezweckt, die erforderlichen Regelungen für Gesellschaften in der Rechtsform der SE zu normieren. Vielmehr hatte sich die Bundesregierung dafür entschieden, das Umwandlungssteuergesetz grundlegend zu reformieren und auf grenzüberschreitende Sachverhalte auszuweiten.

30 Die Berücksichtigung des grenzüberschreitenden Bezugs geschah einerseits durch Einführung sogenannter Entstrickungstatbestände im Einkommen- und Körperschaftsteuergesetz.[34] Danach wird im Fall der Überführung von steuerverstrickten Wirtschaftsgütern aus Deutschland heraus eine steuerwirksame Veräußerung fingiert, sofern hierdurch das inländische Besteuerungsrecht bei einer zukünftigen Veräußerung der überführten Wirtschaftsgüter ausgeschlossen oder beschränkt wird. Andererseits wurden die steuerliche Behandlung der Übertragung von Körperschaften auf Personengesellschaften, die Verschmelzung von Körperschaften, Spaltungsvorgänge und die Einbringung von Unternehmensteilen oder Anteilen an Kapitalgesellschaften auf bzw. von Gesellschaften mit Sitz in einem anderen EU-Staat erstmals gesetzlich geregelt.

31 Dieses Gesetzesvorhaben wurde nach mehreren Vorentwürfen und abschließenden Verhandlungen im Finanzausschuss Ende November 2006 beschlossen. Das SEStEG trat mit Wirkung zum 13. Dezember 2006 in Kraft. Damit wurde ein rechtssicheres Instrumentarium geschaffen, um die grenzüberschreitende Übertragung von Unternehmensteilen oder Gesellschaftsanteilen,[35] die Verschmelzung zur Gründung einer SE sowie die Sitzverlegung der SE steuerneutral zu vollziehen. Es ist damit zu rechnen, dass die Gründung von Gesellschaften in der Rechtsform der SE aufgrund dieses steuerlichen Rechtsrahmens zukünftig vermehrt in Angriff genommen wird. Denn die SE enthält durch das SEStEG bei grenzüberschreitenden Vorgängen steuerliche Vorteile

---

33 RL 2005/19/EWG v. 17.02.2005, ABl. L 58/19 in Kraft getreten am 24.03.2005; nachfolgend als „FRL" bezeichnet.
34 Neuregelungen zur Entstrickung wurden zudem im Außensteuergesetz eingeführt (§6 AStG).
35 Diese Übertragungen sind zur Gründung einer Holding-SE und Tochter-SE erforderlich.

gegenüber anderen Gesellschaftsformen. Diese beruhen unter anderem darauf, dass die Entstrickungstatbestände bei einer Sitzverlegung einer Gesellschaft in der Rechtsform der SE in das EU-Ausland vorsehen, dass von einer Sofortversteuerung zugunsten einer nachgelagerten Besteuerung im Zeitpunkt einer tatsächlichen späteren Veräußerung von Wirtschaftsgütern abgesehen wird. Gleiches gilt für die Besteuerung der Anteile an einer SE auf Ebene des jeweiligen Anteilseigners. Bei Umstrukturierungsmaßnahmen gelten diese Anteile als veräußert, wenn hierdurch das deutsche Besteuerungsrecht beschränkt wird. Somit tritt auch auf Anteilseignerebene zumindest bei SE-Anteilen die vorstehend beschriebene nachgelagerte Besteuerung im Zeitpunkt der tatsächlichen späteren Anteilsveräußerung ein.

§ 2 Die Gründungsformen der SE

A. Überblick

1   Art. 2 SE-VO setzt den gesellschaftsrechtlichen Rahmen für die Gründung einer Europäischen-Aktiengesellschaft (Societas Europaea, SE). In der Regel müssen mindestens zwei der Gründer den Rechtsordnungen zweier unterschiedlicher Mitgliedstaaten zugeordnet sein.[1] Das Gründungsgeschäft ist daher im Wesentlichen auf den in Art. 2 SE-VO enthaltenen *numerus clausus* der Gründungsformen beschränkt, der insgesamt vier Gründungsmöglichkeiten vorsieht:

2   ■ Verschmelzung mindestens zweier Aktiengesellschaften, von denen mindestens zwei dem Recht verschiedener Mitgliedstaaten unterliegen;[2]

■ Gründung einer gemeinsamen Holding-SE durch mindestens zwei Kapitalgesellschaften (GmbH oder AG), von denen mindestens zwei entweder

■ dem Recht verschiedener Mitgliedstaaten unterliegen

oder

■ seit mindestens zwei Jahren Tochterunternehmen oder Zweigniederlassungen in einem anderen Mitgliedstaat unterhalten;[3]

■ Gründung einer gemeinsamen Tochter-SE durch Gesellschaften des bürgerlichen Rechts oder des Handelsrechts einschließlich der Genossenschaften oder sonstige juristische Personen des öffentlichen und privaten Rechts, die einen Erwerbszweck verfolgen, (Gesellschaften nach Art. 48 Abs. 2 EGV) oder andere juristische Personen des öffentlichen und privaten Rechts, unabhängig von einem Erwerbszweck, von denen mindestens zwei entweder

■ dem Recht verschiedener Mitgliedstaaten unterliegen

oder

■ seit mindestens zwei Jahren Tochterunternehmen oder Zweigniederlassungen in einem anderen Mitgliedstaat unterhalten;[4] und

■ die Umwandlung einer Aktiengesellschaft, die seit mindestens zwei Jahren eine dem Recht eines anderen Mitgliedstaats unterliegende Tochtergesellschaft unterhält.[5]

3   Neben diesen vier Formen einer primären SE-Gründung besteht noch die sekundäre Gründungsmöglichkeit einer Tochter-SE durch eine Mutter-SE.[6] Weder die Gründung durch natürliche Personen noch die Spaltungsgründung aus bestehenden Gesellschaftsformen des nationalen Rechts sieht Art. 2 SE-VO vor. Ebenso wenig kann die Gründung von allen Gesellschaftstypen des nationalen Rechts vorgenommen werden. Diese Beschränkungen des Gründungsgeschäfts zwingen unter Umständen zu vorgeschalteten gesellschaftsrechtlichen Gestaltungen nach den nationalen Rechtsordnungen, um eine für die SE-Gründung passende Rechtsform zu schaffen. Dem steht Art. 2 SE-VO nicht entgegen.[7]

---

1   *Oechsler*, NZG 2005, 697, 698 m.w.N.; *ders.*, in: MünchKomm AktG, Art. 2 SE-VO Rn. 1 m.w.N.
2   Art. 2 Abs. 1 SE-VO i.V.m. Anhang I zur SE-VO, Art. 17–31 SE-VO.
3   Art. 2 Abs. 2 SE-VO i.V.m. Anhang II zur SE-VO, Art. 32–34 SE-VO.
4   Art. 2 Abs. 3, 35 und 36 SE-VO.
5   Art. 2 Abs. 4, 37 SE-VO.
6   Art. 3 Abs. 2 SE-VO.
7   *Oechsler*, in: MünchKomm AktG, Art. 2 SE-VO Rn. 17.

❶ **Praxishinweis:**   4

Der Erwerb einer Vorrats-SE kann mit Blick auf die Anforderung des Art. 2 SE-VO eine Alternative zu einer Neugründung sein.[8]

Den jeweiligen Anforderungen der verschiedenen in den Absätzen 1 bis 4 des Art. 2 SE-VO gere-   5
gelten primären Gründungsformen liegt ein gemeinsames Grundschema zugrunde:

■ Nur bestimmten Gesellschafts- oder Rechtsformen wird Gründungsfähigkeit zuerkannt.

■ Die grundsätzlich Gründungsfähigen müssen zudem aus der EU oder dem EWR stammen und dort ansässig sein, das heißt Gemeinschaftszugehörigkeit besitzen.

■ Das Mehrstaatlichkeitsprinzip muss gewahrt werden, das heißt es muss ein grenzüberschrei-tender Sachverhalt vorliegen.

I.   Gründerfähigkeit

Gründerfähigkeit besitzen nur bestimmte Gesellschafts- und Rechtsformen, die in Art. 2 SE-VO   6
genannt sind. Dies sind:

■ Aktiengesellschaften,[9]

■ Gesellschaften mit beschränkter Haftung,[10]

■ Gesellschaften im Sinne des Art. 48 Abs. 2 EGV, d.h. unter anderem Gesellschaften des bür-gerlichen Rechts und des Handelsrechts, einschließlich der Genossenschaften, die einen Er-werbszweck verfolgen,[11] und

■ juristische Personen des öffentlichen oder privaten Rechts, die nach dem Rechts eines Mit-gliedstaats gegründet worden sind und ihren Sitz in der Gemeinschaft haben, unabhängig da-von, ob sie einen Erwerbszweck verfolgen.[12]

Nicht jede der vorgenannten Rechtsformen kann sich allerdings an allen Gründungsformen be-   7
teiligen, sondern ihre Gründerfähigkeit besteht jeweils nur spezifisch für bestimmte der in Art. 2 Abs. 1 bis 4 SE-VO aufgezählten Gründungsformen.

Lediglich die Aktiengesellschaft kann sich unbeschränkt an allen vier primären Gründungs-   8
formen beteiligen. Dabei muss sie keine operative Gesellschaft sein. Holdinggesellschaften und Gesellschaften ohne Geschäftsbetrieb, z.B. Vorrats- oder Mantelgesellschaften ohne Arbeitneh-mer, können ebenfalls eine SE gründen.[13] Umstritten ist, ob eine KGaA bei der Verschmelzung zu einer SE zugelassene Gründungsgesellschaft und einer Aktiengesellschaft gleichgestellt ist.[14] Mit Ausnahme der Holdinggründung nach Art. 2 Abs. 2 SE-VO kann sich die Aktiengesellschaft in Liquidation an einer Gründung beteiligen, solange ihre Fortsetzung noch beschlossen werden kann, d.h. solange noch nicht mit der Verteilung des Vermögens begonnen worden ist.[15]

Gesellschaften in der Rechtsform der GmbH können eine SE nur durch Errichtung einer Holding   9
SE (Art. 2 Abs. 2 SE-VO) und durch Errichtung einer gemeinsamen Tochter SE (Art. 2 Abs. 3 SE-

---

8   Lange, EuZW 2003, 301, 302; Casper/Schäfer, ZIP 2007, 653 ff.
9   Art. 2 Abs. 1, Abs. 2 Variante 1 und Abs. 4 SE-VO.
10 Art. 2 Abs. 2 Variante 2 SE-VO.
11 Art. 2 Abs. 3 Variante 1 SE-VO.
12 Art. 2 Abs. 3 Variante 1 und 2 SE-VO.
13 *Schwarz*, SE-VO, Art. 2 Rn. 23; *Casper/Schäfer*, ZIP 2007, 653 f m.w.N.; a.A. *Blanke*, ZIP 2006, 789, 791.
14 Vgl. *Oechsler*, in: MünchKomm AktG, Art. 2 SE-VO Rn. 24; *Schäfer*, in: MünchKomm AktG, Art. 17 SE-VO Rn. 8; *Schwarz*, SE-VO, Art. 2 Rn. 26.
15 § 274 Abs. 1 AktG. *Schwarz*, SE-VO, Art. 2 Rn. 25.

VO) gründen. An einer Verschmelzung- oder Umwandlungsgründung kann eine GmbH nicht teilnehmen.

10   Natürliche Personen sind grundsätzlich von einer Primärgründung ausgeschlossen. Umstritten ist allerdings, ob sich natürliche Personen als Mitgründer beteiligen können, solange sich außerdem in Art. 2 und 3 SE-VO genannte gründungsfähige Rechtsträger in der dort vorgesehenen Art und Weise an der Gründung beteiligen.[16] Wegen der mit den Gründungsformen Verschmelzung, Gründung einer Holding-SE oder Umwandlung verbundenen Rechtsfolgen kommt die direkte Beteiligung natürlicher Personen allerdings ohnehin nur an der Gründung einer gemeinsamen Tochter-SE in Betracht.[17] Denn eine natürliche Person kann weder gelöscht, noch Tochter einer Holding-SE werden. Natürliche Personen und nicht zur Gründung zugelassene Rechtsformen können sich jedoch über Zwischengesellschaften oder durch Erwerb von Aktien nach der Gründung an der SE beteiligen. Der Ausschluss der natürlichen Personen aus dem Kreis der Gesellschafter im Rahmen der Gründung setzt sich bei der entstandenen SE nicht fort. Es können also auch sämtliche Aktien der SE auf eine einzelne natürliche Person übertragen werden, soweit das maßgeblich nationale Recht dies zulässt.[18]

11   Im Übrigen fordert die SE-VO lediglich, dass die gründungsfähigen Rechtsformen rechtsfähig sind. Darüber hinausgehende Anforderungen an die Größe oder Dauer der Existenz der Gründungsbeteiligten stellt die SE-VO nicht. Das über Art. 18 SE-VO anwendbare deutsche Umwandlungsrecht enthält allerdings in den §§ 67 und 76 Abs. 1 UmwG besondere Anforderungen bei Verschmelzungen, wenn die beteiligten Aktiengesellschaften noch keine zwei Jahre im Handelsregister eingetragen sind.[19]

12   An der Gründung einer Tochter-SE können alle Gesellschaften im Sinne des Art. 48 Abs. 2 EGV[20] und juristische Personen des öffentlichen oder privaten Rechts[21] beteiligt sein, die nach dem Recht eines Mitgliedstaats gegründet worden sind und ihren Sitz sowie ihre Hauptverwaltung in der Gemeinschaft haben. Anderen als den vorgenannten Personen und Gesellschaften fehlt jede Gründerfähigkeit für eine primäre SE-Gründung.

II.   Gemeinschaftszugehörigkeit

13   Die genannten Rechtsformen müssen Gemeinschaftszugehörigkeit besitzen. Gesellschaften, die nach dem Recht eines Mitgliedstaates gegründet worden sind und die ihren Sitz und ihre Hauptverwaltung in der Gemeinschaft haben, erfüllen diese Voraussetzung. Sitz im Sinne der Art. 2 Abs. 1 bis 4 SE-VO meint den satzungsmäßigen Sitz.[22] Dies ist der Ort, an dem der Gründungsbeteiligte kraft Satzung seinen Sitz hat und an dem er ggf. in einem Register eingetragen ist. Hauptverwaltung dagegen ist gleichbedeutend mit dem Verwaltungssitz, also dem Ort, an dem die Willensbildung und die eigentliche unternehmerische Leitung erfolgt. Die Gemeinschaft umfasst die Mitgliedstaaten im Sinne des Art. 299 EGV und die Mitgliedstaaten des Europäischen Wirt-

---

16   *Schlüter*, NZW 2002, 589, 590; *Hommelhoff*, AG 2001, 279, 280.
17   *Schwarz*, SE-VO, Art. 2 Rn. 29.
18   Art. 5 SE-VO. *Schwarz*, SE-VO, Art. 2 Rn. 30.
19   § 67 UmwG ordnet bei der Verschmelzung durch Aufnahme in bestimmten Fällen die Anwendung der Nachgründungsvorschriften des Aktiengesetzes an. § 76 UmwG lässt einen Verschmelzungsbeschluss in einer übertragenden Gesellschaft bei einer Verschmelzung durch Neugründung erst zu, wenn sie und jede andere übertragende Aktiengesellschaft mindestens zwei Jahre im Handelsregister eingetragen ist.
20   Gesellschaften des bürgerlichen Rechts oder des Handelsrechts einschließlich der Genossenschaften oder sonstige juristische Personen des öffentlichen und privaten Rechts, die einen Erwerbszweck verfolgen.
21   Unabhängig davon, ob sie einen Erwerbszweck verfolgen.
22   *Schwarz*, SE-VO, Art. 2 Rn. 38.

schaftsraums (EWR), Island, Liechtenstein und Norwegen.[23] Sitz und Hauptverwaltung der beteiligten Rechtsträger müssen in der Gemeinschaft liegen. Sie müssen sich aber weder in demselben Mitgliedstaat noch im Gründungsstaat der Gründungsgesellschaft befinden.

Art. 2 Abs. 5 SE-VO lässt allerdings Ausnahmen zu, soweit es um den Ort der Hauptverwaltung geht. Danach kann eine Gesellschaft, die ihre Hauptverwaltung nicht in einem Mitgliedstaat hat, die aber in der Gemeinschaft gegründet wurde und dort ihren satzungsmäßigen Sitz unterhält, dann an einer primären SE-Gründung teilnehmen, wenn ein Mitgliedstaat dies vorsieht, die Gesellschaft ihren Sitz in diesem Mitgliedstaat hat und sie mit der Wirtschaft eines Mitgliedstaates in tatsächlicher und dauerhafter Verbindung steht. Deutschland hat von dieser Möglichkeit keinen Gebrauch gemacht.[24]   14

Der Begriff Gründung nach dem Recht eines Mitgliedstaates ist im weiten Sinn zu verstehen. Die Errichtung einer öffentlichen Anstalt oder die Verleihung der Rechtspersönlichkeit durch staatlichen Akt fallen darunter.[25] Die Gründung muss wirksam sein, d.h. der Gründungsakt und die Satzung müssen den Anforderungen der jeweiligen Rechtsordnung entsprechen.   15

Gemeinschaftsrechtliche Rechtsformen, wie z.B. die SE selbst, die SEC[26] oder die EWiV,[27] sind zwar streng genommen nicht nach dem Recht eines Mitgliedstaats gegründet, jedoch sind sie wie solche zu behandeln, da ihr rein europäischer Ursprung sie originär gemeinschaftszugehörig macht.   16

❗ Praxishinweis: 17

Für Unternehmen aus Drittstaaten (außerhalb der EU und des EWR) kommt die indirekte Beteiligung an einer SE in Betracht: Die Gründungsberechtigung hängt nicht von der Staatsangehörigkeit bzw. -zugehörigkeit der Gesellschafter der Gründungsgesellschaften ab. Unternehmen aus Drittstaaten können also über Tochtergesellschaften, die die Voraussetzungen des Art. 2 SE-VO erfüllen, an der primären Gründung einer SE teilnehmen. Weil die Gemeinschaftszugehörigkeit im Übrigen nur Gründungs- nicht aber Bestandsvoraussetzung der SE ist, kommt selbstverständlich auch eine Beteiligung an der SE durch Anteilserwerb in Betracht. Dieser ist sowohl als Kauf als auch durch Beteiligung an Bar- oder Sachkapitalerhöhungen denkbar.

III.   Mehrstaatlichkeit

Mit Ausnahme der Gründung einer Tochter-SE durch eine bereits bestehende SE[28] setzt die Gründung voraus, dass das so genannte Mehrstaatlichkeitsprinzip eingehalten wird. Nach diesem müssen entweder die Gründer verschiedenen Rechtsordnungen unterliegen[29] oder sie müssen multinational strukturiert sein, d.h. eine Tochtergesellschaft oder eine Zweigniederlassung in einem anderen Mitgliedstaat unterhalten.[30]   18

Eine Anforderung an die Mehrstaatlichkeit betrifft die Frage, bei wie vielen der beteiligten Gründer die Voraussetzungen der Mehrstaatlichkeit erfüllt sein müssen. Bei der unilateralen SE-Grün-   19

---

23 Der Gemeinsame Ausschuss des EWR hat am 25.06.2002 beschlossen, die SE-VO und die SE-RL in den Rechtsbestand des EWR-Abkommens zu übernehmen (Beschluss Nr. 93/2002 v. 25.06.2002 zur Änderung des Anhangs XX(II) (Gesellschaftsrecht des EWR-Abkommens)).
24 Kritisch gegenüber dieser Entscheidung *Oechsler*, in: MünchKomm AktG, Art. 2 SE-VO Rn. 47.
25 *Schwarz*, SE-VO, Art. 2 Rn. 35.
26 Europäische Genossenschaft.
27 Europäische wirtschaftliche Interessenvereinigung.
28 Art. 3 Abs. 2 SE-VO.
29 Art. 2 Abs. 1, Abs. 2 lit. a, Abs. 3 lit. a SE-VO.
30 Art. 2 Abs. 2 lit. b, Abs. 3 lit. b, Abs. 4 SE-VO.

dung durch Umwandlung ist es erforderlich, dass die formwechselnde Aktiengesellschaft seit mindestens zwei Jahren eine dem Recht eines anderen Mitgliedstaats unterliegende Tochtergesellschaft hat. Bei den multilateralen Gründungsformen mit mehr als einem Gründer[31] liegt Mehrstaatlichkeit vor, „sofern mindestens zwei von ihnen" multinationale Bezüge aufweisen. Dies wird insbesondere dann relevant, wenn zwei Gründer, die dem Recht desselben Mitgliedstaats unterliegen, eine Primärgründung beabsichtigen. Dann reicht es wegen des eindeutigen Gesetzeswortlauts nicht, wenn nur einer von ihnen über eine Tochtergesellschaft oder eine Zweigniederlassung in einem anderen Mitgliedstaat verfügt.[32]

20   Die Anforderung an die Mehrstaatlichkeit stellt die eigentliche Hürde dar: Entweder müssen die Gründer dem Recht verschiedener Mitgliedstaaten unterliegen[33] oder sie haben eine Tochtergesellschaft, die dem Recht eines anderen Mitgliedstaates unterliegt.[34] Zur Gründung einer Holding-SE oder einer gemeinsamen Tochter-SE genügt für die Mehrstaatlichkeit anstelle der Tochtergesellschaft schon eine Zweigniederlassung in einem anderen Mitgliedstaat.[35] Zudem müssen in zeitlicher Hinsicht Tochtergesellschaft oder Zweigniederlassung seit mindestens zwei Jahren bestehen.

21   🛑 **Praxishinweis:**

Gründer, die dem Recht desselben Mitgliedstaates unterliegen, können dann gemeinsam eine SE gründen, wenn sie eine Gründungsform wählen, die lediglich eine multinationale Struktur durch Tochtergesellschaften oder Zweigniederlassungen zur Voraussetzung hat (z.B. Holdinggründung).

IV.   Wegfall der Gründungsberechtigung

22   Die Gründer müssen zum Zeitpunkt der Eintragung der SE zur Gründung berechtigt sein. Maßgeblicher Zeitpunkt ist allerdings die Anmeldung zur Eintragung zur SE, weil die Gründer der Anmeldung die entsprechenden Nachweise beifügen müssen.[36] Ein Wegfall der Gründungsberechtigung nach Eintragung der SE ist unschädlich.[37] Etwas anderes gilt lediglich für die Gemeinschaftszugehörigkeit der SE. Art. 64 Abs. 2 SE-VO in Verbindung mit Art. 7 SE-VO zwingt letztlich zur Liquidation der SE, falls diese ihren Sitz oder ihre Hauptverwaltung außerhalb des Gemeinschaftsgebiets nimmt.

V.   Typenkombination

23   Die Einschränkungen durch den *numerus clausus* der Gründungsformen in Art. 2 SE-VO, die sich insbesondere aus dem Mehrstaatlichkeitsprinzip und der darin enthaltenen Zeitkomponente (Tochtergesellschaft oder Zweigniederlassung müssen zwei Jahre bestehen) ergeben, lassen Gestaltungsmöglichkeiten durch Kombination verschiedener zulässiger Gründungsformen interessant werden. Im Schrifttum wird zwar vertreten, das Mehrstaatlichkeitsprinzip bereits dann als

---

31   Art. 2 Abs. 1–3 SE-VO (Verschmelzung, Holdinggründung, Gründung einer gemeinsamen Tochter-SE).
32   *Schwarz*, SE-VO, Art. 2 Rn. 45; *Oechsler*, in: MünchKomm AktG, Art. 2 SE-VO Rn. 8; *Teichmann*, ZGR 2002, 383, 411; a.A. *Hommelhoff*, AG 2001, 279, 281 Fn. 15; *Kallmeyer*, AG 2003, 197, 199.
33   Art. 2 Abs. 1, Abs. 2 lit. a, Abs. 3 lit. a SE-VO.'
34   Art. 2 Abs. 2 lit. b Alternative 1, Abs. 3 lit. c Alternative 1, Abs. 4 SE-VO.
35   Art. 2 Abs. 2 lit. b Alternative 2, Abs. 3 lit. b Alternative 2 SE-VO.
36   *Schwarz*, SE-VO, Art. 2 Rn. 48.
37   *Oechsler*, in: MünchKomm AktG, Art. 2 SE-VO Rn. 5; *Casper*, AG 2007, 97, 99.

erfüllt anzusehen,[38] wenn die Mehrstaatlichkeit bei einem der beteiligten Rechtsträger gegeben ist. Dies steht jedoch im Gegensatz zum eindeutigen Wortlaut des Art. 2 Abs. 2 lit. b und Abs. 3 lit. b SE-VO.[39] Eine Typenkombination der verschiedenen Gründungstatbestände wird durch diesen Wortlaut jedoch nicht ausgeschlossen, weil dieses Vorgehen Systeme mit Typenzwang geradezu charakterisiert.

🛇 **Praxishinweis:**   24

Die Rechts- und Planungssicherheit verlangt eine gewisse Zurückhaltung beim Einsatz von Typenkombinationen. Letztlich sollten die im Folgenden dargestellten Kombinationsmöglichkeiten nur dann zum Einsatz kommen, wenn sie entweder – was bisher nicht geschehen ist – von den Gerichten anerkannt wurden oder sich zwingende praktische Notwendigkeiten ergeben. Außerdem sind aus steuerlicher Sicht gewisse Haltefristen und andere steuerliche Auswirkungen zu berücksichtigen.

Die nach Art. 2 SE-VO zulässigen Gründungsformen basieren nicht auf einer systematisch durch- 25
dachten Konzeption. Die unterschiedlichen Anforderungen der einzelnen Gründungstatbestände und die Lücken im Gefüge der Gesamtnorm können durch geschickte Gestaltung nutzbar gemacht werden. In erster Linie kommt hier eine Kombination von Verschmelzung und Umwandlung in Betracht. Dabei besteht allerdings die Gefahr, dass die Kombination verschiedener Gründungs-typen zur Umgehung der Anforderungen anderer in Art. 2 SE-VO vorgesehener Gründungsmög-lichkeiten von den Gerichten als Missbrauch angesehen wird und daher gemäß dem in Art. 68 Abs. 1 SE-VO enthaltenen Prinzip des *effet utile* verworfen wird. Vordergründig spricht hier-für der klare Wille des europäischen Gesetzgebers, die Gründungstatbestände zu beschränken.[40] Art. 2 SE-VO beinhaltet jedoch einen durch die Rechtsentwicklung überholten Gerechtigkeitsge-halt.[41] Die Beschränkung der Gründungstatbestände diente ursprünglich der Verhinderung einer Flucht aus der Unternehmensmitbestimmung. Dies wird durch die Auffangregelung der SE-RL verhindert; ein materielles Regelungsziel der Norm und der in ihr enthaltenen formalen Hürden zur Gründung einer SE ist nicht zu erkennen. Dieser Umstand lässt bezüglich der Umgehungs-problematik nur den Schluss zu, dass zwar die Voraussetzungen der Einzeltatbestände wegen des eindeutigen Wortlauts der SE-VO einerseits einzuhalten, andererseits aber Gestaltungen auf Grundlage einer Kombination der Einzeltatbestände frei möglich sind. Einer solchen Kombinati-on kann kein materieller Schutzzweck entgegen gehalten werden.[42]

1.   Kombination der Umwandlung nach Art. 2 Abs. 4 SE-VO mit einer Sitzverlegung

Beabsichtigen zwei oder mehr Aktiengesellschaften, die dem Recht desselben Mitgliedstaates   26
unterliegen, die Gründung einer SE durch Verschmelzung,[43] kann eine vorgeschaltete Umwand-lung einer der beiden Aktiengesellschaften in eine SE zusammen mit einer anschließenden Sitz-verlegung in einen anderen Mitgliedstaat die erforderliche Mehrstaatlichkeit für die Verschmel-zung herstellen.[44] Erfüllt zumindest eine der Aktiengesellschaften die Voraussetzungen des Art. 2 Abs. 4 SE-VO, d.h. hat sie seit mindestens zwei Jahren eine dem Recht eines anderen Mitglied-

---

38   *Hommelhoff*, AG 2001, 279, 281 Fn. 15; *Kallmeyer*, AG 2003, 197, 199.
39   *Schwarz*, SE-VO Art. 2 Rn. 46.
40   *Teichmann*, ZGR 2002, 383, 412 ff.; *Neun*, in: Theisen/Wenz, Die Europäische Aktiengesellschaft, B I 2 a.
41   *Oechsler*, in: MünchKomm AktG, Art. 2 SE-VO Rn. 4, 8.
42   *Oechsler*, in: MünchKomm AktG, Art. 2 SE-VO Rn. 8; *Casper*, AG 2007, 97, 99.
43   Art. 2 Abs. 1 SE-VO.
44   *Oechsler*, in: MünchKomm AktG, Art. 2 SE-VO Rn. 9.

staats unterliegende Tochtergesellschaft, eröffnet dies die Möglichkeit zur Umwandlung in eine SE. Eine anschließende Sitzverlegung in einen anderen Mitgliedstaat[45] führt gemäß Art. 3 Abs. 1 SE-VO im Zeitpunkt des Wirksamwerdens des Sitzverlegungsbeschlusses[46] dazu, dass die soeben gegründete SE einer anderen Rechtsordnung zugeordnet wird und so als möglicher Gründer nach den Gründungsformen des Art. 2 Abs. 1 bis 3 SE-VO (Verschmelzung, Holdinggründung, Gründung einer Tochter-SE) in Betracht kommt. Bei diesem Vorgehen muss allerdings beachtet werden, dass die Sitzverlegung „anlässlich" der Umwandlung ausdrücklich untersagt ist (Abstandsgebot).[47] Vergleicht man dieses Tatbestandsmerkmal mit den sonstigen Wartefristen im System der SE-VO, erlaubt dies den Umkehrschluss, dass diese Beschränkung nur Sitzverlegungen im Rahmen desselben Beschlusses oder derselben Hauptversammlung erfasst.[48] Da längere Wartefristen nicht bestehen, gestattet dies eine zeitlich unmittelbare Aufeinanderfolge von Umwandlungs- und Sitzverlegungsbeschluss. Das Sitzverlegungsverfahren kann unmittelbar nach Registereintragung der SE eingeleitet werden.[49]

27 **▷ Beispiel:**

Zwei deutsche Aktiengesellschaften, von denen nur eine eine ausländische Tochtergesellschaft in einem Mitgliedstaat hat, wollen zu einer SE mit Sitz in Deutschland verschmelzen, wobei die ausländische Tochtergesellschaft erhalten bleiben soll.

⚙ Lösung

Die AG 1 wird zunächst in eine SE umgewandelt. Da eine Sitzverlegung „anlässlich" der Umwandlung nicht erfolgen darf, verbleibt der Sitz der neu geschaffenen SE 1 kurzzeitig in Deutschland.

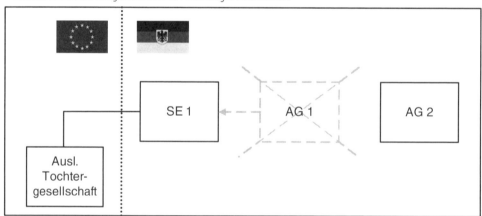

Daraufhin wird der Sitz der SE 1 durch einen weiteren Beschluss in einem anderen Mitgliedstaat verlegt.

---

45   Art. 8 SE-VO.
46   Nach Maßgabe des Art. 8 Abs. 10 SE-VO.
47   Art. 37 Abs. 3 SE-VO.
48   *Oechsler*, in: MünchKomm AktG, Art. 2 SE-VO Rn. 9.
49   *Schwarz*, SE-VO, Art. 37 Rn. 9.

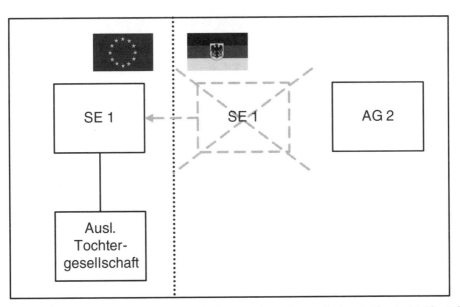

Die SE 1 verschmilzt schließlich durch Aufnahme in die AG 2 nach Art. 2 Abs. 1, 17 Abs. 2 lit. a SE-VO zur SE 2 mit Sitz in Deutschland. Die ausländische Tochtergesellschaft ist fortan Tochter der SE 2.

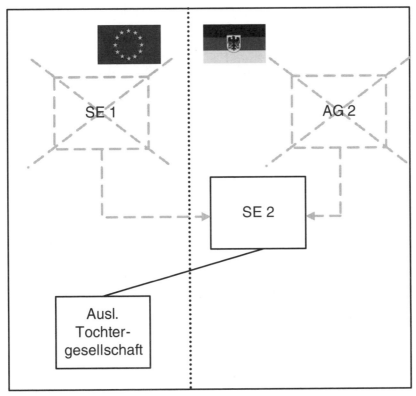

28 Allerdings ist diese Kombination aus Umwandlung und nachfolgender Sitzverlegung mit bedeutenden wirtschaftlichen Belastungen verbunden. Wenn die soeben durch Umwandlung neu entstandene SE ein Liquidationsverfahren vermeiden will,[50] muss sie entsprechend ihrem Sitzverlegungsbeschluss auch ihre Hauptverwaltung, d.h. ihren effektiven Verwaltungssitz, verlegen.[51] Der mit einem Umzug verbundene Aufwand und die damit verbundenen Kosten lassen sich möglicherweise dadurch vermeiden, dass die neu entstandene SE unmittelbar nach der Umwandlung auf die Aktiengesellschaft verschmolzen wird, wobei die dabei entstehende SE ihren Sitz wiederum im Ausgangsstaat nimmt. Da sich Art. 3 Abs. 1 SE-VO nur auf den Sitzmitgliedstaat und nicht auf den Ort der Hauptverwaltung bezieht, verbleibt es für die Voraussetzungen der Verschmelzungsgründung dabei,[52] dass die durch Umwandlung entstandene SE für die Verschmelzung als Aktiengesellschaft des Mitgliedstaates gilt, der Ziel der Sitzverlegung war. Gleichzeitig kann die kurze Zwischenzeit zwischen dem Wirksamwerden der Sitzverlegung und der anschließenden Verschmelzung von den zuständigen Behörden nicht zum Anlass für eine Liquidation nach Art. 64 Abs. 2 SE-VO genommen werden.[53] Art. 64 Abs. 1 SE-VO räumt der SE eine bestimmte Frist zur Verlegung der Hauptverwaltung an den neuen Sitz ein. Um das Sitzverlegungsverfahren[54] nicht praktisch unmöglich werden zu lassen, wird man die Frist jedenfalls so bemessen müssen, dass ein Liquidationsverfahren solange nicht durchgeführt wird, wie eine ernsthaft vom Willen der Gesellschafter getragene Sitz- und Hauptverwaltungsverlegung gewöhnlich benötigt.[55] Den Willen zur Zusammenlegung von Sitz und Hauptverwaltung für die übertragende SE bei der Verschmelzung (SE1), die zuvor ihre Sitzverlegung beschlossen hat, wird man während der gesamten Zeit zwischen Sitzverlegung und anschließender Verschmelzung annehmen müssen, soweit die Wirksamkeit der unmittelbar folgenden Verschmelzung den verordnungskonformen Zustand herstellt.[56]

29 Eine zusätzliche Vereinfachung kann erzielt werden, wenn unmittelbar nach der Umwandlung einer nationalen Aktiengesellschaft (z.B. AG1) in eine SE eine Verschmelzung der zweiten nationalen Aktiengesellschaft nach nationalem Umwandlungsrecht auf die dann bestehende SE möglich ist.[57]

30 Die eben dargestellte Vorgehensweise kann ebenfalls bei der Gründung einer Holding-SE durch zwei Aktiengesellschaften aus demselben Mitgliedstaat genutzt werden. Zwar setzt auch hier Art. 2 Abs. 2 lit. b SE-VO voraus, dass beide Aktiengesellschaften ausländische Töchter halten. Durch eine vorgeschaltete Umwandlung einer der beiden Aktiengesellschaften in eine SE mit anschließender Sitzverlegung wird eine Holding-Gründung jedoch auch möglich, wenn die andere Aktiengesellschaft keine ausländische Tochter besitzt.

31 Zusammengefasst kann durch Typenkombination die Voraussetzung der Mehrstaatlichkeit dahingehend abgemildert werden, dass nur einer der beteiligten Gründer über eine Tochtergesellschaft oder eine Zweigniederlassung in einem anderen Mitgliedstaat verfügen muss.

---

50 Art. 64 Abs. 2 SE-VO.
51 Art. 7 SE-VO.
52 Art. 2 Abs. 1 SE-VO.
53 *Oechsler*, in: MünchKomm AktG, Art. 2 SE-VO Rn. 12.
54 Art. 8 SE-VO.
55 Ähnlich *Oechsler*, in: MünchKomm AktG, Art. 8 SE-VO Rn. 54.
56 *Oechsler*, in: MünchKomm AktG, Art. 2 SE-VO Rn. 12.
57 Vgl. unten § 4 Rn. 19 ff.

2.   Vorschaltung einer Verschmelzung nach Art. 2 Abs. 1 SE-VO

Außerdem erscheint folgender Vollzug einer Verschmelzung zweier Aktiengesellschaften zur SE   32
denkbar: Eine der beiden Aktiengesellschaften gründet eine ausländische Gesellschaft im Sinne
des Anhangs I der SE-VO. Anschließend verschmilzt sie auf diese nach Art. 2 Abs. 1 SE-VO, der-
gestalt dass Sitz und (angestrebte) Hauptverwaltung der SE denen der früheren ausländischen
Tochter entsprechen. Damit wird eine spätere Verschmelzung nach Art. 2 Abs. 1 SE-VO mit der
zweiten Aktiengesellschaft aus demselben Mitgliedstaat ermöglicht.[58] Dieses Verfahren kann gleichermaßen für die Holding-Gründung nach Art. 2 Abs. 2 lit. a SE-VO und die Gründung einer
Tochter-SE nach Art. 2 Abs. 3 lit. a SE-VO Anwendung finden.

> **Beispiel:**   33
>
> Zwei deutsche Aktiengesellschaften ohne Auslandstöchter wollen eine in Deutschland ansässige SE durch Verschmelzung
> gründen.

> **Lösung**
>
> AG 1 gründet zunächst eine 100 %ige ausländische Tochtergesellschaft in der Rechtsform der Aktiengesellschaft im Sinne
> des Anhangs I der SE-VO.

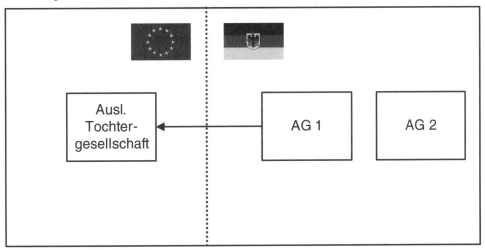

Sodann verschmilzt die AG 1 auf die zuvor gegründete ausländische Tochtergesellschaft gemäß Art. 2 Abs. 1, 17 Abs. 2
lit. a SE-VO und bildet mit dieser eine SE (SE 1) mit Sitz und Hauptverwaltung im Ausland.

---

58   *Oechsler*, in: MünchKomm AktG, Art. 2 SE-VO Rn. 13 ff.

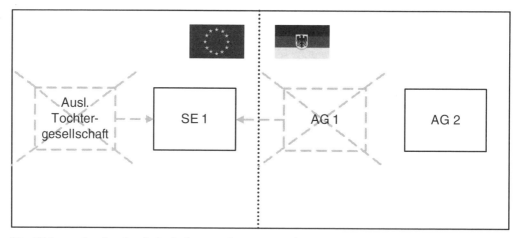

Die SE 1 verschmilzt durch Aufnahme in die AG 2 nach Art. 2 Abs. 1, 17 Abs. 2 lit. a SE-VO zur SE 2 mit Sitz und Hauptverwaltung in Deutschland.

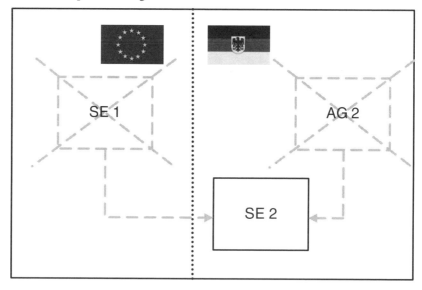

34   ⊕ Praxishinweis:

Der mit einer vorgeschalteten Sitzverlegung verbundene wirtschaftliche Aufwand, das Abstandsgebot zwischen Umwandlung und Sitzverlegung und die 2-Jahres-Frist im Umwandlungsgründungstatbestand lassen sich durch die Verschmelzung nach Art. 2 Abs. 1 SE-VO weitgehend umgehen.[59] Eine Aktiengesellschaft kann eine hundertprozentige Tochtergesellschaft in einem anderen Mitgliedstaat gerade zum Zweck der Ermöglichung einer Verschmelzung nach Art. 2 Abs. 1 SE-VO gründen.[60]

35   In letzter Konsequenz ergeben sich dann noch zwei weitere Wege der primären Gründung einer SE: (i) Es können je nach Bedarf ein oder zwei gründungsfähige Tochtergesellschaften errichtet

---

59   Abs. 4 setzt das Bestehen einer ausländischen Tochter seit mindestens zwei Jahren voraus, bevor die Mutter in eine Europäische Aktiengesellschaft umgewandelt werden kann. Der Verschmelzungsgründungstatbestand kennt ein solches Erfordernis nicht. Allerdings müssen in Deutschland die §§ 67 bzw. 76 Abs. 1 UmwG beachtet werden.
60   *Oechsler*, in: MünchKomm AktG, Art. 2 SE-VO Rn. 14.

werden: Beispielsweise können zwei nach Art. 2 Abs. 1 SE-VO geeignete Verschmelzungspartner von der Muttergesellschaft neu gegründet werden. Ein zeitlicher Mindestabstand zwischen der Errichtung der Verschmelzungspartner und der Gründung einer SE wird von der SE-VO nicht vorausgesetzt.[61] Anschließend können z.B. drei Gesellschaften, zwei deutsche Aktiengesellschaften und eine eigens dafür gegründete ausländische Tochteraktiengesellschaft, in einem Schritt zu einer SE verschmolzen werden. Entsprechend gilt für die Gründung einer Holding-SE und einer gemeinsamen Tochter-SE, dass auch hierfür geeignete gründungsfähige Tochtergesellschaften im Ausland errichtet werden können. Die Voraussetzung des Art. 2 Abs. 3 lit. b SE-VO müssen beispielsweise nicht erfüllt werden, wenn zwei Tochtergesellschaften nationalen Rechts mit Sitz in unterschiedlichen Mitgliedstaaten, die zwei Gründungsgesellschaften gehören, nach Art. 2 Abs. 1 SE-VO zu einer SE verschmolzen werden; die Gründer erwerben die Aktien der SE dann im Rahmen des Verschmelzungsverfahrens und nicht „durch Zeichnung". (ii) Der Verschmelzungstatbestand eröffnet auch einen praktischen Weg zur Gründung einer Tochter-SE aus einer Aktiengesellschaft heraus. Nach Gründung einer ausländischen Aktiengesellschaft und der Gründung einer inländischen Tochter-Aktiengesellschaft kann jederzeit eine Verschmelzung im Sinne des Art. 2 Abs. 1, 17 Abs. 2 lit. a SE-VO durchgeführt werden.[62]

❶ Praxishinweis: 36

Vom numerus clausus der Gründungsform des Art. 2 SE-VO in keiner Weise berührt ist die Umwandlung einer inländischen Gesellschaft in eine Aktiengesellschaft, um die Voraussetzungen des Art. 2 Abs. 1 oder 4 SE-VO zu schaffen.[63]

VI.   Steuerliche Aspekte

Grenzüberschreitende oder innerstaatliche Rechtsvorgänge, die mit dem Erlöschen einer Kapital-   37
gesellschaft oder dem Übergang von Wirtschaftsgütern auf einen neuen Rechtsträger verbunden sind, können nach der Gesetzessystematik des deutschen Steuerrechts mit einer steuerpflichtigen Gewinnrealisierung einhergehen. Dies beruht darauf, dass entweder beim Wegfall eines Steuersubjekts oder bei Übertragung von steuerverstrickten Wirtschaftsgütern der deutsche Fiskus eine finale Besteuerung der in der Gesellschaft bzw. den übertragenen Wirtschaftsgütern ruhenden stillen Reserven vornehmen möchte. Hierbei versteht man unter den stillen Reserven die seit dem Erwerb oder der Herstellung[64] eines Wirtschaftsguts eingetretene Wertsteigerung.[65]

Diese steuerlichen Grundsätze sind auch in dem Fall zu beachten, in dem eine Kapitalgesellschaft   38
zur Gründung einer SE verschmolzen wird bzw. einzelne Wirtschaftsgüter oder Sachgesamtheiten zur Gründung einer Tochter-SE oder Holding-SE übertragen werden. Nur bei der Gründung einer SE durch formwechselnde Umwandlung findet kein steuerrelevanter Übertragungsakt auf einen neuen Rechtsträger statt.

Die Letztbesteuerung von stillen Reserven kann aufgrund der hierbei eintretenden Steuerbelas-   39
tung ein Hemmschuh jeder SE-Gründung sein. In der Beratungspraxis sollten deshalb Grün-

---

61   *Oechsler*, in: MünchKomm AktG, Art. 2 SE-VO Rn. 14; *Casper*, AG 2007, 97, 101 f. Allerdings müssen in Deutschland die §§ 67 bzw. 76 Abs. 1 UmwG beachtet werden.
62   *Schulz/Geismahr*, DStR 2001, 1078, 1081 ff.; *Hirte*, NZG 2002, 1, 4; *Oechsler*, in: MünchKomm AktG, Art. 2 SE-VO Rn. 16.
63   *Oechsler*, in: MünchKomm AktG, Art. 2 Rn. 17.
64   Diese Anschaffungskosten reflektieren sich im Buchwert.
65   Diese Wertsteigerung findet in der Berechnung des gemeinen Wertes (Verkehrswert) ihren Niederschlag.

dungsvorgänge unter Ausnutzung steuerneutraler Übertragungsakte in den Vordergrund rücken. Das Umwandlungssteuerrecht lässt diese Möglichkeit zu.

40 Die einzelnen Anforderungen an eine steuerneutrale Übertragung und Verschmelzung werden bei den einzelnen Gründungsformen im Detail dargestellt. Hierbei werden Übertragungsvorgänge von Gesellschaften mit Sitz innerhalb Deutschlands und aus dem Ausland nach Deutschland hinein, Übertragungsvorgänge von deutschen Gesellschaften auf ausländische Rechtsträger sowie Übertragungen von Gesellschaften im Ausland mit Inlandsbezug behandelt. In sämtlichen Fallkonstellationen kann eine deutsche Besteuerung von stillen Reserven entweder auf Ebene der betroffenen Gesellschaften oder deren Anteilseigner eingreifen, sofern die jeweilige Gestaltung nicht in den Anwendungsbereich des Umwandlungssteuergesetzes fällt.

41 Das Umwandlungssteuergesetz regelt zwar grundsätzlich, dass die betroffenen Gesellschaften die Wirtschaftsgüter bzw. die eingebrachten Anteile mit dem gemeinen Wert anzusetzen haben. Als gemeiner Wert wird dabei der Preis bezeichnet, der im gewöhnlichen Geschäftsverkehr nach der Beschaffenheit des Wirtschaftsguts bzw. des Anteils bei einer Veräußerung zu erzielen wäre. Der Ansatz dieses Werts führt daher auf Ebene der Gesellschaften bzw. auf Ebene der jeweiligen Anteilseigner auch folgerichtig zur Aufdeckung und Endbesteuerung vorhandener stiller Reserven. Das Umwandlungssteuergesetz eröffnet jedoch unter gewissen Voraussetzungen ein Wahlrecht, die betroffenen Wirtschaftsgüter mit dem Buchwert oder zu einem Zwischenwert unter dem gemeinen Wert anzusetzen. Hierdurch kann die Aufdeckung stiller Reserven vermieden werden. Unter dem Buchwertansatz versteht man dabei den bilanziellen Ansatz eines einzelnen Wirtschaftsguts bzw. eines Anteils mit den Anschaffungskosten abzüglich getätigter Abschreibungen. Dieser Ansatz weicht regelmäßig vom tatsächlichen bzw. gemeinen Wert ab, da mögliche stille Reserven und damit möglich eingetretene Wertsteigerungen nicht berücksichtigt werden.

42 Bei einem Buchwertansatz kommt es auf Ebene der betroffenen Gesellschaften bzw. auf Ebene der Anteilseigner daher grundsätzlich zu keiner inländischen Besteuerung der stillen Reserven, da die Wirtschaftsgüter mit den bisherigen Werten auf den neuen Rechtsträger übergehen. Bei einem Ansatz mit dem gemeinen Wert oder einem Zwischenwertansatz hingegen kommt es aufgrund der Aufdeckung stiller Reserven zu Gewinnen, die der deutschen Besteuerung unterliegen können. Daher sollte in der Beratungspraxis, soweit eine Verrechnung dieser Gewinne mit vorhandenen Verlustvorträgen, nicht möglich ist, regelmäßig der Ansatz zu Buchwerten und damit eine steuerneutrale Übertragung angeraten werden.

43 Voraussetzung für die Inanspruchnahme des Wahlrechts ist allerdings, dass die Besteuerung der stillen Reserven bei einer zukünftigen Veräußerung der übertragenen Wirtschaftsgüter für den deutschen Fiskus sichergestellt ist. Nähere Einzelheiten, wann dies der Fall ist, erfolgen in den detaillierten Darstellungen bei den jeweiligen Gründungsformen.

B.   Verschmelzung auf eine SE

I.   Allgemeines

44 Die Verschmelzungsgründung stellt das Kernstück des gesamten Gründungsrechts für eine SE dar. Sie ist das gesetzliche Leitbild der Gründung einer SE.[66] Bei einer Verschmelzungsgründung wird das Vermögen der übertragenden Gründungsgesellschaften im Wege der Gesamtrechtsnachfolge

---

66   *Schwarz*, SE-VO, Vorb. Art. 17–31 Rn. 3.

gegen Gewährung von Anteilen an der aufnehmenden Gesellschaft und ggf. auch einer baren Zuzahlung auf die übernehmende Gesellschaft übertragen. Die übertragenden Gesellschaften gehen im Rahmen der Verschmelzung unter. Die Gründung einer SE durch Verschmelzung ist auf zwei Wegen möglich:

(1) als Verschmelzung durch Aufnahme auf eine Aktiengesellschaft, die im Rahmen der Verschmelzung die Rechtsform der SE annimmt[67] oder

(2) als Verschmelzung durch Neugründung einer SE, bei der eine SE im Rahmen der Verschmelzung neu entsteht.[68]

❗ Praxishinweis: 45

Die Verschmelzung durch Neugründung kann gegenüber der Verschmelzung durch Aufnahme vorzugswürdig sein, wenn ein so genannter „merger of equals" stattfindet. Es gehen dann beide übertragenden Gesellschaften unter und es entsteht eine neue gemeinsame Gesellschaft. Dies reflektiert ein ausgewogenes Verhältnis zwischen allen Verschmelzungspartnern. Für eine Verschmelzung durch Neugründung kann außerdem sprechen, dass die Anteilsinhaber der übertragenden Gesellschaften den Verschmelzungsbeschluss häufig nicht mit dem Argument anfechten können, das Umtauschverhältnis der Anteile sei nicht angemessen. Diese Frage ist vielmehr oft im Spruchverfahren zu klären.[69] Ein solcher Ausschluss des Anfechtungsrechts besteht für die Anteilsinhaber der aufnehmenden Gesellschaft nicht. Klagen, die die Angemessenheit des Umtauschverhältnisses zum Gegenstand haben, können sich sehr lange hinziehen. Kann die Angemessenheit des Umtauschverhältnisses im Wege der Anfechtungsklage angegriffen werden, kann dies die Eintragung und das Wirksamwerden einer Verschmelzung erheblich verzögern. Bei einer Verschmelzung durch Neugründung sind Aktionäre der aufnehmenden Gesellschaft, die eine Anfechtungsklage erheben könnten, nicht vorhanden. Deshalb bietet die Verschmelzung durch Neugründung größere Transaktionssicherheit, wenn mit widersprechenden Minderheitsaktionären zu rechnen ist. Nachteile dieser Transaktionsstruktur können jedoch in höheren Grunderwerbssteuern und höheren Beurkundungskosten liegen.[70]

Das Verschmelzungsverfahren ist in Art. 17 bis 31 SE-VO geregelt. §§ 5 bis 8 SEAG enthalten er-   46
gänzende Regelungen für den Schutz von Minderheitsgesellschaftern und Gläubigern. Auf Verfahrensfragen, zu denen die SE-VO keine Regelung enthält, findet gemäß Art. 18 SE-VO außerdem das für die Verschmelzung von Aktiengesellschaften geltende nationale Recht Anwendung. Diese Verweisung umfasst das gesamte, in Deutschland im Wesentlichen im UmwG geregelte Verschmelzungsrecht, einschließlich ergänzender Rechtsgrundsätze und Richterrecht sowie der geltenden Auslegungsregeln.[71] Dies betrifft vor allem die bei den Gründungsgesellschaften zu vollziehenden Schritte der Verschmelzungsgründung (z.B. Einberufung der Hauptversammlung, Beschlussfassung, Informationsrechte). Zusätzlich verweist Art. 15 SE-VO ganz allgemein auf das für Aktiengesellschaften geltende Recht des Staates, in dem die SE ihren Sitz begründet. Dies betrifft vor allem das auf die Vor-SE anwendbare Recht sowie das anwendbare Gründungsrecht (z.B. Anmeldung, Gründerhaftung, Form der Satzung).[72] Während also die grenzüberschreitende Dimension der Verschmelzungsgründung im Wesentlichen in den Art. 17 ff. SE-VO geregelt ist, gelten für einzelne Verfahrensfragen die Regelungen des UmwG, insbesondere die Sonderregeln

---

67 Art. 17 Abs. 2 lit. a SE-VO.
68 Art. 17 Abs. 2 lit. b SE-VO.
69 Das Anfechtungsrecht ist ausgeschlossen, wenn auch in den übrigen beteiligten Mitgliedstaaten ein Spruchverfahren für Fragen der Angemessenheit des Umtauschverhältnisses vorgesehen ist oder die Anteilseigner Versammlungen der anderen übertragenden Gesellschaften der Durchführung des Spruchverfahrens zustimmen, Art. 25 Abs. 3 SE-VO, § 6 SEAG, siehe unten § 2 Rn. 168 f.
70 *Lutter/Drygala*, in: Lutter, UmwG, § 2 Rn. 19 m.w.N.; zu Beurkundungsfragen *Neun*, in: Theisen/Wenz, Die Europäische Aktiengesellschaft, B II 2 ade; *Böttcher/Blasche*, NZG 2006, 766 m.w.N. Vgl. auch § 2 Rn. 196.
71 *Schäfer*, in: MünchKomm AktG, Art. 18 SE-VO Rn. 3.
72 *Schäfer*, in: MünchKomm AktG, Art. 15 SE-VO Rn. 7 ff.

für Verschmelzungen unter Beteiligungen von Aktiengesellschaften (§§ 60–76 UmwG). Außerdem gelten bestimmte Vorschriften des Gründungsrechts für Aktiengesellschaften[73] sowie, allerdings durch §§ 69 und 75 Abs. 2 UmwG sehr eingeschränkt, die Vorschriften für Kapitalerhöhungen gegen Sacheinlagen.[74]

47 Das Gründungsverfahren beginnt mit der Erstellung eines Verschmelzungsplans und des Verschmelzungsberichts.[75] Die Gründungsgesellschaften müssen dann bestimmte Offenlegungspflichten erfüllen[76] und der Verschmelzungsplan muss durch unabhängige Sachverständige geprüft werden.[77] Nach der Zustimmung der Hauptversammlungen aller Gründungsgesellschaften zum Verschmelzungsplan[78] folgt eine zweistufige Rechtmäßigkeitskontrolle in den Mitgliedstaaten der übertragenden und der aufnehmenden Gesellschaften.[79] Die SE entsteht mit Eintragung der Verschmelzung und der Gründung der SE in ihrem Sitzstaat.[80] Die Eintragung der SE wird nach den jeweiligen Rechtsvorschriften des Sitzstaates offen gelegt[81] und mittels einer Bekanntmachung im Amtsblatt der Europäischen Union veröffentlicht.[82] Außerdem wird die Durchführung der Verschmelzung in den Mitgliedstaaten der übertragenden Gesellschaften offen gelegt.[83]

48 Das Gründungsverfahren ist für den Fall von Mutter-Tochter-Verschmelzungen vereinfacht.[84]

II. Beteiligte Gesellschaften in verschiedenen EU-Staaten

1. Rechtsform der Gründungsgesellschaften

49 Nach Art. 2 Abs. 1 SE-VO können nur Aktiengesellschaften zu einer SE verschmelzen. Das sind die deutsche Aktiengesellschaft[85] und ihre entsprechenden Gegenstücke in den Rechtsordnungen der übrigen Mitgliedstaaten der EU und des EWR, die in Anhang I der SE-VO aufgeführt sind. An der Verschmelzungsgründung einer SE müssen sich mindestens zwei Aktiengesellschaften beteiligen. Weitere Gründer können hinzutreten, müssen jedoch aufgrund des eindeutigen Wortlauts des Art. 2 Abs. 1 SE-VO auch Aktiengesellschaften im Sinne des Anhang I zur SE-VO sein. Deshalb kann es erforderlich sein, beteiligte Gesellschaften vorab in Aktiengesellschaften umzuwandeln.

---

73 Für die Verschmelzung durch Neugründung folgt dies unmittelbar aus der Verweisung des Art. 15 Abs. 1 SE-VO auf § 36 Abs. 2 UmwG. Trotz Fehlens einer Neugründung gilt dies gleichermaßen für die Verschmelzung durch Aufnahme, weil Art. 26 Abs. 4 SE-VO voraussetzt, dass die Gründung entsprechend Art. 15 Abs. 1 SE-VO den gesetzlichen Anforderungen des Sitzstaates genügt.

74 Einzelheiten sind bei der Darstellung des Verfahrensablaufs unter § 2 Rn. 104 f., 114 ff. dargestellt.

75 Art. 20 SE-VO.

76 Art. 21 SE-VO.

77 Art. 22 SE-VO.

78 Art. 23 SE-VO.

79 Art. 25 ff. SE-VO.

80 Art. 27, 12 SE-VO.

81 Art. 15 Abs. 2 i.V.m. Art. 13 SE-VO.

82 Art. 14 Abs. 1 SE-VO. In Art. 14 Abs. 1 SE-VO ist noch die Bekanntmachung im Amtsblatt der Europäischen Gemeinschaften vorgesehen. Dieses wurde aber bereits mit Wirkung zum 01.02.2003 in das Amtsblatt der Europäischen Union umbenannt.

83 Art. 28 SE-VO.

84 Art. 31 SE-VO, siehe hierzu § 2 Rn. 176 ff.

85 Umstritten ist, ob sich auch eine KGaA bei der Verschmelzung zu einer SE zugelassene Gründungsgesellschaft ist. Vgl. *Oechsler*, in: MünchKomm AktG, Art. 2 SE-VO Rn. 24; *Schäfer*, in: MünchKomm AktG, Art. 17 SE-VO Rn. 8; *Schwarz*, SE-VO, Art. 2 Rn. 26.

2.   Mehrstaatlichkeit

Mindestens zwei der verschmelzungswilligen Aktiengesellschaften müssen aus verschiedenen   50
Mitgliedstaaten stammen.[86] Rein innerstaatliche Verschmelzungen können daher grundsätzlich
nicht in eine Verschmelzung zu einer SE münden. Allerdings kann die zunächst nicht bestehende
Mehrstaatlichkeit durch Typenkombination verschiedener Gründungstatbestände zum Zwecke
der Verschmelzungsgründung hergestellt werden.[87]

III.   Gründungsvorgang

1.   Überblick

Das Verschmelzungsverfahren zur SE-Gründung erfordert die Durchführung der nachfolgenden   51
Schritten (*kursiv* gedruckte Schritte müssen nicht in allen Fällen durchlaufen werden), wobei die
Reihenfolge teilweise auch anders gestaltet werden kann bzw. manche Vorgänge parallel zueinander erfolgen:

(1) *Unternehmensbewertung*;

(2) Aufstellung des Verschmelzungsplans;

(3) *Erstattung eines Verschmelzungsberichts*;

(4) *Prüfung der Verschmelzung durch unabhängige Sachverständige*;

(5) *Zwischenbilanzerstellung*;

(6) *Beachtung des nationalen Aktiennachgründungsrechts*;

(7) *Zuleitung des Verschmelzungsplans an die Betriebsräte*;

(8) Bekanntmachung und Offenlegung des Verschmelzungsplans;

(9) Arbeitnehmerbeteiligung;

(10) *Kartellanmeldungen*;

(11) *Kapitalerhöhung*;

(12) Einberufung der Anteilseignerversammlungen;

(13) Durchführung der Anteilseignerversammlungen;

(14) Interne Gründungsprüfung;

(15) *Satzungsanpassung an Arbeitnehmerbeteiligungsvereinbarung*;

(16) Aufstellung *und Prüfung* der Schlussbilanzen;

(17) Zweistufige Rechtmäßigkeitskontrolle;

(18) Eintragung der SE;

(19) *Pflichtangebot bei börsennotierten Gesellschaften*.

---

86   Art. 2 Abs. 1 SE-VO.
87   Vgl. oben § 2 Rn. 23 ff.

2. Verfahrensplanung

52 Um das Verfahren zu Verschmelzungsgründung einer SE möglichst effizient zu gestalten, sollte frühzeitig ein detaillierter Zeitplan erstellt werden, der alle erforderlichen Maßnahmen umfasst. Bei der Zeitplanung sind folgende Parameter zu beachten:

- Vor der Einberufung der Hauptversammlung, die über die Verschmelzung beschließt, sind der Verschmelzungsplan und der Verschmelzungsbericht aufzustellen. Außerdem muss, außer in besonderen Fällen, eine Prüfung der Verschmelzung durch einen oder mehrere unabhängige Sachverständige stattfinden. Sämtliche Prüfberichte müssen gleichfalls vor der Einberufung der Anteilseignerversammlungen vorliegen.

- Vor der Einberufung der Hauptversammlung, die über die Verschmelzung beschließt, ist der Verschmelzungsplan bzw. sein Entwurf dem Handelsregister einzureichen.[88]

- Spätestens von der Einberufung der Hauptversammlung an müssen u.a. der Verschmelzungsplan oder sein Entwurf, Jahresabschlüsse, Verschmelzungsberichte und Prüfungsberichte in den Geschäftsräumen der Gesellschaft zur Einsicht ausgelegt werden.[89] Das deutsche Recht verlangt die Auslegung der Unterlagen aller an der Verschmelzung beteiligten Rechtsträger, d.h. es sind auch Verschmelzungsberichte, Jahresabschlüsse und Prüfberichte der weiteren zu verschmelzenden Gesellschaften (übertragende und aufnehmende Gesellschaften) auszulegen.

- Bezieht sich der letzte Jahresabschluss einer beteiligten Gesellschaft auf ein Geschäftsjahr, das mehr als sechs Monate vor der Erstellung des Verschmelzungsplans oder der Aufstellung seines Entwurfs abgelaufen ist, muss zusätzlich eine Bilanz ausgelegt werden, die auf einen Stichtag lautet, der nicht vor dem ersten Tag des dritten Monats liegt, der der Erstellung des Verschmelzungsplans oder seines Entwurfs vorausgeht.[90]

- Der Verschmelzungsvertrag oder sein Entwurf muss spätestens einen Monat vor dem Tag der Versammlung der Anteilsinhaber, die über die Zustimmung zum Verschmelzungsvertrag beschließen soll, dem zuständigen Betriebsrat der jeweiligen Gründungsgesellschaft zugeleitet werden.[91]

- Die Verschmelzung kann nur eingetragen werden, wenn eine Vereinbarung über die Beteiligung der Arbeitnehmer in der SE abgeschlossen, ein Beschluss über den Abbruch der Verhandlungen gefasst wurde oder die Frist für die Einigung über eine Vereinbarung zur Beteiligung der Arbeitnehmer in der SE abgelaufen ist, ohne dass eine Vereinbarung zustande kam.[92] Diese Frist beträgt sechs Monate und kann einvernehmlich auf bis zu ein Jahr verlängert werden.[93] Es muss also damit gerechnet werden, dass die Verhandlungen über die Beteiligung der Arbeitnehmer in der SE ein Jahr dauern können.

- Die Hauptversammlung jeder sich verschmelzenden Gesellschaft kann beschließen, dass sie der Vereinbarung über die Beteiligung der Arbeitnehmer in der SE zustimmen muss. Wird hiermit gerechnet, kann es sich empfehlen, die Hauptversammlung erst nach dem Abschluss

---

88 Art. 18 SE-VO, § 61 UmwG.
89 Art. 18 SE-VO, § 63 UmwG. Die Hauptversammlung muss gemäß § 123 Abs. 1 AktG mindestens 30 Tage vor dem Tag der Hauptversammlung einberufen werden. Diese Frist verlängert sich um Anmeldefristen. Insgesamt ist deshalb mit einer Einberufungsfrist von ca. fünf bis sechs Wochen zu rechnen.
90 Art. 18 SE-VO, § 63 Abs. 1 Nr. 3 UmwG.
91 Art. 18 SE-VO i.V.m. § 5 Abs. 3 UmwG.
92 Art. 26 Abs. 3 SE-VO.
93 § 20 SEBG.

der Vereinbarung abzuhalten und gleichzeitig die Zustimmung zur Verschmelzung und zu der Vereinbarung einzuholen.

■ Jede der sich verschmelzenden Gesellschaften muss die Bescheinigung ihres Staates, dass die der Verschmelzung vorangehenden Rechtshandlungen und Formalitäten durchgeführt wurden, binnen sechs Monaten nach ihrer Ausstellung der zuständigen Behörde im künftigen Sitzstaat der SE vorlegen.

■ Der Anmeldung zum Register einer deutschen übertragenden Gesellschaft ist eine Schlussbilanz beizufügen, deren Stichtag höchstens acht Monate vor der Anmeldung liegenden darf.[94]

3.   Verfahrensvollzug

a)   Unternehmensbewertung

Das Umtauschverhältnis sowie ggf. die Höhe einer Ausgleichsleistung sind im Verschmelzungsplan anzugeben.[95] Grundlage der Festlegung des Umtauschverhältnisses, für dessen Bestimmung es auf die Wertrelation zwischen übertragendem und übernehmendem Rechtsträger ankommt, ist eine Bewertung der an der Verschmelzung beteiligten Rechtsträger.   53

❗ Praxishinweis: 54

Die SE-VO macht keine Angaben zur Bewertungsmethode, so dass das jeweilige nationale Recht berufen ist.[96] Das deutsche Recht schreibt gleichfalls keine Bewertungsmethode vor; in der Praxis vorherrschend ist die Ertragswertmethode.[97] Entscheidend ist, dass für alle beteiligten Unternehmen die gleiche Bewertungsmethode angewendet wird.[98] Praktische Probleme ergeben sich dabei, wenn die Bewertungsmethoden oder ihnen zu Grunde liegende Faktoren (z.B. Zinssätze, Risikofaktoren) je nach nationalem Recht divergieren.[99] Sind börsennotierte Unternehmen an der Verschmelzung beteiligt, stellt sich zudem die Frage, ob der Börsenkurs bei der Unternehmensbewertung heranzuziehen ist.[100] Es empfiehlt sich, frühzeitig eine Abstimmung zwischen allen beteiligten Gesellschaften über die anzuwendende Bewertungsmethode und die bei der Berechnung zu berücksichtigenden Faktoren herbeizuführen.

Im Verschmelzungsbericht ist das Umtauschverhältnis rechtlich und wirtschaftlich zu erläutern.[101] Die Verschmelzungsprüfung muss die Angemessenheit des Umtauschverhältnisses untersuchen und die zugrunde liegende Bewertungsmethode darlegen.[102]   55

Eine Unternehmensbewertung kann entfallen, wenn eine 100 %ige Tochtergesellschaft auf ihre Muttergesellschaft verschmolzen wird.[103] Denn in diesem Fall ist eine Kapitalerhöhung bei der aufnehmenden Gesellschaft und damit die Festlegung eines Umtauschverhältnisses nicht erforderlich.   56

---

94   Art. 18 SE-VO, § 17 Abs. 2 UmwG.
95   Art. 20 Abs. 1 Satz 2 lit. b SE-VO.
96   Art. 18 SE-VO.
97   *Lutter/Drygala*, in: Lutter, UmwG, § 5 Rn. 23, 29. Zu den einzelnen Aspekten der Unternehmensbewertung: IDW Standard 1, WPg 2005, 1303 ff.; *Großfeld*, NZG 2002, 353 ff.; *ders.*, Unternehmens- und Anteilsbewertung im Gesellschaftsrecht; *Neun*, in: Theisen/Wenz, Die Europäische Aktiengesellschaft, B II 2 ac.
98   *Lutter/Drygala*, in: Lutter, UmwG, § 5 Rn. 26.
99   *Schwarz*, SE-VO, Art. 20 Rn. 25 f.; *Neun*, in: Theisen/Wenz, Die Europäische Aktiengesellschaft, B II 2 ac.
100 Vgl. *Lutter/Drygala*, in: Lutter, UmwG, § 5 Rn. 23 ff.
101 Art. 18 SE-VO i.V.m. § 8 Abs. 1 UmwG.
102 Art. 18 SE-VO i.V.m. § 12 Abs. 2 UmwG.
103 Art. 31 Abs. 1 Satz 1 SE-VO.

2

b)   Aufstellung des Verschmelzungsplans

57   Die Leitungs- oder Verwaltungsorgane der sich verschmelzenden Gesellschaften müssen einen Verschmelzungsplan aufstellen.[104]

aa)   Inhalt, Sprache

58   Der Mindestinhalt des Verschmelzungsplans ist in Art. 20 Abs. 1 SE-VO festgelegt. Zusätzliche Pflichtangaben des jeweiligen nationalen Verschmelzungsrechts – z.B. nach § 5 Abs. 1 Nr. 9 oder § 122 c Abs. 2 Nr. 4 und 10 UmwG über die Folgen der Verschmelzung für die Arbeitnehmer und ihre Vertretungen – müssen nicht gemacht werden.[105] Die Gründungsgesellschaften sind allerdings ausdrücklich ermächtigt, freiwillig darüber hinausgehende Angaben in den Verschmelzungsplan aufzunehmen.[106]

59   Die SE-VO beinhaltet keine Regelung zur Sprache des Verschmelzungsplans. Zu bedenken ist aber, dass die Hauptversammlungen der beteiligten Gesellschaften dem Verschmelzungsplan zustimmen müssen und er den nationalen Behörden im Rahmen der Rechtmäßigkeitskontrolle vorzulegen ist. Deshalb ist es erforderlich, den Verschmelzungsplan in den jeweiligen Sprachen der beteiligten Mitgliedstaaten zu erstellen. Im Rahmen der Rechtmäßigkeitskontrolle wird geprüft, ob die verschmelzenden Gesellschaften einem „gleich lautenden" Verschmelzungsplan zugestimmt haben.[107] Die einzelnen Gründungsgesellschaften müssen also einen einheitlichen Verschmelzungsplan aufstellen,[108] wobei das Gleichlauten der jeweiligen Sprachfassungen durch beglaubigte Übersetzungen nachzuweisen ist.[109]

60   🛑 Praxishinweis:

Stammen die an der Gründung beteiligten Gesellschaften aus verschiedensprachigen Staaten wird es sich meist empfehlen, mit der Erstellung des Verschmelzungsplans in einer Sprache zu beginnen. Aus praktischen Gründen wird dies meist Englisch sein. Es muss dann aber ausreichend Zeit für die Übersetzung(en) eingeplant werden.

61   Der Verschmelzungsplan muss im Einzelnen den folgenden Mindestinhalt haben:[110]

■ *Firma und Sitz der beteiligten Rechtsträger*[111]

62   Zunächst müssen die Firma und der Sitz der sich verschmelzenden Gesellschaften sowie die für die entstehende SE vorgesehene Firma einschließlich des Zusatzes „SE"[112] und ihr geplanter Sitz angegeben werden. Für die Firma einer deutschen SE gelten außerdem die Firmierungsregelungen der §§ 17 ff. HGB. Der Sitz der entstehenden SE muss sich nicht in einem der Staa-

---

104 Art. 20 Abs. 1 Satz 1 SE-VO. *Schäfer*, in: MünchKomm AktG, Art. 2 SE-VO Rn. 4 ist der Auffassung, bei einer beteiligten monistischen SE seien die geschäftsführenden Direktoren für die Aufstellung des Verschmelzungsplans zuständig. *Oechsler*, in: MünchKomm AktG, Art. 8 SE-VO Rn. 10 ist für die gleichlautende Vorschrift zur Sitzverlegung der Auffassung, bei der monistischen SE sei der Verwaltungsrat für die Aufstellung des Verlegungsplans zuständig.

105 *Schwarz*, SE-VO, Art. 20 Rn. 46; *Neun*, in: Theisen/Wenz, Die Europäische Aktiengesellschaft, B II 2 adb.

106 Art. 20 Abs. 2 SE-VO.

107 Art. 26 Abs. 3 SE-VO.

108 *Schwarz*, SE-VO, Art. 20 Rn. 10 m.w.N. Es ist streitig, ob ein einheitlicher Verschmelzungsplan aller beteiligten Gesellschaften oder mehrere Verschmelzungspläne aufgestellt werden. Große praktische Auswirkungen ergeben sich aus diesem Streit nicht. Denn auch bei Aufstellung mehrerer Verschmelzungspläne müssten diese eben gleich lauten.

109 Für Deutschland vgl. § 8 FGG i.V.m. § 184 GVG.

110 Art. 20 Abs. 1 Satz 2 SE-VO.

111 Art. 20 Abs. 1 Satz 1 lit. a.

112 Art. 11 Abs. 1 SE-VO.

ten befinden, in dem die verschmelzenden Gesellschaften ihren Sitz haben.[113] Der Satzungssitz der SE muss in dem Mitgliedstaat liegen, in dem sich die Hauptverwaltung der Gesellschaft befindet.[114] Bei einer entstehenden deutschen SE muss der Satzungssitz sich außerdem am selben Ort wie die Hauptverwaltung befinden.[115]

■ *Umtauschverhältnis, Ausgleichsleistung*[116]

Über das Umtauschverhältnis und gegebenenfalls die Höhe der Ausgleichsleistung müssen Angaben gemacht werden. Das Umtauschverhältnis legt fest, wie viele Anteile des übernehmenden Rechtsträgers auf einen Anteil des jeweiligen übertragenden Rechtsträgers entfallen. Diese Angabe dient in erster Linie der Information für die Aktionäre, da ihr Vermögen hierdurch direkt betroffen wird. Grundlage für die Ermittlung des Umtauschverhältnisses ist die Unternehmensbewertung der beteiligten Gesellschaften. Ausgleichsleistungen dienen dem Ausgleich von Spitzenbeträgen bei der Berechnung des Umtauschverhältnisses. Sie müssen in bar erfolgen[117] und sind der Höhe nach auf den zehnten Teil des Nennbetrages oder, wenn ein Nennbetrag nicht vorhanden ist, des rechnerischen Werts der gewährten Aktien beschränkt.[118]

63

Die Angabe entfällt, wenn eine 100%ige Tochtergesellschaft auf ihre Muttergesellschaft verschmolzen wird.[119]

64

■ *Übertragung der Aktien*[120]

Einzelheiten zum Übertragungsvorgang bezüglich der SE-Aktien müssen im Verschmelzungsplan festgelegt werden. Dieser richtet sich nach dem jeweiligen Recht des Sitzstaats der übertragenden Rechtsträger. In Deutschland kommen die Vorschriften der §§ 71 und 73 UmwG zu Anwendung, wonach jede übertragende Gesellschaft für den Empfang der zu gewährenden Aktien und der baren Zuzahlung einen Treuhänder bestellen muss.[121] Außerdem sind Angaben über die Höhe der mit dem Anteilstausch verbundenen Kosten und die Herkunft der ausgegebenen Anteile (aus einer Kapitalerhöhung oder eigene Anteile) zu machen.[122]

65

Die Angabe entfällt, wenn eine 100%ige Tochtergesellschaft im Wege der Aufnahme auf ihre Muttergesellschaft verschmolzen wird.[123]

66

■ *Beginn des Dividendenrechts*[124]

Der Beginn des Dividendenrechts, also der Zeitpunkt, von dem an die Aktien der SE das Recht auf Beteiligung am Gewinn gewähren, muss im Verschmelzungsplan genannt werden. Er unterliegt grundsätzlich keiner besonderen Regelung und kann frei – auch abweichend vom Verschmelzungsstichtag – bestimmt werden.

67

---

113 Str.: Nur für die Verschmelzung durch Neugründung: *Schäfer*, in: MünchKomm AktG, Art. 20 SE-VO Rn. 13; *Ihrig/Wagner*, BB 2003, 969, 973 Fn. 67; weitergehend auch für die Verschmelzung durch Aufnahme *Schwarz*, SE-VO, Art. 20 Rn. 21.
114 Art. 7 SE-VO.
115 Art. 7 Satz 2 SE-VO, § 2 SEAG.
116 Art. 20 Abs. 1 Satz 2 lit. b SE-VO.
117 A. A. *Schäfer*, in: MünchKomm AktG, Art. 20 Rn. 14, der Sachleistungen für zulässig erachtet, sofern sie im nationalen Recht des betroffenen Mitgliedstaats vorgesehen sind.
118 Art. 17 Abs. 2 Unterabs. 1 lit. a bzw. b i.V.m. Art. 3 Abs. 1 bzw. Art. 4 Abs. 1 Dritte RiL. *Schwarz*, SE-VO, Art. 20 Rn. 29.
119 Art. 31 Abs. 1 Satz 1 SE-VO.
120 Art. 20 Abs. 1 Satz 2 lit. c SE-VO.
121 Dies gilt nicht automatisch auch für eine ausländische Gründungsgesellschaft. *Neun*, in: Theisen/Wenz, Die Europäische Aktiengesellschaft, B II 2 add (3); *Schwarz*, SE-VO, Art. 20 Rn. 30.
122 *Schäfer*, in: MünchKomm AktG, Art. 20 Rn. 16; *Lutter/Drygala*, in: Lutter, UmwG, § 5 Rn. 37.
123 Art. 31 Abs. 1 Satz 1 SE-VO.
124 Art. 20 Abs. 1 Satz 2 lit. d SE-VO.

68 **!** Praxishinweis:

Es empfiehlt sich, einen variablen Stichtag zu bestimmen, weil sich die Eintragung der SE aufgrund der Vielschichtigkeit des Gründungsverfahrens verzögern kann.

69 Die Angabe entfällt, wenn eine 100%ige Tochtergesellschaft auf ihre Muttergesellschaft verschmolzen wird.[125]

■ *Verschmelzungsstichtag*[126]

70 Der Verschmelzungsstichtag muss im Verschmelzungsplan festgelegt werden. Dies ist der Zeitpunkt, von dem an die Handlungen der sich verschmelzenden Gesellschaften unter dem Gesichtspunkt der Rechnungslegung als für Rechnung der SE vorgenommen gelten.[127] Die Pflicht der SE Gesellschaft zu Rechnungslegung über die Geschäfte der Gründungsgesellschaften beginnt mit diesem Verschmelzungsstichtag.[128] Er ist daher maßgebend für die handels- und steuerrechtliche Gewinnermittlung und muss mit dem Stichtag der Schlussbilanz der übertragenden Rechtsträger übereinstimmen.[129] Im Übrigen kann er frei festgelegt werden, wobei allerdings sichergestellt werden muss, dass die Rechnungslegung der übertragenden Rechtsträger nicht vor dem Gewinnbezugsrecht ihrer Anteilsinhaber endet.

71 **!** Praxishinweis:

Typischerweise wird als Verschmelzungsstichtag und Beginn des Dividendenrechts ein Geschäftsjahresende bzw. -beginn gewählt. Da sich die Registereintragung angesichts der Komplexität des Verschmelzungsverfahrens über ein Geschäftsjahresende hinaus verzögern kann, empfiehlt es sich, sowohl für den Beginn des Dividendenrechts als auch für den Verschmelzungsstichtag eine variable Stichtagsregelung vorzunehmen.[130]

Weichen die Geschäftsjahre der übertragenden Gesellschaften voneinander ab, sollen aber dennoch die Jahresabschlussbilanzen als Schlussbilanzen verwendet werden, empfiehlt sich die Festlegung unterschiedlicher Verschmelzungsstichtage. Da bisher nicht geklärt ist, ob dies bei der SE-Gründung wie im deutschen Recht zulässig ist,[131] sollte ein solches Vorgehen jedoch vorab mit den für die Eintragung zuständigen Behörden geklärt werden.

■ *Gewährung von Sonderrechten*[132]

72 Im Verschmelzungsplan muss dargestellt werden, welche Rechte die SE den mit Sonderrechten ausgestatteten Aktionären der Gründungsgesellschaften und den Inhabern anderer Wertpapiere als Aktien gewährt, bzw. welche Maßnahmen für diese vorgeschlagen werden. Hierunter fallen Angaben über Vorzugsaktien, Mehrfach- und Höchststimmrechte sowie Schuldverschreibungen und Genussrechte. Erforderlich ist die Darstellung aller Sonderrechte, nicht nur derer, die aus Anlass der Verschmelzung gewährt werden. Zu erwähnen ist beispielsweise die Gewährung von Vorzugsaktien an Aktionäre, die bereits bei einer Gründungsgesellschaft Vorzugsaktionäre waren.[133]

---

125 Art. 31 Abs. 1 Satz 1 SE-VO
126 Art. 20 Abs. 1 Satz 2 lit. e SE-VO
127 Art. 20 Abs. 1 Satz 2 lit. e SE-VO.
128 So zum deutschen Verschmelzungsrecht: *Mayer,* in: Widmann/Mayer, UmwG, § 5 Rn. 153; *Müller,* in: Kallmeyer, UmwG, § 5 Rn. 33.
129 *Schwarz,* SE-VO, Art. 20 Rn. 32.
130 Vgl. Formulierungsvorschlag bei *Lutter/Drygala,* in: Lutter, UmwG, § 5 Rn. 43 Fn. 4.
131 *Schwarz,* SE-VO, Art. 20 Rn. 33; jedenfalls für Deutschland *Neun,* in: Theisen/Wenz, Die Europäische Aktiengesellschaft, B II 2 add (5).
132 Art. 20 Abs. 1 Satz 2 lit. f SE-VO.
133 *Schwarz,* SE-VO, Art. 20 Rn. 37.

■ *Gewährung von Sondervorteilen*[134]

Des Weiteren muss die Gewährung besonderer Vorteile an die mit der Verschmelzung befass-   73
ten Sachverständigen, die den Verschmelzungsplan prüfen, oder die Mitglieder der Verwal-
tungs-, Leitungs-, Aufsichts- oder Kontrollorgane der sich verschmelzenden Gesellschaften
angegeben werden. Dadurch sollen die Aktionäre über etwaige Interessenkonflikte informiert
werden. Hierher gehören insbesondere Abfindungszahlungen an ausscheidende Organmitglieder.

■ *Satzung der SE*[135]

Der Verschmelzungsplan muss die Satzung der entstehenden SE beinhalten. Dies gilt auch   74
bei der Verschmelzung durch Aufnahme, bei der eine aufnehmende Aktiengesellschaft sich
gleichzeitig in eine SE umwandelt.[136] Der Inhalt der Satzung und zulässige Satzungsregeln ergeben sich vorwiegend aus dem anwendbaren nationalen Aktienrecht. Für eine SE in Deutschland bedeutet dies, dass von den zwingenden Regelungen des AktG nicht abgewichen werden
kann.[137] Insbesondere darf die Satzung zu keinem Zeitpunkt im Widerspruch zur ausgehandelten Vereinbarung über die Beteiligung der Arbeitnehmer stehen und muss daher ggf. entsprechend geändert werden.[138]

Die Feststellung der Satzung richtet sich nach dem jeweiligen nationalen Recht des künf-   75
tigen Sitzstaats der SE, d.h. für eine deutsche SE bedarf es der notariellen Beurkundung der
Satzung.[139] Diesem Erfordernis kann auch durch notarielle Beurkundung des gesamten Verschmelzungsplans genüge getan werden.

■ *Beteiligung der Arbeitnehmer*[140]

Im Verschmelzungsplan sind Angaben zu dem Verfahren zur Beteiligung der Arbeitnehmer in   76
der SE zu machen. Dieses Verfahren ist auf europäischer Ebene in der SE-RL und in Deutschland im SEBG geregelt. Der Verschmelzungsplan muss die Rechtslage zur Beteiligung der Arbeitnehmer schildern und dabei auch Angaben über Auffangregelungen enthalten, falls keine
einvernehmliche Lösung zur Arbeitnehmerbeteiligung gefunden wird.[141] Möglich ist nur eine
Beschreibung aus Sicht ex-ante. Denn die Verhandlungen über die Beteiligung der Arbeitnehmer beginnen erst nach der Aufstellung und Offenlegung des Verschmelzungsplans.[142]

■ *Abfindungsangebot*[143]

Bei der Verschmelzungsgründung einer SE, die ihren Sitz nicht in Deutschland haben soll,   77
muss eine deutsche (übertragende) Gründungsgesellschaft jedem Aktionär, der gegen den
Verschmelzungsbeschluss Widerspruch zur Niederschrift erklärt hat, den Erwerb seiner Ak-
tien gegen eine angemessene Barabfindung anbieten.[144] Das Barabfindungsangebot ist in den
Verschmelzungsplan aufzunehmen und muss in seinem vollen Wortlaut in der Einladung zur
Hauptversammlung, die über die Verschmelzung beschließt, enthalten sein.[145]

---

134 Art. 20 Abs. 1 Satz 2 lit. g SE-VO.
135 Art. 20 Abs. 1 Satz 2 lit. h SE-VO.
136 *Neun*, in: Theisen/Wenz, Die Europäische Aktiengesellschaft, B II 2 add (8).
137 Art. 9 Abs. 1 lit. c (iii) SE-VO i.V.m. § 23 Abs. 5 AktG, vgl. zu Satzungsbestimmungen § 3 Rn. 241 ff.
138 Art. 12 Abs. 4 SE-VO.
139 Art. 15 Abs. 1 SE-VO i.V.m. § 23 Abs. 1 AktG. *Schwarz*, SE-VO, Art. 20 Rn. 40.
140 Art. 20 Abs. 1 Satz 2 lit. i SE-VO.
141 *Schäfer*, in: MünchKomm AktG AktG, Art. 2 SE-VO Rn. 21. Siehe auch § 2 Rn. 636 ff., 743 ff.
142 § 4 Abs. 2 SEBG.
143 § 7 SEAG.
144 § 7 Abs. 1 Satz 1 SEAG. Vgl. unten § 2 Rn. 172 ff.
145 § 7 Abs. 1 Satz 3 SEAG.

bb) Formerfordernis und Zeitpunkt der Beurkundung

78 Die SE-VO enthält keine Anforderungen an die Form des Verschmelzungsplans. Es gelten deshalb über Art. 18 SE-VO die jeweils strengsten Formerfordernisse der beteiligten nationalen Rechtsordnungen für den einheitlichen Verschmelzungsplan.[146] Zur Wirksamkeit des Verschmelzungsplans bedarf es bei der Beteiligung einer deutschen Gesellschaft deshalb der notariellen Beurkundung.[147] Verlangen mehrere beteiligte Staaten die Beurkundung, stellt sich die Frage, ob die Beurkundung in einem Mitgliedstaat ausreicht. Dahinter steht die Frage, ob eine Beurkundung im Ausland anerkannt wird. Dies ist in Deutschland nach herrschender Meinung nur der Fall, wenn die Auslandsbeurkundung hinsichtlich Urkundsperson und -verfahren gleichwertig ist und wird von den Registergerichten mit gewisser Skepsis beurteilt.[148] Für die supranationale Rechtsform der SE wird vertreten, dass an die Gleichwertigkeit geringere Anforderungen zu stellen seien, weil die Verschmelzung sich nach der in allen Mitgliedstaaten geltenden SE-VO richtet. Deshalb könne davon ausgegangen werden, dass die für die Beurkundung erforderlichen Rechtskenntnisse in allen Mitgliedstaaten gleichermaßen vorhanden sind.[149]

79 ⊕ Praxishinweis:

Um die Eintragung der SE nicht zu verzögern, sollte eine etwa geplante Auslandsbeurkundung jedenfalls mit beteiligten deutschen Registergerichten vorab besprochen werden.

80 Vor der Beurkundung besteht der Verschmelzungsplan nur als Entwurf. Nach deutschem Recht ist es zulässig, der Hauptversammlung diesen Entwurf zur Abstimmung vorzulegen.[150] Der deutsche Gesetzgeber geht zutreffend in § 7 Abs. 1 Satz 1 SEAG davon aus, dass dies bedenkenlos auch auf den Verschmelzungsplan betreffend die SE-Gründung übertragen werden kann.[151]

81 ⊕ Praxishinweis:

Zur Vermeidung kostenaufwendiger Nachbeurkundungen aufgrund von Änderungen durch die Hauptversammlungen oder zur Anpassungen der mitbeurkundeten Satzung, die aufgrund des Ergebnisses der Verhandlungen über die Arbeitnehmerbeteiligung erforderlich werden, empfiehlt es sich, die Beurkundung erst unmittelbar vor Durchführung der Rechtmäßigkeitskontrolle vorzunehmen.

c) Erstattung eines Verschmelzungsberichts

82 Die SE-VO macht keine Aussagen über den Verschmelzungsbericht der Verwaltungs- oder Leitungsorgane der Gründungsgesellschaften, geht aber gleichwohl von einer Pflicht zu seiner Aufstellung aus.[152] Nähere Regelungen sind daher dem nationalen Recht zu entnehmen.[153] Dies bedeutet für eine deutsche Aktiengesellschaft als Gründungsgesellschaft, dass die im Folgenden erläuterten Vorgaben des § 8 UmwG auf sie Anwendung finden.

---

146 *Schwarz*, SE-VO, Art. 20 Rn. 50.
147 § 6 UmwG. *Neun*, in: Theisen/Wenz, Die Europäische Aktiengesellschaft, B II 2 ade (1); *Schäfer*, in: MünchKomm AktG, Art. 20 Rn. 6; a.A. *Schulz/Geismar*, DStR 2001, 1078, 1080.
148 Vgl. *Lutter/Drygala*, in: Lutter, UmwG, § 6 Rn. 8 f. m.w.N.
149 *Neun*, in: Theisen/Wenz, Die Europäische Aktiengesellschaft, B II 2 ade (2); *Schwarz*, SE-VO, Art. 20 Rn. 53.
150 § 4 Abs. 2 UmwG.
151 *Neun*, in: Theisen/Wenz, Die Europäische Aktiengesellschaft, B II 2 ade (1); *Schwarz*, SE-VO, Art. 20 Rn. 53.
152 Dies ergibt der Umkehrschluss aus Art. 32 Abs. 2 Satz 2 SE-VO. *Neun*, in: Theisen/Wenz, Die Europäische Aktiengesellschaft, B II 2 ae; *Schwarz*, SE-VO, Art. 20 Rn. 57.
153 Art. 18 SE-VO.

Der Verschmelzungsbericht dient in erster Linie der Information der Aktionäre. In ihm werden   83
die Zahlen und Fakten aus dem Verschmelzungsplan rechtlich und wirtschaftlich erläutert. Dies
betrifft insbesondere das Umtauschverhältnis.

Ein Verschmelzungsbericht ist für beteiligte deutsche Gesellschaften nicht erforderlich, wenn eine   84
100 %ige Tochtergesellschaft auf ihre Muttergesellschaft verschmolzen wird oder wenn alle Anteilsinhaber auf seine Erstattung verzichten.[154] Bei der SE-Verschmelzung ist es ausreichend, dass
die Anteilsinhaber der betroffenen deutschen Gesellschaft den Verzicht erklären. Ein solcher Verzicht berührt jedoch nicht die Berichtspflicht für andere Gründungsgesellschaften.[155]

aa)   Berichtspflichtiger und Form

Der Verschmelzungsbericht ist vom Vorstand der Aktiengesellschaft schriftlich zu erstatten. Er   85
muss von sämtlichen Vorstandsmitgliedern eigenhändig unterzeichnet werden. Stellvertretung
ist nicht zulässig.[156]

Das deutsche Recht gestattet die Erstellung eines gemeinsamen Verschmelzungsberichts für alle   86
beteiligten Gesellschaften. Das Gleiche gilt bei der Verschmelzungsgründung einer SE, sofern die
übrigen beteiligten Rechtsordnungen dies gleichfalls zulassen. Der gemeinsame Verschmelzungsbericht muss dann alle inhaltlichen Anforderungen aller beteiligten Rechtsordnungen erfüllen.[157]

bb)   Inhalt

Der Verschmelzungsbericht betreffend eine beteiligte deutsche Gesellschaft muss den Verschmel-   87
zungsplan einschließlich der Satzung der SE und insbesondere das Umtauschverhältnis der
Aktien rechtlich und wirtschaftlich erläutern und begründen.[158] Er muss den wirtschaftlichen
Hintergrund der Verschmelzung erläutern, eine Abwägung der Vor- und Nachteile und die wirtschaftlichen Auswirkungen der Verschmelzung enthalten und Alternativen zur Verschmelzung
diskutieren. Da der Verschmelzungsplan für die Aktionäre bestimmt ist, liegt sein Schwerpunkt
auf der Frage, wie sich die Rechtsstellung der Aktionäre infolge der Verschmelzung verändert.[159]
Er muss Angaben über die Mitgliedschaft bei dem übernehmenden Rechtsträger, das Umtauschverhältnis und die Veränderung der Beteiligungsquote bzw. Struktur umfassen. Bei der Begründung des Umtauschverhältnisses ist auch auf besondere Schwierigkeiten bei der Bewertung der
beteiligten Rechtsträger einzugehen. Außerdem ist die Höhe einer anzubietenden Barabfindung
zu begründen.[160] Die Gesellschafter müssen über alle wesentlichen Umstände, die für die Entscheidung über die Zustimmung zur Erteilung oder Versagung der Verschmelzung wichtig sind,
ausführlich informiert werden.[161] Im Rahmen der Erläuterung des Verschmelzungsplans ist auch
auf das Verfahren zur Beteiligung der Arbeitnehmer in der SE einzugehen. Der Verschmelzungsbericht muss außerdem Angaben zu verbundenen Unternehmen enthalten.

Die Berichterstattung hat in einer Art und Weise zu erfolgen, die den Verschmelzungsvorgang   88
auch für den nicht mit dem Vorgang vertrauten Aktionär so verständlich macht, dass er als relativer Laie eine Entscheidungsgrundlage erhält. Gleichzeitig muss der Aktionär aber nicht über
alle Einzelheiten informiert werden, sondern es soll ihm eine Plausibilitätskontrolle ermöglicht
werden. Der Verschmelzungsbericht dient ferner den Sachverständigen als eine der Grundlagen

---

154 § 8 Abs. 3 Satz 1 UmwG.
155 *Schwarz*, SE-VO, Art. 20 Rn. 60 f.
156 *Lutter/Drygala*, in: Lutter, UmwG, § 8 Rn. 8 f.
157 *Schwarz*, SE-VO, Art. 20 Rn. 59.
158 § 8 Abs. 1 Satz 1 1. Halbs. UmwG.
159 *Lutter/Drygala*, in: Lutter, UmwG, § 8 Rn. 5.
160 *Schwarz*, SE-VO, Art. 20 Rn. 64.
161 Grundlegend BGH, Urteil v. 22.5.1989, BGHZ 107, 296, 304 ff.

ihrer Prüfung.[162] Weitere Einzelheiten zum Inhalt eines Verschmelzungsberichts einer deutschen Aktiengesellschaft finden sich in der Literatur und Rechtsprechung zu § 8 UmwG.[163]

89 ❗ Praxishinweis:

Mängel des Verschmelzungsberichts erhöhen das Risiko der Anfechtung des Verschmelzungsbeschlusses. Besondere Sorgfalt gilt es hier bei der Erläuterung des Umtauschverhältnisses walten zu lassen. Zwar kann die Angemessenheit des Umtauschverhältnisses von Aktionären übertragender deutscher Gesellschaften grundsätzlich nur im Spruchverfahren angegriffen werden. Dies schließt nach verbreiteter Meinung jedoch Anfechtungsklagen wegen eines mangelhaften Verschmelzungsberichts, einschließlich Mängeln, die sich auf die Begründung des Umtauschverhältnisses beziehen, jedenfalls dann nicht aus, wenn die Informationsmängel für die Ausübung des Stimmrechts wesentlich sind.[164] Außerdem steht bei der Erstellung des Verschmelzungsberichts nicht in jedem Fall fest, ob auch Aktionäre einer übertragenden deutschen Gesellschaft das Umtauschverhältnis im Wege der Anfechtungsklage oder im Wege des Spruchverfahrens angreifen können. Denn Aktionäre von Gründungsgesellschaften, in deren Mitgliedstaat ein dem Spruchverfahren vergleichbares Institut nicht existiert, müssen der Durchführung eines deutschen Spruchverfahrens erst noch zustimmen.[165]

d) Prüfung der Verschmelzung durch unabhängige Sachverständige

90 Die SE-VO verlangt eine Prüfung des Verschmelzungsplans und die Berichterstattung durch unabhängige Sachverständige.[166] Für eine deutsche Gründungsgesellschaft legen die §§ 60 Abs. 1, 9 ff. UmwG die im Folgenden erläuterten Einzelheiten der Prüfung fest.

91 Die Verschmelzungsprüfung vervollständigt den Schutz der Aktionäre im Vorfeld der Beschlussfassung. Deshalb steht wie im Verschmelzungsbericht das Umtauschverhältnis im Fokus der Prüfung. Die Aktionäre sollen möglichst umfassend über die Folgen einer Verschmelzung informiert werden, bevor sie bezüglich des Verschmelzungsplans ihre Entscheidung treffen.[167]

92 Eine Verschmelzungsprüfung entfällt, wenn eine 100 %ige Tochtergesellschaft auf ihre Muttergesellschaft verschmolzen wird.[168] Nach deutschem Umwandlungsrecht ist eine Prüfung auch dann entbehrlich, wenn sämtliche Anteilseigner der jeweils betroffenen deutschen Gründungsgesellschaft auf sie verzichten. Der Verzicht ist notariell zu beurkunden.[169] Ein solcher Verzicht berührt jedoch nicht die Prüfungspflicht für andere Gründungsgesellschaften.[170]

93 Wird eine SE mit Sitz außerhalb Deutschlands gegründet, muss den Aktionären einer deutschen (übertragenden) Gesellschaft, die gegen den Verschmelzungsbeschluss Widerspruch zur Niederschrift erklären, ein Abfindungsangebot unterbreitet werden. Dieses muss gleichfalls durch einen unabhängigen Sachverständigen geprüft werden.[171] Bei der Verschmelzung einer 100 %igen Tochtergesellschaft auf die Muttergesellschaft oder bei Verzicht aller Anteilsinhaber der betroffenen Gesellschaft ist auch diese Prüfung entbehrlich.[172]

---

162 *Mayer*, in: Widmann/ Mayer, UmwG, § 8 Rn. 6.
163 *Neun*, in: Theisen/Wenz, Die Europäische Aktiengesellschaft, B II 2 aec; *Lutter/Drygala*, in: Lutter, UmwG, § 8 Rn. 13 ff.
164 § 243 Abs. 4 Satz 1 AktG. Vgl. *Marsch-Barner*, in: Kallmeyer, UmwG, § 8 Rn. 34 f.
165 Art. 25 Abs. 3 Satz 1 SE-VO i.V.m. § 6 Abs. 1 SEAG.
166 Art. 22 Unterabs. 1 letzter Halbs. SE-VO.
167 *Müller*, in: Kallmeyer, UmwG, § 9 Rn. 2.
168 Art. 31 Abs. 1 Satz 1 SE-VO.
169 §§ 60, 9 Abs. 3, 8 Abs. 3 Satz 1 Variante 1, Satz 2 UmwG. *Schwarz*, SE-VO, Art. 22 Rn. 9.
170 *Schwarz*, SE-VO, Art. 22 Rn. 9.
171 Vgl. zum Austritts- und Abfindungsrecht § 2 Rn. 172 ff.
172 § 7 Abs. 3 SEAG i.V.m. §§ 12 Abs. 3, 8 Abs. 3 UmwG.

Grundsätzlich richtet sich die Verschmelzungsprüfung nach den Vorschriften des Mitgliedstaates, dessen Recht die Gründungsgesellschaft unterliegt. Art. 22 SE-VO ermöglicht jedoch, statt der eigenständigen Prüfung durch Sachverständige einer jeden sich verschmelzenden Gesellschaft eine gemeinsame Prüfung des Verschmelzungsplans durch einen oder mehreren unabhängige Sachverständige und einen einheitlichen Bericht. Die Sachverständigen haben ein eigenes Auskunfts- und Einsichtsrecht gegenüber allen Gründungsgesellschaften.[173]

94

aa)   Prüfer

Bei getrennter Prüfung für jede verschmelzende Gesellschaft sind die Sachverständigen nach den jeweiligen nationalen Vorschriften zu bestellen,[174] d.h. für deutsche Gesellschaften auf Antrag des jeweiligen Vertretungsorgans durch das Landgericht, in dessen Bezirk ein beteiligter Rechtsträger seinen Sitz hat.[175] Sofern eine einheitliche Prüfung durchgeführt werden soll, beantragen dies die Gründungsgesellschaften gemeinsam bei einem Gericht oder einer Verwaltungsbehörde eines Mitgliedstaats, dessen Recht eine der Gründungsgesellschaften oder die künftige SE unterliegt.[176] In Deutschland ist der Antrag durch die Vorstände sämtlicher Gründungsgesellschaften gemeinsam bei dem am Sitz einer deutschen Gründungsgesellschaft oder der künftigen SE zuständigen Landgericht schriftlich oder zu Protokoll der Geschäftsstelle zu stellen.[177]

95

❗ Praxishinweis:

96

Bei der gemeinsamen Prüfung besteht eine begrenzte Möglichkeit der Rechtswahl. Dies betrifft das Verfahrensrecht und die Regeln der Prüferauswahl. Keine Wahlmöglichkeit besteht hingegen hinsichtlich der materiellen Anforderungen an den Gegenstand und den Inhalt der Prüfung. Vielmehr kommen sämtliche Gesellschaftsstatute der beteiligten Gründungsgesellschaften kumulativ zur Anwendung.[178]

Nur unabhängige Sachverständige können nach der SE-VO Prüfer sein.[179] Demnach dürfen diese in keiner Weise als Aktionäre, Organe, Arbeitnehmer o.ä. mit den Gründungsgesellschaften verbunden sein. Einzelheiten und Anforderungen an die Qualifikation der Sachverständigen ergeben sich aus dem nationalen Recht.[180] Als sachverständige Verschmelzungsprüfer kommen in Deutschland für eine getrennte Prüfung ausschließlich unabhängige Wirtschaftsprüfer und Wirtschaftsprüfungsgesellschaften mit Prüfungsbefugnis nach deutschem Recht in Betracht.[181] Bei einer gemeinsamen Prüfung erscheint es hingegen nicht ausgeschlossen, auch Prüfer aus anderen Mitgliedstaaten zu bestellen.[182]

97

bb)   Inhalt und Umfang der Prüfung

Für den Inhalt und Umfang der Prüfung ist mangels Angaben in der SE-VO auf das weitgehend harmonisierte[183] nationale Recht abzustellen. Die Prüfung bei einer deutschen Gründungsgesellschaft erstreckt sich auf den Verschmelzungsplan oder seinen Entwurf, nicht jedoch auf den Verschmelzungsbericht.[184] Letzterer dient nur als Informationsquelle; ersterer wird von den sach-

98

---

173 Art. 22 Unterabs. 2 SE-VO.
174 *Schwarz*, SE-VO, Art. 22 Rn. 14.
175 Art. 18 SE-VO i.V.m. §§ 60, 10 Abs. 1 Satz 1, Abs. 2 UmwG.
176 *Neun*, in: Theisen/Wenz, Die Europäische Aktiengesellschaft, B II 2 afa.
177 §§ 60, 10 Abs. 1, Abs. 2 UmwG. *Schäfer*, in: MünchKomm AktG, Art. 2 SE-VO Rn. 7.
178 *Schäfer*, in: MünchKomm AktG, Art. 2 SE-VO Rn. 8.
179 Art. 22 Unterabs. 1 SE-VO.
180 Art. 18 SE-VO i.V.m. §§ 60, 11 Abs. 1 UmwG, § 319 Abs. 2, Abs. 3 HGB.
181 Art. 18 SE-VO i.V.m. §§ 60, 11 Abs. 1 UmwG, § 319 Abs. 1 Satz 1 HGB.
182 *Schwarz*, SE-VO, Art. 22 Rn. 25.
183 Art. 10 Abs. 2 Dritte RL.
184 Art. 18 SE-VO i.V.m. §§ 60, 9 Abs. 1 UmwG in SE-VO-konformer Anwendung.

verständigen Prüfern also unter Heranziehung des Verschmelzungsberichts und der von den Gründungsgesellschaften gem. Art. 22 SE-VO zu erteilenden Auskünfte beurteilt.[185] Die Prüfer müssen der Frage nachgehen, ob der Verschmelzungsplan die vorgeschriebenen[186] Angaben enthält und ob diese korrekt sind.[187]

99 ⚠ Praxishinweis:

In der Praxis erfolgt die Verschmelzungsprüfung durch den gerichtlich bestellten Prüfer oft parallel zur internen Unternehmensbewertung und Ermittlung des Umtauschverhältnisses durch von den beteiligten Unternehmen beauftragte Wirtschaftsprüfer. Hierdurch kann das gesamte Verfahren beschleunigt werden. Verschmelzungsprüfung und Erstellung des Verschmelzungsberichts erfolgen gleichzeitig. Dies wird teilweise jedoch im Hinblick auf die erforderliche Unabhängigkeit des gerichtlich bestellten Prüfers für unzulässig erachtet. Die Rechtsprechung gestattet solche Parallelprüfungen jedoch grundsätzlich.[188]

Neben der Verschmelzungsprüfung muss bei der Gründung einer SE mit Sitz außerhalb Deutschlands zusätzlich die Angemessenheit des Abfindungsangebots geprüft werden.[189] Praktischerweise erfolgt dies im Rahmen der allgemeinen Verschmelzungsprüfung, da die Kriterien für die Feststellung der Angemessenheit von Umtauschverhältnis und Abfindung identisch sind. Die Prüfung kann jedoch auch getrennt erfolgen oder es können getrennte Prüfungsberichte erstellt werden.

100 Von besonderer Bedeutung ist bei der Verschmelzungsprüfung das im Verschmelzungsplan angegebene Umtauschverhältnis. Der Prüfungsbericht muss daher Angaben darüber enthalten, ob das Umtauschverhältnis (und das Abfindungsangebot) aus Sicht der Sachverständigen angemessen erscheint.[190] Zu erläutern sind die Methoden, mit denen das Umtauschverhältnis (und das Abfindungsangebot) ermittelt wurde(n), ob diese im Einzelfall den Grundsätzen ordnungsgemäßer Unternehmensbewertung entsprechen und die sich daraus ergebenden Werte.[191] Ferner muss der Bericht Angaben dazu machen, welche „relative Bedeutung" den jeweiligen Methoden beigemessen wurde, falls mehrere Methoden zur Anwendung kamen. Auch muss auf eventuelle Schwierigkeiten bei der Bewertung explizit hingewiesen werden.[192] Es gelten die zu § 12 UmwG entwickelten Grundsätze.[193] Die wirtschaftliche Zweckmäßigkeit der Verschmelzung wird hingegen nicht geprüft. Diese muss allein von den Aktionären beurteilt werden.

cc) **Prüfungsbericht**

101 Um die Aktionäre angemessen zu informieren, haben die Sachverständigen einen schriftlichen Bericht anzufertigen. Ist die Prüfung des Verschmelzungsplans für alle Gründungsgesellschaften gemeinsam erfolgt,[194] muss die Prüfung die gesetzlichen Anforderungen aller beteiligten Mitgliedstaaten erfüllen und das Ergebnis für alle Aktionäre in einem einheitlichen Bericht dargestellt werden. Ansonsten sind Einzelberichte für die jeweiligen Gründungsgesellschaften zu erstellen.[195] Bezüglich der zu verwendenden Sprache wurde keine spezielle Regelung in der SE-VO getroffen. Trotz fehlender gesetzlicher Verpflichtung sollte der Bericht jedoch in alle Sprachen der Mitgliedstaaten übersetzt werden, deren Recht die jeweiligen Gründungsgesellschaften und

---

185 H.M. vgl. *Lutter/Drygala*, in: Lutter, UmwG, § 9 Rn. 12 ff. m.w.N.
186 Art. 20 Abs. 1 SE-VO.
187 *Neun*, in: Theisen/Wenz, Die Europäische Aktiengesellschaft, B II 2 afc.
188 Vgl. *Müller*, in: Kallmeyer, UmwG, § 10 Rn. 27 f.
189 § 7 Abs. 3 SEAG, zur Entbehrlichkeit der Prüfung vgl. oben § 2 Rn. 92 und unten § 2 Rn. 181.
190 Art. 18 SE-VO i.V.m. §§ 60, 12 Abs. 2 Satz 2 Nr. 1 UmwG.
191 Art. 18 SE-VO i.V.m. §§ 60, 12 Abs. 2 Satz 2 Nr. 2 UmwG.
192 Art. 18 SE-VO i.V.m. §§ 60, 12 Abs. 2 Satz 2 Nr. 3 UmwG.
193 Vgl. zu den Grundsätzen *Lutter/Drygala*, in: Lutter, UmwG, § 12 Rn. 6 ff.
194 Art. 22 Unterabs. 1 SE-VO.
195 *Schwarz*, SE-VO, Art. 22 Rn. 26.

die SE unterliegen, da nur so die ausreichende Information aller Aktionäre und damit ihr Schutz gewährleistet werden kann.[196]

e) Zwischenbilanzerstellung

Sofern der Verschmelzungsplan bzw. sein Entwurf erst sechs Monate nach dem Stichtag des letzten Jahresabschlusses aufgestellt wird, müssen die betroffenen deutschen Rechtsträger Zwischenbilanzen erstellen.[197] Der Stichtag einer Zwischenbilanz darf nicht vor dem ersten Tag des dritten Monats liegen, der der Aufstellung des Verschmelzungsplans oder seines Entwurfs vorausgeht. Zwischenbilanzen sind ab Einladung zur Hauptversammlung in den Geschäftsräumen der beteiligten deutschen Aktiengesellschaft auszulegen.

! **Praxishinweis:**

Der Verschmelzungsplan bzw. sein Entwurf sind aufgestellt, wenn sich die Vertretungsorgane der beteiligten Gründungsgesellschaften auf den Inhalt geeinigt haben.[198] Die notarielle Beurkundung ist nicht erforderlich. Die Beteiligten können den maßgeblichen Zeitpunkt also selbst steuern.

f) Beachtung des nationalen Aktiennachgründungsrechts

Ist eine deutsche Aktiengesellschaft als aufnehmende Gesellschaft an der Verschmelzung beteiligt, sind die Nachgründungsvorschriften des AktG einzuhalten, wenn der Verschmelzungsplan in den ersten zwei Jahren seit Eintragung der deutschen aufnehmenden Aktiengesellschaft in das Handelsregister notariell beurkundet wird.[199] Dies gilt allerdings dann nicht, wenn die neu zu gewährenden Aktien der aufnehmenden Gesellschaft nicht mehr als 10 % des Grundkapitals ausmachen.[200] Soweit eine Kapitalerhöhung bei der übernehmenden Gesellschaft durchgeführt wird, ist bei der Berechnung das erhöhte Grundkapital zu Grunde zu legen.[201] Ist Nachgründungsrecht zu beachten, muss der Aufsichtsrat den Verschmelzungsvertrag prüfen und einen Nachgründungsbericht erstellen. Dieser ist von einem gerichtlich bestellten Prüfer zu prüfen, wobei dies der Verschmelzungsprüfer sein kann.[202]

! **Praxishinweis:**

Da die Hauptversammlung über einen Entwurf abstimmen[203] und die notarielle Beurkundung des Verschmelzungsplans nachfolgen kann, ermöglicht eine entsprechende Zeitplanung es, die Durchführung eines Nachgründungsverfahrens zu vermeiden.

102

103

104

105

---

196 *Schwarz*, SE-VO, Art. 22 Rn. 29.
197 Art. 18 SE-VO i.V.m. § 63 Abs. 1 Nr. 3 UmwG. Für die Anwendung des § 63 Abs. 1 Nr. 3 UmwG auf die SE-Verschmelzungsgründung kommt es anstelle des Verschmelzungsvertrags auf den Verschmelzungsplan an.
198 *Grunewald*, in: Lutter, UmwG, § 63 Rn. 4.
199 Art. 18 SE-VO, § 67 Satz 1 UmwG, § 52 Abs. 3, 4, 7 bis 9 AktG; *Schwarz*, SE-VO, Art. 20 Rn. 55.
200 § 67 Satz 2 UmwG.
201 § 67 Satz 3 UmwG; für weitere Einzelheiten siehe *Grunewald*, in: Lutter, UmwG, § 67 m.w.N.
202 *Marsch-Barner*, in: Kallmeyer, UmwG, § 67 Rn. 7.
203 Vgl. oben § 2 Rn. 80.

g)   Zuleitung des Verschmelzungsplans an die Betriebsräte

106   Soweit an der Verschmelzung eine deutsche Aktiengesellschaft beteiligt ist, muss der Verschmelzungsplan spätestens einen Monat vor deren Anteilseignerversammlung dem zuständigen Betriebsrat dieser Gesellschaft zugeleitet werden.[204] Die rechtzeitige Zuleitung muss bei der Anmeldung der Verschmelzung zum Handelsregister, d.h. im Rahmen der Rechtmäßigkeitskontrolle, nachgewiesen werden.[205] Der Betriebsrat kann auf die Einhaltung der Frist,[206] jedoch nicht gänzlich auf die Zuleitung verzichten.[207]

107   Die Zuständigkeit des Betriebsrates richtet sich zwar nach den Vorschriften des BetrVG. Für die Praxis empfiehlt sich zur Sicherheit stets die Zuleitung an alle bei den beteiligten deutschen Rechtsträgern bestehenden Betriebsräte.[208] Falls bei den deutschen Rechtsträgern kein Betriebsrat existiert, entfällt das Zuleitungserfordernis.[209]

h)   Bekanntmachung und Offenlegung des Verschmelzungsplans

108   Art. 21 SE-VO regelt die Publizitätspflichten der Gründungsgesellschaften. Etliche Angaben müssen im Amtsblatt des Mitgliedstaates, dessen Recht die jeweilige Gründungsgesellschaft unterliegt, bekannt gemacht werden. Die Bekanntmachung soll die Gläubiger und die Aktionäre, insbesondere die Minderheitsaktionäre, der Gründungsgesellschaften über das Verschmelzungsvorhaben und ihre Rechte im Verschmelzungsverfahren informieren.[210] In Deutschland trifft die Bekanntmachungspflicht das Registergericht, dem gegenüber die Gründungsgesellschaften die erforderlichen Angaben mitteilen müssen.[211] Die Liste der Mindestangaben in Art. 21 SE-VO ist nicht abschließend. Vorbehaltlich weiterer Auflagen seitens des Mitgliedstaats, dessen Recht die betreffende Gesellschaft unterliegt, müssen nachstehende Angaben bekannt gemacht werden:

- Rechtsform, Firma und Sitz der sich verschmelzenden Gesellschaften,

- das Register, bei dem die sich verschmelzenden Gesellschaften eingetragen sind einschließlich der Nummer der Eintragung in das Register,

- einen Hinweis auf die Modalitäten für die Ausübung der Rechte der Gläubiger, einschließlich der Anleihegläubiger und Sonderrechtsinhaber,[212] und der Minderheitsgesellschafter der betreffenden Gesellschaft gemäß Art. 24 SE-VO sowie die Anschrift, unter der erschöpfende Auskünfte über diese Modalitäten kostenlos eingeholt werden können,

- die für die SE vorgesehene Firma und ihr künftiger Sitz.

109   Die Offenlegung des Verschmelzungsplans richtet sich dagegen nicht nach Art. 21 SE-VO, sondern nach nationalem Recht.[213] In Deutschland ist der Verschmelzungsplan vor der Einberufung der Anteilseignerversammlung, die über die Zustimmung beschließen soll, zum Handelsregister

---

204 Art. 18 SE-VO i.V.m. § 5 Abs. 3 UmwG. *Schwarz,* SE-VO, Art. 21 Rn. 21; *Teichmann,* ZGR 2002, (382), 420; vgl. auch die Kritik an dieser Regelung von *Neun,* in: Theisen/Wenz, Die Europäische Aktiengesellschaft, B II 2 am.
205 Art. 25 Abs. 1 SE-VO i.V.m. § 17 Abs. 1 UmwG.
206 *Mayer,* in: Widmann/Mayer, UmwG, § 5 UmwG Rn. 266.
207 *Willemsen,* in: Kallmeyer, UmwG, § 5 Rn. 76; a.A. *Mayer,* in: Widmann/Mayer, UmwG, § 5 UmwG Rn. 266.
208 Vgl. auch die Ausführungen unter § 2 Rn. 774 ff.
209 § 5 Abs. 3 UmwG. *Lutter/Drygala,* in: Lutter, UmwG, § 5 Rn. 99 f.
210 *Teichmann,* ZGR 2002, 382, 422.
211 § 5 SEAG. *Schwarz,* SE-VO, Art. 21 Rn. 7.
212 *Schwarz,* SE-VO, Art. 21 Rn. 12.
213 *Schwarz,* SE-VO, Art. 21 Rn. 24 ff.

einzureichen.[214] Die Bekanntmachung des Gerichts nach § 10 HGB muss einen Hinweis darauf enthalten, dass der Verschmelzungsplan oder sein Entwurf beim Handelsregister eingereicht worden ist.[215]

Art. 21 SE-VO schreibt den Zeitpunkt der Bekanntmachung nicht ausdrücklich vor. Um ihren   110
Zweck erfüllen zu können, sollte die Bekanntmachung so rechtzeitig erfolgen, dass Minderheitsaktionäre und Gläubiger sich in Kenntnis ihrer Rechte für ein bestimmtes Vorgehen im Verschmelzungsverfahren entscheiden können. Die vorgeschriebenen Angaben müssen in Deutschland dem Register bei Einreichung des Verschmelzungsplans mitgeteilt werden.[216] Das Gericht hat diese Angaben zusammen mit dem vorgeschriebenen Hinweis auf die Einreichung des Verschmelzungsplans oder seines Entwurfs in dem von der zuständigen Landesjustizverwaltung bestimmten elektronischen Informations- und Kommunikationssystem bekannt zu machen.[217] Es liegt also nahe, dass sämtliche zur Erfüllung von Publizitätspflichten erforderlichen Unterlagen vor der Einberufung der Hauptversammlung beim Registergericht eingereicht sein müssen.[218]

i)   Arbeitnehmerbeteiligung

Nach der Offenlegung des Verschmelzungsplans sollten die Leitungs- oder Verwaltungsorgane   111
der beteiligten Gründungsgesellschaften so rasch wie möglich das Verfahren zur Beteiligung der Arbeitnehmer in der künftigen SE einleiten. Dies beginnt mit der Information der Arbeitnehmervertretung bzw. der Arbeitnehmer über die geplante SE-Gründung, die unaufgefordert und unverzüglich nach der Offenlegung des Verschmelzungsplans zu erfolgen hat.[219] Die Einzelheiten des Verfahrens zur Beteiligung der Arbeitnehmer werden im Abschnitt zu den arbeitsrechtlichen Aspekten bei der SE-Gründung im Detail beschrieben.[220]

j)   Kartellanmeldungen

Bei der Verschmelzung ist das nationale und internationale Fusionskontrollrecht zu beachten,   112
da schon der Erwägungsgrund Nr. 20 SE-VO ausdrücklich ausführt, dass das Wettbewerbsrecht nicht von der SE-VO erfasst wird. Auf europäischer Ebene dürfen nach Art. 21 Abs. 3 Unterabs. 1 der Fusionskontrollverordnung[221] die Mitgliedstaaten ihr innerstaatliches Wettbewerbsrecht nicht auf Zusammenschlüsse von gemeinschaftsweiter Bedeutung anwenden. Soweit die Verschmelzung also über die einzelnen Mitgliedstaaten hinausgehende Bedeutung i.S.d. Art. 1 Abs. 2, Abs. 3 Fusionskontrollverordnung hat, muss die Verschmelzung nach den Regelungen dieser Verordnung beurteilt werden.

---

214 § 61 Satz 1 UmwG.
215 § 61 Satz 2 UmwG.
216 § 5 SEAG.
217 § 10 HGB. Während einer Übergangszeit bis zum 31.12.2008 muss das Handelsregister Bekanntmachungen außerdem zusätzlich in einer Tageszeitung oder einem sonstigen Blatt vornehmen, Art. 61 Abs. 4 EGHGB.
218 Ähnlich, aber bezogen auf den Zeitpunkt der Bekanntmachung: *Teichmann*, ZGR 2002, 382, 422; *Schwarz*, SE-VO, Art. 21 Rn. 18 ff. Zu den Rechtsfolgen einer fehlenden oder verzögerten Bekanntmachung *Grunewald*, in: Lutter, UmwG, § 62 Rn. 5.
219 § 4 Abs. 2 Satz 3 SEBG.
220 Vgl. unten § 2 Rn. 640 ff.
221 VO (EG) Nr. 139/2004 des Rates v. 20.01.2004, ABl. EG Nr. L 24 v. 29.01.2004, S. 1 ff.

113 ❗ Praxishinweis:

Auch wenn an der Verschmelzung nur europäische Gesellschaften beteiligt sind, können Fusionsanmeldungen in Staaten außerhalb Europas erforderlich werden. Es empfiehlt sich, frühzeitig zu prüfen, wo derartige Anmeldungen erforderlich sind.

k) Kapitalerhöhung

114 Die Aktionäre der übertragenden Gesellschaft werden mit Eintragung der Verschmelzung[222] Aktionäre der SE.[223] Zu diesem Zweck werden die Aktien der übertragenden Gesellschaft in Aktien der SE umgetauscht. Die Anteilsrechte gehen kraft Gesetzes über, die Aktienurkunden müssen dazu nicht übergeben oder übertragen werden. Der Anteilstausch entfällt, wenn eine 100 %ige Tochtergesellschaft auf ihre Muttergesellschaft verschmolzen wird.[224]

115 Bei einer Verschmelzung durch Aufnahme können die benötigten neuen Aktien der aufnehmenden Gesellschaft aus einer Kapitalerhöhung stammen oder es können, sofern vorhanden, eigene Aktien ausgegeben werden. Für aufnehmende deutsche Gesellschaften gelten die Kapitalerhöhungsverbote bzw. -wahlrechte aus § 68 UmwG. Der Erwerb (zusätzlicher) eigener Aktien durch die SE im Wege des Umtausches von Aktien der übertragenden Gründungsgesellschaft im Rahmen der Verschmelzung ist ausgeschlossen.[225] Die SE-Verordnung regelt nicht, wie die Gewährung der Aktien an der SE im Einzelnen vollzogen wird; dies ist vielmehr im Verschmelzungsplan festzulegen.[226]

116 Viele Rechtsordnungen sehen für eine Kapitalerhöhung, die der Durchführung einer Verschmelzung dient, ein vereinfachtes Verfahren vor. Soweit der übernehmende Rechtsträger eine deutsche Aktiengesellschaft ist, sind die Regelungen über ausstehende Einlagen, über die Zeichnung neuer Aktien und über das Bezugsrecht nicht anzuwenden. Dieses gilt auch dann, wenn das Grundkapital durch Ausgabe neuer Aktien aufgrund genehmigten Kapitals erhöht wird.[227] Eine Prüfung der Sacheinlage, die bei der Verschmelzung in den Aktien der übertragenden Gesellschaften besteht, muss nur in den in § 69 Abs. 1 UmwG bestimmten besonderen Fällen stattfinden, kann vom Registergericht aber immer verlangt werden, wenn es Zweifel daran hat, dass der Wert der Sacheinlage den (rechnerischen) Nennbetrag der neuen Aktien erreicht.

117 Der Kapitalerhöhungsbeschluss bei einer deutschen aufnehmenden Aktiengesellschaft bedarf einer Mehrheit von mindestens drei Vierteln des bei der Beschlussfassung vertretenen Grundkapitals.[228]

l) Einberufung der Anteilseignerversammlungen

118 Die Hauptversammlung jeder sich verschmelzenden Gesellschaft muss dem Verschmelzungsplan zustimmen.[229] Mangels Regelung in der SE-VO richtet sich die Einberufung der Anteilseignerversammlung nach dem Recht, dem die jeweilige Gründungsgesellschaft unterliegt.[230]

---

222 Art. 27 Abs. 1, 12 SE-VO.
223 Art. 29 Abs. 1 lit. b SE-VO.
224 Art. 31 Abs. 1 Satz 1 SE-VO.
225 Art. 19 Abs. 2 Dritte RiL und in Deutschland § 20 Abs. 1 Nr. 3 Satz 2 UmwG.
226 Art. 20 Abs. 1 Satz 2 lit. c SE-VO; siehe auch § 2 Rn. 65 f.
227 § 69 Abs. 1 UmwG.
228 § 182 Abs. 1 AktG.
229 Art. 23 Abs. 1 SE-VO.
230 *Schwarz*, SE-VO, Art. 23 Rn. 8. Für Deutschland gilt Art. 18 SE-VO i.V.m. §§ 121 ff. AktG.

❶ **Praxishinweis:**   119

Auch bei der Verschmelzung einer Tochtergesellschaft, die zu mindestens 90 % von der Muttergesellschaft gehalten wird, auf ihre Muttergesellschaft muss eine Hauptversammlung der aufnehmenden Gesellschaft durchgeführt werden.[231] Nach deutschem Umwandlungsrecht wäre die Hauptversammlung zwar nach § 62 UmwG entbehrlich. Da die aufnehmende Gesellschaft bei der Verschmelzungsgründung einer SE gleichzeitig mit der Verschmelzung in eine SE umgewandelt wird, also ein Formwechsel stattfindet, ist jedoch eine Befassung der Aktionäre der aufnehmenden Gesellschaft stets erforderlich.[232]

Bei einer deutschen Gründungsgesellschaft erfolgt die Einberufung durch den Vorstand mindes-   120
tens dreißig Tage vor dem Tage der Versammlung.[233] Die Einberufung ist nebst Tagesordnung in den Gesellschaftsblättern bekannt zu machen.[234] Sie muss den wesentlichen Inhalt des Verschmelzungsplans[235] einschließlich des genauen Wortlauts des Abfindungsangebots enthalten.[236]

Ab Einberufung der Hauptversammlung müssen am Sitz der Gesellschaft zumindest die fol-   121
genden Unterlagen zur Einsicht der Aktionäre ausliegen:[237]

- der Verschmelzungsplan;

- die Jahresabschlüsse und die Lageberichte aller sich verschmelzenden Gesellschaften für die letzten drei Geschäftsjahre;

- ggf. eine oder mehrere Zwischenbilanzen;

- alle Verschmelzungsberichte der Verwaltungs- oder Leitungsorgane der Gründungsgesellschaften;

- alle Prüfungsberichte der Sachverständigen im Sinne des Art. 22 SE-VO.

Jedem Aktionär sind auf formlosen Antrag Abschriften der Unterlagen kostenlos zu erteilen.[238]   122

Der Prüfungsbericht über die Angemessenheit des Abfindungsangebots[239] muss nicht ausgelegt   123
werden.[240]

m)   Durchführung der Anteilseignerversammlungen

Die Durchführung der Anteilseignerversammlungen richtet sich nach dem jeweiligen nationalen   124
Recht.[241] Für deutsche Gründungsgesellschaften gelten daher die allgemeinen Bestimmungen über die Hauptversammlung[242] und die erweiterten Informationspflichten bei Verschmelzungen.[243] Insbesondere müssen die Unterlagen, die seit der Einberufung der Anteilseignerversammlung in den Geschäftsräumen auszulegen sind, auch in der Anteilseignerversammlung ausliegen.[244] Der Vorstand hat den Verschmelzungsvertrag oder dessen Entwurf zu Beginn der Verhandlung

---

231 *Schwarz*, SE-VO, Art. 31 Rn. 17 ff., 25; a.A. *Teichmann*, ZGR 2002, 382, 431.
232 *Schwarz*, SE-VO, Art. 31 Rn. 19.
233 §§ 121 Abs. 2 Satz 1, 123 Abs. 1 AktG.
234 § 124 Abs. 1 AktG.
235 § 124 Abs. 2 Satz 2 AktG.
236 § 7 Abs. 1 Satz 3 SEAG.
237 Art. 18 SE-VO i.V.m. § 63 UmwG.
238 Art. 18 SE-VO i.V.m. § 63 Abs. 3 UmwG.
239 § 7 Abs. 3 SE-AG.
240 Vgl. BGH, NJW 2001, 1428, 1430 zum wortgleichen § 30 Abs. 2 UmwG; a.A. *Neun*, in: Theisen/Wenz, Die Europäische Aktiengesellschaft, B II 2 aq.
241 Art. 18 SE-VO. *Schwarz*, SE-VO, Art. 23 Rn. 15.
242 §§ 129 ff. AktG.
243 § 64 UmwG.
244 §§ 63 Abs. 1, 64 Abs. 1 Satz 1 UmwG.

mündlich zu erläutern[245] Jeder Aktionär hat außerdem ein erweitertes Auskunftsrechtüber alle für die Verschmelzung wesentlichen Angelegenheiten der anderen an der Verschmelzung beteiligten Rechtsträger.[246]

125   Die jeweilige Anteilseignerversammlung beschließt über die Zustimmung zum Verschmelzungsplan.[247] Die Anteilseignerversammlung der aufnehmenden Gesellschaft beschließt, soweit erforderlich, zusätzlich über eine Kapitalerhöhung. Abstimmungen erfolgen mit der nach nationalem Recht der Gründungsgesellschaften erforderlichen Mehrheit, d.h. für Deutschland mit einer Mehrheit von mindestens drei Vierteln des bei der Beschlussfassung vertretenen Grundkapitals.[248] Sind mehrere Gattungen stimmberechtigter Aktien vorhanden, bedürfen der Verschmelzungs- und der Kapitalerhöhungsbeschluss zustimmender Sonderbeschlüsse der Aktionäre jeder Gattung.[249] Der Zustimmungsbeschluss und der Kapitalerhöhungsbeschluss einer deutschen Gründungsgesellschaft müssen notariell beurkundet werden.[250] Der Verschmelzungsplan oder sein Entwurf ist dem Verschmelzungsbeschluss beizufügen und jedem Aktionär ist auf Verlangen eine Abschrift zu erteilen.[251]

126   🛑 **Praxishinweis:**

Nach deutschem Umwandlungsrecht müssen alle übertragenden Aktiengesellschaften bei einer Verschmelzung durch Neugründung seit mindestens zwei Jahren im Handelsregister eingetragen sein, bevor ein Verschmelzungsbeschluss gefasst werden darf.[252] Zwar gilt deutsches Recht nicht für beteiligte ausländische Gesellschaften. Eine deutsche Aktiengesellschaft darf den Verschmelzungsbeschluss aber auch dann nicht fassen, wenn eine beteiligte ausländische Gesellschaft noch nicht seit zwei Jahren eingetragen ist.[253]

127   Die Anteilseignerversammlung jeder der sich verschmelzenden Gesellschaften kann sich vorbehalten, dass die Eintragung der SE nur nach ihrer ausdrücklichen Genehmigung der geschlossenen Vereinbarung zur Beteiligung der Arbeitnehmer erfolgt.[254]

128   Außerdem muss ggf. über die Anwendung mitgliedstaatlicher Verfahren zur Kontrolle oder Änderung des Umtauschverhältnisses oder der Abfindung von Minderheitsaktionären bei der Zustimmung zum Verschmelzungsplan beschlossen werden.[255] Schutzmechanismen wie das deutsche Spruchverfahren finden nur dann Anwendung, wenn die Anteilsinhaber der Gründungsgesellschaften aus anderen Mitgliedstaaten, in denen ein solches Verfahren nicht besteht, ihre Zustimmung zur Durchführung des Spruchverfahrens erteilen. Kommt es bei der Verschmelzung zu dieser Situation, muss die Anteilseignerversammlung einen gesonderten Beschluss über die Zustimmung zum Spruchverfahren oder einem vergleichbaren Verfahren fassen. Die Abstimmung erfolgt grundsätzlich mit einfacher Mehrheit.[256]

---

245 § 64 Abs. 1 Satz 2 UmwG.
246 § 64 Abs. 2 UmwG.
247 Art. 23 Abs. 1 SE-VO.
248 Art. 18 SE-VO i.V.m. § 65 UmwG bzw. § 182 Abs. 1 AktG (es sei denn, die Satzung verlangt eine höhere Mehrheit).
249 Art. 18 SE-VO i.V.m. § 65 Abs. 2 UmwG bzw. §§ 182 Abs. 2, 138 AktG.
250 Art. 18 SE-VO i.V.m. § 13 Abs. 3 UmwG bzw. § 130 Abs. 1 Satz 1 und 3 AktG.
251 Art. 18 SE-VO i.V.m. § 13 Abs. 3 Satz 2 und 3 UmwG.
252 § 76 UmwG.
253 *Schwarz*, SE-VO, Art. 23 Rn. 20; *Schäfer*, in: MünchKomm AktG, Art. 23 SE-VO Rn. 7.
254 Art. 23 Abs. 2 Satz 2 SE-VO.
255 Art. 25 Abs. 3 Satz 1 SE-VO.
256 *Schwarz*, SE-VO, Art. 25 Rn. 29.

Praxishinweis:

Ist die Zustimmung zur Anwendung mitgliedstaatlicher Verfahren zur Kontrolle oder Änderung des Umtauschverhältnisses oder der Abfindung von Minderheitsaktionären erforderlich, sollte diese nach Möglichkeit eingeholt werden. Denn andernfalls kann der Verschmelzungsbeschluss auch von den Aktionären der übertragenden Gesellschaft mit der Begründung angefochten werden, das Umtauschverhältnis oder die Barabfindung seien nicht angemessen. Derartige Verfahren können sich lange hinziehen und die Eintragung der Verschmelzung blockieren. Werden Aktionäre hingegen auf das Spruchverfahren verwiesen, wird hierdurch die Wirksamkeit der Verschmelzung nicht berührt.

Die SE-VO erlaubt die erstmalige Bestellung der von der Hauptversammlung zu wählenden Organmitglieder bei Gründung der SE in der Satzung bzw. in der Gründungsurkunde.[257] Organstellungen in den Gründungsgesellschaften, d.h. auch in der aufnehmenden Gesellschaft, entfallen in jedem Fall.[258] Regelungen zur Bestellung der Abschlussprüfer sieht die SE-VO nicht vor. Für Deutschland wird bei der Verschmelzung durch Neugründung der erste Abschlussprüfer, soweit eine Prüfpflicht besteht,[259] von den Gründungsgesellschaften bestellt.[260]

Praxishinweis:

Da diese Bestellung der notariellen Beurkundung bedarf,[261] sollte sie in den in Deutschland beurkundungspflichtigen Verschmelzungsplan aufgenommen werden.[262]

n)   Interne Gründungsprüfung

Bei der Verschmelzungsgründung einer SE kommt für die entstehende SE das nationale Gründungsrecht für Aktiengesellschaften zu Anwendung.[263] Hat die im Rahmen der Verschmelzung entstehende SE ihren Sitz in Deutschland, greifen demnach die gründungsspezifischen Regelungen des Umwandlungsgesetzes und des Aktiengesetzes ein. Dies gilt auch bei der Verschmelzung durch Aufnahmen, weil die aufnehmende Aktiengesellschaft sich gleichzeitig in eine SE umwandelt, also gleichzeitig ein Formwechsel stattfindet.[264] Ein Gründungsbericht und eine Gründungsprüfung durch externe Gründungsprüfer sind jedoch nicht erforderlich,[265] weil an der Verschmelzung nur Kapitalgesellschaften als übertragende Rechtsträger teilnehmen können. Die Kapitalsicherung ist also bereits durch das Organisationsrecht des übertragenden Rechtsträgers gewährleistet.

Die interne Gründungsprüfung durch die Organe der SE muss gleichwohl für beide Verschmelzungsarten durchgeführt werden.[266] Sie ist durch Vorstand und Aufsichtsrat bzw. durch den Verwaltungsrat der neuen SE durchzuführen und ein Bericht darüber muss der Anmeldung der SE

---

257 Art. 40 Abs. 2 Satz 2, 43 Abs. 3 Satz 2, Art. 6 SE-VO.

258 *Schwarz*, SE-VO, Vorb. Art. 17–31 Rn. 11.

259 Art. 61 SE-VO i.V.m. §§ 316 Abs. 1, 267 Abs. 1 HGB.

260 Art. 15 Abs. 1 SE-VO i.V.m. § 36 Abs. 2 Satz 1, 2 UmwG, § 30 Abs. 1 AktG. *Neun*, in: Theisen/Wenz, Die Europäische Aktiengesellschaft, B II 2 bf.

261 Art. 15 SE-VO i.V.m. § 36 Abs. 2 Satz 1 UmwG, § 30 Abs. 1 Satz 2 AktG.

262 Zulässig nach Art. 20 Abs. 2 SE-VO.

263 Vgl. oben § 2 Rn. 46, 104 ff.

264 *Schwarz*, SE-VO, Vorb. Art. 17–31 Rn. 7.

265 § 75 Abs. 2 UmwG analog. *Schwarz*, SE-VO, Vorb. Art. 17–31 Rn. 14; *Neun*, in: Theisen/Wenz, Die Europäische Aktiengesellschaft, B II 2 cb.

266 *Marsch-Barner*, in: Kallmeyer, UmwG, § 75 Rn. 6.

zum Handelsregister beigefügt werden.[267] Der Prüfungsumfang bezieht sich auf alle in § 34 AktG genannten besonderen Gesichtspunkte,[268] einschließlich der Werthaltigkeit der Sacheinlagen, und darüber hinaus alle tatsächlichen und rechtlichen Vorgänge der Gründung.[269] Der Prüfbericht orientiert sich an § 32 AktG, er muss also alle Umstände berücksichtigen, die Gegenstand der Prüfung waren.[270]

134 Für die mit einem Formwechsel verbundene Verschmelzung durch Aufnahme wird darüber hinaus vertreten, sie sei nur zulässig, solange bei der aufnehmenden Gesellschaft keine Unterbilanz besteht.[271] Denn nach § 220 UmwG kann ein Formwechsel nur durchgeführt werden, wenn das Vermögen des formwechselnden Rechtsträgers abzüglich der Schulden das Grundkapital der Zielrechtsform abdeckt. Dabei ist zu beachten, dass das Mindestgrundkapital der SE (120.000 Euro) über demjenigen der Aktiengesellschaft (50.000 Euro) liegt.

o) Satzungsanpassung an Arbeitnehmerbeteiligungsvereinbarung

135 Die Satzung darf zu keiner Zeit im Widerspruch zu einer Vereinbarung über die Beteiligung der Arbeitnehmer in der SE stehen.[272] Dies gilt gleichermaßen bei Eingreifen der gesetzlichen Auffangregelung nach §§ 22 ff. SEBG, wenn keine Einigung über eine Vereinbarung erzielt wird.[273] Zum Zeitpunkt der Aufstellung des Verschmelzungsplans existiert eine solche Vereinbarung noch nicht, weil die Verhandlungen mit den Arbeitnehmern erst nach Aufstellung und Offenlegung des Verschmelzungsplans beginnen.[274]

136 Widerspricht der Inhalt der Vereinbarung nach Abschluss der Verhandlungen oder die ersatzweise eingreifende gesetzliche Auffangregelung der künftigen Satzung der SE, wie sie in den Verschmelzungsplan aufgenommen wurde, muss die Satzung geändert werden.[275] Andernfalls liegt ein Eintragungshindernis vor.[276]

137 ❗ Praxishinweis:

Wenn eine Satzungsänderung erforderlich wird, müssen die Anteilseignerversammlungen der Gründungsgesellschaften erneut zustimmen. Von der Möglichkeit, das Leitungs- bzw. Verwaltungsorgan nach Art. 12 Abs. 4 Unterabs. 2 SE-VO zu ermächtigen, die notwendige Satzungsänderung eigenständig durchzuführen, hat der deutsche Gesetzgeber keinen Gebrauch gemacht. Deshalb sollte die Satzung möglichst ergebnisoffen abgefasst sein.

p) Aufstellung und Prüfung der Schlussbilanzen

138 Zu den der Verschmelzung zugrunde liegenden Bilanzen enthält die SE-VO keine Regelung. Das deutsche Recht verlangt, dass der Anmeldung zum Register der übertragenden Gesellschaften

---

267 Für das dualistische Leitungssystem: Art. 26 Abs. 4, 15 SE-VO i.V.m. § 37 Abs. 4 Nr. 4, 38 Abs. 2 AktG. Für das monistische Leitungssystem: Art. 26 Abs. 4, 15 SE-VO i.V.m. §§ 21 Abs. 2 Satz 3, Abs. 3, 22 Abs. 6 SEAG, § 37 Abs. 4 Nr. 4, 38 Abs. 2 AktG.
268 Z. B. Kapitalaufbringung, Sondervorteile, Gründerlohn, vgl. *Hüffer*, AktG § 34 Rn. 3.
269 *Hüffer*, AktG § 34 Rn. 2.
270 *Hüffer*, AktG § 34 Rn. 5.
271 *Schwarz*, SE-VO, Vorb. Art. 17–31 Rn. 16.
272 Art. 12 Abs. 4 Unterabs. 1 Satz 1 SE-VO.
273 *Schwarz*, SE-VO, Art. 12 Rn. 31.
274 Art. 3 Abs. 1 SE-RL, § 4 Abs. 2 Satz 3 SEBG.
275 Art. 12 Abs. 4 Unterabs. 1 Satz 2 SE-VO.
276 *Schwarz*, SE-VO, Art. 12 Rn. 42.

eine Schlussbilanz beigefügt werden muss, die auf einen höchstens acht Monate vor der Handelsregisteranmeldung liegenden Stichtag aufgestellt ist.[277] Nach herrschender Meinung muss das Datum der Schlussbilanz mit dem Verschmelzungsstichtag übereinstimmen.[278] Bei der SE-Gründung durch Verschmelzung muss die Schlussbilanz der Anmeldung zur Rechtmäßigkeitsprüfung einer übertragenden deutschen Aktiengesellschaft beigefügt werden. Denn diese Rechtmäßigkeitsprüfung tritt bei der SE-Verschmelzung an die Stelle der Anmeldung zur Eintragung.[279] Die Vorschriften über die Jahresbilanz und deren Prüfung gelten entsprechend, d.h. soweit eine Prüfungspflicht für die Jahresbilanz bzw. den Jahresabschluss besteht, muss auch die Schlussbilanz geprüft werden.[280]

⊘ **Praxishinweis:**   139

Um die Erstellung einer Zwischenbilanz zu vermeiden, empfiehlt es sich, den Jahresabschluss als Schlussbilanz zu verwenden. Dann muss das Datum der Anmeldung zur Rechtmäßigkeitsprüfung bei der übertragenden deutschen Gesellschaft so eingeplant werden, dass es höchstens acht Monate nach dem Geschäftsjahresende liegt.[281]

q)   Zweistufige Rechtmäßigkeitskontrolle

Die Rechtmäßigkeitskontrolle einer SE-Verschmelzung erfolgt in zwei Stufen.[282] Die erste Stu-   140
fe betrifft das Recht und das Verfahren der einzelnen Mitgliedstaaten, denen die zu verschmelzenden Gründungsgesellschaften unterliegen. Die zweite Stufe bezieht den künftigen Sitzstaat der SE und dessen maßgebliches Recht ein. Die Aufteilung der Prüfung bewirkt, dass die mit den spezifischen nationalen Verfahrensvoraussetzungen vertrauten und für nationale Verschmelzungen zuständigen Stellen die Rechtmäßigkeitskontrolle vornehmen.

Solange keine Rechtmäßigkeitskontrolle durchgeführt worden ist, kann die SE-Gründung nicht   141
eingetragen[283] und somit auch nicht wirksam werden. Das Fehlen einer solchen Kontrolle kann außerdem nach erfolgter Eintragung zur Auflösung einer SE führen,[284] wenn das Recht des Sitzstaats einen entsprechenden Auflösungsgrund kennt.[285] Das deutsche Recht sieht dies nicht vor.[286]

aa)   Erste Stufe der Rechtmäßigkeitsprüfung

Die erste Stufe der Rechtmäßigkeitsprüfung findet in dem Staat statt, dessen Recht die jeweilige   142
Gründungsgesellschaft unterliegt,[287] und umfasst die Verfahrensabschnitte, die die einzelnen sich verschmelzenden Gesellschaften betreffen.[288] Die Prüfung betrifft dabei im Wesentlichen nationales Recht und ergibt einen Gleichlauf von SE-Gründungs-[289] und Prüfungsrecht.[290]

---

277 Art. 18 SE-VO i.V.m. § 17 Abs. 2 UmwG.
278 Vgl. *Müller*, in: Kallmeyer, UmwG, § 17 Rn. 13 m.w.N.
279 Vgl. Art. 25 SE-VO.
280 § 17 Abs. 2 Satz 2 UmwG.
281 *Bork*, in: Lutter, UmwG, § 17 Rn. 6.
282 Art. 25 und 26 SE-VO.
283 Art. 27 Abs. 2 SE-VO.
284 Art. 30 Unterabs. 2 SE-VO.
285 *Schwarz*, SE-VO, Art. 30 Rn. 10.
286 Vgl. § 261 Abs. 1 AktG.
287 Es kommt das nach den Regeln des Internationalen Privatrechts einschlägige Gesellschaftsstatut zur Anwendung, welches nicht zwingend das Recht des Sitzstaates sein muss. *Schwarz*, SE-VO, Art. 25 Rn. 7.
288 Art. 25 Abs. 1 SE-VO.
289 Art. 18 SE-VO.
290 Art. 25 SE-VO.

143   Für eine deutschem Recht unterliegende Gründungsgesellschaft ist das Registergericht zuständige Prüfungsbehörde.[291] Die Prüfung erstreckt sich dabei sowohl auf die formellen als auch materiellen Voraussetzungen. Das Registergericht prüft in formeller Hinsicht die Einhaltung der Verfahrensvorschriften und vor allem die Vollständigkeit der für eine Erteilung der Rechtmäßigkeitsbescheinigung erforderlichen Unterlagen:[292]

- Elektronische Anmeldung der Verschmelzung durch die Vertretungsorgane beim zuständigen Register am Sitz der Gründungsgesellschaft in beglaubigter Form;[293]

- Verschmelzungsplan;

- Niederschrift der Verschmelzungsbeschlüsse;

- ggf. notwendige Zustimmungserklärungen von Anteilsinhabern;[294]

- Verschmelzungsbericht oder die entsprechenden Verzichtserklärungen;

- Prüfungsbericht oder die entsprechenden Verzichtserklärungen;

- Nachweis über die rechtzeitige Zuleitung des Verschmelzungsplans oder seines Entwurfs an den Betriebsrat bzw. Verzichtserklärung des Betriebsrats;

- Schlussbilanz auf einen höchstens acht Monate vor der Anmeldung liegenden Stichtag;

- Erklärung der Vertretungsorgane, dass eine Klage gegen die Wirksamkeit eines Verschmelzungsbeschlusses nicht oder nicht fristgemäß erhoben oder eine solche Klage rechtskräftig abgewiesen oder zurückgenommen worden ist;[295]

- Sofern der Sitz der SE nicht in Deutschland liegt, Versicherung des Vorstands, dass den anspruchsberechtigten Gläubigern der beteiligten deutschen Gesellschaft angemessene Sicherheit geleistet wurde.[296]

144   Der materiellrechtliche Prüfungsumfang richtet sich nach der SE-VO.[297] Die Art. 20 bis 24 SE-VO bestimmen den Prüfungsgegenstand, während sich nur das Prüfungsverfahren nach dem nationalen Recht richtet. Das Registergericht prüft die folgenden Punkte:

- Gründerfähigkeit und Gemeinschaftszugehörigkeit der Gründungsgesellschaft;[298]

- Vollständigkeit des Verschmelzungsplans;[299]

- Offenlegung des Verschmelzungsplans[300] und Bekanntmachung der Mindestangaben nach Art. 21 SE-VO;[301]

- Erstellung eines ordnungsgemäßen Verschmelzungsberichts;[302]

- Ordnungsgemäße Sachverständigenprüfung;[303]

---

291 Art. 68 Abs. 2 SE-VO i.V.m. § 4 Satz 1 SEAG, § 125 Abs. 1 und 2 FGG.
292 Art. 25 Abs. 1 SE-VO i.V.m. § 16 f. UmwG.
293 Art. 25 Abs. 1 SE-VO i.V.m. § 16 Abs. 1 UmwG bzw. § 38 Abs. 1 UmwG und § 12 HGB.
294 Insb. § 13 Abs. 2 UmwG.
295 Art. 25 Abs. 1 SE-VO i.V.m. § 16 Abs. 2 UmwG ggf. i.V.m. § 36 Abs. 1 UmwG.
296 §§ 8 Satz 2, 13 Abs. 1 und 2 SEAG. Vgl. dazu die entsprechende Regelung bei der Sitzverlegung unten § 5 Rn. 33 ff., 38.
297 *Schwarz*, SE-VO, Art. 25 Rn. 12; a.A. *Neun*, in: Theisen/Wenz, Die Europäische Aktiengesellschaft, B II 2 cda (1).
298 Art. 2 Abs. 1 SE-VO.
299 Art. 20 Abs. 1 SE-VO.
300 § 61 Satz 1 UmwG.
301 Vgl. oben § 2 Rn. 108.
302 Art. 18 SE-VO i.V.m. § 8 UmwG.
303 Art. 22 SE-VO i.V.m. §§ 9 ff. UmwG.

- Rechtmäßigkeit des Verschmelzungsbeschlusses und ggf. des Zustimmungsbeschlusses zur Vereinbarung über die Beteiligung der Arbeitnehmer;[304]

- Beachtung der Rechte von Gläubigern, Sonderrechtsinhabern und Minderheitsaktionären;[305]

- Anzeige des von der übertragenden Gründungsgesellschaft bestellten Treuhänders, dass er im (mittelbaren) Besitz der Aktien und der im Verschmelzungsplan festgesetzten baren Zuzahlung ist.[306]

Die wirtschaftliche Zweckmäßigkeit der Verschmelzung ist ebenso wenig Gegenstand der Rechtmäßigkeitsprüfung wie das Umtauschverhältnis. Die Erteilung der Rechtmäßigkeitsbescheinigung der Verschmelzung wird durch ein laufendes Spruchverfahren oder ein vergleichbares Verfahren nicht verhindert.[307] Lediglich laufende Anfechtungsklagen gegen den Verschmelzungsbeschluss sperren die Erteilung.[308] Anfechtungsklagen der Aktionäre der übertragenden Gesellschaften können allerdings häufig nicht darauf gestützt werden, dass das Umtauschverhältnisses der Aktien oder die Abfindung der Minderheitsaktionäre nicht angemessen sei.[309] Sie bleiben jedoch wegen aller anderen Arten von Mängeln, z.B. bei der Einberufung der Hauptversammlung, zulässig. Allerdings darf das Gericht auch bei laufenden Anfechtungsprozessen die Bescheinigung erteilen, wenn ein Freigabeverfahren nach § 16 Abs. 3 UmwG erfolgreich durchgeführt wurde.[310]   **145**

Sobald alle Voraussetzungen erfüllt sind, muss die zuständige Behörde – in Deutschland das Registergericht – die Rechtmäßigkeitsbescheinigung erteilen.[311] Die Bescheinigung muss einen Hinweis auf anhängige Verfahren zur Kontrolle und Änderung des Umtauschverhältnisses der Aktien oder zur Abfindung der Minderheitsaktionäre beinhalten.[312]   **146**

bb)   Zweite Stufe der Rechtmäßigkeitsprüfung

Die zweite Stufe der Rechtmäßigkeitsprüfung betrifft im Wesentlichen das Verfahren der Entstehung der SE ab dem Verschmelzungsbeschluss. Die Prüfung der Verschmelzungsdurchführung und Einhaltung der nationalen Gründungsvorschriften erfolgt im künftigen Sitzland der SE.[313] Zuständig ist die dort für die Kontrolle dieses Aspekts der Rechtmäßigkeit der Verschmelzung von Aktiengesellschaften zuständige Stelle.   **147**

Für eine deutschem Recht unterliegende SE ist das Registergericht zuständige Prüfungsbehörde.[314] Verfahrensfragen richten sich dabei nach dem deutschen Aktienrecht.[315] Das Registergericht prüft in formeller Hinsicht die Einhaltung der Verfahrensvorschriften und vor allem die Vollständigkeit der für eine Eintragung erforderlichen Unterlagen:[316]   **148**

- Elektronische Anmeldung der Verschmelzung durch alle Gründer, d.h. die Gründungsgesellschaften, und die Mitglieder des ersten Leitungs- und Aufsichtsorgans[317] bzw. des ersten Ver-

---

304 Art. 23 SE-VO.
305 Art. 24 SE-VO.
306 Art. 18 SE-VO i.V.m. § 71 UmwG.
307 Vgl. Art. 25 Abs. 3 Satz 2 SE-VO. In Deutschland liegen die Zulässigkeitsvoraussetzungen des Spruchverfahrens allerdings erst nach Bekanntmachung der Eintragung der SE vor, § 4 Abs. 1 Nr. 5 SpruchG (str. vgl. *Wasmann*, in: Kölner Kommentar zum SpruchG, § 4 Rn. 7).
308 Art. 25 Abs. 1 i.V.m. § 16 Abs. 2 UmwG.
309 Vgl. § 2 Rn. 166 ff.
310 *Schwarz*, SE-VO, Art. 25 Rn. 31; *Neun*, in: Theisen/Wenz, Die Europäische Aktiengesellschaft, B II 2 cda (2).
311 Art. 25. Abs. 2 SE-VO.
312 Art. 25 Abs. 3 Satz 3 SE-VO.
313 Art. 26 Abs. 1 SE-VO.
314 Art. 68 Abs. 2 SE-VO i.V.m. § 4 Satz 1 SEAG, § 125 Abs. 1 und 2 FGG.
315 Art. 15 Abs. 1 SE-VO.
316 Art. 26 Abs. 2 und 3, 15 Abs. 1 SE-VO i.V.m. § 36 f. AktG ggf. i.V.m. § 21 SEAG.
317 § 36 Abs. 1 AktG.

waltungsrats[318] beim zuständigen Register am Sitz der SE in beglaubigter Form.[319] Der Inhalt der Anmeldung ergibt sich aus § 37 AktG, der für die monistische SE durch § 21 Abs. 2 bis 4 SEAG ergänzt wird;

- Vorlage der Rechtmäßigkeitsbescheinigung(en) binnen sechs Monaten nach ihrer Ausstellung.[320] Die Vorlagefrist berechnet sich nach den §§ 186 ff. BGB;[321]

- Ausfertigung des Verschmelzungsplans, dem die jeweilige Gründungsgesellschaft zugestimmt hat;[322]

- ggf. Vereinbarung über die Beteiligung der Arbeitnehmer bzw. Erklärung über den Verlauf des Verhandlungsverfahrens.[323]

149   Die materielle Prüfung richtet sich nach Art. 26 Abs. 3 und 4 SE-VO. Sie erstreckt sich mindestens auf folgende Punkte:

- Zustimmung zu einem gleich lautenden Verschmelzungsplan;[324]

- Abschluss einer Vereinbarung über die Beteiligung der Arbeitnehmer, ergebnisloser Ablauf der Verhandlungsfrist oder Beschluss über die Nichtaufnahme oder den Abbruch der Verhandlungen;[325]

- Erfüllung der gesetzlichen Anforderungen des Mitgliedstaats an die Gründung einschließlich der für das Gründungsverfahren vorgesehenen Erleichterungen;[326]

- Prüfung der Satzung;[327]

- Mehrstaatlichkeit der Gründungsgesellschaften.[328]

150   Der Verschmelzungsplan ist nicht noch einmal vollständig auf seine Rechtmäßigkeit zu überprüfen, sondern nur auf die inhaltliche Identität der Zustimmungsbeschlüsse aller beteiligten Gründungsgesellschaften.[329]

151   Bei einer Verschmelzung durch Aufnahme kommen hinzu:

- Eintragung der Kapitalerhöhung bei der deutschen aufnehmenden Gesellschaft;[330]

- ggf. Beachtung der Nachgründungsvorschriften;[331]

r)   Eintragung der SE

aa)   Eintragung in das Register am Sitz der SE

152   Die Verschmelzung und damit gleichzeitig auch die Gründung der SE werden mit der Eintragung wirksam.[332] Das zuständige Register bestimmt sich nach dem Recht des künftigen Sitzstaats der

---

318 § 21 Abs. 1 SEAG.
319 Art. 15 Abs. 1 SE-VO i.V.m. § 36 Abs. 1 AktG bzw. § 21 Abs. 1 SEAG.
320 Art. 26 Abs. 2 SE-VO.
321 *Schwarz*, SE-VO, Art. 26 Rn. 7.
322 Art. 26 Abs. 2 SE-VO.
323 Art. 26 Abs. 3 Halbs. 2 SE-VO ordnet die Prüfung an, deren Voraussetzung die Vorlage ist.
324 Art. 26 Abs. 3 Halbs. 1, 12 Abs. 2 SE-VO.
325 Art. 26 Abs. 3 Halbs. 2 SE-VO.
326 Art. 26 Abs. 4 SE-VO.
327 Art. 26 Abs. 4, 15 Abs. 1, 12 Abs. 4 SE-VO i.V.m. § 38 AktG.
328 Art. 2 Abs. 1 SE-VO.
329 *Schwarz*, SE-VO, Art. 26 Rn. 11.
330 Art. 18 SE-VO i.V.m. § 66 UmwG.
331 Art. 18 SE-VO i.V.m. § 67 UmwG.
332 Art. 27 Abs. 1 SE-VO.

SE.[333] In Deutschland wird die SE in dem für ihren Sitz zuständigen Handelsregister beim Amtsgericht eingetragen.[334] Die Eintragung darf erst nach Erfüllung sämtlicher Formalitäten aus beiden Stufen der Rechtmäßigkeitsprüfung, d.h. nach Abschluss der Rechtmäßigkeitsprüfung, erfolgen.[335] Wird die SE eingetragen, obwohl das Verschmelzungsverfahren Mängel aufweist, ist die Verschmelzung gleichwohl wirksam.[336]

Mit der Eintragung in das Register am Sitz der SE wird die Verschmelzung wirksam. Die vollzogene Verschmelzung bewirkt *ipso jure*:[337]

153

- den Übergang des gesamten Aktiv- und Passivvermögens der übertragenden Gesellschaften auf die (ggf. im Rahmen der Verschmelzung entstehende) aufnehmende Gesellschaft,

- den Aktienerwerb der Aktionäre der übertragenden Gesellschaft(en) an der (ggf. im Rahmen der Verschmelzung entstehenden) aufnehmenden Gesellschaft,

- das Erlöschen der übertragenden Gesellschaft(en),

- bei der Verschmelzung durch Aufnahme die Annahme der neuen Rechtsform einer SE durch die übernehmende Gesellschaft.

bb) Offenlegung der Eintragung im Sitzstaat der SE

Da die SE nur in ihrem Sitzstaat eingetragen wird,[338] sieht die SE-VO erweiterte Publikationspflichten in den einzelnen Mitgliedstaaten vor, die nach der Rechtmäßigkeitskontrolle durchgeführt werden.[339] Der Offenlegung kommt nur Publizitätswirkung zu. Die Wirksamkeit der Gründung der SE tritt bereits mit der Eintragung in das Register ein.[340]

154

Bei einer deutschen Gründungsgesellschaft ist die Durchführung der Verschmelzung in das Handelsregister einzutragen.[341] Die Eintragung muss durch das zuständige Registergericht des Sitzes jedes an der Verschmelzung beteiligten Rechtsträgers in dem von der zuständigen Landesjustizverwaltung bestimmten elektronischen Informations- und Kommunikationssystem bekannt gemacht werden.[342]

155

Das zuständige Registergericht macht die Eintragung der gegründeten SE mit Sitz in seinem Registerbezirk bekannt.[343] Im Anschluss an die Offenlegung im Sitzstaat der SE muss die Eintragung der SE im Amtsblatt der Europäischen Union veröffentlicht werden.[344] Da der Rechtsverkehr innerhalb wie außerhalb der Sitzstaaten der SE und der Gründungsgesellschaften über die Gründung der SE informiert werden muss, erfolgt die Bekanntmachung „zu Informationszwecken", d.h. sie hat keine rechtlichen Wirkungen; diese Bekanntmachung muss die Firma der SE, die Handelsregisternummer, Datum und Ort der Handelsregistereintragung, Datum, Ort und Titel der Veröffentlichung sowie Sitz und den Geschäftszweig der SE enthalten.[345]

156

---

333 Art. 27, 12 Abs. 1 SE-VO.
334 Art. 12 Abs. 1 SE-VO i.V.m. §§ 3, 4 Satz 1 SEAG, §§ 14, 39 AktG, § 125 Abs. 1 und 2 FGG, §§ 8 ff. HGB.
335 Art. 27 Abs. 2 SE-VO.
336 Art. 30 Unterabs. 1 SE-VO.
337 Art. 29 Abs. 1 und 2 SE-VO.
338 Art. 12 Abs. 1 SE-VO.
339 Art. 28 SE-VO.
340 Art. 16 Abs. 1, 27 Abs. 1 SE-VO.
341 Art. 28, 13 SE-VO i.V.m. §§ 8 ff. HGB.
342 Art. 28, 13 SE-VO i.V.m. §§ 19 Abs. 3, 77 UmwG, § 10 HGB.
343 Art. 15 Abs. 2, 13 SE-VO i.V.m. § 40 AktG, § 4 Satz 1 SEAG, § 125 Abs. 1 und 2 FGG und §§ 8 ff. HGB.
344 Art. 14 Abs. 1 Satz 1 SE-VO. In Art. 14 Abs. 1 SE-VO ist noch die Bekanntmachung im Amtsblatt der Europäischen Gemeinschaften vorgesehen. Dieses wurde aber bereits mit Wirkung zum 01.02.2003 in das Amtsblatt der Europäischen Union umbenannt.
345 Art. 14 Abs. 1 Satz 2 SE-VO.

s)   Pflichtangebot bei börsennotierten Gesellschaften

157   Bei der Gründung einer SE durch Verschmelzung kann ein Pflichtangebot nach den jeweiligen nationalen Umsetzungsgesetzen zur Übernahmerichtlinie[346] erforderlich werden. Für eine SE mit Sitz in Deutschland ist dies nach den Regeln des WpÜG der Fall, wenn ein Aktionär im Zuge der Verschmelzung 30 % oder mehr der Stimmrechte an einem aufnehmenden deutschen Rechtsträger mit Börsennotierung in Deutschland oder einem anderen Mitgliedstaat des Europäischen Wirtschaftsraums erlangt.[347]

4.   Schutz von Minderheitsgesellschaftern und Gläubigern

158   Der Schutz von Gläubigern und Minderheitsaktionären wird bei der Verschmelzungsgründung zunächst durch Information gewährt. Diese erfolgt vor allem durch den Verschmelzungsplan, den Verschmelzungsbericht und die Prüfberichte sowie durch deren Offenlegung bzw. Bekanntmachung.[348] Unter anderem werden hierdurch die Aktionäre über die für sie entscheidende Angemessenheit des Umtauschverhältnisses und einer eventuellen Barabfindung aufgeklärt. Die Bekanntmachung eines Hinweises auf die Modalitäten der Ausübung von Minderheitsaktionärsrechten der betreffenden Gesellschaft nebst Anschrift, unter der erschöpfende Auskünfte über diese Modalitäten kostenlos eingeholt werden können, sorgt für die nötigen Informationen über den Minderheitenschutz.[349] Ein weiteres Element des Minderheitenschutzes in einer deutschen Gründungsgesellschaft liegt darin, dass stets eine qualifizierte Mehrheit von drei Vierteln des in der Hauptversammlung vertretenen Grundkapitals für den Zustimmungsbeschluss zur Verschmelzungsgründung erforderlich ist.[350]

a)   Gläubigerschutz

159   Für den Schutz der Gläubiger, Anleihegläubiger und Sonderrechtsinhaber verweist die SE-VO auf das Recht der jeweiligen Gründungsgesellschaft.[351] Den Gläubigern bleibt der schon bisher bestehende Rechtsschutz gegenüber ihren Schuldnern grundsätzlich erhalten.[352] Es kann deshalb dazu kommen, dass die SE die Rechte der Gläubiger nach einer nationalen Rechtsordnung beachten muss, aus der zwar eine ihrer Gründungsgesellschaften entstammt, der sie selbst aber nicht unterliegt.[353] Das mitgliedstaatliche Recht findet dabei „unter Berücksichtigung des grenzüberschreitenden Charakters der Verschmelzung" Anwendung.[354] Das bedeutet, dass Rechte ggf. in angepasster Form ausgeübt bzw. erfüllt werden, um den Anforderungen aller beteiligter Rechtsordnungen gerecht zu werden.

160   Für den Schutz der Gläubiger einer deutschem Gesellschaftsstatut unterliegenden Gründungsgesellschaft muss unterschieden werden zwischen der Gründung einer SE mit Sitz in Deutschland und mit Sitz im Ausland. Im Fall der Gründung einer deutschen SE gelten die Regelungen

---

346 RL 2004/25/EG des Europäischen Parlaments und des Rates v. 21.04.2004 betreffend Übernahmeangebote, ABl. L 142 v. 30.04.2004, S. 12.
347 Für Einzelheiten s. § 4 Rn. 79 ff.
348 Vgl. oben § 2 Rn. 57 ff., 82 ff., 101, 108 ff.
349 Art. 21 lit. d SE-VO.
350 Vgl. oben § 2 Rn. 125.
351 Art. 24 Abs. 1 SE-VO.
352 *Schwarz*, SE-VO, Art. 24 Rn. 5 f.
353 Vgl. das Beispiel bei *Schwarz*, SE-VO, Art. 24 Rn. 9.
354 Art. 24 Abs. 1 SE-VO.

des UmwG, die auch bei rein nationalen Verschmelzungen anwendbar sind. Danach besteht ein nachgelagerter Gläubigerschutz. Binnen sechs Monaten nach Offenlegung der Eintragung einer deutschen SE können die Gläubiger der übertragenden und der aufnehmenden Gesellschaft Sicherheit verlangen.[355]

Wird eine SE mit Sitz im Ausland gegründet, besteht ein verstärkter, nämlich vorgelagerter Gläubigerschutz für die Gläubiger einer deutschen übertragenden Gesellschaft.[356] Diesen ist Sicherheit zu leisten, wenn sie binnen zwei Monaten nach Offenlegung des Verschmelzungsplans ihren Anspruch dem Grund und der Höhe nach anmelden.   161

🛇 Praxishinweis: 162

Ohne die Versicherung des Leitungsorgans einer deutschen übertragenden Gesellschaft, dass den anspruchsberechtigten Gläubigern dieser Gesellschaft angemessene Sicherheit geleistet wurde, darf die zuständige Behörde keine Rechtmäßigkeitsbescheinigung erteilen und kann die Eintragung der SE nicht erfolgen.[357]

Der deutsche Gesetzgeber beschränkt den Gläubigerschutz bei der Verschmelzung auf Gläubiger einer übertragenden Gesellschaft, obwohl nach den Vorschriften der SE-VO nicht eindeutig feststeht, ob bei der Verschmelzung durch Aufnahme der Sitz der künftigen SE in einem Mitgliedstaat genommen werden kann, in dem keine der Gründungsgesellschaften bisher ihren Sitz hat.[358] Bei der Sitzverlegung in einen anderen Mitgliedstaat hingegen hat er einen Gläubigerschutz vorgesehen.[359] Eine freie Sitzwahl bei der Verschmelzung durch Aufnahme hat der Gesetzgeber nicht in Betracht gezogen.[360] Diese Lücke kann durch eine erweiterte Auslegung des Gläubigerschutzes in § 8 SEAG entsprechend der Sitzverlegungsregelung geschlossen werden.   163

Sowohl bei der Gründung einer deutschen als auch einer ausländischen SE kann Sicherheit nur für Ansprüche verlangt werden, die nicht bereits fällig sind (dann ist Befriedigung zu verlangen). Außerdem müssen die Gläubiger glaubhaft machen, dass durch die Verschmelzung die Erfüllung ihres Anspruchs gefährdet ist.[361] Dies ist beispielsweise der Fall, wenn sich bestimmte Kennziffern der Gesellschaft verändern. Hierzu kann es kommen, weil sich durch die Verschmelzung die Vermögenslage der beteiligten Gesellschaften ändert.   164

Anleihegläubiger werden wie die übrigen Gläubiger behandelt.[362] Sonderrechtsinhaber einer deutschen Gründungsgesellschaft, die keine Aktionäre – auch keine Vorzugsaktionäre – sind, können von der SE nach ihrer Gründung die Gewährung gleichwertiger Rechte verlangen.[363] Dies gilt auch dann, wenn die SE dem Recht eines anderen Mitgliedstaates unterliegt. Es kann aber eine materiell-rechtliche Anpassung an die Verhältnisse bei der aufnehmenden Gesellschaft erforderlich sein.[364]   165

---

355 § 22 Abs. 1 UmwG.
356 §§ 8, 13 SEAG. *Schäfer*, in: MünchKomm AktG, Art. 24 SE-VO Rn. 3 f.
357 §§ 8 Satz 2 SEAG, Art. 26 Abs. 2 SE-VO.
358 Str.: für diese Möglichkeit *Schwarz*, SE-VO, Art. 20 Rn. 21; a.A. *Schäfer*, in: MünchKomm AktG, Art. 20 SE-VO Rn. 13; *Ihrig/Wagner*, BB 2003, 969, 973 Fn. 67. Vgl. oben § 2 Rn. 62.
359 § 13 SEAG; vgl. unten § 5 Rn. 33 ff.
360 BT-Drs. 15/3405, S. 33 f.
361 Art. 24 Abs. 1 SE-VO i.V.m. § 22 Abs. 1 Satz 2, Abs. 2 UmwG und §§ 8 Satz 1, 13 Abs. 1 SEAG.
362 Art. 24 Abs. 1 lit. c SE-VO i.V.m. § 22 UmwG und §§ 8 Satz 1, 13 Abs. 1 und 2 SEAG.
363 Art. 24 Abs. 1 lit. c SE-VO i.V.m. § 23 UmwG.
364 *Schwarz*, SE-VO, Art. 24 Rn. 13.

b)   Schutz der Minderheitsaktionäre

166   Die SE-VO überlässt es den Gesetzgebern der einzelnen Mitgliedstaaten, eigene Regelungen zum angemessenen Schutz der Minderheitsgesellschafter zu treffen.[365] Die Ermächtigung beschränkt sich allerdings auf Schutzvorschriften zu Gunsten von Aktionären, die sich in der Hauptversammlung gegen den Verschmelzungsplan ausgesprochen haben.[366] Um die SE-Gründung nicht unnötig zu erschweren, genügt hierfür allerdings ein Widerspruch gegen einzelne Punkte des Verschmelzungsplans bzw. die Erklärung, sich seine Rechte vorbehalten zu wollen, ohne dass insgesamt gegen die Verschmelzung gestimmt werden muss.[367] Der gewährte Schutz darf nicht unangemessen hoch sein, was insbesondere dann der Fall wäre, wenn die Gründung durch Minderheitsaktionäre aufgrund übertriebener Mehrheitserfordernisse oder Ausgleichsansprüche faktisch blockiert werden könnte.[368]

167   In Deutschland wurde aufgrund der Ermächtigung ein Nachbesserungsanspruch und ein Austritts- und Abfindungsrecht für die Minderheitsaktionäre der übertragenden Gesellschaft entsprechend den aus dem Umwandlungsgesetz[369] bekannten Grundsätzen normiert. Ein benachteiligter Aktionär kann im Falle eines unangemessenen Umtauschverhältnisses für seine Aktien bei der Verschmelzung von der SE Ausgleich durch bare Zuzahlung verlangen.[370] Sofern die zu gründende SE ihren Sitz im Ausland haben soll, muss die übertragende Gesellschaft jedem Aktionär, der gegen den Verschmelzungsbeschluss der Gesellschaft Widerspruch erhebt, außerdem anbieten, seine Aktien zu einem angemessenen Barkaufpreis zu erwerben.[371]

168   Ein Klageausschluss für die Aktionäre der übertragenden Gesellschaft soll möglichst verhindern,[372] dass die Angemessenheit des Umtauschverhältnisses oder der Abfindungshöhe im Wege der Anfechtungsklage angegriffen werden kann. Die Durchführung der Verschmelzung soll nicht allein aus Gründen des Vermögensschutzes verzögert oder sogar blockiert werden können. Stattdessen steht den Aktionären der übertragenden Gesellschaft ein Spruchverfahren zur Verfügung, in dem sie ihre Rechte im Hinblick auf ihre Vermögensposition wahren können.[373] Falls in den anderen beteiligten Rechtsordnungen allerdings ein dem Spruchverfahren vergleichbares Institut nicht existiert, sind Anfechtungsklagen nur dann ausgeschlossen, wenn die Aktionäre aller Gründungsgesellschaften durch Beschluss die Anwendung der Regeln des deutschen Spruchverfahrens akzeptieren.[374]

169   Zu beachten ist außerdem, dass die Aktionäre der aufnehmenden Gesellschaft den Verschmelzungsbeschluss stets auch mit dem Argument anfechten können, das Umtauschverhältnis sei nicht angemessen. Dies kann dafür sprechen, die SE-Gründung als Verschmelzung durch Neugründung zu strukturieren, wenn mit Widerstand von Minderheitsaktionären zu rechnen ist.

170   Unberührt bleibt außerdem das Recht der Aktionäre, den Zustimmungsbeschluss zur Verschmelzung aufgrund allgemeiner Mängel, wie z.B. Mängel bei der Einberufung oder Durchführung der Hauptversammlung, anzufechten.

---

365 Art. 24 Abs. 2 und Art. 25 Abs. 3 SE-VO.
366 Art. 24 Abs. 2 SE-VO.
367 *Schwarz*, SE-VO, Art. 24 Rn. 17; a.A. *Schröder*, in: Manz/Mayer/Schröder, Europäische Aktiengesellschaft SE, Art. 24 SE-VO Rn. 21. Vgl. auch *Kalss*, ZGR 2003, 593, 603.
368 *Schwarz*, SE-VO, Art. 24 Rn. 21.
369 §§ 14 Abs. 2, 15 UmwG bzw. §§ 29 bis 34 UmwG.
370 § 6 SEAG.
371 § 7 SEAG.
372 § 6 Abs. 1 bzw. § 7 Abs. 5 SEAG.
373 Art. 25 Abs. 3 SE-VO i.V.m. § 6 Abs. 4 bzw. § 7 Abs. 7 SEAG.
374 Art. 25 Abs. 3 Satz 1 SE-VO.

aa)   Nachbesserungsanspruch

Die Aktionäre einer übertragenden Gründungsgesellschaft haben Anspruch auf Ausgleich durch   171
bare Zuzahlung, wenn das Umtauschverhältnis für ihre Aktien unangemessen ist und sie eine
Anfechtungsklage gegen den Verschmelzungsbeschluss nicht auf die Unangemessenheit des Umtauschverhältnisses stützen können.[375] Ein Widerspruch gegen den Verschmelzungsbeschluss ist
nicht erforderlich. Der Anspruch kann gerichtlich im Spruchverfahren nach dem Spruchverfahrensgesetz geltend gemacht werden.[376] Der Anspruch ist ab Ablauf des Tages, an dem die Verschmelzung im Sitzstaat der SE nach den dort geltenden Vorschriften eingetragen und bekannt
gemacht worden ist, zu verzinsen.[377]

bb)   Austritts- und Abfindungsrecht

Soll die künftige SE ihren Sitz im Ausland haben, haben die Minderheitsaktionäre der übertra-   172
genden Gesellschaft ein Austritts- und Abfindungsrecht.[378] Jedem Aktionär einer übertragenden
Gründungsgesellschaft, der gegen den Verschmelzungsbeschluss Widerspruch zur Niederschrift
erklärt hat, muss der Erwerb seiner Aktien gegen eine angemessene Barabfindung angeboten werden.[379] Dem Widerspruch steht es gleich, wenn der Aktionär zur Hauptversammlung unberech-
tigt nicht zugelassen wurde oder wenn die Versammlung nicht ordnungsgemäß einberufen oder
der Gegenstand der Beschlussfassung nicht ordnungsgemäß bekannt gemacht worden ist.[380]

Der deutsche Gesetzgeber beschränkt das Austritts- und Abfindungsrecht bei der Verschmelzung   173
auf Aktionäre einer übertragenden Gesellschaft, obwohl nach den Vorschriften der SE-VO nicht
eindeutig feststeht, ob bei der Verschmelzung durch Aufnahme der Sitz der künftigen SE in einem
Mitgliedstaat genommen werden kann, in dem keine der Gründungsgesellschaften bisher ihren
Sitz hat.[381] Bei der Sitzverlegung in einen anderen Mitgliedstaat hingegen hat er ein Austritts- und
Abfindungsrecht vorgesehen.[382] Eine freie Sitzwahl bei der Verschmelzung durch Aufnahme hat
der Gesetzgeber nicht in Betracht gezogen.[383] Diese Lücke kann durch eine erweiterte Auslegung
des Austritts- und Abfindungsrechts in § 7 SEAG entsprechend der Sitzverlegungsregelung geschlossen werden.

Das Abfindungsangebot muss die Verhältnisse der Gründungsgesellschaft im Zeitpunkt der Be-   174
schlussfassung über die Verschmelzung berücksichtigen.[384] Es kann innerhalb von zwei Monaten,
nachdem die Verschmelzung im Sitzstaat der SE nach den dort geltenden Vorschriften eingetragen und bekannt gemacht worden ist, angenommen werden.[385]

Der Anspruch ist mit Ablauf des Tages, an dem die Verschmelzung im Sitzstaat der SE nach den   175
dort geltenden Vorschriften eingetragen und bekannt gemacht worden ist, zu verzinsen.[386] Die
Geltendmachung eines weiteren Schadens ist nicht ausgeschlossen.[387] Die Höhe des Anspruchs
kann gerichtlich im Spruchverfahren nach dem Spruchverfahrensgesetz überprüft werden, es sei

---

375 § 6 Abs. 2 SEAG.
376 § 6 Abs. 4 SEAG.
377 § 6 Abs. 3 SEAG.
378 § 7 SEAG.
379 § 7 Abs. 1 Satz 1 SEAG.
380 § 7 Abs. 1 Satz 4 SEAG, § 29 Abs. 2 UmwG.
381 Str.: für diese Möglichkeit *Schwarz*, SE-VO, Art. 20 Rn. 21; a.A. *Schäfer*, in: MünchKomm AktG, Art. 20 SE-VO
    Rn. 13; *Ihrig/Wagner*, BB 2003, 969, 973 Fn. 67. Vgl. oben § 2 Rn. 62.
382 § 12 SEAG; vgl. unten § 5 Rn. 29 ff.
383 BT-Drs. 15/3405, S. 32 f.
384 § 7 Abs. 2 Satz 2 SEAG.
385 § 7 Abs. 4 Satz 1 SEAG.
386 § 7 Abs. 2 Satz 2 SEAG.
387 § 7 Abs. 2 Satz 3 SEAG.

denn, in den Mitgliedstaaten der anderen beteiligten Gesellschaften besteht ein vergleichbares Verfahren nicht und die Hauptversammlungen dieser Gesellschaften stimmen der Durchführung des deutschen Spruchverfahrens nicht zu. Dann müsste die Unangemessenheit der Abfindung im Wege der Anfechtungsklage gegen den Verschmelzungsbeschluss gelten gemacht werden.[388] Wird das Spruchverfahren durchgeführt, kann das Abfindungsangebot innerhalb von zwei Monaten nachdem die Gerichtsentscheidung im Bundesanzeiger bekannt gemacht worden ist angenommen werden.[389]

5.   Erleichterungen bei Verschmelzungen im Konzern

176   Art. 31 SE-VO erleichtert im Fall von Konzernverschmelzungen das Gründungsverfahren, wenn eine Tochtergesellschaft auf ihre Muttergesellschaft verschmolzen wird.[390] Die Verordnung unterscheidet dabei zwischen bestimmten Stimmrechtsquoten. Ab einer Beteiligung in Höhe von mindestens 90 % der Stimmrechte sieht Art. 31 Abs. 2 SE-VO bestimmte Verfahrenserleichterungen vor, zu denen noch weitere hinzutreten, wenn die Muttergesellschaft 100 % der stimmrechtsgewährenden Anteile an der Tochtergesellschaft hält.

a)   Verschmelzung einer mindestens 90 %igen Tochtergesellschaft

177   Art. 31 Abs. 2 Unterabs. 1 SE-VO gewährt Erleichterungen bei Konzernverschmelzungen, wenn die aufnehmende Muttergesellschaft Inhaberin von mindestens 90 %, nicht aber aller stimmrechtsgewährenden Anteile der übertragenden Gesellschaft ist. Die Vorschrift stellt neben Aktien auch auf sonstige Wertpapiere ab, die ein Stimmrecht gewähren. Dem kommt für Deutschland keine Bedeutung zu, da das AktG kein Stimmrecht ohne Aktie kennt.[391] Die SE-VO sieht unter diesen Voraussetzungen vor, dass der Verschmelzungsbericht, die Verschmelzungsprüfung und die im Rahmen der Rechtmäßigkeitskontrolle erforderlichen Unterlagen grundsätzlich entbehrlich sind. Allerdings stehen diese Verfahrenserleichterungen unter dem Vorbehalt des nationalen Rechts, d.h. sie bestehen nur, wenn auch das nationale Recht sie vorsieht. Deshalb hat die Regelung in Deutschland keine praktischen Auswirkungen. Denn das UmwG sieht Erleichterungen nur im Fall der Verschmelzung einer 100 %igen Tochtergesellschaft auf die Muttergesellschaft vor.[392] Nach deutschem Recht ist zwar die Zustimmung der Hauptversammlung der aufnehmenden Gesellschaft nicht erforderlich, wenn eine mindestens 90 %ige Tochtergesellschaft auf die Muttergesellschaft verschmolzen wird.[393] Diese Regelung ist bei der Verschmelzungsgründung einer SE aber nicht anwendbar, weil ein diesbezüglicher Verweis in Art. 31 Abs. 2 Unterabsatz 1 SE-VO fehlt und aufgrund des gleichzeitigen Formwechsels in die SE eine Befassung der Hauptversammlung der aufnehmenden Gesellschaft stets erforderlich ist.[394]

---

388 Vgl. § 7 Abs. 7 SEAG.

389 § 7 Abs. 4 Satz 2 SEAG.

390 *Schäfer*, in: MünchKomm AktG, Art. 31 SE-VO Rn. 2; *Schwarz*, SE-VO, Art. 31 Rn. 5.

391 § 12 Abs. 1 Satz 1 AktG; statt aller *Hüffer*, AktG, § 12 Rn. 3.

392 §§ 8 Abs. 3, 9 Abs. 2 UmwG.

393 § 62 Abs. 1 Satz 1 UmwG.

394 *Schäfer*, in: MünchKomm AktG, Art. 31 Rn. 8; *Schwarz*, SE-VO, Art. 31 Rn. 25. Siehe auch oben § 2 Rn. 119.

b)   Verschmelzung einer 100 %igen Tochtergesellschaft

Art. 31 Abs. 1 SE-VO gewährt Erleichterungen bei Konzernverschmelzungen, wenn die aufnehmende Muttergesellschaft Inhaberin sämtlicher Aktien und sonstigen Wertpapiere ist, die Stimmrechte in der Hauptversammlung der übertragenden Tochtergesellschaft gewähren.   178

Der Zeitpunkt, zu dem die Muttergesellschaft die 100 %-Beteiligung halten muss, wird von der SE-VO nicht bestimmt. Ein Zeitpunkt nach der Entscheidung über die Rechtmäßigkeit der Verschmelzung gemäß Art. 25 SE-VO (erste Stufe der Rechtmäßigkeitskontrolle) scheidet wohl aus, weil die Verschmelzungsbeschlüsse unwirksam sind, sollte der Verschmelzungsplan unvollständig sein, und weil die Verschmelzungsbeschlüsse in dem Verfahren zur Rechtmäßigkeitskontrolle nach Art. 26 SE-VO (zweite Stufe der Rechtmäßigkeitskontrolle) nicht mehr überprüft werden.[395]   179

🛈 *Praxishinweis:*   180

Der sicherste Weg besteht also darin, 100 % der Stimmrechte mindestens über einen Zeitraum beginnend mit der ersten Beschlussfassung und endend mit der Eintragung der SE im Handelsregister des zukünftigen Sitzstaats in Händen der Muttergesellschaft zu halten. Außerdem ist zu beachten, dass mittelbarer Anteilsbesitz nicht genügt und die Muttergesellschaft selbst Inhaberin der Anteile sein muss.[396]

Nach Art. 31 Abs. 1 SE-VO erwirbt die aufnehmende Muttergesellschaft keine Aktien der Tochtergesellschaft.[397] Eine Kapitalerhöhung findet also nicht statt. Dementsprechend entfallen im Verschmelzungsplan einige Pflichtangaben: das Umtauschverhältnis,[398] die Einzelheiten der Übertragung der Aktien[399] sowie der Zeitpunkt der Gewinnbeteiligung.[400] Folglich erübrigt sich auch die Verschmelzungsprüfung.[401]   181

Die Erstellung eines Verschmelzungsberichts ist auch dann nicht erforderlich, wenn die Muttergesellschaft zwar alle stimmberechtigten Aktien, nicht aber auch alle stimmrechtslosen Vorzugsaktien an der Tochtergesellschaft hält. Denn die SE-VO verlangt ausdrücklich nur, dass die Muttergesellschaft alle stimmrechtsgewährenden Anteile der Tochtergesellschaft hält. Als speziellere Regelung verdrängt die SE-VO insofern die strengere Regelung aus § 8 Abs. 3 Satz 1 UmwG, der verlangt, dass die Muttergesellschaft alle Anteile der Tochtergesellschaft, gleichgültig ob stimmberechtigt oder nicht, hält.[402]   182

Die Zustimmung der Anteilseignerversammlung der übernehmenden Gesellschaft ist, anders als bei rein deutschen Verschmelzungen, aufgrund des gleichzeitigen Formwechsels in die SE auch bei der Verschmelzung einer 100 %igen Tochtergesellschaft auf die Muttergesellschaft erforderlich.[403]   183

---

395 *Schäfer*, in: MünchKomm AktG, Art. 31 SE-VO Rn. 4; a.A. *Schwarz*, SE-VO, Art. 31 Rn. 8 (Zeitpunkt der Eintragung).
396 *Schwarz*, SE-VO, Art. 31 Rn. 7.
397 Ausschluss der Anwendung von Art. 29 Abs. 2 lit. b SE-VO.
398 Art. 20 Abs. 1 Satz 2 lit. b SE-VO.
399 Art. 20 Abs. 1 Satz 2 lit. c SE-VO.
400 Art. 20 Abs. 1 Satz 2 lit. d SE-VO.
401 *Schwarz*, SE-VO, Art. 31 Rn. 12 ff. Zwar wird von *Teichmann*, ZGR 2002, 383, 431 angenommen, lediglich die Möglichkeit der gemeinsamen Verschmelzungsprüfung sei aufgrund Art. 31 Abs. 1 SE-VO ausgeschlossen. Gleichzeitig ergebe sich aber aus dem nach Art. 31 Abs. 1 Satz 2 SE-VO anwendbaren deutschen Recht, dass eine Verschmelzungsprüfung nicht durchgeführt werden muss.
402 *Schäfer*, in: MünchKomm AktG, Art. 31 SE-VO Rn. 7.
403 Siehe oben § 2 Rn. 119.

2

IV.   Steuerliche Aspekte

1.   Steuerliche Grundlagen bei Gründung einer SE durch Verschmelzung

a)   Steuerbarrieren für grenzüberschreitende Umwandlungen

184   Grenzüberschreitende Verschmelzungsvorgänge scheiterten lange Zeit daran, dass das nationale Gesellschaftsrecht diese nicht zuließ. § 1 Abs. 1 UmwG wurde mehrheitlich in der Weise ausgelegt, dass Umstrukturierungen nach dem Regelungskonzept des Umwandlungsgesetzes nur möglich sind, sofern die beteiligten Gesellschaften ihren satzungsmäßigen Sitz in Deutschland haben. Seit Umsetzung der Verschmelzungsrichtlinie in deutsches Recht im April 2007 gestattet das UmwG jedoch auch grenzüberschreitende Verschmelzungen.[404]

185   Das Umwandlungssteuergesetz a.F. knüpfte bei der steuerlichen Beurteilung von Umwandlungsvermögen unmittelbar an die gesellschaftsrechtliche Zulässigkeit nach dem Umwandlungsgesetz an. Dies bedeutet, dass Vermögensübertragungen außerhalb des Anwendungsbereichs des Umwandlungsgesetzes nicht unter die Steuervergünstigungen des Umwandlungssteuergesetzes fielen. Aus steuerlicher Sicht konnte deshalb insbesondere bei einer Beteiligung einer ausländischen Gesellschaft nicht auf die Vorschriften zur steuerneutralen Verschmelzung von Gesellschaften nach §§ 11 ff. UmwStG a.F. zurückgegriffen werden. Eine Verschmelzung einer deutschen Kapitalgesellschaft auf eine ausländische Gesellschaft hätte demnach steuerlich zur Folge gehabt, dass die Vermögensübertragung unter Auflösung der Gesellschaft wie eine Sachauskehr sämtlicher Wirtschaftsgüter der inländischen Gesellschaft behandelt und zugleich zur Endbesteuerung aller stiller Reserven geführt hätte.

186   🛑 Praxishinweis:

> § 1 Abs. 2 UmwStG a.F. verlangte für eine steuerneutrale Verschmelzung, dass die Regelungen des UmwG anwendbar sind. Im SEVIC-Urteil[405] hat der EuGH entschieden, dass eine Beschränkung des UmwG auf rein inländische Verschmelzungen gegen die Niederlassungsfreiheit verstößt. Mit Umsetzung der Verschmelzungsrichtlinie in deutsches Recht wurde den Anforderungen dieses Urteils Genüge getan.

b)   Europäisierung von Umwandlungsvorgängen

187   Das Umwandlungssteuergesetz n.F.[406] bietet ein steuerliches Regelwerk für grenzüberschreitende Verschmelzungsvorgänge, die zu einem Vermögensübergang im Rahmen der Gesamtrechtsnachfolge führen.[407] Nach § 1 Abs. 1 UmwStG n.F. werden vom deutschen Umwandlungssteuerrecht Verschmelzungen im Sinne des § 2 UmwG, vergleichbare ausländische Vorgänge sowie Verschmelzungen nach Art. 17 ff. SE-VO erfasst. Dies gilt jedoch nur, sofern die an der Gründung einer SE beteiligten Gesellschaften in einem Mitgliedstaat der EU bzw. EWR gegründet wurden

---

404 Vgl. unten § 4 Rn. 1 ff.
405 EuGH, Urteil v. 13.12.05, Der Konzern 2006, 66. Zu den steuerlichen Auswirkungen des SEVIC-Urteils siehe Dötsch/Pung, Der Konzern 2006, 258.
406 Das UmwStG n.F. beinhaltet die Änderungen des UmwStG durch das SEStEG.
407 *Voß*, BB 2006, 411, 414; *Olbing/Binnewies*, AG 2006, 411, *Hahn*, GmbHR 2006, 617.

und deren Sitz oder zumindest der Geschäftsleitungsort sich in einem Mitgliedstaat der EU bzw. EWR befindet.[408]

❗ Praxishinweis: 188

Es ist nicht erforderlich, dass sich der Sitz oder der Ort der Geschäftsleitung der an der SE-Gründung beteiligten Gesellschaften im Zeitpunkt der Gründung in ihrem ursprünglichen Gründungsstaat befindet. Somit können auch Gesellschaften an Gründungsvorgängen beteiligt werden, deren Sitz im Vorfeld innerhalb der EU bzw. EWR verlegt wurde.

Der Anwendungsbereich der SE-VO stimmt damit mit § 1 UmwStG n.F. überein. Da die SE-VO   189
für die verschmelzende Gründung einer SE voraussetzt, dass es sich bei den beteiligten Gesellschaften um Gesellschaften mit Sitz innerhalb der EU oder EWR handelt, sind die Vorschriften zur steuerneutralen grenzüberschreitenden Verschmelzung nach §§ 11–13 UmwStG n.F. im Rahmen des Gründungsvorgangs unmittelbar anwendbar.

Aus steuerlicher Sicht sind bei der verschmelzenden Gründung einer SE drei Grundkonstellati-   190
onen zu unterscheiden:

◼ Die Verschmelzung einer ausländischen Gesellschaft zur Gründung einer deutschen SE („Hineinverschmelzung")

◼ Die Verschmelzung einer inländischen Gesellschaft zur Gründung einer ausländischen SE („Hinausverschmelzung")

◼ Die Verschmelzung von Gesellschaften außerhalb von Deutschland zur Gründung einer ausländischen SE, die entweder inländische Anteilseigner oder im Inland steuerverstrickte Wirtschaftsgüter haben („Drittlandsverschmelzung").

Diese Verschmelzungsvorgänge können sich durch Neugründung einer SE oder durch eine Ver-   191
schmelzung durch Aufnahme einer der beteiligten Gesellschaften bei gleichzeitigem Formwechsel in eine SE vollziehen. Bei jedem der vorgenannten Verschmelzungsvorgänge kann es zu steuerlichen Auswirkungen auf die beteiligten Rechtsträger kommen.[409] Dies betrifft vornehmlich die übertragende Gesellschaft sowie die entstehende SE. Da die Anteilseigner der übertragenden Gesellschaften durch die Verschmelzung ihre alten Anteile verlieren und neue Anteile an der SE erhalten, können sich auch auf Anteilseignerebene erhebliche Steuerfolgen ergeben.

Einschlägige steuerliche Vorschriften bei Verschmelzung zu einer SE: 192

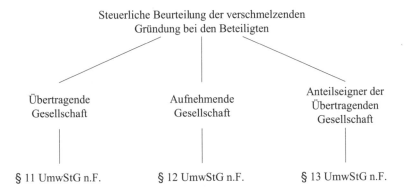

---

408 *Dötsch/Pung*, DB 2006, 2704.
409 Zum alten und neuen Recht, *Kessler/Huck*, Der Konzern 2006, 352–358.

2.   Verschmelzende Gründung einer SE in Deutschland ("Hineinverschmelzung")

193   Die Gründung einer deutschen SE erfolgte in den bislang bekannt gewordenen Fällen durch die Verschmelzung einer Aktiengesellschaft ausländischen Rechts auf eine deutsche Aktiengesellschaft.[410]

194   Eine SE kann aber auch dadurch gegründet werden, dass sowohl die ausländische als auch die deutsche Aktiengesellschaft auf eine durch die Gründung neu entstehende Gesellschaft verschmolzen werden.[411]

195   Während bei einer Verschmelzung durch Aufnahme die bisherige inländische Kapitalgesellschaft durch die Verschmelzung die Rechtsform einer SE annimmt, erlöschen bei einer Neugründung einer SE sowohl die ausländische als auch die deutsche Kapitalgesellschaft. Somit tritt bei der Verschmelzung durch Aufnahme ein Vermögensübergang nur bei der ausländischen Gesellschaft ein, wohingegen bei einer Verschmelzung durch Neugründung auch der Vermögensübergang der deutschen Aktiengesellschaft[412] steuerlich zu würdigen ist.

196   🛇 Praxishinweis:

Eine Verschmelzung durch Neugründung ist in der Unternehmenspraxis nur bedingt zu empfehlen.[413] Aus steuerlicher Sicht birgt die Verschmelzung zur Neugründung den steuerlichen Nachteil, dass etwaige Verlustvorträge beider Gesellschaften untergehen und es bei grundbesitzenden Gesellschaften gegebenenfalls zu einer erhöhten Grunderwerbsteuerbelastung kommt.

a)   Steuerfolgen auf Ebene der übertragenden Gesellschaften

197   Mit der Eintragung der Verschmelzung erlischt die übertragende Gesellschaft als Rechtspersönlichkeit.[414] Damit entfällt zugleich die Steuerpflicht bzw. Steuersubjekteigenschaft dieser Gesellschaft. Außerdem geht mit dem Untergang der Gesellschaft üblicherweise eine Liquidationsbesteuerung einher.

🛇 Praxishinweis:

Nach § 11 KStG erfolgt bei der Liquidation einer Gesellschaft eine Liquidationsbesteuerung durch Gegenüberstellung des Abwicklungsendvermögens zum Abwicklungsanfangsvermögen. Damit soll die Besteuerung sämtlicher stiller Reserven der aufgelösten Gesellschaft sichergestellt werden.

198   Die Gründung einer SE durch Verschmelzung von mindestens zwei Gesellschaften würde erheblich eingeschränkt oder aufgrund der Steuerbelastung als betriebswirtschaftlich unrentabel verworfen, wenn die Verschmelzung von Gesellschaften zu einer Gesellschaft in der Rechtsform der SE mit einer Liquidationsbesteuerung der inländischen übertragenden Kapitalgesellschaft verbunden wäre. Der Gesetzgeber bietet deshalb mit den §§ 11 ff. UmwStG n.F. ein steuerliches Regelwerk an, eine verschmelzende Gründung einer SE ohne Ertragsteuerbelastung zu gestalten.

---

410 Dies wird als „Verschmelzung durch Aufnahme" bezeichnet.
411 Dies wird als „Verschmelzung durch Neugründung" bezeichnet.
412 Dies stellt steuerlich einen rein innerdeutschen Verschmelzungsvorgang dar, hierzu *Hohenlohe/Rautenstrauch/Adrian*, GmbHR 2006, 623, 627.
413 Vgl. § 2 Rn. 45.
414 Art. 29 Abs. 1 lit. c SE-VO.

Dies geschieht dadurch, dass die durch die Verschmelzung auf die SE übergehenden Wirtschafts- 199
güter in der Schlussbilanz bei der übertragenden Gesellschaft weiterhin mit den bisherigen Buchwerten angesetzt werden. Die aufnehmende SE hat die Wirtschaftsgüter mit diesen Werten zu
übernehmen. Auf Ebene der beteiligten Anteilseigner erfolgt ein steuerneutraler Tausch der bisherigen Beteiligung durch neue Anteile an der SE. Nachfolgend werden deshalb die für eine steuerneutrale Verschmelzung zu beachtenden Anforderungen skizziert.

aa) Bewertung des übertragenen Vermögens

Die übertragende ausländische und bei einer Verschmelzung zur Neugründung auch inländische 200
Gesellschaft ist nach § 11 UmwStG n.F. verpflichtet, in Vorbereitung der Verschmelzung eine
Schlussbilanz aufzustellen. Während nach der bisherigen Rechtslage diese Schlussbilanz nach
handelsrechtlichen Vorschriften zu erstellen war, ist nach dem neuen Umwandlungssteuergesetz
die Aufstellung einer rein steuerlichen Schlussbilanz ausreichend.

🛈 **Praxishinweis:** 201

*Für gesellschaftsrechtliche Zwecke ist bei einer Verschmelzung zur Gründung einer SE zumindest für eine deutsche Gesell-
schaft eine Schlussbilanz nach Art. 18 SE-VO i.V.m. § 17 Abs. 2 UmwG aufzustellen. Die Schlussbilanz darf auf einen höchstens
acht Monate vor der Anmeldung liegenden Stichtag aufgestellt worden sein. Hierbei sind die handelsrechtlichen Bilanzie-
rungs- und Bewertungsgrundsätze sowie etwaige Prüfungs- und Testierpflichten zu beachten. Aufgrund der Maßgeblichkeit
der Handelsbilanz für die Steuerbilanz (§ 5 Abs. 1 EStG) vertrat die Finanzverwaltung unter der bisherigen Rechtslage die
Auffassung, dass die nach § 17 UmwG aufgestellte Schlussbilanz auch für steuerliche Zwecke maßgebend sei.[415] Der Grundsatz der Maßgeblichkeit wurde im neuen Recht nun durch die Anforderung an eine rein steuerliche Schlussbilanz aufgegeben.*

Die Verpflichtung zur Aufstellung einer steuerlichen Schlussbilanz gilt auch für die übertra- 202
gende ausländische Gesellschaft. Bei einer Verschmelzung auf eine inländische SE besteht deshalb
grundsätzlich auch für den ausländischen Rechtsträger die Verpflichtung, eine Steuerbilanz nach
den Vorschriften des deutschen Steuerrechts zu erstellen.

🛈 **Praxishinweis:** 203

*Nach § 11 UmwStG n.F. besteht keine Bindung an die bisherigen steuerlichen Wertansätze der Wirtschaftsgüter nach den
Vorschriften des ausländischen Staats. Nach dem Vernehmen von Vertretern der Finanzverwaltung kann auf die Vorlage einer
steuerlichen Schlussbilanz durch eine ausländische Gesellschaft nur dann verzichtet werden, wenn die Schlussbilanz gerade
nicht für inländische Besteuerungszwecke benötigt wird. Bei einer Hinein- oder Hinausverschmelzung ist jedoch stets das
deutsche Besteuerungsrecht betroffen, da ein steuerlicher Zuzug oder Wegzug von Wirtschaftsgütern vorliegt, deren stille Reserven steuerlich bewertet werden müssen. Nur bei einer reinen Drittlandsverschmelzung zwischen Rechtsträgern im Ausland
ist aus deutscher Sicht keine steuerliche Schlussbilanz erforderlich.*

§ 11 Abs. 1 UmwStG n.F. sieht als Regelfall vor, dass die übertragenen Wirtschaftsgüter der über- 204
tragenden Gesellschaft in ihrer Schlussbilanz mit den gemeinen Werten anzusetzen sind. Durch
den Ansatz mit dem gemeinen Wert würde es zur Aufdeckung der stillen Reserven und zu deren
Besteuerung kommen. Dieser Wertansatz betrifft nicht nur die bereits bilanzierten Wirtschaftsgüter, sondern auch solche, für die bislang ein Bilanzierungsverbot galt. Somit durchbricht § 11
UmwStG n.F. die Bilanzierungsverbote des § 5 EStG.

---

415 Hierzu Haritz, DStR 2006, 977; Trossen, FR 2006, 617; Sinewe, AG 2006, 196.

205   🛑 Praxishinweis:

Von einem steuerlichen Bilanzierungsverbot sind insbesondere immaterielle Wirtschaftsgüter betroffen. Nach § 5 Abs. 2 EStG darf ein Aktivposten für immaterielle Wirtschaftsgüter nur angesetzt werden, wenn diese entgeltlich erworben wurden. Selbst geschaffene oder unentgeltlich erworbene immaterielle Wirtschaftsgüter sind jedoch nicht aktivierungsfähig. Gleiches gilt für einen selbstgeschaffenen Firmenwert. Durch § 11 UmwStG n.F. wird dieser Grundsatz bei einer Verschmelzung mit einem Ansatz der Wirtschaftsgüter zum gemeinen Wert durchbrochen.

206   Die Besteuerung der stillen Reserven in den übertragenen Wirtschaftsgütern führt letztendlich zu einer Liquidationsbesteuerung aller stiller Reserven. Um einen solchen belastenden Steuereffekt bei der zu verschmelzenden Gesellschaft zu vermeiden, gestattet § 11 Abs. 2 UmwStG n.F. eine Bewertung der übergehenden Wirtschaftsgüter in der Schlussbilanz mit dem Buchwert oder einem höheren Wert, sofern hierbei der gemeine Wert nicht überschritten wird.

207   🛑 Praxishinweis:

Das freie Bewertungswahlrecht setzt einen ausdrücklichen Antrag der übertragenden Gesellschaft voraus. Dabei ist zu beachten, dass das Bewertungswahlrecht im Hinblick auf den Ansatz aller zu übertragenden Wirtschaftsgüter nur einheitlich ausgeübt werden darf. Dies bedeutet, dass sämtliche übertragenen Wirtschaftsgüter entweder nur mit dem Buchwert, einem Zwischenwert oder dem gemeinen Wert angesetzt werden dürfen. Eine unterschiedliche Bewertung einzelner Wirtschaftsgüter ist dadurch ausgeschlossen.

208   Dieses freie Bewertungswahlrecht besteht jedoch nicht uneingeschränkt, sondern nach § 11 Abs. 2 UmwStG n.F. nur unter den nachfolgenden Prämissen:

- Die übertragenen Wirtschaftsgüter unterliegen bei der aufnehmenden SE weiterhin dem Körperschaftsteuerregime. Da eine inländische SE nach § 1 KStG n.F. einer inländischen Kapitalgesellschaft entspricht, ist das deutsche Körperschaftsteuergesetz anwendbar.

- Das Recht Deutschlands hinsichtlich der Besteuerung des Gewinns aus einer zukünftigen Veräußerung der übertragenen Wirtschaftsgüter durch die SE wird nicht ausgeschlossen oder beschränkt. Die in der inländischen SE steuerverstrickten Wirtschaftsgüter unterliegen im Falle einer Veräußerung in der Regel der Besteuerung.

- Eine Gegenleistung für die verschmelzende Gründung der SE wird nicht gewährt oder besteht in der Ausgabe von neuen Gesellschaftsrechten. Die Voraussetzung wird durch Durchführung einer Kapitalerhöhung erreicht.

209   Der Gesetzgeber möchte mit den vorstehenden Voraussetzungen sicherstellen, dass insbesondere eine buchwertneutrale Übertragung von Wirtschaftsgütern nicht dazu genutzt werden kann, dass der bisherige Sitzstaat der übertragenden Gesellschaft sein Recht zur Besteuerung der stillen Reserven in den übertragenen Wirtschaftsgütern verliert.

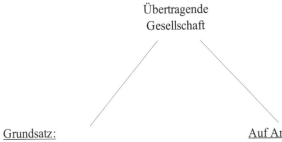

Übertragende
Gesellschaft

Grundsatz:
Übergang der WG zum gemeinen
Wert

Auf Antrag Wahlrecht:
- WG unterliegen weiterhin
  Körperschaftsteuerregime
- Besteuerungsrecht der
  übernommenen WG wird nicht
  beeinträchtigt
- Keine Gegenleistung oder gegen
  Gesellschaftsrechte

Aus Sicht des deutschen Fiskus bestehen bei einer Hineinverschmelzung zur Gründung einer in-   210
ländischen SE in der Regel keine Bedenken, eine buchwertneutrale Verschmelzung zuzulassen,
da auf Ebene der inländischen SE ein unbeschränktes Besteuerungsrecht besteht. Im Fall einer
Hineinverschmelzung ist es deshalb entscheidend, dass auch der bisherige Sitzstaat der übertragenden Gesellschaft nach seinen nationalen Steuerregelungen eine buchwertneutrale Verschmelzung zulässt; dies ist durch Konsultation ausländischer Berater sicher zu stellen.

▶ Beispiel: 211

   Eine in einem Mitgliedstaat ansässige AG soll zur Gründung einer SE auf eine inländische AG verschmolzen werden. Die
   übertragende AG soll im bisherigen Ansässigkeitsstaat nach der Verschmelzung eine Betriebsstätte beibehalten, in der
   sich für steuerliche Zwecke die bisherigen Wirtschaftsgüter der übertragenden Gesellschaft befinden sollen.

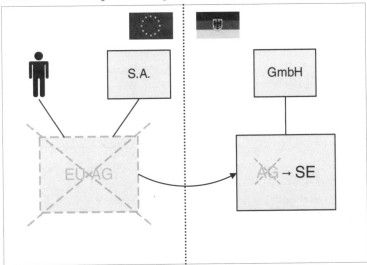

Lösung:

Die übertragende ausländische AG hat gemäß § 11 UmwStG n.F. eine steuerliche Schlussbilanz nach deutschen Steuerregeln aufzustellen. Danach steht der ausländischen AG ein Wahlrecht zwischen dem Ansatz zum Buchwert, Zwischenwert oder zum gemeinen Wert zu, wobei im letzteren Fall auch bislang nicht bilanzierte Wirtschaftsgüter in der Schlussbilanz angesetzt werden müssen. Die aufnehmende SE ist nach § 12 Abs. 1 UmwStG n.F. an die Ansätze der Schlussbilanz der ausländischen AG gebunden. Ausländische Verlustvorträge gehen nach § 12 Abs. 3 UmwStG n.F. nicht auf die inländische SE über. Da eine Betriebsstätte im bisherigen Ansässigkeitsstaat verbleibt, darf für diese nach Art. 4 Abs. 1 FRL durch die Verschmelzung keine Steuerbelastung entstehen. Danach muss auch nach dem ausländischen Recht eine buchwertneutrale Verschmelzung zugelassen werden.

212 ▶ **Beispiel:**

Eine ausländische und deutsche Gesellschaft, letztere ohne ausländische wirtschaftliche Verknüpfungen, jeweils in der Rechtsform einer Aktiengesellschaft wollen zu einer SE fusionieren. Dies soll sich im Wege einer Neugründung einer SE vollziehen.

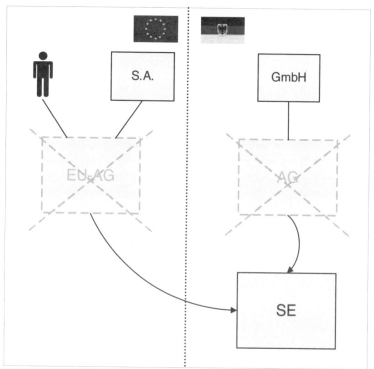

Lösung:

Die Hineinverschmelzung der ausländischen AG folgt unter anderem nach den ausländischen Steuerregeln. Die ausländische AG hat zudem eine steuerliche Schlussbilanz nach Maßgabe des § 11 UmwStG n.F. aufzustellen. Gleiches gilt für die deutsche AG. Die Schlussbilanz dient auf Ebene der deutschen AG dazu, eine steuerneutrale Übertragung der Wirtschaftsgüter zu ermöglichen oder deren Besteuerung zu bestimmen. Für die ausländische AG wird mit der Schlussbilanz festgelegt, mit welchen Werten die deutsche SE die übertragenen Wirtschaftsgüter anzusetzen hat. Da die inländische AG nur inländisches Betriebsvermögen besitzt und somit das inländische Besteuerungsrecht durch die Verschmelzung nicht gefährdet wird, kann die deutsche AG in ihrer Schlussbilanz die Buchwerte ansetzen und damit eine steuerneutrale Verschmelzung sicherstellen. Inwiefern für die ausländische AG eine steuerneutrale Verschmelzung möglich ist, richtet sich nach dem anwendbaren ausländischen Recht.

bb)   Unterschiedliche Bewertungsansätze

Problematisch ist der freie Wertansatz in solchen Fallkonstellationen, in denen die übertragende ausländische Gesellschaft steuerverstrickte Wirtschaftsgüter in ihrem bisherigen Sitzstaat sowie im Gründungsstaat der SE hat.   213

Nach dem Grundgedanken des Art. 10 FRL hängt eine buchwertneutrale Verschmelzung davon ab, dass die Wirtschaftsgüter weiterhin in einer Betriebsstätte im bisherigen Sitzstaat der zu übertragenden Gesellschaft steuerverstrickt bleiben („Betriebsstättenvorbehalt"). Dieser Betriebsstättenvorbehalt soll sicherstellen, dass der jeweilige Mitgliedstaat bei einer grenzüberschreitenden Übertragung seine Besteuerungshoheit im Hinblick auf bislang entstandene stille Reserven nicht verliert.   214

Der auf der FRL beruhende Betriebsstättenvorbehalt kann mit § 11 Abs. 2 UmwStG n.F. in Konflikt geraten. Denn § 11 Abs. 2 UmwStG n.F. sieht vor, dass sämtliche Wirtschaftsgüter in der steuerlichen Schlussbilanz nur einheitlich mit einem Wert bilanziert werden dürfen.[416] Deshalb könnte eine buchwertneutrale Verschmelzung dann nicht in Betracht kommen, wenn der bisherige Sitzstaat der übertragenden Gesellschaft die Vorgaben der FRL identisch zum deutschen Umwandlungsteuergesetz umgesetzt hat und durch die Verschmelzung zumindest zum Teil sein Besteuerungsrecht verliert. Dann müsste die übertragende Gesellschaft im bisherigen Sitzstaat Steuern bezahlen, obwohl die aufnehmende SE die Buchwerte übernimmt. Denn § 11 Abs. 2 UmwStG n.F. gilt unabhängig davon, ob der ausländische Staat eine Besteuerung stiller Reserven vornimmt. Eine buchwertneutrale Verschmelzung in einer solchen Fallkonstellation hätte deshalb den Nachteil, dass identische stille Reserven sowohl im bisherigen Sitzstaat als auch bei einer späteren Veräußerung im Ansässigkeitsstaat der SE „doppelt" besteuert würden. Sofern jedoch eine Betriebsstätte der übertragenden ausländischen Gesellschaft verbleibt, sieht sowohl die FRL als auch § 11 UmwStG n.F. die Möglichkeit eines steuerneutralen Übergangs der Wirtschaftsgüter vor. Damit kommt es nicht zu einer etwaigen Doppelbesteuerung.   215

🛑 **Praxishinweis:**   216

Bei der Strukturierung sollte sicher gestellt werden, dass vor einer Verschmelzung Wirtschaftsgüter auf einen anderen Rechtsträger übertragen werden oder eine Betriebsstätte gegründet wird.

▶ **Beispiel:**   217

Eine ausländische AG wird auf eine deutsche AG zur Gründung einer SE verschmolzen. Die ausländische AG hält Betriebsstätten (BS) in ihrem Sitzstaat, in Deutschland und in einem Drittstaat (DS BS). Der deutschen Betriebsstätte ist eine Beteiligung an einer GmbH steuerlich zuzurechnen.

---

416 Dies bedeutet, dass es nicht möglich ist, einzelne Wirtschaftsgüter mit dem Buchwert, andere Wirtschaftsgüter jedoch mit einem Zwischenwert anzusetzen.

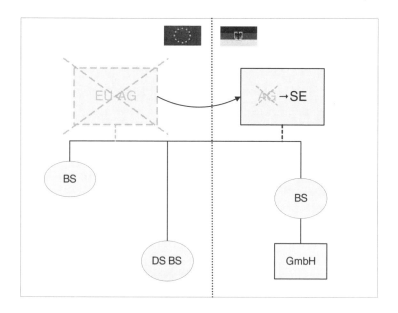

Lösung:

Nach Art. 7 OECD-MA stehen Gewinne einer Betriebsstätte ausschließlich dem Betriebsstättenstaat zu. Sofern die Betriebsstätten nach der Verschmelzung bestehen bleiben, ändert sich auch das Besteuerungsrecht des bisherigen Sitzstaats bezüglich der verbleibenden Wirtschaftsgüter der ausländischen AG nicht. Die zukünftigen Betriebsstättengewinne im bisherigen Sitzstaat unterliegen dort weiterhin der Besteuerung. Ein Besteuerungsrecht im Hinblick auf die anderen Betriebsstätten in Deutschland oder in dem Drittstaat stand dem Sitzstaat der ausländischen AG aufgrund der einschlägigen Doppelbesteuerungsabkommen nie zu. Deshalb kommt es nicht zu einer Beschränkung oder einem Ausschluss des Besteuerungsrechts nach Maßgabe der FRL. Die ausländische AG kann nach § 11 Abs. 2 UmwStG n.F. die Buchwerte in ihrer steuerlichen Schlussbilanz nach Maßgabe der deutschen Regeln ansetzen.

218 ▶ **Beispiel:**

Der Sachverhalt entspricht dem Beispiel zuvor. Jedoch hielt die ausländische AG vor der Verschmelzung in- und ausländischen Grundbesitz.

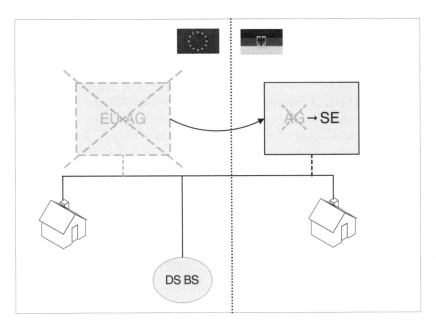

Lösung:

Eine Beschränkung des bisherigen Besteuerungsrechts bezüglich des Betriebsvermögens der ausländischen AG besteht nicht. Gewinne aus der Nutzung von Immobilienvermögen stehen weiterhin dem Belegenheitsstaat zu (Art. 6 OECD-MA). Dies bedeutet, dass der deutsche Immobilienbesitz nie der Steuerhoheit des bisherigen Sitzstaats unterlag und der Grundbesitz weiterhin im ausländischen Belegenheitsstaat der Steuerpflicht unterliegt. Eine steuerneutrale Verschmelzung ist deshalb nach Maßgabe der FRL möglich.

cc)   Bewertung von Beteiligungen

Grundsätzlich steht es im Belieben der übertragenden Gesellschaft nach Maßgabe des § 11 UmwStG n.F., die Wirtschaftsgüter mit einem Wert zwischen deren Buchwert und gemeinen Wert anzusetzen. Hiervon sieht § 11 Abs. 2 Satz 2 UmwStG n.F. eine Ausnahme vor und gibt einen zwingenden Wertansatz vor, sofern es sich bei den übertragenen Wirtschaftsgütern auch um Anteile an der übernehmenden SE handelt.   219

Von dieser Regelung sind insbesondere Konzernstrukturen betroffen, bei denen die übertragende Gesellschaft bereits vor der Verschmelzung an der SE beteiligt war. In der Unternehmenspraxis sind von § 11 Abs. 2 Satz 2 UmwStG n.F. überwiegend Fälle eines down-stream-mergers erfasst.   220

Praxishinweis: 221

Bei einem down-stream-merger wird die Muttergesellschaft auf ihre Tochtergesellschaft verschmolzen. Ein down-stream-merger ist aufgrund der Regelungssystematik des § 54 UmwG nach überwiegender Auffassung kraft Gesamtrechtsnachfolge möglich. Die Finanzverwaltung ließ bisher einen steuerneutralen down-stream-merger nur zu, wenn die beteiligten Rechtsträger einvernehmlich einen Antrag auf eine steuerneutrale Verschmelzung gestellt hatten. Sicherheitshalber sollte dieser gemeinsame Antrag auch zukünftig unter dem neuen Umwandlungssteuerrecht bei den jeweils zuständigen Finanzämtern gestellt werden, obwohl bereits § 11 Abs. 2 Satz 2 UmwStG n.F. inzident einen steuerneutralen down-stream-merger erlaubt ohne dass dies eines Antrags bedarf.

222   Wird eine inländische oder ausländische Muttergesellschaft auf eine inländische Tochtergesellschaft zur Gründung einer SE verschmolzen, sollte bei der Aufstellung der steuerlichen Schlussbilanz der übertragenden Gesellschaft die bisherige Beteiligung an der Tochtergesellschaft nach dem Gesichtspunkt geprüft werden, ob der momentane Buchwert noch den historischen Anschaffungskosten entspricht. Denn § 11 Abs. 2 Satz 2 UmwStG n.F. sieht vor, dass die Beteiligung an der zu gründenden SE in der Schlussbilanz der übertragenden Gesellschaft mit dem Buchwert erhöht um Abschreibungen und um andere Bezüge anzusetzen ist. Damit wird insbesondere sichergestellt, dass in der Vergangenheit steuerwirksam vorgenommene Teilwertabschreibungen durch die Verschmelzung wieder rückgängig gemacht werden. Diese Vorschrift sollte auch für inländische übertragende Gesellschaften bei einer ausländischen Muttergesellschaft gelten, obwohl die Beteiligungswerterhöhung bei dieser in Deutschland nicht einer Besteuerung unterliegen würde.

223   ▶ **Beispiel:**

Eine ausländische AG soll zur Gründung einer inländischen SE durch eine Verschmelzung zur Aufnahme auf eine deutsche AG verschmolzen werden. Aus deutscher Steuersicht wurden die Anschaffungskosten bezüglich der Beteiligung an der inländischen AG in der Vergangenheit von 100 auf 50 abgeschrieben.

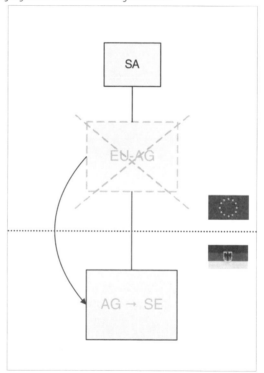

⚙ **Lösung:**

Die ausländische AG hat eine steuerliche Schlussbilanz aufzustellen. Aus deutscher Sicht können nach § 11 Abs. 2 UmwStG n.F. die bisherigen Buchwerte angesetzt werden. Dies gilt jedoch nicht in Hinblick auf die Beteiligung an der inländischen AG. Diese sind nach § 11 Abs. 2 Satz 2 UmwStG n.F. in der Schlussbilanz zwingend mit 100 und nicht mehr mit 50 zu bewerten.

b)   Steuerliche Auswirkungen auf die aufnehmende SE

aa)   Wertverknüpfung

Mit Wirksamkeit der Verschmelzung geht gemäß Art. 29 Abs. 1 lit. a SE-VO das gesamte Aktiv- und Passivvermögen der übertragenden Gesellschaft kraft Gesetz automatisch auf die SE über. **224**

Die steuerlichen Folgen dieses Übergangs werden von § 12 UmwStG n.F. erfasst. Danach hat die SE die auf sie übergegangenen Wirtschaftsgüter mit den in der steuerlichen Schlussbilanz der übertragenen Gesellschaft enthaltenen Werten zu übernehmen. Es erfolgt somit eine Wertverknüpfung zwischen der steuerlichen Schlussbilanz der übertragenen Gesellschaft und der Steuerbilanz der aufnehmenden SE. **225**

Die SE tritt hierbei in die steuerliche Rechtstellung der übertragenden Gesellschaft ein. Dies gilt insbesondere hinsichtlich der Bewertung der übernommenen Wirtschaftsgüter, der Absetzung für Abnutzung und der den steuerlichen Gewinn mindernden Rücklagen. Ist beispielsweise die Dauer der Zugehörigkeit eines Wirtschaftsguts zum Betriebsvermögen für die Besteuerung bedeutsam, so ist die Vorbesitzzeit der übernehmenden SE zuzurechnen. **226**

bb)   Übergang von Verlustvorträgen

Bestehende Verlustvorträge der übertragenden Gesellschaft gingen unter der bisherigen Rechtslage auf die übernehmende Gesellschaft über, sofern diese den verlustverursachenden Betrieb in vergleichbarem Umfang weitere fünf Jahre fortgeführt hat. **227**

Das neue Umwandlungssteuerrecht sieht im Zusammenhang mit dem möglichen Übergang von Verlustvorträgen eine erhebliche Verschärfung vor. Nach § 12 Abs. 3 i.V.m. § 4 Abs. 2 UmwStG n.F. gehen verrechenbare Verluste, verbleibende Verlustvorträge und nicht ausgeglichene negative Einkünfte nicht mehr auf die aufnehmende SE über.[417] Damit entfallen nicht nur Verlustvorträge, sondern auch laufende Verluste im Jahr der Verschmelzung. **228**

> ❗ **Praxishinweis:** **229**
>
> *Um bestehende Verlustvorträge zumindest teilweise vor ihrem ersatzlosen Wegfall steuerlich ausnutzen zu können, sollten die übertragenen Wirtschaftsgüter in der Schlussbilanz mit einem Zwischenwert angesetzt werden. Die durch den Zwischenwertansatz eintretende teilweise Aufdeckung stiller Reserven kann in den Grenzen der Mindestbesteuerung nach § 10 d EStG mit noch bestehenden Verlustvorträgen verrechnet werden, so dass keine definitive Steuerbelastung eintritt. Der aufnehmenden SE steht durch den höheren Wertansatz in der Regel ein erhöhtes Abschreibungspotential zur Verfügung.*

cc)   Ermittlung eines Übernahmeergebnisses

Bei der verschmelzenden Gründung einer SE ist eine Sonderregel in § 12 Abs. 2 UmwStG zu beachten, wonach ein Übernahmeergebnis zu ermitteln ist, sofern die aufnehmende SE bereits vor der Gründung an der übertragenden Gesellschaft beteiligt war. Damit sind Verschmelzungen von Tochter- auf Muttergesellschaften betroffen. Hierbei ist zu beachten, dass die Verschmelzung von zwei Kapitalgesellschaften außerhalb eines Konzernverbundes eher den Ausnahmefall der Gründung einer SE darstellt. Wie die Gründung der Allianz SE im Jahr 2006 bereits verdeutlicht hat, werden wohl auch zukünftig Gesellschaften in der Rechtsform der SE häufig durch Verschmelzung von Konzerngesellschaften gegründet werden. Hält eine deutsche AG eine Beteiligung im EU-Ausland, empfiehlt sich vielfach die Gründung einer inländischen SE durch Verschmelzung der ausländischen Tochtergesellschaft auf ihre Muttergesellschaft („up-stream-merger"). **230**

---

417 Zur bisherigen Rechtsfolge der Behandlung laufender Verluste im Verschmelzungsjahr, *Behrens*, BB 2006, 1941.

231   Im Rahmen eines up-stream-merger hat die SE die bisherige Beteiligung an der übertragenen Tochtergesellschaft buchhalterisch zu neutralisieren („auszubuchen"). Andererseits hat die SE die Wirtschaftsgüter der übertragenden (ausländischen) Gesellschaft mit den in der steuerlichen Schlussbilanz angesetzten Werten zu übernehmen.

232   🛇 Praxishinweis:

Für den Fall, dass die SE die Anteile an einer in- oder ausländischen Tochtergesellschaft nach dem steuerlichen Übertragungs-stichtag angeschafft hat oder zwischenzeitlich einen anderen Anteilseigner abgefunden hat, gelten die Geschäftsanteile durch die SE als zum Stichtag angeschafft. Damit soll dem Umstand Rechnung getragen werden, dass die Verschmelzung für steuer-liche Zwecke nach § 2 UmwStG n.F. rückwirkend innerhalb eines Achtmonatszeitraums erfolgen kann. Durch diese steuerliche Fiktion wird sichergestellt, dass die steuerlichen Regelungen zum up-stream-merger auch dann gelten, wenn im Zeitpunkt des steuerlichen Übertragungsstichtags zivilrechtlich noch keine Beteiligung an der Tochtergesellschaft bestand.

233   Im Fall eines up-stream-merger stimmt in der Regel der Buchwert der Beteiligung an der Tochter-gesellschaft nicht mit der Summe der Buchwerte oder eines höher angesetzten Wertes der überge-gangenen Wirtschaftsgüter überein. Der hierbei aus bilanzieller Sicht eintretende Differenzbetrag wird je nach dem Saldo als Übernahmegewinn oder Übernahmeverlust behandelt.

234   ⬧ Beispiel:

Eine ausländische AG ist eine 100 %ige Tochter einer deutschen AG. Die ausländische AG wird zur SE-Gründung durch Aufnahme auf eine deutsche AG verschmolzen, die dadurch ihre Rechtsform in eine SE wechselt. Die Bilanzen der Gesell-schaften sehen wie folgt aus:

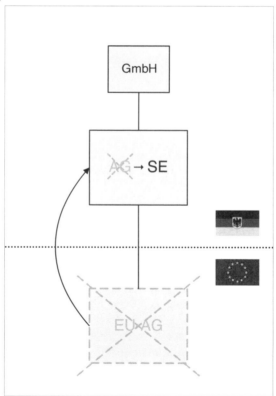

Bilanz der SE

Aktiva		Passiva
	[...]	Eigenkapital
Beteiligung an ausl. AG 150(200)		

Bilanz der ausländischen AG

Aktiva		Passiva
Anlagevermögen 110	160 (50)	Eigenkapital
Umlaufvermögen 100	50 (160)	Verbindlichkeiten

💡 **Lösung:**

Durch die Verschmelzung der ausländischen AG auf die deutsche AG zur Gründung der SE gehen Wirtschaftsgüter mit einem Saldo von 160 (Anlagevermögen 110 plus Umlaufvermögen 100 – Verbindlichkeiten 50) über. Zugleich wird die Beteiligung an der ausländischen AG in Höhe von 150 ausgebucht. Auf Ebene der SE tritt dadurch ein Übernahmegewinn in Höhe von 10 ein. Dieser Übernahmegewinn wird nach § 12 Abs. 2 Satz 2 UmwStG n.F. wie ein Gewinn aus einem Veräußerungsvorgang behandelt und unterliegt letztlich nach § 8 b Abs. 2, 3 KStG in Höhe von 5 % der Körperschaftsteuer.

💡 **Alternative:**

Der Sachverhalt entspricht dem Beispiel zuvor. Jedoch betragen die Verbindlichkeiten 160. Es tritt ein Übernahmeverlust in Höhe von 100 ein (Anlagevermögen 110 + Umlagevermögen 100 – Verbindlichkeiten 160; danach Differenz zu 150). Bei einem Beteiligungswert von 200 kommt es zu einem Übernahmeverlust von 150. Dieser Übernahmeverlust bleibt nach § 12 Abs. 2 Satz 1 UmwStG n.F. auf Ebene der SE unberücksichtigt.

dd)   Korrektur des Übernahmeergebnisses

Wie zuvor beschrieben, ist zur Ermittlung des Übernahmeergebnisses auf Ebene der SE der Buch-   235
wert der Beteiligung an der ausländischen Tochtergesellschaft mit den Werten der zu übertragenden Wirtschaftsgüter ins Verhältnis zu setzen.

Sofern der Buchwert der Beteiligung an der in- oder ausländischen Tochtergesellschaft in der Ver-   236
gangenheit steuerwirksam auf einen niedrigen Teilwert abgeschrieben wurde, wäre es nicht sachgerecht, den im Verschmelzungszeitpunkt niedrigeren beizulegenden Buchwert bei der Ermittlung des Übernahmeergebnisses anzuwenden. Die SE könnte durch eine gezielte Abschreibung der Beteiligung steuerliche Vorteile erlangen. Denn durch die steuerwirksame Abschreibung auf einen niedrigen Buchwert würde vielfach ein Übernahmeverlust generiert werden.

§ 12 Abs. 1 Satz 2 i.V.m. § 4 Abs. 1 Satz 2 UmwStG n.F. regelt deshalb, dass die Anteile an der   237
übertragenden Kapitalgesellschaft mindestens mit dem im Verschmelzungszeitpunkt bestehenden Buchwert, erhöht um Abschreibungen und Bezüge nach § 6 b EStG, und ähnliche Abzüge, die in früheren Jahren steuerwirksam vorgenommen worden sind, für die Ermittlung des Übernahmeergebnisses anzusetzen sind.[418] Eine Rückgängigmachung der Abschreibung ist jedoch begrenzt auf den gemeinen Wert des Wirtschaftsgutes im Zeitpunkt der Korrektur.

---

418 Hierzu *Dötsch/Pung*, DB 2006, 2704, 2713.

<table>
<tr><td>steuerwirksame
Abschreibungen</td><td>Ersatzbeschaffung
nach § 6 b EStG</td><td>Abzüge nach
Sondergesetzen</td></tr>
</table>

238   🛑 Praxishinweis:

Bei der Regelung zur Korrektur des Beteiligungsansatzes handelt es sich um die Erfassung von Altfällen. Nach § 8 b Abs. 3 KStG wirken sich ab dem Veranlagungszeitraum 2002 Abschreibungen auf Beteiligungen an in- oder ausländischen Kapitalgesellschaften nicht mehr steuerwirksam aus. Somit spielt § 12 Abs. 1 Satz 2 UmwStG n.F. bei vorgenommenen Teilwertabschreibungen aus den letzten Jahren seit 2002 keine Rolle.

239   ▶ Beispiel:

Der Sachverhalt entspricht dem vorstehenden Beispiel. Jedoch hat die SE ihre Beteiligung an der ausländischen Aktiengesellschaft in der Vergangenheit (d.h. vor 2002) steuerwirksam von 200 auf 150 abgeschrieben. Der gemeine Wert der Beteiligung an der ausländischen Aktiengesellschaft beträgt 180. Im Rahmen des up-stream-merger erfolgt eine (rechnerische) Buchwerterhöhung der Beteiligung nach § 12 Abs. 1 Satz 2 i.V.m. § 4 Abs. 1 Satz 2 UmwStG n.F. Bei der Ermittlung des Übernahmegewinns bzw. Übernahmeverlustes ist von einem erhöhten Beteiligungswert um 30 und somit von 180 auszugehen.

240   Ein etwaiger Übernahmegewinn oder ein Übernahmeverlust errechnet sich somit nach Berücksichtigung der Korrekturbeträge wie folgt:

	Wert des übernommenen Vermögens anhand der steuerlichen Schlussbilanz
abzgl.	Übernahmekosten
abzgl.	(ggf. korrigierten) Wertes der Anteile an der übertragenen Gesellschaft
	Übernahmeergebnis (§ 12 Abs. 2 Satz 1 UmwStG n.F.)

ee)   Besteuerung des Übernahmeergebnisses

241   Das nach Maßgabe der vorstehend beschriebenen Regelungen ermittelte Übernahmeergebnis wird steuerlich einer Veräußerung der Beteiligung an einer Kapitalgesellschaft gleichgestellt. So wird nach § 12 Abs. 2 Satz 2 UmwStG n.F. ein etwaiger Übernahmegewinn nach den Vorschriften des Halbeinkünfteverfahrens besteuert. Dies bedeutet zwar, dass ein Übernahmegewinn nach § 8 b Abs. 2 KStG wie ein Veräußerungsvorgang steuerbefreit ist. Nach § 8 b Abs. 3 KStG gelten jedoch 5 % des Veräußerungsgewinns als nicht abzugsfähige Betriebsausgaben. Damit wird ein Übernahmegewinn bei der zu gründenden SE faktisch in Höhe von 5 % zur Körperschaft- und Gewerbesteuer herangezogen. Dem gegenüber bleibt ein Veräußerungsverlust nach § 12 Abs. 2 Satz 1 UmwStG n.F. steuerlich unberücksichtigt.

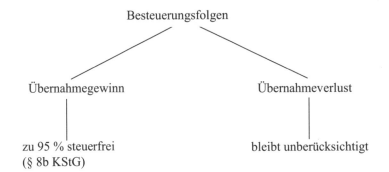

c)   Auswirkungen auf die Anteilseigner der übertragenden Gesellschaft

Die bisherigen inländischen oder ausländischen Anteilseigner an der übertragenden Gesellschaft verlieren durch die Verschmelzung ihre bisherige Beteiligung an der Gesellschaft. Andererseits erhalten sie als Gegenleistung für die Verschmelzung neue Anteile an der SE.   242

Dieser Vorgang stellt sich aus Sicht des jeweiligen Anteilseigners als einen Austausch von Gesellschaftsanteilen dar. Ein solcher Anteiltausch wird nach § 6 Abs. 6 EStG wie eine Veräußerung der bisherigen Beteiligung und eine Anschaffung von Anteilen an der SE behandelt.   243

Dieser Sichtweise folgt auch § 13 Abs. 1 UmwStG n.F., wonach die Anteile an der übertragenden Gesellschaft mit Wirksamwerden der Verschmelzung grundsätzlich als zum gemeinen Wert veräußert gelten. Die an ihre Stelle tretenden Anteile an der SE gelten als mit diesem Wert angeschafft. Hieraus resultierende Steuerfolgen hängen davon ab, ob die Anteilseigner die Anteile an der übertragenden Gesellschaft im Betriebs- oder Privatvermögen gehalten haben. Bei Anteilen im Privatvermögen ist zu differenzieren, ob eine Haltedauer der Anteile von einem Jahr bereits abgelaufen ist, oder ob innerhalb der letzten fünf Jahre eine Mindestbeteiligung von 1 % an der übertragenden Gesellschaft bestand. Die sich hieraus ergebenden Steuerfolgen stellen sich wie folgt dar: 244

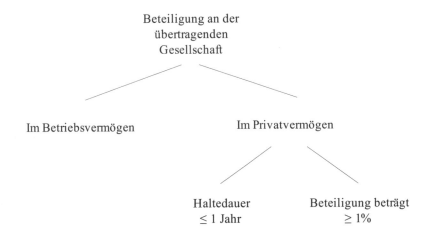

245   Gewinne aus Anteilen im Betriebsvermögen sind stets steuerpflichtig, wohingegen Anteile im Privatvermögen, die länger als ein Jahr gehalten werden, nur bei einer Mindestbeteiligung von 1 % zur Steuer herangezogen werden. Ausreichend ist hierbei, dass die Mindestbeteiligung innerhalb der letzen fünf Jahre zumindest zu einem Zeitpunkt bestanden hat. Der Veräußerungsgewinn wird jedoch aufgrund des einschlägigen Halbeinkünfteverfahrens privilegiert besteuert. Dies gilt sowohl für den Fall einer Beteiligung an einer inländischen als auch ausländischen übertragenden Gesellschaft. Wird eine ausländische Gesellschaftsbeteiligung gehalten, besteht nach Art. 13 Abs. 5 OECD-MA ein deutsches Besteuerungsrecht, so dass auch diesbezüglich die vorstehend skizzierten Steuerfolgen eintreten.

246   Der Anteilseigner hat unter gewissen Voraussetzungen auch die Möglichkeit, die bisherige Beteiligung und die Anteile an der SE mit deren Buchwert anzusetzen. Dies setzt einen entsprechenden Antrag voraus.

247   🛑 Praxishinweis:

Dem Anteilseigner steht hierbei – im Gegensatz zu dem Ansatz der übergegangenen Wirtschaftgüter bei der übertragenden Gesellschaft – nicht die Möglichkeit zu, die Anteile mit dem Buchwert, Zwischenwert oder gemeinen Wert anzusetzen. Nach § 13 UmwStG n.F. besteht nur ein Bewertungswahlrecht, die Anteile mit dem Buchwert oder deren gemeinen Wert anzusetzen.

248   Dieses Wahlrecht besteht für den Anteilseigner jedoch nur dann, wenn

■ das Recht Deutschlands hinsichtlich der Besteuerung des Gewinns aus der Veräußerung der Anteile an der übernehmenden SE nicht ausgeschlossen oder beschränkt wird;[419] oder

■ Art. 8 FRL eingreift.

249   Bei der verschmelzenden Gründung einer SE ist Art. 8 FRL aufgrund des europäischen Kontexts stets einschlägig. Dies bedeutet, dass der Anteilseigner der übertragenden Gesellschaft die Anteile an dieser Gesellschaft buchwertneutral in Anteile an der SE tauschen kann. Bei einem deutschen Anteilseigner bleibt ungeachtet dessen zudem das inländische Besteuerungsrecht weiterhin bestehen, so dass auch die vorstehend erste Voraussetzung erfüllt werden kann.

250   Zusammenfassend stellt sich das Bewertungswahlrecht damit wie folgt dar:

Anteilseigner der
übertragenden
Gesellschaft

Grundsatz:
Veräußerung der Anschaffung der
Anteile zum gemeinen Wert

Auf Antrag BW-Ansatz:
● Besteuerungsrecht der
  erhaltenen Anteile nicht
  ausgeschlossen/eingeschränkt;
  oder
● Artikel 8 FRL greift ein

---

419 Dies bedeutet, dass bei einer Veräußerung der Anteile an der SE Deutschland weiterhin ein Besteuerungsrecht besitzt.

Werden die ausgetauschten Anteile mit deren Buchwert angesetzt, regelt § 13 Abs. 2 UmwStG n.F.   251
einen sogenannten „treaty-override", sofern das deutsche Besteuerungsrecht an den Anteilen der
SE bei einer zukünftigen Veräußerung verloren gehen würde.[420] Dies bedeutet, dass eine zukünftige Veräußerung der Anteile an der SE ungeachtet etwaiger abweichender Regelungen eines anwendbaren Doppelbesteuerungsabkommens im bisherigen Ansässigkeitsstaat des Anteilseigners
steuerpflichtig bleibt.

Bei einer Verschmelzung zur Neugründung ist dies für die übertragende inländische Gesellschaft   252
bei ausländischen Anteilseignern unproblematisch, da keine Beschränkung des Besteuerungsrechts eintritt. Für die ausländische Gesellschaft ist zu überprüfen, ob das jeweils anwendbare
Recht eine entsprechende Regelung wie § 13 Abs. 2 UmwStG n.F. vorsieht.

❯ Beispiel: 253

An einer ausländischen AG sind eine französische S.A., eine deutsche GmbH und die natürliche Person A mit ständigem
Aufenthalt in Deutschland beteiligt. Die ausländische AG wird gegen Gewährung neuer Anteile auf eine inländische SE
verschmolzen.

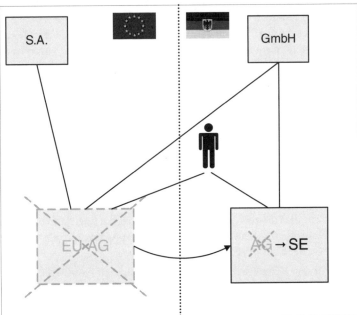

💡 Lösung:

Die S.A. wäre bei Anwendung des deutschen Steuerrechts und des Art. 8 FRL berechtigt, die Anteile mit dem gemeinen
Wert oder dem Buchwert anzusetzen. Deutschland steht im Hinblick auf den ausländischen Anteilseigner, wie der S.A.,
überhaupt kein Besteuerungsrecht hinsichtlich einer Anteilsveräußerung zu. Bezüglich der Beteiligungen der GmbH und
der natürlichen Person A besteht ebenfalls ein Wahlrecht. Beide Beteiligungen an der ausländischen AG können entweder
mit deren Buchwert bzw. Anschaffungskosten oder dem gemeinen Wert angesetzt werden. Da beide Anteilseigner im
Inland ansässig sind, wäre eine spätere Veräußerung der Anteile an der SE nach Art. 13 Abs. 5 OECD-MA in Deutschland
gesichert. Die Verschmelzung kann somit auf Anteilseignerebene buchwertneutral erfolgen.

---

420 Dies betrifft somit nur Fälle, bei denen ein buchwertneutraler Anteilstausch auf Art. 8 FRL basiert.

2

3. Verschmelzende Gründung einer SE in einem anderen Mitgliedstaat („Hinausverschmelzung")

254 Während bei einer Hineinverschmelzung aus Sicht des deutschen Fiskus die Gefahr eines Verlustes des deutschen Besteuerungsrechts im Hinblick auf die übertragenen Wirtschaftsgüter gerade nicht existiert, ist dies bei einer Hinausverschmelzung anders. Denn durch die Verschmelzung einer deutschen Kapitalgesellschaft auf eine zu gründende ausländische SE gehen die Wirtschaftsgüter im Rahmen der Gesamtrechtsnachfolge auf einen ausländischen Rechtsträger über, der in Deutschland nicht oder zumindest nur beschränkt steuerpflichtig ist.

a) Steuerfolgen auf Ebene der übertragenden Gesellschaften

aa) Bewertung des übertragenen Vermögens

255 Mit der Eintragung der Verschmelzung erlischt die übertragende Gesellschaft. Zugleich hört sie auf, ein eigenständiges Körperschaftsteuersubjekt nach § 1 KStG zu sein. Es erfolgt deshalb nach § 11 KStG eine Endbesteuerung sämtlicher stiller Reserven, sofern abweichende steuerliche Regelungen keinen Ausnahmetatbestand vorsehen.

256 Erfolgt die Auflösung der Gesellschaft im Rahmen einer Verschmelzung, durchbricht das UmwStG n.F. die an sich zwingende Liquidationsbesteuerung und sieht in §§ 11 ff. UmwStG n.F. eigenständige Steuerregelungen vor.

257 Das UmwStG n.F. ist bei einer grenzüberschreitenden Verschmelzung anwendbar, sofern die an der Verschmelzung beteiligten Rechtsträger in einem Mitgliedstaat der EU bzw. EWR gegründet wurden, für steuerliche Zwecke innerhalb der EU oder EWR ansässig sind und die Verschmelzung nach dem deutschen Umwandlungsgesetz, nach vergleichbaren ausländischen Vorgängen oder nach der SE-VO erfolgt.

258 Wird eine deutsche Kapitalgesellschaft auf eine ausländische Gesellschaft zur Gründung einer SE verschmolzen, geschieht dies im europäischen Kontext. Dies hat zugleich zur Folge, dass nach § 1 Abs. 1 Nr. 1, Abs. 2 UmwStG n.F. bei einer verschmelzenden Gründung einer SE die Vorschriften des UmwStG n.F. sowie der SE-VO einschlägig sind.

259 Die übertragende deutsche Kapitalgesellschaft hat somit nach § 11 Abs. 1 UmwStG n.F. eine steuerliche Schlussbilanz aufzustellen. Darin sind grundsätzlich die bilanzierten und nicht-bilanzierten Wirtschaftsgüter einschließlich eines (originären) Firmenwerts mit dem gemeinen Wert anzusetzen. Hierdurch tritt wirtschaftlich eine der Liquidationsbesteuerung vergleichbare Steuerbelastung ein.

260 Wie bereits unter § 2 Rn. 206 ff. dargestellt, steht der übertragenden Gesellschaft nach § 11 Abs. 2 UmwStG n.F. jedoch auch das Recht zu, die Wirtschaftsgüter in ihrer Schlussbilanz mit einem unter dem gemeinen Wert liegenden Wertansatz zu bilanzieren. Dieses setzt jedoch voraus, dass

- sichergestellt ist, dass die übertragenen Wirtschaftsgüter später bei der aufnehmenden SE der Besteuerung nach dem Körperschaftsteuerregime unterliegen;

- das Recht Deutschlands hinsichtlich der Besteuerung des Gewinns aus einer zukünftigen Veräußerung der übertragenen Wirtschaftsgüter durch die aufnehmende SE nicht ausgeschlossen oder beschränkt wird, und

- eine Gegenleistung nicht gewährt wird oder in Gesellschaftsrechten besteht.

Eine buchwertneutrale Übertragung könnte deshalb insofern scheitern, als mit der Hinausverschmelzung zivilrechtlich und bilanziell alle Wirtschaftsgüter auf die aufnehmende SE übergehen.

261

Zwar bestehen keine Bedenken, dass die Wirtschaftsgüter auf Ebene der SE körperschaftsteuerlichen Regelungen unterliegen.[421] Somit wird die erste Anforderung an eine steuerneutrale Verschmelzung erfüllt. Mit der Verschmelzung kann jedoch das deutsche Besteuerungsrecht verlorengehen.

262

Das Kriterium des Wegfalls des inländischen Besteuerungsrechts spielt dann keine praktische Rolle, wenn die betroffenen Wirtschaftsgüter bereits vor der Verschmelzung aufgrund eines einschlägigen Doppelbesteuerungsabkommens ausschließlich im Ausland der Steuer unterlagen. Gleiches gilt, wenn inländische Wirtschaftsgüter nach der Verschmelzung weiterhin dem deutschen Steuerzugriff unterliegen. Dies ist insbesondere dann der Fall, wenn es sich um in Deutschland belegenen Grundbesitz handelt oder wenn die Wirtschaftsgüter in Deutschland weiterhin einer Betriebsstätte zuzuordnen sind.

263

Zu beachten ist, dass bei auch nur partiellem Wegfall des Besteuerungsrechts hinsichtlich einzelner Wirtschaftsgüter insgesamt eine buchwertneutrale Übertragung für alle Wirtschaftsgüter ausscheidet.

264

bb)   Bewertung von Beteiligungen der übertragenden inländischen Gesellschaft

Auch im Rahmen einer Hinausverschmelzung sind die Sonderregelungen der §§ 11, 12 UmwStG n.F. zu beachten.[422] Dies gilt vornehmlich für den Fall der Verschmelzung einer deutschen Muttergesellschaft auf eine ausländische Gesellschaft zu Gründung einer SE („down-stream-merger").[423]

265

Denn in der von der deutschen Muttergesellschaft aufzustellenden steuerlichen Schlussbilanz ist auch die Beteiligung an der ausländischen Tochtergesellschaft zu bilanzieren. Wurde diese Beteiligung durch die deutsche Muttergesellschaft in der Vergangenheit steuerwirksam abgeschrieben, muss diese Beteiligung mit dem gegenwärtigen Buchwert, erhöht um den Betrag der in der Vergangenheit vorgenommenen Abschreibungen, angesetzt werden. Dies kann zu einer steuerpflichtigen Gewinnrealisierung bei der übertragenden Gesellschaft führen.

266

> **Beispiel:**

267

> Die deutsche AG, an der eine inländische GmbH beteiligt ist, beabsichtigt durch Verschmelzung auf ihre französische Tochtergesellschaft eine SE zu gründen. Die Wirtschaftsgüter der AG befinden sich ausschließlich in Deutschland. Die AG hatte in der Vergangenheit die Beteiligung an der ausländischen Tochtergesellschaft steuerwirksam abgeschrieben.

---

421 Die SE entspricht der Rechtsform einer Kapitalgesellschaft.
422 Hierzu bereits unter § 2 Rn. 219 ff.
423 Ein up-stream-merger ist die Verschmelzung einer deutschen Tochtergesellschaft auf ihre ausländische Muttergesellschaft.

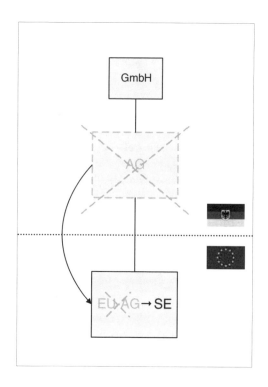

268 💡 **Lösung:**

Nach § 11 Abs. 1 UmwStG n.F. hat die inländische AG die Wirtschaftsgüter in ihrer steuerlichen Schlussbilanz mit dem gemeinen Wert anzusetzen. Dies betrifft auch bislang nicht bilanzierte materielle oder immaterielle Wirtschaftsgüter sowie einen etwaigen Firmenwert. Nach § 11 Abs. 2 UmwStG n.F. kann durch Ansatz der Buchwerte eine steuerneutrale Übertragung erzielt werden. Dies setzt jedoch voraus, dass nach der Verschmelzung auf die SE die Wirtschaftsgüter weiterhin der inländischen Steuerpflicht unterliegen. Dies ist nur der Fall, wenn nach der Verschmelzung eine Betriebsstätte in Deutschland verbleibt. Davon ist in der Regel auszugehen, wenn eine Geschäftseinrichtung und Betriebsgrundstücke in Deutschland vorhanden sind, von wo aus die Geschäfte weitergeführt werden. Eine Sonderregel besteht für die bisherige Beteiligung an der Tochtergesellschaft. Die Beteiligung an der ausländischen Tochtergesellschaft geht im Rahmen der Verschmelzung unter und die inländische GmbH wird unmittelbar Anteilseignerin an der SE. Auch bei einer buchwertneutralen Verschmelzung ist in der Schlussbilanz die Abschreibung der inländischen AG an der ausländischen Tochtergesellschaft steuerwirksam rückgängig zu machen.

269 Neben einem down-stream-merger ist es jedoch ebenfalls möglich, dass eine inländische Gesellschaft auf ihre ausländische Muttergesellschaft verschmolzen wird („up-stream-merger").

270 Die übertragende Gesellschaft darf auch in dieser Fallkonstellation in der steuerlichen Schlussbilanz die Wirtschaftsgüter nur dann mit dem Buchwert ansetzen, wenn diese nach der Verschmelzung weiterhin in Deutschland steuerverstrickt bleiben. Die unter § 2 Rn. 235 ff. beschriebene Sonderregelung für die aufnehmende SE im Fall des up-stream-mergers nach § 12 Abs. 1 Satz 2 UmwStG n.F., wonach die aufnehmende SE zur Ermittlung des Übernahmeergebnisses die Beteiligung an der Tochtergesellschaft unter Rückgängigmachung vergangener Abschreibungen anzusetzen hat, kommt im Fall einer Hinausverschmelzung keine praktische Bedeutung zu. Da § 12 UmwStG n.F. auf Ebene der aufnehmenden SE anzuwenden ist, die sich bei der Hinausverschmelzung im Ausland befindet, sind nur die jeweils anwendbaren ausländischen Steuervorschriften zu beachten.

> **Beispiel:**

Eine ausländische S.A. beabsichtigt, ihre Rechtsform in eine SE umzuwandeln. Zu diesem Zwecke wird eine deutsche Tochtergesellschaft in der Rechtsform der Aktiengesellschaft auf die SE verschmolzen. Nach ausländischem Steuerrecht wurde die Beteiligung an der deutschen AG in der Vergangenheit steuerwirksam abgeschrieben.

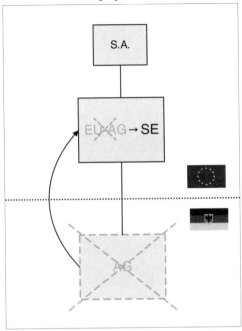

> **Lösung:**

Die inländische AG ist verpflichtet, zum Zwecke der Verschmelzung eine steuerliche Schlussbilanz aufzustellen. Diese hat grundsätzlich sämtliche Wirtschaftsgüter mit dem gemeinen Wert gemäß § 11 Abs. 1 UmwStG n.F. zu enthalten. Auf Antrag können die Wirtschaftsgüter jedoch mit dem Buchwert angesetzt werden, wenn die Wirtschaftsgüter nach der Verschmelzung weiterhin in Deutschland steuerverstrickt bleiben. Die steuerliche Abschreibung auf Ebene der ausländischen S.A. hat keine Auswirkungen auf die Erstellung der steuerlichen Schlussbilanz bei der deutschen AG (§ 12 Abs. 2 Satz 2 UmwStG n.F.), da sich die aufnehmende SE im Ausland befindet.

Auch bei einer Hinausverschmelzung ist von besonderer Bedeutung, dass Wirtschaftsgüter wei- **271** terhin in Deutschland steuerverstrickt bleiben. Im Vorfeld einer Verschmelzung ist somit zu überprüfen, inwiefern inländische Betriebsstätten oder Grundbesitz vorhanden sind, die dazu führen, dass die Wirtschaftsgüter in Deutschland als Belegenheits- bzw. Betriebsstättenstaat der Steuer unterliegen.

> **Beispiel:**

Eine inländische AG soll zur Gründung einer SE auf eine französische S.A. verschmolzen werden. Die inländische AG verfügt über in- und ausländischen Grundbesitz und eine deutsche Betriebsstätte.

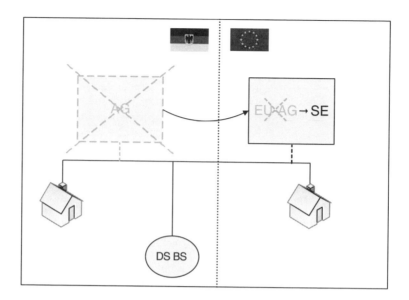

💡 **Lösung:**

Die inländische AG hat eine Schlussbilanz nach § 11 UmwStG n.F. aufzustellen. In dieser hat sie grundsätzlich die Wirtschaftsgüter mit dem gemeinen Wert anzusetzen. Auf Antrag kann sie auch die Buchwerte ansetzen, wenn unter anderem das inländische Besteuerungsrecht nicht ausgeschlossen oder beschränkt wird. Eine Beschränkung des deutschen Steuerrechts liegt nicht vor, soweit die Wirtschaftsgüter weiterhin der inländischen Betriebsstätte zuzuordnen sind. Dies ist vorliegend der Fall. Im Hinblick auf die Grundstücke greift § 49 Abs. 1 Nr. 6 EStG und Art. 3 DBA Frankreich – Deutschland ein, wonach der jeweilige Belegenheitsstaat die Besteuerungshoheit behält. Für die Betriebsstättengewinne gilt § 49 Abs. 1 Nr. 2 EStG und Art. 7 Abs. 2 bzw. Art. 4 Abs. 1 DBA Frankreich – Deutschland, wonach Deutschland sein Besteuerungsrecht behält. Eine buchwertneutrale Verschmelzung ist deshalb möglich.

b)   Auswirkungen auf die aufnehmende SE

273   Während sich bei der Hineinverschmelzung die steuerliche Beurteilung vornehmlich auf die inländische aufnehmende SE fokussiert, liegt der steuerliche Schwerpunkt bei einer Hinausverschmelzung bei der übertragenden deutschen Gesellschaft.

274   In dem Fall, dass das ausländische Steuerrecht den steuerrechtlichen Regelungen nach § 12 UmwStG n.F. folgt, kommt es zur Wertverknüpfung zwischen der steuerlichen Schlussbilanz und der Bilanz der aufnehmenden SE. Sieht jedoch das ausländische Steuerrecht in Anlehnung an die FRL vor, dass die Wirtschaftsgüter stets mit den Buchwerten zu übertragen sind und ist die deutsche Gesellschaft, da für sie nach § 11 Abs. 2 UmwStG n.F. kein Antragswahlrecht besteht, verpflichtet, die gemeinen Werte anzusetzen, besteht die Gefahr einer Doppelbesteuerung. Denn die bereits in Deutschland durch den Gründungsvorgang aufgedeckten stillen Reserven können bei einer zukünftigen Veräußerung auf Ebene der SE nochmals der dann ausländischen Steuer unterliegen.

c)   Auswirkungen auf die Anteilseigner der übertragenden Gesellschaften

Die unter § 2 Rn. 242 ff. skizzierten Vorgaben für inländische oder ausländische Anteilseigner gelten auch bei einer Hinausverschmelzung. Dies bedeutet, dass die Verschmelzung nach § 13 UmwStG n.F. steuerlich wie eine Veräußerung der Altanteile an der übertragenden Gesellschaft und eine Anschaffung der Neuanteile an der SE behandelt wird. Nach § 13 Abs. 1 UmwStG n.F. sind die Anteile an der übertragenden Gesellschaft grundsätzlich mit dem gemeinen Wert anzusetzen.   275

Auf Antrag steht dem Anteilseigner gemäß § 13 Abs. 2 UmwStG n.F. die Möglichkeit zu, die Anteile an der SE mit dem Buchwert anzusetzen. Dies gilt jedoch nur dann, wenn   276

- das Recht Deutschlands hinsichtlich der Besteuerung des Gewinns aus der Veräußerung der Anteile an der übernehmenden SE nicht ausgeschlossen oder beschränkt wird, oder

- die betroffenen Mitgliedstaaten der EU bei der Verschmelzung Art. 8 FRL anzuwenden haben.

Bei einer Hinausverschmelzung zur Gründung einer SE kommt es in der Regel nicht zu einem Wegfall oder zu einer Beschränkung des deutschen Besteuerungsrechts, sofern inländische Anteilseigner betroffen sind.[424] Denn für die Beurteilung des Besteuerungsrechts bei einer zukünftigen Veräußerung der Anteile der SE ist es grundsätzlich entscheidend, in welchem Staat der Anteilseigner ansässig ist. Für einen deutschen Anteilseigner ändert sich deshalb nichts. Dies gilt auch für einen ausländischen Anteilseigner, der an einer deutschen übertragenden Gesellschaft beteiligt war. Zwar sieht § 49 Abs. 1 Nr. 2 e und f EStG in dieser Fallkonstellation vor, dass eine Veräußerung von Anteilen an einer deutschen Gesellschaft auch für einen beschränkt Steuerpflichtigen zu inländischen Einkünften führt. Mit der Übertragung dieser Beteiligung auf eine ausländische SE würde diese beschränkte Steuerpflicht untergehen. Nach Art. 13 Abs. 5 OECD-MA wird das Besteuerungsrecht jedoch stets dem Ansässigkeitsstaat des Anteilseigners zugerechnet, auch wenn Deutschland nach nationalem Recht ein Besteuerungsrecht zustand. Aufgrund dieser Abkommensregelung hat Deutschland letztlich mit der Verschmelzung kein (bestehendes) Besteuerungsrecht verloren.   277

▶ **Beispiel:**   278

Eine inländische AG soll zur Gründung einer SE auf eine ausländische Aktiengesellschaft innerhalb der EU verschmolzen werden. An der inländischen AG sind eine deutsche GmbH, eine in Deutschland ansässige natürliche Person sowie eine S.A. beteiligt.

---

424 Ungeachtet dessen erfolgt eine verschmelzende Gründung einer SE nach den Regelungen des Art. 8 FRL.

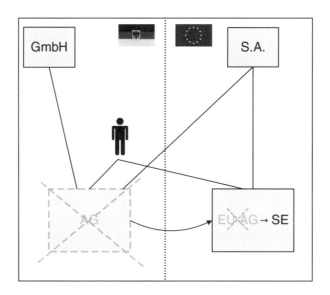

🔆 **Lösung:**

Mit der Verschmelzung werden den bisherigen Anteilseignern (GmbH, natürliche Person, S.A.) neue Anteile an der SE gewährt. Grundsätzlich gilt in diesem Fall, dass die bisherigen Anteile zum gemeinen Wert veräußert und die neuen Anteile zum gleichen Wert angeschafft werden. Die Anteilseigner sind jedoch nach § 13 Abs. 2 UmwStG n.F. berechtigt, diesen Anteilstausch zu Buchwerten bzw. Anschaffungskosten durchzuführen, sofern das inländische Besteuerungsrecht aus dem erhaltenen Anteil nicht eingeschränkt wird. Dies ist vorliegend der Fall. Sowohl die GmbH, als auch die natürliche Person sind nach § 1 Abs. 1 EStG, § 1 Abs. 1 KStG in Deutschland unbeschränkt steuerpflichtig. Damit haben sie in Deutschland ihr Welteinkommen zu besteuern. Dieses Besteuerungsrecht wird aufgrund von Art. 13 Abs. 5 OECD-MA nicht eingeschränkt, da danach der Ansässigkeitsstaat des Anteilseigners das ausschließliche Besteuerungsrecht hinsichtlich der Veräußerung von ausländischen Kapitalgesellschaftsanteilen hat. Somit kann für die deutsche GmbH und die natürliche Person in Deutschland eine steuerneutrale Verschmelzung erzielt werden. Für die ausländische S.A. kommt es durch die Verschmelzung nicht zu einem steuerpflichtigen Vorgang in Deutschland. Zwar war die S.A. nach § 49 Abs. 1 Nr. 2 e, f EStG im Hinblick auf die Veräußerung ihrer Beteiligung an der inländischen AG beschränkt steuerpflichtig. Art. 13 Abs. 5 OECD-MA wies jedoch bereits vor der Verschmelzung mit der AG dem Ansässigkeitsstaat der S.A. das ausschließliche ausländische Besteuerungsrecht zu. Damit ist der Untergang der bisherigen Beteiligung und die Gewährung einer neuen Beteiligung in Deutschland nicht steuerpflichtig.

279   Sofern kein steuerneutraler Anteilstausch auf Anteilseignerebene erfolgt, wird der Tausch wie eine Anteilsveräußerung behandelt. Für einen inländischen Anteilseigner an einer deutschen Kapitalgesellschaft, die auf eine ausländische SE verschmolzen wird, wäre ein etwaiger Gewinn aus der Veräußerung der inländischen Beteiligung aufgrund seiner unbeschränkten Steuerpflicht in Deutschland einkommen- oder körperschaftsteuerpflichtig. Auf den Veräußerungsgewinn wäre § 8 b KStG bzw. § 3 Nr. 40 EStG anzuwenden. Dies bedeutet, dass bei einer Körperschaft als Anteilseigner eine steuerfreie Veräußerung von 95 % und bei einer natürlichen Person ein steuerbefreiter Veräußerungsgewinn von 50 % entstehen würde.

280   Die gleichen Rechtsfolgen greifen ein, wenn ein ausländischer Gesellschafter an der übertragenden inländischen Gesellschaft beteiligt war. Wie zuvor aufgeführt, unterliegt ein Veräußerungsgewinn grundsätzlich der beschränkten Steuerpflicht. Regelmäßig kann Deutschland dieses Besteuerungsrecht jedoch nicht ausüben, da das jeweils einschlägige Doppelbesteuerungsabkom-

men das Besteuerungsrecht dem Ansässigkeitsstaat des ausländischen Anteilseigners zuordnet. Für Deutschland bestand somit vor der Gründung überhaupt kein Besteuerungsrecht. Die durch die Verschmelzung gewährten Anteile an der SE sind ebenfalls nicht in Deutschland steuerverstrickt, da hierfür ein deutscher Anknüpfungspunkt fehlt.[425] Da es in dieser Fallkonstellation zu keiner Beschränkung oder zu einem Ausschluss des Besteuerungsrechts kommt, ist eine Verpflichtung zum Ansatz der Beteiligung mit dem gemeinen Wert nicht ersichtlich.

4.   Verschmelzende Gründung einer SE außerhalb Deutschlands („Drittlandsverschmelzungen")

Das deutsche Umwandlungssteuerrecht ist in aller Regel nicht betroffen, wenn eine Verschmelzung von zwei ausländischen Gesellschaften mit Sitz in unterschiedlichen Mitgliedstaaten der EU bzw. EWR zur Gründung einer SE erfolgt.   281

Dies ist dann anders, wenn durch die Verschmelzung in Deutschland steuerverstrickte Wirtschaftsgüter in einer inländischen Betriebsstätte nunmehr einem anderen Rechtsträger zuzurechnen sind. Außerdem kann die Verschmelzung für deutsche Anteilseigner steuerlich relevant sein.   282

a)   Steuerfolgen für im Inland steuerverstrickte Wirtschaftsgüter

Mit der Verschmelzung[426] von zwei ausländischen Rechtsträgern, bei der eine übertragende Gesellschaft über inländische steuerverstrickte Wirtschaftsgüter verfügt, kommt es in der Regel nicht zu einer deutschen Besteuerungsfolge für die Rechtsträger.[427] Dennoch stellt der ausländische Übertragungsvorgang steuerlich einen Rechtsträgerwechsel dar, der nach der Grundkonzeption des § 4 EStG n.F. und § 12 KStG n.F. zu einer Steuerentstrickung und damit zur Aufdeckung der stillen Reserven führen kann.   283

Das Prinzip der sofortigen Steuerentstrickung wird gesetzestechnisch an mehreren Stellen durchbrochen. So sieht beispielsweise § 12 Abs. 2 KStG n.F. eine Ausnahme vor und regelt, dass es bei einem ausländischen Verschmelzungsvorgang nicht zu einer Steuerentstrickung der inländischen Wirtschaftsgüter kommt, soweit sichergestellt ist, dass die betroffenen Wirtschaftsgüter später bei der übernehmenden SE dem Körperschaftsteuerregime unterliegen, das Recht Deutschlands hinsichtlich der Besteuerung der zukünftigen Veräußerung der betroffenen Wirtschaftsgüter bei der übernehmenden SE nicht beschränkt oder ausgeschlossen wird, eine Gegenleistung nicht gewährt wird oder in Gesellschaftsrechten besteht, und die beteiligten Rechtsträger außerhalb der EU bzw. EWR ansässig sind.   284

Von dieser Regelung werden durch die letztgenannte Tatbestandsvoraussetzung ausschließlich Sachverhalte erfasst, bei denen Gesellschaften in Drittstaaten fusionieren.   285

Mit dieser Sonderregelung wird andererseits klargestellt, dass im Fall einer grenzüberschreitenden Verschmelzung innerhalb der EU bzw. des EWR zur Gründung einer SE die allgemeinen Regelungen des neuen Umwandlungssteuerrechts gelten sollen und somit eine Entstrickung nur   286

---

425 Es ist weder ein deutscher Anteilseigner noch eine deutsche Kapitalgesellschaft betroffen.
426 Es wird davon ausgegangen, dass die Vorschriften der ausländischen Verschmelzung denen einer deutschen Verschmelzung entsprechen.
427 Zur bisherigen Rechtslage bei reinen Auslandsverschmelzungen, *Schnitger/Rometzki*, FR 2006, 845, 847.

eintritt, wenn kein gesetzlicher Ausnahmetatbestand besteht.[428] So greift eine Entstrickung gerade nicht ein, wenn die §§ 11–13 UmwStG n.F. eine steuerneutrale Umwandlung bei Drittlandsverschmelzungen zulassen. Dies ist der Fall, wenn durch die Drittlandsverschmelzung der deutsche Steuerzugriff auf die im Inland steuerverstrickten Wirtschaftsgüter nicht eingeschränkt wird. Die Buchwerte der steuerverstrickten Wirtschaftsgüter können in der Regel fortgeführt werden, da mit der Verschmelzung keine Einschränkung des deutschen Besteuerungsrechts einhergeht.

287 ❯ Beispiel:

> Eine französische S.A. und eine spanische S.A. sollen zur Gründung einer SE verschmolzen werden. Die übertragende französische S.A. verfügt über deutschen Grundbesitz und unterhält eine deutsche Betriebsstätte.

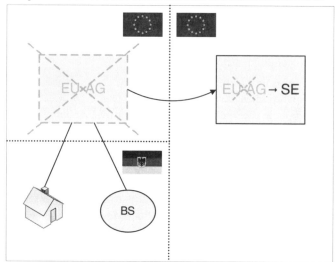

🔆 Lösung:

> Die übertragende französische S.A. ist im Rahmen der beschränkten Steuerpflicht nach § 49 EStG nicht verpflichtet, die stillen Reserven in dem inländischen Grundbesitz oder der im Inland betriebenen Betriebsstätte aufzudecken. Der Verschmelzungsvorgang zur Gründung einer SE führt vielmehr dazu, dass die bisherigen Buchwerte fortzuführen sind, da eine Beschränkung des deutschen Besteuerungsrechts im Hinblick auf die inländischen Wirtschaftsgüter nicht eintritt. Sofern es zu einer zukünftigen Veräußerung der inländischen Wirtschaftsgüter durch die aufnehmende spanische S.A. kommt, ist der Veräußerungsgewinn weiterhin in Deutschland steuerpflichtig.

b)   Steuerfolgen für Steuerinländer bei Drittlandsverschmelzungen

288   Steuerliche Auswirkungen können ausländische Gründungsvorgänge auch dann haben, wenn an der übertragenden Gesellschaft inländische Anteilseigner beteiligt sind.

289   Da der ausländische Verschmelzungsvorgang nach der SE-VO erfolgt und damit einer inländischen Verschmelzung vergleichbar ist,[429] greift auf Ebene der Anteilseigner § 13 UmwStG n.F. ein. Das bedeutet, dass der Austausch von Anteilen an der übertragenden Gesellschaft gegen neue Anteile an der SE grundsätzlich zum gemeinen Wert zu erfolgen hat.

---

428 *Schnitger/Rometzki*, FR 2006, 845, 853.
429 § 1 Abs. 1 Nr. 1 UmwStG n.F.

Nach § 13 Abs. 2 UmwStG n.F. kann jedoch auf Antrag auch der Buchwert bzw. die Anschaf- **290**
fungskosten angesetzt werden, wenn das inländische Besteuerungsrecht bei einer zukünftigen
Veräußerung der gewährten SE-Anteile nicht eingeschränkt oder ausgeschlossen wird. Das ist
in der Fallkonstellation einer Drittlandsverschmelzung unter Beteiligung von Steuerinländern in
aller Regel möglich. Denn Art. 13 Abs. 5 OECD-MA regelt, dass dem Ansässigkeitsstaat des Anteilseigners bei einer Anteilsveräußerung oder einem vergleichbaren Vorgang das Besteuerungsrecht aus der Aufdeckung von stillen Reserven zusteht. Somit behält Deutschland nach der Verschmelzung ebenfalls das Besteuerungsrecht aus einer späteren Veräußerung der Anteile an der
SE. Drittlandsverschmelzungen zur Gründung einer SE können somit für inländische Anteilseigner steuerneutral durchgeführt werden.

Beispiel: **291**

Zwei Gesellschaften in der Rechtsform einer Aktiengesellschaft innerhalb der EU beabsichtigen, zur Gründung einer SE
zu fusionieren. An der übertragenden Aktiengesellschaft sind unter anderem eine natürliche Person mit Ansässigkeit im
Inland und eine deutsche GmbH beteiligt.

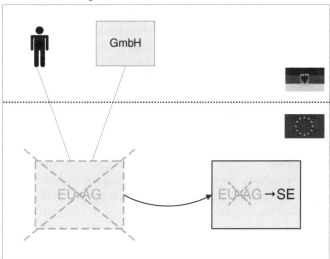

Lösung:

Die Drittlandsverschmelzung führt dazu, dass die bisherigen Anschaffungskosten bzw. der Buchwert der Beteiligung an
der übertragenden Gesellschaft nach § 13 Abs. 2 UmwStG n.F. steuerneutral durch die Beteiligung an der SE ersetzt werden. Die Anteilseigner sind aufgrund ihrer Ansässigkeit in Deutschland unbeschränkt steuerpflichtig. Somit unterliegen
sie mit ihrem gesamten Welteinkommen der inländischen Besteuerung. Nach Art. 13 Abs. 5 OECD-MA wird dem Sitzstaat
des Anteilseigners das ausschließliche Besteuerungsrecht für die Veräußerung von Anteilen an Kapitalgesellschaften zugewiesen. Somit kommt es bei einer späteren Veräußerung der Anteile an der SE nicht zu einer Beschränkung oder einem
Ausschluss des deutschen Besteuerungsrechts. Die Voraussetzungen eines steuerneutralen Anteilstausches liegen vor.

C.   Gründung einer Holding – SE

I.   Allgemeines

292 Die Gründung einer Holding-SE ist die zweite von der SE-VO zugelassene Gründungsform.[430] Kennzeichnend für die Holdinggründung ist, dass mehrere Gesellschaften gemeinsam ihre neue Muttergesellschaft in Form einer SE errichten. Diese Errichtung vollzieht sich nicht im Wege der Rechtsnachfolge, sondern als Sachgründung gegen Anteilstausch. Denn nicht die Gründungsgesellschaften selber, sondern ausschließlich deren Gesellschafter werden Aktionäre der SE, sofern sie sich am Anteilstausch beteiligen.[431] Es werden also nur die Anteilseignerkreise der Gründungsgesellschaften in der Holding-SE zusammengeführt. Es handelt sich nicht um eine Fusion im eigentlichen Sinne, bei der es zu einer Vermögensübertragung kommt, sondern um eine Fusion im wirtschaftlichen Sinne.

293 Der Gründungsvorgang selbst wird in einem einheitlichen Einbringungsvorgang vollzogen. Dabei werden die Gründungsgesellschaften in ihrer Stellung als eigenständige juristische Personen nicht tangiert, sondern bestehen als Töchter der neu gegründeten SE fort.[432] Das Grundkapital der SE wird also nicht von den Gründungsgesellschaften, sondern von deren Gesellschaftern erbracht, die im Gegenzug Aktien der SE erhalten. Der gesamte Vorgang stellt einen Tausch von Gesellschaftsanteilen an der eingebrachten Gesellschaft gegen Anteile an der Holding-SE und demnach eine Sachgründung dar.

294 Die Holdinggründung ist in der SE-VO nicht näher definiert und – ebenso wie die anderen Gründungsformen – nur bruchstückhaft geregelt, wobei die Vorschriften im Vergleich zur Verschmelzungsgründung noch dürftiger ausgefallen sind.[433] Die Regelungen der SE-VO bedürfen daher der Ergänzung durch nationales Recht. Allerdings ist in Deutschland und in den meisten anderen nationalen Gesellschaftsrechten[434] die Holding als eigenständige Rechtsform unbekannt. Ein spezielles Holdingrecht, das als Modell für eine Lückenfüllung etwa mit Hilfe des Art. 15 Abs. 1 SE-VO dienen könnte, fehlt deshalb meistens.

295 Außerdem bestimmt Art. 15 Abs. 1 SE-VO nur für die Schlussphase des Gründungsverfahrens das anwendbare Recht. Regelmäßig führt dies zur ergänzenden Anwendung des nationalen Rechts der Sachgründung aus dem Sitzstaat der künftigen Holding-SE.[435] Die Vorschrift gilt dagegen nicht für die im Vorfeld von den Gründungsgesellschaften einzuhaltenden Verfahrensschritte. Eine Regelung vergleichbar dem Art. 18 SE-VO, der für die Verschmelzungsgründung das ergänzend auf die Gründungsgesellschaften anwendbare Recht bestimmt, fehlt jedoch im Bereich der Holdinggründung. Diese Lücke selbst zu füllen, ist dem nationalen Gesetzgeber weitgehend untersagt.[436] Die bestehenden Lücken der SE-VO können daher nur im Wege der Rechtsfortbildung auf europarechtlicher Ebene geschlossen werden, wobei die Lösung in einer Analogie zu Art. 18 SE-VO zu suchen ist.[437]

430 Art. 2 Abs. 2 SE-VO.
431 Art. 33 Abs. 1 SE-VO.
432 Art. 32 Abs. 1 Unterabs. 2 SE-VO.
433 *Schwarz*, SE-VO, Vorb. Art. 32–34 Rn. 6; *Schäfer*, in: MünchKomm AktG, Art. 32 Rn. 2.
434 Luxemburg allerdings bildet mit seinem Gesetz betreffend die Holdinggesellschaft eine Ausnahme, vgl. *Schwarz*, SE-VO, Vorb. Art. 32–34 Rn. 1.
435 *Schwarz*, SE-VO, Vorb. Art. 32–34 Rn. 7; *Schäfer*, in: MünchKomm AktG, Art. 32 Rn. 2.
436 *Schwarz*, SE-VO, Vorb. Art. 32–34 Rn. 9.
437 Dabei ist allerdings stets eine Auslegung erforderlich, die speziell an die Holdinggründung angepasst ist, vgl. *Schwarz*, SE-VO, Vorb. Art. 32–34 Rn. 11; *Schäfer*, in: MünchKomm AktG, Art. 32 Rn. 3.

Art. 32 bis 34 SE-VO regeln das Verfahren zur Gründung einer Holding-SE. Die wesentlichen   296
Schritte des Gründungsverfahrens beginnen mit der Erstellung eines Gründungsplans einschließlich eines Gründungsberichts.[438] Die Gründungsgesellschaften müssen dann bestimmte Offenlegungspflichten erfüllen[439] und der Gründungsplan muss durch unabhängige Sachverständige
geprüft werden.[440] Nach Zustimmung aller Anteilseignerversammlungen der Gründungsgesellschaften zum Gründungsplan[441] geht der Eintragung der SE[442] der zweistufige Einbringungspro-
zess voraus.[443] Dabei muss der im Gründungsplan für jede Gesellschaft festgelegte Mindestprozentsatz der Geschäftsanteile für die Einbringung in der ersten Stufe erreicht werden und alle
übrigen Bedingungen des Gründungsplans müssen erfüllt sein.[444] In jedem Fall müssen jeweils
mehr als 50 % der durch Aktien oder Geschäftsanteile verliehenen ständigen Stimmrechte aller Gründungsgesellschaften eingebracht werden.[445] Anschließend prüft das Registergericht, ob
die Voraussetzungen der Eintragung gemäß Art. 32, 33 Abs. 2 SE-VO erfüllt sind.[446] In Deutschland schließt dies das nationale Recht der aktienrechtlichen Gründungsprüfung mit ein.[447] Die
SE erlangt mit der Eintragung im Register des Sitzstaates ihre Rechtspersönlichkeit.[448] Die Gesellschafter der Gründungsgesellschaften, die ihre Anteile im Hinblick auf die Gründung der SE einbringen,[449] werden gleichzeitig zu Aktionären der SE.[450] Die Eintragung der SE wird mittels einer
Bekanntmachung nach den jeweiligen Rechtsvorschriften des Sitzstaates der SE offen gelegt[451]
und im Amtsblatt der Europäischen Union veröffentlicht.[452]

Durch die Gründung einer Holding-SE werden die Gründungsgesellschaften unter dem Dach der   297
SE zusammengefasst und die SE wird herrschende Gesellschaft der Gründungsgesellschaften. Je
nach Wert- und Beteiligungsverhältnissen der Gründungsgesellschaften und Teilnahmequote der
Gesellschafter der Gründungsgesellschaften kann die SE ihrerseits von einem (oder mehreren)
der Gesellschafter der Gründungsgesellschaften beherrscht werden.

---

438 Art. 32 Abs. 2 SE-VO.
439 Art. 32 Abs. 3 SE-VO.
440 Art. 32 Abs. 4 und Abs. 5 SE-VO.
441 Art. 32 Abs. 6 und Abs. 1 SE-VO.
442 Art. 33 Abs. 5 SE-VO.
443 Art. 32 Abs. 1 bis 3 SE-VO.
444 Art. 33 Abs. 2 SE-VO.
445 Art. 32 Abs. 2 Satz 4 SE-VO.
446 Art. 33 Abs. 5 SE-VO.
447 Art. 15 Abs. 1 SE-VO i.V.m. § 38 AktG.
448 Art. 16 Abs. 1 SE-VO.
449 Art. 33 Abs. 4 SE-VO.
450 *Schäfer*, in: MünchKomm AktG, Art. 33 SE-VO Rn. 25.
451 Art. 15 Abs. 2 i.V.m. Art. 13 SE-VO.
452 Art. 14 Abs. 1 SE-VO. In Art. 14 Abs. 1 SE-VO ist noch die Bekanntmachung im Amtsblatt der Europäischen
     Gemeinschaften vorgesehen. Dieses wurde aber bereits mit Wirkung zum 01.02.2003 in das Amtsblatt der
     Europäischen Union umbenannt.

298   Den Gründungsvorgang veranschaulicht folgendes Schaubild:

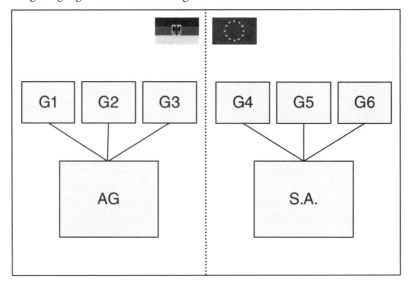

Ausgangslage

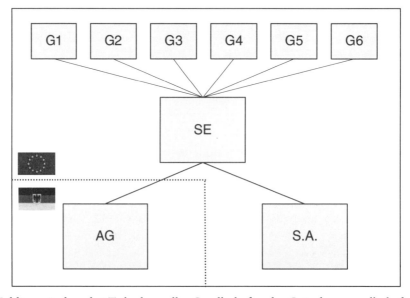

Holdinggründung bei Teilnahme aller Gesellschafter der Gründungsgesellschaften

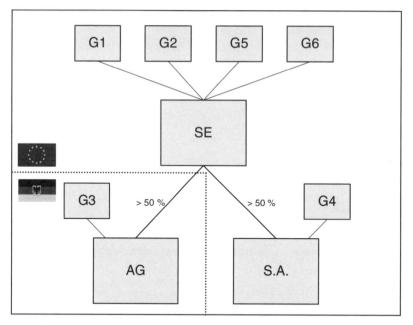

Holdinggründung, an der nicht alle Gesellschafter der Gründungsgesellschaften teilnehmen

Art. 34 SE-VO ermächtigt die nationalen Gesetzgeber zum Erlass von Schutzvorschriften zuguns-   299
ten der Minderheitsgesellschafter, woraufhin der deutsche Gesetzgeber in §§ 9, 11 SEAG einen
umfassenden Konzerneingangsschutz geschaffen hat (Austrittsrecht, Zuzahlung bei unangemes-
senem Umtauschverhältnis der Anteile).

II.   Beteiligte Gesellschaften in verschiedenen EU-Staaten

Art. 2 Abs. 2 SE-VO stellt besondere Anforderungen an die Rechtsform und die Nationalität der   300
Gründer einer Holding-SE.

1.   Rechtsform der Gründungsgesellschaften

Eine Holding-SE können nur Aktiengesellschaften und Gesellschaften mit beschränkter Haftung   301
im Sinne des Anhangs II der SE-VO gründen, die nach dem Recht eines Mitgliedstaats gegründet
wurden und ihren Sitz sowie ihre Hauptverwaltung in der Gemeinschaft haben. Dabei müssen
sich mindestens zwei derartige Gesellschaften an der Gründung beteiligen.

2.   Mehrstaatlichkeit

Wie bei der Verschmelzung kann eine Holding-SE gegründet werden, wenn mindestens zwei der   302
beteiligten Gesellschaften dem Recht verschiedener Mitgliedstaaten unterliegen.[453] Darüber hinaus ist es aber auch ausreichend, wenn zwei der beteiligten Gesellschaften seit mindestens zwei

---

453 Art. 2 Abs. 2 lit. a SE-VO.

Jahren eine dem Recht eines anderen Mitgliedstaats unterliegende Tochtergesellschaft oder eine Zweigniederlassung in einem anderen Mitgliedstaat haben.[454] Die Tochtergesellschaft oder Zweigniederlassung muss hierbei der Gründungsgesellschaft zwei Jahre lang zugeordnet sein, bevor die Gründung der SE erfolgt.[455]

303   Weitere Gründer, die weder die enge noch die weite Mehrstaatlichkeit erfüllen, können hinzutreten, müssen aber aufgrund des eindeutigen Wortlauts von Art. 2 Abs. 2 SE-VO jedenfalls dem Kreis der in Anhang II der SE-VO aufgeführten Kapitalgesellschaften entstammen.

III.   Gründungsvorgang

1.   Überblick

304   Das Verfahren zur Gründung einer Holding-SE vollzieht sich im Wesentlichen in folgenden Schritten, wobei *kursiv* gedruckte Schritte nicht in jedem Fall durchlaufen werden müssen:

(1)   Unternehmensbewertung;

(2)   Aufstellung eines Gründungsplans mit Bericht;

(3)   Prüfung der Holdinggründung durch unabhängige Sachverständige;

(4)   Kartellanmeldungen;

(5)   Beachtung des nationalen Aktiengründungsrechts;

(6)   Berücksichtigung der Gründungsplanprüfung;

(7)   Zuleitung des Gründungsplans an die Betriebsräte;

(8)   Offenlegung des Gründungsplans;

(9)   Arbeitnehmerbeteiligung;

(10)   Einberufung der Anteilseignerversammlungen;

(11)   Durchführung der Anteilseignerversammlungen;

(12)   Anteilseinbringung;

(13)   Pflichtangebot bei börsennotierten Gründungsgesellschaften;

(14)   Gründungsprüfung;

(15)   Satzungsanpassung an Arbeitnehmerbeteiligungsvereinbarung;

(16)   Rechtmäßigkeitskontrolle;

(17)   Eintragung der SE.

2.   Verfahrensplanung

305   Um das Verfahren zur Gründung einer Holding-SE möglichst effizient zu gestalten, sollte frühzeitig ein detaillierter Zeitplan erstellt werden, der alle erforderlichen Maßnahmen umfasst. Bei der Zeitplanung sind insbesondere folgende Parameter zu berücksichtigen:

---

454 Art. 2 Abs. 2 lit. b SE-VO.
455 *Oechsler*, in: MünchKomm AktG, Art. 2 SE-VO Rn. 34.

■ Vor der Einberufung der Anteilseignerversammlungen, die über die Gründung der Holding-SE beschließen, ist ein Gründungsplan nebst Gründungsbericht aufzustellen. Außerdem muss eine Prüfung des Gründungsplans durch einen oder mehrere unabhängige Sachverständige stattfinden. Sämtliche Prüfberichte müssen gleichfalls vor der Einberufung der Anteilseignerversammlungen vorliegen.

■ Vor Einberufung der jeweiligen Anteilseignerversammlung, die über die Holding-Gründung beschließt, ist der Gründungsplan oder sein Entwurf zum Handelsregister einzureichen.[456]

■ Mindestens einen Monat vor dem Tag der jeweiligen Anteilseignerversammlung, die über die Zustimmung zur Gründung beschließen soll, ist der Gründungsplan bzw. sein Entwurf dem zuständigen Betriebsrat dieses Rechtsträgers zuzuleiten.

■ Spätestens von der Einberufung der Anteilseignerversammlung an, die im Falle einer deutschen Aktiengesellschaft mindestens 30 Tage vor dem Tag der Versammlung zu erfolgen hat, müssen u.a. der Gründungsplan oder sein Entwurf, die Jahresabschlüsse und Lageberichte für die letzten drei Geschäftsjahre und alle Prüfungsberichte der Sachverständigen in den Geschäftsräumen der Gesellschaft zur Einsicht ausgelegt werden. Das deutsche Recht verlangt die Auslegung der Unterlagen aller an der Holding-Gründung beteiligten Rechtsträger, d.h. es sind Jahresabschlüsse und Prüfberichte aller Gründungsgesellschaften auszulegen.[457]

■ Die Holding-SE kann nur eingetragen werden, wenn eine Vereinbarung über die Beteiligung der Arbeitnehmer in der SE abgeschlossen, ein Beschluss über den Abbruch der Verhandlungen gefasst wurde oder die Frist für die Einigung über eine Vereinbarung zur Beteiligung der Arbeitnehmer in der SE abgelaufen ist, ohne dass eine Vereinbarung zustande kam. Diese Frist beträgt sechs Monate und kann einvernehmlich auf bis zu ein Jahr verlängert werden. Es muss also damit gerechnet werden, dass die Verhandlungen über die Beteiligung der Arbeitnehmer in der SE ein Jahr dauern können.

■ Die Anteilseignerversammlung jeder der Gründungsgesellschaften kann beschließen, dass sie der Vereinbarung über die Beteiligung der Arbeitnehmer in der SE zustimmen muss.

3.   Verfahrensvollzug

a)   Unternehmensbewertung

Das Umtauschverhältnis sowie ggf. die Höhe einer Ausgleichszahlung und damit die Unternehmensbewertungen der Gründungsgesellschaften sind zwingend Gegenstand des Gründungsplans.[458] Sie bilden die Grundlage für den Tausch der Anteile an den Gründungsgesellschaften gegen Aktien der künftigen Holding-SE. Auf die weiteren Ausführungen bei der Verschmelzung wird verwiesen.[459]   306

🛈 Praxishinweis: 307

Praktische Probleme ergeben sich ebenso wie bei der Verschmelzung, wenn die Bewertungsmethoden oder -faktoren je nach nationalem Recht divergieren. Eine frühzeitige Abstimmung zwischen den Beteiligten aus den verschiedenen Rechtskreisen ist daher anzuraten.

456 Art. 32 Abs. 3 SE-VO i.V.m. § 61 UmwG; vgl. *Schwarz*, SE-VO, Art. 32 Rn. 40.
457 Art. 18 SE-VO i.V.m. § 63 UmwG analog.
458 Art. 32 Abs. 2 Satz 3, 20 Abs. 1 lit. b SE-VO.
459 Vgl. oben § 2 Rn. 53 ff.

b)   Aufstellung eines Gründungsplans mit Bericht

308   Die Leitungs- oder Verwaltungsorgane der Gründungsgesellschaften müssen einen Gründungsplan mit Bericht aufstellen, d.h. die Zuständigkeit liegt bei dem jeweiligen Vertretungsorgan der Gesellschaften.[460]

aa)   Inhalt, Sprache des Gründungsplans

309   Der Ablauf der Holdinggründung richtet sich nach einem Gründungsplan, dessen Mindestinhalt durch Art. 32 Abs. 2 Satz 2 und 3 SE-VO weitgehend abschließend bestimmt wird.[461] Er entspricht weitgehend dem Inhalt des Verschmelzungsplans.[462] Die Gründungsgesellschaften dürfen allerdings freiwillig darüber hinausgehende Regelungen für den Gründungsvorgang treffen.[463]

310   Da die jeweiligen Anteilseignerversammlungen der Gründungsgesellschaften dem Gründungsplan zustimmen müssen,[464] wird er für eine deutsche Gründungsgesellschaft grundsätzlich in deutscher Sprache abzufassen sein.[465] Die Gründungsgesellschaften müssen einen „gleich lautenden" Gründungsplan aufstellen.[466] Dies erfordert einen einheitlichen Gründungsplan,[467] wobei das Gleichlauten der jeweiligen Sprachfassungen durch beglaubigte Übersetzungen nachzuweisen ist.[468]

311   🛈 Praxishinweis:

Die Erstellung eines einheitlichen Gründungsplans erfordert eine umfassende inhaltliche Abstimmung zwischen den Gründungsgesellschaften.

312   Der Gründungsplan muss im Einzelnen den folgenden Mindestinhalt haben:[469]

- ▪ Firma und Sitz der beteiligten Rechtsträger[470]

313   Es besteht bei der Holdinggründung hinsichtlich des Sitzes keine Beschränkung aus der SE-VO, d.h. der Sitz kann auch in einem Mitgliedstaat genommen werden, zu dem bisher keine der Gründungsgesellschaften eine Beziehung aufweist.

- ▪ Umtauschverhältnis, Ausgleichsleistung[471]

314   Über das Umtauschverhältnis und gegebenenfalls die Höhe der Ausgleichsleistung müssen Angaben gemacht werden. Das Umtauschverhältnis legt fest, wie viele Anteile der Holding-SE für einen Anteil der jeweiligen Gründungsgesellschaft ausgegeben werden. Ausgleichsleistungen dienen zum Ausgleich von Spitzenbeträgen bei der Berechnung des Umtauschverhältnisses. Zu ihrer Beschaffenheit oder Höhe macht die SE-VO keine Angaben.

---

460 Art. 32 Abs. 2 Satz 1 SE-VO.
461 Von der Ermächtigung in Art. 34 SE-VO abgesehen ist keine Erweiterung durch das Recht der Mitgliedstaaten zulässig, vgl. *Schwarz*, SE-VO, Art. 32 Rn. 10, 35; *Neun*, in: Theisen/Wenz, Die Europäische Aktiengesellschaft, B III 2 ab.
462 Art. 32 Abs. 1 Satz 3 SE-VO verweist für den Inhalt des Gründungsplans auf Art. 20 Abs. 1 lit. a, b, c, f, g, h und i SE-VO.
463 *Schwarz*, SE-VO, Art. 32 Rn. 36; *Neun*, in: Theisen/Wenz, Die Europäische Aktiengesellschaft, B III 2 ab.
464 Art. 32 Abs. 6 SE-VO.
465 Art. 18 SE-VO i.V.m. § 6 UmwG analog, § 5 Abs. 1 BeurkG; vgl. *Schwarz*, SE-VO, Art. 32 Rn. 37.
466 Art. 32 Abs. 2 Satz 1 SE-VO.
467 *Schwarz*, SE-VO, Art. 32 Rn. 9; a.A. *Teichmann*, ZGR 2002, 383, 417; offen gelassen bei *Neun*, in: Theisen/Wenz, Die Europäische Aktiengesellschaft, B III 2 ab.
468 Für Deutschland vgl. § 8 FGG i.V.m. § 184 GVG.
469 Art. 32 Abs. 2 Satz 2 i.V.m. Art. 20 Abs. 1 lit. a, b, c, f, g, h und i SE-VO.
470 Art. 32 Abs. 2 Satz 2 i.V.m. Art. 20 Abs. 1 lit. a SE-VO. Zu Einzelheiten vgl. oben § 2 Rn. 62.
471 Art. 32 Abs. 2 Satz 2 i.V.m. Art. 20 Abs. 1 lit. b SE-VO. Zu Einzelheiten vgl. oben § 2 Rn. 63.

❗ Praxishinweis: 315

Ob gleichwohl die Vorschriften über die Verschmelzung zur Anwendung kommen, ist offen.[472] Bis auf weiteres sollten Ausgleichsleistungen deshalb in bar erfolgen und der Höhe nach auf den zehnten Teil des Nennbetrages oder, wenn ein Nennbetrag nicht vorhanden ist, des rechnerischen Wertes der gewährten Aktien beschränkt werden.[473]

■ Übertragung der Aktien[474]

Einzelheiten zum Übertragungsvorgang bezüglich der SE-Aktien müssen im Gründungsplan   316
festgelegt werden. Die SE-VO enthält hierzu keine Regelung.

❗ Praxishinweis: 317

Hier ist ebenfalls umstritten, ob das nationale Recht zur Anwendung kommt.[475] In Deutschland empfiehlt sich daher die Beachtung des § 71 UmwG, wonach jede übertragende Gesellschaft für den Empfang der zu gewährenden Aktien und der baren Zuzahlung einen Treuhänder bestellen muss.[476]

Angaben über den Zeitpunkt der Gewährung der Holding-Aktien und die entstehenden Kos-   318
ten dürfen ebenso nicht fehlen.

■ Gewährung von Sonderrechten[477]

Im Gründungsplan müssen alle Rechte dargestellt werden, welche die SE den mit Sonder-   319
rechten ausgestatteten Anteilsinhabern[478] der Gründungsgesellschaften und den Inhabern anderer Wertpapiere als Aktien gewährt, oder die für diese Personen vorgeschlagenen Maßnahmen.

■ Gewährung von Sondervorteilen[479]

Des Weiteren muss jeder besondere Vorteil, der den Sachverständigen, die den Gründungs-   320
plan prüfen, oder den Mitgliedern der Verwaltungs-, Leitungs-, Aufsichts- oder Kontrollorgane der beteiligten Gesellschaften gewährt wird, angegeben werden.

---

472 Bejahend *Schwarz*, SE-VO, Art. 32 Rn. 14; a.A. *Neun*, in: Theisen/Wenz, Die Europäische Aktiengesellschaft, B III 2 ab.
473 Art. 18 i.V.m. § 68 Abs. 3 UmwG analog, vgl. *Schwarz*, SE-VO, Art. 32 Rn. 14.
474 Art. 32 Abs. 2 Satz 2 i.V.m. Art. 20 Abs. 1 lit. c SE-VO.
475 Bejahend *Schwarz*, SE-VO, Art. 32 Rn. 16; a.A. *Neun*, in: Theisen/Wenz, Die Europäische Aktiengesellschaft, B III 2 ab.
476 Dies gilt nicht automatisch auch für eine ausländische Gründungsgesellschaft, vgl. *Schwarz*, SE-VO, Art. 20 Rn. 30.
477 Art. 32 Abs. 2 Satz 2 i.V.m. Art. 20 Abs. 1 lit. f SE-VO. Zu Einzelheiten vgl. oben § 2 Rn. 73.
478 Art. 32 Abs. 7 SE-VO.
479 Art. 32 Abs. 2 Satz 2 i.V.m. Art. 20 Abs. 1 lit. g SE-VO.

- Satzung der SE[480]

321   Wiedergegeben werden muss auch die Satzung der Holding-SE. Einzelheiten zu Inhalt und Form werden bei der Verschmelzungsgründung[481] und im Abschnitt über Satzungsbestimmungen[482] dargestellt.

- Beteiligung der Arbeitnehmer[483]

322   Die im Rahmen des Gründungsplans erforderlichen Angaben können sich wie bei der Verschmelzungsgründung auf die wesentlichen Grundzüge beschränken, weil die Verhandlungen über die Beteiligung der Arbeitnehmer erst nach der Aufstellung und Offenlegung des Gründungsplans beginnen.[484]

- Mindesteinbringungsquote[485]

323   Der Gründungsplan legt den Mindestprozentsatz der Anteile an den Gründungsgesellschaften fest, der in die Holding-SE eingebracht werden muss, damit die Gründung stattfinden kann. Er muss für alle Gründungsgesellschaften jeweils[486] mehr als 50 %[487] der durch Aktien oder Geschäftsanteile verliehenen ständigen Stimmrechte betragen.[488] Stimmrechtslose Vorzugsaktien erfüllen die Quote demnach nicht. Die Festsetzung einer Höchstgrenze für die Anteilseinbringung ist wegen des Einbringungswahlrechts der Anteilsinhaber nicht zulässig.[489]

324   🛑 **Praxishinweis:**

Bei der Festlegung der Mindestquote ist darauf zu achten, dass einerseits das Mindestkapital der SE durch die Einbringung erreicht wird[490] und andererseits die SE nur dann eingetragen wird, wenn die Übertragung von Anteilen der Gründungsgesellschaften in entsprechender Anzahl bereits dinglich vollzogen wurde.[491]

- Abfindungsangebot[492]

325   Bei der Gründung einer Holding-SE, die ihren Sitz nicht in Deutschland haben soll oder die ihrerseits eine abhängige Gesellschaft im Sinne des § 17 AktG sein wird, muss eine deutsche Gründungsgesellschaft in der Rechtsform der Aktiengesellschaft im Gründungsplan jedem ihrer Aktionäre, der gegen den Gründungsbeschluss Widerspruch zur Niederschrift erklärt, den Erwerb seiner Aktien gegen eine angemessene Barabfindung anbieten.[493] Dies betrifft ausdrücklich nicht Gründungsgesellschaften in der Rechtsform der GmbH.[494] Die Bekanntmachung des Gründungsplans als Gegenstand der Beschlussfassung muss den vollen Wortlaut

---

480 Art. 32 Abs. 2 Satz 2 i.V.m. Art. 20 Abs. 1 lit. h SE-VO.
481 Oben § 2 Rn. 74.
482 Unten § 3 Rn. 241 ff.
483 Art. 32 Abs. 2 Satz 2 i.V.m. Art. 20 Abs. 1 lit. i SE-VO.
484 Art. 3 Abs. 1 SE-RL, § 4 Abs. 2 Satz 3 SEBG. Zu Einzelheiten siehe oben § 2 Rn. 76.
485 Art. 32 Abs. 2 Satz 3 und 4.
486 *Schwarz*, SE-VO, Art. 32 Rn. 24.
487 50 % plus eine Stimme.
488 Art. 32 Abs. 2 Satz 4 SE-VO.
489 Art. 33 Abs. 1 SE-VO. *Schwarz*, SE-VO, Art. 32 Rn. 25.
490 Art. 4 Abs. 2 SE-VO.
491 *Schwarz*, SE-VO, Art. 33 Rn. 17.
492 § 9 SEAG.
493 § 9 Abs. 1 Satz 1 SEAG. Insofern wird aufgrund der Ermächtigung in Art. 34 SE-VO der Pflichtinhalt des Gründungsplans in zulässiger Weise durch das nationale Recht erweitert.
494 Vgl. Regierungsentwurf SEEG, BT-Drs. 15/3405, S. 34.

dieses Abfindungsangebots enthalten.[495] Einzelheiten des Austritts- und Abfindungsrechts werden im Abschnitt über den Schutz der Minderheitsaktionäre dargestellt.[496]

bb)   Formererfordernis der notariellen Beurkundung des Gründungsplans

Die SE-VO enthält keine Anforderungen an die Form. Über eine Analogie zu Art. 18 SE-VO ist insoweit auf das Recht der Gründungsgesellschaften zurückzugreifen, wobei sich die jeweils strengsten Formererfordernisse der beteiligten nationalen Rechtsordnungen für den einheitlichen Gründungsplan durchsetzen.[497] Bei Beteiligung einer deutschen Gründungsgesellschaft heißt dies notarielle Beurkundung.[498] Im Übrigen gelten die beim Verschmelzungsplan ausgeführten Einzelheiten entsprechend.[499]

🛇 Praxishinweis:

Zur Vermeidung kostenaufwendiger Nachbeurkundungen wegen Änderungen durch die Anteilseignerversammlungen oder durch Anpassungen der mitbeurkundeten Satzung, die nach der jeweiligen ausgehandelten Vereinbarung über die Beteiligung der Arbeitnehmer erforderlich werden, erscheint die Vorlage nur eines Entwurfs des Gründungsplans in den Anteilseignerversammlungen und Beurkundung erst nach den Beschlussfassungen vorzugswürdig.[500]

cc)   Bericht

Anders als bei der Verschmelzung verlangt die SE-VO ausdrücklich einen gemeinsamen Bericht der Verwaltungs- oder Leitungsorgane der Gründungsgesellschaften als Bestandteil des Gründungsplans.[501]

Der Bericht dient in erster Linie der Information der Anteilsinhaber. Ein Verzicht auf den Bericht durch die Anteilseigner der betroffenen Gründungsgesellschaften erscheint gut vertretbar, da die Anteilsinhaber keinen speziellen Schutz benötigen, wenn sie freiwillig und in notarieller Form auf den Bericht verzichten.[502]

Inhaltlich muss in diesem Bericht die Gründung rechtlich und wirtschaftlich erläutert und begründet werden sowie die Auswirkungen des Übergangs zur Rechtsform der SE für die Anteilsinhaber und die Arbeitnehmer dargelegt werden.[503] Allgemeine Ausführungen zur Errichtung der Holding-SE sind ebenso erforderlich wie rechtliche und wirtschaftliche Erläuterungen des Gründungsplans und des Umtauschverhältnisses der Aktien.[504] In diesem Zusammenhang soll auch die Arbeitnehmerbeteiligung dargestellt werden. Außerdem muss der Gründungsbericht eine Abwägung der Vor- und Nachteile und die wirtschaftlichen Auswirkungen der Holdinggründung enthalten. Dies beinhaltet die Begründung, warum die Umstrukturierung in der Form der SE-Holding die geeignete Maßnahme ist, und die Darlegung des Konzernierungscharakters der Maßnahme. Die Anteilsinhaber der Gründungsgesellschaften müssen zudem auf ihr Recht hingewie-

326

327

328

329

330

---

495 § 9 Abs. 1 Satz 3 SEAG.
496 Unten § 2 Rn. 404 ff.
497 *Schwarz*, SE-VO, Art. 32 Rn. 37.
498 Art. 18 SE-VO i.V.m. § 6 UmwG.
499 Oben § 2 Rn. 78 ff.
500 Zur Zulässigkeit dieses Verfahrens *Schwarz*, SE-VO, Art. 32 Rn. 37 i.V.m. Art. 20 Rn. 52.
501 Art. 32 Abs. 2 Satz 2 SE-VO; vgl. dazu *Schwarz*, SE-VO, Art. 32 Rn. 27.
502 *Neun*, in: Theisen/Wenz, Die Europäische Aktiengesellschaft, B III 2 ac. Allerdings müssen im Bericht auch die Auswirkungen des Übergangs zur Rechtsform der SE für die Arbeitnehmer dargelegt werden, was einen Verzicht ausschließlich durch die Anteilsinhaber nicht ausreichen lassen könnte.
503 Art. 32 Abs. 2 Satz 2 SE-VO.
504 *Schwarz*, SE-VO, Art. 32 Rn. 30; *Neun*, in: Theisen/Wenz, Die Europäische Aktiengesellschaft, B III 2 acb und acc.

sen werden, binnen eines weiteren Monats nach Ablauf der dreimonatigen Einbringungsfrist und Erreichen der Mindesteinbringungsquote ihre Anteile einzubringen.[505]

331 🛈 Praxishinweis:

Mängel des Gründungsberichts erhöhen das Risiko der Anfechtung des Gründungsbeschlusses. Besondere Sorgfalt gilt es hier bei der Erläuterung des Umtauschverhältnisses walten zu lassen.

332 Der Bericht muss die Auswirkungen des Übergangs zur Rechtsform einer SE für die (künftigen) Aktionäre und die Arbeitnehmer darlegen. Hinsichtlich der Anteilsinhaber der Gründungsgesellschaften muss insbesondere klar gestellt werden, dass es sich bei der SE um eine eigenständige Gesellschaft anderer Rechtsform handelt. Hierzu sind die Unterschiede in der Rechtsstellung der Anteilsinhaber gegenüber der Mitgliedschaft in den Gründungsgesellschaften ausdrücklich anzugeben, soweit sie bereits bei Abfassung des Gründungsplans feststehen.[506] Die Gesellschafter müssen über alle wesentlichen Umstände, die zur Zustimmung zur oder Ablehnung der Holdinggründung wichtig sind, ausführlich informiert werden.[507]

333 Dies hat in einer Art und Weise zu geschehen, die den Gründungsvorgang auch für den nicht mit dem Vorgang vertrauten Anteilsinhaber so verständlich macht, dass er als relativer Laie eine Entscheidungsgrundlage erhält.[508] Gleichzeitig muss der Anteilsinhaber aber nicht über alle Einzelheiten informiert werden, sondern es soll ihm eine Plausibilitätskontrolle ermöglicht werden.

334 Der Inhalt der Informationen an die Arbeitnehmer ist offen. Da die Gründungsgesellschaften unverändert fortbestehen, kommt es zu keinen Veränderungen auf arbeitsrechtlicher Ebene, weder individualrechtlicher noch kollektivrechtlicher Art. Zudem wären die Erläuterungen der Arbeitnehmerbeteiligungsregelungen innerhalb der künftigen SE auch ohne besondere Erwähnung der Arbeitnehmer gegenüber den Anteilsinhabern der Gründungsgesellschaften erforderlich. Eine eigenständige Bedeutung erlangt die besondere Erwähnung deshalb nur dann, wenn die Berichtspflicht auch mittelbare Auswirkungen, die durch die Entstehung eines Konzernverhältnisses und die möglicherweise anschließend geplanten Umstrukturierungen verursacht werden, umfasst.[509] Wie weit dabei in die Zukunft geschaut werden muss, ist offen.

335 🛈 Praxishinweis:

Der Bericht unterliegt als Teil des Gründungsplans der Offenlegung.[510] Ob diese recht weitgehende Publizität hingenommen werden kann oder ob eine abweichende Struktur unter Verwendung anderer Gründungsformen gewählt werden sollte, hängt vom Einzelfall und den beteiligten Gründungsgesellschaften ab.

336 Der Gründungsbericht dient ferner den Sachverständigen als eine der Grundlagen ihrer Prüfung.

---

505 *Schwarz*, SE-VO, Art. 32 Rn. 29; *Neun*, in: Theisen/Wenz, Die Europäische Aktiengesellschaft, B III 2 ac.
506 *Schwarz*, SE-VO, Art. 32 Rn. 31.
507 Weitere Einzelheiten zum Inhalt eines Gründungsberichts finden sich in der Literatur: *Neun*, in: Theisen/Wenz, Die Europäische Aktiengesellschaft, B III 2 ac. Vgl. auch *Lutter/Drygala*, in: Lutter, UmwG, § 8 Rn. 13 ff.
508 *Neun*, in: Theisen/Wenz, Die Europäische Aktiengesellschaft, B III 2 aca.
509 *Schwarz*, SE-VO, Art. 32 Rn. 33.
510 Art. 32 Abs. 3 SE-VO, vgl. *Neun*, in: Theisen/Wenz, Die Europäische Aktiengesellschaft, B III 2 af.; a.A. *Schwarz*, SE-VO, Art. 32 Rn. 41. Vgl. zur Offenlegung unten § 2 Rn. 361.

c)   Prüfung der Holdinggründung durch unabhängige Sachverständige

Bei der Holdinggründung besteht eine Pflicht zur Prüfung des Gründungsplans und Berichterstattung durch Sachverständige.[511] Die Einzelheiten der Prüfung legt die SE-VO im Wesentlichen selbst fest. Auf die Prüfung kann nicht verzichtet werden.[512]   337

Die Gründungsplanprüfung dient dem Schutz der Anteilsinhaber der Gründungsgesellschaften im Vorfeld der Beschlussfassung. Deshalb steht wie im Gründungsbericht das Umtauschverhältnis im Fokus der Prüfung. Die Anteilseigner sollen möglichst umfassend über die Folgen einer Holdinggründung informiert werden, bevor sie bezüglich des Gründungsplans ihre Entscheidung treffen. Die Gesellschaftsorgane sollen den Anteilseignern aus eigenen Interessen keine Informationen vorenthalten können.   338

Die SE-VO ermöglicht sowohl eine eigenständige Prüfung durch unabhängige Sachverständige einer jeden Gründungsgesellschaft[513] als auch eine gemeinsame Prüfung des Gründungsplans durch einen oder mehrere unabhängige Sachverständige mit einheitlichem Bericht.[514] Die Sachverständigen haben ein eigenes Auskunfts- und Einsichtsrecht gegenüber allen Gründungsgesellschaften.[515]   339

aa)   Prüfer

Bei getrennter Prüfung für jede Gründungsgesellschaft sind die Sachverständigen nach den jeweiligen nationalen Vorschriften zu bestellen,[516] d.h. für deutsche Gesellschaften auf Antrag des jeweiligen Vertretungsorgans durch das Landgericht, in dessen Bezirk ein übertragender Rechtsträger seinen Sitz hat.[517]   340

🛈 **Praxishinweis:**   341

Sofern die Bestellung der Prüfer auf der Grundlage einer in der Literatur vertretenen Ansicht durch die Gründungsgesellschaften ohne die Einschaltung des Gerichts erfolgt,[518] sollte vorab mit dem zuständigen Handelsregister geklärt werden, ob hierin aus dessen Sicht ein Eintragungshindernis liegt.

Sofern eine einheitliche Prüfung durchgeführt werden soll, beantragen dies die Gründungsgesellschaften gemeinsam bei einem Gericht oder einer Verwaltungsbehörde eines Mitgliedstaates, dessen Recht eine der Gründungsgesellschaften oder die künftige SE unterliegt.[519] In Deutschland ist der Antrag durch die Mitglieder der Vertretungsorgane sämtlicher Gründungsgesellschaften gemeinsam bei dem am Sitz einer deutschen Gründungsgesellschaft oder der künftigen SE zuständigen Landgericht schriftlich oder zu Protokoll der Geschäftsstelle zu stellen.[520]   342

---

511 Art. 32 Abs. 4 und 5 SE-VO.
512 *Neun*, in: Theisen/Wenz, Die Europäische Aktiengesellschaft, B III 2 ad.
513 Art. 32 Abs. 4 Satz 1 SE-VO.
514 Art. 32 Abs. 4 Satz 2 SE-VO.
515 *Schwarz*, SE-VO, Art. 32 Rn. 56 f.
516 *Schwarz*, SE-VO, Art. 32 Rn. 49.
517 §§ 60 Abs. 1, 10 Abs. 1 Satz 1, Abs. 2 UmwG.
518 *Neun*, in: Theisen/Wenz, Die Europäische Aktiengesellschaft, B III 2 ada; *Schäfer*, in: MünchKomm AktG, Art. 32 SE-VO Rn. 27.
519 *Schwarz*, SE-VO, Art. 32 Rn. 50.
520 §§ 60 Abs. 1, 10 Abs. 2 UmwG.

343   🛑 Praxishinweis:

Es besteht bei der gemeinsamen Prüfung eine begrenzte Möglichkeit zur Rechtswahl. Dies betrifft das Verfahrensrecht und die Regeln der Prüferauswahl. Die materiellen Anforderungen an den Gegenstand und den Inhalt der Prüfung richten sich kumulativ nach allen Rechtsordnungen, denen die beteiligten Gründungsgesellschaften unterliegen.[521]

344   Nur unabhängige Sachverständige können nach der SE-VO Prüfer sein.[522] Mangels Regelung in der SE-VO ist hier das jeweilige nationale Recht anwendbar,[523] dessen Einzelheiten für das deutsche Recht bei der Verschmelzung beschrieben sind.[524]

bb)   Inhalt und Umfang der Prüfung

345   Die Prüfung erstreckt sich auf den Gründungsplan[525] und auf den inkorporierten Bericht.[526] Gegenstand der Prüfung ist insbesondere das Umtauschverhältnis.[527] Für Inhalt und Umfang der Prüfung des eigentlichen Gründungsplans kann auf die Ausführungen zur Prüfung des Verschmelzungsplans verwiesen werden,[528] weil diese inhaltlich weitgehend den gleichen Anforderungen unterliegen.[529] Insbesondere entspricht der Wortlaut des Art. 32 Abs. 5 SE-VO weitgehend dem für die Verschmelzungsprüfung anzuwendenden § 12 Abs. 2 UmwG.[530]

346   Anders als bei der Verschmelzung schließt die Prüfung den Bericht der Leitungs- bzw. Verwaltungsorgane mit ein, weil er Bestandteil des Gründungsplans ist. Die Anforderungen an dessen Prüfung sind unbestimmt, da es um die Zweckmäßigkeit der Holdinggründung geht und auch keine Anforderungen an den Inhalt des Berichts in der Verordnung normiert sind. Deshalb wird die Prüfung im Wesentlichen auf die Richtigkeit des Inhalts des Berichts beschränkt werden müssen.[531]

347   🛑 Praxishinweis:

Neben der Gründungsplanprüfung muss bei der Gründung einer SE mit Sitz außerhalb Deutschlands oder bei Gründung einer SE, die ihrerseits abhängige Gesellschaft im Sinne des § 17 AktG ist, zusätzlich die Angemessenheit des Abfindungsangebots geprüft werden.[532] Praktischerweise erfolgt dies im Rahmen der allgemeinen Gründungsplanprüfung. Die Prüfung kann jedoch auch getrennt erfolgen oder es können getrennte Prüfungsberichte erstellt werden.

cc)   Prüfungsbericht

348   Um die Aktionäre angemessen zu informieren, haben die Sachverständigen einen – bei gemeinsamer Prüfung einheitlichen – schriftlichen Bericht anzufertigen.[533] Auch insoweit wird wegen der Einzelheiten auf die Ausführungen zur Prüfung des Verschmelzungsplans verwiesen.[534]

---

521 *Schwarz*, SE-VO, Art. 32 Rn. 50.
522 Art. 32 Abs. 4 SE-VO.
523 *Schwarz*, SE-VO, Art. 32 Rn. 51.
524 Vgl. oben § 2 Rn. 95 ff.
525 Art. 32 Abs. 4 Satz 1 SE-VO.
526 *Neun*, in: Theisen/Wenz, Die Europäische Aktiengesellschaft, B III 2 ada.
527 Art. 32 Abs. 5 SE-VO.
528 Oben § 2 Rn. 98 ff.
529 Vgl. Art. 32 Abs. 2 Satz 3 SE-VO.
530 Und auch Art. 10 Abs. 2 Dritte RiL.
531 *Schwarz*, SE-VO, Art. 32 Rn. 53; *Neun*, in: Theisen/Wenz, Die Europäische Aktiengesellschaft, B III 2 adb.
532 §§ 9 Abs. 2, 7 Abs. 3 SEAG.
533 Art. 32 Abs. 4 Satz 1 und 2 SE-VO.
534 Oben § 2 Rn. 101; vgl. auch *Schwarz*, SE-VO, Art. 32 Rn. 55.

d)   Kartellanmeldungen

Für die Holdinggründung muss das europäische und nationale Fusionskontrollrecht in gleicher Weise wie bei der Verschmelzung beachtet werden.[535]

349

e)   Beachtung des nationalen Aktiengründungsrechts

Die Entstehung der Holding-SE richtet sich nach dem nationalen Gründungsrecht für Aktiengesellschaften.[536] In Deutschland sind mangels besonderer Vorschriften für die Gründung einer Holdinggesellschaft die allgemeinen Gründungsvorschriften für Aktiengesellschaften anzuwenden.[537] Es handelt sich bei der Holdinggründung immer um eine Sachgründung,[538] bei der die Einlagen durch Einbringung von Anteilen an den Gründungsgesellschaften erbracht werden.[539]

350

🛈 **Praxishinweis:**

351

Bei der Beachtung der nationalen Vorschriften ist keine besondere Reihenfolge im Verhältnis zu den übrigen Gründungsvoraussetzungen zu beachten, sie müssen jedoch vor der Offenlegung[540] und Eintragung der SE erfüllt sein.

Gründer im Sinne des nationalen Aktiengründungsrechts sind die Gründungsgesellschaften und nicht deren Anteilsinhaber.[541] Sie trifft entsprechend auch die Gründerhaftung, wobei eine Differenzhaftung, falls der Wert der eingebrachten Anteile nicht das Grundkapital der Holding-SE ausmacht, ausgeschlossen ist.[542]

352

Das Grundkapital ist zwingende Satzungsbestimmung[543] und muss mindestens 120.000 Euro betragen.[544] Im Zeitpunkt der Satzungsfeststellung lässt sich dessen Höhe jedoch meistens nicht endgültig festlegen, da nicht feststeht, wie viele Anteile der Gründungsgesellschaften in die Holding-SE eingebracht werden. Hierzu werden in der Literatur verschiedene Lösungsvorschläge gemacht.[545]

353

🛈 **Praxishinweis:**

354

Die für die Praxis beste Lösung dürfte die Bestellung eines Treuhänders sein,[546] der zunächst die Aktien der Holding-SE vollständig übernimmt und dann an die einbringenden Anteilsinhaber überträgt. Damit ist zugleich geklärt, wie diejenigen Anteilsinhaber, die die einmonatige Nachfrist zur Anteilseinbringung nach erfolgter Gründung nutzen, ihre Aktien erhalten.[547]

In Deutschland muss die Satzung der SE notariell beurkundet werden.[548] Der vollständige Inhalt der Satzung muss in einer einheitlichen Urkunde für die Anmeldung zur Eintragung beurkun-

355

---

535 Vgl. oben § 2 Rn. 112.
536 *Schwarz*, SE-VO, Vorb. Art. 32–34 Rn. 18.
537 Art. 15 Abs. 1 SE-VO i.V.m. §§ 23 ff. AktG.
538 Art. 15 Abs. 1 SE-VO i.V.m. § 27 Abs. 1 Satz 1 AktG.
539 Art. 33 Abs. 4 SE-VO.
540 Art. 33 Abs. 3 Unterabs. 1 SE-VO.
541 *Schwarz*, SE-VO, Vorb. Art. 32–34 Rn. 19.
542 *Schwarz*, SE-VO, Vorb. Art. 32–34 Rn. 35.
543 Art. 15 Abs. 1 SE-VO i.V.m. §§ 23 Abs. 3 Nr. 3 AktG.
544 Art. 4 Abs. 2 SE-VO.
545 Vgl. *Schwarz*, SE-VO, Vorb. Art. 32–34 Rn. 21 ff.
546 Art. 15 Abs. 1 SE-VO i.V.m. § 71 UmwG analog.
547 Schwarz, SE-VO, Vorb. Art. 32–34 Rn. 23.
548 Art. 15 Abs. 1 SE-VO i.V.m. § 23 Abs. 1 Satz 1 AktG.

det werden.[549] Wählt man nicht den Weg über einen Treuhänder, erfordet dies regelmäßig eine Beurkundung nach Beschlussfassung und Einbringung der Anteile. Um das Verfahren nach der SE-VO zur Holdinggründung zu ermöglichen, muss dies in entsprechender Anwendung des Umwandlungsgesetzes[550] zugelassen werden.[551]

356   Ein vergleichbares Problem besteht auch hinsichtlich der Verpflichtung zur Bezeichnung des Gegenstands der Sacheinlage, der Person des Einlegers und des Nennbetrags bzw. der Stückzahl der dafür auszugebenden Aktien.[552] Für die Holdinggründung genügt in Anpassung der nationalen Regelungen an die SE-VO die Angabe, dass die Anteile der Gründungsgesellschaften den Gegenstand der Sacheinlage bilden.[553]

357   Das erste Aufsichts- oder Verwaltungsorgan muss in der ersten Satzung oder der ersten Hauptversammlung der Holding-SE bestellt werden.[554] Anders als im deutschen Recht[555] sind die Arbeitnehmervertreter bereits Mitglied des ersten Organs.[556]

358   Die weiteren Gründungsschritte nach nationalem Recht bei einer deutschen[557] Holding-SE bestehen in einem schriftlichen Gründungsbericht,[558] einer Gründungsprüfung[559] und der Anmeldung der Holding-SE zur Eintragung ins Handelsregister.[560] Nähere Erläuterungen dazu erfolgen an entsprechender Stelle.[561]

f)   Berücksichtigung der Gründungsplanprüfung

359   Die Festlegung des Umtauschverhältnisses im Gründungsplan bzw. in dessen Entwurf erfolgt endgültig erst nach Auswertung der bei der Gründungsplanprüfung gewonnenen Erkenntnisse über die ermittelten Unternehmenswerte.

g)   Zuleitung des Gründungsplans an die Betriebsräte

360   🛈 Praxishinweis:

Soweit an der Holdinggründung eine deutsche Aktiengesellschaft beteiligt ist, stellt sich die Frage, ob neben der Berichtspflicht zu Gunsten der Arbeitnehmer[562] der Gründungsplan dem zuständigen Betriebsrat entsprechend Art. 18 SE-VO und § 5 Abs. 3 UmwG zugeleitet werden muss.[563] Bis dies abschließend geklärt ist, sollte dies erfolgen, da eine vergleichbare Interessenlage hinsichtlich einer möglichst einfachen Information des Betriebsrats trotz Offenlegung von den Gerichten angenom-

---

549 *Hüffer*, AktG, § 23 Rn. 9.
550 §§ 4 Abs. 2, 6, 37 UmwG.
551 *Schwarz*, SE-VO, Vorb. Art. 32–34 Rn. 25.
552 Art. 15 Abs. 1 SE-VO i.V.m. §§ 27 Abs. 1 AktG.
553 *Schwarz*, SE-VO, Vorb. Art. 32–34 Rn. 24; ganz auf eine Angabe verzichtet *Neun*, in: Theisen/Wenz, Die Europäische Aktiengesellschaft, B III 2 ccb (2).
554 Art. 40 Abs. 2 Satz 1 bzw. 43 Abs. 3 Satz 1 SE-VO.
555 § 30 Abs. 2 AktG.
556 Art. 40 Abs. 2 Satz 3 bzw. 43 Abs. 3 Satz 3 SE-VO. Vgl. unten § 3 Rn. 287 und 293.
557 Vgl. *Hüffer*, AktG, § 23 ff.
558 Art. 15 Abs. 1 SE-VO i.V.m. § 32 AktG.
559 Art. 15 Abs. 1 SE-VO i.V.m. §§ 33, 34 AktG.
560 Art. 15 Abs. 1 SE-VO i.V.m. § 36 Abs. 1 AktG.
561 Unten § 2 Rn. 382 ff. und 392 ff.
562 Art. 32 Abs. 2 Satz 2 SE-VO; vgl. oben § 2 Rn. 329.
563 Mit beachtlichen Argumenten dagegen *Schwarz*, SE-VO, Art. 32 Rn. 42.

men werden könnte. Um die Eintragung der SE nicht zu gefährden,[564] sollte die Zuleitung des Gründungsplans spätestens einen Monat vor der Anteilseignerversammlung des jeweiligen Rechtsträgers[565] erfolgen.[566]

h)   Offenlegung des Gründungsplans

Die Offenlegung des Gründungsplans richtet sich nach dem Art. 3 Erste RiL entsprechenden mitglied-   361
staatlichen Recht.[567] In Deutschland ist der Gründungsplan mindestens einen Monat vor der Anteilseignerversammlung, die über die Zustimmung beschließen soll, beim Handelsregister zu hinterle-
gen.[568] Die Bekanntmachung des Gerichts nach § 10 HGB muss auf die Hinterlegung hinweisen.[569]

i)   Arbeitnehmerbeteiligung

Nach der Offenlegung des Gründungsplans sollten die Leitungs- oder Verwaltungsorgane der   362
beteiligten Gründungsgesellschaften so rasch wie möglich das Verfahren zur Beteiligung der Arbeitnehmer in der künftigen SE anstoßen. Dies beginnt mit der Information der Arbeitnehmervertretung bzw. der Arbeitnehmer über die geplante SE-Gründung, die unaufgefordert und unverzüglich nach der Offenlegung des Gründungsplans zu erfolgen hat.[570] Die Einzelheiten des
Verfahrens zur Beteiligung der Arbeitnehmer werden im Abschnitt zu arbeitsrechtlichen Aspekten bei der SE-Gründung näher beschrieben.[571]

j)   Einberufung der Anteilseignerversammlungen

Die Anteilseignerversammlung jeder Gründungsgesellschaft muss dem Gründungsplan zustim-   363
men.[572] Mangels Regelung in der SE-VO richtet sich die Einberufung der Versammlung nach dem
Recht, dem die jeweilige Gründungsgesellschaft unterliegt.[573]

Bei einer deutschen Gründungsgesellschaft erfolgt die Einberufung im Fall einer Aktiengesellschaft   364
durch den Vorstand[574] mindestens dreißig Tage vor dem Tage der Versammlung.[575] Im Übrigen wird
auf die Erläuterungen bei der Verschmelzungsgründung verwiesen.[576] Im Fall einer GmbH erfolgt
die Einberufung durch den Geschäftsführer[577] mittels eingeschriebenem Brief mindestens eine Wo-
che vor der Versammlung.[578] Die Tagesordnung der Versammlung muss mit einer Frist von wenigstens drei Tagen in gleicher Weise den Gesellschaftern bekannt gegeben werden.[579]

---

564 § 17 Abs. 1 UmwG (analog).
565 Art. 32 Abs. 7 SE-VO.
566 Vgl. aber auch die Kritik an dieser Regelung von *Neun*, in: Theisen/Wenz, Die Europäische Aktiengesellschaft, B II 2 am.
567 Art. 32 Abs. 3 SE-VO.
568 § 61 Satz 1 UmwG als in diesem Fall anwendbares mitgliedstaatliches Recht, vgl. *Schwarz*, SE-VO, Art. 32 Rn. 40;
    Neun, in: Theisen/Wenz, Die Europäische Aktiengesellschaft, B III 2 af.
569 § 61 Satz 2 UmwG.
570 § 4 Abs. 2 Satz 3 SEBG.
571 Vgl. unten § 2 Rn. 636 ff.
572 Art. 32 Abs. 6 Unterabs. 1 SE-VO.
573 *Schwarz*, SE-VO, Art. 32 Rn. 60. Für Deutschland gilt Art. 18 SE-VO analog i.V.m. §§ 121 ff. AktG bzw. §§ 47 ff.
    GmbHG.
574 § 121 Abs. 2 Satz 1 AktG.
575 § 123 Abs. 1 AktG.
576 Vgl. oben § 2 Rn. 118 ff.
577 § 49 Abs. 1 GmbHG.
578 § 51 Abs. 1 GmbHG.
579 § 51 Abs. 4 GmbHG.

365 ❗ Praxishinweis:

Anders als bei der Aktiengesellschaft müssen zwar grundsätzlich keine Beschlussvorschläge oder -anträge mitgeteilt werden. Es wird jedoch vertreten, dass aufgrund der Gleichbehandlung der Gründungsgesellschaften durch die SE-VO[580] für die Anteilsinhaber einer GmbH identische Informationsrechte wie für Aktionäre bestehen.[581]

366 Deshalb sollten für jeden Anteilsinhaber einer deutschen Gründungsgesellschaft am Sitz der Gesellschaft zumindest die folgenden Unterlagen zur Einsicht bereit liegen:[582]

- Der Gründungsplan mit Bericht.
- Die Jahresabschlüsse und die Lageberichte aller Gründungsgesellschaften für die letzten drei Geschäftsjahre.
- Alle Prüfungsberichte der Sachverständigen im Sinne des Art. 32 Abs. 4 SE-VO.

367 Die Unterlagen müssen mindestens ab Einberufung der Anteilseignerversammlung, die über den Gründungsplan zu beschließen hat, in den Geschäftsräumen der Gesellschaft ausliegen. Jedem Anteilsinhaber sind auf formlosen Antrag Abschriften der Unterlagen kostenlos zu erteilen.[583]

368 Der sich nach §§ 9 Abs. 2, 7 Abs. 3 SE-AG ergebende Prüfungsbericht über die Angemessenheit des Abfindungsangebots muss nicht ausgelegt werden.[584]

k) Durchführung der Anteilseignerversammlungen

369 Die Durchführung der Anteilseignerversammlungen richtet sich nach dem jeweiligen nationalen Gründungsrecht. Für deutsche Gründungsgesellschaften gelten die §§ 129 ff. AktG, § 47 f. GmbHG und die erweiterten Informationspflichten des § 64 UmwG.[585] Insbesondere müssen die Unterlagen, die seit der Einberufung der Anteilseignerversammlung in den Geschäftsräumen auszulegen sind, auch in der Anteilseignerversammlung auslegen.[586] Der Vorstand bzw. Geschäftsführer hat den Gründungsplan oder dessen Entwurf zu Beginn der Verhandlung mündlich zu erläutern.[587] Jeder Anteilsinhaber hat außerdem ein erweitertes Auskunftsrecht über alle für die Holdinggründung wesentlichen Angelegenheiten der anderen an der Holdinggründung beteiligten Rechtsträger.[588]

370 Die jeweilige Anteilseignerversammlung beschließt über die Zustimmung zum Gründungsplan[589] ohne den enthaltenen Bericht[590] jeweils mit der nach nationalem Recht der Gründungsgesellschaft erforderlichen Mehrheit, d.h. für Deutschland mit einer Mehrheit von mindestens drei Vierteln des bei der Beschlussfassung vertretenen Grundkapitals bzw. der abgegebenen Stimmen.[591] Der Zustimmungsbeschluss einer deutschen Gründungsgesellschaft muss notariell beurkundet wer-

---

580 Art. 32 Abs. 7 SE-VO.
581 *Schwarz*, SE-VO, Art. 32 Rn. 62.
582 Art. 18 SE-VO i.V.m. § 63 UmwG analog. Vgl. *Schwarz*, SE-VO, Art. 32 Rn. 61; *Neun*, in: Theisen/Wenz, Die Europäische Aktiengesellschaft, B III 2 ah.
583 Art. 18 SE-VO i.V.m. § 63 Abs. 3 UmwG analog.
584 Vgl. BGH, NJW 2001, 1428, 1430 zum wortgleichen § 30 Abs. 2 UmwG; *Neun*, in: Theisen/Wenz, Die Europäische Aktiengesellschaft, B III 2 ah.
585 Über Art. 18 SE-VO analog, vgl. *Schwarz*, SE-VO, Art. 32 Rn. 63.
586 §§ 63 Abs. 1, 64 Abs. 1 Satz 1 UmwG.
587 § 64 Abs. 1 Satz 2 UmwG.
588 § 64 Abs. 2 UmwG.
589 Art. 32 Abs. 6 Unterabs. 1 SE-VO.
590 *Neun*, in: Theisen/Wenz, Die Europäische Aktiengesellschaft, B III 2 bba.
591 § 10 Abs. 1 SEAG.

den.[592] Der Gründungsplan oder sein Entwurf ist dem Gründungsbeschluss beizufügen und jedem Aktionär ist auf Verlangen eine Abschrift zu erteilen.[593]

Ferner kann sich die Anteilseignerversammlung jeder Gründungsgesellschaft vorbehalten, dass   371
die Eintragung nur nach ihrer ausdrücklichen Genehmigung der geschlossenen Vereinbarung zur
Beteiligung der Arbeitnehmer in der SE erfolgt.[594] Ebenso muss ggf. über die Anwendung mitgliedstaatlicher Verfahren zur Kontrolle und Änderung des Umtauschverhältnisses oder zur Abfindung von Minderheitsaktionären bei der Zustimmung zum Gründungsplan beschlossen werden.[595] Hierzu gelten die Erläuterungen bei der Verschmelzungsgründung entsprechend.[596]

Die SE-VO erlaubt die erstmalige Bestellung der von der Anteilseignerversammlung zu wählen-   372
den Organmitglieder bei Gründung der SE in der Satzung bzw. in der Gründungsurkunde.[597] Regelungen zur Bestellung der Abschlussprüfer sieht die SE-VO nicht vor. Für Deutschland wird
bei der Holdinggründung der erste Abschlussprüfer, soweit eine Prüfpflicht besteht,[598] von den
Gründungsgesellschaften bestellt.[599]

🛈 Praxishinweis: 373

*Da diese Bestellung der notariellen Beurkundung bedarf,[600] sollte sie in den in Deutschland beurkundungspflichtigen Grün-
dungsplan aufgenommen werden.[601]*

I)   Anteilseinbringung

Das Grundkapital der SE wird nicht durch die Gründer, sondern von deren Gesellschaftern auf-   374
gebracht. Dies geschieht durch Einbringung von Anteilen an den Gründungsgesellschaften[602] in
die SE durch Sacheinlage.[603] Im Gegenzug erhalten sie Aktien der SE.

Das Einbringungsverfahren läuft in zwei Phasen ab. Die Anteilsinhaber der Gründungsgesell-   375
schaft können in der ersten Phase binnen drei Monaten ihren jeweiligen Gesellschaften mitteilen,
dass und wie viele ihrer Anteile sie in die SE einbringen möchten.[604] Wenn in diesem Zeitrahmen
die im Gründungsplan festgesetzte Mindestquote für die Einbringung erreicht wird,[605] läuft in der
zweiten Phase eine weitere Frist von einem Monat für die Anteilseinbringung.[606]

Die erste Phase beginnt mit der endgültigen Festlegung des Gründungsplans.[607] Endgültig festge-   376
legt ist der Gründungsplan, wenn die Anteilseignerversammlung ihm zugestimmt hat[608] und, nur

---

592 Art. 18 SE-VO i.V.m. § 13 Abs. 3 Satz 1 UmwG analog, vgl. *Schwarz*, SE-VO, Art. 32 Rn. 63; a.A. für die GmbH *Neun*,
     in: Theisen/Wenz, Die Europäische Aktiengesellschaft, B III 2 bba.
593 Art. 18 SE-VO i.V.m. § 13 Abs. 3 Satz 2 und 3 UmwG analog.
594 Art. 32 Abs. 6 Unterabs. 2 Satz 2 SE-VO.
595 Art. 25 Abs. 3 Satz 1 SE-VO (analog), vgl. *Schwarz*, SE-VO, Art. 34 Rn. 6; a.A. für die GmbH *Neun*, in: Theisen/Wenz,
     Die Europäische Aktiengesellschaft, B III 2 bbd.
596 Vgl. oben § 2 Rn. 128.
597 Art. 40 Abs. 2 Satz 2, 43 Abs. 3 Satz 2 SE-VO; Art. 6 SE-VO.
598 Art. 61 SE-VO i.V.m. §§ 316 Abs. 1, 267 Abs. 1 HGB.
599 Art. 15 Abs. 1 SE-VO i.V.m. § 30 Abs. 1 Satz 1 AktG.
600 Art. 15 Abs. 1 SE-VO i.V.m. § 30 Abs. 1 Satz 2 AktG.
601 Vgl. oben § 2 Rn. 326.
602 Vgl. hierzu *Schwarz*, SE-VO, Art. 33 Rn. 11.
603 Art. 33 Abs. 4 SE-VO.
604 Art. 33 Abs. 1 Satz 1 SE-VO.
605 *Schwarz*, SE-VO, Art. 33 Rn. 22.
606 Art. 33 Abs. 3 Unterabs. 2 SE-VO.
607 Art. 33 Abs. 1 Satz 2 SE-VO.
608 Art. 32 Abs. 6 Unterabs. 1 SE-VO.

falls die Anteilseignerversammlung sich die Zustimmung zur Beteiligungsvereinbarung mit den Arbeitnehmern vorbehalten hat, wenn zusätzlich diese Zustimmung erfolgt ist.[609] Die Fristen sind zwingend und stehen nicht zur Disposition der Gründer.[610]

377   Die Offenlegung der Gründung bestimmt den Beginn der zweiten Phase.[611] Ist die Mindesteinbringungsquote erreicht und sind alle übrigen Bedingungen der Gründung erfüllt, muss die Gründung durch alle die Gründung anstrebenden Gesellschaften offen gelegt werden.[612] Zu den übrigen Bedingungen gehören die Gründungsvoraussetzungen nach der SE-VO[613] und nach nationalem Gründungsrecht.[614] Die Offenlegung der Gründung erfolgt in Deutschland durch elektronische Anmeldung zur Eintragung im Handelsregister.[615] Sie ist nicht Voraussetzung für die Eintragung der SE,[616] und verfolgt über die Festlegung des Beginns der zweiten Phase der Einbringung hinaus keinen weiteren Zweck.[617]

378   🚫 Praxishinweis:

Die SE-VO schließt deshalb wohl nicht aus, dass die beiden Phasen teilweise parallel ablaufen. Wenn die Mindestquote und die übrigen Bedingungen der Gründung erfüllt sind, kann die Offenlegung grundsätzlich auch bereits vor Ablauf der ersten Phase erfolgen.

379   Die Anteilsinhaber der Gründungsgesellschaften können auch nur einen Teil der von ihnen gehaltenen Anteile einbringen und auf diese Weise Gesellschafter der Gründungsgesellschaften bleiben und der SE werden.[618] Entsprechend können sie auch einen Teil in der ersten Phase einbringen und einen weiteren Teil in der zweiten.

380   🚫 Praxishinweis:

Da die SE-VO selbst kein Zwangsausschlussverfahren (sog. „Squeeze-Out") kennt, sollte bei der Festlegung der Mindesteinbringungsquote bedacht werden, ob diese an den jeweiligen nationalen Vorschriften für den Zwangsausschluss[619] bei den Gründungsgesellschaften ausgerichtet werden soll.

m)   Pflichtangebot bei börsennotierten Gesellschaften

381   Bei der Holdinggründung kann unter bestimmten Voraussetzungen ein Pflichtangebot nach den jeweiligen nationalen Umsetzungsgesetzen zur Übernahmerichtlinie[620] erforderlich werden, da das Übernahmerecht nicht vom Regelungsbereich der SE-VO erfasst wird.[621] Soweit das deutsche WpÜG zur Anwendung kommt, weil z.B. eine börsennotierte Gründungsgesellschaft ihren Sitz

---

609 Art. 32 Abs. 6 Unterabs. 2 SE-VO, vgl. auch *Schwarz*, SE-VO, Art. 33 Rn. 23; *Neun*, in: Theisen/Wenz, Die Europäische Aktiengesellschaft, B III 2 caa.

610 *Schwarz*, SE-VO, Art. 33 Rn. 21.

611 *Schwarz*, SE-VO, Art. 33 Rn. 23; *Neun*, in: Theisen/Wenz, Die Europäische Aktiengesellschaft, B III 2 cab; a.A. *Kersting*, DB 2001, 2079, 2084.

612 Art. 33 Abs. 3 Unterabs. 1 SE-VO.

613 Art. 32 SE-VO.

614 Für Deutschland Art. 15 Abs. 1 SE-VO i.V.m. §§ 23 ff. AktG.

615 Art. 33 Abs. 3 Unterabs. 1, Art. 13 SE-VO i.V.m. Art. 3 Erste RiL i.V.m. § 12 HGB.

616 Art. 33 Abs. 5 SE-VO verweist nicht auf Art. 33 Abs. 3 SE-VO.

617 *Schwarz*, SE-VO, Art. 33 Rn. 26 f.

618 *Schwarz*, SE-VO, Art. 33 Rn. 8.

619 In Deutschland §§ 327 a ff. AktG.

620 RL 2004/25/EG des Europäischen Parlaments und des Rates v. 21. 04. 2004 betreffend Übernahmeangebote, ABl. L 142 v. 30.04.2004,12.

621 Vgl. Erwägungsgrund Nr. 20 SE-VO; *Neun*, in: Theisen/Wenz, Die Europäische Aktiengesellschaft, B III 2 cb.

in Deutschland hat oder in Deutschland zum Handel an einem organisierten Markt[622] zugelassen ist,[623] ist umstritten, ob den Gesellschaftern der Gründungsgesellschaft ein Übernahmeangebot gemacht wird[624] oder die Holding-SE ein Pflichtangebot abgeben muss.[625] Zur Problematik des Pflichtangebots und weiterer Einzelheiten wird auf den Abschnitt zur börsennotierten SE verwiesen.[626]

n)   Gründungsprüfung

Bei der Holdinggründung kommt das nationale Gründungsrecht für Aktiengesellschaften zur Anwendung.[627] Für eine SE mit Sitz in Deutschland greifen demnach die gründungsspezifischen Regelungen des Aktiengesetzes. Ein Gründungsbericht der Gründer und eine Gründungsprüfung durch die Mitglieder des Leitungs- und Aufsichtsorgans der SE sowie externe Gründungsprüfer[628] entfallen nicht dadurch, dass der Gründungsplan bereits einen Bericht enthält, der zusammen mit diesem geprüft wird.[629] Der Gründungsplan nebst dessen Prüfung nach der SE-VO bezwecken den Schutz der Gesellschafter der Gründungsgesellschaften, während Gründungsbericht und -prüfung nach dem nationalen Recht die Kapitalaufbringung zu Gunsten der Gläubiger und Aktionäre der SE sichern.[630] Die Kapitalaufbringung ist hier, anders als bei der Verschmelzung, nicht bereits durch das Organisationsrecht des übertragenden Rechtsträgers gewährleistet.[631]   382

Die Gründungsgesellschaften müssen einen Gründungsbericht erstellen, welcher den Hergang der Gründung darlegt.[632] Darzustellen sind auch Tatsachen, die bereits im Gründungsplan behandelt wurden. Der Bericht für eine Holdinggründung muss im Wesentlichen folgende Angaben enthalten:[633]   383

- Angaben zum Gründungsplan;

- Angaben zum Gründungsbeschluss;

- Angaben zum Einbringungsverfahren;

- Angaben zum Grundkapital und zu dessen Aufbringung;

- Angaben zur Bestellung der ersten Organmitglieder;

- Angaben zu Sondervorteilen und Gründerlohn;

---

622 Organisierter Markt sind der amtliche Markt oder geregelte Markt an einer Börse im Inland und der geregelte Markt im Sinne des Artikels 4 Abs. 1 Nr. 14 der RL 2004/39/EG des Europäischen Parlaments und des Rates v. 21. 04. 2004 über Märkte für Finanzinstrumente, zur Änderung der RLn 85/611/EWG und 93/6/EWG des Rates und der RL 2000/12/EG des Europäischen Parlaments und des Rates und zur Aufhebung der RL 93/22/EWG des Rates (ABl. EU Nr. L 145, 1) in einem anderen Staat des Europäischen Wirtschaftsraums.
623 Vgl. zum Anwendungsbereich § 1 Abs. 1 bis 3 WpÜG.
624 § 29 Abs. 1 WpÜG, Art. 32 Abs. 2 Satz 4 SE-VO. Dafür: *Kalss*, ZGR 2003, 593, 643; *Thoma/Leuering*, NJW 2002, 1449, 1453; dagegen: *Schwarz*, SE-VO, Vorb. Art. 32–34 Rn. 16; *Ihrig/Wagner*, BB 2003, 969, 973; *Brandt*, NZG 2002, 991, 995.
625 § 35 Abs. 2 WpÜG, Art. 32 Abs. 2 Satz 4 SE-VO. Dafür: *Schwarz*, SE-VO, Vorb. Art. 32–34 Rn. 16; dagegen: *Ihrig/Wagner*, BB 2003, 969, 973; *Brandt*, NZG 2002, 991, 995.
626 Unten § 4 Rn. 82 ff.
627 Vgl. oben § 2 Rn. 350.
628 Art. 15 Abs. 1 SE-VO i.V.m. § 33 Abs. 1 und 2 Nr. 4 AktG.
629 *Schwarz*, SE-VO, Vorb. Art. 32–34 Rn. 28; *Neun*, in: Theisen/Wenz, Die Europäische Aktiengesellschaft, B III 2 cc.
630 Vgl. Art. 10 Zweite RL.
631 *Schwarz*, SE-VO, Vorb. Art. 32–34 Rn. 29.
632 Art. 15 Abs. 1 SE-VO i.V.m. § 32 Abs. 1 AktG.
633 Vgl. zu weiteren Einzelheiten z.B. *Hüffer*, AktG, § 32 Rn. 3 ff.

2

- Angaben zur Übernahme von Aktien durch Organmitglieder und ihnen gewährte Sondervorteile, Vergütungen und Entschädigungen;[634]

- Angaben zur Angemessenheit des Werts der eingebrachten Anteile an den Gründungsgesellschaften im Verhältnis zu den gewährten Anteilen an der SE.[635]

384   Das deutsche Aktiengesetz konkretisiert die Darstellung des letzten Punktes im Hinblick auf die Angemessenheit durch inhaltliche Vorgaben,[636] zu denen zwingend inhaltliche Angaben oder Angaben zu ihrem Nichtvorliegen zu machen sind.[637] Vorausgegangene Rechtsgeschäfte, die auf den Erwerb der Geschäftsanteile an den Gründungsgesellschaften hingezielt haben, liegen bei der Holdinggründung regelmäßig ebenso wenig vor wie die Einbringung eines Unternehmens.[638]

385   🛑 Praxishinweis:

Die Angabe der Anschaffungskosten der eingelegten Anteile an den Gründungsgesellschaften aus den letzten zwei Jahren bereitet insbesondere bei börsennotierten Gründungsgesellschaften praktische Schwierigkeiten.[639] Ob und in welchem Umfang berichtet werden muss, ist derzeit ungeklärt.[640] Naheliegend erscheint jedoch nur die den zur Erstellung des Berichts verpflichteten Gründern d.h. den Gründungsgesellschaften, bekannten Angaben zu verlangen.

386   Weiterhin muss die interne Gründungsprüfung durch die Organe der SE[641] und durch externe Prüfer (Gründungsprüfer)[642] erfolgen. Die interne Prüfung ist durch Vorstand und Aufsichtsrat bzw. durch den Verwaltungsrat der neuen SE durchzuführen und ein Bericht darüber muss der Anmeldung der SE zum Handelsregister beigefügt werden.[643] Der Gründungsprüfer wird vom Gericht des künftigen Sitzes der SE bestellt.[644] Der Prüfungsumfang bezieht sich für alle Prüfer auf alle in § 34 AktG genannten besonderen Gesichtspunkte,[645] einschließlich der Werthaltigkeit der Sacheinlagen,[646] und darüber hinaus alle tatsächlichen und rechtlichen Vorgänge[647] der Gründung. Insbesondere müssen die eingebrachten Geschäftsanteile beschrieben und die für die Wertermittlung, d.h. die Ermittlung des Umtauschverhältnisses, angewandten Bewertungsmethoden angegeben werden.[648] Die schriftlichen Berichte[649] der Organmitglieder und der Gründungsprüfer orientieren sich an § 32 AktG, sie müssen also alle Umstände berücksichtigen, die Gegenstand der Prüfung waren.[650] Der Bericht der Gründungsprüfer muss von diesen zusätzlich zur Einreichung beim Handelsregister dem Vorstand bzw. Verwaltungsrat der SE eingereicht werden.[651]

---

634 Art. 15 Abs. 1 SE-VO i.V.m. § 32 Abs. 3 AktG.
635 Art. 15 Abs. 1 SE-VO i.V.m. § 32 Abs. 2 Satz 1 AktG.
636 Art. 15 Abs. 1 SE-VO i.V.m. § 32 Abs. 2 Satz 2 AktG.
637 *Hüffer*, AktG, § 32 Rn. 5.
638 Vgl. Art. 15 Abs. 1 SE-VO i.V.m. § 32 Abs. 2 Satz 2 Nr. 1 und 3 AktG.
639 Vgl. Art. 15 Abs. 1 SE-VO i.V.m. § 32 Abs. 2 Satz 2 Nr. 2 AktG.
640 *Schwarz*, SE-VO, Vorb. Art. 32–34 Rn. 32 will ganz auf die Angabe verzichten; *Neun*, in: Theisen/Wenz, Die Europäische Aktiengesellschaft, B III 2 cca (2) stellt auf die Struktur der Anteilseigner ab.
641 Art. 15 Abs. 1 SE-VO i.V.m. § 33 Abs. 1 AktG.
642 Art. 15 Abs. 1 SE-VO i.V.m. § 33 Abs. 2 Nr. 4 AktG.
643 Für das dualistische Leitungssystem: Art. 15 Abs. 1 SE-VO i.V.m. § 37 Abs. 4 Nr. 4, 38 Abs. 2 AktG. Für das monistische Leitungssystem: Art. 15 Abs. 1 SE-VO i.V.m. §§ 21 Abs. 2 Satz 3, Abs. 3, 22 Abs. 6 SEAG, § 37 Abs. 4 Nr. 4, 38 Abs. 2 AktG.
644 Art. 15 Abs. 1 SE-VO i.V.m. §§ 14, 33 Abs. 3 Satz 1 und 2, Abs. 4 und 5 AktG.
645 Z. B. Kapitalaufbringung, Sondervorteile, Gründerlohn, vgl. *Hüffer*, AktG § 34 Rn. 3.
646 Art. 15 Abs. 1 SE-VO i.V.m. § 34 Abs. 1 Nr. 2 AktG.
647 *Hüffer*, AktG § 34 Rn. 2.
648 Art. 15 Abs. 1 SE-VO i.V.m. § 34 Abs. 2 Satz 2 AktG.
649 Art. 15 Abs. 1 SE-VO i.V.m. § 34 Abs. 2 Satz 1 AktG.
650 *Hüffer*, AktG § 34 Rn. 5.
651 Art. 15 Abs. 1 SE-VO i.V.m. § 34 Abs. 3 Satz 1 AktG.

o) Satzungsanpassung an Arbeitnehmerbeteiligungsvereinbarung

Da die Satzung zu keiner Zeit im Widerspruch zu einer nach Art. 3 Abs. 3 Unterabs. 1 SE-RL ge-   387
schlossenen Vereinbarung über die Beteiligung der Arbeitnehmer in der SE stehen darf,[652] muss
die im Gründungsplan enthaltene Fassung ggf. nach Abschluss der Verhandlungen geändert werden. Die Ausführungen zur Satzungsanpassung bei der Verschmelzungsgründung gelten sinngemäß.[653]

p) Rechtmäßigkeitskontrolle

Die SE-VO richtet einen Auftrag an die für die Eintragung zuständige Stelle, die Einhaltung der   388
Formalitäten gemäß Art. 32 und 33 Abs. 2 SE-VO zu prüfen.[654] Nur dann, wenn diese nachweislich erfüllt sind, darf die konstitutive Eintragung erfolgen.[655] Zusätzlich prüft die zuständige Stelle
die Einhaltung des nationalen Gründungsrechts einschließlich etwaiger Gründungsprüfungen in
dem nach der nationalen Rechtsordnung des künftigen Sitzstaates der SE vorgeschriebenen Umfang.[656] In Deutschland prüft das zuständige Registergericht am künftigen Sitz der SE[657] daher
auch die Eintragungsvoraussetzungen für eine Sachgründung nach dem Aktienrecht.[658] Im Einzelnen ist Folgendes zu prüfen:

- Elektronische Anmeldung der Holdinggründung durch alle Gründer, d.h. die Gründungsgesellschaften, und die Mitglieder des ersten Leitungs- und Aufsichtsorgans[659] bzw. des ersten
  Verwaltungsrates[660] beim zuständigen Register am Sitz der SE in beglaubigter Form.[661] Der
  Inhalt der Anmeldung ergibt sich aus § 37 AktG, der für die monistische SE durch § 21 Abs. 2
  und 4 SEAG ergänzt wird, mit den folgenden Punkten:

- Gründerfähigkeit, Gemeinschaftszugehörigkeit und Mehrstaatlichkeit der Gründungsgesellschaft[662] anhand einzureichender geeigneter Nachweise;

- Vollständige Aufstellung des Gründungsplans mit Bericht, dem die jeweilige Gründungsgesellschaft zugestimmt hat, anhand einer Ausfertigung[663] und seine Offenlegung;[664]

- Abschluss einer Vereinbarung über die Beteiligung der Arbeitnehmer, ergebnisloser Ablauf
  der Verhandlungsfrist oder Beschluss über die Nichtaufnahme oder den Abbruch der Verhandlungen;[665]

- Rechtmäßigkeit der Gründungsbeschlüsse und ggf. der Zustimmungsbeschlüsse zur Mitbestimmungsvereinbarung anhand ihrer Niederschrift(en);[666]

---

652 Art. 12 Abs. 4 Unterabs. 1 Satz 1 SE-VO.
653 Vgl. oben § 2 Rn. 135 ff.
654 Art. 33 Abs. 5 SE-VO.
655 *Schwarz*, SE-VO, Art. 33 Rn. 33; *Neun*, in: Theisen/Wenz, Die Europäische Aktiengesellschaft, B III 2 cd.
656 Art. 15 Abs. 1 SE-VO.
657 Art. 12 Abs. 1 SE-VO i.V.m. §§ 3, 4 Satz 1 SEAG, § 14 AktG, § 125 Abs. 1 und 2 FGG.
658 Art. 15 Abs. 1 SE-VO i.V.m. § 38 AktG.
659 § 36 Abs. 1 AktG.
660 § 21 Abs. 1 SEAG.
661 Art. 15 Abs. 1 SE-VO i.V.m. § 36 Abs. 1 AktG bzw. § 21 Abs. 1 SEAG und § 12 HGB.
662 Art. 2 Abs. 2 SE-VO.
663 Art. 33 Abs. 5, 32 Abs. 2 Satz 2 bis 4 SE-VO.
664 Art. 33 Abs. 5, 32 Abs. 3 SE-VO.
665 Art. 33 Abs. 5, 32 Abs. 6 Unterabs. 2, 12 Abs. 2 SE-VO.
666 Art. 33 Abs. 5, 32 Abs. 6 Unterabs. 1 SE-VO i.V.m. § 10 Abs. 1 SEAG.

- ggf. Vorliegen einer staatlichen Genehmigungsurkunde;[667]

- Prüfung der Satzung;[668]

- Erstellen eines ordnungsgemäßen Gründungsberichts nebst Prüfungsbericht der Organe;[669]

- Ordnungsgemäße Sachverständigenprüfung und kein Zurückbleiben des Wertes der Sacheinlage gegenüber dem geringsten Ausgabebetrag der SE-Aktien zum Eintragungszeitpunkt;[670]

- Erklärung der Vertretungsorgane, dass eine Klage gegen die Wirksamkeit eines Gründungsbeschlusses nicht oder nicht fristgemäß erhoben oder eine solche Klage rechtskräftig abgewiesen oder zurückgenommen worden ist;[671]

- Beachtung der Rechte von Minderheitsgesellschaftern;[672]

- Erreichen der im Gründungsplan festgesetzten Mindesteinbringungsquoten innerhalb der von der Verordnung vorgesehenen ersten dreimonatigen Einbringungsphase;[673]

- Übertragung der Sacheinlagen (Anteile an den Gründungsgesellschaften) auf die Holding-SE als Vorgesellschaft.[674]

389   Die für die Prüfung erforderlichen Unterlagen sind grundsätzlich in öffentlich beglaubigter Form einzureichen.[675]

390   🛑 **Praxishinweis:**

Probleme ergeben sich aus dem Fehlen einer Rechtmäßigkeitskontrolle in den Mitgliedstaaten, deren Recht die beteiligten Gründungsgesellschaften unterliegen. Deshalb muss sich die zuständige Stelle im Sitzstaat der SE zwangsläufig mit einer ihr fremden Rechtsordnung auseinandersetzen,[676] weswegen mit Zeitverzug gerechnet werden muss.

391   Die wirtschaftliche Zweckmäßigkeit der Holdinggründung ist ebenso wenig Gegenstand der Rechtmäßigkeitsprüfung wie das Umtauschverhältnis oder das Abfindungsangebot. Laufende Anfechtungsklagen gegen Gründungsbeschlüsse sperren die Eintragung.[677] Anfechtungsklagen, gestützt auf ein fehlerhaftes Umtauschverhältnis, können immer dann erhoben werden, wenn ein Verfahren zur Kontrolle und Änderung des Umtauschverhältnisses der Aktien oder zur Abfindung der Minderheitsaktionäre nicht durchgeführt werden kann,[678] weil ein solches Verfahren in mindestens einer Rechtsordnung, dem eine Gründungsgesellschaft unterliegt, nicht besteht und eine Zustimmung der möglicherweise betroffenen Anteilsinhaber aus diesem Mitgliedstaat zur Anwendung des deutschen Spruchverfahrens fehlt. Außerdem können Anfechtungsklagen auf allgemeine Beschlussmängel gestützt werden. Ein Freigabeverfahren nach dem Vorbild des § 16 Abs. 3 UmwG gibt es für die Holdinggründung nicht.

---

667 Art. 15 Abs. 1 SE-VO i.V.m. § 37 Abs. 4 Nr. 5 AktG.
668 Art. 4, 6, 12 Abs. 4, 15 Abs. 1 SE-VO i.V.m. § 38 Abs. 3 AktG.
669 Art. 15 Abs. 1 SE-VO i.V.m. §§ 32 Abs. 1, 33 Abs. 1, 38 Abs. 2 Satz 1 AktG.
670 Art. 15 Abs. 1 SE-VO i.V.m. §§ 33 Abs. 2 Nr. 4, 38 Abs. 2 AktG ggf. i.V.m. 21 Abs. 3 SEAG.
671 Art. 15 Abs. 1 SE-VO i.V.m. § 10 Abs. 2 SEAG.
672 Art. 34 SE-VO i.V.m. §§ 9, 7 Abs. 2 bis 7 SEAG.
673 Art. 33 Abs. 2 und 5 SE-VO.
674 Dazu näher unten § 2 Rn. 393.
675 *Schwarz*, SE-VO, Art. 33 Rn. 39.
676 *Schwarz*, SE-VO, Art. 33 Rn. 46.
677 Vgl. § 10 Abs. 2 SEAG.
678 Umkehrschluss aus §§ 9 Abs. 2, 7 Abs. 5 und 11 Abs. 2, 6 Abs. 1 SEAG.

q)   Eintragung der SE

aa)   Eintragung ins Register am Sitz der SE

Die Holding-SE entsteht und erwirbt Rechtspersönlichkeit mit der Eintragung.[679] Ab dem Zeitpunkt der Satzungsfeststellung bis zur Eintragung existiert sie nur als Vorgesellschaft.[680] Die Eintragung darf erst nach Erfüllung sämtlicher Formalitäten, d.h. nach Abschluss der Rechtmäßigkeitsprüfung, erfolgen.[681]   392

Die Leistung der Sacheinlagen gehört nach deutschem Gründungsrecht zu den Formalitäten, die vor der Anmeldung zur Eintragung nachweislich erfüllt sein müssen.[682] Hierfür reicht es nicht aus, dass die künftigen Gesellschafter sich innerhalb der dreimonatigen Frist der ersten Einbringungsphase in Höhe der Mindestquote zur Einbringung verpflichten (Zeichnungserklärung) und die Übertragung der Anteile an den Gründungsgesellschaften innerhalb von fünf Jahren vollzogen wird (Einbringungsvertrag).[683] Der dingliche Vollzug der Zeichnungserklärung durch den Einbringungsvertrag muss noch vor der Anmeldung eingetreten sein,[684] weil das Konzept der SE-VO zur Holdinggründung die Erlangung der tatsächlichen Kontrolle über die Gründungsgesellschaften verlangt.[685]   393

Praxishinweis: 394

Dies erfordert insbesondere die Einhaltung von Formvorschriften und Zustimmungsvorbehalten bezüglich der jeweiligen Anteilsübertragungen.

Die Offenlegung der Gründung und damit der Beginn oder der Ablauf der einmonatigen zweiten Einbringungsphase stellt keine Gründungs- und Eintragungsvoraussetzung dar.[686]   395

Praxishinweis: 396

Die Eintragung der Gründung kann bereits während des Laufs oder vor Beginn der einmonatigen zweiten Einbringungsphase betrieben werden.[687] Ebenso muss die dreimonatige erste Einbringungsphase nicht vor der Eintragung ablaufen, solange nur die Mindesteinbringungsquote erreicht ist.[688]

In Deutschland wird die SE in dem für ihren Sitz zuständigen Handelsregister beim Amtsgericht eingetragen.[689]   397

bb)   Offenlegung der Eintragung im Sitzstaat der SE

Das zuständige Registergericht macht die Eintragung der gegründeten Holding-SE mit Sitz in seinem Registerbezirk bekannt.[690] Im Anschluss an die Offenlegung im Sitzstaat der SE muss die Eintragung der SE im Amtsblatt der Europäischen Union veröffentlicht werden.[691] Die Bekanntmachung hat keine rechtlichen Wirkungen; sie muss die Firma der SE, die Handelsregisternum-   398

---

679 Art. 16 Abs. 1 SE-VO.
680 Vgl. Art. 16 Abs. 2 SE-VO.
681 Art. 33 Abs. 5 SE-VO.
682 Art. 15 Abs. 1 SE-VO i.V.m. §§ 36 Abs. 2, 36 a Abs. 2 AktG.
683 Vgl. Art. 33 Abs. 2, 15 Abs. 1 SE-VO i.V.m. § 36 a Abs. 2 Satz 2 AktG.
684 *Schwarz*, SE-VO, Art. 33 Rn. 17; a.A. *Kersting*, DB 2001, 2079, 2081.
685 Vgl. Art. 32 Abs. 2 Satz 4 SE-VO.
686 Art. 33 Abs. 5 SE-VO verweist nicht auf Art. 33 Abs. 3 SE-VO.
687 Vgl. *Schwarz*, SE-VO, Art. 33 Rn. 26 f, 49; *Neun*, in: Theisen/Wenz, Die Europäische Aktiengesellschaft, B III 2 cab.
688 *Schwarz*, SE-VO, Art. 33 Rn. 50.
689 Art. 12 Abs. 1 SE-VO i.V.m. §§ 3, 4 Satz 1 SEAG, §§ 14, 39 AktG, § 125 Abs. 1 und 2 FGG, §§ 8 ff. HGB.
690 Art. 15 Abs. 2, 13 SE-VO i.V.m. § 40 AktG, § 4 Satz 1 SEAG, § 125 Abs. 1 und 2 FGG und §§ 8 ff. HGB.
691 Art. 14 Abs. 1 Satz 1 SE-VO. In Art. 14 Abs. 1 SE-VO ist noch die Bekanntmachung im Amtsblatt der Europäischen Gemeinschaften vorgesehen. Dieses wurde bereits mit Wirkung zum 01.02.2003 in das Amtsblatt der Europäischen Union umbenannt.

mer, Datum und Ort der Handelsregistereintragung, Datum, Ort und Titel der Veröffentlichung sowie den Sitz und den Geschäftszweig der SE enthalten.[692]

399   **! Praxishinweis:**

Bei einer börsennotierten deutschen Gründungsgesellschaft sind kapitalmarktrechtliche Publizitätspflichten zu beachten.[693] Wegen der Änderung der Beteiligungsverhältnisse an einer nicht börsennotierten deutschen Aktiengesellschaft muss eine Mitteilung über die Höhe der Beteiligung an die Gründungsgesellschaft erfolgen.[694]

4.   Schutz von Minderheitsgesellschaftern

400   Art. 34 SE-VO ermächtigt die nationalen Gesetzgeber zum Erlass von Schutzvorschriften zugunsten der Minderheitsaktionäre, Gläubiger und Arbeitnehmer. Das SEAG gewährt den Anteilseignern einer deutschen Gründungsgesellschaft ein Austritts- und Abfindungsrecht (§ 9 SEAG) sowie einen Nachbesserungsanspruch (§ 11 SEAG).[695] Auf besondere Vorschriften zum Schutz von Gläubigern oder Arbeitnehmern hat der deutsche Gesetzgeber dagegen verzichtet.

a)   Nachbesserungsanspruch

401   Der Nachbesserungsanspruch des § 11 SEAG entspricht inhaltlich der Regelung in § 6 SEAG für die Verschmelzungsgründung.[696] § 11 Abs. 2 SEAG verweist auf § 6 Abs. 1, 3 und 4 SEAG, wobei an die Stelle der Eintragung und Bekanntmachung der Verschmelzung die Eintragung und Bekanntmachung der Gründung der Holding-SE tritt.

402   Die Anteilsinhaber der Gründungsgesellschaften können die Angemessenheit des Umtauschverhältnisses im Spruchverfahren gerichtlich nachprüfen lassen.[697] Stellt sich dabei heraus, dass das Umtauschverhältnis unangemessen war, steht den Gesellschaftern ein Anspruch auf bare Zuzahlung gegenüber der Holding-SE zu.[698] Auf die Ausführungen zur Verschmelzungsgründung wird verwiesen.[699]

403   Anfechtungsklagen gegen den Beschluss einer deutschen Gründungsgesellschaft zur Holdinggründung, die sich auf ein unangemessenes Umtauschverhältnis stützen, werden präkludiert.[700] Wie bei der Verschmelzungsgründung tritt die Präklusion nur ein, wenn entweder in den anderen beteiligten Rechtsordnungen ein dem Spruchverfahren vergleichbares Institut existiert oder die Anteilsinhaber der anderen beteiligten Gründungsgesellschaften einem möglichen Spruchverfahren zugestimmt haben.[701] Die Ausführungen zum Klageausschluss bei der Verschmelzungsgründung gelten entsprechend.[702]

---

692 Art. 14 Abs. 1 Satz 2 SE-VO.
693 §§ 21 ff. WpHG, zu Fragen des Übernahmerechts vgl. unten § 4 Rn. 82 ff.
694 § 21 Abs. 2 AktG, Art. 32 Abs. 2 Satz 4 SE-VO.
695 *Schwarz*, SE-VO, Art. 34 Rn. 1.
696 Regierungsentwurf SEEG, BT-Drs. 15/3405, S. 34.
697 § 11 Abs. 2 i.V.m. § 6 Abs. 4 SEAG, SpruchG.
698 § 11 Abs. 1 SEAG.
699 Oben § 2 Rn. 171.
700 § 11 Abs. 2 i.V.m. § 6 Abs. 1 SEAG.
701 *Schwarz*, SE-VO, Art. 34 Rn. 13; *Schäfer*, MünchKomm AktG, Art. 34 SE-VO Rn. 4.
702 Oben § 2 Rn. 168 ff.

b)   Austritts- und Abfindungsrecht

Bei der Gründung einer Holding-SE, die ihren Sitz nicht in Deutschland haben soll oder die ihrerseits eine abhängige Gesellschaft im Sinne des § 17 AktG sein wird, muss eine deutsche Gründungsgesellschaft in der Rechtsform der Aktiengesellschaft im Gründungsplan jedem ihrer Aktionäre, der gegen den Gründungsbeschluss Widerspruch zur Niederschrift erklärt, den Erwerb seiner Aktien gegen eine angemessene Barabfindung anbieten.[703] Dies betrifft ausdrücklich nicht Gründungsgesellschaften in der Rechtsform der GmbH.[704]   404

Dem Widerspruch gegen den Gründungsbeschluss steht es gleich, wenn ein Aktionär zu Unrecht nicht zur Hauptversammlung zugelassen wurde, wenn die Hauptversammlung nicht ordnungsgemäß einberufen war oder der Gegenstand der Beschlussfassung nicht ordnungsgemäß bekannt gemacht wurde.[705] Das Verfahren zur Ermittlung und Prüfung der Barabfindung richtet sich nach denselben Regelungen, die bei Gründung einer SE durch Verschmelzung gelten.[706] Insofern wird auf die Ausführungen zum Austritts- und Abfindungsrecht bei der Verschmelzungsgründung verwiesen.[707] An die Stelle der Eintragung und Bekanntmachung der Verschmelzung tritt dabei die Eintragung und Bekanntmachung der neu gegründeten Holding-SE. Die Verweisung des § 9 Abs. 2 SEAG auf § 7 Abs. 5 SEAG schließt Art. 25 Abs. 3 Satz 1 SE-VO ein. Auch bei der Holdinggründung wird die Anfechtungsklage gegen den Gründungsbeschluss wegen eines zu geringen Abfindungsangebots daher nur dann ausgeschlossen, wenn entweder in den anderen beteiligten Rechtsordnungen ein dem Spruchverfahren vergleichbares Institut existiert oder die Anteilsinhaber der anderen beteiligten Gründungsgesellschaften einem möglichen Spruchverfahren zugestimmt haben.[708]   405

Die Verpflichtung zum Erwerb der Aktien der widersprechenden Minderheitsaktionäre trifft nicht – wie bei der Verschmelzungsgründung[709] – die neu entstandene SE, sondern die Gründungsgesellschaft. Dies ist möglich, weil – anders als bei der Verschmelzungsgründung – die Gründungsgesellschaft bestehen bleibt.[710] Die Vorschriften über den Erwerb eigener Aktien gelten entsprechend; § 71 Abs. 4 Satz 2 AktG ist nicht anzuwenden.[711] Der Erwerb eigener Aktien durch die Gründungsgesellschaft kann auf § 71 Abs. 1 Nr. 3 AktG gestützt werden. Demnach kann in diesen Fällen der Erwerb der Anteile ohne vorherige Ermächtigung durch die Hauptversammlung erfolgen.[712]   406

c)   Schutz von Gläubigern und Arbeitnehmern

Art. 34 SE-VO räumt den nationalen Gesetzgebern zwar die Möglichkeit ein, für den Fall der Gründung einer Holding-SE spezielle Vorschriften zum Schutz der Gläubiger der Gründungsgesellschaften zu erlassen. Der deutsche Gesetzgeber hat von der Umsetzung dieser Möglichkeit jedoch abgesehen, eine § 8 SEAG (Verschmelzung) bzw. § 13 SEAG (Sitzverlegung) vergleichbare Regelung fehlt.   407

---

703 § 9 Abs. 1 Satz 1 SEAG.
704 Vgl. Regierungsentwurf SEEG, BT-Drs. 15/3405, S. 34; kritisch: *Ihrig/Wagner*, BB 2004, 1749, 1752.
705 § 9 Abs. 1 Satz 5 SEAG, § 29 Abs. 2 UmwG.
706 § 9 Abs. 2 SEAG i.V.m. § 7 Abs. 2 bis 7 SEAG.
707 Oben § 2 Rn. 172 ff.
708 *Schwarz*, SE-VO, Art. 34 Rn. 12; *Schäfer*, MünchKomm AktG, Art. 34 SE-VO Rn. 4.
709 Vgl. § 7 Abs. 1 SEAG.
710 Art. 32 Abs. 1 Unterabs. 2 SE-VO. Vgl. auch *Schwarz*, SE-VO, Art. 34 Rn. 9.
711 § 9 Abs. 1 Satz 2 SEAG i.V.m. §§ 71 ff. AktG.
712 Näher dazu unten § 4 Rn. 56.

408 Der Verzicht des deutschen Gesetzgebers auf gesonderte Gläubigerschutzvorschriften ist gerechtfertigt, da im Falle der Gründung einer Holding-SE die Gründungsgesellschaften als Tochtergesellschaften der Holding-SE unverändert fortbestehen und damit als Schuldner weiterhin zur Verfügung stehen. Insofern liegt der Fall anders als bei der Verschmelzung,[713] so dass hier auf entsprechende Garantien verzichtet werden kann. Die einzige Gefahr, die sich für Gläubiger aus der Gründung der Holding-SE ergeben könnte, besteht darin, dass die Holding-SE nach Aufnahme ihrer Geschäftätigkeit nachteiligen Einfluss auf die Gründungsgesellschaften ausübt. Dies ist aber ein Problem des nationalen Konzernrechts.[714]

409 Was den Schutz der Arbeitnehmer anbelangt, so berührt die Gründung der Holding-SE die Arbeitnehmerinteressen allenfalls mittelbar. Es besteht deshalb kein Bedarf an zusätzlichen Schutzmaßnahmen des nationalen Gesetzgebers.[715] Das SEAG sieht daher aus guten Gründen von der Anordnung eines besonderen Arbeitnehmerschutzes ab.[716]

IV. Steuerliche Aspekte

1. Steuerliche Grundlagen bei Gründung einer Holding-SE

410 Die an dem Gründungsvorgang zur Eintragung einer Holding-SE beteiligten Gesellschaften werden in ihrer Stellung als eigenständige juristische Personen und damit als Körperschaftsteuersubjekte im Rahmen des Gründungsvorgangs nicht tangiert. Aus steuerlicher Sicht vollzieht sich die Gründung im Wege der Einbringung von Anteilen an Aktiengesellschaften oder Gesellschaften mit beschränkter Haftung, die entweder in verschiedenen Mitgliedstaaten ansässig sind, oder – sofern die beteiligten Gesellschaften ihren Sitz nur in einem Mitgliedstaat haben – über eine Tochtergesellschaft oder Betriebsstätte in einem anderen Staat verfügen. Als Gegenleistung für die Einbringung werden den Anteilseignern neue Anteile an der Holding-SE gewährt.

411 Dieser Vorgang stellt im Prinzip einen Tausch von Gesellschaftsanteilen an der einbringenden Gesellschaft gegen Anteile an der Holding-SE dar. Die steuerlichen Konsequenzen eines Tausches werden in § 6 Abs. 6 EStG gezogen. Danach kommt es zu einer Aufdeckung der stillen Reserven[717] in den eingebrachten Gesellschaftsanteilen.

412 Dieses einkommensteuerliche Grundprinzip wird unter gewissen Vorgaben durch das UmwStG n.F. durchbrochen,[718] da danach ein Anteilstausch steuerneutral erfolgen kann. Mit dem neuen Umwandlungssteuergesetz wurden insbesondere die Vorgaben der geänderten FRL von 2005 zur Gründung einer Holding-SE im Wege einer grenzüberschreitenden Einbringung von Kapitalgesellschaftsanteilen neu geregelt.[719]

413 § 21 UmwStG n.F. gestattet nunmehr – abweichend von den allgemeinen Steuerfolgen eines Tausches – die steuerneutrale Gründung einer Holding-SE im Wege eines grenzüberschreitenden Anteilstausches. Hierbei ist es irrelevant, ob die Anteilseinbringung durch Gesamtrechtsnachfol-

---

713 Vgl. dazu oben § 2 Rn. 159 ff.
714 *Schwarz*, SE-VO, Art. 34 Rn. 15.
715 *Schwarz*, SE-VO, Art. 34 Rn. 19.
716 Siehe auch unten § 2 Rn. 786 ff.
717 Unter stillen Reserven versteht man den Differenzbetrag zwischen dem Buchwert eines Wirtschaftsgutes und dessen Verkehrswert. Dieser Differenzbetrag stellt in der Regel den steuerpflichtigen Gewinn dar.
718 Zur alten und neuen Rechtslage, *Kessler/Huck*, Der Konzern 2006, 352, 358.
719 *Voß*, BB 2006, 469.

ge[720] oder durch Einzelrechtsnachfolge im Rahmen eines zivilrechtlichen Einbringungsvertrages erfolgt, wie er im Rahmen der Holdinggründung vielfach abgeschlossen wird.

Bei der Gründung einer Holding-SE ist es notwendig, bereits in der Vorbereitungsphase die steuerlichen Folgen für die zu gründende Holding-SE, die Anteilseigner als Einbringende sowie die eingebrachten Gesellschaften zu analysieren. 414

Einschlägige steuerliche Vorschriften bei Gründung einer Holding-SE: 415

2. Gründung einer Holding-SE in Deutschland

Soll die zu gründende Holding-SE ihren Sitz und ihre Geschäftsleitung in Deutschland haben, stellt sich der Gründungsvorgang für einen deutschen Anteilseigner als ein rein innerdeutscher Vorgang dar, der bereits unter dem alten Steuerrechtsregime steuerneutral möglich war. Daran hat sich mit dem UmwStG n.F. nichts geändert. 416

Für die steuerliche Behandlung der Einbringung durch ausländische Anteilseigner sind demgegenüber die Vorgaben der FRL und des UmwStG n.F. in besonderem Maße zu beachten. 417

a) Steuerfolgen auf Ebene der Holding-SE

Während bei der Gründung einer SE durch Verschmelzung das steuerliche Bewertungswahlrecht bezüglich der übertragenen Wirtschaftsgüter der übertragenden Gesellschaft zusteht, liegt bei einer Einbringung von Anteilen die Entscheidung, mit welchem Wert die eingebrachten Gesellschaftsanteile in der Steuerbilanz der Holding-SE anzusetzen sind, in der Hand der Holding-SE als übernehmende Gesellschaft. 418

aa) Bewertung der eingebrachten Gesellschaftsanteile

Die aufnehmende Holding-SE hat in ihrer Steuerbilanz die Beteiligung an den eingebrachten Kapitalgesellschaften nach der Grundkonzeption des § 21 UmwStG n.F. grundsätzlich mit dem ge- 419

---

720 Z. B. durch eine Ausgliederung einer Beteiligung an einer Tochtergesellschaft.

meinen Wert anzusetzen.[721] Der Ansatz zum gemeinen Wert würde zugleich bei dem jeweiligen Anteilseigner zu einem Veräußerungsgewinn in Höhe der Differenz zwischen dem bisherigen Buchwert der eingebrachten Anteile und deren gemeinen Wert führen.

bb)   Bewertungswahlrecht

420   Der Holding-SE steht jedoch auf Antrag auch das Recht zu, die Gesellschaftsanteile zu einem von dem gemeinen Wert abweichenden Wert anzusetzen. Dieses Antragsrecht der Holding-SE besteht jedoch nicht vorbehaltlos. Denn nach § 21 Abs. 1 Satz 2 UmwStG n.F. können die eingebrachten Gesellschaftsanteile nur dann mit dem Buchwert oder einem höheren Wert, höchstens jedoch mit dem gemeinen Wert, angesetzt werden, sofern es sich bei dem Gründungsvorgang um einen „qualifizierten" Anteilstausch handelt.

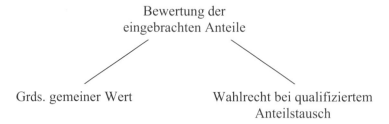

421   Ein qualifizierter Anteilstausch liegt vor, wenn die Holding-SE nach dem Einbringungsvorgang nachweisbar die unmittelbare Mehrheit der Stimmrechte an der oder den eingebrachten Gesellschaften hält.

422   🛈 Praxishinweis:

> *Für einen qualifizierten Anteilstausch reicht es hingegen nicht aus, dass eine Mehrheitsbeteiligung an der eingebrachten Gesellschaft von einer Holding-SE teils unmittelbar und teils mittelbar über eine andere Gesellschaft gehalten wird.*

423   Das steuerliche Erfordernis einer Mehrheitsbeteiligung wird bei der Gründung einer Holding-SE stets erfüllt sein. Denn Art. 32 Abs. 2 Satz 4 SE-VO verlangt, dass eine Holding-SE nur durch Einbringung von mehr als 50 % der durch Gesellschaftsanteile verliehenen Stimmrechte an den eingebrachten Gesellschaften gegründet werden kann. Insgesamt führen diese gesellschaftsrechtlichen Anforderungen an den Gründungsvorgang steuerlich dazu, dass der inländischen Holding-SE im Hinblick auf die Bewertung der erhaltenen Anteile an den eingebrachten Gesellschaften unter dem neuen Umwandlungssteuerrecht ein weiter Gestaltungsspielraum zusteht.

424   🛈 Praxishinweis:

> *Der Antrag auf einen vom gemeinen Wert abweichenden Beteiligungsansatz der Anteile an den eingebrachten Gesellschaften hat spätestens bis zur erstmaligen Abgabe der steuerlichen Schlussbilanz der Holding-SE für das von der Einbringung betroffene Wirtschaftsjahr zu erfolgen.*

---

721 Unter dem gemeinen Wert versteht man nach § 9 Abs. 2 BewG den Preis, der im gewöhnlichen Geschäftsverkehr nach der Beschaffenheit des Wirtschaftsguts bei einer Veräußerung zu erzielen wäre.

> Beispiel:

425

Die Anteile an einer ausländischen Aktiengesellschaft und an einer inländischen AG/GmbH sollen nach dem Willen der jeweiligen Anteilseigner im Rahmen eines Unternehmenszusammenschlusses in eine Holding-SE mit Sitz in Deutschland eingebracht werden. An der inländischen Aktiengesellschaft sind sowohl juristische als auch natürliche Personen beteiligt.

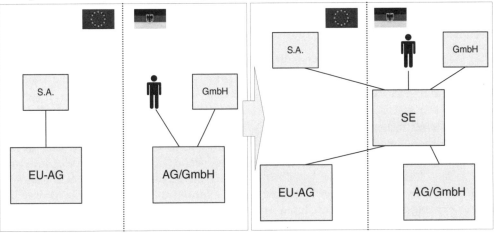

Lösung:

Die Gründung einer Holding-SE ist nach Art. 2 Abs. 2 SE-VO in Verbindung mit Art. 8 FRL grundsätzlich steuerneutral möglich. Die Bewertung einerseits der Anteile an den eingebrachten Gesellschaften und andererseits der erhaltenen Anteile bestimmt sich nach § 21 UmwStG n.F. Danach können die Anteile entweder mit dem gemeinen Wert oder mit dem Buch- bzw. einem Zwischenwert angesetzt werden, da die inländische SE nach der Einbringung die Mehrheit der Anteile an der eingebrachten ausländischen Aktiengesellschaft und der inländischen AG/GmbH hält. Dieser Wertansatz ist grundsätzlich auch für die steuerliche Behandlung der erhaltenen Anteile bindend, § 21 Abs. 2 Satz 1 UmwStG n.F. Zumindest für die deutschen Anteilseigner vollzieht sich die Gründung steuerneutral. Für den ausländischen Anteilseigner ist außerdem das anwendbare ausländische Recht zu beachten.

Die vorstehend skizzierten Grundsätze der steuerlichen Behandlung der Anteilseinbringung gelten auch für den Fall, dass ein ausländischer Anteilseigner Anteile an einer in- oder ausländischen Kapitalgesellschaft auf eine deutsche Holding-SE überträgt.

426

Zwar war dies unter der bisherigen Rechtslage nur bedingt möglich.[722] Das neue Umwandlungssteuergesetz hat jedoch den Anwendungsbereich für grenzüberschreitende Einbringungsvorgänge innerhalb der EU bzw. EWR erheblich erweitert.[723]

427

Bei einer grenzüberschreitenden Einbringung verlangt das Umwandlungssteuergesetz, dass die körperschaftsteuerlichen Anteilseigner nicht nur in einem Mitgliedstaat der EU bzw. EWR gegründet wurden, sondern im Einbringungszeitpunkt zumindest für steuerliche Zwecke auch innerhalb der EU bzw. EWR ansässig sind.[724] Hierbei besteht ein Gleichklang mit den deutschen gesellschaftsrechtlichen Anforderungen der SE-VO. Danach muss der Einbringende seinen Sitz in der EU bzw. EWR haben.

428

---

722 § 23 UmwStG a.F.
723 *Voß*, BB 2006, 469, 470.
724 § 1 Abs. 3, 4 UmwStG n.F.

429   Damit erstreckt sich das Bewertungswahlrecht der Holding-SE hinsichtlich der eingebrachten Gesellschaftsanteile nach § 21 UmwStG n.F. auch auf die Einbringung von Anteilen durch einen Anteilseigner mit Ansässigkeit außerhalb Deutschlands. Für dieses Bewertungswahlrecht spielt die Frage einer möglichen Beschränkung des nationalen Besteuerungsrechts aufgrund des Gründungsvorgangs keine Rolle. Vielmehr hängt das freie Ansatzwahlrecht der Holding-SE auch im Fall einer grenzüberschreitenden Anteilseinbringung ausschließlich davon ab, dass es sich bei der Gründung um einen qualifizierten Anteilstausch handelt.

cc)   Weitere Zuzahlungen durch die Holding-SE

430   Der Anwendungsbereich des § 21 UmwStG n.F. ist grundsätzlich nur eröffnet, wenn die aufnehmende Holding-SE als Gegenleistung für die Einbringung neue Gesellschaftsrechte an den jeweils einbringenden Anteilseigner ausgibt. Dies geschieht durch Gewährung neuer Aktien im Rahmen des Gründungsvorgangs der Holding-SE.

431   Das neue Umwandlungssteuergesetz lässt einen buchwertneutralen Anteilstausch auch in den Fällen zu, in denen neben der Gewährung neuer Anteile an der Holding-SE von dieser auch bare oder andere Zuzahlungen an den jeweils betroffenen Anteilseigner geleistet werden.[725] Dies ist beispielsweise in den Fällen eines Spitzenausgleichs aufgrund abweichender Verkehrswerte bezüglich der eingebrachten und gewährten Anteile in der Unternehmenspraxis üblich. Durch die Möglichkeit der baren Zuzahlung kann eine teilweise Veräußerung der eingebrachten Anteile ohne steuerpflichtige Gewinnrealisierung erreicht werden.

432   Eine bare oder andere Zuzahlung durch die Holding-SE wird jedoch durch § 21 Abs. 1 Satz 3 UmwStG n.F. betragsmäßig begrenzt. Danach ist ein buchwertneutraler Anteilstausch nur gestattet, soweit der gemeine Wert der Bar- oder Sachzuzahlungen den Buchwert der eingebrachten Gesellschaftsanteile nicht übersteigt. Anderenfalls muss die Holding-SE die eingebrachten Gesellschaftsanteile mindestens mit dem gemeinen Wert der Zuzahlungen ansetzen. Dieser erhöhte Ansatz würde eine Gewinnrealisierung auslösen.

b)   Steuerliche Auswirkungen auf die eingebrachten Gesellschaften

433   Die steuerliche Situation auf Ebene der eingebrachten Kapitalgesellschaften ändert sich durch den Austausch des jeweiligen Gesellschafters in der Regel nicht. Insbesondere führt ein Gesellschafterwechsel nach deutschem Steuerrecht nicht zur Aufdeckung der stillen Reserven in den Wirtschaftsgütern der eingebrachten Gesellschaft. Vielmehr sind die Buchwerte der Wirtschaftsgüter bei der eingebrachten Gesellschaft auch nach der Anteilseinbringung unverändert fortzuführen.

434   Der Gesellschafterwechsel kann jedoch gegebenenfalls Auswirkungen im Hinblick auf die zukünftige Nutzung von ertragsteuerlichen Verlustvorträgen[726] der eingebrachten Gesellschaft und auf verkehrssteuerliche Vorgänge[727] haben.

aa)   Wegfall von Verlustvorträgen

435   Werden im Rahmen der Gründung einer Holding-SE Anteile an einer inländischen Gesellschaft eingebracht, die über körperschaftsteuerliche oder gewerbesteuerliche Verlustvorträge verfügt, ist die Vorschrift zum „Mantelkauf" nach § 8 Abs. 4 KStG und § 10 a GewStG von erheblicher praktischer Bedeutung.[728]

---

725 Diese Möglichkeit ergibt sich aus dem Umkehrschluss in § 21 Abs. 1 Satz 1 UmwStG.
726 § 10 d EStG, § 10 a GewStG.
727 Insbesondere auf die Umsatzsteuer und die Grunderwerbsteuer.
728 Ausführlich, BMF vom 16.04.1999, IV C6- S. 2745 – 12/99, BStBl. I 1999, 455.

Nach dieser Vorschrift entfallen die in der Vergangenheit festgestellten Verlustvorträge der einge- **436**
brachten Gesellschaft, wenn

■ mehr als 50 % der Anteile an der verlusttragenden (eingebrachten) Gesellschaft auf einen neu-
en Gesellschafter übergehen, und

■ die eingebrachte Gesellschaft im zeitlichen und sachlichen Zusammenhang mit dem Gesellschafterwechsel mit überwiegend neuem Betriebsvermögen ausgestattet wird.[729]

Hierbei gilt überwiegend neues Betriebsvermögen dann als zugeführt, sofern der Verkehrswert **437**
des neuen Vermögens den Saldo der Verkehrswerte des bisherigen Betriebsvermögens übersteigt.[730]

Während die Finanzverwaltung die Auffassung vertritt, dass ein sachlicher und zeitlicher Zu- **438**
sammenhang zwischen dem Anteilseignerwechsel und der Zuführung neuen Betriebsvermögens innerhalb eines Zeitrahmens von fünf Jahren stets vorliegt, werden von der höchstrichter-
lichen Rechtsprechung restriktivere Maßstäbe angelegt. Der Bundesfinanzhof geht nur bei einer
innerhalb von zwei Jahren nach dem Gesellschafterwechsel eintretenden Zuführung neuen Betriebsvermögens von einem steuerschädlichen Sachverhalt im Sinne des § 8 Abs. 4 KStG aus.[731]
Die Holding-SE sollte deshalb Umstrukturierungen oder konzerninterne Umfinanzierungen
im Nachgang einer Anteilseinbringung sorgfältig planen und aktuelle Gesetzesentwicklungen
berücksichtigen.

bb)   Übergang von Grundbesitz

Sofern die eingebrachten Kapitalgesellschaften über inländischen Grundbesitz verfügen, ist bei ei- **439**
ner Anteilseinbringung zu berücksichtigen, dass auf Grund des Gründungsvorgangs der Holding-
SE ein grunderwerbsteuerrelevanter Vorgang eintreten kann.

Grunderwerbsteuer wird nach § 1 Abs. 3 GrEStG ausgelöst, wenn zumindest 95 % der Gesell- **440**
schaftsanteile an den eingebrachten, grundbesitzenden Kapitalgesellschaften auf die Holding-SE
übergehen. Wird diese Beteiligungsschwelle überschritten, sind zur Berechnung der grunderwerbsteuerlichen Bemessungsgrundlage nicht der Verkehrswert der Anteile, sondern die bewer-
tungsrechtlichen Bedarfswerte der Grundstücke heranzuziehen.[732] Der nach Maßgabe des Be-
wertungsgesetzes ermittelte Steuerwert unterliegt gegenwärtig einem Steuersatz von in der Regel
3,5 %.[733] Die etwaige Grunderwerbsteuer wird von der Holding-SE geschuldet.

Deshalb sollte unter grunderwerbsteuerlichen Aspekten ein Einbringungsvorgang sorgfältig ana- **441**
lysiert werden. Vielfach ist es betriebswirtschaftlich sinnvoll, eine Grunderwerbsteuerbelastung
dadurch zu vermeiden, dass der Anteilseigner nicht sämtliche Anteile an der Holding-SE einbringt, sondern zumindest ein „Zwergenanteil" von mindestens 5 % zurückbehält.

---

729 Diese Voraussetzung wird ab dem VZ 2008 durch die Unternehmensteuerreform 2008 abgeändert. Maßgebliches
Entscheidungskriterium für die Verlustabzugsbeschränkung wird künftig der Anteilseignerwechsel sein. Der neue
§ 8 c KStG, der den § 8 Abs. 4 KStG ab dem VZ 2008 ersetzt, sieht vor, dass ein bestehender steuerlicher Verlustvortrag
anteilig untergeht, soweit mehr als 25 % einer Beteiligung oder der Stimmrechte an einer Körperschaft innerhalb von
fünf Jahren auf einen Erwerber oder eine diesem nahe stehende Person übertragen werden. Sofern innerhalb von fünf
Jahren mehr als 50 % der Anteile oder Stimmrechte übertragen werden, gehen bestehende Verlustvorträge vollständig
unter.
730 BFH vom 13.08.1997, BStBl. II 1997, 829.
731 BFH vom 15.12.2004, BStBl. II 2005, 528.
732 § 8 Abs. 2 GrEStG. Als Bedarfswert gilt das 12.5 fache der Jahresnettomiete abzüglich altersbedingter Abschläge.
733 Der Steuersatz kann ab dem 01.09.2006 von den einzelnen Bundesländern selbst festgelegt werden (Art. 105 Abs. 2 a
GG).

442 ❯ Beispiel:

Eine US Inc. sowie der deutsche Staatsangehörige A und eine GmbH („Einbringende") beabsichtigen, ihre Beteiligungen an inländischen Kapitalgesellschaften zur Gründung einer deutschen Holding-SE einzubringen. Die inländischen Gesellschaften verfügen über erheblichen Grundbesitz.

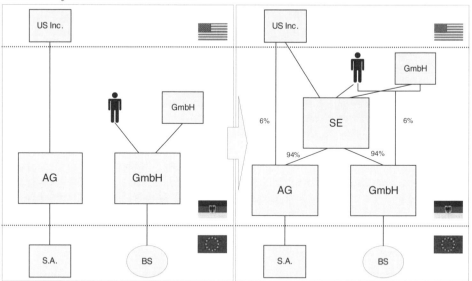

💡 Lösung:

Sofern die Einbringenden ihre Beteiligungen vollständig auf die Holding-SE übertragen, löst dies Grunderwerbsteuer aus. Denn die Vereinigung von mindestens 95 % der Anteile in der Hand der aufnehmenden Holding-SE stellt nach § 1 Abs. 3 GrEStG einen Erwerbsvorgang dar. Zwar bleiben die Gründungsgesellschafter mittelbar an den grundbesitzenden Gesellschaften beteiligt. Durch die Einbringung stehen jedoch der Holding-SE die Anteile an den grundbesitzenden Gesellschaften unmittelbar zu. Es tritt somit eine sogenannte „Verlängerung der Beteiligungskette" ein. Eine Grunderwerbsteuerbelastung kann nur dadurch vermieden werden, dass weniger als 95 % der Anteile an den inländischen grundbesitzhaltenden Kapitalgesellschaften auf die Holding-SE übertragen werden. Diese Steuerstruktur scheitert auch nicht an den gesellschaftsrechtlichen Vorgaben der SE-VO. Denn es ist gesellschaftsrechtlich nicht zwingend, dass zur Gründung einer Holding-SE alle Anteile an der eingebrachten Gesellschaft übertragen werden.

c)   Steuerfolgen auf Ebene der Anteilseigner

aa)   Wertverknüpfung

443 Grundsätzlich ist der auf Ebene der Holding-SE gewählte Beteiligungsansatz für den Anteilseigner im Rahmen der Bewertung der erhaltenen Anteile an der Holding-SE ebenfalls maßgebend. Somit besteht eine Wertverknüpfung zwischen der Bilanz der Holding-SE und den Bilanzen[734] der Anteilseigner.[735] Sofern die eingebrachten Gesellschaftsanteile durch die Holding-SE mit dem Buchwert angesetzt wurden, führt dies auf Ebene der einbringenden Anteilseigner gemäß § 21 Abs. 2 Satz 1 UmwStG n.F. grundsätzlich ebenfalls zu einem buchwertneutralen Tausch. Zwischen

---

734 Beziehungsweise den Anschaffungskosten bei natürlichen Personen als Anteilseigner.
735 *Dörfler/Rautenstrauch/Adrian*, BB 2006, 1711, 1713.

den eingebrachten und den erhaltenen Anteilen findet ein Austausch zu Buchwerten statt. Somit wird bei den Anteilseignern kein steuerpflichtiger Veräußerungsgewinn ausgelöst.

bb) Bewertungswahlrecht für die eingebrachten Gesellschaftsanteile

§ 21 Abs. 2 Satz 2 UmwStG n.F. durchbricht jedoch die bilanzielle Wertverknüpfung zwischen der Holding-SE und dem jeweils beteiligten Anteilseigner. Es wird eine (fiktive) Veräußerung der eingebrachten Anteile bei den Anteilseignern in Höhe des gemeinen Wertes angeordnet, sofern das Besteuerungsrecht Deutschlands im Hinblick auf eine zukünftige Veräußerung durch die Anteilseigner entweder der eingebrachten Anteile oder der erhaltenen Anteile an der Holding-SE ausgeschlossen oder beschränkt wird.[736]   **444**

Eine solche steuerliche Situation kommt bei einem in Deutschland ansässigen Anteilseigner und einer inländischen Holding-SE allerdings nicht in Betracht. Sowohl die von der Holding-SE als auch die von dem Anteilseigner gehaltenen Anteile unterliegen auch zukünftig im Inland dem deutschen Steuerzugriff.   **445**

Dies gilt jedoch bei einer grenzüberschreitenden Anteilseinbringung nur beschränkt. Bringt ein ausländischer Anteilseigner eine in- oder ausländische Kapitalgesellschaftsbeteiligung in eine deutsche Holding-SE ein, richtet sich die Bewertung der erhaltenen Anteile an der Holding-SE nicht ausschließlich nach § 21 UmwStG n.F. sondern zudem nach den steuerlichen Regelungen des Ansässigkeitsstaats des jeweils betroffenen ausländischen Anteilseigners. In diesem Fall muss es nicht zwingend zu einer Wertverknüpfung oder einem freien Bewertungswahlrecht kommen. Dies gilt insbesondere dann, wenn der ausländische Sitzstaat von einem erfolgswirksamen Tausch von Wirtschaftsgütern ausgeht.   **446**

> **Beispiel:**   **447**
>
> Eine US Inc. sowie eine deutsche juristische und natürliche Person bringen ihre Anteile in eine inländische Holding-SE ein. Die US Inc. hatte Anschaffungskosten von 100 (gemeiner Wert 200), die GmbH von 150 (gemeiner Wert 200) und die natürliche Person von 10 (gemeiner Wert 50).

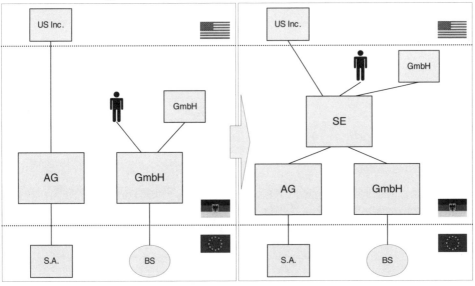

---

736 *Rödder/Schumacher*, DStR 2006, 1525, 1540.

2

🔧 **Lösung:**

Die Einbringung der deutschen GmbH durch die inländische natürliche und juristische Person kann zu Buchwerten erfolgen, da ein qualifizierter Anteilstausch vorliegt. Die erhaltenen Anteile an der Holding-SE sind mit dem bisherigen Buchwert der Kapitalgesellschaftsbeteiligung anzusetzen, da es nach § 21 Abs. 2 UmwStG n.F. nicht zu einer Beschränkung des deutschen Besteuerungsrechts kommt. Die Anteilseinbringung durch die US-Inc. erfolgt ebenfalls nach dem neuen Umwandlungssteuergesetz. Im Gegensatz zu einer Einbringung von Unternehmensteilen nach § 20 UmwStG n.F., bei der der Einbringende gemäß § 1 Abs. 3, 4 UmwStG n.F. ebenfalls in der EU bzw. EWR ansässig sein muss, kann ein Anteilstausch gemäß § 1 Abs. 3 Nr. 5 UmwStG n.F. auch durch eine Gesellschaft als Einbringenden erfolgen, die außerhalb der EU bzw. EWR ansässig ist. Entscheidend ist vielmehr, dass die Ansässigkeit der eingebrachten Gesellschaft in der EU bzw. EWR ist. Die Holding-SE kann deshalb die Anteile mit dem Buchwert ansetzen. Der Buchwertansatz gilt auch für die erhaltenen Anteile. Dies ergibt sich daraus, dass Deutschland durch den Anteilstausch in seinem Besteuerungsrecht nicht eingeschränkt wird. Nach Art. 13 Abs. 5 DBA USA-Deutschland stand Deutschland nie das Besteuerungsrecht für einen Veräußerungsgewinn der eingebrachten Anteile zu, so dass es auch nicht zu einer Beschränkung kommen konnte. Zudem müssten die Steuerfolgen nach dem nationalen US-Recht beachtet werden.

448 § 21 Abs. 2 Satz 3 UmwStG n.F. sieht eine Rückausnahme von dem Grundsatz vor, dass die einge-brachten Anteile bei der Holding-SE mit dem gemeinen Wert anzusetzen sind, wenn das inlän-dische Besteuerungsrecht hinsichtlich eines zukünftigen Veräußerungsgewinns der eingebrachten oder erhaltenen Anteile eingeschränkt oder ausgeschlossen wird. Diese Vorschrift wirkt sich auf die Bewertung der erhaltenen Anteile auf Ebene der Anteilseigner aus (Wertverknüpfung). Dem Anteilseigner steht demnach auch bei einem Wertansatz zum gemeinen Wert auf Ebene der Hol-ding-SE ein Wahlrecht zu, die Anteile mit dem Buchwert oder Zwischenwert höchstens jedoch mit dem gemeinen Wert anzusetzen, wenn es sich um einen qualifizierten Anteilstausch[737] han-delt und entweder das deutsche Besteuerungsrecht hinsichtlich der erhaltenen Anteile nicht ein-geschränkt wird oder die Anteilseinbringung nach Art. 8 FRL erfolgt.

Bewertung der erhaltenen Anteile

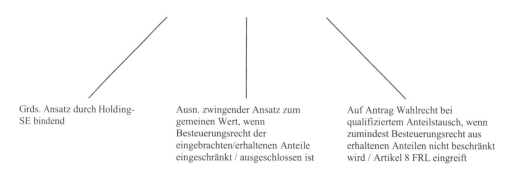

| Grds. Ansatz durch Holding-SE bindend | Ausn. zwingender Ansatz zum gemeinen Wert, wenn Besteuerungsrecht der eingebrachten/erhaltenen Anteile eingeschränkt / ausgeschlossen ist | Auf Antrag Wahlrecht bei qualifiziertem Anteilstausch, wenn zumindest Besteuerungsrecht aus erhaltenen Anteilen nicht beschränkt wird / Artikel 8 FRL eingreift |

449 Nach § 21 Abs. 2 Satz 3 Nr. 2 UmwStG n.F. ist im Fall eines Anteilstausches nach Art. 8 FRL der Gewinn aus einer zukünftigen Veräußerung der erhaltenen Anteile an der Holding-SE – ungeach-tet einer abweichenden Regelung eines einschlägigen Doppelbesteuerungsabkommens („treaty override") – in der gleichen Art und Weise zu besteuern, wie die Veräußerung der Anteile an der

---

737 Von einem qualifizierten Anteilstausch ist auszugehen, wenn die Holding-SE die Mehrheit der Stimmrechte an der übertragenden Gesellschaft erlangt.

erworbenen Holding-SE zu besteuern gewesen wären. Die Regelung zum treaty override[738] und damit eine inländische Besteuerung soll nicht nur bei einer tatsächlichen späteren Veräußerung eintreten, sondern bereits dann, wenn die erhaltenen Anteile an der Holding-SE verdeckt in eine andere Kapitalgesellschaft eingelegt werden, wenn die Holding-SE aufgelöst oder ihr Kapital herabsetzt wird oder wenn Rückzahlungen aus dem steuerlichen Einlagenkonto nach § 27 KStG erfolgen. Der treaty override setzt begrifflich jedoch voraus, dass es tatsächlich zu einer Einschränkung des deutschen Besteuerungsrechts kommt. Dies ist in der Regel dann der Fall, wenn ein ausländischer Anteilseigner am Gründungsvorgang beteiligt ist.

cc)   Besteuerung der Anteilseinbringung

Kann oder soll ein buchwertneutraler Anteilstausch auf Ebene der Anteilseigner nicht erfolgen, wird die Anteilseinbringung wie eine Veräußerung von Kapitalgesellschaftsanteilen behandelt. Aufgrund dieser steuerlichen Veräußerungsfiktion sind die Vorschriften des Halbeinkünfteverfahrens einschlägig. Das bedeutet, dass bei dem jeweils betroffenen Anteilseigner ein etwaiger Veräußerungsgewinn nach § 8 b Abs. 2, 3 KStG in Höhe von 95 % von der Körperschaft- und Gewerbesteuer ausgenommen wird. Werden die Anteile an der eingebrachten Gesellschaft von einer natürlichen Person im Betriebs- oder Privatvermögen gehalten, ordnet § 3 Nr. 40 EStG i.V.m. § 17 EStG an, dass ein etwaiger Veräußerungsgewinn faktisch zu 50 % steuerbefreit ist. Ein Veräußerungsgewinn aus Kapitalgesellschaftsanteilen im Privatvermögen ist jedoch nur dann steuerpflichtig, sofern die Anteile gemäß § 23 EStG weniger als ein Jahr gehalten wurden oder der Anteilseigner innerhalb der letzten fünf Jahre zu einem Zeitpunkt zumindest mit einem Prozent an der eingebrachten Gesellschaft im Sinne des § 17 EStG beteiligt war.

450

🛑 **Praxishinweis:**

451

Bei der Anteilsveräußerung sieht das Einkommensteuergesetz an mehreren Stellen steuerliche Freibeträge vor. Den Freibetrag nach § 17 Abs. 3 EStG in Höhe von Euro 9.060,00 kann der Einbringende jedoch nur dann in Anspruch nehmen, wenn der Anteilseigner eine natürliche Person ist und die Holding-SE die eingebrachten Anteile mit dem gemeinen Wert angesetzt hat. Befanden sich die eingebrachten Anteile dagegen im Betriebsvermögen, greift § 34 Abs. 1 EStG[739] nicht und § 16 Abs. 4 EStG nur dann ein, wenn eine 100 %ige Beteiligung an einer Kapitalgesellschaft eingebracht wird.

dd)   Steuerliche Behandlung der einbringungsgeborenen Anteile

Für den Fall, dass die Anteilseinbringung zur Gründung einer Holding-SE unterhalb des gemeinen Wertes erfolgt, gelten die den Anteilseignern gewährten neuen Anteile an der Holding-SE als sogenannte einbringungsgeborene Anteile.

452

Nach dem alten Umwandlungssteuerregime entfielen nach §§ 8 b Abs. 2, 4 KStG a.F. bei einer späteren Veräußerung einbringungsgeborener Anteile innerhalb einer Sperrfrist von sieben Jahren die Vergünstigungen des Halbeinkünfteverfahrens. Ein etwaiger Veräußerungsgewinn war danach in vollem Umfange steuerpflichtig. Der die Anteilsgewährung auslösende buchwertneutrale Einbringungsvorgang hingegen wurde durch die Veräußerung der einbringungsgeborenen Anteile nicht mehr tangiert.

453

Mit dem neuen Umwandlungssteuergesetz wird die steuerliche Behandlung bei der Veräußerung einbringungsgeborener Anteile grundlegend neu konzipiert.[740] Nunmehr unterliegt eine Veräußerung von einbringungsgeborenen Anteilen durch den Anteilseigner stets und ohne Beachtung

454

---

738 Unter treaty override versteht man eine innerstaatliche Regelung, die eine Durchbrechung bzw. Nichtanwendung abweichender Abkommensregelungen vorsieht.

739 D. h. die Steuerbegünstigung nach der Fünftel-Regelung, wonach ein niedrigerer Steuersatz einschlägig ist.

740 *Voß*, BB 2006, 469, 474.

einer Haltefrist dem Halbeinkünfteverfahren. Somit können die Anteilseigner ihre einbringungsgeborenen Anteile an der Holding-SE bei einer zukünftigen Veräußerung steuerbegünstigt veräußern.

455   **❯ Beispiel:**

A hat seine Beteiligung an einer inländischen AG zu Buchwerten bzw. Anschaffungskosten in eine Holding-SE eingebracht. Die als Gegenleistung erhaltenen Anteile an der Holding-SE veräußert er fünf Jahre später.

💡 Lösung:

Der Veräußerungsgewinn aus den Anteilen an der Holding-SE unterliegt nach neuem Recht unabhängig vom Zeitpunkt
der Veräußerung dem Halbeinkünfteverfahren. § 22 Abs. 2 UmwStG n.F. sanktioniert in Fällen des Anteilstausches nur den
Verkauf der eingebrachten Anteile durch die Holding-SE, aber nicht den Verkauf der erhaltenen Anteile.

456   Im Gegenzug wird bei einer Veräußerung[741] der Anteile an der eingebrachten Gesellschaft durch
die Holding-SE innerhalb von sieben Jahren die vormals buchwertneutral vollzogene Anteilseinbringung nach Maßgabe des § 22 UmwStG n.F. rückwirkend wie eine Anteilseinbringung zum gemeinen Werten behandelt, sofern der Einbringende eine natürliche Person war. Eine solche rückwirkende Besteuerung bei einer natürlichen Person als vormals Einbringender ist konsequent, da
hierdurch die missbräuchliche Ausnutzung der Steuerbefreiung nach § 8b Abs. 2, 3 KStG, wonach eine 95%ige Steuerbefreiung eingreift, verhindern werden soll.[742] Handelt es sich bei dem
Anteilseigner hingegen um eine Kapitalgesellschaft, hätte der Anteilseigner wie nunmehr die Holding-SE die Anteile ebenfalls unter Ausnutzung des § 8b Abs. 2 KStG veräußern können. In einer
solchen Fallkonstellation ist es nicht gerechtfertigt, bei einer Veräußerung durch die Holding-SE
eine rückwirkende Veräußerungsgewinnbesteuerung vorzusehen.

457   **❯ Beispiel:**

Eine deutsche Aktiengesellschaft und eine deutsche GmbH bringen Beteiligungen an einer weiteren inländischen Aktiengesellschaft in eine Holding-SE ein. Die Holding-SE veräußert die erhaltenen Anteile fünf Jahre nach der Einbringung mit
einem Gewinn.

💡 Lösung:

Der durch die Veräußerung eintretende Gewinn ist bei der Holding-SE nach § 8b KStG in Höhe von 95% steuerbefreit. Die
Einbringung der Anteile durch die Aktiengesellschaft und die GmbH in ihren Eigenschaften als Kapitalgesellschaft wird
nicht rückwirkend auf den Einbringungszeitpunkt mit dem gemeinen Wert angesetzt. Somit verlagert sich die Aufdeckung der stillen Reserven und die damit verbundene Steuerbelastung von den Anteilseignern auf die Holding-SE.

458   Veräußert die Holding-SE die durch eine natürliche Person eingebrachten Gesellschaftsanteile innerhalb von sieben Jahren, werden die seinerseits durch die natürliche Person zu Buchwerten eingebrachten Anteile steuerlich so behandelt, als wären sie zum damaligen Einbringungszeitpunkt
mit dem gemeinen Wert eingebracht worden. Der hierbei entstehende (rückwirkende) Einbringungsgewinn II ermittelt sich wie folgt:

---

741 Gleiches gilt bei einem steuerlich vergleichbaren Vorgang nach dem neuen Umwandlungssteuerrecht.
742 Hätte der Einbringende und nicht die Holding-SE die Anteile veräußert, wäre der Veräußerungsgewinn nur zu 50%
    steuerbefreit gewesen.

	Gemeiner Wert der eingebrachten Anteile zum Einbringungszeitpunkt
abzgl.	Kosten für die Einbringung
abzgl.	Wert, mit dem der Einbringende die erhaltenen Anteile angesetzt hat
=	Einbringungsgewinn II
abzgl.	Verringerung um jeweils 1/7 für jedes bis zur Veräußerung abgelaufene Zeitjahr
=	steuerpflichtiger Einbringungsgewinn II

Der steuerpflichtige Einbringungsgewinn wird steuerlich wie eine Veräußerung einer Kapital-   **459**
gesellschaftsbeteiligung behandelt. Eine Berechnung des Einbringungsgewinns II entfällt, wenn
der Anteilseigner die gewährten Aktien an der Holding-SE in der Zwischenzeit veräußert hat, da
der Anteilseigner einen Gewinn aus der Veräußerung, der dem Halbeinkünfteverfahren unterlag,
bereits zu versteuern hatte. Befinden sich die erhaltenen Aktien weiterhin bei dem Anteilseigner,
erhöhen sich die Anschaffungskosten an den Anteilen an der Holding-SE um den Betrag des Einbringungsgewinns.

> **Beispiel:**   **460**
>
> A hat seine Beteiligung an einer inländischen AG in eine Holding-SE eingebracht. Nach Ablauf von fünf Jahren veräußert
> die Holding-SE ihre Anteile an der eingebrachten inländischen AG.

> **Lösung:**
>
> Der Veräußerungsgewinn bei der Holding-SE ist nach § 8 b KStG in Höhe von 95 % steuerbefreit. Die Einbringung durch
> A wird rückwirkend auf den Einbringungszeitpunkt mit dem gemeinen Wert angesetzt. Dieser (rückwirkende) Einbrin-
> gungsgewinn II ist für A nach § 3 Nr. 40 EStG nur in Höhe von 50 % steuerpflichtig. 5/7 des auf die Veräußerung entfal-
> lenden Veräußerungsgewinns sind nach § 22 Abs. 2 UmwStG n.F. erloschen. Korrespondierend erhöhen sich die Anschaf-
> fungskosten des A an den erhaltenen Anteilen an der Holding-SE um diesen Einbringungsgewinn.

3.   Gründung einer Holding-SE in einem Mitgliedstaat

Die Gründung einer ausländischen Holding-SE berührt dann die inländischen Steuervor-   **461**
schriften, wenn ein in- oder ausländischer Anteilseigner eine deutsche oder europäische Kapitalgesellschaftsbeteiligung in eine Holding-SE einbringt.

Aus deutscher Sicht unterliegt die Besteuerung der Gründung einer ausländischen Holding-SE   **462**
gemäß § 1 Abs. 3, 4 UmwStG n.F. den Regeln des neuen Umwandlungssteuergesetzes.

a)   Steuerfolgen auf Ebene der Holding-SE

Die Bewertung der eingebrachten Anteile erfolgt auf Ebene der Holding-SE nach den Regelungen   **463**
des jeweils anwendbaren Steuerrechts des Ansässigkeitsstaates der Holding-SE. Sofern der ausländische Staat Artikel 8 FRL richtlinienkonform umgesetzt hat, kann die Anteilseinbringung auf
Ebene der Holding-SE zumindest auch zum Buchwert, aber auch zu einem höheren Wert, erfolgen.

b)   Steuerliche Auswirkungen auf die eingebrachten Gesellschaften

464   Für eine inländische eingebrachte Gesellschaft stellt es aus steuerlicher Sicht keinen Unterschied dar, ob diese in eine in- oder ausländische Holding-SE eingebracht wird. Die unter § 2 Rn. 434 ff. skizzierten Steuerrisiken[743] auf Ebene der eingebrachten Kapitalgesellschaften gelten in gleicher Weise im Rahmen eines Gründungsvorganges einer ausländischen Holding-SE.

c)   Steuerfolgen auf Ebene der Anteilseigner

465   Werden durch einen inländischen Anteilseigner Anteile an einer in- oder ausländischen Kapitalgesellschaft in eine ausländische Holding-SE eingebracht, gilt für den Anteilseigner nach § 21 Abs. 2 UmwStG n.F. der von der Holding-SE gewählte Wertansatz als Veräußerungspreis für die eingebrachten Anteile. Hierbei ist es irrelevant, ob die aufnehmende Holding-SE im Inland oder Ausland ansässig ist.

466   Insbesondere besteht somit auch dann eine Wertverknüpfung nach § 21 Abs. 2 UmwStG n.F. für den inländischen Anteilseigner, wenn die ausländische Holding-SE nach den für sie anwendbaren Steuerrechtsregelungen einen Wertansatz abweichend von § 21 Abs. 2 Satz 2 UmwStG n.F., also zu einem über dem Buchwert liegenden Wertansatz, vorsieht.

467   Mit der Einbringung erhält der inländische Anteilseigner neue Anteile an der ausländischen Holding-SE. Ein etwaiger Gewinn aus der späteren Veräußerung dieser neuen Anteile unterliegt sowohl nach dem nationalen Steuerrecht als auch nach Art. 13 Abs. 5 OECD-MA der Steuerhoheit der Bundesrepublik Deutschland, sofern der Anteilseigner im Veräußerungszeitpunkt weiterhin in Deutschland ansässig ist.

468   Die eingebrachten Anteile fallen hingegen aus dem deutschen Steuerzugriff heraus, da diese ausschließlich im Ansässigkeitsstaat der Holding-SE als neuem Anteilseigner der eingebrachten Gesellschaft steuerpflichtig werden. Zwar bleibt grundsätzlich ein inländisches Besteuerungsrecht bezüglich des Veräußerungsgewinns an der Kapitalgesellschaft nach § 49 Abs. 1 Nr. 2 e EStG an den eingebrachten Anteilen der deutschen Kapitalgesellschaft im Rahmen der beschränkten Steuerpflicht der ausländischen Holding-SE erhalten. Art. 13 Abs. 5 OECD-MA ordnet jedoch an, dass das Besteuerungsrecht bei einer Anteilsveräußerung dem Sitzstaat des Gesellschafters zusteht. Dies bedeutet, dass Deutschland zugunsten des Sitzstaates der ausländischen Holding-SE auf sein nationales (beschränktes) Besteuerungsrecht verzichtet. Aufgrund dieser abkommensrechtlichen Regelung könnten bei einem qualifizierten Anteilstausch zwar die eingebrachten Gesellschaftsanteile auf Ebene der ausländischen Holding-SE, soweit das Recht, in dem die Holding-SE ansässig ist, der FRL folgt, mit dem Buchwert angesetzt werden. Auf Ebene des Anteilseigners würde jedoch wegen des Wegfalls des Besteuerungsrechts eine Veräußerung der eingebrachten Gesellschaftsanteile in Höhe des gemeinen Wertes angenommen.

469   Somit würde die Gründung einer ausländischen Holding-SE für einen inländischen Anteilseigner eine steuerliche Schlechterstellung gegenüber der Gründung einer inländischen Holding-SE darstellen. Damit wäre die Einbringung durch einen inländischen Anteilseigner nach § 21 Abs. 2 Satz 2 UmwStG n.F. nicht steuerneutral möglich. Aus diesem Grund sieht § 21 Abs. 2 Satz 3 UmwStG n.F. vor, dass dem Anteilseigner auf Antrag ein Wahlrecht zusteht, die eingebrachten Gesellschaftsanteile zum Buchwert oder zu einem höheren Wert anzusetzen.

---

743 Insbesondere das steuerliche Risiko eines möglichen Wegfalls von Verlustvorträgen oder eine etwaige Grunderwerbsteuerbelastung.

Wie bereits unter § 2 Rn. 448 ff. ausgeführt, steht dem deutschen Anteilseigner nach § 21 Abs. 2 Satz 3 UmwStG n.F. die Möglichkeit zu, auf Antrag eine buchwertneutrale Einbringung zu erreichen, wenn

■ es sich bei der Einbringung um einen qualifizierten Anteilstausch handelt und

■ entweder Artikel 8 FRL einschlägig ist oder zumindest die erhaltenen Anteile bei einer zukünftigen Veräußerung in Deutschland steuerpflichtig bleiben.

470

Die vorgenannten Anforderungen werden bei der Gründung einer ausländischen Holding-SE grundsätzlich erfüllt. Die Gründung der ausländischen Holding-SE erfolgt nach Art. 8 FRL. Außerdem bleibt das deutsche Besteuerungsrecht an den erhaltenen Anteilen an der Holding-SE bei einem deutschen Anteilsinhaber bestehen, da eine zukünftige Veräußerung dieser Anteile nach nationalem Steuerrecht und Abkommensrecht nur Deutschland zusteht. Damit ist sichergestellt, dass ein inländischer Anteilseigner an der Gründung einer ausländischen Holding-SE beteiligt sein kann, ohne dass dies für ihn zu einer Ertragsteuerbelastung führt.

471

🛇 **Praxishinweis:**

472

Der Antrag des jeweiligen Anteilseigners ist spätestens bis zur erstmaligen Abgabe der Steuererklärung für das Jahr der Anteilseinbringung bei dem für die Besteuerung des Anteilseigners zuständigen Finanzamts zu stellen.

Erfolgt eine Buchwertfortführung auf Grundlage des Art. 8 FRL, sieht § 21 Abs. 2 Satz 3 Nr. 2 UmwStG n.F. einen sogenannten „treaty override" vor.[744] Die Regelungen zum treaty override greifen bei der Gründung einer Holding-SE durch einen inländischen Anteilseigner fast nie ein, da das deutsche Besteuerungsrecht hinsichtlich der erhaltenen Anteile grundsätzlich nicht verloren geht.

473

▶ **Beispiel:**

474

Die Anteile einer ausländischen AG und einer inländischen AG/GmbH sollen in eine ausländische Holding-SE eingebracht werden. Die deutschen Gesellschafter beabsichtigen, die Einbringung steuerneutral zu vollziehen.

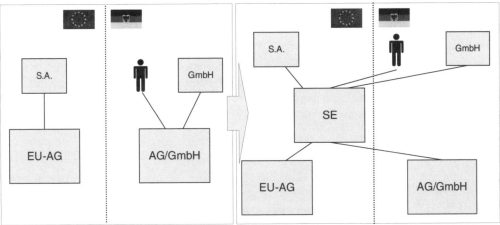

---

744 Darunter versteht man eine innerstaatliche Regelung, die eine Durchbrechung bzw. Nichtanwendung abweichender Abkommensregelungen vorsieht.

🔧 **Lösung:**

Sofern der ausländische Sitzstaat der Holding-SE eine dem § 21 UmwStG n.F. vergleichbare Regelung implementiert hat, können die Anteile auf Ebene der Holding-SE buchwertneutral eingebracht werden, da ein qualifizierter Anteilstausch vorliegt. Die Holding-SE erhält die Mehrheit der Stimmrechte an der aus- und inländischen AG bzw. GmbH. Grundsätzlich gilt eine Wertverknüpfung, so dass auch auf Ebene der Anteilseigner ein buchwertneutraler Anteilstausch erfolgen kann. Mit der Einbringung der Anteile an der AG/GmbH verliert Deutschland jedoch sein Besteuerungsrecht hinsichtlich der zukünftigen Veräußerung der eingebrachten Anteile. Das Besteuerungsrecht steht ausschließlich dem Sitzstaat der ausländischen Holding-SE zu. Da das deutsche Besteuerungsrecht eines zukünftigen Veräußerungsgewinns bezogen auf die den deutschen Anteilseignern gewährten Anteile an der SE nicht eingeschränkt wird, steht den deutschen Anteilseignern auf Antrag dennoch das Recht zu, den Anteilstausch steuerneutral zu vollziehen und die erhaltenen Anteile mit den bisherigen Werten der hingegebenen Anteile anzusetzen.

D.   Umwandlung in eine SE

I.   Allgemeines

475   Die Gründung der SE durch Umwandlung[745] ist die dritte von der SE-Verordnung zugelassene Gründungsform. Die Umwandlungsgründung stellt die einzige primäre Gründungsform dar, bei der die Mitwirkung eines zweiten Gründers nicht erforderlich ist. Die Umwandlungsgründung führt weder zur Auflösung der bestehenden Gesellschaft noch zur Gründung einer neuen juristischen Person.[746] Sie ist dem Formwechsel nach deutschem Umwandlungsrecht vergleichbar.[747] Die Umwandlungsgründung zeichnet sich durch rechtliche und wirtschaftliche Kontinuität vor und nach der Umwandlung aus. Die umzuwandelnde Gesellschaft behält ihre rechtliche Identität, ohne dass eine Gesamt- oder Einzelrechtsnachfolge oder ein Vermögensübergang stattfindet.[748] Der Übergang der arbeitsrechtlichen Verpflichtungen der Gründungsgesellschaft auf die SE[749] ist daher nur von deklaratorischer Bedeutung.[750]

476   ❗ **Praxishinweis:**

Die Umwandlungsgründung weist deutliche Parallelen zur Verschmelzungsgründung und der Holdinggründung auf, hat jedoch weniger strikte Voraussetzungen. In der Praxis zeichnet sich daher in den ersten zwei Jahren seit Einführung der SE eine klare Tendenz hin zu dieser Gründungsform ab.[751] Die geringeren Anforderungen zeigen sich beispielsweise daran, dass eine Überprüfung eines angemessenen Umtauschverhältnisses nicht vorgenommen wird, und dass keine besonderen Minderheitenrechte und Gläubigerschutzvorschriften bestehen.[752]

---

745 Art. 2 Abs. 4 SE-VO; nachfolgend „Umwandlungsgründung" genannt.

746 Art. 37 Abs. 2 SE-VO.

747 §§ 190 ff. UmwG.

748 *Schwarz*, SE-VO, Art. 37 Rn. 5.

749 Art. 37 Abs. 9 SE-VO.

750 *Jannott*, in: Jannott/Frodermann, Handbuch der Europäischen Aktiengesellschaft, 3. Kapitel Rn. 19.

751 In Deutschland wurden in der Praxis formwechselnde Umwandlungen in eine SE beispielsweise bisher von der Fresenius AG, der BASF AG, der MAN B6W Diesel AG und der Mensch und Maschine AG beschlossen.

752 *Schwarz*, SE-VO, Art. 37 Rn. 6.

II.   Beteiligte Gesellschaften in verschiedenen EU-Staaten

Art. 2 Abs. 4 SE-VO stellt besondere Anforderungen an die Rechtsform und die Nationalität des Gründers bei der Umwandlungsgründung.   477

1.   Rechtsform der Gründungsgesellschaft

Die Umwandlungsgründung kann nur von einer Aktiengesellschaft im Sinne des Anhangs I der SE-VO durchgeführt werden,[753] die nach dem Recht eines Mitgliedstaats gegründet worden ist und ihren Sitz sowie ihre Hauptverwaltung in der Gemeinschaft hat. Umwandlungsfähige Rechtsträger sind die deutsche Aktiengesellschaft und die dieser Gesellschaftsform vergleichbaren Rechtsträger in den Rechtsordnungen der anderen Mitgliedsstaaten.   478

2.   Mehrstaatlichkeit

Vergleichbar der Verschmelzungs- und der Holdinggründung kann eine AG nur in eine SE umgewandelt werden, wenn sie seit mindestens zwei Jahren eine dem Recht eines anderen Mitgliedstaats unterliegende Tochtergesellschaft hat.[754] Eine Zweigniederlassung genügt nicht. Die Zweijahresfrist, die mit der Zuordnung der Tochtergesellschaft zur Muttergesellschaft beginnt, muss im Zeitpunkt der Anmeldung der Umwandlung zur Eintragung ins Handelsregister bereits abgelaufen sein.[755] Mit Vorliegen eines beherrschenden Einflusses beginnt die Zuordnung der Tochtergesellschaft.[756]   479

Art. 37 Abs. 3 SE-VO verbietet es anlässlich der Umwandlung, den Sitz der Gesellschaft gemäß Art. 8 SE-VO in einen anderen Mitgliedstaat zu verlegen. Ein Sitzverlegungsverfahren darf erst nach der mit der Registereintragung vollzogenen Umwandlung erfolgen.[757] Innerhalb des Sitzstaates der Gründungsgesellschaft bleibt eine Sitzverlegung allerdings möglich.   480

III.   Formwechsel

1.   Überblick

Das Verfahren zur Gründung einer SE durch Umwandlung einer AG erfolgt in mehreren Schritten, die sich wie folgt einteilen (*kursiv* gedruckte Schritte müssen nicht in allen Fällen durchlaufen werden):   481

  (1) Aufstellung des Umwandlungsplans;

  (2) Erstellung des Umwandlungsberichts;

---

753 *Schwarz*, SE-VO, Art. 2 Rn. 99.
754 Art. 2 Abs. 4 SE-VO.
755 *Oechsler*, in: MünchKomm AktG, Art. 2 SE-VO Rn. 34, 45.
756 *Schwarz*, SE-VO, Art. 2 Rn. 69, 103 ff.; *Jannott*, in: Jannott/Frodermann, Handbuch der Europäischen Aktiengesellschaft, 3. Kapitel Rn. 23; a.A. *Barnert/Dolezel/Egermann/Illigasch*, Societas Europaea, S. 63, nach deren Ansicht bereits eine reine Minderheitsbeteiligung von nur 1 % an einer Tochtergesellschaft ausreichend ist, um diese Gesellschaft als Tochtergesellschaft im Sinne des Art. 2 Abs. 4 SE-VO zu qualifizieren.
757 *Schwarz*, SE-VO, Art. 37 Rn. 9.

(3) Prüfung der Umwandlung durch unabhängige Sachverständige, Erstellung der Werthaltigkeitsbescheinigung;

(4) Beachtung des nationalen Aktiengründungsrechts;

(5) *Zuleitung des Umwandlungsplans an die Betriebsräte;*

(6) Offenlegung des Umwandlungsplans;

(7) Arbeitnehmerbeteiligung;

(8) Einberufung der Hauptversammlung;

(9) Durchführung der Hauptversammlung;

(10) *Kapitalerhöhungen und Kapitalherabsetzungen;*

(11) *Satzungsanpassung an Arbeitnehmerbeteiligungsvereinbarung;*

(12) Rechtmäßigkeitskontrolle;

(13) Eintragung der SE, Offenlegung, Bekanntmachung.

2. Verfahrensplanung

482 Vor einer Umwandlungsgründung sollten die erforderlichen Maßnahmen zum Ablauf der Umwandlung frühzeitig in einem Zeitplan zusammengefasst werden. Dadurch ist eine effiziente Gründungsplanung möglich und unnötige Zeitverzögerungen können vermieden werden. Die Gründungsplanung hat folgende Umstände zu berücksichtigen:

- Vor einer Gründung einer SE durch Umwandlung ist zu prüfen, ob Kapitalerhöhungen und Kapitalherabsetzungen notwendig werden.

- Vor der Einberufung der Hauptversammlung, die über die Umwandlung beschließt, sind der Umwandlungsplan und der Umwandlungsbericht aufzustellen. Zudem haben unabhängige Sachverständige eine Umwandlungsprüfung durchzuführen und eine Werthaltigkeitsbescheinigung auszustellen.

- Ab Einberufung der Hauptversammlung müssen der Umwandlungsplan, der Umwandlungsbericht und die Werthaltigkeitsbescheinigung der Sachverständigen am Sitz der Gesellschaft zur Einsichtnahme der Aktionäre ausliegen.

- Die Hauptversammlung ist mindestens dreißig Tage vor dem Tag der Versammlung durch den Vorstand einzuberufen. Die Einberufung ist nebst Tagesordnung und der Satzung der neuen SE sowie dem wesentlichen Inhalt des Umwandlungsplans in den Gesellschaftsblättern bekannt zu machen.

- Der Umwandlungsplan ist spätestens einen Monat vor dem Tag der Hauptversammlung dem Betriebsrat zuzuleiten und zum Handelsregister einzureichen.

- Unverzüglich nach Offenlegung des Umwandlungsplans sind die Arbeitnehmervertretungen bzw. die Arbeitnehmer zu informieren und schriftlich aufzufordern, ein besonderes Verhandlungsgremium einzurichten. Die Umwandlung kann nur eingetragen werden, wenn eine Vereinbarung über die Beteiligung der Arbeitnehmer in der SE abgeschlossen, ein Beschluss über den Abbruch der Verhandlungen gefasst wurde oder die Frist für die Einigung über eine Vereinbarung zur Beteiligung der Arbeitnehmer in der SE abgelaufen ist, ohne dass eine Vereinbarung zustande kam. Diese Frist beträgt sechs Monate und kann einvernehmlich auf bis zu ein Jahr verlängert werden. Es muss also damit gerechnet werden, dass die Verhandlungen über die Beteiligung der Arbeitnehmer in der SE ein Jahr dauern können.

3.   Verfahrensvollzug

a)   Aufstellung eines Umwandlungsplans

Vom Leitungs- oder Verwaltungsorgan der umzuwandelnden Aktiengesellschaft muss ein Um-   483
wandlungsplan aufgestellt werden,[758] d.h. die Zuständigkeit in Deutschland liegt beim Vorstand
der Aktiengesellschaft. Ebenso wie der Verschmelzungsplan und der Gründungsplan soll er die
Aktionäre vorab über die beabsichtigten Änderungen informieren.

aa)   Inhalt

Die SE-VO enthält anders als bei den anderen Gründungsarten keine Angaben zum Inhalt des   484
Umwandlungsplans. Der Zweck und die Funktion des Umwandlungsplans als Vorabinformation der Aktionäre gebietet die Aufnahme sämtlicher für den Formwechsel bedeutsamer Angaben,
einschließlich der Satzung der künftigen SE.[759] Eine Gestaltungsfreiheit der Gründungsgesellschaft dürfte deshalb ausgeschlossen sein.[760] Für den erforderlichen Lückenschluss werden eine
Analogie zur Regelung bei der Verschmelzungsgründung bzw. der Holdinggründung,[761] der Sitzverlegung[762] und des jeweiligen nationalen Rechts[763] vorgeschlagen. Die Anwendung nationalen
Rechts überzeugt nicht, da mangels Richtliniengrundlage nicht alle nationalen Rechtsordnungen
den Formwechsel regeln müssen; gegen einen Rückgriff auf die Sitzverlegungsvorschrift spricht,
dass die Sitzverlegung in Art. 37 Abs. 3 SE-VO anlässlich der Umwandlung gerade ausgeschlossen ist.[764]

> ⓘ Praxishinweis: 485
>
> *Um unnötige Anfechtungsklagen von vornherein zu vermeiden, empfiehlt sich für die Praxis eine großzügige Orientierung an*
> *den im Katalog des Art. 20 Abs. 1 Satz 2 SE-VO aufgeführten Mindestangaben des Verschmelzungsplans. Im Zweifel sollten*
> *die Angaben eher ausführlich ausfallen, wobei die zahlreichen in Deutschland bereits durchgeführten Umwandlungsgrün-*
> *dungen wertvolle Hinweise liefern können.*

Der Umwandlungsplan kann neben den Mindestangaben auch freiwillige Angaben enthalten, die   486
in einem Abfindungsangebot für widersprechende Minderheitsaktionäre,[765] der Gründerstellung,
der Abberufung oder Bestellung von Organen sowie der Bestellung des Abschlussprüfers bestehen können.[766]

---

758 Art. 37 Abs. 4 SE-VO.
759 *Schäfer*, in: MünchKomm AktG, Art. 37 SE-VO Rn. 9.
760 A. A. *Neun*, in: Theisen/Wenz, Die Europäische Aktiengesellschaft, B IV 2 aa.
761 Art. 20 Abs. 1 Satz 2 SE-VO bzw. Art. 32 Abs. 2 Satz 3 SE-VO; *Schäfer*, in: MünchKomm AktG, Art. 37 SE-VO Rn. 10;
     Schwarz, SE-VO, Art. 37 Rn. 17; vgl. zu den Mindestangaben des Verschmelzungsplans: § 2 Rn. 57 ff.
762 *Kalss*, ZGR 2003, 593, 613.
763 *Jannott*, in: Jannott/Frodermann, Handbuch der Europäischen Aktiengesellschaft, 3. Kapitel Rn. 234; vgl. auch *Neun*,
     in: Theisen/Wenz, Die Europäische Aktiengesellschaft, B IV 2 aa.
764 *Schäfer*, in: MünchKomm AktG, Art. 37 SE-VO Rn. 10.
765 Vgl. § 194 Abs. 1 Nr. 6 UmwG.
766 *Schwarz*, SE-VO, Art. 37 Rn. 28.

487   Der Umwandlungsplan sollte folgenden Mindestinhalt haben:

■ Firma und Sitz der SE[767]

488   Mit der Angabe der vorgesehenen Firma einschließlich des Zusatzes „SE"[768] und ihres geplanten Sitzes wird die neue Rechtsform beschrieben. Bei der Sitzwahl ist das Sitzverlegungsverbot anlässlich der Umwandlungsgründung zu beachten:[769] Nur die Sitzverlegung innerhalb des Mitgliedsstaats, nicht jedoch in einen anderen Mitgliedstaat, ist gestattet.

■ Beteiligungsverhältnis[770]

489   Im Gegensatz zum Verschmelzungsplan kommen Angaben zum Umtauschverhältnis nicht in Betracht, da bei der Umwandlungsgründung kein Aktientausch stattfindet. Der Umwandlungsplan sollte jedoch im Sinne einer umfassenden Information der Aktionäre die künftige Beteiligung an der SE nach Art, Zahl und Umfang der Anteile angeben.[771]

■ Übertragung der Aktien[772]

490   Bei der Umwandlungsgründung ist klarzustellen, dass die bisherigen Aktionäre nach dem Prinzip der Identität des Rechtsträgers und dem daraus folgenden Prinzip der Identität der Mitgliedschaft mit denselben Aktien unverändert an der neuen SE beteiligt sein werden.[773] Ein Übertragungsvorgang hinsichtlich der Aktien findet nicht statt.

■ Verzicht auf die Angabe des Umwandlungsstichtags[774] und der Gewinnberechtigung[775]

491   Die Angabe des Umwandlungsstichtags im Umwandlungsplan ist unschädlich, wenngleich nicht erforderlich, da die Umwandlungsgründung dem Prinzip der Identität des Rechtsträgers folgt. Die Rechnungslegung wird vor und nach der Umwandlung für denselben Rechtsträger vorgenommen, so dass ein Wechsel der Rechnungslegung nicht notwendig wird.[776] Deshalb sind auch Angaben zur Gewinnberechtigung überflüssig.[777]

■ Gewährung von Sonderrechten[778]

492   Der Umwandlungsplan muss entsprechend dem Verschmelzungsplan Angaben darüber enthalten, welche Rechte die SE den mit Sonderrechten ausgestatteten Aktionären der Gründungsgesellschaft und den Inhabern anderer Wertpapiere gewährt.[779]

■ Gewährung von Sondervorteilen[780]

493   Außerdem muss die Gewährung besonderer Vorteile an die mit der Umwandlung befassten Sachverständigen im Sinne des Art. 37 Abs. 6 SE-VO oder die Mitglieder der Verwaltungs-, Leitungs-, Aufsichts- oder Kontrollorgane angegeben werden.[781]

---

767 Art. 20 Abs. 1 Satz 1 lit. a SE-VO analog.
768 Art. 11 Abs. 1 SE-VO.
769 Art. 37 Abs. 3 SE-VO.
770 Art. 20 Abs. 1 Satz 2 lit. b SE-VO analog.
771 Vgl. die Vorgaben des § 194 Abs. 1 Nr. 4 UmwG.
772 Art. 20 Abs. 1 Satz 2 lit. c SE-VO analog.
773 *Schwarz*, SE-VO, Art. 37 Rn. 21; vgl. die Vorgaben des § 194 Abs. 1 Nr. 3 UmwG.
774 Art. 20 Abs. 1 Satz 2 lit. e SE-VO analog.
775 Art. 20 Abs. 1 Satz 2 lit. d SE-VO analog.
776 Vgl. *Decher* in: Lutter, UmwG, § 194 Rn. 38; die Angabe gänzlich ablehnend *Schwarz*, SE-VO, Art. 37 Rn. 22.
777 *Schäfer*, in: MünchKomm AktG, Art. 37 SE-VO Rn. 11.
778 Art. 20 Abs. 1 Satz 2 lit. f SE-VO analog.
779 *Schwarz*, SE-VO, Art. 37 Rn. 23.
780 Art. 20 Abs. 1 Satz 2 lit. g SE-VO analog.
781 *Schwarz*, SE-VO, Art. 37 Rn. 24.

■ Satzung der SE[782]

Die Satzung der neuen SE muss in den Umwandlungsplan aufgenommen werden, weil ihre   494
Offenlegung zur Information der Aktionäre erforderlich ist.[783] Die inhaltlichen Anforderungen an die Satzung im Rahmen der Umwandlungsgründung ergeben sich wie bei den anderen Gründungsformen aus dem nationalen Aktienrecht.[784] Neben den Angaben nach § 23
AktG sind Festsetzungen entsprechend § 243 Abs. 1 Satz 2 UmwG zu Sondervorteilen, Gründungsaufwand, Sacheinlagen und Sachübernahmen erforderlich.[785]

🛇 Praxishinweis: 495

*Ausreichend für die Zwecke des § 27 AktG dürfte die Angabe sein, dass das Vermögen der SE durch Formwechsel erbracht
wird.[786] Die Auflistung der einzelnen Vermögensgegenstände sollte dann entbehrlich sein.[787]*

■ Beteiligung der Arbeitnehmer[788]

Im Umwandlungsplan müssen Angaben zu dem Verfahren über die Beteiligung der Arbeit-   496
nehmer enthalten sein. Eine Darstellung der wesentlichen Grundzüge reicht aus, da die Verhandlungen über die Beteiligung der Arbeitnehmer erst nach Aufstellung und Offenlegung
des Umwandlungsplans beginnen.[789]

bb)   Formerfordernisse

Die SE-VO sieht keine Formerfordernisse im Hinblick auf den Umwandlungsplan vor. Über   497
Art. 18 SE-VO könnte das nationale Recht gelten, was für eine deutsche SE die notarielle Beurkundung nach sich zieht.[790]

🛇 Praxishinweis: 498

*Zur Vermeidung kostenaufwendiger Nachbeurkundungen wegen Änderungen durch die Hauptversammlung oder zur Anpas-
sungen der mitbeurkundeten Satzung, die nach der jeweiligen ausgehandelten Vereinbarung über die Beteiligung der Arbeitnehmer erforderlich werden, erscheint die Vorlage nur eines Entwurfs des Umwandlungsplans in der Hauptversammlung
vorzugswürdig. Die Beurkundung sollte dann erst nach den Beschlussfassungen erfolgen.[791]*

b)   Erstellung des Umwandlungsberichts

Die Verordnung regelt in Art. 37 Abs. 4 SE-VO, dass der Umwandlungsbericht vom Leitungs-   499
oder Verwaltungsorgan zu erstellen ist, der die rechtlichen und wirtschaftlichen Aspekte der Umwandlung erläutern soll. Ebenso wie beim Holdingbericht dient der Umwandlungsbericht der

---

782 Art. 20 Abs. 1 Satz 2 lit. h SE-VO analog.
783 Vgl. Art. 37 Abs. 5 SE-VO; *Schäfer*, in: MünchKomm AktG, Art. 37 SE-VO Rn. 13; *Schwarz*, SE-VO, Art. 37 Rn. 25;
   a.A. *Jannott*, in: Jannott/Frodermann, Handbuch der Europäischen Aktiengesellschaft, 3. Kapitel Rn. 234.
784 Vgl. hierzu § 2 Rn. 74.
785 *Schäfer*, in: MünchKomm AktG, Art. 37 SE-VO Rn. 13.
786 *Schäfer*, in: MünchKomm AktG, Art. 37 SE-VO Rn. 13; *Schwarz*, SE-VO, Art. 37 Rn. 26. Vgl. zum Streit über die
   Anwendbarkeit des § 27 AktG bei der Umwandlung *Happ*, in: Lutter, UmwG, § 245 Rn. 28 und *Rieger*, in: Widmann/
   Mayer, UmwG, § 197 Rn. 146 jeweils m.w.N.
787 *Schwarz*, SE-VO, Art. 37 Rn. 26.
788 Art. 20 Abs. 1 Satz 2 lit. i SE-VO analog.
789 Vgl § 2 Rn. 76.
790 *Schwarz*, SE-VO, Art. 37 Rn. 29 folgert dies aus § 6 UmwG. Im Ergebnis mit anderer Begründung ebenso *Schäfer*, in:
   MünchKomm AktG, Art. 37 SE-VO Rn. 14.
791 Zur Zulässigkeit dieses Verfahrens Schwarz, SE-VO, Art. 20 Rn. 52.

Vorabinformation der Aktionäre und soll diese in die Lage versetzen, die Auswirkungen zu erfassen, die der geplante Übergang zur Rechtform einer SE hat.[792]

500   Im Unterschied zum Holdingbericht ist der Umwandlungsbericht jedoch ein gesondertes Dokument.[793] Ansonsten unterliegt er aber denselben inhaltlichen Anforderungen. Auch hier gilt es von vornherein Anfechtungsklagen durch eine möglichst ausführliche Darstellungsform auszuschließen.[794] Der Bericht muss die Umwandlungsgründung rechtlich und wirtschaftlich erläutern und begründen sowie die Auswirkungen des Übergangs zur Rechtsform der SE für die Anteilsinhaber und die Arbeitnehmer darlegen.[795] Im Mittelpunkt steht dabei die künftige Beteiligung der Aktionäre an der SE.[796] Es muss insbesondere klar gestellt werden, dass es sich bei der SE um eine Gesellschaft anderer Rechtsform handelt. Allgemeine Ausführungen zur Errichtung der SE sind ebenso erforderlich wie rechtliche und wirtschaftliche Erläuterungen des Umwandlungsplans. In diesem Zusammenhang soll auch die Arbeitnehmerbeteiligung dargestellt werden. Außerdem muss der Umwandlungsbericht eine Abwägung der Vor- und Nachteile und die wirtschaftlichen Auswirkungen der Umwandlungsgründung enthalten. Dies beinhaltet die Begründung, warum die Form der Umwandlung die geeignete Maßnahme ist.

501   Die Gesellschafter müssen über alle wesentlichen Umstände, die zur Zustimmung zur oder Ablehnung der Umwandlungsgründung wichtig sind, ausführlich informiert werden. Dies hat in einer Art und Weise zu geschehen, die den Gründungsvorgang auch für den nicht mit dem Vorgang vertrauten Anteilsinhaber so verständlich macht, dass er als relativer Laie eine Entscheidungsgrundlage erhält. Gleichzeitig muss der Anteilsinhaber aber nicht über alle Einzelheiten informiert werden, sondern es soll ihm eine Plausibilitätskontrolle ermöglicht werden.

502   🛈 Praxishinweis:

Ein Verzicht auf die Erstellung eines Umwandlungsberichts, wenn der umzuwandelnde Rechtsträger nur einen Aktionär hat oder wenn alle Aktionäre in notarieller Urkunde auf die Berichterstattung verzichten, muss derzeit sorgsam erwogen werden.[797] Art. 37 Abs. 4 SE-VO sieht eine Verzichtsmöglichkeit nicht vor und lässt deshalb möglicherweise keinen Raum für die Anwendung nationaler Vereinfachungsregelungen für diese Fälle.[798]

503   Gegen die Verzichtsmöglichkeit spricht auch, dass im Umwandlungsbericht auch auf die Folgen der Umwandlung für die Arbeitnehmer einzugehen ist. Allerdings sieht die SE-VO keine Berichterstattung an die Arbeitnehmer vor. Außerdem sind die Aktionäre der umzuwandelnden Aktiengesellschaft nicht schutzbedürftig, wenn sie freiwillig und in notarieller Form auf die Berichterstattung verzichten. Das Bestehen einer Verzichtsmöglichkeit ist deshalb gut vertretbar.

---

792 *Neun*, in: Theisen/Wenz, Die Europäische Aktiengesellschaft, B IV 2 ab.
793 *Schwarz*, SE-VO, Art. 37 Rn. 31; a.A. *Schäfer*, in: MünchKomm AktG, Art. 37 SE-VO Rn. 15.
794 *Schwarz*, SE-VO, Art. 37 Rn. 34.
795 Art. 37 Abs. 4 SE-VO.
796 *Schwarz*, SE-VO, Art. 37 Rn. 32; *Schäfer*, in: MünchKomm AktG, Art. 37 SE-VO Rn. 16.
797 Vgl. § 192 Abs. 3 UmwG. *Jannott*, in: Jannott/Frodermann, Handbuch der Europäischen Aktiengesellschaft, 3. Kapitel Rn. 238.
798 Gegen die Verzichtsmöglichkeit: *Jannott*, in: Jannott/Frodermann, Handbuch der Europäischen Aktiengesellschaft, 3. Kapitel Rn. 238; für die Verzichtsmöglichkeit: *Schäfer*, in: MünchKomm AktG, Art. 37 SE-VO Rn. 17; *Schwarz*, SE-VO, Art. 37 Rn. 35.

c)   Prüfung der Umwandlung durch unabhängige Sachverständige, Erstellung der Werthaltigkeitsbescheinigung

Die Umwandlungsprüfung beschränkt sich auf die Feststellung von einem oder mehreren unabhängigen Sachverständigen, dass eine ausreichende Kapitaldecke vorhanden ist.[799] Da es im Rahmen der Umwandlung zu keinem Aktientausch kommt, entfällt eine Prüfung des Umtauschverhältnisses. Die Sachverständigen nehmen daher nur eine Werthaltigkeitsprüfung des Vermögens der Gründungsgesellschaft vor, damit das Kapital der SE im Zeitpunkt der Eintragung gedeckt ist. Die Nettovermögenswerte der Gründungsgesellschaft müssen die Höhe des Grundkapitals der SE zuzüglich der kraft Gesetzes oder Satzung nicht ausschüttungsfähigen Rücklagen erreichen.[800] Ein Verzicht auf die Werthaltigkeitsprüfung seitens der Aktionäre ist nicht möglich, da die SE-VO einen Verzicht nicht vorsieht und die Bescheinigung über die Werthaltigkeit zudem der Sicherung der Kapitalaufbringung dient und damit im Gläubigerinteresse liegt. Eine Prüfung des Umwandlungsplans, wie es Art. 22 SE-VO für den Verschmelzungsplan und Art. 32 Abs. 4 und 5 SE-VO für den Gründungsplan bei der Holdinggründung verlangen, ist in der SE-VO jedoch nicht vorgesehen.

504

Als Sachverständige sind nach nationalem Recht nur Wirtschaftsprüfer und Wirtschaftsprüfungsgesellschaften zu bestellen.[801] Die Sachverständigen sind nach den jeweiligen nationalen Vorschriften zu bestellen,[802] d.h. für deutsche Gesellschaften auf Antrag des jeweiligen Vertretungsorgans durch das Landgericht, in dessen Bezirk die Gründungsgesellschaft ihren Sitz hat.[803]

505

> **Praxishinweis:**
>
> *Sofern die Bestellung der Prüfer auf der Grundlage einer in der Literatur vertretenen Ansicht durch die Gründungsgesellschaften ohne die Einschaltung des Gerichts erfolgt,[804] sollte vorab mit dem zuständigen Handelsregister geklärt werden, ob hierin aus dessen Sicht ein Eintragungshindernis liegt.*

506

aa)   Inhalt und Umfang der Prüfung

Die Werthaltigkeitsbescheinigung soll feststellen, ob eine reale Kapitaldeckung gegeben ist. Als Nettovermögenswerte gelten daher alle Vermögensgegenstände, deren wirtschaftlicher Wert feststellbar ist.[805] Hierzu gehören zunächst alle bilanzierungspflichtigen Aktiva, die die Gegenstände des Anlage- und Umlaufvermögens sowie alle Forderungen und sonstigen Vermögensgegenstände umfassen. Fraglich ist jedoch, ob als Nettovermögenswerte auch nicht bilanzierungspflichtige und nicht bilanzierungsfähige Gegenstände anzusehen sind.

507

> **Praxishinweis:**
>
> *Sinn und Zweck des Art. 37 Abs. 6 SE-VO ist die Vorabinformation der Aktionäre und die Feststellung der realen Kapitaldeckung. Es ist daher davon auszugehen, dass das Nettovermögen prinzipiell auch nicht bilanzierungspflichtige und nicht bilanzierungsfähige Gegenstände umfasst. Demnach sind beispielsweise auch selbst geschaffene immaterielle Wirtschaftsgüter als Nettovermögenswerte anzusehen.*

508

799 Art. 37 Abs. 6 SE-VO.
800 Art. 37 Abs. 6 SE-VO; *Schäfer*, in: MünchKomm AktG, Art. 37 SE-VO Rn. 22; a.A. *Schwarz*, SE-VO, Art. 37 Rn. 41, demzufolge zu prüfen ist, ob das Vermögen das Kapital der Aktiengesellschaft (vor der Umwandlung) deckt, was in Hinblick auf den Zweck des Art. 37 Abs. 6 SE-VO, die Kapitalaufbringung bei Gründung der SE sicherzustellen, aber nicht überzeugt.
801 Art. 37 Abs. 6 SE-VO i.V.m. §§ 11 Abs. 1 UmwG i.V.m. § 319 HGB.
802 *Schwarz*, SE-VO, Art. 32 Rn. 49.
803 §§ 10 Abs. 1 Satz 1, Abs. 2 UmwG.
804 *Schäfer*, in: MünchKomm AktG, Art. 37 SE-VO Rn. 24.
805 *Schwarz*, SE-VO, Art. 37 Rn. 43.

509 Die SE-VO regelt nicht, in welcher Höhe die Nettovermögenswerte anzusetzen sind. In Betracht kommt grundsätzlich ein Ansatz zu Buch- oder Verkehrswerten. Da nach Art. 37 Abs. 6 SE-VO festgestellt werden soll, ob die Kapitaldeckung real gegeben ist, kann davon ausgegangen werden, dass die unabhängigen Sachverständigen auf den wirklichen Wert (Verkehrswert) des Nettovermögens abzustellen haben.[806] Bei Gegenständen des Anlagevermögens ist dies der Anschaffungs- oder Herstellungswert, bei Gegenständen des Umlaufvermögens der Wert der Einzelveräußerung.[807] Diesen Nettovermögenswerten ist das Grundkapital der SE zuzüglich nicht ausschüttungsfähiger Rücklagen gegenüberzustellen. Als Grundkapital gilt der in der Satzung ausgewiesene Betrag, als ausschüttungsfähige Rücklagen gelten die Rücklagen nach § 150 AktG, die nicht im Rahmen einer Gewinnausschüttung verwendet werden dürfen.[808] Beide Positionen zusammen müssen durch das Nettovermögen abgedeckt sein. Ergibt die Prüfung der Sachverständigen, dass dies der Fall ist, dürfen sie die zur Umwandlung erforderliche Werthaltigkeitsbescheinigung ausstellen.

510 Analog Art. 22 Abs. 2 SE-VO haben die Prüfer das Recht, von der umzuwandelnden Gesellschaft die Auskünfte zu verlangen, die ihnen zur Aufgabenerfüllung notwendig erscheinen.[809]

bb) Erstellung der Werthaltigkeitsbescheinigung

511 Die Sachverständigen haben im Rahmen der Umwandlungsprüfung eine schriftliche Werthaltigkeitsbescheinigung auszustellen.[810] Inhaltlich muss diese Bescheinigung feststellen, dass die Gründungsgesellschaft über Nettovermögenswerte mindestens in Höhe des Grundkapitals der SE zuzüglich nicht ausschüttungsfähiger Rücklagen verfügt.[811] Die Bescheinigung hat die einzelnen Vermögenswerte zu beschreiben, Angaben über die angewandten Bewertungsverfahren zu enthalten und darf nur dann ausgestellt werden, wenn eine Vermögensdeckung gegeben ist.

d) Beachtung des nationalen Aktiengründungsrechts

512 Bei der Umwandlungsgründung findet für die entstehende SE grundsätzlich das nationale Gründungsrecht für Aktiengesellschaften, insbesondere die Vorschriften über die Sachgründung, Anwendung.[812] Die Umwandlungsgründung stellt jedoch keine Neugründung dar.[813] Das Prinzip der Identität des Rechtsträgers, dem die formwechselnde Umwandlung unterliegt, erfordert nur, dass die strengeren Kapitalaufbringungsvorschriften der Zielrechtsform nicht unterlaufen werden.[814] Sachgründungsvorschriften sind bei einer Umwandlungsgründung daher insoweit anwendbar, wie es der Schutz vor der Umgehung von Gründungsvorschriften im nationalen Aktienrecht erfordert.

---

806 Dies enstpricht § 192 Abs. 2 UmwG a.F., demzufolge im Rahmen der Vermögensaufstellung die Gegenstände und Verbindlichkeiten des formwechselnden Rechtsträgers mit dem wirklichen Wert anzusetzen waren, der ihnen am Tag der Erstellung des Berichts beizulegen war.

807 *Schwarz*, SE VO, Art. 37 Rn. 44.

808 *Schwarz*, SE-VO, Art. 37 Rn. 45.

809 *Schwarz*, SE-VO, Art. 37 Rn. 47.

810 *Jannott*, in: Jannott/Frodermann, Handbuch der Europäischen Aktiengesellschaft, 3. Kapitel Rn. 241. Die Werthaltigkeitsbescheinigung kann auch beispielsweise als Bescheinigung des Umwandlungsprüfers gemäß Art. 37 Abs. 6 SE-VO oder als Bescheinigung zur Kapitaldeckung im Rahmen der Umwandlung bezeichnet werden.

811 Art. 37 Abs. 6 SE-VO.

812 Art. 10, 15 Abs. 1 SE-VO i.V.m. § 197 UmwG, §§ 23 ff. AktG.

813 Art. 37 Abs. 2 SE-VO.

814 Einschränkende Auslegung des § 197 UmwG. *Schwarz*, SE-VO, Art. 37 Rn. 67; *Schäfer*, in: MünchKomm AktG, Art. 37 SE-VO Rn. 30 f.

Die praktische Bedeutung beschränkt sich im Wesentlichen auf die Festsetzungen zu Sondervorteilen, Gründungsaufwand, Sacheinlagen und Sachübernahmen in der Satzung sowie die Abschlussprüferbestellung.[815] Hinsichtlich der Festsetzung des Gegenstands der Sacheinlage genügt die Angabe der genau bezeichneten Gesellschaft, aus der die SE entsteht. Eine Auflistung der einzelnen Vermögensgegenstände der Gründungsgesellschaft ist nicht erforderlich.[816] Die weiteren Gründungsschritte nach nationalem Recht bei einer deutschen[817] SE bestehen in einer Gründungsprüfung[818] und der Anmeldung der SE zur Eintragung ins Handelsregister.[819] Nähere Erläuterungen dazu erfolgen an entsprechender Stelle.[820]

513

Das erste Aufsichts- oder Verwaltungsorgan muss in der ersten Satzung oder der ersten Hauptversammlung der SE bestellt werden.[821] Anders als im deutschen Recht[822] sind die Arbeitnehmervertreter bereits Mitglied des ersten Organs.[823] Trotz der Identitätswahrung im Rahmen der Umwandlungsgründung endet das Amt der bisherigen Aufsichtsratsmitglieder auch bei Wahl des dualistischen Systems für die SE mit Wirksamwerden der Umwandlung.[824]

514

Nach deutschem Recht müssen die Gründer einen Bericht über den Hergang der Prüfung fertigen, der sich vom Umwandlungsbericht unterscheidet,[825] und es ist eine externe Gründungsprüfung durchzuführen, da die Umwandlung wie eine Sachgründung zu behandeln ist.[826] Bei einer Umwandlungsgründung einer SE ist die Kapitalaufbringung allerdings bereits durch die Werthaltigkeitsbescheinigung im Sinne des Art. 37 Abs. 6 SE-VO sichergestellt. Zusätzlich ist die Kapitalaufbringung durch die Geltung der Kapitalschutzvorschriften bereits für die Gründungsgesellschaft gesichert.[827] Daher ist grundsätzlich davon auszugehen, dass im Rahmen einer Umwandlungsgründung auf den Gründungsbericht der Gründer und die externe Gründungsprüfung verzichtet werden kann.[828]

515

🛈 Praxishinweis:

516

Die Erstellung eines Gründungsberichts der Gründer wäre bei Publikumsgesellschaften praktisch nur dann zu bewerkstelligen, wenn man die formwechselnde Aktiengesellschaft als Gründer ansieht.[829] Denn die Unterzeichnung und die Übernahme der Haftung für einen Gründungsbericht durch alle Gesellschafter, die dem Formwechsel in die SE zustimmen, ist nicht realistisch.

e) Zuleitung des Umwandlungsplans an die Betriebsräte

Die SE-VO regelt nur die Offenlegung des Umwandlungsplans, schreibt jedoch hier keine Zuleitung an Betriebsräte vor.

517

---

815 *Schäfer*, in: MünchKomm AktG, Art. 37 SE-VO Rn. 13, 31.
816 *Schwarz*, SE-VO, Art. 37 Rn. 71.
817 Vgl. *Hüffer*, AktG, § 23 ff.
818 Art. 15 Abs. 1 SE-VO i.V.m. § 33 Abs. 1 AktG.
819 Art. 15 Abs. 1 SE-VO i.V.m. §§ 198 – 201 UmwG.
820 Vgl. § 2 Rn. 534 ff.
821 Art. 40 Abs. 2 Satz 1 bzw. 43 Abs. 3 Satz 1 SE-VO.
822 § 30 Abs. 2 AktG.
823 Art. 40 Abs. 2 Satz 3 bzw. 43 Abs. 3 Satz 3 SE-VO. Vgl. § 3 Rn. 287 ff. und §3 Rn. 291 ff.
824 Vgl. § 2 Rn. 785; *Schwarz*, SE-VO, Art. 37 Rn. 71; a.A. *Schäfer*, in: MünchKomm AktG, Art. 37 SE-VO Rn. 31.
825 Art. 15 Abs. 1 SE-VO i.V.m. §§ 197 UmwG, 32 AktG. Als Gründer gelten nach § 245 Abs. 1 UmwG beim Formwechsel der GmbH in die AG die Gesellschafter, die für den Formwechsel gestimmt haben.
826 Art. 15 Abs. 1 SE-VO i.V.m. § 33 Abs. 2 AktG.
827 Rechtsgedanke aus § 75 UmwG; *Schwarz*, SE-VO, Art. 37 Rn. 74.
828 *Jannott*, in: Jannott/Frodermann, Handbuch der Europäischen Aktiengesellschaft, 3. Kapitel Rn. 258; *Schwarz*, SE-VO, Art. 37 Rn. 74; *Neun*, in: Theisen/Wenz, Die Europäische Aktiengesellschaft, B IV 2 ca.
829 Dafür *Schwarz*, SE-VO, Art. 37 Rn. 69, *Schäfer*, in: MünchKomm AktG, Art. 37 SE-VO Rn. 28.

518   🛈 **Praxishinweis:**

In Deutschland spricht einiges dafür, dass neben der Berichtspflicht zu Gunsten der Arbeitnehmer[830] der Umwandlungsplan mit Bericht dem zuständigen Betriebsrat entsprechend Art. 18 oder 15 SE-VO und § 194 Abs. 2 UmwG zugeleitet werden muss.[831] Bis zu einer abschließenden Klärung durch die Gerichte sollte dies erfolgen, um Eintragungshindernisse zu vermeiden. Der Umwandlungsplan sollte deshalb spätestens einen Monat vor der Hauptversammlung dem zuständigen Betriebsrat zugeleitet werden.

f)   Offenlegung des Umwandlungsplans

519   Der Umwandlungsplan ist mindestens einen Monat vor der Hauptversammlung, die über die Umwandlung beschließen soll, nach den Vorschriften des jeweiligen nationalen Rechts offen zu legen.[832] Für die Umwandlung einer deutschen Aktiengesellschaft in eine SE bedeutet dies, dass der Umwandlungsplan beim Handelsregister einzureichen ist.[833] Die Eintragung ist durch das Gericht nach § 10 HGB bekannt zu machen.[834]

g)   Arbeitnehmerbeteiligung

520   Die Beteiligung der Arbeitnehmer muss bei der Umwandlung umgehend und unverzüglich nach Offenlegung des Umwandlungsplans erfolgen.[835] Hierbei sind die Arbeitnehmervertretungen bzw. die Arbeitnehmer über das Vorhaben der Umwandlung zu informieren und schriftlich aufzufordern, ein besonderes Verhandlungsgremium einzurichten.[836] Dies sollte möglichst zügig geschehen, um die Verhandlungen zur Arbeitnehmerbeteiligung so schnell wie möglich aufzunehmen und unnötige Zeitverluste zu vermeiden.[837]

h)   Einberufung der Hauptversammlung

521   Die SE-VO enthält keine Regelungen über die Vorbereitung und Einberufung der Hauptversammlung. Hierbei kann angenommen werden, dass es sich nicht um eine bewusst lückenhafte Regelung handelt, so dass gemäß Art. 18 SE-VO in analoger Anwendung das nationale Recht zu berücksichtigen ist.[838] Für die Einberufung bei einer deutschen Aktiengesellschaft sind die §§ 121 ff. AktG maßgebend. Die Hauptversammlung ist mindestens dreißig Tage vor dem Tag der Versammlung durch den Vorstand einzuberufen.[839] Die Einberufung nebst Tagesordnung und der Satzung der neuen SE sowie dem wesentlichen Inhalt des Umwandlungsplans muss in den

---

830 Art. 32 Abs. 2 Satz 2 SE-VO; vgl. § 2 Rn. 520.
831 *Jannott*, in: Jannott/Frodermann, Handbuch der Europäischen Aktiengesellschaft, 3. Kapitel Rn. 235; *Schäfer*, in: MünchKomm AktG, Art. 37 SE-VO Rn. 20.
832 Art. 37 Abs. 5 SE-VO.
833 § 12 Abs. 1 HGB; *Schäfer*, in: MünchKomm AktG, Art. 37 SE-VO Rn. 19 verlangt auch die Offenlegung des Unwandlungsberichts.
834 *Schwarz*, SE-VO, Art. 37 Rn. 36; a.A. *Schäfer*, in: MünchKomm AktG, Art. 37 SE-VO Rn. 19, der die Bekanntmachung der Einreichung nach § 5 SEAG analog, § 61 Satz 2 UmwG ausreichen lässt.
835 § 4 Abs. 2 Satz 3 SEBG.
836 § 5 ff. SEBG.
837 Die Einzelheiten zur Beteiligung der Arbeitnehmer werden im Abschnitt zu den arbeitsrechtlichen Aspekten bei Gründung einer SE durch Umwandlung in § 2 Rn. 778 ff. näher beschrieben.
838 *Neun*, in: Theisen/Wenz, Die Europäische Aktiengesellschaft, B IV 2 af; *Schwarz*, SE-VO, Art. 37 Rn. 50.
839 § 121 Abs. 2 und § 123 Abs. 1 AktG.

Gesellschaftsblättern bekannt gemacht werden.[840] Die Bekanntmachung kann, soweit die Satzung nichts anderes bestimmt, gegenüber den einzelnen Aktionären, die der Gesellschaft bekannt sind, mit eingeschriebenem Brief erfolgen.[841] Diese formalen Regelungen können unbeachtet bleiben, wenn es sich um eine Vollversammlung handelt, bei der alle Aktionäre erschienen sind und der Beschlussfassung nicht widersprechen.[842] Im Übrigen wird auf die Erläuterungen bei der Verschmelzungsgründung verwiesen.[843]

Die SE-VO enthält keine ausdrückliche Regelung über Informationsrechte der Aktionäre, jedoch 522 müssen die nach allgemeinen Grundsätzen bestehenden Informationsrechte der Aktionäre berücksichtigt werden. Deshalb müssen für jeden Anteilsinhaber einer Aktiengesellschaft am Sitz der Gesellschaft zumindest die folgenden Unterlagen zur Einsicht bereit liegen:[844]

- der Umwandlungsplan;
- der Umwandlungsbericht;
- die Werthaltigkeitsbescheinigung der Sachverständigen im Sinne des Art. 37 Abs. 6 SE-VO.

Die Unterlagen müssen mindestens von der Einberufung der Hauptversammlung an, die über 523 den Umwandlungsplan zu beschließen hat, in den Geschäftsräumen der Gesellschaft auszuliegen. Den Aktionären muss zudem auf ihr Verlangen unverzüglich und kostenlos eine Abschrift dieser Unterlagen übersandt werden.[845]

i) Durchführung der Hauptversammlung

Die Durchführung der Hauptversammlungen richtet sich nach dem jeweiligen nationalen Recht. 524 In Deutschland gelten die §§ 129 ff. AktG und die erweiterten Informationspflichten des UmwG.[846] Insbesondere müssen die Unterlagen, die seit der Einberufung der Hauptversammlung in den Geschäftsräumen auszulegen sind, auch in der Hauptversammlung ausliegen. Der Vorstand hat den Umwandlungsplan oder dessen Entwurf zu Beginn der Verhandlung mündlich zu erläutern.[847]

Die SE-VO verweist für die Beschlussfassung der Hauptversammlung in Art. 37 Abs. 7 SE-VO für 525 eine deutsche Aktiengesellschaft auf die Vorschriften der Verschmelzung und nicht auf die der Umwandlung.[848] Demnach bedarf der Umwandlungsbeschluss einer Mehrheit von mindestens drei Vierteln des bei der Beschlussfassung vertretenen Grundkapitals.[849] Sind mehrere Aktiengattungen vorhanden, so bedarf der Umwandlungsbeschluss zu seiner Wirksamkeit zusätzlich zustimmender Sonderbeschlüsse der stimmberechtigten Aktionäre jeder Gattung.[850]

Der Umwandlungsbeschluss und etwaige Zustimmungserklärungen müssen notariell beurkun- 526 det werden.[851] Der Umwandlungsplan oder sein Entwurf ist dem Umwandlungsbeschluss bei-

---

840 § 121 Abs. 3 und § 124 Abs. 1 und 2 AktG.
841 § 121 Abs. 4 AktG.
842 § 121 Abs. 6 AktG.
843 Vgl. § 2 Rn. 118 ff.
844 Art. 18 SE-VO analog i.V.m. §§ 238, 230 f. UmwG; *Schwarz*, SE-VO, Art. 37 Rn. 53; *Schäfer*, in: MünchKomm AktG, Art. 37 SE-VO Rn. 19.
845 Art. 18 SE-VO analog i.V.m. §§ 238, 230 Abs. 2 Satz 2 UmwG.
846 Für eine Anwendung des § 64 Abs. 1 UmwG analog: *Jannott*, in: Jannott/Frodermann, Handbuch der Europäischen Aktiengesellschaft, 3. Kapitel Rn. 248. Für eine Anwendung des § 239 UmwG: *Schwarz*, SE-VO, Art. 37 Rn. 54.
847 § 64 Abs. 1 UmwG bzw. § 239 Abs. 2 UmwG
848 § 13 UmwG i.V.m. § 65 UmwG (und nicht etwa § 193 UmwG); *Schwarz*, SE-VO, Art. 37 Rn. 55; *Schäfer*, in: MünchKomm AktG, Art. 37 SE-VO Rn. 28.
849 § 65 Abs. 1 Satz 1 UmwG.
850 § 65 Abs. 2 UmwG.
851 § 13 Abs. 3 Satz 1 UmwG.

zufügen und jedem Aktionär ist auf Verlangen eine Abschrift zu erteilen.[852] Inhaltlich besteht der Umwandlungsbeschluss aus der Zustimmung zum Umwandlungsplan und der Genehmigung der Satzung.[853] Der Zustimmungsbeschluss muss sämtliche Regelungsgegenstände des Umwandlungsplans enthalten. Bei formellen oder materiellen Fehlern richtet sich die Anfechtbarkeit oder Nichtigkeit des Beschlusses nach nationalem Recht.[854] Bei einer deutschen Aktiengesellschaft sind daher die allgemeinen Regeln des Aktiengesetzes und Regeln zum Schutz vor Klagemissbrauch anzuwenden.[855] Die Beschränkungen des Klagerechts nach dem SEAG finden keine (analoge) Anwendung, weil die Beschränkungen an den Minderheitenschutz der SE-VO anknüpfen, der im Fall des Formwechsels in die SE jedoch nicht besteht.[856]

527 Von der Ermächtigung in Art. 37 Abs. 8 SE-VO, die Umwandlung von der Zustimmung eines Organs abhängig zu machen, in dem die Mitbestimmung der Arbeitnehmer vorgesehen ist, hat der deutsche Gesetzgeber bisher keinen Gebrauch gemacht. Daher ist ein Zustimmungsbeschluss des Aufsichtsrats einer deutschen Aktiengesellschaft zur Wirksamkeit der Umwandlung auch dann nicht erforderlich, wenn der Aufsichtsrat der Mitbestimmung unterliegt.[857]

528 Im Unterschied zur Verschmelzung[858] und zur Holdinggründung[859] gibt es bei der Umwandlung keine vergleichbare Regelung über einen Genehmigungsvorbehalt der Hauptversammlung hinsichtlich des vereinbarten Mitbestimmungsmodells. Unsicher ist, ob die Hauptversammlung sich das Recht vorbehalten kann, die Eintragung der SE davon abhängig zu machen, dass die geschlossene Vereinbarung über die Beteiligung der Arbeitnehmer von ihr genehmigt wird.[860]

529 **❗ Praxishinweis:**

Denkbar ist zwar ein Genehmigungsvorbehalt für die Hauptversammlung hinsichtlich der Vereinbarung über die Beteiligung der Arbeitnehmer.[861] In der Praxis bedeutet dies allerdings ein Anfechtungsrisiko, aus dem sich eine Verzögerung der Eintragung ergeben kann.

530 Die SE-VO erlaubt die erstmalige Bestellung der von der Anteilseignerversammlung zu wählenden Organmitglieder bei Gründung der SE in der Satzung bzw. in der Gründungsurkunde.[862] Die SE-VO trifft keine Regelung über die Bestellung des ersten Abschlussprüfers. In Deutschland ist der Abschlussprüfer in notarieller Form von der Hauptversammlung zu bestellen.[863]

531 **❗ Praxishinweis:**

Da diese Bestellung der notariellen Beurkundung bedarf, sollte sie in den in Deutschland beurkundungspflichtigen Umwandlungsplan aufgenommen werden.[864]

---

852 Art. 18 SE-VO i.V.m. § 13 Abs. 3 Satz 2 und 3 UmwG (analog).
853 Art. 37 Abs. 7 Satz 1 SE-VO, wobei die Genehmigung der Satzung der Feststellung nach § 23 Abs. 1 und 2 AktG entspricht.
854 Art. 18 SE-VO (analog); *Schwarz*, SE-VO, Art. 37 Rn. 57.
855 §§ 241 ff. AktG und § 16 Abs. 3 UmwG.
856 *Schwarz*, SE-VO, Art. 37 Rn. 57. Vgl. § 2 Rn. 543.
857 *Jannott*, in: Jannott/Frodermann, Handbuch der Europäischen Aktiengesellschaft, 3. Kapitel Rn. 253.
858 Art. 23 Abs. 2 SE-VO.
859 Art. 32 Abs. 6 SE-VO.
860 Vgl. *Schwarz*, SE VO, Art. 37 Rn. 58; *Schäfer*, in: MünchKomm AktG, Art. 37 SE-VO Rn. 28; *Jannott*, in: Jannott/Frodermann, Handbuch der Europäischen Aktiengesellschaft, 3. Kapitel Rn. 252.
861 Gesamtanaloge Anwendung der Art. 23 Abs. 2 Satz 2 SE-VO und Art. 32 Abs. 6 Satz 3 SE-VO; *Schwarz*, SE VO, Art. 37 Rn. 58.
862 Art. 40 Abs. 2 Satz 2, 43 Abs. 3 Satz 2 SE-VO; Art. 6 SE-VO.
863 Art. 15 Abs. 1 SE-VO i.V.m. § 30 Abs. 1 Satz 2 AktG.
864 Vgl. § 2 Rn. 497.

j) Kapitalerhöhungen und Kapitalherabsetzungen

Das Mindestgrundkapital der SE beträgt gemäß Art. 4 Abs. 2 SE-VO 120.000 Euro wohingegen bei einer deutschen Aktiengesellschaft schon ein Mindestgrundkapital von 50.000 Euro ausreichend ist. Vor Gründung einer SE durch Umwandlung kann daher eine Kapitalerhöhung nötig werden. Um die Ausstellung der Werthaltigkeitsbescheinigung zu ermöglichen, kann außerdem durch eine Kapitalherabsetzung eine Unterbilanz beseitigt werden. Im Rahmen dieser ggf. erforderlichen Kapitalerhöhungen und Kapitalherabsetzungen gelten die nationalen Regeln des Aktienrechts, da die Kapitalmaßnahmen zwar durch den Formwechsel veranlasst, aber nicht mit ihm verknüpft sind.[865]

532

🛑 **Praxishinweis:**

533

Die für die Umwandlungsgründung erforderlichen Kapitalmaßnahmen können in derselben Hauptversammlung wie die Umwandlung beschlossen werden. Um unnötige Kapitalmaßnahmen im Rahmen eines unwirksamen Formwechsels zu vermeiden, ist es zu empfehlen, die Wirksamkeit der Kapitalmaßnahmen von der Wirksamkeit des Formwechsels abhängig zu machen. Diese Abhängigkeit ist im Beschluss über die Kapitalmaßnahmen und in der Handelsregisteranmeldung ausdrücklich festzulegen.[866]

k) Interne Gründungsprüfung

Bei der Umwandlungsgründung einer SE hat eine interne Gründungsprüfung durch den Vorstand und den Aufsichtsrat zu erfolgen.[867] Der Prüfungsumfang bezieht sich auf alle in § 34 AktG genannten besonderen Gesichtspunkte,[868] einschließlich der Werthaltigkeitsprüfung, und darüber hinaus auf alle tatsächlichen und rechtlichen Vorgänge der Gründung.[869] Der Prüfbericht orientiert sich an § 32 AktG. Er muss also alle Umstände berücksichtigen, die Gegenstand der Prüfung waren.[870] Die Prüfung ist nicht entbehrlich, da selbst dann, wenn die Kapitalaufbringung durch die Geltung der Kapitalschutzvorschriften gesichert ist, das Umwandlungsgesetz die interne Gründungsprüfung nicht für entbehrlich hält.[871] Ohne interne Gründungsprüfung kann die Eintragung der SE im Register abgelehnt werden.[872]

534

l) Satzungsanpassung an Arbeitnehmerbeteiligungsvereinbarung

Da die Satzung zu keiner Zeit im Widerspruch zu einer nach Art. 3 Abs. 3 Unterabs. 1 SE-RL geschlossenen Vereinbarung über die Beteiligung der Arbeitnehmer in der SE stehen darf,[873] muss die im Umwandlungsplan enthaltene Fassung ggf. nach Abschluss der Verhandlungen geändert werden. Die Ausführungen zur Satzungsanpassung bei der Verschmelzungsgründung gelten sinngemäß.[874]

535

---

865 *Jannott*, in: Jannott/Frodermann, Handbuch der Europäischen Aktiengesellschaft, 3. Kapitel Rn. 250.
866 *Jannott*, in: Jannott/Frodermann, Handbuch der Europäischen Aktiengesellschaft, 3. Kapitel Rn. 250.
867 Art. 15 Abs. 1 SE-VO i.V.m. §§ 197 UmwG, 33 Abs. 1 AktG.
868 Z. B. Kapitalaufbringung, Sondervorteile, Gründerlohn, vgl. *Hüffer*, AktG § 34 Rn. 3.
869 *Hüffer*, AktG § 34 Rn. 2.
870 *Hüffer*, AktG § 34 Rn. 5.
871 § 75 Abs. 2 UmwG bezieht sich nach seinem Wortlaut nur auf die externe Gründungsprüfung des § 33 Abs. 2 AktG.
872 *Schwarz*, SE-VO, Art. 37 Rn. 75.
873 Art. 12 Abs. 4 Unterabs. 1 Satz 1 SE-VO.
874 Vgl. § 2 Rn. 135 ff.

m)   Rechtmäßigkeitskontrolle

536   Im Unterschied zur Verschmelzungsgründung[875] und der Holdinggründung[876] enthält die SE-VO bei der Umwandlung keine Sondervorschriften für die Anmeldung, die Eintragung und die Rechtmäßigkeitskontrolle. Daher ist über Art. 15 Abs. 1 SE-VO nationales Recht anzuwenden. Die Anmeldung der SE zur Eintragung beim Register erfolgt für eine deutsche Aktiengesellschaft gemäß Art. 15 Abs. 1 SE-VO i.V.m. § 198 Abs. 1 UmwG. Sie ist durch den Vorstand[877] als Vertretungsorgan der formwechselnden Aktiengesellschaft beim Handelsregister[878] anzumelden, wobei eine vertretungsberechtigte Anzahl von Vorstandsmitgliedern ausreicht.[879] Der Inhalt der elektronischen Anmeldung ergibt sich aus § 199 UmwG, der für die monistische SE durch § 21 Abs. 2 bis 4 SEAG ergänzt wird, und besteht grundsätzlich aus folgenden Punkten:[880]

- Umwandlungsplan, dem die Gründungsgesellschaft zugestimmt hat, anhand einer Ausfertigung und Nachweis seiner Offenlegung;

- Satzung der SE;

- Umwandlungsbericht;

- Werthaltigkeitsbescheinigung;[881]

- Gründerfähigkeit, Gemeinschaftszugehörigkeit und Mehrstaatlichkeit der Gründungsgesellschaft[882] anhand einzureichender geeigneter Nachweise (z.B. Registerauszüge über die Errichtung einer ausländischen Tochtergesellschaft);

- Nachweis über die rechtzeitige Zuleitung des Umwandlungsplans oder seines Entwurfs an den Betriebsrat bzw. Verzichtserklärung des Betriebsrats;

- Niederschrift über den Umwandlungsbeschluss;

- Urkunden über die Bestellung der Organmitglieder und Abschlussprüfer;

- Gründungsprüfungsbericht von Vorstand und Aufsichtsrat;

- Abschluss einer Vereinbarung über die Beteiligung der Arbeitnehmer, ergebnisloser Ablauf der Verhandlungsfrist oder Beschluss über die Nichtaufnahme oder den Abbruch der Verhandlungen;

- Erklärung der Vertretungsorgane, dass eine Klage gegen die Wirksamkeit des Umwandlungsbeschlusses nicht oder nicht fristgemäß erhoben oder eine solche Klage rechtskräftig abgewiesen oder zurückgenommen worden ist (Negativtestat).[883]

537   Das Fehlen des sog. Negativattestes begründet eine Eintragungssperre. Diese kann allerdings durch notariell beurkundete Verzichterklärungen sämtlicher klageberechtigter Aktionäre[884] oder durch ein Unbedenklichkeitsverfahren durchbrochen werden.[885]

---

875 Art. 25 ff. SE-VO.

876 Art. 33 Abs. 5 SE-VO.

877 Art. 15 Abs. 1 SE-VO i.V.m. § 246 Abs. 1 UmwG.

878 Art. 15 Abs. 1 SE-VO i.V.m. § 3 SEAG.

879 *Jannott*, in: Jannott/Frodermann, Handbuch der Europäischen Aktiengesellschaft, 3. Kapitel Rn. 264.

880 Art. 15 Abs. 1 SE-VO i.V.m. § 199 UmwG. *Schwarz*, SE-VO, Art. 37 Rn. 80; *Schäfer*, in: MünchKomm AktG, Art. 37 SE-VO Rn. 33.

881 Art. 37 Abs. 6 SE-VO.

882 Art. 2 Abs. 4 SE-VO.

883 Art. 15 Abs. 1 SE-VO i.V.m. §§ 198 Abs. 3, 16 Abs. 2 UmwG.

884 Art. 15 Abs. 1 SE-VO i.V.m. § 198 Abs. 3, 16 Abs. 2 Satz 2 UmwG.

885 Art. 15 Abs. 1 SE-VO i.V.m. § 198 Abs. 3, 16 Abs. 3 UmwG; *Schwarz*, SE-VO, Art. 37 Rn. 81.

Eine Rechtmäßigkeitskontrolle wie bei der Verschmelzungsgründung[886] und der Holdinggründung[887] ist für die Umwandlung in der SE-VO nicht vorgesehen. Das in Deutschland zuständige Registergericht ist jedoch gehalten, folgende Punkte zu überprüfen:[888]   **538**

- den Umwandlungsplan (Art. 37 Abs. 4 SE-VO);
- den Umwandlungsbericht (Art. 37 Abs. 4 SE-VO);
- die Offenlegung des Umwandlungsplans (Art. 37 Abs. 5 SE-VO);
- das Vorliegen der Werthaltigkeitsbescheinigung (Art. 37 Abs. 6 SE-VO);
- die Zustimmung zum Umwandlungsplan (Art. 37 Abs. 7 SE-VO);
- die Genehmigung der Satzung (Art. 37 Abs. 7 SE-VO).

Zudem hat das Registergericht gemäß Art. 15 Abs. 1 SE-VO i.V.m. §§ 197 UmwG, 38 AktG analog die Anwendung des nationalen Gründungsrechts (soweit anwendbar), den ordnungsgemäßen Formwechsel und die ordnungsgemäße Anmeldung zu überprüfen.[889] Im Rahmen der Umwandlungsgründung findet daher auch ohne ausdrückliche Ermächtigung des Verordnungsgebers eine Kontrolle der Rechtmäßigkeit statt.   **539**

🛑 Praxishinweis: **540**

Eine Prüfung der Reinvermögensdeckung nach §§ 245, 220 UmwG findet bei der Umwandlung in eine SE nicht statt, da diese durch die Prüfung nach Art. 37 Abs. 6 SE-VO verdrängt wird.[890]

n)   Eintragung der SE, Offenlegung, Bekanntmachung

In Deutschland wird die SE in dem für ihren Sitz zuständigen Handelsregister beim Amtsgericht eingetragen.[891] Mit der Eintragung ist die SE als juristische Person rechts- und parteifähig.[892] Die Eintragung der SE ist nach den nationalen Rechtsvorschriften offenzulegen[893] und anschließend im Amtsblatt der Europäischen Union bekanntzumachen.[894] Die Bekanntmachung hat keine rechtlichen Wirkungen; sie enthält die Firma der SE, die Handelsregisternummer, Datum und Ort der Handelsregistereintragung, Datum, Ort und Titel der Veröffentlichung sowie Sitz und Geschäftszweig der SE.[895]   **541**

4.   Rechtsfolgen der Umwandlung

Die Eintragung der SE hat zur Folge, dass die formwechselnde Aktiengesellschaft in der Rechtsform der SE weiter besteht. Das Grundkapital der Aktiengesellschaft wird zum Grundkapital der   **542**

---

886 Art. 25 und 26 SE-VO.
887 Art. 33 Abs. 5 SE-VO.
888 *Schwarz*, SE-VO, Art. 37 Rn. 82.
889 *Schwarz*, SE-VO, Art. 37 Rn. 83.
890 *Schäfer*, in: MünchKomm AktG, Art. 37 SE-VO Rn. 31.
891 Art. 12 Abs. 1 SE-VO i.V.m. §§ 3, 4 Satz 1 SEAG, §§ 14, 39 AktG, § 125 Abs. 1 und 2 FGG, §§ 8 ff. HGB.
892 Art. 16 Abs. 1 SE-VO.
893 Art. 15 Abs. 2, 13 SE-VO i.V.m. § 40 AktG, § 4 Satz 1 SEAG, § 125 Abs. 1 und 2 FGG und §§ 8 ff. HGB.
894 In Art. 14 Abs. 1 Satz 1 SE-VO ist noch die Bekanntmachung im Amtsblatt der Europäischen Gemeinschaften vorgesehen. Dieses wurde bereits mit Wirkung zum 01.02.2003 in das Amtsblatt der Europäischen Union umbenannt.
895 Art. 14 Abs. 1 Satz 2 SE-VO.

SE und die Aktionäre der Aktiengesellschaft zu Aktionären der SE.[896] Auch die sich aus den Arbeitsverträgen oder Arbeitsverhältnissen ergebenden Rechte und Pflichten der Beschäftigten der Aktiengesellschaft gehen mit der Eintragung der SE auf diese über.[897] Eine Vermögensübertragung findet im Rahmen des Formwechsels nicht statt, da an der Umwandlung nur ein Rechtsträger mitwirkt. Mängel des Formwechsels lassen die Wirkungen der Eintragung unberührt.[898]

5.   Schutz von Minderheitsaktionären und Gläubigern

543   Anders als bei der Verschmelzungsgründung[899] und der Holdinggründung[900] enthält die SE-VO im Rahmen der Umwandlung keine Regelungen über den Schutz von Minderheitsaktionären und Gläubigern. Eine analoge Anwendung der Regelungen zum Minderheitenschutz im Rahmen der Verschmelzungs- oder Holdinggründung[901] und ein Rückgriff auf den nationalen Minderheitenschutz[902] scheiden aus. Die SE-VO hat systemgerecht auf die Regelung eines Minderheitenschutzes verzichtet, da sich die Rechtsstellung der einzelnen Aktionäre nur unwesentlich ändert. Ein Schutzbedürfnis der Aktionäre fehlt mangels Wegfalls ihrer bisherigen Anteile und Zuteilung von neuen Anteilen.[903] Ein Bedürfnis für einen weitergehenden Gläubigerschutz fehlt ebenso, da anlässlich der Umwandlung die SE in vollem Umfang in die Verpflichtungen und Verbindlichkeiten der Aktiengesellschaft eintritt und ein Schuldnerwechsel nicht stattfindet. Auch eine Sitzverlegung in das Ausland findet nicht statt. Es ist deshalb davon auszugehen, dass der Verzicht der SE-VO auf spezifischen Gläubigerschutz abschließend ist.[904] Selbst wenn man das nationale Umwandlungsrecht für anwendbar hält, dürfte ein Anspruch auf Sicherheitsleistung mangels Gläubigergefährdung regelmäßig nicht bestehen. Im Ergebnis entsteht durch den Formwechsel der bisherigen Aktiengesellschaft in eine SE weder für die Aktionäre noch für die Gläubiger ein besonderes Schutzbedürfnis, so dass besondere gesetzlich geregelte Schutzrechte nicht erforderlich sind.

IV.   Steuerliche Aspekte

1.   Steuerliche Grundlagen bei formwechselnder Gründung einer SE

544   Wie vorstehend ausgeführt, besteht eine weitere Möglichkeit zur Gründung einer SE darin, eine Aktiengesellschaft nationalen Rechts in eine SE formzuwechseln, die seit mindestens zwei Jahren über eine Tochterkapitalgesellschaft in einem anderen Mitgliedstaat verfügt.

---

896 *Jannott*, in: Jannott/Frodermann, Handbuch der Europäischen Aktiengesellschaft, 3. Kapitel Rn. 267.
897 Art. 37 Abs. 9 SE-VO.
898 Art. 15 Abs. 1 SE-VO i.V.m. § 202 Abs. 3 UmwG.
899 Art. 24 SE-VO.
900 Art. 34 SE-VO.
901 *Jannott*, in: Jannott/Frodermann, Handbuch der Europäischen Aktiengesellschaft, 3. Kapitel Rn. 268; *Neun*, in: Theisen/Wenz, Die Europäische Aktiengesellschaft, B IV 2 cc; *Schwarz*, SE-VO, Art. 37 Rn. 64.
902 In Deutschland §§ 207 ff. UmwG.
903 Dies entspricht auch dem Gedanken des deutschen Umwandlungsrechts, bei dem bei einem Formwechsel von einer Aktiengesellschaft in eine Kommanditgesellschaft auf Aktien und umgekehrt ein Barabfindungsangebot entbehrlich ist (§ 250 UmwG).
904 *Schwarz*, SE-VO, Art. 37 Rn. 66 hält die Gläubigerschutzvorschriften des UmwG generell für unanwendbar.

D. Umwandlung in eine SE

2

> **⚠ Praxishinweis:**
>
> *Eine ausländische (steuerliche) Betriebsstätte genügt den Anforderungen an die Mehrstaatlichkeit nicht.*

545

Ein solcher Formwechsel in eine SE bedarf im Gegensatz zu den anderen Gründungsformen weder einer Einbringung von Unternehmensteilen oder Gesellschaftsanteilen noch führt der Formwechsel zu einem Rechtsträgerwechsel, wie beispielsweise bei einer Verschmelzung von zwei Kapitalgesellschaften mit Sitz in verschiedenen Mitgliedstaaten.

546

Vielmehr wird bei einer formwechselnden Gründung einer SE ausschließlich das Rechtskleid der bisherigen Aktiengesellschaft in eine SE gewandelt. Da eine SE gesellschaftsrechtlich einer inländischen Aktiengesellschaft vergleichbar ist, erfolgt mit dem Formwechsel nur ein Rechtsformwechsel von einer Kapitalgesellschaftsform in eine andere Kapitalgesellschaftsform. Dies stellt keinen steuerrelevanten Rechtsträgerwechsel dar. Mangels eines Einbringungsvorganges, d.h. einem Übergang von steuerverstrickten Wirtschaftsgütern, enthält ein solcher Gründungsvorgang aus steuerlicher Sicht in aller Regel keine Hürden.

547

2. Formwechsel einer inländischen Aktiengesellschaft in eine SE in Deutschland

Die SE-VO sieht vor, dass nur eine Aktiengesellschaft mit gesellschaftsrechtlichem Bezug in einem anderen Mitgliedstaat in eine SE umgewandelt werden kann. Dieser Umwandlungsvorgang erfolgt grundsätzlich steuerneutral, da das deutsche Steuerrecht an einen Formwechsel keinen Realisationstatbestand knüpft und somit keine Aufdeckung stiller Reserven erfolgt.

548

Die bisherigen Bilanzansätze der Wirtschaftsgüter der formwechselnden Aktiengesellschaft werden von der SE in ihrer Bilanz fortgeführt. Das deutsche Steuerrecht sieht bei einem Formwechsel einer Kapitalgesellschaft in eine andere Kapitalgesellschaft keine Möglichkeit vor, den gemeinen Wert der betroffenen Wirtschaftsgüter oder bislang nicht bilanzierte Wirtschaftsgüter[905] im Rahmen einer formwechselnden Umwandlung anzusetzen.

549

> **⚠ Praxishinweis:**
>
> *Ein Formwechsel löst in der Regel auch keine Verkehrssteuern aus. Der Formwechsel stellt insbesondere bei einer grundbesitzenden Gesellschaft keinen grunderwerbsteuerrelevanten Vorgang dar,[906] so dass eine Grunderwerbsteuerbelastung bei der formwechselnden Gründung der SE nicht eintritt.*

550

> **▶ Beispiel:**
>
> Eine inländische AG hält seit fünf Jahren eine 100 %ige Beteiligung an der französischen S.A. Zudem betreibt sie seit 10 Jahren eine Betriebsstätte in Frankreich.

551

---

905 Beispielsweise originärer Firmenwert oder selbst geschaffene immaterielle Wirtschaftsgüter.
906 BFH vom 4.12.1996, II B 116/96, BStBl. II 1997, 661; koordinierter Ländererlass vom 26.02.2003, BStBl. I 2003, 271.

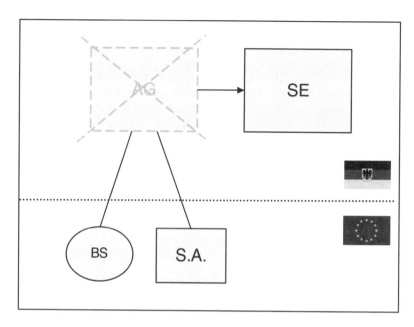

💡 **Lösung:**

Der Formwechsel der AG in eine SE erfolgt steuerneutral zu Buchwerten. Die SE hat die Bilanz der bisherigen AG fortzuführen. Ebenso wenig kommt es nach deutschem Steuerrecht im Hinblick auf die Wirtschaftsgüter in der bestehenden
Betriebsstätte oder bezogen auf die Beteiligung an der ausländischen S.A. zu einer Aufdeckung der stillen Reserven, da
dies einen Rechtsträgerwechsel – der hier nicht vorliegt – voraussetzen würde.

552   Der fehlende Rechtsträgerwechsel auf Ebene der formwechselnden Aktiengesellschaft ist steuerlich auch auf Ebene der Anteilseigner zu berücksichtigen. Die bisherigen Anteilseigner erhalten
mit dem Formwechsel keine neuen Anteile. Vielmehr bleibt die gesellschaftsrechtliche Beteiligung an einer Kapitalgesellschaft unverändert erhalten. Aus diesem Grund haben die Anteilseigner den bisherigen Bilanzansatz bzw. die bisherigen Anschaffungskosten an den Anteilen der SE
fortzuführen.

3.   Formwechsel einer ausländischen Kapitalgesellschaft in eine SE in einem anderen Mitgliedstaat

553   Wird eine ausländische Kapitalgesellschaft mit Sitz in einem anderen Mitgliedstaat in eine ausländische SE formgewechselt, berührt dieser Gründungsvorgang für sich gesehen das deutsche Steuerrecht nicht. Dies gilt auch dann, wenn die ausländische SE im Inland steuerverstrickte Wirtschaftsgüter hält, soweit der ausländische Formwechsel im Grundsatz den deutschen steuerlichen
Vorschriften zum Formwechsel entspricht. Dies ist bei einem Formwechsel auf Basis der SE-VO
gegeben.

554   Bei der ausländischen formwechselnden Gründung einer SE liegt kein steuerrelevanter Vorgang
vor, da nur ein Wechsel des Rechtskleides der Kapitalgesellschaft eintritt. Nach deutschen Steuerrechtsregelungen führen ausschließlich Rechtsträgerwechsel im Ausland, wie beispielsweise Ver-

schmelzungsvorgänge von ausländischen Rechtsträgern, zu einer möglichen Aufdeckung der stillen Reserven in den inländischen Wirtschaftsgütern.

> **Beispiel:**   555

Eine französische S.A. beabsichtigt, sich in eine SE formzuwechseln. Die S.A. hat eine deutsche Betriebsstätte und ist an einer inländischen GmbH beteiligt.

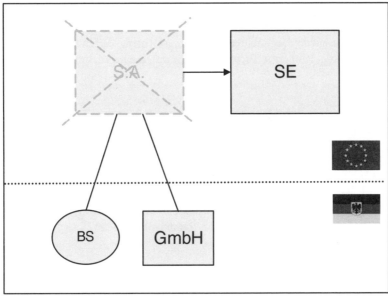

Lösung:

Aus deutscher Sichtweise stellt der Formwechsel keinen Rechtsträgerwechsel dar. In diesem Fall sind keine steuerlichen Vorschriften einschlägig, die zur Aufdeckung von stillen Reserven in den inländischen Wirtschaftsgütern führen würden. Die Wirtschaftsgüter in der Betriebsstätte (deutsche Betriebsstättengewinnermittlung) sowie die Beteiligung an der inländischen GmbH sind mit den bisherigen Steuerwerten fortzuführen. Zudem liegt weder ein Gesellschaftswechsel im Sinne der Mantelkaufregelung gemäß § 8 Abs. 4 KStG noch, sofern inländischer Grundbesitz vorhanden ist, ein grunderwerbsteuerlicher Rechtsvorgang vor.

Ist ein inländischer Anteilseigner an einer ausländischen SE beteiligt, die durch formwechseln-   556
de Umwandlung entstand, hat dieser nach dem Formwechsel ebenfalls die bisherigen Buchwerte
bzw. Anschaffungskosten seiner Beteiligung an der SE fortzuführen.

E.   Gründung einer gemeinsamen Tochter-SE

I.   Beteiligte Gründer in verschiedenen EU-Staaten

557   Nach Art. 2 Abs. 3 SE-VO können alle Gesellschaften im Sinne des Art. 48 Abs. 2 EGV[907] und juristische Personen des öffentlichen oder privaten Rechts,[908] die ihren satzungsmäßigen Sitz und ihre Hauptverwaltung in der Gemeinschaft haben, eine SE als gemeinsame Tochter-SE gründen. Im Gegensatz zu den zuvor dargestellten Gründungsformen, Verschmelzungs-, Holding- und Umwandlungsgründung, kann eine Tochter-SE auch durch eine Personengesellschaft gegründet werden.

1.   Mehrstaatlichkeit

558   Zur Gründung der gemeinsamen Tochter-SE müssen mindestens zwei der Gründungsrechtsträger dem Recht verschiedener Mitgliedstaaten unterliegen.[909] Alternativ reicht es aus, wenn mindestens zwei der Gründungsrechtsträger seit mindestens zwei Jahren eine dem Recht eines anderen Mitgliedstaats unterliegende Tochtergesellschaft oder eine Zweigniederlassung in einem anderen Mitgliedstaat haben. Damit können auch Gründungsrechtsträger, die dem Recht desselben Mitgliedstaats unterliegen, gemeinsam eine Tochter-SE gründen.

2.   Gründungsrechtsträger

559   Gesellschaften im Sinne von Art. 48 Abs. 2 EGV sind mit Ausnahme natürlicher Personen alle Wirtschaftssubjekte, die entgeltlich tätig sind und somit einen Erwerbszweck verfolgen. Neben diesen Wirtschaftssubjekten, die einen Erwerbszweck verfolgen, sind zusätzlich auch juristische Personen des öffentlichen oder privaten Rechts, die ohne Ausübung eines Erwerbszwecks wirtschaftlich tätig sind, fähig, eine gemeinsame Tochter-SE zu gründen. Die Einordnung, welche Gesellschaften die vorgenannten Kriterien erfüllen, richtet sich nach den jeweiligen nationalen Rechtsordnungen der Mitgliedstaaten. Gründungsrechtsträger einer gemeinsamen Tochter-SE in Deutschland kann neben einer AG und einer GmbH beispielsweise ein Verein, eine GbR, eine OHG, eine KG, eine Stiftung oder eine SE selbst sein. Der stillen Gesellschaft nach § 230 HGB kommt hingegen keine Gründerfähigkeit zu, da sie keine marktbezogene Tätigkeit ausübt.[910]

II.   Gründungsvorgang

560   Das Gründungsverfahren einer gemeinsamen Tochter-SE teilt sich in zwei Verfahrensstufen auf. Hierbei ist zwischen der Ebene der Gründungsrechtsträger und der Ebene der zu gründenden gemeinsamen Tochter-SE zu unterscheiden. Auf der ersten Verfahrensstufe sind die jeweiligen nationalen Vorschriften über die Beteiligung der Gründungsrechtsträger an der Gründung einer

---

907 Gesellschaften des bürgerlichen Rechts oder des Handelsrechts einschließlich der Genossenschaften oder sonstige juristische Personen des öffentlichen und privaten Rechts, die einen Erwerbszweck verfolgen.
908 Unabhängig davon, ob sie einen Erwerbszweck verfolgen.
909 Art. 2 Abs. 3 SE-VO.
910 *Schwarz*, SE-VO, Art. 2 Rn. 81.

Tochtergesellschaft in Form einer Aktiengesellschaft nationalen Rechts zu beachten.[911] Auf der zweiten Verfahrensstufe wird die Entstehung der SE behandelt. Da Regelungen für die Entstehung der Tochter-SE in der SE-VO fehlen, ist hierfür das Recht des zukünftigen Sitzstaats anzuwenden.[912]

Im Gegensatz zu den bisher behandelten Gründungsformen enthält die SE-VO keine eigenen Regelungen zum Gründungsverfahren, sondern verweist auf die jeweils anwendbaren nationalen Rechtsvorschriften, denen der jeweilige Gründer unterliegt.[913] Das anwendbare Recht bestimmt sich daher allein nach nationalen Vorschriften, wobei je nach Gründungsrechtsträger unterschiedliche Regelungen anwendbar sind. Im Falle einer deutschem Recht unterliegenden Aktiengesellschaft liegt die Gründung einer gemeinsamen Tochter-SE grundsätzlich im Verantwortungsbereich des Vorstands, da das deutsche Aktienrecht bei der Neugründung einer Tochtergesellschaft in § 119 AktG keine generelle Hauptversammlungszuständigkeit kennt. Nur in Ausnahmefällen, beispielsweise bei der Übertragung wesentlichen Betriebsvermögens („Holzmüller" -Rechtsprechung), wäre dies anders zu beurteilen.[914]

561

⊘ Praxishinweis:

562

Die Gründung einer gemeinsamen Tochter-SE kann dazu genutzt werden, die strengeren Gründungsvorschriften für eine Verschmelzung (z.B. die Zustimmung aller Hauptversammlungen der Gründungsgesellschaften zum Verschmelzungsplan)[915] oder eine Holding-SE zu umgehen. So könnte zunächst eine gemeinsame Tochter-SE durch Bareinlage gegründet werden, um später alle betriebsnotwendigen Wirtschaftsgüter im Wege der Einzelrechtsnachfolge auf die gemeinsame Tochter-SE zu übertragen.[916] Bei dieser Gestaltungsmöglichkeit ist allerdings Vorsicht geboten, da der Vorstand bei Übertragung des wesentlichen Betriebsvermögens durch die „Holzmüller" -Rechtsprechung gezwungen ist, die Hauptversammlung bei der Entscheidungsfindung mit einzubeziehen.

Anders als bei der Aktiengesellschaft entscheidet bei der deutschen GmbH oft die Gesellschafterversammlung über die Gründung einer Tochtergesellschaft.[917] Auch bei Personengesellschaften als Gründer ist bei konzernbildenden Maßnahmen grundsätzlich die Zustimmung aller Gesellschafter erforderlich.[918]

563

Die zweite Verfahrensstufe, die die Entstehung der SE behandelt, richtet sich nach nationalem Gründungsrecht für Aktiengesellschaften.[919] Damit sind grundsätzlich nach Art. 15 Abs. 1 SE-VO die jeweiligen nationalen Gründungsvorschriften für Aktiengesellschaften anzuwenden. Für eine deutsche SE gelten daher die §§ 23 ff. AktG mit folgenden Abwandlungen durch die SE-VO:

564

■   das gezeichnete Kapital der SE muss mindestens 120.000 Euro betragen;[920]

■   die Firma muss den Zusatz „SE" voran- oder nachgestellt enthalten;[921]

---

911 Art. 36 SE-VO.
912 Art. 15 Abs. 1 SE-VO.
913 Art. 36 SE-VO.
914 BGHZ 83, 122, 131 „Holzmüller"; BGH, NZG 2004, 571 und 575 „Gelatine I und II".
915 Oben § 2 Rn. 118 ff.
916 *Schwarz*, SE-VO, Art. 36 Rn. 15.
917 Die Gesellschafterversammlung besitzt Allzuständigkeit, d.h. sie kann jedes Geschäft an sich ziehen. *Hüffer*, AktG, § 46 Rn. 89 ff. Zudem besteht jedenfalls bei ganz außergewöhnlichen Geschäften eine Pflicht der Geschäftsführer die Zustimmung der Gesellschafterversammlung einzuholen (Vorlagepflicht), § 49 Abs. 2 GmbHG. *Hüffer*, AktG, § 37 Rn. 9 ff.
918 *Schwarz*, SE-VO, Art. 36 Rn. 19.
919 Art. 2 Abs. 3 i.V.m. Art. 35 SE-VO.
920 Art. 4 Abs. 2 SE-VO.
921 Art. 11 Abs. 1 SE-VO.

- die Eintragung der SE in das Handelsregister[922] darf nur erfolgen, wenn eine Vereinbarung über die Beteiligung der Arbeitnehmer vorliegt, die Verhandlungsfrist ergebnislos abgelaufen ist oder ein Beschluss über die Nichtaufnahme oder den Abbruch der Verhandlungen gefasst wurde;[923]

- die Entscheidung über das Arbeitnehmerbeteiligungsmodell richtet sich nach der SE-RL;[924]

- die Satzung der SE darf nicht in Widerspruch zur Beteiligungsvereinbarung mit den Arbeitnehmern stehen.[925]

565   Die wesentlichen Gründungsschritte bei deutschen Aktiengesellschaften nach den §§ 23 ff. AktG[926] bestehen in:

- einem schriftlichen Gründungsbericht der Gründer;[927]

- einer Gründungsprüfung durch Vorstand und Aufsichtsrat;[928]

- einer externen Gründungsprüfung insbesondere bei Sachgründungen;[929] und

- der Anmeldung der gemeinsamen Tochter-SE zur Eintragung ins Handelsregister.[930]

566   Im Falle der Gründung einer gemeinsamen Tochter-SE in Deutschland ist die SE mit Übernahme aller Aktien durch die Gründer errichtet.[931] Ab diesem Zeitpunkt entsteht die Einlagepflicht der Gründer, wobei das Kapital der gemeinsamen Tochter-SE sowohl durch Bareinlagen als auch durch Sacheinlagen aufgebracht werden kann.[932] Gesetzlicher Regelfall ist die Bargründung,[933] bei der die Bareinlagen endgültig und zur freien Verfügung des Vorstandes zu erfolgen haben. Erst danach kann die Eintragung der SE im Handelsregister erfolgen.

567   🛈 Praxishinweis:

Bei der Sachgründung müssen die Sacheinlagen in der Satzung festgesetzt werden[934] und eine externe Gründungsprüfung durch einen gerichtlich bestellten Prüfer erfolgen. Dieser prüft, ob der Wert der Sacheinlage den (rechnerischen) Ausgabebetrag der gewährten Aktien erreicht.[935] Fehlen entsprechende Festsetzungen in der Satzung, sind die Verträge über die Einbringung der Sacheinlagen unwirksam.[936] Wird die SE dennoch eingetragen, müssen die Gründer den Ausgabebetrag der Aktien in bar leisten.[937] Eine Teilleistung muss in bar erfolgen, wenn die SE trotz Überbewertung der Sacheinlagen eingetragen wird.[938]

568   Die Beteiligung der Arbeitnehmer unterscheidet sich bei Gründung einer gemeinsamen Tochter-SE kaum von dem Beteiligungsregelungen bei den übrigen Gründungsformen.[939] Auch hier gilt das Prinzip des Vorrangs der Verhandlungen. Im Gegensatz zur Arbeitnehmerbeteiligung bei der Gründung durch Verschmelzung und Gründung einer Holding-SE ist es allerdings nicht möglich, dass sich die Hauptversammlungen der Gründungsgesellschaften die Zustimmung zur

---

922 Art. 12 Abs. 1 SE-VO i.V.m. §§ 3, 4 Satz 1 SEAG, §§ 14, 39 AktG, §§ 8 ff. HGB.
923 Art. 12 Abs. 2 SE-VO; vgl. auch Art. 12 Abs. 3 SE-VO.
924 Art. 1 Abs. 4 SE-VO.
925 Art. 12 Abs. 4 SE-VO.
926 Vgl. *Hüffer*, AktG, § 23 ff.
927 § 32 AktG.
928 §§ 33, 34 AktG.
929 § 33 Abs. 2 AktG.
930 § 36 Abs. 1 AktG.
931 § 29 AktG.
932 § 27 Abs. 1 Satz 1 AktG.
933 § 36 Abs. 2 Satz 1 AktG.
934 § 27 Abs. 1 AktG.
935 § 34 AktG.
936 § 27 Abs. 2 AktG.
937 § 27 Abs. 3 Satz 3 AktG. Für die SE gelten die Grundsätze der verdeckten Sacheinlage, vgl. hierzu *Hüffer*, AktG, § 27 Rn. 9 ff.
938 *Hüffer*, AktG, § 27 Rn. 28.
939 *Schwarz*, SE-VO, Art. 36 Rn. 24.

geschlossenen Vereinbarung vorbehalten.[940] Bei Gründung einer gemeinsamen Tochter-SE mit Sitz in Deutschland sind die nationalen Rechtsvorschriften anwendbar,[941] die einen solchen Zustimmungsvorbehalt der Hauptversammlungen der Gründer nicht kennen. Mit Eintragung in das Handelsregister ist die SE als juristische Person entstanden und fortan selbst Träger von Rechten und Pflichten.[942]

Im Anschluss an die Eintragung der gemeinsamen Tochter-SE in das zuständige Register[943] muss eine Offenlegung[944] und eine Bekanntmachung im Amtsblatt der Europäischen Union[945] erfolgen. Diese Bekanntmachung muss die Firma der SE, die Handelsregisternummer, Datum und Ort der Handelsregistereintragung, Datum, Ort und Titel der Veröffentlichung sowie Sitz und den Geschäftszweig der SE enthalten

569

Die Errichtung einer gemeinsamen Tochter-SE durch Abspaltung oder Ausgliederung von Vermögensteilen auf die Tochter-SE ist nicht möglich. Denn bei der Ausgliederung,[946] bei der die Gründer einen Teil ihres Vermögens im Wege der partiellen Gesamtrechtsnachfolge auf die neu gegründete Gesellschaft übertragen, wird eine gemeinsame Tochter-SE nicht „durch Zeichnung ihrer Aktien", d.h. durch die rechtsgeschäftliche Übernahme ihrer Aktien gegründet.[947] Bei der Abspaltung wird keine Tochtergesellschaft gegründet, sondern es entsteht eine Schwestergesellschaft zu den Gründern. Dies gestattet Art. 2 Abs. 3 SE-VO nicht. Auch eine Ausgliederung einer Tochter-SE aus einem einzelnen Gründungsrechtsträger wird durch Art. 2 Abs. 3 SE-VO nicht ermöglicht, da an der Gründung einer gemeinsamen Tochter-SE mindestens zwei Gründungsrechtsträger beteiligt sein müssen. Die Möglichkeit einer Ausgliederung einer (nicht-gemeinsamen) Tochter-SE sieht jedoch Art. 3 Abs. 2 SE-VO für eine bereits bestehende Mutter-SE als einziger Gründerin vor.

570

III.   Steuerliche Aspekte

1.   Steuerliche Grundlagen bei Gründung einer gemeinsamen Tochter-SE

Nach Art. 2 Abs. 3 SE-VO kann eine SE durch Gründung einer gemeinsamen Tochtergesellschaft als „Tochter-SE" entstehen, an der in der Regel Gesellschaften aus unterschiedlichen Mitgliedstaaten beteiligt sind. Für die Gründung einer Tochter-SE ist aus steuerlicher Sicht zu differenzieren, ob es sich bei dem Vorgang um eine Bargründung oder um eine Gründung der Tochter-SE im Rahmen einer Sacheinlage handelt.

571

---

940 Dieser Zustimmungsvorbehalt folgt bei Gründung durch Verschmelzung und bei Gründung einer Holding-SE aus Art. 23 Abs. 2 Satz 2 und Art. 32 Abs. 6 Unterabschnitt 2 Satz 2 SE-VO.

941 Art. 36 SE-VO.

942 Art. 1 Abs. 3 SE-VO.

943 Art. 12 Abs. 1 SE-VO.

944 Art. 15 Abs. 2, 13 SE-VO i.V.m. § 40 AktG, § 4 Satz 1 SEAG, § 125 Abs. 1 und 2 FGG und §§ 8 ff. HGB.

945 Art. 14 SE-VO. In Art. 14 Abs. 1 SE-VO ist noch die Bekanntmachung im Amtsblatt der Europäischen Gemeinschaften vorgesehen. Dieses wurde aber bereits mit Wirkung zum 01.02.2003 in das Amtsblatt der Europäischen Union umbenannt.

946 § 123 Abs. 3 Nr. 2 UmwG.

947 Art. 2 Abs. 3 SE-VO. Eine Spaltung hingegen erfolgt durch Anteilserwerb kraft Gesetzes und nicht durch Rechtsgeschäft. *Schwarz*, SE-VO, Art. 36 Rn. 23.

a) Bargründung

572 Die Gründung einer gemeinsamen Tochter-SE durch eine Bareinlage von zumindest zwei Kapitalgesellschaften oder Personengesellschaften mit Sitz und Geschäftsleitung in unterschiedlichen Mitgliedstaaten ist aus steuerlicher Sicht in der Regel ohne erhebliche Steuerrisiken gestaltbar. Denn es findet durch die Bargründung auf Ebene der Gründungsgesellschaften ausschließlich ein Aktivtausch von Barmitteln gegen eine Beteiligung an der Tochter-SE statt.

573 ▶ **Beispiel:**

Die A-GmbH und die B-AG beabsichtigen, eine inländische SE zu gründen. Während die A-GmbH an einer französischen S.A. beteiligt ist, betreibt die B-AG seit 10 Jahren eine Betriebsstätte (Zweigniederlassung) in England. Die Gründung soll durch eine Bareinlage von insgesamt 100 erfolgen.

💡 **Lösung:**

Die Bargründung ist auf Ebene der beteiligten Gesellschaften, d.h. der A-GmbH, der B-AG und der nunmehr neu gegründeten gemeinsamen Tochter-SE, steuerlich erfolgsneutral möglich. Die Gründungsgesellschaften haben jeweils eine Beteiligung in Höhe ihrer Bareinlage zu aktivieren. Die der SE zugeführten Barmittel sind dem Stammkapital und gegebenenfalls den Rücklagen als Eigenkapitalzuführung zuzuweisen.

Bilanz der Gründungsgesellschaften

Aktiva	Passiva
Beteiligung aus SE 0 → 100	
Barmittel 200 → 100	

Bilanz der Tochter-SE

Aktiva	Passiva
Barmittel 100	Eigenkapital 100

b) Sachgründung

574 Im Gegensatz zur Bargründung sind bei der Sachgründung einer gemeinsamen Tochter-SE die steuerlichen Auswirkungen für die Gründungsgesellschaften grundlegend anders zu beurteilen.

575 Erfolgt die Gründung einer gemeinsamen Tochter-SE durch eine Sachgründung, sind im Rahmen des Gründungsvorgangs folgende steuerliche Vorschriften von wesentlicher Bedeutung:

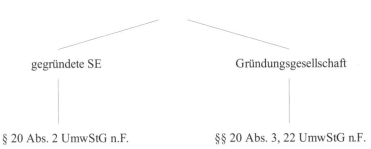

Steuerliche Beurteilung der Gründung einer Tochter-
SE bei den Beteiligten

gegründete SE   Gründungsgesellschaft

§ 20 Abs. 2 UmwStG n.F.   §§ 20 Abs. 3, 22 UmwStG n.F.

Bei der Einbringung von einzelnen Wirtschaftsgütern oder auch Sachgesamtheiten zur Erfüllung der Einlageverpflichtung bei der gemeinsamen Tochter-SE handelt es sich auf Ebene der Gründungsgesellschaften um einen Tauschvorgang von Wirtschaftsgütern. Die bislang vorhandenen Wirtschaftsgüter werden bei der jeweiligen Gründungsgesellschaft durch die Gewährung von Anteilen an der gemeinsamen Tochter-SE ersetzt. Ein solcher Tausch von Wirtschaftsgütern führt nach § 6 Abs. 6 EStG in der Regel zu einer Aufdeckung sämtlicher stiller Reserven in den übertragenen Einzelwirtschaftsgütern.   576

Würde das deutsche Steuerrecht keine Ausnahme von dem vorstehend beschriebenen steuerwirksamen Tauschvorgang vorsehen, wäre die Sachgründung einer gemeinsamen Tochter-SE in den meisten Fällen aufgrund der eintretenden Steuerbelastung betriebswirtschaftlich unvorteilhaft. Aus diesem Grund bietet der Gesetzgeber mit dem Umwandlungssteuerrecht ein Instrumentarium an, das unter anderem eine steuerneutrale Einbringung ermöglicht.   577

Nach dem Umwandlungssteuerrecht ist eine steuerneutrale Sachgründung möglich, sofern es sich bei den übertragenen Wirtschaftsgütern um einen Betrieb, Teilbetrieb oder um eine Beteiligung an einer Personengesellschaft handelt („Unternehmensteile").[948] Gleiches gilt bei der Einbringung mehrheitsvermittelnder Anteile an einer Kapitalgesellschaft.[949] Demgegenüber ist eine steuerbegünstigte Einbringung einzelner Wirtschaftsgüter in eine Kapitalgesellschaft nicht vorgesehen; der Übergang von Einzelwirtschaftsgütern führt somit zur steuerwirksamen Aufdeckung stiller Reserven.   578

c)   Europäisierung der Einbringungsvorschriften

Während unter dem alten Umwandlungssteuergesetz nur steuerneutrale Einbringungsvorgänge in inländische Kapitalgesellschaften zu Buchwerten erfasst wurden,[950] qualifiziert sich nach dem UmwStG n.F. jede nach den Vorschriften eines Mitgliedstaates der EU bzw. EWR gegründete in- oder ausländische Kapitalgesellschaft mit Sitz oder Geschäftsleitung in der EU bzw. EWR als tauglicher Rechtsträger und Partei eines steuerneutralen Einbringungsvorgangs. Dies gilt jedenfalls, sofern die jeweils beteiligte Gesellschaft abkommensrechtlich nicht in einem Drittstaat ansässig ist.[951]   579

---

948 Diese Sachgesamtheiten werden nachfolgend als Unternehmensteile bezeichnet.
949 Die steuerlichen Auswirkungen der Anteilseinbringungen werden bei der Gründung einer Holding-SE besprochen.
950 Eine Einbringung nach § 23 UmwStG a.F. scheiterte in der Praxis an dem doppelten Buchwertansatz, wonach die ausländische Kapitalgesellschaft die erhaltenen Wirtschaftsgüter zwingend zu Buchwerten ansetzen musste.
951 *Voß*, BB 2006, 469; *Kessler/Huck*, Der Konzern 2006, 352, 359.

580   Bei der Gründung einer gemeinsamen Tochter-SE können auch Personengesellschaften[952] als Gründer der SE auftreten.[953] Aus gesellschaftsrechtlicher Sicht ist hierbei entscheidend, dass die Personengründungsgesellschaften in der EU bzw. EWR gegründet wurden. Außerdem setzt eine steuerneutrale Einbringung eines Unternehmensteils durch eine Personengesellschaft zur Gründung einer gemeinsamen Tochter-SE nach § 1 Abs. 3, 4 Nr. 2a lit aa UmwStG n.F. voraus, dass neben der Ansässigkeit der Personengesellschaft auch deren Gesellschafter innerhalb der EU bzw. EWR ansässig sein müssen.[954] Diese Vorschrift beruht auf der Tatsache, dass eine Personengesellschaft als transparent angesehen wird; steuerlich wird durch diese „durchgesehen".

581   Praktische Schwierigkeiten bereitet diese steuerliche Anwendungsregelung zur „doppelten" Ansässigkeit der Gesellschaft und Gesellschafter dann, wenn an der Personengesellschaft unter anderem auch Gesellschafter aus Drittstaaten beteiligt sind. Denn auch bei nur einem (beteiligungsmäßig unwesentlichen) Gesellschafter an der Personengesellschaft mit Ansässigkeit in einem Drittstaat kann es zur steuerlichen Gefährdung des gesamten buchwertneutralen Einbringungsvorgangs kommen, da in diesem Fall das neue Umwandlungsteuergesetz nicht anwendbar sein kann. In einer solchen Fallkonstellation ist empfehlenswert, dass Gesellschafter mit steuerlicher Ansässigkeit außerhalb der EU bzw. EWR ihre Beteiligung an der Personengründungsgesellschaft über eine Kapitalgesellschaft innerhalb der EU bzw. EWR halten.

2.   Gründung einer gemeinsamen Tochter-SE in Deutschland

582   Bei der Sachgründung einer gemeinsamen Tochter-SE mit Sitz in Deutschland findet in der Regel einerseits eine rein inländische Einbringung durch eine deutsche Gründungsgesellschaft und andererseits eine grenzüberschreitende Einbringung durch eine ausländische Gründungsgesellschaft statt.

a)   Steuerfolgen auf Ebene der gemeinsamen Tochter-SE

583   Im Gegensatz zu einer verschmelzenden Gründung einer SE, bei der die übertragene Gesellschaft bei Aufstellung ihrer Schlussbilanz über die Bewertung der zu übertragenden Wirtschaftsgüter entscheidet, steht bei einer Einbringung von Unternehmensteilen der aufnehmenden gemeinsamen Tochter-SE das Recht zu, den steuerlichen Wertansatz dieser Wirtschaftsgüter zu bestimmen.

584   Während bei einer Einbringung durch eine deutsche Gründungsgesellschaft ein rein innerdeutscher Vorgang vorliegt, sind bei der Einbringung durch eine ausländische Gesellschaft zusätzlich die Regelungen des jeweils anwendbaren ausländischen Steuerrechts zu beachten.

aa)   Einbringung von Unternehmensteilen

585   Eine steuerneutrale Sachgründung einer gemeinsamen Tochter-SE kann durch Einbringung von Sachgesamtheiten in der Form von Betrieben, Teilbetrieben oder Mitunternehmeranteilen innerhalb der EU bzw. EWR erfolgen, sofern als Gegenleistung neue Anteile gewährt werden.

586   Das neue Umwandlungssteuergesetz schließt nunmehr ausdrücklich aus, dass eine 100%ige Beteiligung an einer Kapitalgesellschaft, wie bisher in der Literatur vertreten, als Teilbetrieb anzu-

---

952 Auch eine Personengesellschaft stellt eine Gesellschaft nach Art. 48 Abs. 2 EG-Vertrag dar.
953 Art. 2 Abs. 3, 35, 36 SE-VO.
954 *Rödder/Schumacher*, DStR 2006, 1525, 1526.

sehen ist.[955] Dies folgt daraus, dass für die Anteilseinbringung eine eigenständige Vorschrift in § 21 UmwStG n.F. geschaffen wurde.

Eine Legaldefinition für den Begriff eines Betriebs oder eines Teilbetriebs findet sich auch im UmwStG n.F. nicht. Somit muss auf die Begriffsbestimmungen des Einkommensteuergesetzes zurückgegriffen werden. Danach stellt jede organisatorische Zusammenfassung personeller, sachlicher oder anderer Mittel zu einer selbständigen Einheit, die auf die Erreichung eines wirtschaftlichen Zwecks gerichtet ist, einen Betrieb dar, sofern dieser zur Erzielung von Einkünften dient. Der Teilbetrieb als kleinere Einheit setzt demgegenüber einen organisch geschlossenen, mit einer gewissen Selbständigkeit ausgestatteten Teil des Gesamtbetriebs voraus, der bei isolierter Betrachtung alle Merkmale eines Betriebes aufweist und als solcher lebensfähig ist.[956]   587

Mit der Einbringung des Betriebs oder Teilbetriebs müssen alle mit dieser Betriebseinheit verbundenen Wirtschaftsgüter übertragen werden. Die Gesetzesbegründung zum neuen Umwandlungssteuergesetz folgt hierbei der herrschenden Auffassung, wonach alle funktional wesentlichen Wirtschaftsgüter mit einem Betrieb oder Teilbetrieb übergehen müssen.[957] Dies bedeutet, dass der übertragene Betrieb oder Teilbetrieb alle Wirtschaftsgüter umfassen muss, die für die Fortführung dieses Betriebsteils funktional wesentlich sind. Demgegenüber kommt es nicht darauf an, ob in den übertragenen Wirtschaftsgütern erhebliche stille Reserven ruhen.   588

bb)   Ansatzwahlrecht

Das neue Umwandlungssteuerrecht sieht im Hinblick auf die Bewertung der übertragenen Wirtschaftsgüter in § 20 UmwStG n.F. ein Wahlrecht vor. Erfolgt die Gründung einer inländischen Tochter-SE durch Einbringung eines Betriebs, Teilbetriebs oder eines Mitunternehmeranteils seitens einer in- oder ausländischen Gründungsgesellschaft, so hat die gemeinsame Tochter-SE die übertragenen Wirtschaftsgüter in ihrer Bilanz nach § 20 Abs. 2 UmwStG n.F. grundsätzlich mit dem gemeinen Wert anzusetzen.[958] Für eine inländische Gründungsgesellschaft würde eine solche Einbringung zum gemeinen Wert zugleich zu einer steuerpflichtigen Aufdeckung der stillen Reserven in den übertragenen Wirtschaftsgütern führen.   589

Das neue Umwandlungssteuergesetz gestattet deshalb unter gewissen Voraussetzungen auch eine steuerneutrale Einbringung zur Gründung einer gemeinsamen Tochter-SE.[959] Dies geschieht in der Weise, dass auf Antrag der Tochter-SE die übertragenen Unternehmensteile unter dem gemeinen Wert und zwar mit ihrem Buchwert oder einem Zwischenwert angesetzt werden können, soweit   590

■   sichergestellt ist, dass die Besteuerung der übernommenen Unternehmensteile bei der Tochter-SE dem Körperschaftsteuerregime unterliegt;

■   die Passivposten der eingebrachten Unternehmensteile deren Aktivposten nicht übersteigen, wobei das Eigenkapital nicht zu berücksichtigen ist; und

■   das Recht Deutschlands hinsichtlich der Besteuerung des Gewinns aus der Veräußerung der eingebrachten Unternehmensteile auf Ebene der gemeinsamen Tochter-SE nicht ausgeschlossen oder beschränkt wird.

---

955 *Schmitt* in: Schmitt/Hörtnagl/Stratz, UmwG/UmwStG, § 20 UmwStG Rn. 9, 73; a.A. *Patt* in: Dötsch/Patt/Pung/Jost, UmwStG, § 20 UmwStG Rn. 16.
956 BFH BStBl. II 1996, 409; BFH BStBl. II 2000, 123.
957 Zur Abgrenzung zwischen quantitativ und funktional wesentlichen Betriebsgrundlagen, BMF BStBl. I 2000, 1253.
958 *Dörfler/Rautenstrauch/Adrian*, BB 2006, 1711, 1712.
959 *Rödder/Schumacher*, DStR 2006, 1525, 1535.

591   Diese Voraussetzungen liegen bei einer rein inländischen Einbringung von Unternehmensteilen durch eine inländische Gründungsgesellschaft in eine deutsche Tochter-SE vor, da die inländische Tochter-SE dem Körperschaftsteuergesetz unterliegt und Veräußerungsvorgänge durch die unbeschränkte Steuerpflicht der gemeinsamen Tochter-SE dem deutschen Steuerzugriff unterliegen. Damit wird sichergestellt, dass eine steuerneutrale Sachgründung einer gemeinsamen Tochter-SE bei Einbringung von Unternehmensteilen aus deutscher Sicht erzielt werden kann.

592   Dies gilt grundsätzlich auch, wenn eine ausländische Gründungsgesellschaft grenzüberschreitend im Ausland steuerverstrickte Wirtschaftsgüter in die gemeinsame Tochter-SE einbringt.[960] Denn nach § 20 Abs. 2 Satz 2 UmwStG n.F. spielt es keine Rolle, ob ein ausländisches Besteuerungsrecht durch die Einbringung ausgeschlossen oder beschränkt wird. Aus Sicht des deutschen Fiskus könnte deshalb auch in einer solchen Fallkonstellation, ungeachtet der steuerlichen Wirkung im Ausland, die deutsche Tochter-SE die Wirtschaftsgüter zu Buchwerten ansetzen.[961]

593   🛈 Praxishinweis:

Der Antrag auf eine buchwertneutrale Einbringung ist spätestens bis zur erstmaligen Abgabe der Steuerbilanz bei dem für die gemeinsame Tochter-SE zuständigen Finanzamt zu stellen.

594   ▶ Beispiel:

Die im Ausland ansässige AG und eine inländische AG beabsichtigen, in Deutschland eine gemeinsame Tochter-SE zu gründen. Beide Gesellschaften verpflichten sich hierbei, die Gründung der Tochter-SE im Wege einer Sachgründung durch Einbringung eines Betriebes bzw. eines Teilbetriebes vorzunehmen.

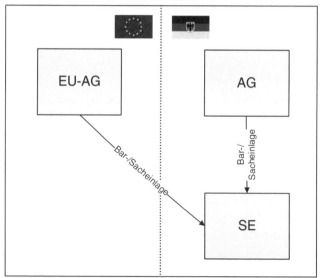

---

960 Werden hingegen Wirtschaftsgüter aus einer inländischen Betriebsstätte eingebracht, liegt aus nationaler und abkommensrechtlicher Steuersicht eine Inlandseinbringung vor.

961 Zwar liegt zugleich mit der Einbringung durch eine ausländische Gründungsgesellschaft eine erstmalige Steuerverstrickung von Wirtschaftsgütern vor. § 20 UmwStG n.F. geht jedoch nach unserer Auffassung der Vorschrift des § 4 Abs. 1 Satz 7 EStG n.F. vor.

🔧 **Lösung:**

Die Einbringung qualifizierter Einbringungsgegenstände in Form eines Betriebes, eines Teilbetriebes oder eines Mitunternehmeranteils in eine gemeinsame Tochter-SE ist unter anderem steuerneutral möglich, wenn die übertragenen Wirtschaftsgüter weiterhin dem Körperschaftsteuerregime unterliegen und das inländische Besteuerungsrecht hinsichtlich des Gewinns aus der Veräußerung des eingebrachten Betriebsvermögens nicht ausgeschlossen oder beschränkt wird. Dies ist im Hinblick auf den eingebrachten Betrieb der in Deutschland ansässigen AG in die inländische Tochter-SE erfüllt. Bezüglich des von der ausländischen AG eingebrachten Teilbetriebs ist fraglich, ob eine buchwertneutrale Einbringung möglich ist, da dem ausländischen Staat sein Besteuerungsrecht im Hinblick auf die übertragenen Wirtschaftsgüter verloren geht, sofern die Wirtschaftsgüter nicht nach Maßgabe der FRL einer Betriebsstätte vor Ort zugeordnet werden können. Denn eine spätere Veräußerung der übertragenen Wirtschaftsgüter ist in der Regel nur noch auf Ebene der Tochter-SE steuerpflichtig. Nach dem Konzept der FRL dürfen im Ausland, sofern dort keine Betriebsstätte verbleibt, die stillen Reserven bei der Einbringung in die gemeinsame Tochter-SE besteuert werden. Aus deutscher Sicht kann dessen ungeachtet zwar nach § 20 Absatz 2 UmwStG n.F. eine buchwertneutrale Einbringung erfolgen. Zwingt das ausländische Steuerrecht jedoch zu einer Aufdeckung der stillen Reserven, ist es der gemeinsamen Tochter-SE abzuraten, einen Antrag nach § 20 Absatz 2 UmwStG n.F. zu stellen, da dies mit einer zukünftigen steuerlichen Doppelbelastung verbunden ist. Sollte andererseits im Ausland eine Betriebsstätte verbleiben, können die Wirtschaftsgüter steuerneutral eingebracht werden. Dies scheitert nicht daran, dass die Wirtschaftsgüter der Betriebsstätte nicht dem deutschen Steuerzugriff unterliegen. Da Deutschland vor und nach der Einbringung nie ein Besteuerungsrecht zustand, kann es begriffstechnisch nicht zu einer Beschränkung des Besteuerungsrechts kommen.

cc)   Weitere Zuzahlungen durch die Tochter-SE

Eine Einbringung von Unternehmensteilen im Sinne des § 20 UmwStG n.F. ist nur möglich, wenn die Gründungsgesellschaften als Gegenleistung für die Einbringung neue Anteile an der gemeinsamen Tochter-SE erhalten.   595

Das neue Umwandlungssteuergesetz bietet jedoch auch die Möglichkeit, neben der Gewährung von neuen Anteilen zusätzliche Gegenleistungen zu gewähren, beispielsweise in Form von baren Zuzahlungen oder Darlehen durch die gemeinsame Tochter-SE an die Gründungsgesellschaft. Damit kann zumindest eine teilweise steuerneutrale Veräußerung von Unternehmensteilen durch Gewährung von Anteilen und zusätzlichen Barzahlungen erzielt werden.   596

▶ **Beispiel:**   597

Die inländische AG bringt zur Gründung einer gemeinsamen Tochter-SE einen Betrieb zu einem Buchwert von 1000 ein, dessen gemeiner Wert 2000 beträgt. Die Gründungsgesellschaft erhält neben neuen Anteilen eine bare Zuzahlung von 1000.

🔧 **Lösung:**

Durch die Zuzahlung ist folgende Berechnung vorzunehmen: Die Gegenleistung im Verhältnis zum gemeinen Wert beträgt 50 % (1000:2000), der anteilig auf die Gegenleistung entfallende Buchwert beträgt somit 500 (50 % von 1000). Die Gründungsgesellschaft erzielt durch die bare Zuzahlung somit nur einen Veräußerungsgewinn von 500 (Zuzahlung von 1000 abzüglich anteiliger Buchwert von 500), obwohl sie Barmittel von 1000 erhält.

b)   Steuerfolgen auf Ebene der Gründungsgesellschaft

598   Wie zuvor dargestellt, hat bei Einbringung von Unternehmensteilen die gemeinsame Tochter-SE zu bestimmen, mit welchen Werten die zu übertragenden Wirtschaftsgüter in ihrer Bilanz aufzunehmen sind. Der in der Bilanz der gemeinsamen Tochter-SE angesetzte Wert ist nach § 20 Abs. 3 UmwStG n.F. für die Gründungsgesellschaft in der Weise bindend, dass dieser Wert als fiktiver Veräußerungspreis für den Übertragungsvorgang angesetzt wird.

599   🛈 Praxishinweis:

Die Gründungsgesellschaft sollte deshalb im Einbringungsvertrag vertraglich sicherstellen, dass das Wahlrecht nur im Einklang mit den gemeinsam getroffenen Absprachen ausgeübt werden darf.

aa)   Steuerliche Behandlung des Einbringungsvorgangs

600   Werden die Unternehmensteile auf Ebene der gemeinsamen Tochter-SE mit den Buchwerten angesetzt, stellt sich der Einbringungsvorgang bei der Gründungsgesellschaft als eine steuerlich erfolgsneutrale Übertragung dar. Die bisherigen Buchwerte der übertragenen Wirtschaftsgüter werden in gleicher Höhe durch den Ansatz der Beteiligung an der Tochter-SE ersetzt. Dadurch findet ausschließlich ein bilanzieller Aktivtausch statt.

601   Zu einer (partiellen) Aufdeckung von stillen Reserven auf Ebene der Gründungsgesellschaft kommt es jedoch dann, wenn die übertragenen Wirtschaftsgüter in der Eröffnungsbilanz der gemeinsamen Tochter-SE mit dem gemeinen Wert oder einem Zwischenwert angesetzt wurden. In diesem Fall gelten die Wirtschaftsgüter als zu diesem Wert von der Gründungsgesellschaft an die gemeinsame Tochter-SE veräußert. Dieser Veräußerungsgewinn ist gemäß §§ 15, 16 EStG steuerpflichtig und unterliegt der Einkommen-, Körperschaft- und Gewerbesteuer.

602   🛈 Praxishinweis:

Die Gründungsgesellschaften können den für Veräußerungsvorgänge geltenden Freibetrag nach § 16 Abs. 4 EStG und den tarifbegünstigten Steuersatz nach § 34 EStG nur geltend machen, wenn die übertragenen Wirtschaftsgüter mit dem gemeinen Wert angesetzt wurden. Die vorstehenden Steuervergünstigungen gelten somit nicht bei einem Ansatz der Wirtschaftsgüter zu Zwischenwerten.

bb)   Steuerliche Behandlung der erhaltenen Anteile

603   Die weitreichendste Änderung im neuen Umwandlungssteuergesetz betrifft die Behandlung einbringungsgeborener Anteile.[962] Hierunter versteht man die als Gegenleistungen für die Einbringung zu einem Wert unter dem gemeinen Wert erhaltenen Anteile an der Tochter-SE. Da die Gründungsgesellschaft nach § 20 Abs. 3 UmwStG n.F. verpflichtet ist, die als Gegenleistung erhaltenen Anteile mit dem gleichen Wert wie die Summe der eingebrachten Wirtschaftsgüter anzusetzen, befinden sich bei einer buchwertneutralen Einbringung in den Anteilen an der Tochter-SE regelmäßig stille Reserven.[963]

604   Der Übergang dieser stillen Reserven von den übertragenen Wirtschaftsgütern auf die erhaltenen Anteile darf nicht dazu führen, dass deren Besteuerung umgangen werden kann. Nach der bisherigen Systematik führte die Veräußerung einbringungsgeborener Anteile auf Ebene der Gründungsgesellschaft deshalb dazu, dass die Steuervergünstigungen des Halbeinkünfteverfahrens

---

962 *Patt*, Der Konzern 2006, 730.
963 *Dörfler/Rautenstrauch/Adrian*, BB 2006, *1711*, 1712.

nach § 8 b KStG und ggf. § 3 Nr. 40 EStG wegfielen. Der Veräußerungsgewinn aus einer solchen Anteilsveräußerung war daher in gleicher Weise wie die Veräußerung der eingebrachten Wirtschaftsgüter in vollem Umfang steuerpflichtig.

Mit Inkrafttreten des SEStEG ist das bisherige Steuerregime für einbringungsgeborene Anteile zugunsten einer rückwirkenden Besteuerung des Einbringungsvorganges ersetzt worden.[964] Werden danach die als Gegenleistung für die buchwertneutrale Einbringung gewährten Anteile an der Tochter-SE innerhalb von sieben Jahren nach dem Einbringungsstichtag veräußert, unterliegt nunmehr der Veräußerungsvorgang den allgemeinen Steuervergünstigungen über die Veräußerung von Kapitalgesellschaftsanteilen. Insbesondere wird das Halbeinkünfteverfahren nicht mehr ausgeschlossen.[965] Stattdessen werden die stillen Reserven in den eingebrachten Wirtschaftsgütern rückwirkend zum Zeitpunkt des Einbringungsstichtages besteuert. Es wird somit fingiert, dass die Tochter-SE die übertragenen Wirtschaftsgüter abweichend vom bisherigen Wertansatz mit ihrem gemeinen Wert angesetzt hätte. Dies kann bei der Gründungsgesellschaft rückwirkend zu einer Besteuerung des Veräußerungsgewinns nach § 16 EStG führen.[966]

Der hierbei eintretende Einbringungsgewinn ist jedoch nicht in vollem Umfang steuerpflichtig, sondern wird um je 1/7 für jedes abgelaufene Jahr seit der Einbringung ratierlich gekürzt. Mit dem linearen Abbau des steuerpflichtigen Einbringungsgewinns wird dem Umstand Rechnung getragen, dass die Gefahr einer etwaigen missbräuchlichen Einbringung von Unternehmensteilen in eine gemeinsame Tochter-SE, für die die „Strafbesteuerung" gerade gelten soll, mit Zeitablauf kontinuierlich schwindet.[967] Dieser Einbringungsgewinn wird nach § 22 Abs. 1 UmwStG n.F. als sogenannter Einbringungsgewinn I behandelt. Der Einbringungsgewinn I errechnet sich dabei wie folgt:

	Gemeiner Wert des übertragenen Vermögens im Einbringungszeitpunkt
abzgl.	anteilige Kosten der Übertragung
abzgl.	Buchwert des eingebrachten Vermögens
abzgl.	1/7 je Zeitjahr seit Einbringung
	nach § 16 EStG steuerpflichtiger Einbringungsgewinn I

Der Einbringungsgewinn I erhöht zugleich die Anschaffungskosten der Anteile an der gemeinsamen Tochter-SE. Damit wird gewährleistet, dass es nicht zur doppelten Erfassung von stillen Reserven in den übertragenen Wirtschaftsgütern und den erhaltenen Anteilen kommt. Dies kann nur dadurch vermieden werden, dass die bislang mit dem Buchwert für die eingebrachten Wirtschaftsgüter angesetzten Anschaffungskosten für die Anteile an der SE[968] um den steuerpflichtigen Einbringungsgewinn I erhöht werden.

Der Einbringungsgewinn I hat außerdem Einfluss auf den Bewertungsansatz für die eingebrachten Unternehmensteile. Sofern die Gründungsgesellschaften die Steuer auf diesen Einbringungsgewinn I beglichen haben und dies auch nachgewiesen wird, werden auf Antrag der Tochter-SE die Buchwerte der eingebrachten Unternehmensteile anteilig um den Einbringungsgewinn I erhöht („Buchwertaufstockung").

964 *Rödder/Schumacher*, DStR 2006, 1525, 1537.
965 Nach § 8 b Abs. 4 KStG a.F. galten die steuerlichen Vergünstigungen des Halbeinkünfteverfahrens bei einbringungsgeborenen Anteilen nicht. Diese Vorschrift ist mit dem Körperschaftsteuergesetz n.F. entfallen.
966 Sogenannter Einbringungsgewinn I.
967 *Rödder/Schumacher*, DStR 2006, 1525, 1538.
968 Eine solche doppelte Erfassung der stillen Reserven besteht aufgrund der Wertverknüpfung nach § 20 Abs. 3 UmwStG n.F.

609   Die Veräußerung einbringungsgeborener Anteile hat somit folgende steuerliche Konsequenz:

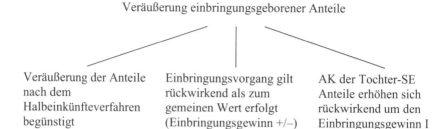

Veräußerung einbringungsgeborener Anteile

Veräußerung der Anteile nach dem Halbeinkünfteverfahren begünstigt	Einbringungsvorgang gilt rückwirkend als zum gemeinen Wert erfolgt (Einbringungsgewinn +/–)	AK der Tochter-SE Anteile erhöhen sich rückwirkend um den Einbringungsgewinn I

610   Die vorstehend skizzierten Steuerfolgen der rückwirkenden Besteuerung treten dann ein, wenn die Gründungsgesellschaft die erhaltenen einbringungsgeborenen Anteile veräußert. Gleiches gilt jedoch auch ohne dass eine tatsächliche Veräußerung der einbringungsgeborenen Anteile erfolgt, sofern ein Ersatzrealisationstatbestand vorliegt.[969]

Folgende Ersatzrealisationstatbestände kommen hierbei in Betracht:

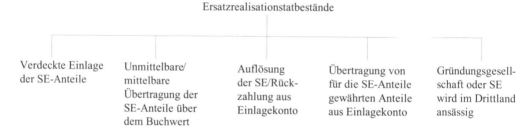

Ersatzrealisationstatbestände

Verdeckte Einlage der SE-Anteile	Unmittelbare/ mittelbare Übertragung der SE-Anteile über dem Buchwert	Auflösung der SE/Rück- zahlung aus Einlagekonto	Übertragung von für die SE-Anteile gewährten Anteile aus Einlagekonto	Gründungsgesell- schaft oder SE wird im Drittland ansässig

3.   Gründung einer gemeinsamen Tochter-SE im Ausland

611   Soll eine gemeinsame Tochter-SE außerhalb Deutschlands gegründet werden, kann dies Einfluss auf die inländische Besteuerung haben, sofern eine der beteiligten Gründungsgesellschaften im Inland steuerverstrickte Wirtschaftsgüter in die gemeinsame Tochter-SE einbringt.

a)   Steuerfolgen auf Ebene der Tochter-SE

aa)   Einbringung nach § 20 UmwStG n.F.

612   Bislang war eine steuerneutrale Einbringung von Betrieben, Teilbetrieben und Mitunternehmer- anteilen in eine Kapitalgesellschaft nur möglich, wenn die aufnehmende Gesellschaft in Deutsch- land unbeschränkt steuerpflichtig war.

---

969 § 22 Abs. 1 Satz 6 UmwStG n.F.

Diese Einschränkung ist mit dem Inkrafttreten des neuen Umwandlungssteuergesetzes entfallen. **613**
Danach qualifiziert sich jede in- oder ausländische Kapitalgesellschaft und somit auch eine SE als
aufnehmende Gesellschaft im Sinne des § 20 UmwStG n.F.,[970] sofern sie nachfolgende Voraussetzungen erfüllt:

- Die aufnehmende Tochter-SE wird oder wurde nach den Vorschriften eines Mitgliedstaates
  gegründet;
- der Sitz oder die Geschäftsleitung der gemeinsamen Tochter-SE befinden sich innerhalb der
  EU oder EWR;
- die steuerliche Ansässigkeit der gemeinsamen Tochter-SE wird aufgrund abkommensrechtlicher Regelungen[971] nicht einem Drittstaat zugeordnet.

Da eine SE nach der SE-VO ihren Sitz und ihre Geschäftsleitung in einem Mitgliedstaat der EU **614**
haben muss und eine steuerliche Ansässigkeit in einem Drittland zumindest einen dortigen Ge-
schäftsleitort voraussetzt, kann eine Einbringung in eine ausländische Tochter-SE grundsätzlich
nach den Regelungen des § 20 UmwStG n.F. erfolgen.

Die Einbringung eines inländischen Unternehmensteils durch eine deutsche Gründungsgesell- **615**
schaft in eine ausländische Tochter-SE kann sich nach § 20 UmwStG n.F. grundsätzlich zum gemeinen Wert vollziehen. Andererseits besteht ein Wahlrecht, wenn der Unternehmensteil nach
der Einbringung weiterhin dem deutschen Steuerzugriff unterliegt. In diesem Fall steht der ausländischen Tochter-SE – vorbehaltlich abweichender Regelungen nach dem jeweils anwendbaren
Steuerrecht des Ansässigkeitsstaates – das Wahlrecht nach § 20 Abs. 2 Satz 2 UmwStG n.F. zu, den
eingebrachten Unternehmensteil auch unter dem gemeinen Wert zu einem Zwischenwert oder
zum Buchwert anzusetzen. Dies ist dann problematisch, wenn die übertragenen Wirtschaftsgüter für steuerliche Zwecke ausschließlich der ausländischen Tochter-SE zuzurechnen sind, da bei
einer zukünftigen Veräußerung dieser Wirtschaftsgüter das Besteuerungsrecht nur dem Sitzstaat
der Tochter-SE zusteht. Demgegenüber bleibt ein deutsches Besteuerungsrecht erhalten, wenn
der eingebrachte Unternehmensteil einer deutschen Betriebsstätte funktional zugeordnet werden
kann.

❶ Praxishinweis: **616**

Soweit möglich sollte deshalb vor einer Übertragung eine inländische Betriebsstätte begründet werden, um eine steuer-
neutrale Einbringung zu erreichen.

❶ Beispiel:

Die in Frankreich ansässige S.A. und die inländische AG beabsichtigen, in Frankreich eine gemeinsame Tochter-SE zu gründen.
Beide Gesellschaften verpflichten sich hierbei, die Gründung im Wege einer Sachgründung durch Einbringung von Betrieben
vorzunehmen. Die SE soll nach der Einbringung in Deutschland über keine Betriebsstätte verfügen.

---

970 *Patt*, Der Konzern 2006, 730.
971 Art. 4 OECD-MA.

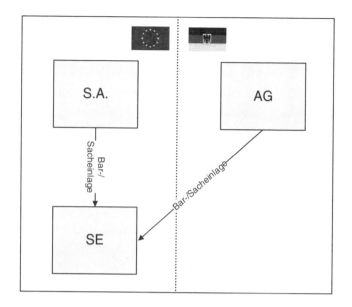

🔆 **Lösung:**

Die Sacheinlage durch die S.A. erfolgt ausschließlich nach den französischen Steuerrechtregelungen. Die Einbringung des Betriebs durch die inländische AG ist nach § 20 UmwStG n.F. nicht steuerneutral möglich. Mit der Einbringung verliert Deutschland sein inländisches Besteuerungsrecht hinsichtlich der Besteuerung des Gewinns aus der zukünftigen Veräußerung des eingebrachten Betriebsvermögens. Damit besteht nach § 20 UmwStG n.F. keine Möglichkeit, bei der Tochter-SE oder der inländischen Gründungsgesellschaft die übertragenen Wirtschaftsgüter mit dem Buchwert anzusetzen. Die Einbringung des Betriebs der AG führt zur Aufdeckung sämtlicher stiller Reserven in den Wirtschaftsgütern des übertragenen Betriebs auf Ebene der inländischen AG und unterliegt der Körperschaft- und Gewerbesteuer.

b) Steuerfolgen auf Ebene der Gründungsgesellschaften

aa) Steuerliche Behandlung des Einbringungsvorgangs

617 Für die Gründungsgesellschaften hängen die Steuerfolgen des Einbringungsvorgangs davon ab, ob steuerverstrickte inländische Wirtschaftsgüter weiterhin einer inländischen Betriebsstätte der deutschen Steuerhoheit unterliegen.

618 Ist dies nicht der Fall, hat die Gründungsgesellschaft sämtliche stillen Reserven in den übertragenen Wirtschaftsgütern aufzudecken. Dieser Einbringungsgewinn unterliegt als laufender Gewinn auf Ebene der Gründungsgesellschaft der Einkommensteuer oder Körperschaftsteuer sowie der Gewerbesteuer bei einer Gesamtsteuerbelastung derzeit von circa 40 % (ab 2008 ca. 30 %). Bei einer buchwertneutralen Einbringung kommt es demgegenüber zu keiner Gewinnrealisierung.

bb) Steuerliche Behandlung der erhaltenen Anteile

619 Die als Gegenleistung für die Einbringung gewährten Anteile an der gemeinsamen Tochter-SE stellen nur dann einbringungsgeborene Anteile dar, wenn diese durch einen Sacheinlagevorgang unter dem gemeinen Wert entstanden sind.

Dies ist bei einer Sachgründung einer ausländischen Tochter-SE durch eine inländische Gründungsgesellschaft nur der Fall, wenn der eingebrachte Unternehmensteil weiterhin einer inländischen Betriebsstätte zuzuordnen ist. Bei einer zukünftigen Veräußerung der so erhaltenen einbringungsgeborenen Anteile an der gemeinsamen Tochter-SE innerhalb der Siebenjahresfrist wird die vormals steuerneutral durchgeführte Einbringung steuerlich rückwirkend als zum gemeinen Wert vollzogen angesehen. Es kommt zur Besteuerung des Einbringungsgewinns I.[972]   620

Die Anteilsveräußerung unterliegt nach Art. 13 OECD-MA in der Regel der Steuerhoheit des Staates, in dem die Gründungsgesellschaft ansässig ist. Bei einer deutschen Gründungsgesellschaft vollzieht sich deshalb die Veräußerung der Anteile an der gemeinsamen Tochter-SE im Rahmen des Halbeinkünfteverfahrens nach § 8b KStG bzw. § 3 Nr. 40 EStG. Wie bereits ausgeführt,[973] schränkt das neue Umwandlungssteuergesetz das Halbeinkünfteverfahren bei einer Veräußerung von einbringungsgeborenen Anteilen nicht mehr ein.   621

F.   Gründung einer Tochter-SE durch eine SE

I.   Verfahren

Eine Mutter-SE kann durch Ausgründung eigenständig eine oder mehrere Tochtergesellschaften in der Rechtsform einer SE gründen.[974] Das Erfordernis der Mehrstaatlichkeit kennt diese Gründungsform nicht.   622

Sinn und Zweck dieser Bestimmung ist es, der Mutter-SE die Vorteile der Ausgründung zu erhalten, indem eine 100%ige Tochter-SE gegründet werden kann. Darüber hinaus ist auch die Gründung von Enkel- und Urenkel- usw. SEs zulässig, wobei Gründer der Enkel- und Urenkel-SEs jeweils die gesellschaftsrechtlich unmittelbar beteiligte Tochter- bzw. Enkel-SE ist.[975]   623

Eine „Einmanngründung"[976] ist nur durch eine Mutter–SE im Rahmen einer Sach- oder Bargründung möglich. Sobald sich mehrere Gründungsgesellschaften an der Gründung beteiligen sollen, handelt es sich um die Gründung einer gemeinsamen Tochter-SE entsprechend dem im vorangegangenen Abschnitt dargestellten Gründungsverfahren.[977]   624

Das Verfahren der Gründung einer Tochter-SE durch eine SE ist in der SE-VO ebenfalls nicht ausdrücklich geregelt. Folglich gilt der allgemeine Grundsatz, wonach das nationale Aktienrecht mit den in der SE-VO enthaltenen Modifikationen Anwendung findet.[978] Der Satzungssitz und Hauptverwaltung der neu geschaffenen Tochter-SE sind frei wählbar, da die SE-VO keine Vorgaben macht. Die deutsche Mutter-SE kann daher eine Tochter-SE auch mit Sitz in einem anderen Mitgliedstaat gründen. Für die Gründung einer deutschen Tochter-SE gelten die bereits beschriebenen Grundsätze der zweiten Verfahrensstufe für die Gründung einer gemeinsamen Tochter-SE.[979]   625

Unter Umständen kann für die Gründung ein Hauptversammlungsbeschluss der Mutter-SE erforderlich sein, wenn dieser bei einer Aktiengesellschaft im Sitzland der SE erforderlich ist. In   626

---

972 Zu der steuerlichen Behandlung einbringungsgeborener Anteile und des Einbringungsgewinns I, vgl. § 2 Rn. 603 ff.
973 Vgl. § 2 Rn. 605.
974 Art. 3 Abs. 2 SE-VO.
975 *Schwarz*, SE-VO, Art. 3 Rn. 24.
976 Art. 3 Abs. 2 Satz 2 SE-VO.
977 Art. 2 Abs. 3 SE-VO; *Schwarz*, SE-VO, Art. 3 Rn. 22.
978 Art. 15 Abs. 1 SE-VO.
979 Vgl. oben § 2 Rn. 557 ff.

Deutschland ist dabei hauptsächlich an die „Holzmüller"-Rechtsprechung[980] zu denken, die die Übertragung des wesentlichen Betriebsvermögens auf eine Tochtergesellschaft von der Zustimmung der Hauptversammlung abhängig macht.

627 🛑 Praxishinweis:

> *Nicht eindeutig geklärt ist die Frage, ob neben der Gründung einer Tochter-SE auch eine Ausgliederung im Wege der partiellen Gesamtrechtsnachfolge nach § 123 Abs. 3 UmwG möglich ist. Bislang gehen die Meinungen im Schrifttum hierzu auseinander.[981] Es ist allerdings in der Praxis Vorsicht geboten, da aufgrund des numerus clausus der Gründungsformen der Weg über das nationale Umwandlungsrecht als Rechtsgrundlage für die Gründung einer Tochter-SE ausgeschlossen sein dürfte.[982] Jedenfalls sollte vorab mit dem zuständigen Handelsregister geklärt werden, ob hierin aus dessen Sicht dieses Vorgehen zulässig ist.*

II. Steuerliche Aspekte

628 Die Gründung einer SE durch eine SE kann sich, ebenso wie die Gründung einer Tochter-SE, im Rahmen einer Bar- oder Sachgründung vollziehen, wobei sich der Gründungsvorgang bei dieser Gründungsform alleine durch einen einzigen Rechtsträger vollzieht.

1. Bargründung

629 Aus steuerlicher Sicht stellt sich die Bargründung als ein erfolgsneutraler Vorgang dar, bei dem es zu einem Aktivtausch[983] auf Ebene der Gründungs-SE und einer erstmaligen Eigenkapitalausstattung bei der neugegründeten SE kommt.

Gründungs-SE:

Aktiva		Passiva
Kasse	(100)	
Beteiligung an SE	100	

Neugegründete SE:

Aktiva		Passiva	
Kasse	100	EK	100

630 🛑 Praxishinweis:

> *Eine Bargründung löst in der Regel keine Verkehrssteuern (Grunderwerbsteuer, Umsatzsteuer) aus. Insbesondere stellt die Bargründung keinen umsatzsteuerlich relevanten Leistungsaustausch dar.*

---

980 BGHZ 83, 122 „Holzmüller" BGH, NZG 2004, 571, 575 „Gelatine I und II".
981 Für Anwendbarkeit: *Schwarz*, SE-VO 2006, Art. 3 Rn. 21; *Teichmann* in: Lutter, UmwG, 3. Aufl. 2004, § 124 Rn. 7; dagegen *Hirte*, NZG 2002, 1 ff.; *Schröder* in: Manz/Mayer/Schröder, Europäische Aktiengesellschaft SE, Art. 3 Rn. 17.
982 *Oechsler*, in: MünchKomm AktG, Art. 3 SE-VO Rn. 8.
983 Die Buchung erfolgt als Barmittel an Beteiligung.

2.   Sachgründung

Alternativ kann eine SE durch eine SE auf Grundlage einer Sacheinlage gegründet werden. Während eine Sachgründung auf Ebene der Gründungs-SE zu einer steuerpflichtigen Gewinnrealisierung führen kann, handelt es für die neuzugründende SE auch bei der Sachgründung um einen erfolgsneutralen Vorgang. | 631

Eine Gewinnrealisierung auf Ebene der Gründungs-SE kann eintreten, da Wirtschaftsgüter, die bislang gegebenenfalls mit einem im Vergleich zum Verkehrswert niedrigeren Buchwert in der Bilanz angesetzt waren, nach den gesetzlichen Vorschriften zu Verkehrswerten übertragen werden müssen und es dadurch zu einer Aufdeckung stiller Reserven kommt. | 632

Gründungs-SE:

Aktiva			Passiva
Wirtschaftsgüter	(BW 50)	GuV	(50)
	(VW 100)		
Beteiligung an	SE 100		

Neugegründete SE:

Aktiva		Passiva
Wirtschaftsgüter	100	EK	100

Die Sachgründung stellt nichts anderes, als einen steuerlich relevanten Tausch[984] von übertragenen Wirtschaftsgütern gegen die Gewährung einer Beteilung an der neugegründeten SE dar. Eine Aufdeckung stiller Reserven kann deshalb nur dann vermieden werden, wenn steuerliche Regeln eine Übertragung zu Buchwerten zulassen. | 633

Solche Vorschriften finden sich im Umwandlungssteuergesetz. Dieses stellt ein steuerliches Instrumentarium zur Verfügung, welches in §§ 20, 21 UmwStG n.F. die buchwertneutrale Einbringung von Betrieben, Teilbetrieben, Anteilen an Personengesellschaften und Kapitalgesellschaftsbeteiligungen zulässt. | 634

Auf diese steuerlichen Einbringungstatbestände wurde bereits im Rahmen der Gründung einer Tochter-SE eingegangen. Auf die Ausführungen unter § 2 Rn. 574 ff. wird verwiesen. | 635

G.   Arbeitsrechtliche Aspekte bei der Gründung einer SE

Die Gründung einer SE wirkt sich arbeitsrechtlich überwiegend im Zusammenhang mit der Ausgestaltung der Mitbestimmung der Arbeitnehmer auf der Unternehmensebene aus. In speziellen Konstellationen sind zusätzlich Auswirkungen auf den Inhalt der Arbeitsverhältnisse durch Veränderungen auf kollektivrechtlicher Ebene denkbar. Auf die individualrechtlichen Regelungen der mit den einzelnen Arbeitnehmern bestehenden Arbeitsverträge hat der rein gesellschaftsrechtliche Vorgang der SE-Gründung grundsätzlich keine Auswirkungen. Bei einzelnen Gründungsarten, insbesondere bei der Gründung der SE im Wege der Verschmelzung, kann es aber zum Eintritt der SE in die Arbeitgeberstellung und daraus folgend zum Übergang aller Rechte und Pflichten aus dem Arbeitsverhältnis auf die SE kommen.[985] | 636

---

984 § 6 Abs. 6 EStG.
985 §§ 324 UmwG 1995 i.V.m. 613 a BGB.

637   Neben den besonderen arbeitsrechtlichen Vorgaben, die bei jedem gesellschaftsrechtlichen Gründungsvorgang zu beachten sind, schreibt das SEBG zwingend ein spezielles Verfahren vor, das bei jeder Gründung einer SE mit Sitz in Deutschland beachtet werden muss. Das SEBG setzt die SE-RL in nationales Recht um.

638   Arbeitgeberseite und Arbeitnehmerseite müssen nach den Regeln des SEBG vor der Gründung jeder SE darüber verhandeln, wie die Beteiligung der Arbeitnehmer in der SE ausgestaltet sein soll. Dieses gesetzliche Erfordernis umfasst Verhandlungen über die Ausgestaltung von Instrumenten zur Sicherung betrieblicher Unterrichtungs- und Anhörungsrechte ebenso wie Verhandlungen über die Ausgestaltung der Mitbestimmung auf Unternehmensebene in der SE.

639   Führen die Verhandlungen zu keinem Ergebnis, greifen gesetzliche Mindeststandards. Die Gründung einer SE ebnet deshalb keinen „Weg zur Flucht aus der deutschen Unternehmensmitbestimmung". Zwar finden die deutschen Mitbestimmungsgesetze auf die SE keine Anwendung; die Regelungen des SEBG bewirken aber im Ergebnis meist eine Aufrechterhaltung der vor der SE-Gründung geltenden Mitbestimmungsstandards.

I.   Inhalt des SE-Beteiligungsgesetzes

640   Nach dem SEBG sind die Leitungsorgane und die Arbeitnehmervertreter der an einer SE-Gründung beteiligten Gesellschaften verpflichtet, über die Ausgestaltung der Beteiligung der Arbeitnehmer in der SE zu verhandeln. Finden die Verhandlungspartner innerhalb der festgelegten Verhandlungsdauer keinen Konsens, greifen die sogenannten gesetzlichen Auffangregelungen.[986] Eine neu zu gründende SE kann nicht eingetragen werden bevor die Verhandlungen über die Beteiligung der Arbeitnehmer in der SE abgeschlossen sind.[987]

641   Selbst in Fällen, in denen die neu zu gründende SE voraussichtlich keine Arbeitnehmer haben wird und auch die an der Gründung beteiligten Gesellschaften sowie die betroffenen Tochtergesellschaften und betroffenen Betriebe keinem Mitbestimmungsstatut unterliegen, ist das nachfolgend dargestellte Beteiligungsverfahren im Gründungsvorgang durchzuführen.[988] Die Vorschriften der Art. 12 Abs. 2 und 3 SE-VO lassen keine Ausnahme hiervon zu.

642   Von der Einleitung und Durchführung des nachfolgend dargestellten Beteiligungsverfahrens kann einzig dann abgesehen werden, wenn die SE keine Arbeitnehmer beschäftigen soll und die an der Gründung beteiligten Gesellschaften und die betroffenen Tochtergesellschaften und betroffenen Betriebe nicht mehr als neun Arbeitnehmer zum Zeitpunkt der SE-Gründung beschäftigen. Nur in einem solchen Fall kann kein besonderes Verhandlungsgremium[989] eingesetzt werden, dass die gesetzliche Mindestgröße von zehn Mitgliedern erreicht.[990]

643   🛈 Praxishinweis:

Die gegenwärtige Rechtslage erfordert die Durchführung eines entsprechenden Beteiligungsverfahrens bei nahezu jeder SE-Gründung. Die hierdurch zu gewärtigenden Verzögerungen und Aufwände sind bereits im Planungsstadium zu berücksichtigen. Soll von der Durchführung des Beteiligungsverfahrens abgesehen werden, sollte die Zulässigkeit dieses Vorgehens vorab mit dem Registergericht geklärt werden.

---

986 §§ 22 ff. SEBG.
987 Art. 12 Abs. 2 SE-VO.
988 LG Hamburg, ZIP 2005, 2017; hierzu auch *Seibt*, ZIP 2005, 2248 ff.; *Blanke*, ZIP 2006, 789 ff. zweifelt die Zulässigkeit einer arbeitnehmerlosen SE insgesamt an.
989 Dazu umfassend unten unter § 2 Rn. 645 ff.
990 § 5 Abs. 1 SEBG.

Zur Klarstellung sei bereits hier darauf hingewiesen, dass die Durchführung des Beteiligungsverfahrens nicht zwingend auch zu einer mitbestimmten SE führen muss.   644

II.   Beteiligung der Arbeitnehmer im Verhandlungswege

1.   Das besondere Verhandlungsgremium

Als Verhandlungspartner auf Arbeitnehmerseite steht den Leitungsorganen der beteiligten Gründungsgesellschaften ein speziell für diesen Zweck zu bildendes sogenanntes besonderes Verhandlungsgremium gegenüber. Das besondere Verhandlungsgremium repräsentiert alle Arbeitnehmer der beteiligten Gründungsgesellschaften, betroffenen Tochtergesellschaften und betroffenen Betriebe in den Mitgliedstaaten. Es setzt sich aus Vertretern dieser Arbeitnehmergruppen zusammen. Ein besonderes Verhandlungsgremium kann deshalb grundsätzlich auch dann gebildet werden, wenn die SE selbst keine Arbeitnehmer hat oder haben soll.   645

a)   Information der Arbeitnehmervertreter über das Gründungsvorhaben

Fasst eine Gesellschaft den Beschluss, sich an einer SE-Gründung zu beteiligen, so haben ihre Leitungs- oder Verwaltungsorgane die bei der Gesellschaft bestehenden Arbeitnehmervertretungen und Sprecherausschüsse unverzüglich über das Gründungsvorhaben zu informieren und schriftlich zur Bildung des besonderen Verhandlungsgremiums aufzufordern.[991]   646

Die Information über das geplante Gründungsvorhaben soll insbesondere die folgenden Punkte beinhalten, deren Kenntnis zur ordnungsgemäßen Bildung des besonderen Verhandlungsgremiums erforderlich ist: 647

- Die Identität und Struktur der an der SE-Gründung beteiligten Gesellschaften, aller betroffenen Tochtergesellschaften und Betriebe sowie die Verteilung der beteiligten Gesellschaften und Betriebe auf die Mitgliedstaaten.[992]

Zu den „Betroffenen Tochtergesellschaften und Betrieben" zählen diejenigen Tochtergesellschaften und Betriebe einer an der SE-Gründung beteiligten Gesellschaft in einem der Mitgliedstaaten, die zu Tochtergesellschaften oder Betrieben der SE werden sollen.[993] Das besondere Verhandlungsgremium repräsentiert nur die in den Mitgliedstaaten beschäftigten Arbeitnehmer.[994]   648

Die Information muss ferner Angaben beinhalten über: 649

- Die in den beteiligten Gesellschaften und Betrieben bestehenden Arbeitnehmervertretungen, sowie;

- Die Anzahl der in diesen Gesellschaften und Betrieben im Zeitpunkt der Information jeweils beschäftigten Arbeitnehmer sowie die daraus zu errechnende Gesamtzahl der in den Mitgliedstaaten jeweils beschäftigten Arbeitnehmer.

---

991 § 4 SEBG.
992 Nach § 3 Abs. 2 SEBG sind Mitgliedstaaten im Sinne des SEBG die Mitgliedstaaten der EU und die anderen Vertragstaaten des Abkommens über den Europäischen Wirtschaftsraum.
993 § 2 Abs. 4 SEBG.
994 § 5 Abs. 1 Satz 1 SEBG.

650   Für die Bestimmung der Arbeitnehmeranzahl in einem Mitgliedstaat sind alle Arbeitnehmer zu berücksichtigen, die in den an der SE-Gründung beteiligten Gesellschaften, betroffenen Tochtergesellschaften und betroffenen Betrieben in dem jeweiligen Mitgliedstaat beschäftigt sind. Arbeitnehmer von Tochtergesellschaften und Betriebe in Drittstaaten bleiben also außer Betracht.

651   Mitzuteilen ist außerdem:

- Die Zahl der Arbeitnehmer, denen im Zeitpunkt der Information Mitbestimmungsrechte in den Organen der beteiligten Gesellschaften zustehen.

652   Diese Aufzählung der mitzuteilenden Informationen ist nicht abschließend; folglich kann die Information der Arbeitnehmer über das Gründungsvorhaben um weitere Punkte beliebig ergänzt werden.

653   🛑 Praxishinweis:

Ein Verstoß gegen die Informationspflicht ist gemäß § 46 Abs. 1 Nr. 1 SEBG bußgeldbewehrt. Die Geldbuße kann in jedem Einzelfall bis zu 20.000,00 € betragen. Ein Verstoß liegt z.B. bei verspäteter und unvollständiger Information vor. Es empfiehlt sich deshalb, den Arbeitnehmern im Zweifelsfall mehr als die gesetzlich vorgeschriebenen Informationen zu geben, soweit dies aus unternehmenspolitischen Gründen möglich ist. Da nach dem Wortlaut des Gesetzes[995] der Begriff der zu informierenden Arbeitnehmerbeteiligungen nicht näher eingeschränkt ist, empfiehlt es sich, vorsorglich alle gebildeten Arbeitnehmerbeteiligungen (insbesondere: Betriebsräte, Gesamtbetriebsräte, Konzernbetriebsräte und sonstige betriebsverfassungsrechtliche Vertretungen) zu informieren.

b)   Zusammensetzung des besonderen Verhandlungsgremiums

654   Die Zahl der Mitglieder des besonderen Verhandlungsgremiums und seine Zusammensetzung hängen von der individuellen Zusammensetzung der zu gründenden SE und der Art ihrer Gründung ab. Das SEBG enthält keine Begrenzung der Mitgliederzahl des besonderen Verhandlungsgremiums.

aa)   Grundsätze der Zusammensetzung

655   Jeder Mitgliedstaat erhält die Anzahl an Sitzen im besonderen Verhandlungsgremium, die dem Anteil der in dem Mitgliedstaat[996] beschäftigten Arbeitnehmer an der Gesamtzahl der Arbeitnehmer aller betroffenen Gesellschaften entspricht. Das besondere Verhandlungsgremium repräsentiert keine Arbeitnehmer, die nicht in den Mitgliedstaaten beschäftigt sind. Tochtergesellschaften und Betriebe in Drittstaaten entsenden deshalb auch keine Mitglieder in das besondere Verhandlungsgremium.

656   Die Größe des auf den jeweiligen Mitgliedstaat entfallenden Anteils lässt sich den von den Leitungen der an der Gründung beteiligten Gesellschaften übermittelten Informationen unmittelbar entnehmen.

657   Je angefangene 10 % an der Gesamtzahl der Beschäftigtenzahl der an der SE-Gründung beteiligten Unternehmen ist ein Sitz im besonderen Verhandlungsgremium zu besetzen.[997] Das besondere Verhandlungsgremium besteht deshalb aus mindestens zehn Mitgliedern.

---

995 § 4 Abs. 1 i.V.m. § 2 Abs. 6 SEBG.
996 Nach § 3 Abs. 2 SEBG sind Mitgliedstaaten im Sinne des SEBG die Mitgliedstaaten der EU und die anderen Vertragsstaaten des Abkommens über den Europäischen Wirtschaftsraum.
997   § 5 Abs. 1 S. 2 SEBG.

> **Beispiel:** 658

Sind in einem Mitgliedstaat 49 % aller Arbeitnehmer der beteiligten Gesellschaften beschäftigt, so entfallen auf diesen Mitgliedstaat fünf Sitze in dem besonderen Verhandlungsgremium.

Erreicht die Belegschaftsgröße in einem betroffenen Mitgliedstaat keinen Anteil von 10 %, so ent- 659
fällt dennoch ein Sitz in dem besonderen Verhandlungsgremium auf die Arbeitnehmer dieses Mitgliedstaats. Jeder Mitgliedstaat, in dem die an der Gründung beteiligten Gesellschaften, ihre Tochtergesellschaften oder Betriebe Arbeitnehmer haben, hat demnach wenigstens einen Sitz in dem besonderen Verhandlungsgremium. Die Gesamtgröße des besonderen Verhandlungsgremiums ist deshalb stark von den Umständen der SE-Gründung im Einzelfall abhängig.

> **Beispiel:** 660

An einer SE-Gründung sind Gesellschaften aus acht Mitgliedstaaten beteiligt. 92 % der Arbeitnehmer der an der Gründung beteiligten Gesellschaften sind Arbeitnehmer der an der Gründung beteiligten deutschen Gesellschaften.

> **Lösung:**

Das besondere Verhandlungsgremium besteht in diesem Fall aus 17 Mitgliedern. Zehn Mitglieder stammen wegen des auf Deutschland entfallenden Anteils von 92 % an der Gesamtarbeitnehmerzahl aus Deutschland und jeweils eines aus den anderen sieben Mitgliedstaaten, aus denen an der SE-Gründung beteiligte Gesellschaften stammen, da in keinem anderen beteiligten Mitgliedstaat ein Teil von 10 % oder mehr der Gesamtarbeitnehmerzahl beschäftigt ist.

bb) Besonderheiten bei der SE-Gründung durch Verschmelzung

Besonderheiten gelten hinsichtlich der Zusammensetzung des besonderen Verhandlungsgremi- 661
ums im Falle einer SE-Gründung durch Verschmelzung. Weil die an der Verschmelzung beteiligten übertragenden Gesellschaften durch die Eintragung der SE erlöschen, müssen sie jeweils durch mindestens ein Mitglied im besonderen Verhandlungsgremium vertreten sein. Entfällt auf einen Mitgliedstaat aufgrund der allgemeinen Grundsätze der Zusammensetzung des besonderen Verhandlungsgremiums keine ausreichende Anzahl an Sitzen, sind zusätzliche Mitglieder in das besondere Verhandlungsgremium zu wählen oder zu bestellen.[998] Hierdurch darf es indes nicht zu einer Doppelvertretung der betroffenen Arbeitnehmer kommen.

Die Zahl der zusätzlichen Mitglieder darf maximal 20 % der ordentlichen Mitglieder des besonde- 662
ren Verhandlungsgremiums betragen. Kann wegen dieser Höchstbegrenzung nicht für alle an der Verschmelzung beteiligten Gesellschaften, die infolge der geplanten Eintragung der SE erlöschen, jeweils ein zusätzliches Mitglied bestellt werden, werden diese Gesellschaften in der Reihenfolge der Anzahl der bei ihnen beschäftigten Arbeitnehmer berücksichtigt. Bevor ein Mitgliedstaat jedoch mehrere zusätzliche Sitze erhält, muss gewährleistet sein, dass alle Mitgliedstaaten, aus denen an der Verschmelzung beteiligte übertragende Gesellschaften stammen, wenigstens einen Sitz erhalten haben.

> **Praxishinweis:** 663

Das erste zusätzliche Mitglied des besonderen Verhandlungsgremiums vertritt die Arbeitnehmer der übertragenden Gesellschaft mit den meisten Arbeitnehmern; das zweite zusätzliche Mitglied vertritt die Arbeitnehmer der Gesellschaft mit der größten Arbeitnehmerzahl, die nicht aus dem selben Mitgliedstaat stammt wie die Gesellschaft, die das erste zusätzliche Mitglied vertritt, etc.

---

998 § 5 Abs. 2 SEBG.

664   ▶ **Beispiel:**

An einer SE-Gründung durch Verschmelzung sind zehn Gesellschaften beteiligt. Von diesen zehn Gesellschaften sind neun Gesellschaften in Deutschland eingetragen, die zehnte beteiligte Gesellschaft hat ihren Sitz in Österreich. Diese neun deutschen Gesellschaften vereinen 34 % der Gesamtzahl der Arbeitnehmer der an der SE-Gründung beteiligten Gesellschaften. Die verbleibenden 66 % sind bei der an der Gründung beteiligten Gesellschaft beteiligt, die ihren Sitz in Österreich hat.

⚙ **Lösung:**

Sieben Sitze in dem besonderen Verhandlungsgremium entfallen auf Österreich, weil in Österreich 66 % der Gesamtarbeitnehmerzahl beschäftigt sind (also sieben Anteile von jeweils 10 % an der Gesamtarbeitnehmerzahl durch die in Österreich beschäftigte Belegschaft angefangen sind). Da die deutschen Gesellschaften lediglich 34 % der Gesamtarbeitnehmerzahl auf sich vereinigen, stehen nach der Grundregel, dass für jeden angefangenen Anteil von 10 % ein Sitz in dem besonderen Verhandlungsgremium zugeteilt wird, für die neun deutschen Gesellschaften lediglich vier Sitze zur Verfügung (bei einem Anteil von 34 % an der Gesamtarbeitnehmerzahl sind vier Anteile von jeweils 10 % der Gesamtarbeitnehmerzahl angefangen).

Durch die Anwendung der Sondervorschrift für die SE-Gründung durch Verschmelzung[999] können jedoch zwei zusätzliche Mitglieder in das besondere Verhandlungsgremium gewählt werden. Die Zahl der zusätzlichen Mitglieder darf maximal 20 % der Anzahl der ordentlichen Mitglieder betragen. Da das besondere Verhandlungsgremium nach den allgemeinen Regeln 11 Mitglieder hätte (sieben aus Österreich und vier aus Deutschland), können also zwei zusätzliche Mitglieder gewählt werden. Insgesamt hat das besondere Verhandlungsgremium in dieser Konstellation also 13 Mitglieder.

Diese zusätzlichen Mitglieder vertreten die an der SE-Gründung beteiligten deutschen Gesellschaften mit den fünftmeisten und sechstmeisten Arbeitnehmern. Die ersten vier auf Deutschland entfallenden Sitze werden von den an der SE-Gründung beteiligten deutschen Gesellschaften besetzt, die die meisten, zweitmeisten, drittmeisten und viertmeisten Arbeitnehmer haben.

cc)   Verteilung der auf das Inland entfallenden Sitze

665   Die Wahl oder Bestellung der Mitglieder des besonderen Verhandlungsgremiums erfolgt nach den jeweils anwendbaren nationalen Regelungen der Mitgliedstaaten. Die deutschen Mitglieder des besonderen Verhandlungsgremiums werden von dem Wahlgremium in geheimer und unmittelbarer Wahl gewählt.[1000]

666   In das besondere Verhandlungsgremium können nicht nur Arbeitnehmer der SE selbst, sondern Arbeitnehmer der an der SE-Gründung beteiligten Gesellschaften, deren betroffenen Tochtergesellschaften und Betriebe sowie Gewerkschaftsvertreter gewählt werden. Die Bildung eines besonderen Verhandlungsgremiums ist deshalb auch möglich, wenn die SE selbst keine Arbeitnehmer hat oder haben soll.

667   Für jedes Mitglied des besonderen Verhandlungsgremiums wird ein Ersatzmitglied gewählt. Frauen und Männer sollen entsprechend ihrem zahlenmäßigen Verhältnis innerhalb der Belegschaft in das besondere Verhandlungsgremium gewählt werden.

668   Grundsätzlich soll jede beteiligte inländische Gesellschaft in dem besonderen Verhandlungsgremium vertreten sein. Ist die Zahl der auf Deutschland entfallenden Mitglieder des besonderen Verhandlungsgremiums höher als die Anzahl der deutschen Gründungsgesellschaften, werden

---

999   § 5 Abs. 2 SEBG.
1000   Zur Zusammensetzung des Wahlgremiums siehe § 2 Rn. 681 ff.

die verbleibenden Sitze gemäß § 7 Abs. 3 SEBG nach dem d'Hondtschen Höchstzahlenverfahren[1001] auf die beteiligten Gesellschaften verteilt.

> **Beispiel:**   669

An einer SE-Gründung sind fünf deutsche Gesellschaften beteiligt. Das besondere Verhandlungsgremium ist mit acht Vertretern aus Deutschland zu besetzen.

> **Lösung:**

Die drei deutschen Gesellschaften mit den größten Höchstzahlen nach dem d'Hondtschen Höchstzahlenverfahren erhalten zwei Sitze im besonderen Verhandlungsgremium, die anderen beiden deutschen Gesellschaften jeweils nur einen Sitz.

Ist die Anzahl der auf Deutschland entfallenden Mitglieder des besonderen Verhandlungsgremiums niedriger als die Anzahl der deutschen Gründungsgesellschaften, sind die Sitze an die Gesellschaften mit den in absteigender Reihenfolge meisten Arbeitnehmern zu vergeben.   670

Dem besonderen Verhandlungsgremium können – parallel zu den Regelungen des MitbestG[1002] – Gewerkschaftsmitglieder und leitende Angestellte angehören.[1003] Gehören dem besonderen Verhandlungsgremium mehr als zwei Mitglieder aus Deutschland an, dann ist jedes dritte Mitglied ein Gewerkschaftsvertreter. Gibt es im besonderen Verhandlungsgremium mehr als sechs deutsche Mitglieder, ist mindestens jedes siebte Mitglied ein leitender Angestellter. Diese Mitglieder werden auf der Grundlage eines Wahlvorschlages einer Gewerkschaft, die in einer der Gründungsgesellschaften vertreten ist bzw. auf Grundlage eines Wahlvorschlages der Sprecherausschüsse gewählt.   671

Entfallen nicht genügend Sitze in dem besonderen Verhandlungsgremium auf Deutschland, um die Grundsätze der Vertretung jeder beteiligten Gesellschaft und die Grundsätze der Vertretung durch leitende Angestellte und Gewerkschaftsvertreter zu erfüllen, sind die Grundsätze zur Vergabe der Sitze der Gewerkschaftsmitglieder und leitenden Angestellten vorrangig vor dem Grundsatz der Vertretung jeder beteiligten Gesellschaft zu berücksichtigen.   672

> **Beispiel:**   673

Bei einer SE-Gründung stehen den Vertretern der beteiligten sieben deutschen Gesellschaften sieben Sitze in dem besonderen Verhandlungsgremium zu. Nach den dargestellten Regeln verbleiben für die Vertretung der Arbeitnehmer der sieben deutschen Gesellschaften lediglich vier Sitze (ein Sitz ist von einem leitenden Angestellten, zwei Sitze sind von Gewerkschaftsvertretern zu besetzen). Diese vier Sitze sind an die vier Gesellschaften mit den meisten Arbeitnehmern zu vergeben.

1001   Nach dem d'Hondtschen Höchstzahlenverfahren wird die Anzahl der Arbeitnehmer der jeweiligen Gesellschaft durch 1, 2, 3 bis n dividiert. Auf die so ermittelten Höchstzahlen werden nacheinander Mandate verteilt, auf die größte Höchstzahl das erste Mandat, auf die zweitgrößte Höchstzahl das zweite Mandat u.s.w., bis alle Mandate vergeben sind.
1002   §§ 7 Abs. 2, 11 Abs. 2 und 15 Abs. 1 Satz 2 MitbestG.
1003   § 6 Abs. 3, 4 SEBG.

dd) **Veränderungen in der Struktur oder Arbeitnehmerzahl der an der Gründung beteiligten Gesellschaften**

674 Verändert sich während der Tätigkeitsdauer des besonderen Verhandlungsgremiums die Struktur oder die Arbeitnehmerzahl der an der SE-Gründung beteiligten Gesellschaften in einer Art, die Auswirkungen auf die Zusammensetzung des besonderen Verhandlungsgremiums hätte, muss das besondere Verhandlungsgremium an die veränderte Situation angepasst und entsprechend neu besetzt werden.

675 ▶ Beispiel:

Eine an der SE-Gründung beteiligte Gesellschaft schließt ein Werk. Hierdurch sinkt der Anteil der Arbeitnehmer, die in dem Mitgliedstaat beschäftigt sind, in dem die an der SE-Gründung beteiligte Gesellschaft ihren Sitz hat, von 23 % auf 19 %.

💡 Lösung:

Infolge der Betriebsschließung verliert der Mitgliedstaat, in dem die Gesellschaft ihren Sitz hat, einen Sitz im besonderen Verhandlungsgremium. Das besondere Verhandlungsgremium ist entsprechend neu zu besetzen.

676 Die zuständigen Leitungen der an der Gründung beteiligten Gesellschaft, in der eine solche Veränderung auftritt, haben das besondere Verhandlungsgremium über solche Veränderungen unverzüglich zu informieren.

677 ❗ Praxishinweis:

Ein Verstoß gegen diese Informationspflicht ist gemäß § 46 Abs. 1 Nr. 1 SEBG bußgeldbewehrt. Die Geldbuße kann in jedem Einzelfall bis zu 20.000,00 € betragen.

c)   Das Wahlgremium

678 Die deutschen Mitglieder des besonderen Verhandlungsgremiums werden von einem gesondert zusammenzusetzenden Wahlgremium in geheimer und unmittelbarer Wahl gewählt. Bei dem Wahlgremium handelt es sich sowohl hinsichtlich seiner Aufgabe als auch seiner Zusammensetzung um ein rein deutsches Organ.

679 Das Wahlgremium soll die Mitglieder des besonderen Verhandlungsgremiums innerhalb einer Frist von zehn Wochen nach der Information durch die Leitungen der beteiligten Gesellschaften über das Gründungsvorhaben bestimmen.[1004]

680 ❗ Praxishinweis:

Wird das besondere Verhandlungsgremium nicht innerhalb der zehnwöchigen Frist gebildet, kann das Verhandlungsverfahren mit dem noch nicht vollständig besetzten besonderen Verhandlungsgremium nur dann beginnen, wenn die Fristüberschreitungen von den Arbeitnehmervertretern zu vertreten ist. Es empfiehlt sich schon aus diesem Grund, den Zeitpunkt und den Umfang der Informationen der Leitungen der an der SE-Gründung beteiligten Gesellschaften über das Gründungsvorhaben belastbar zu dokumentieren. Mitglieder des besonderen Verhandlungsgremiums, die erst nach Ablauf der Frist gewählt werden, können den Verhandlungen aber jederzeit beitreten.

1004   § 11 Abs. 1 S. 1 SEBG.

aa)   Zusammensetzung des Wahlgremiums für den Fall, dass nur Unternehmen mit Sitz im Inland an der SE-Gründung beteiligt sind, die der gleichen Unternehmensgruppe angehören

Das Wahlgremium, das die deutschen Mitglieder des besonderen Verhandlungsgremiums wählt,   681
wird, soweit es möglich ist, aus den vorhandenen Betriebsratsstrukturen gebildet, um Aufwand und Kosten der Wahl möglichst gering zu halten.

Sind an der SE-Gründung nur Unternehmen mit Sitz im Inland beteiligt, die der selben Unter-   682
nehmensgruppe angehören, besteht das Wahlgremium aus den Mitgliedern der Arbeitnehmervertretung auf der höchsten Ebene; d.h. das Wahlgremium besteht aus den Mitgliedern des Konzernbetriebsrats, bzw. falls ein solcher nicht besteht, aus den Mitgliedern des Gesamtbetriebsrats oder, falls keine Gesamtbetriebsrat besteht, aus den Mitgliedern des Betriebsrats.[1005]

Arbeitnehmer aus betriebsratslosen Betrieben werden von den Mitgliedern des Wahlgremiums   683
vertreten, ohne dass sie eigene Mitglieder in das Wahlgremium entsenden.[1006]

Ist in keinem beteiligten deutschen Unternehmen oder Betrieb eine Arbeitnehmervertretung ge-   684
bildet, wählen die Arbeitnehmer die Mitglieder des besonderen Verhandlungsgremiums direkt. Die jeweilige Konzern-, Unternehmens- oder Betriebsleitung hat hierfür zu einer Wahlversammlung einzuladen, auf der ein Wahlvorstand gewählt wird, der die Wahl durchführt.[1007]

bb)   Zusammensetzung des Wahlgremiums, für den Fall, dass Unternehmen mit Sitz im Inland beteiligt sind, die verschiedenen Unternehmensgruppen angehören.

Die Zusammensetzung des Wahlgremiums ist komplizierter, falls an der SE-Gründung deutsche   685
Unternehmen bzw. deutsche Niederlassungen ausländischer Gesellschaften beteiligt sind, die unterschiedlichen Unternehmensgruppen angehören. Das Wahlgremium setzt sich dann grundsätzlich aus den Mitgliedern der im jeweiligen Konzern bestehenden höchsten Arbeitnehmervertretungen zusammen.[1008]

Sind aber in einzelnen an der SE-Gründung beteiligten Unternehmen keine Arbeitnehmerver-   686
tretungen gebildet, werden die Mitglieder des Wahlgremiums, die die Arbeitnehmer dieser Unternehmen vertreten, von den Arbeitnehmern dieser Unternehmen in Urwahl gewählt. Die Zahl der in das Wahlgremium zu wählenden Mitglieder bestimmt sich danach, wie viele Mitglieder ein potenzieller Konzernbetriebsrat,[1009] Gesamtbetriebsrat[1010] bzw. Betriebsrat[1011] in der betroffen betrieblichen Einheit hätte. Die jeweilige Konzern-, Unternehmens- oder Betriebsleitung hat hierzu zu einer Wahlversammlung einzuladen, auf der ein Wahlvorstand gewählt wird, der die Wahl durchführt.[1012]

cc)   Größe und Beschlussfähigkeit des Wahlgremiums

Aus den vorstehenden Ausführungen folgt, dass die Größe des Wahlgremiums entscheidend von   687
der Mitgliederzahl der zuständigen betriebsverfassungsrechtlichen Arbeitnehmervertretungen abhängt.

1005   § 8 Abs. 1 SEBG.
1006   § 8 Abs. 2 S. 2 SEBG.
1007   § 8 Abs. 7 SEBG.
1008   Siehe § 8 Abs. 5 SEBG.
1009   Siehe § 55 Abs. 1 BetrVG.
1010   Siehe § 47 Abs. 2 BetrVG.
1011   Siehe § 9 BetrVG.
1012   § 8 Abs. 5 S. 3 – 5 SEBG.

688   ▶ **Beispiel:**

An einer SE-Gründung sind drei deutsche Gesellschaften beteiligt, die drei verschiedenen Unternehmensgruppen angehören. Gesellschaft A hat einen Betriebsrat mit 9 Mitgliedern, bei Gesellschaft B existiert ein Gesamtbetriebsrat mit 6 Mitgliedern und bei Gesellschaft C ein Gesamtbetriebsrat mit 8 Mitgliedern.

💡 **Lösung:**

Das Wahlgremium, das die deutschen Mitglieder des besonderen Verhandlungsgremiums wählt, besteht aus insgesamt 23 Mitgliedern.

689   Um die Arbeitsfähigkeit des Wahlgremiums zu sichern, ist die Größe des Wahlgremiums auf maximal 40 Mitglieder begrenzt.[1013]

690   Das Wahlgremium wird von dem Vorsitzenden der Arbeitnehmervertretung auf höchster Ebene bzw. falls auf einer Ebene mehrere Arbeitnehmervertretungen bestehen, von dem Vorsitzenden der Arbeitnehmervertretung einberufen, der die meisten Arbeitnehmer vertritt. Es ist beschlussfähig, wenn mindestens zwei Drittel seiner Mitglieder anwesend sind und die anwesenden Mitglieder mindestens zwei Drittel der inländischen Arbeitnehmer vertreten.

691   ▶ **Beispiel:**

Ein Wahlgremium besteht aus 30 Mitgliedern, von denen elf Mitglieder 500 Arbeitnehmer repräsentieren. Andere sieben Mitglieder repräsentieren 170 Arbeitnehmer. Fünf Mitglieder repräsentieren 75 Arbeitnehmer, jeweils drei Mitglieder vertreten einmal 30 Arbeitnehmer und einmal 45 Arbeitnehmer und ein Mitglied vertritt 13 Arbeitnehmer. Bei einer Sitzung des Wahlgremiums fehlen die sieben Mitglieder, die 170 Arbeitnehmer repräsentieren und das eine Mitglied, das 13 Arbeitnehmer vertritt.

💡 **Lösung:**

Von insgesamt 30 Mitgliedern sind bei der Sitzung 22 Mitglieder anwesend. Diese 22 Mitglieder vertreten 650 Arbeitnehmer von insgesamt 833 Arbeitnehmern. Die doppelte zwei Drittel Voraussetzung ist damit erfüllt. Das Wahlgremium ist in dieser Sitzung beschlussfähig.

dd)   Wahl der Mitglieder des besondern Verhandlungsgremiums durch das Wahlgremium

692   Die Mitglieder des besonderen Verhandlungsgremiums werden mit einfacher Mehrheit der abgegebenen Stimmen der Mitglieder des Wahlgremiums gewählt.[1014]

693   Die Mitglieder des Wahlgremiums haben jeweils so viele Stimmen, wie sie Arbeitnehmer vertreten. Die Arbeitnehmervertretungen und die in Urwahl gewählten Mitglieder des Wahlgremiums vertreten jeweils alle Arbeitnehmer der organisatorischen Einheit, für die sie nach betriebsverfassungsrechtlichen Grundsätzen zuständig sind. Sind für eine organisatorische Einheit mehrere Vertreter im Wahlgremium vertreten, dann werden ihre Stimmanteile zu gleichen Teilen aufgeteilt.[1015]

1013   § 8 Abs. 6 SEBG.
1014   § 10 Abs. 1 S. 3 SEBG.
1015   § 10 Abs. 3 S. 1 SEBG.

> **Beispiel:**   694

Im oben stehenden Beispiel vertreten elf Mitglieder des besonderen Verhandlungsgremiums 500 Arbeitnehmer. Jedes dieser Mitglieder hat damit 45,45 Stimmen.

Die Gewerkschaftsvertreter in dem besonderen Verhandlungsgremium sind von dem Wahl-   695
gremium auf Vorschlag einer Gewerkschaft zu wählen, die in einem an der SE-Gründung beteiligten Unternehmen vertreten ist. Dem Wahlgremium müssen dabei mindestens doppelt so viele
Bewerber vorgeschlagen werden, wie Gewerkschaftsvertreter in das besondere Verhandlungsgremium zu wählen sind.[1016]

Der Vertreter der leitenden Angestellten ist von dem Wahlgremium auf Vorschlag des Spre-   696
cherausschusses zu wählen. Ist kein Sprecherausschuss eingerichtet, können Wahlvorschläge auch
durch ein Gruppe von 5 % der leitenden Angestellten oder insgesamt 50 wahlberechtigten leitenden Angestellten gemacht werden.[1017]

2.   Verhandlungen mit den Leitungen der beteiligten Gesellschaften über die Beteiligung der Arbeitnehmer

Die Verhandlungen zwischen dem besonderen Verhandlungsgremium und den Leitungen der be-   697
teiligten Gesellschaften beginnen mit der Einsetzung des besonderen Verhandlungsgremiums.

> **Praxishinweis:**   698

Die gewählten Mitglieder des besonderen Verhandlungsgremiums sind den Leitungen der an der SE-Gründung beteiligten Gesellschaften unverzüglich nach ihrer Wahl bekannt zugeben. Die Leitungen der an der SE-Gründung beteiligten Gesell-schaften laden unverzüglich nachdem sie über die Wahl des besonderen Verhandlungsgremiums unterrichtet worden sind oder nachdem die zehn Wochen Frist zur Wahl des besonderen Verhandlungsgremiums abgelaufen ist, zur konstituierenden Sitzung des besonderen Verhandlungsgremiums ein.

Auf seiner konstituierenden Sitzung wählt das besondere Verhandlungsgremium einen Vorsit-   699
zenden und mindestens zwei Stellvertreter. Der Vorsitzende kann gemäß § 12 Abs. 2 SEBG nach
seinem Ermessen weitere Sitzungen des besonderen Verhandlungsgremiums einberufen.

Die erforderlichen Kosten, die durch Bildung und Tätigkeit des besonderen Verhandlungsgremi-   700
ums verursacht werden (z.B. Übersetzungskosten), tragen die an der SE-Gründung beteiligten
Gesellschaften als Gesamtschuldner.[1018] Es gilt dafür allerdings der Grundsatz der Erforderlichkeit. Für die Bestimmung der „erforderlichen Kosten" wird man in der Praxis auf die Rechtsspre-
chung zu § 80 BetrVG zurückgreifen müssen.

Das SEBG gibt für die Verhandlungen über die Beteiligung der Arbeitnehmer in der SE einen   701
zeitlichen Rahmen von sechs Monaten vor. Dieser Zeitrahmen kann von den Parteien einvernehmlich um weitere sechs Monate verlängert werden. Insgesamt darf die Verhandlungsdauer
also einen Zeitraum von einem Jahr nicht überschreiten.

Erzielen die Parteien innerhalb dieser Jahresfrist keine Einigung über den Umfang und die Art der   702
Beteiligung der Arbeitnehmer, gelangen die gesetzlichen Auffangregelungen zur Anwendung.[1019]

1016   § 8 Abs. 1 Abs. 2, 3 SEBG.
1017   § 8 Abs. 1 S. 5, 6 SEBG.
1018   § 19 SEBG.
1019   Zum Inhalt der gesetzlichen Auffangregelungen siehe § 2 Rn. 743 ff. und § 3 Rn. 322 ff.

2

703   ⊘ **Praxishinweis:**

Die Verhandlungen sind nach Art. 4 Abs. 1 SE-RL „mit dem Willen zur Verständigung" zu führen. Der Abschluss einer Beteiligungsvereinbarung darf deshalb nicht mit Mitteln des Arbeitskampfrechts erzwungen werden.

704   Die Verhandlungspartner haben nach Maßgabe des Grundsatzes der vertrauensvollen Zusammenarbeit auf den Abschluss einer Vereinbarung über die Beteiligung der Arbeitnehmer hinzuwirken.

705   ⊘ **Praxishinweis:**

Um dem Grundsatz der vertrauensvollen Zusammenarbeit genüge zu tun, muss das besondere Verhandlungsgremium von den Leitungen der an der SE-Gründung beteiligten Gesellschaften rechtzeitig über alle für die Verhandlungen relevanten Umstände, insbesondere über das Gründungsvorhaben und den Verlauf des Gründungsvorhabens bis zur Eintragung der SE, umfassend unterrichtet werden. Die erforderlichen Unterlagen sind zur Verfügung zu stellen.

706   Zeitpunkt, Häufigkeit und Ort der Verhandlungen obliegen der einvernehmlichen Bestimmung durch die Parteien. Blockiert einer der Verhandlungspartner die Verhandlungen, indem er einer einvernehmlichen Festlegung der Verhandlungsmodalitäten entgegentritt, gelangen nach Ablauf der gesetzlichen Mindestfrist von sechs Monaten die gesetzlichen Regelungen zur Beteiligung der Arbeitnehmer zur Anwendung. Die Gründung der SE kann also nicht durch eine Blockadehaltung des besonderen Verhandlungsgremiums verhindert werden.

707   Das besondere Verhandlungsgremium kann bei den Verhandlungen Sachverständige hinzuziehen. Hierzu können auch Vertreter einschlägiger Gewerkschaftsorganisationen auf Gemeinschaftsebene, wie z.B. des Europäischen Gewerkschaftsbundes, zählen. Alternativ kann das besondere Verhandlungsgremium Vertreter geeigneter außenstehender Organisationen über den Beginn der Verhandlungen informieren.[1020] Eine Begrenzung sieht das Gesetz letztlich durch den Grundsatz der Erforderlichkeit der Kosten des besonderen Verhandlungsgewinns vor.

3.   Möglichkeiten der Beendigung der Verhandlungen mit den Leitungen der beteiligten Gesellschaften

708   Das besondere Verhandlungsgremium kann die Verhandlungen auf verschiedene Art beenden. Es kann

■ die Verhandlungen erst gar nicht aufnehmen,

■ die Verhandlungen aufnehmen und später ohne Ergebnis abbrechen oder

■ die Verhandlungen ordentlich mit einem Beschluss über die Vereinbarung, die über die Beteiligung der Arbeitnehmer in der SE getroffen werden soll,

beenden.

709   ⊘ **Praxishinweis:**

Da die Arbeitnehmer im Falle eines Scheiterns der Verhandlungen auf die recht komfortablen gesetzlichen Regelungen zurückfallen, dürfte ihre Bereitschaft, in Streitfragen nachzugeben weit weniger ausgeprägt sein, als der Einigungswille der Leitungsorgane der an der SE-Gründung beteiligten Gesellschaften.

1020   § 14 SEBG.

Über den Beschluss des besonderen Verhandlungsgremiums und die jeweiligen Mehrheiten mit denen der Beschluss gefasst worden ist, ist gemäß § 17 SEBG eine Niederschrift anzufertigen, die vom Vorsitzenden und einem weiteren Mitglied des besondern Verhandlungsgremiums zu unterzeichnen ist. Die Niederschrift ist den Leitungen der an der SE-Gründung beteiligten Unternehmen zu übermitteln.

710

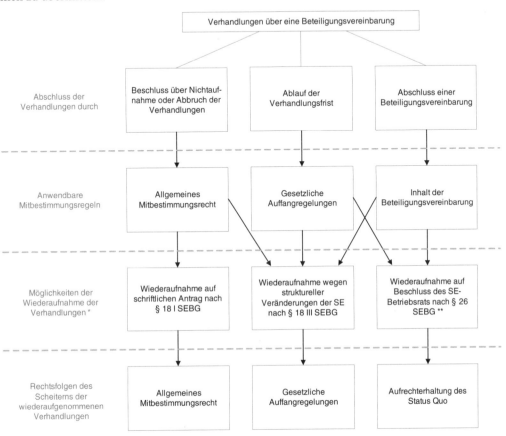

* Die Beteiligungsvereinbarung kann weitere Wiederaufnahmetatbestände bestimmen.
** Dazu § 5 II 2 b).

a) Nichtaufnahme und Abbruch der Verhandlungen

aa) Beschlussfassung

Mit Ausnahme des Sonderfalls der Gründung einer SE im Wege der Umwandlung ist das besondere Verhandlungsgremium frei in seiner Entscheidung, ob für die Beteiligung der Arbeitnehmer in der SE Regelungen gelten sollen, die von den Regelungen des allgemeinen Mitbestimmungsrechts abweichen. Das besondere Verhandlungsgremium kann deshalb durch einen Beschluss auf die Aufstellung spezieller Regelungen verzichten und die Verhandlungen über den Abschluss einer

711

Beteiligungsvereinbarung, in der solche speziellen Regelungen festgeschrieben würden, nicht aufnehmen oder vorzeitig abbrechen.[1021]

712   Ein Beschluss des besonderen Verhandlungsgremiums über die Nichtaufnahme oder den Abbruch der Verhandlungen erfordert eine doppelte zwei Drittel Mehrheit. Dem Beschluss müssen nicht nur zwei Drittel der Mitglieder des besonderen Verhandlungsgremiums zustimmen, sondern diese zwei Drittel der Mitglieder müssen zugleich mindestens zwei Drittel der Arbeitnehmer in mindestens zwei Mitgliedstaaten vertreten (sogenannte doppelte qualifizierte Mehrheit).[1022]

713   ❯ **Beispiel:**

Ein besonderes Verhandlungsgremium besteht aus neun Mitgliedern, von denen drei Mitglieder 350 Arbeitnehmer in Mitgliedstaat A repräsentieren. Andere zwei Mitglieder repräsentieren 200 Arbeitnehmer in Mitgliedstaat B und vier Arbeitnehmer vertreten 450 Arbeitnehmer in Mitgliedstaat C. Bei einer Sitzung des besonderen Verhandlungsgremiums fehlen die drei Mitglieder aus Mitgliedstaat A.

⚙ **Lösung:**

Von insgesamt neun Mitgliedern sind bei der Sitzung 6 Mitglieder anwesend. Diese 6 Mitglieder vertreten 650 Arbeitnehmer von insgesamt 1000 Arbeitnehmern. Die doppelte zwei Drittel Voraussetzung ist damit nicht erfüllt. Zwar sind zwei Drittel der Mitglieder des besonderen Verhandlungsgremiums anwesend. Diese zwei Drittel der Mitglieder vertreten aber nur 65 % der Arbeitnehmer. Das besondere Verhandlungsgremium kann auf dieser Sitzung nicht wirksam über die Nichtaufnahme oder den Abbruch der Verhandlungen beschließen.

714   Beschließt das besondere Verhandlungsgremium mit der erforderlichen doppelten qualifizierten Mehrheit, die Verhandlungen nicht aufzunehmen oder diese abzubrechen, so ist das Verhandlungsverfahren abgeschlossen.[1023] Die SE kann in einem solchen Fall auch ohne Vereinbarung zur Beteiligung der Arbeitnehmer in das Handelsregister eingetragen werden.

715   ❗ Praxishinweis:

In diesem Fall gelangen zwar gemäß § 16 Abs. 2 S. 2 SEBG die gesetzlichen Auffangregelungen nicht zur Anwendung. Auf Ebene der betrieblichen Mitbestimmung in den deutschen Betrieben der SE gelten aber die Vorschriften des BetrVG. Bei der SE kann außerdem ausnahmsweise ein europäischer Betriebsrat nach dem EBRG[1024] zu bilden sein.

716   Für die unternehmerische Mitbestimmung im Aufsichtsrat ergibt sich bei Nichtaufnahme oder Abbruch der Verhandlungen das Folgende:

- **Monistische Leitungsstruktur:** Hat die SE eine monistische Leitungsstruktur, ist für die Anwendung der deutschen Gesetze zur Unternehmensmitbestimmung bereits im Ansatz kein Raum.

- **Dualistische Leitungsstruktur:** Auch eine dualistisch strukturierte SE ist nicht in den Anwendungsbereich der deutschen Mitbestimmungsgesetze einbezogen. Einer entsprechenden Anwendung der Regelungen dieser Gesetzte steht die Vorstellung des Gesetzgebers entgegen, dass die SE entsprechend dem von dem besonderen Verhandlungsgremium geäußerten Wil-

---

1021   § 16 SEBG.
1022   § 16 Abs. 1 S. 2 SEBG.
1023   § 16 Abs. 2 S. 1 SEBG.
1024   Europäische Betriebsräte-Gesetz v. 28.10.1996 (BGBl. I S. 1548, 2022), zuletzt geändert durch Artikel 30 des Gesetzes v. 21.12.2000 (BGBl. I S. 1983).

len mitbestimmungsfrei bleiben soll. Diese Vorstellung des Gesetzgebers beruht auf der zwingenden Vorgabe des Art. 13 SE-VO.

Etwas anderes gilt bei einer SE-Gründung im Wege der Umwandlung, falls den Arbeitnehmern 717 der umzuwandelnden Gesellschaften vor der SE-Gründung unternehmerische Mitbestimmungsrechte zustanden. In einem solchen Fall schützt das Gesetz die vor der SE-Gründung geltenden Mitbestimmungsstandards. Ein Beschluss über die Nichtaufnahme oder den Abbruch von Verhandlungen ist deshalb unzulässig. Ein Verzichtsbeschluss des besonderen Verhandlungsgremiums, der ungeachtet dieser Regelung gefasst wird, ist unwirksam und die gesetzlichen Auffangregelungen sind anzuwenden.

bb) Wiederaufnahme der Verhandlungen

■ Wiederaufnahme auf Antrag der Arbeitnehmer

Ein Beschluss des besonderen Verhandlungsgremiums, die Verhandlungen über die Beteiligung 718 der Arbeitnehmer in der SE nicht aufzunehmen oder abzubrechen ist nicht endgültig. Das SEBG gibt den Arbeitnehmern einen Anspruch darauf, nach Ablauf von zwei Jahren auf schriftlichen Antrag von mindestens 10 % der Arbeitnehmer der SE, ihrer Tochtergesellschaften und Betriebe oder von deren Vertretern ein neues besonderes Verhandlungsgremium zu bilden.1025

> **❗ Praxishinweis:** 719
>
> *Die Leitungen und das besondere Verhandlungsgremium können eine Wiederaufnahme der Verhandlungen gemeinsam auch bereits zu einem früheren Zeitpunkt als nach Ablauf der Zweijahresfrist beschließen.*

Für die Neubildung des besonderen Verhandlungsgremiums finden die bei der erstmaligen Bil- 720 dung des besonderen Verhandlungsgremiums zu befolgenden Grundsätze entsprechende Anwendung. Das neu eingesetzte besondere Verhandlungsgremium beschließt mit einfacher Mehrheit, ob die Verhandlungen über die Vereinbarung der Arbeitnehmer in der SE wieder aufgenommen werden sollen.

Werden keine neuen Verhandlungen aufgenommen oder enden auch die neuerlichen Verhand- 721 lungen erfolglos, weil sie entweder abgebrochen werden oder die Verhandlungsdauer abläuft, ohne dass eine Einigung erzielt wird, kommen die gesetzlichen Auffangregelungen nicht zur Anwendung.1026 Es bleibt vielmehr bei der Rechtslage, die nach dem erstmaligen Beschluss über die Nichtaufnahme oder den Abbruch der Verhandlungen besteht.

■ Wiederaufnahme wegen struktureller Veränderungen der SE

Leitung der SE und SE-Betriebsrat können die Wiederaufnahme von Verhandlungen über die 722 Beteiligungsrechte der Arbeitnehmer auch dann fordern, wenn strukturelle Änderungen der SE geplant sind, die bestehende Beteiligungsrechte der Arbeitnehmer ändern können.1027

> **❯ Beispiel:** 723
>
> Eine SE plant, ein Unternehmen, in dem höhere Beteiligungs- bzw. Mitbestimmungsstandards gelten als in der SE, auf sich zu verschmelzen.

1025   § 18 SEBG.
1026   § 18 Abs. 2 SEBG.
1027   § 18 Abs. 3 SEBG.

724   Die neuen Verhandlungen können gemäß § 18 Abs. 3 Satz 2 SEBG von dem SE-Betriebsrat anstelle eines besonderen Verhandlungsgremiums geführt werden, falls die Leitung der SE diesem
Verfahren zustimmt. In diesem Fall werden die durch die geplante strukturelle Veränderung der
SE neu hinzukommenden Arbeitnehmer in den Verhandlungen durch eigene Vertreter repräsentiert.

725   🛑 Praxishinweis:

*Es empfiehlt sich, die neu aufzunehmenden Verhandlungen mit dem SE-Betriebsrat zu führen, um den Aufwand der Bildung
eines neuen besonderen Verhandlungsgremiums zu sparen.*

726   Scheitern von Neuverhandlungen, die nach § 18 Abs. 3 SEBG wegen geplanter Strukturänderungen aufgenommen wurden, gelten – anders, als bei einer Wideraufnahme auf Antrag der Arbeitnehmer nach § 18 Abs. 1 und 2 SEBG – die gesetzlichen Auffangregelungen.

b)   Beschlussfassung über die Beteiligungsvereinbarung

aa)   Mehrheitserfordernisse

727   Die Vereinbarung über die Beteiligung der Arbeitnehmer in der SE muss grundsätzlich von der
Mehrheit der Mitglieder des besonderen Verhandlungsgremiums beschlossen werden, die zugleich die Mehrheit der Arbeitnehmer vertreten muss (sog. doppelte einfache Mehrheit).[1028]

Andere Mehrheitserfordernisse können erforderlich sein, wenn der Abschluss der Beteiligungsvereinbarung zu einer Minderung der Mitbestimmungsniveaus für betroffene Arbeitnehmer
728   führt. Ob eine solche Minderung des Mitbestimmungsniveaus eintritt, ist durch einen Vorher-
Nachher-Vergleich nach Maßgabe des vor der SE-Gründung bei den beteiligten Gesellschaften
geltenden höchsten Mitbestimmungsniveaus zu bestimmen.[1029]

729   ❯ Beispiel:

An der SE-Gründung ist eine deutsche Gesellschaft beteiligt, auf die das MitbestG Anwendung findet, d.h. bei der der
Aufsichtsrat paritätisch besetzt ist. Die abzuschließende Beteiligungsvereinbarung sieht lediglich eine Beteiligung von
33 % Arbeitnehmervertretern im Aufsichts- oder Verwaltungsorgan vor.

💡 Lösung:

Der Vorher-Nachher-Vergleich ergibt, dass der Abschluss der Mitbestimmungsvereinbarung zu einer Minderung des
Mitbestimmungsniveaus führen würde.

730   🛑 Praxishinweis:

*Hat der Abschluss der Beteiligungsvereinbarung eine Minderung der Mitbestimmungsrechte zur Folge, ist auch für den
Beschluss über den Abschluss der Beteiligungsvereinbarung regelmäßig eine doppelte qualifizierte zwei Drittel Mehrheit
erforderlich. Die beschließenden zwei Drittel der Mitglieder des besonderen Verhandlungsgremiums müssen mindestens zwei
Drittel der Arbeitnehmer in mindestens zwei Ländern vertreten.[1030]*

1028   § 15 Abs. 2 SEBG.
1029   § 15 Abs. 4 SEBG.
1030   § 15 Abs. 3 Satz 1 SEBG.

Auch im Falle der Minderung des Mitbestimmungsniveaus besteht das Erfordernis der doppel- 731
ten zwei Drittel Mehrheit indes nur dann, wenn eine Mindestanzahl an Arbeitnehmern von der
Minderung der Mitbestimmung betroffen ist.[1031] Hinsichtlich der Anzahl der Arbeitnehmer, auf
die sich die Mitbestimmung erstrecken muss, damit die vorgenannten erhöhten Anforderungen
an die Mehrheitsverhältnisse greifen, ist wie folgt nach der Art der Gründung der SE zu differenzieren:

■   Wird die SE durch Verschmelzung gegründet müssen mindestens 25 % der Arbeitnehmer der
    beteiligten Gesellschaften und der betroffenen Tochtergesellschaften von der Mitbestimmung
    erfasst sein.

■   Wird die SE als Holding-Gesellschaft oder als Tochtergesellschaft gegründet, müssen mindes-
    tens 50 % der Arbeitnehmer der beteiligten Gesellschaften und der betroffenen Tochtergesell-
    schaften von der Mitbestimmung erfasst sein.

aa)   Inhalt der Beteiligungsvereinbarung

Ziel der Verhandlungen zwischen den Leitungen der beteiligten Gesellschaften und dem beson- 732
deren Verhandlungsgremium ist der Abschluss einer schriftlichen Vereinbarung über die Beteiligung der Arbeitnehmer in der SE zur Sicherung des Rechts auf grenzüberschreitende Unterrichtung, Anhörung, Mitbestimmung und sonstige Beteiligung der Arbeitnehmer.

In der inhaltlichen Ausgestaltung der Beteiligungsvereinbarung sind die Parteien weitgehend frei. 733
Kommt eine Vereinbarung zustande, muss sie aber in jedem Falle mindestens die folgenden Elemente enthalten:

■   Regelungen zum Geltungsbereich der Vereinbarung.

■   Regelungen über den Zeitpunkt des Inkrafttretens der Vereinbarung und Laufzeit der Verein-
    barung.

■   Regelungen zu Fällen, in denen die Vereinbarung neu ausgehandelt werden soll und zu dem
    bei der Aushandlung anzuwendenden Verfahren.

❗ Praxishinweis: 734

*In der Vereinbarung soll nach der Vorstellung des Gesetzgebers festgelegt werden, dass auch vor der Umsetzung geplanter
struktureller Änderungen der SE Verhandlungen über die Beteiligung der Arbeitnehmer in der SE aufgenommen werden. Die
Aufnahme einer solchen Regelung ist zu empfehlen, um anstehenden strukturellen Änderungen Rechnung tragen zu können.
Die Parteien können das dabei anzuwendende Verfahren frei regeln.[1032]*

Wollen die Leitungen der beteiligten Gesellschaften und das besonderen Verhandlungsgremium   735
eine Vereinbarung über die betriebliche Mitbestimmung in der SE treffen, dann muss die Vereinbarung mindestens die folgenden Inhalte regeln:[1033]

■   Die Zusammensetzung des SE-Betriebsrats, die Anzahl seiner Mitglieder und die Sitzvertei-
    lung, einschließlich der Auswirkungen wesentlicher Änderungen der Zahl der in der SE be-
    schäftigten Arbeitnehmer auf die Zusammensetzung des Betriebsrats (z.B. automatische Ver-
    kleinerung des Betriebsrats).

■   Die Befugnisse des SE-Betriebsrats und das Verfahren zur Unterrichtung des SE-Betriebsrats.

1031   § 15 Abs. 3 SEBG.
1032   § 21 Abs. 4 SEBG.
1033   Vgl. z.B. Teil A der Beteiligungsvereinbarung der Allianz SE, der sehr detaillierte Regelungen zum SE Betriebsrat
       enthält.

- Die Häufigkeit der Sitzungen des SE-Betriebsrats.

- Die für den SE-Betriebsrat bereitzustellenden finanziellen und materiellen Mittel.

736   Soll bei der SE kein SE-Betriebsrat gebildet werden, können sich die Parteien für ein anderes Verfahren der Unterrichtung und Anhörung der Arbeitnehmer entscheiden. In seiner Ausgestaltung sind sie frei. Das vereinbarte Verfahren muss eine umfassende und rechtzeitige Information und Anhörung der Arbeitnehmer in allen Angelegenheiten gewährleisten, die die Interessen der Arbeitnehmer berühren können.

737   Auch hinsichtlich der unternehmerischen Mitbestimmung im Aufsichts- oder Verwaltungsorgan der SE steht es den Parteien frei, ob sie Regelungen in die Vereinbarung aufnehmen wollen. Entscheiden sie sich aber dazu, Regelungen zur unternehmerischen Mitbestimmung aufzunehmen, soll die Vereinbarung nach § 21 Abs. 3 SEBG mindestens die folgenden Punkte regeln:

- Die Zahl der Mitglieder des Aufsichts- oder Verwaltungsorgans der SE, die die Arbeitnehmer wählen oder bestellen können, oder deren Bestellung sie empfehlen oder ablehnen können.

- Das Verfahren, nach dem die Arbeitnehmer diese Mitglieder wählen oder bestellen können (in der Beteiligungsvereinbarung der Allianz SE ist z.B. geregelt, dass die Arbeitnehmervertreter im ersten Aufsichtsrat gerichtlich zu bestellen sind).

- Die Rechte der Arbeitnehmervertreter in dem Aufsichts- oder Verwaltungsorgan der SE.

738   Die inhaltliche Ausgestaltung dieser Regelungsgegenstände bleibt den Verhandlungsparteien überlassen. Die Vereinbarung kann z.B. auch bestimmen, dass die gesetzlichen Regelungen über den SE-Betriebsrat oder zur unternehmerischen Mitbestimmung in der SE ganz oder in Teilen gelten. Schließen die Parteien eine Beteiligungsvereinbarung und lassen sie bestimmte Regelungsbereiche bewusst ungeregelt, kommen die gesetzlichen Auffangregelungen zur Anwendung.

739   ❗ Praxishinweis:

Die inhaltliche Freiheit der Parteien wird faktisch von den gesetzlichen Auffangregelungen begrenzt, die zur Anwendung gelangen, falls nicht innerhalb der zeitlichen Grenze von sechs plus sechs Monaten eine Vereinbarung gefunden ist. Es ist deshalb nicht damit zu rechnen, dass Arbeitnehmervertreter die Grenze des gesetzlichen Mindestmaßes ihres Einflusses in einer Vereinbarung unterschreiten werden.

740   Wird eine SE durch Umwandlung gegründet, muss die Beteiligungsvereinbarung gemäß § 21 Abs. 6 SEBG in Bezug auf alle Gesichtspunkte der Arbeitnehmerbeteiligung zumindest das gleiche Ausmaß gewährleisten, das vor der Umwandlung in die SE in der umzuwandelnden Gesellschaft bestand. Dies gilt auch bei einem Wechsel der Gesellschaft von einer dualistischen zu einer monistischen Organisationsstruktur. Diese Regelung soll verhindern, dass die SE als Instrument zur „Flucht aus der Mitbestimmung" missbraucht wird.

741   ❗ Praxishinweis:

Die Satzung der SE darf in keinem Widerspruch zum Inhalt einer Vereinbarung über die Beteiligung der Arbeitnehmer in der SE stehen.[1034] Sollte dies dennoch der Fall sein, muss die Hauptversammlung einen entsprechenden Beschluss zur Änderung der Satzung treffen.

742   Die Organstruktur der SE unterliegt der vollen Wahlfreiheit der Gründer. Die Frage, ob eine SE monistisch oder dualistisch organisiert ist, ist also nicht Gegenstand der Beteiligungsvereinbarung. Zwar können Arbeitgeberseite und Arbeitnehmerseite sich auch hierüber einigen, in aller

---

1034   § 12 Abs. 4 Satz 1 SE-VO.

Regel hat sich die Beteiligung der Arbeitnehmer aber in die von den Gründern gewählte Struktur der SE einzupassen.

III.   Die Beteiligung der Arbeitnehmer in der SE kraft Gesetzes

Die gesetzlichen Regelungen zur Beteiligung der Arbeitnehmer in der SE sind anzuwenden, wenn   **743**

■ die Parteien dies vereinbaren (vgl. § 21 Abs. 5 SEBG) oder

■ innerhalb der vorgesehenen Verhandlungsfrist keine Einigung mit dem besonderen Verhandlungsgremium über die Beteiligung der Arbeitnehmer in der SE erzielt wird.

Die in §§ 34 ff. SEBG geregelten gesetzlichen Auffangbestimmungen zur Unternehmensmitbestimmung kommen aber nur beim Vorliegen zusätzlicher Voraussetzungen zur Anwendung.[1035]   **744**

❗ **Praxishinweis:**   **745**

Die gesetzlichen Auffangregelungen sind nicht anwendbar, falls das besondere Verhandlungsgremium gemäß § 16 SEBG beschließt, die Verhandlungen abzubrechen oder keine Verhandlungen aufzunehmen.

Nach § 39 SEBG finden die gesetzlichen Auffangregelungen in sog. Tendenzunternehmen nur eingeschränkt Anwendung.   **746**

1.   Der SE-Betriebsrat nach dem SEBG/ Anwendbarkeitsvoraussetzungen

Für die Anwendbarkeit der gesetzlichen Regelungen zum SE-Betriebsrat weicht das SEBG von den Vorgaben der SE-RL ab. Anders als nach Art. 7 Abs. 1 SE-RL müssen nach dem SEBG nicht die zuständigen Organe jeder an der SE-Gründung beteiligten Gesellschaften der Anwendung der Auffangregelungen zustimmen.[1036] Ausreichend ist nach dem Willen des deutschen Gesetzgebers vielmehr eine entsprechende Vereinbarung über die Errichtung eines SE-Betriebsrats zwischen den Leitungen und dem besonderen Verhandlungsgremium oder der Ablauf der Verhandlungsfrist.   **747**

❗ **Praxishinweis:**   **748**

In der Praxis wird ein SE-Betriebsrat dennoch nicht ohne die Zustimmung aller beteiligten Gesellschaften eingerichtet werden können, weil Art. 12 Abs. 2 SE-VO im Lichte des Art. 7 SE-RL auszulegen ist und deshalb die Eintragung der SE im Ergebnis die Zustimmung des zuständigen Organs aller beteiligten Gesellschaften voraussetzt.[1037]

Die inhaltliche Ausgestaltung der gesetzlichen Auffangregelungen zum SE-Betriebsrat ist in dem Abschnitt „Die SE im Rechtsverkehr"[1038] dargestellt.   **749**

1035   § 34 SEBG; dazu ausführlich § 3 Rn. 322 ff.
1036   § 22 SEBG.
1037   So auch Hennings in: Manz/Mayer/Schröder, Europäische Aktiengesellschaft SE, Art. 7 SE-RL Rn. 20.
1038   Siehe § 4 Rn. 130 ff.

2.   Mitbestimmung der Arbeitnehmer in dem Aufsichts- oder Verwaltungsorgan der SE nach SEBG/ Anwendbarkeitsvoraussetzungen

750   Die Anwendbarkeit der Auffangregelungen zur Mitbestimmung in dem Aufsichts- oder Verwaltungsorgan der SE[1039] ist an weitere Voraussetzungen als die Anwendung der Regelungen zum SE-Betriebsrat geknüpft.

a)   Differenzierung zwischen den Gründungsvarianten

751   Neben den allgemeinen Voraussetzungen – Vereinbarung der Anwendung oder keine Einigung innerhalb der Verhandlungsfrist – verlangt das SEBG das Vorliegen weiterer Voraussetzungen.

752   Hierbei ist zwischen den verschiedenen Gründungsvarianten zu unterscheiden.

- Wird die SE durch Umwandlung gegründet, setzt die Anwendung der §§ 34 ff. SEBG voraus, dass die Gründungsgesellschaft mitbestimmt war.[1040]
- Wird die SE durch Verschmelzung gegründet, setzt die Anwendung der §§ 34 ff. SEBG grundsätzlich voraus, dass mindestens 25 % der Arbeitnehmer aller beteiligten Gesellschaften vor der Verschmelzung von der Mitbestimmung betroffen waren.[1041]
- Wird eine Holding- oder Tochter-SE gegründet, setzt die Anwendung der §§ 34 ff. SEBG grundsätzlich voraus, dass mindestens 50 % der Arbeitnehmer aller beteiligten Gesellschaften vor der Eintragung von der Mitbestimmung betroffen waren.[1042]

b)   Anwendbarkeit der gesetzlichen Auffangregelungen bei Verschmelzungs-, Holding- oder Tochtergründung trotz Nichterreichens der gesetzlichen Schwellenwerte

753   Werden die vorgenannten Schwellenwerte für die Anwendung der Mitbestimmungsvorschriften bei Verschmelzungs-, Holding- oder Tochtergründung nicht erreicht und bestanden vor der Eintragung der SE in mindestens einer der beteiligten Gesellschaften Mitbestimmungsrechte der Arbeitnehmer, steht die Anwendung der gesetzlichen Auffangregelungen im freien Ermessen des besonderen Verhandlungsgremiums.

754   Das besondere Verhandlungsgremium kann unter diesen Voraussetzungen durch einseitigen Beschluss festlegen, dass die gesetzlichen Auffangregelungen für die SE gelten sollen.[1043] Fasst das besondere Verhandlungsgremium keinen solchen Beschluss, gelten die allgemeinen gesetzlichen Regelungen, wie im Falle eines Beschlusses, die Verhandlungen über den Abschluss einer Beteiligungsvereinbarung abzubrechen oder nicht aufzunehmen, d.h. das Verwaltungs- oder Aufsichtsorgan der SE bleibt mitbestimmungsfrei.

1039   §§ 34 ff. SEBG.
1040   § 34 Abs. 1 Nr. 1 SEBG.
1041   § 34 Abs. 1 Nr. 2 SEBG.
1042   § 34 Abs. 1 Nr. 3 SEBG.
1043   § 34 Abs. 1 Nr. 2 b) und Nr. 3 b) SEBG.

c)   Bestehen unterschiedlicher Formen der Mitbestimmung in den an der SE-Gründung beteiligten Gesellschaften.

Das besondere Verhandlungsgremium kann in den Fällen einer Verschmelzungs-, Holding- oder Tochtergründung, unabhängig vom Erreichen der Schwellenwerte, einseitig bestimmen, welche Form der Mitbestimmung für die SE gelten soll, falls in den Gründungsgesellschaften verschiedene Formen der Mitbestimmung galten.[1044]   755

Mit „Form der Mitbestimmung" bezieht sich das SEBG auf die unterschiedlichen Mitbestimmungssysteme, die in Europa bestehen,[1045] zum einen die Möglichkeiten der Wahrnehmung des Rechts, einen Teil der Mitglieder des Aufsichts- oder Verwaltungsorgans der Gesellschaft zu wählen oder zu bestellen, zum anderen die Möglichkeit, die Bestellung eines Teils oder aller Mitglieder des Aufsichts- oder Verwaltungsorgans der Gesellschaft zu empfehlen oder abzulehnen (sogenannte Kooptation).[1046] Die Mitbestimmung nach dem DrittelbG, dem MitbestG und dem Montan-MitbestG stellt also nur eine Form der Mitbestimmung i.S.d. SEBG, nämlich die Wahl und Bestellung von Mitgliedern des Aufsichts- oder Verwaltungsorgans, dar.   756

Galten in den Gründungsgesellschaften verschiedene Formen der Mitbestimmung und fasst das besondere Verhandlungsgremium keinen Beschluss darüber, welche Form der Mitbestimmung in der SE gelten soll und ist an der SE-Gründung eine mitbestimmte deutsche Gesellschaft beteiligt, ist gemäß § 34 Abs. 2 Satz 2 SEBG dem Mitbestimmungsmodell der Wahl bzw. Bestellung von Mitgliedern des Aufsichts- oder Verwaltungsorgans der Vorrang vor dem in § 2 Abs. 12 Nr. 2 SEBG definierten sog. Kooptationsmodell[1047] einzuräumen. Nur wenn keine an der Gründung der SE beteiligte deutsche Gesellschaft mitbestimmt ist, findet beim Ausbleiben eines Beschlusses des besonderen Verhandlungsgremiums die Mitbestimmungsform Anwendung, die sich auf die höchste Zahl der in den an der SE-Gründung beteiligten Gesellschaften beschäftigten Arbeitnehmer erstreckt.   757

▶ Beispiel: 758

An der Gründung einer SE durch Verschmelzung ist eine deutsche Gesellschaft beteiligt, auf die das DrittelBetG Anwendung findet. Die anderen an der Verschmelzung beteiligten Gesellschaften unterliegen anderen Mitbestimmungssystemen. Das besondere Verhandlungsgremium fasst keinen Beschluss darüber, welches Mitbestimmungsstatut in der SE Anwendung finden soll.

💡 Lösung:

Die Arbeitnehmervertreter im Aufsichts- oder Verwaltungsorgan der SE sind zu wählen oder zu bestellen. Das deutsche Mitbestimmungssystem der Wahl setzt sich zwingend durch.

1044   § 34 Abs. 2 SEBG.
1045   BegrRegE SEEG, BR-Drs. 438/04, S. 136.
1046   Siehe dazu §§ 34 Abs. 2 i.V.m. § 2 Abs. 12 SEBG.
1047   Dieses in den Niederlanden praktizierte Modell der Mitbestimmung sieht die Möglichkeit vor, die Bestellung eines Teils oder aller Mitglieder des Aufsichts- oder Verwaltungsorgans der Gesellschaft zu empfehlen oder abzulehnen. Der Aufsichtsrat einer naamloze vennootschap (N. V.), die der deutschen Aktiengesellschaft entspricht, benennt seine Mitglieder selbst im Wege der Kooptation: Zunächst informiert der Aufsichtsrat die Hauptversammlung, den Betriebsrat und den Vorstand rechtzeitig über eine Vakanz. Diese haben dann ein Empfehlungsrecht. Sobald der Aufsichtsrat sich zugunsten einer bestimmten Person entschieden hat, teilt er dies der Hauptversammlung und dem Betriebsrat mit. Er ist hierbei jedoch nicht an die Vorschläge von Hauptversammlung und Betriebsrat gebunden.

2

d) Information der Leitungen durch das besondere Verhandlungsgremium

759   Das besondere Verhandlungsgremium ist verpflichtet, die Leitungen der an der SE-Gründung beteiligten Gesellschaften über den Beschluss zur Anwendung der §§ 34 ff. SEBG trotz Unterschreitung der Schwellenwerte und über die festgelegte Form der Mitbestimmung zu informieren.

760   🛑 **Praxishinweis:**

> *Die Leitungen der an der SE-Gründung beteiligten Gesellschaften sind an die Beschlüsse des besonderen Verhandlungsgremiums gebunden. Den beteiligten Unternehmen bleibt mithin nur die Wahl zwischen einer Akzeptanz der vom besonderen Verhandlungsgremium vorgegebenen mitbestimmungsrechtlichen Folgen oder einem Verzicht auf die Gründung der SE. Hierdurch wird die Position des besonderen Verhandlungsgremiums erheblich gestärkt.*

761   Der Inhalt der gesetzlichen Auffangregelungen zur Mitbestimmung im Aufsichts- oder Verwaltungsorgan der SE ist im Abschnitt „Die Binnenverfassung der SE"[1048] dargestellt.

IV. Sonstige arbeitsrechtliche Aspekte bei der Gründung einer SE

762   Neben den dargestellten Bestimmungen des SEBG sind bei der Gründung einer SE allgemeine Vorgaben zu beachten, die je nach Art des Gründungsvorgangs variieren.

1. Gründung durch Verschmelzung

763   Nach Art. 18 SE-VO kommt bei der Gründung einer SE durch Verschmelzung subsidiär deutsches Umwandlungsrecht zur Anwendung. Bei einer SE-Gründung im Wege der Verschmelzung sind also grundsätzlich auch die arbeitsrechtlichen Vorgaben des UmwG zu beachten. Art. 29 Abs. 4 SE-VO bildet das europarechtliche Spiegelbild des deutschen § 324 UmwG in Verbindung mit § 613 a BGB und regelt die Rechtsfolgen eines Betriebsübergangs bei einer SE-Gründung durch Verschmelzung.

a) Rechtsfolgen einer Verschmelzung für Arbeitnehmer und ihre Vertretungen

764   Allgemeine Rechtsfolge einer SE-Gründung durch Verschmelzung ist die Gesamtrechtsnachfolge der SE, also die Übernahme aller Rechte und Pflichten der an der SE-Gründung beteiligten übertragenden Gesellschaften.[1049]

765   Diese Rechtsfolge gilt gemäß Art. 29 Abs. 4 SE-VO auch für Rechte und Pflichten aus Arbeitsverhältnissen. Eine im Wege der Verschmelzung gegründete SE tritt demnach grundsätzlich in alle Rechte und Pflichten aus den Arbeitsverhältnissen aller Arbeitnehmer der an der SE-Gründung beteiligten Gesellschaften ein. Die Regelungen der SE-VO weichen aber erheblich von den deutschen Regelungen zum Betriebsübergang und den arbeitsrechtlichen Folgen einer Verschmelzung ab. Im Einzelnen gelten die folgenden Grundsätze:

1048   § 3 Rn. 322 ff.
1049   Art. 18 SE-VO i.V.m. § 20 UmwG a.F.

aa)   Individualrechtliche Auswirkungen der SE-Gründung durch Verschmelzung

Die individualrechtlich, also durch   766

- Einzelarbeitsverträge,
- Gesamtzusagen,
- betriebliche Übung oder
- vertragliche Einheitsregelungen

begründeten Rechte und Pflichten der Arbeitnehmer der an der SE-Gründung beteiligten Gesellschaften gehen im Falle einer SE-Gründung durch Verschmelzung gemäß Art. 29 Abs. 4 SE-VO mit Eintragung auf die SE über.

Rechte und Pflichten der an der SE-Gründung beteiligten Gesellschaften gegenüber Ruhegeldempfängern und sonstigen ausgeschiedenen Arbeitnehmern gehen ebenfalls gemäß Art. 29 Abs. 4 SE-VO mit der Eintragung der SE im Wege der Gesamtrechtsnachfolge auf die SE über.   767

Auch die mit den an der SE-Gründung beteiligten Gesellschaften bestehenden Dienstverträge von z.B. Organmitgliedern oder freien Mitarbeitern gehen gemäß Art. 29 Abs. 4 SE-VO mit der Eintragung im Wege der Gesamtrechtsnachfolge auf die SE über. Etwas anderes gilt nur dann, wenn eine Auflösung des Dienstvertrages für den Fall einer Verschmelzung ausdrücklich vereinbart ist.   768

bb)   Kollektivrechtliche Auswirkungen

Seinen eigenständigen Regelungsgehalt entfaltet Art. 29 Abs. 4 SE-VO, indem er anordnet, dass aufgrund der Gesamtrechtsnachfolge in der SE auch die bei den übertragenden Gesellschaften geltenden nationalen Kollektivvereinbarungen jeweils national gelten. Die supranationale SE kann damit dem Arbeitsrecht unterschiedlicher Rechtsordnungen unterliegen.   769

Anders als nach § 324 UmwG in Verbindung mit § 613 a BGB muss bei einer SE-Gründung durch Verschmelzung also nicht zwischen einer kollektiv- und einer individualrechtlichen Fortgeltung des Inhalts der betroffenen Kollektivvereinbarung unterschieden werden. Art. 29 Abs. 4 SE-VO erfasst stattdessen auch die kollektivrechtlichen vereinbarten Arbeitsbedingungen, also auch Betriebsvereinbarungen und Tarifverträge.   770

Die nationalen Vorschriften der übertragenden Gesellschaften gelten also in den nach der Gründung bestehenden jeweiligen nationalen Niederlassungen der SE kollektivrechtlich fort.   771

> **Beispiel:**   772
> Zwei deutsche AG verschmelzen mit einer französischen SA zu einer SE mit Sitz in Frankreich. In den deutschen AG gelten unterschiedliche Tarifverträge.

> **Lösung:**
> Für die jeweiligen Niederlassungen der SE in Deutschland gelten die jeweils vor der Gründung geltenden Tarifverträge kollektivrechtlich weiter. Die Frage einer individualrechtlichen Fortgeltung stellt sich nicht.

b)   Darstellung des Verfahrens nach SEBG im Verschmelzungsplan

773   Nach Art. 20 Abs. 1 i) SE-VO ist das in dem SEBG verankerte Verfahren, nach dem die Vereinbarung über die Beteiligung der Arbeitnehmer geschlossen wird, in dem Verschmelzungsplan, konkretisiert für den jeweiligen Fall der SE-Gründung, darzustellen.[1050]

c)   Zuleitung des Verschmelzungsplans zu den zuständigen Betriebsräten

774   Der Verschmelzungsplan nach Art. 20 SE-VO ist spätestens einen Monat vor dem Tage der Versammlung der Anteilsinhaber jeder an der Gründung beteiligten Gesellschaft, die über die Zustimmung zum Verschmelzungsplan beschließen soll, dem zuständigen Betriebsrat jeder der beteiligten Gesellschaften zuzuleiten.[1051] Die rechtzeitige Zuleitung ist dem Registergericht gegenüber nachzuweisen. Ein Verstoß gegen das Zuleitungserfordernis stellt ein Eintragungshindernis dar.

775   ❗ Praxishinweis:

Der Betriebsrat kann die Monatsfrist abkürzen und sogar vollständig auf die Zuleitung des Verschmelzungsplans verzichten. Ein solcher Verzicht ist notariell zu beurkunden. Hat eine an der SE-Gründung beteiligte Gesellschaft keinen Betriebsrat, kann eine Zuleitung unterbleiben.

776   Der Verschmelzungsplan bedarf nicht der Zustimmung des zuständigen Betriebsrats. Die Zuleitung dient allein der Information und soll dem Betriebsrat ermöglichen, rechtzeitig vor dem Beschluss der Aktionäre Einwendungen vorzubringen.

777   ❗ Praxishinweis:

In der Praxis stellt sich häufig die Frage, an welchen Betriebsrat der Verschmelzungsvertrag zuzuleiten ist, wenn bei den an der Verschmelzung beteiligten Rechtsträgern verschiedene Betriebsräte eingerichtet sind. Im Zweifelsfall empfiehlt sich eine Zuleitung an alle in Betracht kommenden Betriebsräte, um Schwierigkeiten bei der Eintragung zu vermeiden.

2.   Gründung durch Umwandlung

a)   Inhalt des Umwandlungsplans und -berichts

778   Der Umwandlungsplan und der Umwandlungsbericht müssen, analog zu einem Verschmelzungsplan, Angaben zu dem Verfahren enthalten, nach dem die Vereinbarung über die Beteiligung der Arbeitnehmer geschlossen wird.[1052]

779   Umwandlungsplan und Umwandlungsbericht müssen ferner Angaben zu den Auswirkungen der Umwandlung auf die Arbeitsverhältnisse enthalten.[1053]

1050   Vgl. dazu oben § 2 Rn. 57 ff.
1051   § 5 Abs. 3 UmwG.
1052   *Schröder,* in: Manz/Mayer/Schröder, Europäische Aktiengesellschaft SE, Art. 37 SE-VO Rn. 19.
1053   Art. 15 SE-VO i.V.m. 194 Abs. 1 Nr. 7 UmwG.

❗ Praxishinweis:

In aller Regel hat eine SE-Gründung durch Umwandlung – mit Ausnahme unternehmensmitbestimmungsrechtlicher Folgen – keine arbeitsrechtlichen Auswirkungen, da der Arbeitgeber unverändert bestehen bleibt. Dies ist im Umwandlungsplan und – bericht klarzustellen.

780

b) Fortbestand aller Rechte und Pflichten aus den Arbeitsverhältnissen

Die zum Zeitpunkt der Umwandlung mit der Gesellschaft bestehenden Arbeitsverhältnisse bestehen nach der Umwandlung mit der SE unverändert fort. Der Rechtsträger, der zuvor die Rechtsform einer Aktiengesellschaft innehatte, wechselt lediglich in die Rechtsform der SE. Seine Identität bleibt, wie bei jedem Formwechsel, erhalten. Rechte und Pflichten aus den Arbeitsverhältnissen bleiben hiervon unberührt. Das gilt auch für kollektivrechtliche Regelungen, wie Betriebsvereinbarungen und Tarifverträge.

781

Etwas anderes gilt nur dann, wenn sich infolge der Umwandlung tatsächliche Verhältnisse verändern. Aus Art. 37 Abs. 9 SE-VO, der ausdrücklich bestimmt, dass die zum Zeitpunkt der Umwandlung bestehenden Rechte und Pflichten der umzuwandelnden Gesellschaft hinsichtlich der Beschäftigungsbedingungen mit der Eintragung der SE auf diese übergehen, dürfte in einem solchen Fall jedoch eine individualrechtliche Fortgeltung der Regelungen der jeweiligen Betriebsvereinbarung folgen.

782

❯ Beispiel:

Gleichzeitig mit der Umwandlung in eine SE legt die B-AG zwei ihrer Betriebe zusammen.

783

💡 Lösung:

Die kollektivrechtliche Bindung der Betriebsvereinbarungen kann – abhängig von den genauen Fakten im Einzelfall – enden. Stattdessen kommt es zu einer individualrechtlichen Weitergeltung.

c) Zuleitung des Umwandlungsplans an den Betriebsrat

Der Umwandlungsplan[1054] ist spätestens einen Monat vor der Hauptversammlung, die über den Formwechsel beschließen soll, dem zuständigen Betriebsrat der Aktiengesellschaft zuzuleiten. Hierzu gelten die gleichen Überlegungen, wie bei einer SE-Gründung durch Verschmelzung.[1055]

784

d) Keine Kontinuität der Aufsichtsratsmandate

Obwohl deutsches Aktienrecht auf die Gründung einer SE durch Umwandlung grundsätzlich Anwendung findet, bleiben die Mitglieder des Aufsichtsrats der formwechselnden AG nicht für den Rest ihrer Wahlzeit im Amt.[1056] Dies folgt daraus, dass der Aufsichtsrat bei einer SE nicht „in gleicher Weise" wie bei der AG gebildet wird.

785

1054 Art. 37 SE-VO.
1055 § 2 Rn. 774 ff.
1056 Vgl. hierzu die Regelung des § 203 AktG.

3.   Gründung einer Holding-SE

786   Art. 34 SE-VO räumt dem nationalen Gesetzgeber zwar die Möglichkeit ein, für den Fall der Gründung einer Holding-SE spezielle Vorschriften zum Schutz der betroffenen Arbeitnehmer zu erlassen. Der deutsche Gesetzgeber hat von der Umsetzung dieser Möglichkeit jedoch abgesehen.

787   Der Verzicht des deutschen Gesetzgebers auf gesonderte Arbeitnehmerschutzvorschriften ist konsequent. Im Falle der Gründung einer Holding-SE bestehen die Gründungsgesellschaften und die Arbeitsverhältnisse unverändert fort. Es ändert sich lediglich die Zusammensetzung der am Arbeitgeber beteiligten Anteilseigner.

788   ❗ Praxishinweis:

Der Wirtschaftsausschuss einer an der Gründung einer Holding-SE beteiligten deutschen Gesellschaft sollte über die Gründung der SE gemäß § 106 BetrVG unterrichtet werden.

4.   Gründung einer Tochter-SE

789   Die Gründung einer Tochter-SE hat keine über die Regelung des SEBG hinausgehenden arbeitsrechtlichen Auswirkungen.

§ 3   Die Binnenverfassung der SE

A.   Leitungsorgane der SE

Die SE verfügt entweder über zwei oder über drei Organe. Die Hauptversammlung ist stets ein Organ der SE. Daneben kann es entweder ein Aufsichtsorgan und ein Leitungsorgan (sog. dualistisches System) oder lediglich ein Verwaltungsorgan (sog. monistisches System)[1] geben. Dies ist ein wesentlicher Unterschied der SE im Vergleich zur deutschen Aktiengesellschaft. In der deutschen Aktiengesellschaft sind Aufsichtsorgan (Aufsichtsrat) und Leitungsorgan (Vorstand) zwingend vorgeschrieben und funktional getrennt. Im anglo-amerikanischen Rechtsraum ist dies nicht der Fall. Dort ist zumeist das monistische System eines einheitlichen Verwaltungsorgans anzutreffen, in dem Leitungs- und Überwachungsaufgaben zusammengefasst sind.

1

Bei Gründung der SE ist durch eine entsprechende Regelung in der Satzung zu entscheiden, durch welche Organe die SE geleitet und überwacht werden soll.[2] Die bei der Gründung der SE getroffene Wahl ist nicht endgültig. Durch eine Änderung der Satzung kann später das eine System durch das andere ersetzt werden.[3] Struktur und Organisation der Leitung der SE sind daher sowohl bei der Gründung als auch danach flexibler als bei der deutschen Aktiengesellschaft. Die SE mit monistischem System ermöglicht es nun auch in Deutschland, Aktiengesellschaften mit einer Organisationsstruktur zu führen, die ausländischen Investoren vertraut ist.

2

Für das monistische System werden Begriffe verwendet, die bislang im deutschen Rechtsraum für Aktiengesellschaften ungebräuchlich waren: Der Verwaltungsrat übernimmt in der SE weitestgehend die Aufgaben von Vorstand und Aufsichtsrat einer deutschen Aktiengesellschaft. Das Tagesgeschäft wird von geschäftsführenden Direktoren geführt. Verwaltungsratsmitglieder können zugleich geschäftsführende Direktoren sein. Man kann dann, wie im angloamerikanischen Rechtsraum üblich, von „executive board members" und „non-executive board members" sprechen.

3

🛈 **Praxishinweis:**

4

In der SE mit monistischem System obliegt die Leitung dem Verwaltungsrat. Die geschäftsführenden Direktoren führen das (Tages-)Geschäft. Wenn die SE der Mitbestimmung der Arbeitnehmer unterliegt, ist deshalb genau abzuwägen, ob das monistische System auch dann noch angestrebt werden sollte, wenn Arbeitnehmer im Verwaltungsrat vertreten sind.

Je nachdem, wie die SE eingesetzt werden soll, kann es sinnvoll sein, sich für das monistische System zu entscheiden und einen Chief Executive Officer (CEO) mit starker Stellung zu installieren, etwa weil dieses Führungssystem von internationalen Anlegern am Kapitalmarkt honoriert wird. Andererseits wird diese Art der Unternehmensführung gelegentlich als schlechte Corporate Governance kritisiert.

5

---

1   In der monistisch strukturierten SE gibt es zusätzlich Geschäftsführer (in Deutschland „geschäftsführende Direktoren"). Von der SE-VO werden sie als „Geschäftsführer, nicht jedoch als „Organ" bezeichnet. Deshalb werden die geschäftsführenden Direktoren gelegentlich nicht erwähnt, wenn die Organe der monistischen SE aufgezählt werden.

2   Art. 38 SE-VO.

3   *Hirte,* DStR 2005, 653, 657.

6   Die SE-VO selbst enthält vergleichsweise wenige Regelungen über die Ausgestaltung der beiden Leitungssysteme.[4] Vorschriften für nicht in der SE-VO oder der Satzung der SE geregelte Bereiche ergeben sich aus dem jeweiligen nationalen Recht des Staates, in dem die SE ihren Sitz hat.[5] In Deutschland finden sich Detailregelungen zu den beiden Leitungssystemen im AktG (vornehmlich für das dualistische System) und im SEAG (sowohl für das dualistische als auch das monistische System). Die speziellen Regelungen im SEAG zum monistischen System waren erforderlich, weil das AktG bislang keine Vorschriften über das monistische Leitungssystem enthält.[6]

7   Die SE ist örtlich flexibel. Sie soll bei einer Sitzverlegung[7] in einen anderen Mitgliedsstaat ihr Leitungssystem (auch personell) beibehalten können. Das wäre kaum möglich, wenn ein Mitgliedsstaat im nationalen Recht nur eines der beiden Leitungssysteme für (nationale) Aktiengesellschaften vorgesehen und auch keine besonderen Regelungen für dieses Leitungssystem der SE erlassen hätte. Um die räumliche Flexibilität der SE auch bei Untätigkeit des nationalen Gesetzgebers zu gewährleisten, ist in Art. 38 lit. b SE-VO geregelt, dass beide Leitungssysteme für eine SE mit Sitz in einem solchen Staat möglich sind.[8] Näheres zu dem im nationalen Recht nicht geregelten Leitungssystem wäre dann in der Satzung zu regeln.

I.   Gemeinsame Regelungen beider Leitungssysteme

8   Eine Reihe von Regelungen der SE-VO gelten sowohl für das dualistische als auch für das monistische System. Diese finden sich in den Art. 46 bis 51 SE-VO.

1.   Amtszeit der Organmitglieder

9   In der Satzung der SE ist die Amtszeit der Mitglieder ihrer Leitungsorgane festzulegen. Andernfalls kann die SE nicht ins Handelsregister eingetragen werden.[9] Der maximale Zeitraum einer Bestellung darf sechs Jahre nicht überschreiten.[10] Durch die Bestellung für eine bestimmte Amtszeit soll die Unabhängigkeit der betreffenden Organmitglieder gefördert und damit ihr Verantwortungsbewusstsein für die übernommene Aufgabe gestärkt werden.[11] Soweit es die Satzung nicht ausdrücklich untersagt, ist die ein- oder mehrmalige Wiederbestellung von Mitgliedern der Leitungsorgane für den in der Satzung festgelegten Bestellungszeitraum zulässig.[12]

10   🛈 Praxishinweis:

Abhängig von den Verhältnissen der SE und den Anforderungen (etwa des Kapitalmarkts) an die Corporate Governance kann es sinnvoll sein, in der Satzung die Möglichkeit der Wiederbestellung von Organmitgliedern zu begrenzen.

---

4   Dualistisches System in Art. 39 bis 42 SE-VO, monistisches System in Art. 43 bis 45 SE-VO.
5   Auf das nationale Recht wird durch Art. 9 Abs. 1 SE-VO verwiesen.
6   Art. 39 Abs. 5 und Art. 43 Abs. 4 SE-VO.
7   Art. 8 SE-VO.
8   Art. 249 EG i.V.m. Art. 9 SE-VO; vgl. auch *Frodermann*, in: Jannott/Frodermann, Handbuch der Europäischen Aktiengesellschaft, 5. Kapitel Rn. 7; a.A. *Hirte*, NZG 2002, 1, 5.
9   *Schwarz*, SE-VO, Art. 46 Rn. 6.
10   Art. 46 Abs. 1 SE-VO.
11   *Schwarz*, SE-VO, Art. 46 Rn. 14.
12   Art. 46 Abs. 2 SE-VO.

2.   Persönliche Voraussetzungen der Organmitglieder

a)   Allgemeine Voraussetzungen

Die Mitglieder eines Organs, d.h. in der deutschen SE mit dualistischem System Mitglieder des   11
Aufsichtsorgans („Aufsichtsräte") und Mitglieder des Leitungsorgans („Vorstände") oder im monistischen System Verwaltungsräte und geschäftsführende Direktoren, müssen jeweils die folgenden persönlichen Voraussetzungen erfüllen, nämlich:

- unbeschränkt geschäftsfähig sein und
- keiner Betreuung mit Einwilligungsvorbehalt unterliegen.[13]

Unerheblich ist hingegen, welche Staatsangehörigkeit die/der Betreffende hat sowie die Frage, ob   12
sie/er Aktionär der SE ist.[14]

b)   Voraussetzungen für Mitglieder des Aufsichtsorgans und des Verwaltungsorgans

Nicht zum Mitglied des Aufsichtsorgans und des Verwaltungsorgans können Personen bestellt   13
werden, auf die gesetzlich geregelte besondere persönliche Hinderungsgründe zutreffen.[15] Bei einer deutschen SE finden sich für den Aufsichtsrat im dualistischen System solche Hinderungsgründe in § 100 Abs. 2 AktG. Für den Verwaltungsrat im monistischen System sind diese im nahezu gleich lautenden § 27 Abs. 1 SEAG geregelt. Im Wesentlichen ist eine Begrenzung auf zehn
Mandate in Überwachungsorganen verschiedener Gesellschaften vorgesehen. Für beide Systeme
ist davon auszugehen, dass diese Beschränkung nur für inländische Mandate gilt.[16] Ferner können
solche Personen nicht zum Mitglied des Aufsichtsorgans und des Verwaltungsorgans bestellt werden, die gesetzlicher Vertreter eines abhängigen Unternehmens oder gesetzlicher Vertreter einer
Kapitalgesellschaft sind, in deren Überwachungsorgan bereits ein Vorstandsmitglied oder ein geschäftsführender Direktor der SE vertreten ist.

c)   Voraussetzungen für Mitglieder des Leitungsorgans und geschäftsführende Direktoren

Für Mitglieder des Leitungsorgans[17] und geschäftsführende Direktoren[18] gilt in Deutschland das   14
Aktiengesetz.[19] Es sieht in § 76 Abs. 3 Bestellungshindernisse vor, die unter anderem die Amts-
ausübung wegen Gerichts- und Verwaltungsentscheidungen verbieten, so z.B. nach einer Verur-

---

13   Art. 47 Abs. 1 lit. a SE-VO i.V.m. § 76 Abs. 3 Satz 1, 2 AktG bzw. § 100 Abs. 1 AktG; *Hopt/Roth*, in: Großkommentar
     AktG, § 100 Rn. 202; *Frodermann*, in: Jannott/Frodermann, Handbuch der Europäischen Aktiengesellschaft, 5. Kapitel
     Rn. 88.
14   Sog. Grundsatz der Fremdorganschaft; vgl. *Hüffer*, AktG, § 76 Rn. 25.
15   Art. 47 Abs. 2 lit. a SE-VO.
16   Dies folgt aus dem Diskriminierungsverbot der SE nach Art. 10 SE-VO. Im Ergebnis ebenso *Schwarz*, SE-VO, Art. 47
     Rn. 30.
17   § 76 Abs. 3 AktG.
18   § 40 Abs. 1 Satz 3 SEAG.
19   Zu Einzelheiten vgl. *Hüffer*, AktG, § 76 Rn. 25 ff. § 76 Abs. 3 Sätze 3 und 4 AktG werden von dem Verweis in Art. 47
     Abs. 2 lit. b SE-VO erfasst (*Schwarz*, SE-VO, Art. 47 Rn. 27 und 34).

teilung wegen einer Insolvenzstraftat (§§ 283 bis 283 d Strafgesetzbuch) oder nach Verhängung von Berufsverboten.

15   Wenn die SE Bankgeschäfte betreibt, kann daneben § 36 Abs. 1 Satz 1 KWG zu beachten sein.

d)   Satzungsregelungen

16   Nach der SE-VO können in der Satzung für die Aktionärsvertreter besondere Voraussetzungen für die Mitgliedschaft im Verwaltungsrat oder Aufsichtsorgan festgelegt werden.[20] In Deutschland gilt § 100 Abs. 4 AktG und zwar gleichermaßen sowohl für das Aufsichtsorgan im dualistischen System als auch für das Verwaltungsorgan im monistischen System. Die Hauptversammlung kann daher in der Satzung sowohl für die Aktionärsvertreter des Aufsichtsorgans im dualistischen System als auch für die Aktionärsvertreter im Verwaltungsorgan einer deutschen SE weitere persönliche Voraussetzungen festlegen.

3.   Juristische Personen als Organmitglieder

17   In der SE mit Sitz in Deutschland können juristische Personen (zum Beispiel GmbH, AG, KGaA und Genossenschaften) nicht Mitglied eines Organs sein.[21] Für das dualistische System gelten unmittelbar die Regelungen des Aktiengesetzes. Es lässt als Mitglieder des Vorstands[22] und des Aufsichtsrats[23] jeweils nur natürliche Personen zu. Für die monistisch strukturierte SE ist im SEAG ausdrücklich geregelt, dass eine juristische Person weder Mitglied des Verwaltungsrats noch geschäftsführender Direktor sein kann.[24] In anderen Mitgliedsstaaten kann das anders sein, denn nach der SE-VO kann die Satzung der SE die Mitgliedschaft einer Gesellschaft oder einer anderen juristischen Person in einem Organ der SE zulassen,[25] wenn das auf die SE anwendbare nationale Recht nichts anderes bestimmt.[26] Ein solches Beispiel ist das Vereinigte Königreich.[27]

---

20   Art. 47 Abs. 3 SE-VO.
21   Um Missverständnisse zu vermeiden: dies gilt selbstverständlich nur für die Leitungsorgane, nicht für die Hauptversammlung. Juristische Personen können Aktionäre der SE sein.
22   § 76 Abs. 3 Satz 1 AktG.
23   § 100 Abs. 1 Satz 1 AktG.
24   §§ 27 Abs. 3, 40 Abs. 1 Satz 4 SEAG. Die Regelung in § 27 Abs. 3 SEAG ist nicht völlig eindeutig, denn sie spricht nur von juristischen Personen und nicht auch, wie Art. 47 Abs. 1 Satz 1 SE-VO, von Gesellschaften allgemein. Dennoch kann auch eine Personengesellschaft nicht Organmitglied in einer monistisch organisierten SE in Deutschland sein. Denn der europäische Gesetzgeber ist in Art. 47 Abs. 1 Satz 1 SE-VO offenbar davon ausgegangen, dass alle Gesellschaften juristische Personen seien.
25   Art. 47 Abs. 1 Unterabs. 1 SE-VO.
26   *Schwarz*, SE-VO, Art. 47 Rn. 7. Einen Überblick zu den nationalen Regelungen anderer europäischer Länder bietet *Fleischer*, RIW 2004, 16, 17 ff.
27   In dem englischen Gesetz, das die SE-VO umsetzt (European Public Limited Liability Company Regulations 2004) findet sich keine Regelung, die es juristischen Personen untersagen würde, Mitglied eines Leitungsorgans einer SE mit Sitz im Vereinigten Königreich zu sein. Nach allgemeinem englischen Gesellschaftsrecht, dem Abschnitt 155 im Teil C des Companies Act 2006, der am 1. Oktober 2008 in Kraft treten und auf eine SE mit Sitz im Vereinigten Königreich anwendbar sein wird, muss lediglich eine natürliche Person director der SE sein. Gleichwohl kann es in der Satzung (statutes) einer englischen SE untersagt werden, dass juristische Personen Mitglieder der/des Leitungsorgane/s werden.

4. Verschwiegenheitspflicht

Nach Art. 49 SE-VO haben alle Mitglieder der Leitungsorgane Angelegenheiten der SE grund- 18
sätzlich vertraulich zu behandeln (Verschwiegenheitspflicht).[28] Dies gilt auch nach ihrem Aus-
scheiden aus dem Amt. Die diesbezüglichen Pflichten der Organmitglieder der SE sind denen des
Vorstands und des Aufsichtsrats der deutschen Aktiengesellschaft vergleichbar.[29] Im Gegensatz
zum AktG sind in der SE-VO bestimmte Punkte ausdrücklich geregelt. So beschränkt die SE-VO
die Verschwiegenheitspflicht ausdrücklich nicht auf Informationen, die durch die Tätigkeit als
Organmitglied erlangt wurden.[30] Zudem ist die Pflicht zur Verschwiegenheit in der SE-VO zeitlich nicht begrenzt. Sie endet deshalb erst zu dem Zeitpunkt, zu dem die Weitergabe der Information der SE nicht mehr schaden kann.[31]

Mitglieder der Organe dürfen Informationen an Dritte weiter gegeben, wenn dies 19

- nach nationalem Aktienrecht vorgeschrieben oder
- nach nationalem Recht zulässig[32] wäre oder
- im öffentlichen Interesse liegt.

❶ Praxishinweis: 20

Der Verpflichtung zur Vertraulichkeit kann in der SE noch größere praktische Bedeutung zukommen als in der deutschen
Aktiengesellschaft. Dies gilt vor allem in der mitbestimmten SE mit monistischem System. Hier können Vertreter der Arbeit-
nehmer (also auch Gewerkschaftsvertreter) unmittelbar an Geschäftsführungsentscheidungen beteiligt sein. Deshalb sollten
vor Errichtung einer solchen SE weitere Regelungen und Maßnahmen zum Schutz der Geheimhaltungsinteressen der SE
erwogen werden.

5. Haftung der Organmitglieder

a) Allgemeines

Hinsichtlich der Haftung der Mitglieder der Leitungs-, Aufsichts- oder Verwaltungsorgane bei 21
der Ausübung ihrer Ämter verweisen die SE-VO und das SEAG auf die nationalen Vorschriften.[33]
Maßgeblich ist daher jeweils das Aktiengesetz. Art. 51 SE-VO regelt lediglich, dass ein Mitglied
eines Organs der SE eine ihm obliegende Pflicht in Ausübung seines Amtes verletzt haben muss,
um eine Haftung zu begründen. Die Pflichten der Organmitglieder ergeben sich vor allem aus
der SE-VO, den nationalen Aktiengesetzen,[34] der Satzung, einer etwaigen Geschäftsordnung und
dem Anstellungsvertrag. Hat ein Organmitglied seine Pflichten verletzt, ergeben sich die übrigen
Voraussetzungen für die Haftung, also etwa das Erfordernis eines Verschuldens, aus dem natio-

---

28 Art. 49 SE-VO.
29 Vgl. *Reichert/Brandes*, in: MünchKomm AktG, Art. 49 SE-VO Rn. 2 ff.
30 So aber § 93 Abs. 1 Satz 3 AktG. Nach Art. 49 SE-VO sind alle „Informationen über die SE" vertraulich zu behandeln,
    gleich, auf welche Weise sie erlangt werden; vgl. *Frodermann*, in: Jannott/Frodermann, Handbuch der Europäischen
    Aktiengesellschaft, 5. Kapitel Rn. 263.
31 *Schwarz*, SE-VO, Art. 49 Rn. 13.
32 Art. 49 Halbs. 2 SE-VO. Hierzu gehören etwa die Informationspflichten nach dem SEBG. Dem entsprechend unterliegen
    auch die Mitglieder und Ersatzmitglieder eines SE-Betriebsrats gemäß § 41 SEBG einer Verschwiegenheitspflicht und
    dürfen auch nach dem Ausscheiden aus dem SE-Betriebsrat keine vertraulichen Informationen weitergeben.
33 Art. 51 SE-VO.
34 In Deutschland SEAG und AktG.

nalen Recht.[35] Auch alle weiteren Fragen zu Umständen und Voraussetzungen einer Haftung, wie z.B. zur Beweislastverteilung, zur gesamtschuldnerischen Haftung, zur Art des Schadensersatzes, zur Geltendmachung des Anspruchs und zum Verzicht, sind nach nationalem Recht zu prüfen. Zu beachten ist dabei, dass die Organhaftung nach deutschem Recht grundsätzlich eine Innenhaftung gegenüber der Gesellschaft ist.[36]

22 🛑 Praxishinweis:

Der Verweis auf die Haftungsregeln des nationalen Rechts ist dynamisch. Änderungen der Haftungsregeln für Vorstand und/ oder Aufsichtsrat deutscher Aktiengesellschaften wirken sich daher unmittelbar auf Organmitglieder einer deutschen SE aus.

b) Besonderheiten im monistischen System

23 Da grundsätzlich auf nationales Recht verwiesen wird, hätte der deutsche Gesetzgeber allein für die SE mit monistischem System vom AktG abweichende Haftungsnormen erlassen dürfen.[37] Dies ist jedoch nicht geschehen; für die Binnenhaftung der Verwaltungsratsmitglieder im monistischen System und für die geschäftsführenden Direktoren gilt jeweils § 93 AktG entsprechend.[38]

24 Bei der Prüfung der Frage, ob ein Haftungstatbestand erfüllt ist, wird vor allem im monistischen System die konkrete Stellung des jeweiligen Verwaltungsratmitglieds zu berücksichtigen sein. Ein geschäftsführender Direktor ist im Gegensatz zu einem Verwaltungsratmitglied, das nicht zugleich geschäftsführender Direktor ist, weisungsgebunden und kann jederzeit mit einfacher Mehrheit frei abberufen werden.[39] Dies sollte bei der Bestimmung der Sorgfaltspflichten und der Verantwortlichkeit eines geschäftsführenden Direktors berücksichtigt werden. Nach dem Wortlaut des Gesetzes hätten Sorgfaltspflichten, Verantwortlichkeit und Haftungsmaßstab grundsätzlich den gleichen Inhalt wie bei einem Verwaltungsratmitglied.[40] Es ist offensichtlich, dass bestimmte Normen im monistischen System nicht ungeprüft (oder gar nicht) angewendet werden können. Dies gilt etwa für § 93 Abs. 4 Satz 2 AktG.[41] Die Zukunft wird zeigen, ob es zum Beispiel durch einschränkende Auslegung bestimmter Normen gelingen kann, die Haftungsmaßstäbe für geschäftsführende Direktoren angemessen einzugrenzen und praktisch handhabbar zu machen.

25 Abgesehen davon gilt für die Voraussetzungen der Haftung dasselbe wie für die Leitungsorgane einer dualistischen strukturierten SE und mithin für Vorstand und Aufsichtsrat einer deutschen Aktiengesellschaft.

c) Haftung gegenüber Dritten

26 Für die Haftung gegenüber Dritten enthält die SE-VO keine besonderen Regelung. Diese sog. Außenhaftung richtet sich ausschließlich nach nationalem Recht.[42] Die Organmitglieder einer deutschen SE haften gegenüber Aktionären und sonstigen Dritten nach den allgemeinen Grundsätzen des deutschen Zivilrechts. Die Außenhaftung ist nach derzeit geltendem deutschen Recht die

---

35 *Schwarz*, SE-VO, Art. 51 Rn. 19.
36 In besonderen Fällen können Aktionäre Ansprüche für die Gesellschaft geltend machen, § 148 AktG.
37 *Schwarz*, SE-VO, Art. 51 Rn. 6.
38 § 39 SEAG bzw. § 40 Abs. 8 SEAG.
39 Soweit die Satzung nichts anderes bestimmt. Siehe unten § 3 Rn. 156.
40 Verweis des § 40 Abs. 8 SEAG auf § 93 AktG.
41 Ebenso *Reichert/Brandes*, in: MünchKomm AktG, Art. 51 SE-VO Rn. 20.
42 Über Art. 9 Abs. 1 lit. c (ii) SE-VO. *Schwarz*, SE-VO, Art. 51 Rn. 1.

Ausnahme. Neben einer deliktischen Haftung[43] kommt z.B. auch eine persönliche Haftung wegen Inanspruchnahme besonderen Vertrauens[44] in Betracht.

Die Haftung der Gesellschaft für das Handeln ihrer Organmitglieder richtet sich ebenfalls nach   27
nationalem Recht.[45] Fügt ein Organmitglied in Ausübung seiner Tätigkeit für eine in Deutschland
ansässige SE einem Dritten einen Schaden zu, so haftet hierfür die SE.[46]

6.   Beschlussfassung der Organe

Beschlussfähigkeit und Beschlussfassung sind einheitlich für beide Leitungssysteme in Art. 50 der   28
SE-VO geregelt.[47] Abweichungen von diesen Regeln können sich nur aus der SE-VO selbst oder
der Satzung ergeben.

Ein Organ ist beschlussfähig, wenn mindestens die Hälfte seiner Mitglieder anwesend oder ver-   29
treten sind.[48] Damit die Beschlussfassung wirksam ist, muss die einfache Mehrheit der anwesenden oder vertretenen Mitglieder zustimmen.[49] Enthaltungen und ungültige Stimmen werden als
Nein-Stimmen behandelt.[50] Bei Stimmengleichheit gibt die Stimme des Vorsitzenden des jeweiligen Organs den Ausschlag, Art. 50 Abs. 2 SE-VO. Von dieser Regelung kann die Satzung für das
Aufsichtsorgan dann nicht abweichen, wenn es zur Hälfte aus Arbeitnehmervertretern besteht.[51]
Die genannten Regelungen gelten gleichermaßen für Ausschüsse, die Aufgaben des Gesamtorgans
übernehmen.[52]

❗ Praxishinweis: 30

*In der Satzung können unter anderem die Mehrheitserfordernisse für Beschlüsse geändert[53] und zum Beispiel vorgesehen
werden, dass, wie beim deutschen Aufsichtsrat, Stimmenthaltungen nicht zu berücksichtigen sind. Ebenso können andere
Quoren bestimmt werden. Zu beachten ist, dass im paritätisch mitbestimmten Organ bei Stimmengleichheit stets die Stimme
des Vorsitzenden den Ausschlag geben muss.[54]*

Nach dem Wortlaut von Art. 50 Abs. 1 SE-VO ist die Stellvertretung in den Leitungsorganen der   31
SE zulässig. Dies ist eine Abweichung vom deutschen Aktiengesetz, das eine Vertretung bei der
Beschlussfassung in Vorstand und Aufsichtsrat nicht zulässt.[55] Aus der Regelung in Art. 50 SE-VO
kann man folgern, dass sich jedes Organmitglied grundsätzlich durch jede beliebige Person, also
auch eine solche, die selbst kein Organmitglied ist, vertreten lassen kann.[56] In der SE-VO sind
die Einzelheiten der Vertretung nicht geregelt. Daraus folgern manche offenbar, dass keine echte

---

43   § 823 BGB oder § 826 BGB.
44   § 311 Abs. 3 BGB.
45   *Hirte*, NZG 2002, 1, 8.
46   Art. 9 Abs. 1 lit. c (ii) SE-VO i.V.m. § 31 BGB.
47   Art. 50 SE-VO.
48   Art. 50 Abs. 1 lit. a SE-VO.
49   Art. 50 Abs. 1 lit. b SE-VO.
50   *Reichert/Brandes*, in: MünchKomm AktG, Art. 50 SE-VO Rn. 12 ff.
51   Art. 50 Abs. 2 Satz 2 SE-VO. Vgl. unten § 3 Rn. 349 ff.
52   *Schwarz*, SE-VO, Art. 50 Rn. 24.
53   Art. 50 Abs. 1 SE-VO.
54   Art. 50 Abs. 2 Satz 2 SE-VO. Art. 50 Abs. 3 SE-VO wurde in Deutschland nicht umgesetzt.
55   Vgl. zum Vorstand *Kort*, in: Großkommentar AktG, § 77 Rn. 16. Zum Aufsichtsrat *Hopt/Roth*, in: Großkommentar
     AktG, § 111 Rn. 743.
56   Dies lässt sich aus Art. 50 Abs. 1 lit. b SE-VO folgern, wo von Vertretung die Rede ist, ohne dass eine entsprechende
     Einschränkung gemacht wird.

3

Stellvertretung, sondern im Wesentlichen nur die schriftliche Stimmabgabe gemeint sei.[57] Andere sind der Ansicht, ein Organmitglied könne sich durch nahezu jede beliebige Person vertreten lassen.[58] Trotz der recht eindeutigen Formulierung in Art. 50 SE-VO („vertreten") sind viele Einzelfragen zur Stellvertretung in den Leitungsorganen der SE noch ungeklärt.

32 🅞 Praxishinweis:

> *Vor der Beschlussfassung unter Beteiligung einer Person, die nicht Mitglied des betreffenden Organs ist, sollte die Zulässigkeit der Stellvertretung anhand aktueller Rechtsprechung und Literatur eingehend geprüft werden. Wenn die Stellvertretung danach zulässig sein sollte, wäre weiter zu prüfen, welchen Pflichten der jeweilige Stellvertreter unterliegt, wenn er die Rechte des Vertretenen wahrnimmt. Dies gilt insbesondere für die Pflicht zur Geheimhaltung von Informationen, deren Verbreitung der SE schaden könnten.[59]*

33 Durch die Regelung in Art. 50 SE-VO soll verhinderten Mitgliedern der Leitungsorgane eine Vielzahl von Möglichkeiten zur Abstimmung eröffnet werden. Aus dem ergänzend anwendbaren nationalen Recht können sich weitere Abstimmungsmöglichkeiten ergeben. Nach deutschem Aktienrecht ist im Aufsichtsrat die sogenannte Stimmbotenschaft möglich.[60] Für die SE bedeutet dies, dass abwesende Mitglieder an Beschlussfassungen des Verwaltungsrats[61] oder des Aufsichtsrates einer deutschen SE dadurch teilnehmen können, dass sie schriftliche Stimmabgaben überreichen (lassen).

34 Im Vorstand einer deutschen Aktiengesellschaft ist die Stimmbotenschaft ebenfalls zulässig.[62] Im Unterschied zur Stellvertretung hat der Stimmbote keine Entscheidungsfreiheit; er überbringt lediglich die Stimme des abwesenden Organmitglieds. Da nach dem (nicht zweifelsfreien) Wortlaut des Art. 50 SE-VO offenbar sogar die Stellvertretung bei der SE möglich ist, kann davon ausgegangen werden, dass abwesende Vorstandsmitglieder einer deutschen SE ihre Stimme auch schriftlich (durch Stimmboten) übermitteln können.

35 Für die Form der Beschlussfassung gibt es keine besonderen Vorgaben. Es gilt nationales Recht. Beschlüsse werden grundsätzlich in Sitzungen der Organe gefasst. Außerhalb von Sitzungen sind folgende Formen der Beschlussfassung möglich:

- schriftliche,
- telefonische und
- vergleichbare Formen.

36 Das setzt allerdings voraus, dass kein Mitglied des betreffenden Organs dem gewählten Verfahren widerspricht oder die Satzung oder die Geschäftsführung diese Formen der Beschlussfassung außerhalb von Sitzungen ausdrücklich zulassen.[63]

---

57 Vgl. *Reichert/Brandes*, in: MünchKomm AktG, Art. 50 SE-VO Rn. 7; siehe auch § 35 Abs. 1 SEAG.
58 So etwa *Manz*, in: Manz/Mayer/Schröder, Europäische Aktiengesellschaft SE, Art. 50 SE-VO Rn. 5 f. und *Schwarz*, SE-VO, Art. 50 Rn. 6.
59 Siehe Art. 49 SE-VO.
60 § 108 Abs. 3 AktG.
61 § 35 Abs. 1 SEAG.
62 Sie darf jedoch nicht in Wahrheit eine Stellvertretung darstellen. Vgl. zur Stimmbotenschaft im Vorstand der deutschen Aktengesellschaft *Hefermehl/Spindler*, in: MünchKomm AktG, § 77 Rn. 10 m.w.N.
63 § 108 Abs. 4 AktG und § 35 Abs. 2 SEAG. Speziell für die SE: *Manz*, in: Manz/Mayer/Schröder, Europäische Aktiengesellschaft SE, Art. 50 SE-VO Rn. 23. Satzung oder Geschäftsordnung können die Beschlussfassung ohne Sitzung auch erschweren oder ausschließen; vgl. dazu *Hüffer*, AktG, § 108 Rn. 16.

Praxishinweis: 37

Zu Beweiszwecken sollte in der Satzung oder der Geschäftsordnung geregelt werden, dass Beschlüsse grundsätzlich schriftlich zu dokumentieren sind. Z. B. nach einer telefonischen Beschlussfassung könnte andernfalls streitig werden, was im Einzelnen beschlossen wurde.

Für die monistische SE gilt eine Besonderheit für den Fall, dass ein geschäftsführender Direktor,   38
der gleichzeitig Mitglied des Verwaltungsrats ist, aus rechtlichen Gründen an der Beschlussfassung im Verwaltungsrat nicht teilnehmen kann. In dieser Situation hat der Vorsitzende des Verwaltungsrats eine zusätzliche Stimme.[64]

7.   Zustimmungsvorbehalte für bestimmte Geschäfte

In der Satzung der SE müssen bestimmte Arten von Geschäften von der Zustimmung des Auf-   39
sichtsorgans oder einem Zustimmungsbeschluss des gesamten Verwaltungsorgans abhängig gemacht werden.[65] Das gilt sowohl für das monistische als auch für das dualistische Organisationssystem.[66] Die Festlegung zustimmungsbedürftiger Geschäfte in der Satzung ist anders als nach dem deutschen Aktiengesetz unverzichtbar.[67] Die Ermächtigung des Aufsichtsorgans zum Erlass von Zustimmungsvorbehalten reicht nicht aus: fehlt eine eigenständige Satzungsregelung, kann die SE nicht in das Handelsregister eintragen werden.

Das nationale Recht kann darüber hinaus vorsehen, dass im dualistischen System das Aufsichts-   40
organ selbst bestimmte Arten von Geschäften unter einen Zustimmungsvorbehalt stellen kann. In der deutschen SE kann der Aufsichtsrat Zustimmungsvorbehalte erlassen.[68] Das Aufsichtsorgan kann derartige Zustimmungsvorbehalte entweder durch Beschluss oder in der Geschäftsordnung für das Leitungsorgan festlegen.[69]

Zustimmungsvorbehalte betreffen regelmäßig außergewöhnliche Geschäfte. Sie dienen der prä-   41
ventiven Kontrolle der Geschäftsleitung.[70] Die Arten von zustimmungsbedürftigen Geschäften müssen in der Satzung oder dem Aufsichtsratsbeschluss oder der Geschäftsordnung des Leitungsorgans festgelegt werden. Mit dem Begriff „Geschäfte" sind nicht nur Rechtsgeschäfte, sondern alle unternehmensinternen Maßnahmen, wie z.B. Investitionsentscheidungen und die Unternehmensplanung gemeint. Es dürfen jedoch keine einzelnen Geschäfte als zustimmungsbedürftig definiert werden, sondern nur bestimmte Arten von Geschäften, wie z.B. Annahme von bestimmten Arten von Aufträgen oder Kreditaufnahmen. Üblicherweise werden auch Grenzen in finanzieller Hinsicht festgesetzt, so dass bestimmte Geschäfte erst ab einem festgelegten Volumen der Zustimmung unterliegen. Es wäre allerdings unzulässig, durch Generalklausel alle wesentlichen Geschäfte oder alle Geschäfte, die einen bestimmten Rahmen überschreiten, zustimmungsbedürftig zu machen.[71]

---

64   § 35 Abs. 3 SEAG, hierdurch wird verhindert, dass Arbeitnehmervertreter im Verwaltungsrat in die Mehrheitsposition gelangen.
65   Art. 48 SE-VO.
66   So die offenbar h.M., vgl. *Frodermann*, in: Jannott/Frodermann, Handbuch der Europäischen Aktiengesellschaft, 4. Kapitel Rn. 87, Fn. 67; *Schwarz*, SE-VO, Art. 48 Rn. 9, a.A. etwa *Reichert/Brandes*, in: MünchKomm AktG, Art. 48 SE-VO Rn. 1 und 3 m.w.N.
67   *Schwarz*, SE-VO, Art. 48 Rn. 9.
68   § 19 SEAG.
69   Vgl. *Frodermann*, in: Jannott/Frodermann, Handbuch der Europäischen Aktiengesellschaft, 5. Kapitel Rn. 258.
70   *Schwarz*, SE-VO, Art. 48 Rn. 10.
71   *Schwarz*, SE-VO, Art. 48 Rn. 13.

42   Die SE-VO enthält keine Einschränkung der Arten von Geschäften, die durch die Satzung unter einen Zustimmungsvorbehalt gestellt werden können. Es darf sich jedoch im dualistischen System nicht um laufende Geschäfte handeln, weil es nicht der Personal- und Funktionstrennung dieses Leitungssystem entspräche, wenn das Aufsichtsorgan an der gesamten Geschäftsführung beteiligt wäre. Nach der SE-VO führt das Leitungsorgan im dualistischen System die Geschäfte der SE in eigener Verantwortung.[72] Im monistischen System existiert keine strenge Funktionstrennung, so dass hier ein Beschlusserfordernis für die laufenden Geschäfte grundsätzlich denkbar wäre. Denn hier sind die geschäftsführenden Direktoren im Verhältnis zur Gesellschaft verpflichtet, die Weisungen und Beschränkungen zu beachten, welche die Satzung, der Verwaltungsrat, die Hauptversammlung und die Geschäftsordnungen des Verwaltungsrats und der geschäftsführenden Direktoren für die Geschäftsführung getroffen haben.[73] Allerdings begründet dies für sich genommen noch nicht die Ausweitung der Präventivkontrolle über das Weisungsrecht hinaus. Zulässige Zustimmungsvorbehalte können deshalb letztlich nicht anders von Unzulässigen abgegrenzt werden als im dualistischen Modell. Ansonsten könnte das Verwaltungsorgan die gesamte Geschäftsführung an sich ziehen, so dass die geschäftsführenden Direktoren kompetenzlos würden. Daher können auch im monistischen System nur bestimmte wesentliche Geschäfte einem Beschlusserfordernis unterworfen werden.[74]

43   Für den Zustimmungsbeschluss gelten keine Besonderheiten. Sofern die Satzung nichts anderes vorschreibt genügt die einfache Mehrheit der anwesenden oder vertretenen Mitglieder.[75] Falls im dualistischen System der Aufsichtsrat einer deutschen SE seine Zustimmung verweigern sollte, kann der Vorstand verlangen, dass die Hauptversammlung über die Zustimmung beschließt.[76] Sollte das Aufsichtsorgan seine Zustimmung verweigern, darf das Geschäft nicht vorgenommen werden. Zu beachten ist, dass wegen der nach außen unbeschränkbaren Vertretungsmacht des Leitungsorgans ein Rechtsgeschäft im Außenverhältnis wirksam wäre, selbst wenn der Zustimmungsbeschluss fehlte.[77] Die Verweigerung der Zustimmung hat nur im Verhältnis der Organe der SE untereinander rechtliche Bedeutung.

44   Art. 52 SE-VO i.V.m. § 119 Abs. 2 AktG sieht für den Vorstand einer deutschen SE (mit dualistischem System) die Möglichkeit vor, die Zustimmung der Hauptversammlung zu Fragen der Geschäftsführung einzuholen. Diese Möglichkeit hat auch das Verwaltungsorgan im monistischen System.[78]

II.   Dualistisches System

45   Das dualistische System der SE entspricht dem der Trennung von Vorstand und Aufsichtsrat in der deutschen Aktiengesellschaft. Auch in der dualistischen SE sind Leitungs- und Aufsichtsorgan strikt getrennt. Dadurch soll eine bestmögliche Überwachung des Leitungsorgans gewährleistet werden. Wegen dieser strikten Trennung von Aufsichts- und Leitungsorgan darf grundsätzlich niemand zugleich Mitglied des Leitungsorgans und Mitglied des Aufsichtsorgans der SE sein.[79]

---

72   Art. 39 Abs. 1 SE-VO.
73   § 44 Abs. 2 SEAG. *Schwarz*, SE-VO. Art. 48 Rn. 16.
74   *Schwarz*, SE-VO, Art. 48 Rn. 16.
75   Art. 50 SE-VO.
76   Art. 9 Abs. 1 lit. c (ii) SEVO i.V.m. § 111 Abs. 4 Satz 3 AktG.
77   Art. 9 Abs. 1 lit. c (ii) SEVO i.V.m. § 78 AktG, § 82 AktG.
78   *Schwarz*, SE-VO, Art. 48 Rn. 14.
79   Art. 39 Abs. 3 Satz 1 SE-VO. Ebensowenig kann nach § 105 AktG jemand zugleich Aufsichtsratmitglied und Vorstandsmitglied einer deutschen AG sein (sog. Inkompatibilität).

Mitglieder des Aufsichtsorgans dürfen zudem nicht gleichzeitig Prokurist oder zum gesamten Geschäftsbetrieb ermächtigte Handlungsbevollmächtigte einer in Deutschland ansässigen SE sein.[80]

1. Allgemeines

a) Geringe Regelungskompetenz des deutschen Gesetzgebers

Die SE-VO ermächtigt nur solche Mitgliedsstaaten Bestimmungen für das dualistische System zu erlassen, in denen nicht bereits nationale Regelungen zum dualistischen Verwaltungssystem bestehen.[81] Da die deutsche Aktiengesellschaft auf dem dualistischen System basiert, konnte der deutsche Gesetzgeber nahezu keine Regelungen für die SE mit dualistischem System erlassen.[82] Die meisten Regelungen für die deutsche SE mit dualistischem System folgen aus den §§ 76 bis 116 AktG.[83]   46

Das Leitungsorgan einer deutschen SE mit dualistischem System ist der Vorstand, das Aufsichtsorgan ist der Aufsichtsrat.   47

b) Aufsichtsratsmitglieder im Vorstand

Für ein Mitglied des Aufsichtsorgans der SE besteht ebenso wie für ein Aufsichtsratsmitglied in der deutschen Aktiengesellschaft die Möglichkeit, vorübergehend die Aufgabe eines Vorstandsmitglieds zu übernehmen, wenn der betreffende Posten nicht besetzt ist.[84] Anders als bei der deutschen Aktiengesellschaft ist bei der deutschen SE die Abstellung eines Aufsichtsratsmitglieds in den Vorstand nur zulässig, wenn der betreffende Vorstandsposten auf Dauer unbesetzt ist.[85] Die vorübergehende Abstellung in den Vorstand wäre also zum Beispiel bei Tod, Amtsniederlegung oder Widerruf der Bestellung des betreffenden Vorstandsmitglieds möglich, im Falle nur vorübergehender Verhinderung, wie zum Beispiel durch Krankheit oder Urlaub dagegen unzulässig.   48

In der deutschen SE darf ein Aufsichtsratsmitglied für höchstens ein Jahr abgestellt werden.[86] Eine wiederholte Abstellung ist möglich, jedoch darf ein Aufsichtsratsmitglied auch dann nicht für länger als insgesamt ein Jahr in den Vorstand abgestellt werden.[87]   49

Die Abstellung hat zur Folge, dass das Amt des Aufsichtsratsmitglieds während seiner Bestellung zum Vorstand ruht.[88] Das abgestellte Aufsichtsorganmitglied ist während der Zeit der Abstellung zwar nicht aktiv im Aufsichtsorgan tätig, es bleibt aber trotzdem dessen Mitglied.[89] Das Mandat im Aufsichtsorgan lebt zum Ende der Abstellung in den Vorstand wieder auf.   50

---

80 Art. 47 Abs. 2 lit. a SE-VO i.V.m. § 105 Abs. 1 Var. 3 AktG.
81 Art. 39 Abs. 5 SE-VO.
82 Anderes gilt nur dort, wo die SE-VO eine ausdrückliche Ermächtigung zur Regelung enthält (z.B. Art. 39 Abs. 4 Satz 2 SE-VO). In diesen Fällen ist eine Sonderregelung für die SE in Deutschland möglich.
83 Art. 9 Abs. 1 lit. c (ii) SE-VO.
84 Art. 39 Abs. 3 Satz 2 SE-VO.
85 Das folgt aus Art. 39 Abs. 3 Satz 2 SE-VO (Amt ist „nicht besetzt"), der § 105 Abs. 2 AktG (Vorstandsmitglied fehlt oder ist „behindert" – gemeint ist „verhindert") verdrängt. Ebenso *Reichert/Brandes*, in: MünchKomm AktG, Art. 39 SE-VO Rn. 50.
86 § 15 Satz 1 SEAG.
87 § 15 Satz 2 SEAG.
88 Art. 39 Abs. 3 Satz 3 SE-VO.
89 *Schwarz*, SE-VO, Art. 39 Rn. 70.

2.   Das Leitungsorgan

a)   Aufgaben und Stellung

aa)   Leitung und Geschäftsführung

51   Der Vorstand führt die Geschäfte der SE in eigener Verantwortung.[90] Er trifft grundlegende Entscheidungen, wie zum Beispiel solche zu Führungsgrundsätzen, der Unternehmensplanung oder Strategie. Diese Aufgabe übt der Vorstand in Gesamtverantwortung aus. Sie kann weder auf Angestellte oder andere Organe (Aufsichtsrat oder Hauptversammlung), noch auf sonstige Dritte übertragen werden.[91] Dem Vorstand ist zudem die Führung der Geschäfte zugewiesen.[92] Sie umfasst sämtliche tatsächlichen und rechtlichen Handlungen für die SE und zwar sowohl intern (z.B. organisatorische Maßnahmen des Leitungsorgans oder einzelner Mitglieder des Leitungsorgans) als auch extern, d.h. gegenüber Dritten.[93]

52   Bei der Ausübung seiner Aufgaben ist der Vorstand nicht dazu verpflichtet, Weisungen des Aufsichtsrats oder der Hauptversammlung Folge zu leisten. Der Vorstand muss allerdings bestehende Zustimmungsvorbehalte des Aufsichtsrats für bestimmte Arten von Geschäften beachten.[94] Wenn der Vorstand es selbst verlangt, kann die Hauptversammlung über Fragen der Geschäftsführung entscheiden.[95] Den entsprechenden Beschluss der Hauptversammlung hat der Vorstand zu befolgen.

53   Die Geschäftsführung umfasst jede Einzelmaßnahme, die der Vorstand intern oder gegenüber Dritten trifft. Sie erfolgt in zwei Schritten: Beschlussfassung und Ausführung des Beschlusses. Grundsätzlich gilt das Prinzip der Gesamtgeschäftsführung. Besteht der Vorstand aus mehreren Mitgliedern sind diese nur gemeinschaftlich zur Geschäftsführung befugt. Die entsprechenden Vorstandsbeschlüsse müssen einstimmig gefasst werden. Die Satzung oder die Geschäftsordnung des Vorstands können vom Prinzip der Gesamtgeschäftsführung und dem Einstimmigkeitsprinzip abweichen.[96]

54   🛑 Praxishinweis:

> Je nach Größe der SE und Anzahl der Vorstandsmitglieder können von der (einstimmigen) Gesamtgeschäftsführung abweichende Regelungen sinnvoll sein. So etwa funktionsbezogene Befugnisse, wenn ein Vorstandsmitglied zum Beispiel für Personal und Vertrieb einzelgeschäftsführungsberechtigt sein soll; oder auch spartenbezogene Geschäftsführungsbefugnisse einzelner Vorstandmitglieder, wie zum Beispiel für Pharmaprodukte oder Pharmaproduktehandel.

bb)   Vertretung

55   Eine Hauptaufgabe des Vorstands ist die Vertretung der SE.[97] Mit dem Begriff „Vertretung" ist das Außenverhältnis gemeint. Der Vorstand vertritt die SE sowohl außergerichtlich als auch gerichtlich. Seine Vertretungsmacht ist nicht beschränkbar.[98] Sofern nichts anderes vorgesehen ist, gilt

---

90   Art. 39 Abs. 1 Satz 1 SE-VO.
91   *Hüffer*, AktG, § 76 Rn. 7.
92   § 77 AktG.
93   *Hüffer*, AktG, § 77 Rn. 3.
94   Vgl. oben § 3 Rn. 39 ff.
95   § 119 Abs. 2 AktG.
96   § 77 Abs. 1 Satz 2 Halbs. 1 AktG.
97   Art. 9 Abs. 1 lit. c (ii) SE-VO i.V.m. § 78 Abs. 1 AktG.
98   § 82 Abs. 1 AktG.

der Grundsatz der Gesamtvertretung, d.h. sämtliche Vorstandsmitglieder können die SE nur gemeinschaftlich vertreten. Durch Satzungsregelung können jedoch abweichende Vertretungsregelungen getroffen oder auch der Aufsichtsrat dazu ermächtigt werden, abweichende Vertretungsregelungen zu bestimmen.

❗ Praxishinweis: 56

Üblich und empfehlenswert ist die Regelung, dass die SE durch zwei Vorstandsmitglieder gemeinsam oder ein Vorstandsmitglied gemeinsam mit einem Prokuristen vertreten wird. Es kann auch Einzelvertretungsbefugnis eingeräumt werden.

Um eine Willenserklärung wirksam gegenüber der SE abzugeben, zum Beispiel eine Kündigung,   57
reicht es aus, diese gegenüber einem einzelnen Vorstandsmitglied abzugeben.[99]

Für bestimmte Maßnahmen der Geschäftsführung benötigt der Vorstand die Zustimmung des   58
Aufsichtsrats.[100] Sollte der Vorstand solche Geschäfte ohne die Zustimmung des Aufsichtsrats vornehmen, sind die Geschäfte rechtlich wirksam. Der Vorstand hätte jedoch pflichtwidrig gehandelt und kann deshalb zum Schadenersatz verpflichtet sein.[101]

b)   Zahl und Zusammensetzung

Die Anzahl der Vorstandsmitglieder oder die Regeln für ihre Festsetzung wird durch die Satzung   59
bestimmt.[102] Üblicherweise bestimmt die Satzung eine Mindestzahl und überlässt dem Aufsichtsrat die Entscheidung über die genaue Mitgliederzahl. Der Vorstand kann aus einer oder mehreren Personen bestehen. Wenn das Grundkapital der SE mehr als drei Mio. Euro beträgt, muss der Vorstand aus mindestens zwei Personen bestehen, es sei denn, die Satzung bestimmt, dass er nur aus einer Person bestehen soll.[103] Bei einer mitbestimmten SE muss der Vorstand aus zwei Personen bestehen, von denen eine die Funktion des Arbeitsdirektors zu übernehmen hat.[104] Juristische Personen können nicht Mitglieder des Vorstands sein.[105]

c)   Bestellung und Abberufung

Die Mitglieder des Vorstands werden vom Aufsichtsrat bestellt und abberufen.[106] Nach der SE-VO   60
kann die Bestellungs- und Abberufungskompetenz auch auf die Hauptversammlung übertragen werden, wenn dies nach nationalem Aktienrecht möglich wäre.[107] Das ist in Deutschland nicht der Fall.[108]

Über die Abberufung eines Vorstandsmitglieds entscheidet der Aufsichtsrat. Ob ein Grund für   61
die Abberufung vorliegen muss, regelt die SE-VO nicht. Daraus wird teilweise gefolgert, dass Vorstandsmitglieder der SE frei abberufen werden können.[109] Die wohl herrschende Meinung geht

---

99 § 78 Abs. 2 Satz 2 AktG.
100 Siehe § 3 Rn. 39 ff.
101 Vgl. oben § 3 Rn. 21 ff.
102 Art. 39 SE-VO.
103 § 16 Satz 1 SEAG.
104 § 38 Abs. 2 SEBG, § 16 Satz 2 SEAG.
105 § 76 Abs. 3 AktG. Einzelheiten oben § 3 Rn. 17.
106 Art. 39 Abs. 2 Unterabs. 1 SE-VO, § 84 Abs. 1 Satz 1 AktG.
107 Art. 39 Abs. 2 Unterabs. 2 SE-VO.
108 *Schwarz*, SE-VO, Art. 39 Rn. 56.
109 So *Grundmann*, Europäisches Gesellschaftsrecht, Rn. 1048; *Lange*, EuZW 2003, 305.

indes zu Recht davon aus, dass sich diese Frage nach nationalem Recht beantwortet.[110] Nach § 84 Abs. 3 AktG können Vorstandsmitglieder einer deutschen Aktiengesellschaft nur aus wichtigem Grund abberufen werden. Vorstandsmitglieder einer deutschen SE können daher nur aus wichtigem Grund abberufen werden.

62   Ein wichtiger Grund für die Abberufung liegt vor, wenn es der SE unzumutbar ist, das Organverhältnis fortzusetzen. Dies ist zum Beispiel bei

- grober Pflichtverletzung,
- Unfähigkeit zur ordnungsgemäßen Geschäftsführung (etwa bei Fehlen wichtiger Kenntnisse oder mangelndem Risikomanagement) oder
- Vertrauensentzug durch die Hauptversammlung

der Fall. Das Erfordernis eines wichtigen Grundes dient der Unabhängigkeit der Vorstandsmitglieder. Sie sollen nicht dadurch in ihrer Position geschwächt werden, dass sie jederzeit frei abberufen werden können.[111] Der Widerruf erfolgt ebenso wie die Bestellung durch einen entsprechenden Beschluss des Aufsichtsrats.[112] Zu beachten ist, dass die Abberufung eines Vorstandsmitglieds grundsätzlich keine Auswirkungen auf die Rechte aus dem Anstellungsverhältnis hat.[113]

63   🛑 **Praxishinweis:**

Bei einer Abberufung muss daher der Anstellungsvertrag zumeist gesondert gekündigt werden. Vorstandsanstellungsverträge sind regelmäßig für die Dauer der Bestellung befristet. Deshalb kommt zumeist nur eine außerordentliche Kündigung in Betracht. Hierfür muss ein wichtiger Grund vorliegen und der Anstellungsvertrag muss innerhalb von zwei Wochen nach Kenntniserlangung vom Vorliegen des wichtigen Grunds gekündigt werden. Unter Umständen kann im Anstellungsvertrag auch geregelt werden, dass er (automatisch) endet, wenn das Vorstandsamt endet.

d)   Sonstige Beendigungsgründe

64   Die Mitgliedschaft im Leitungsorgan endet durch Ablauf der Amtszeit.[114] Da die SE-VO selbst keine weiteren Beendigungsgründe regelt, kommt im Übrigen nationales Recht zur Anwendung.[115] In Deutschland ist allgemein anerkannt, dass ein Vorstandsmitglied das Recht hat, einseitig das Amt niederzulegen.[116] Eine einvernehmliche Aufhebung beendet das Vorstandsamt ebenfalls. In diesem Fall bedarf es jedoch eines Beschlusses des Aufsichtsrats.[117]

e)   Innere Ordnung des Vorstands

65   Anders als für das Aufsichts- und Verwaltungsorgan[118] sieht die SE-VO für das Leitungsorgan die Wahl bzw. Bestellung eines Vorsitzenden nicht explizit vor. Deshalb ist bezüglich Existenz, Wahl

---

110 Dies wird aus Art. 9 Abs. 1 lit. c (i) bzw. (ii) SE-VO gefolgert. *Thümmel*, Die Europäische Aktiengesellschaft (SE), Rn. 159.
111 *Hüffer*, AktG, § 84 Rn. 26.
112 Art. 39 Abs. 2 Satz 1 SE-VO i.V.m. § 108 AktG.
113 § 84 Abs. 3 AktG.
114 vgl. Art. 46 Abs. 1 SE-VO.
115 Art. 9 Abs. 1 lit. c (i) bzw. (ii) SE-VO. Vgl. *Manz*, in: Manz/Mayer/Schröder, Europäische Aktiengesellschaft SE, Art. 39 SE-VO Rn. 33 (bezogen auf die Amtsniederlegung), implizit auch *Frodermann*, in: Jannott/Frodermann, Handbuch der Europäischen Aktiengesellschaft, 5. Kapitel Rn. 38 ff.; *Reichert/Brandes*, in: MünchKomm AktG, Art. 39 SE-VO Rn. 36 ff.
116 Allgemein zur Amtsniederlegung: *Hüffer*, AktG, § 84 Rn. 36.
117 *Frodermann*, in: Jannott/Frodermann, Handbuch der Europäischen Aktiengesellschaft, 5. Kapitel Rn. 40.
118 Art. 42, 45 SE-VO.

bzw. Bestellung und Aufgaben eines Vorsitzenden des Leitungsorgans das Recht des Sitzstaats der SE maßgeblich.[119] Bei einer deutschen SE kann durch den Aufsichtsrat ein Vorsitzender des Vorstands ernannt werden.[120] Er leitet die Sitzungen des Vorstands und koordiniert dessen Arbeit.[121] Für die Formen der Beschlussfassung des Vorstands gelten die allgemeinen Regeln für Organbeschlüsse.[122]

3.   Das Aufsichtsorgan (Aufsichtsrat)

a)   Aufgaben, Rechte und Stellung

aa)   Überwachung der Geschäftsführung des Leitungsorgans (Vorstands)

Die Hauptaufgabe des Aufsichtsorgans besteht in der Überwachung der Geschäftsführung des Vorstands.[123] Die Überwachung besteht aus einer vergangenheitsbezogenen Kontrolle, vor allem der Recht- und Zweckmäßigkeit, der Geschäftsführungstätigkeit und einer präventiven Kontrolle, indem der Aufsichtsrat den Vorstand im Hinblick auf die künftige Geschäftspolitik berät.   66

bb)   Zustimmungsbedürftige Geschäfte, Art. 48 SE-VO

Als Maßnahme der präventiven Überwachung sieht die SE-VO vor, dass in der Satzung der SE bestimmte Arten von Geschäften aufgeführt werden müssen, die nur mit Zustimmung des Aufsichtsrats vorgenommen werden dürfen. Unabhängig von diesen in der Satzung bestimmten Arten von Geschäften, kann der Aufsichtsrat einer deutschen SE selbst bestimmte Arten von Geschäften von seiner Zustimmung abhängig machen.[124]   67

cc)   Vertretung der SE gegenüber dem Leitungsorgan (Vorstand)

Der Aufsichtsrat vertritt die SE gegenüber den Mitgliedern des Vorstands. Dies ist nicht ausdrücklich in der SE-VO geregelt. Das Fehlen einer entsprechenden Regelung in der SE-VO sowie die grundsätzliche Vertretungsmacht des Leitungsorgans gemäß Art. 9 Abs. 1 lit. c (ii) SE-VO i.V.m. § 78 AktG können aber nicht dahingehend verstanden werden, dass der Vorstand für alle Bereiche der Vertretung der SE zuständig wäre.[125] Die Vertretungsmacht eines Organs ist ausgeschlossen, wenn eine Interessenkollision vorliegt. Dieses Prinzip ist in allen europäischen Rechtssystemen anerkannt.[126] Der Aufsichtsrat vertritt daher die in Deutschland ansässige SE bei allen Geschäften mit dem Vorstand.[127] Grundsätzlich ist das Gesamtorgan Aufsichtsrat für die Vertretung zuständig. Die Vertretung kann aber auch an einen Ausschuss übertragen werden.   68

---

119 Art. 9 Abs. 1 lit. c (i) bzw. (ii) SE-VO.
120 § 84 Abs. 2 AktG.
121 *Hüffer*, AktG, § 84 Rn. 21.
122 Siehe § 3 Rn. 35 ff. Entgegen *Reichert/Brandes*, in: MünchKomm AktG, Art. 50 SE-VO Rn. 52 ist eine Beschlussfassung des Vorstand außerhalb von Sitzungen auch dann zulässig, wenn eine entsprechende Regelung in der Satzung oder Geschäftsordnung des Vorstands fehlt, vgl. zur Rechtslage beim Vorstand der deutschen AG *Richter,* in: Semler/Peltzer, Arbeitshandbuch für Vorstandsmitglieder 2005, § 4 Rn. 130 und 133.
123 Art. 40 Abs. 1 Satz 1 SE-VO.
124 Näher dazu § 3 Rn. 40.
125 *Hirte*, NZG 2002, 1, 7.
126 *Hirte*, NZG 2002, 1, 7.
127 Art. 9 Abs. 1 lit. c (ii) SE-VO i.V.m. § 112 AktG.

b)   Zahl und Zusammensetzung

69   Die Anzahl der Mitglieder des Aufsichtsorgans wird wie beim Leitungsorgan grundsätzlich durch die Satzung bestimmt.[128] Die SE-VO gestattet den Mitgliedstaaten, Höchst- und/oder Mindestzahlen festzusetzen.[129] Der deutsche Gesetzgeber hat geregelt, dass das Aufsichtsorgan aus mindestens drei Personen bestehen muss.[130] Es ist möglich, durch die Satzung eine höhere Zahl festzulegen, wobei Höchstzahlen zu beachten sind, die vom Grundkapital abhängig sind.[131] Die Höchstzahl der Aufsichtsratsmitglieder beträgt bei SE mit einem Grundkapital

- von bis zu 1,5 Mio. Euro neun Mitglieder
- zwischen 1,5 Mio. und 10 Mio. Euro 15 Mitglieder
- von mehr als 10 Mio. Euro 21 Mitglieder.

70   Zu beachten ist, dass die Zahl der Aufsichtsratsmitglieder stets durch drei teilbar sein muss.[132]

71   Bei der Zusammensetzung des Aufsichtsrats sind die Beteiligungsrechte nach dem SEBG zu wahren.[133] Der paritätisch mitbestimmte Aufsichtsrat muss deshalb zusätzlich aus einer geraden Anzahl von Mitgliedern bestehen.

72   🚫 Praxishinweis:

Die Regelungen zum Aufsichtsrat in der SE bieten die Möglichkeit, den mitbestimmenden Aufsichtsrat im Vergleich zu einer deutschen AG zu verkleinern.[134]

73   Mitglieder des Aufsichtsrats einer dualistisch organisierten deutschen SE können, wie beim Vorstand auch, nur natürliche Personen sein.[135]

c)   Bestellung

74   Die Mitglieder des Aufsichtsorgans, die von den Anteilseignern gewählt werden, werden grundsätzlich von der Hauptversammlung bestellt.[136]

75   Die Hauptversammlung kann keine Stellvertreter von Aufsichtsratsmitgliedern, jedoch Ersatzmitglieder bestellen.[137] Unter Umständen kann das Aufsichtsratsmitglied aber selbst einen Vertreter bestimmen.[138]

76   Daneben sind nationale Rechte zu beachten, die es einer Minderheit von Aktionären oder anderen Personen im Sinne des Art. 47 Abs. 4 SE-VO erlauben, einen Teil der Aufsichtsratsmitglieder zu bestellen.[139]

---

128 Art. 40 Abs. 3 Satz 1 SE-VO.
129 Art. 40 Abs. 3 Satz 2 SE-VO.
130 § 17 Abs. 1 SEAG
131 § 17 Abs. 1 Satz 2 und 3 SEAG.
132 § 17 Abs. 1 Satz 2 SEAG.
133 § 17 Abs. 2 SEAG. Siehe hierzu unten § 3 Rn. 322 ff.
134 Siehe unten § 3 Rn. 361 ff.
135 § 100 Abs. 1 AktG. Zu Einzelheiten vgl. oben § 3 Rn. 17.
136 Art. 40. Abs. 2 Satz 1 SE-VO.
137 § 101 Abs. 3 Satz 1 AktG i.V.m. Art. 9 Abs. 1 lit. c (ii) SE-VO.
138 Zur Stellvertretung siehe oben § 3 Rn. 31 f.
139 Z.B. Entsenderechte bestimmter Aktionäre aufgrund von Satzungsregelungen nach § 101 Abs. 2 AktG. Siehe *Schwarz*, SE-VO, Art. 47 Rn. 52 ff.

Mitglieder des Aufsichtsorgans können auch durch Entsendung bestellt werden.[140] Bei deutschen **77** SE kann ein Recht, Mitglieder in den Aufsichtsrat zu entsenden, nur für bestimmte Aktionäre oder für die jeweiligen Inhaber bestimmter Aktien begründet werden.[141] Es handelt sich um ein Sonderrecht, dass einzelnen Aktionären oder einer Gruppe von Aktionären nur durch eine Bestimmung in der Satzung eingeräumt werden kann. Insgesamt können höchstens ein Drittel der Mitglieder des Aufsichtsrates durch Entsendung bestellt werden.[142] Entgegenstehende Satzungsbestimmungen sind nichtig.[143] Das Entsendungsrecht wird ausgeübt, indem der dazu berechtigte Aktionär die betreffende Person dem Vorstand als Mitglied des Aufsichtsrats benennt.

Besondere Regeln für die Bestellung von Mitgliedern des Aufsichtsrats gelten für die Arbeitneh- **78** mermitbestimmung und für eine gerichtliche Bestellung:

aa)   Arbeitnehmervertreter

Die Modalitäten für die Bestellung etwaiger Arbeitnehmervertreter hängen von dem für die je- **79** weilige SE geltenden Mitbestimmungsregime ab. Wird zum Beispiel eine Mitbestimmungsvereinbarung getroffen, ist darin auch das Bestellungsverfahren zu regeln.[144] Einzelheiten der Bestellung der Arbeitnehmervertreter richten sich nach den jeweils geltenden Regeln zu Beteiligung der Arbeitnehmer.[145]

bb)   Gerichtliche Bestellung von Aufsichtsratsmitgliedern

Da die SE-VO nicht ausdrücklich regelt, ob ein Aufsichtsratsmitglied auch durch das Gericht **80** bestellt werden kann, ist das deutsche Aktienrecht anwendbar.[146] Nach § 104 AktG kann im Fall eines beschlussunfähigen oder unterbesetzten Aufsichtsorgans das zuständige Amtsgericht auf Antrag

- des Vorstands,
- eines Aufsichtsratsmitglieds oder
- eines Aktionärs

ein oder mehrere neue Mitglieder des Aufsichtsorgans bestimmen.[147]

d)   Ende des Aufsichtsratsamts

aa)   Abberufung von Aufsichtsratsmitgliedern

Die Abberufung der Mitglieder des Aufsichtsorgans richtet sich nach den Regeln des deutschen **81** Aktienrechts.[148] Ein Aufsichtsratsmitglied, das von den Aktionären gewählt wurde, kann unter bestimmten Voraussetzungen abberufen werden. In Art. 40 Abs. 2 SE-VO ist diese Frage nicht abschließend geregelt. Deshalb schließt die SE-VO die Abberufung eines Aufsichtsratsmitglieds grundsätzlich nicht aus. Zudem ist sowohl nach nationalem Aktienrecht die Abberufung von Aufsichtsratsmitgliedern möglich, wie auch im monistischen System für Mitglieder des Verwaltungsrats. Es wäre deshalb unverständlich, weshalb gerade in der SE mit dualistischem System

---

140 Art. 40 Abs. 2 Satz 3, Art. 47 Abs. 4 SE-VO.
141 § 101 Abs. 2 AktG i.V.m. Art. 9 Abs. 1 lit. c (ii) SE-VO.
142 § 101 Abs. 2 Satz 4 AktG i.V.m. Art. 47 Abs. 4 SE-VO.
143 *Hopt/Roth*, in: Großkommentar AktG, § 101 Rn. 131.
144 Art. 4 Abs. 2 g SE-RL, § 21 Abs. 3 Nr. 2 SEBG.
145 Siehe unten § 3 Rn. 336 ff.
146 Art. 9 Abs. 1 Satz 1 lit. c (ii) SE-VO. *Schwarz*, SE-VO, Art. 40 Rn. 57.
147 Die gerichtliche Bestellung endet kraft Gesetz, sobald die Unterbesetzung entfallen ist, § 104 Abs. 5 AktG.
148 Vgl. *Bartone/Klapdor*, Die europäische Aktiengesellschaft, S. 65; *Schwarz*, SE-VO, Art. 40 Rn. 62.

die Abberufung nicht möglich sein sollte.[149] Von der Hauptversammlung gewählte Mitglieder des Aufsichtsrats können demnach von ihr jederzeit mit einer dreiviertel Mehrheit der abgegebenen Stimmen abberufen werden.[150]

82 Wenn die Bestellung durch Entsendung erfolgt ist, hat der Entsendungsberechtigte jederzeit die Möglichkeit, das entsandte Aufsichtsratsmitglied abzuberufen.[151] Sollten die Entsendungsvoraussetzungen wegfallen, kann das entsandte Aufsichtsorganmitglied auch von der Hauptversammlung abberufen werden.[152]

83 Zur Abberufung etwaiger Arbeitnehmervertreter gelten die Mitbestimmungregeln.[153]

84 Alle Aufsichtsratsmitglieder einer deutschen SE können zudem vom zuständigen Gericht abberufen werden, wenn ein wichtiger Grund für die Abberufung vorliegt.[154] Dieses Recht gilt also sowohl für die von der Hauptversammlung bestellten Mitglieder, für aufgrund einer Satzungsregelung entsandte Mitglieder, als auch für die Arbeitnehmervertreter im Aufsichtsrat. Antragsberechtigt ist grundsätzlich der Aufsichtsrat,[155] der die Antragstellung mit einfacher Mehrheit beschließen muss.[156]

bb)   Ablauf der Amtszeit; sonstige Beendigungsgründe

85 Die Mitgliedschaft im Aufsichtsorgan endet außer durch Abberufung durch Ablauf der Amtszeit.[157] Da die SE-VO keine anderen Beendigungsgründe vorsieht, gilt im Übrigen nationales Recht.[158] Demnach endet das Amt, wenn

- ein Mitglied des Aufsichtsorgans ihr/sein Amt niederlegt (was grundsätzlich jederzeit zulässig ist)[159] oder

- die persönlichen Voraussetzungen für die Mitgliedschaft wegfallen.[160]

e)   Binnenorganisation

86 Zur Binnenorganisation des Aufsichtsrats enthält die SE-VO wenig Bestimmungen. Geregelt sind nur die die Wahl eines Vorsitzenden[161] und die Beschlussfassung[162] Daneben ist nationales Recht maßgebend.[163]

---

149 Könnte ein Aufsichtsratsmitglied über eine Dauer von sechs Jahren im Amt bleiben, ohne dass es abberufen werden könnte, wäre dies möglicherweise mit untragbaren Konsequenzen für die SE verbunden. Die Abberufung durch die Hauptversammlung muss daher möglich sein und ist es über Art. 9 Abs. 1 lit. c (ii) SE-VO i.V.m. § 103 AktG auch. Vgl. auch *Schwarz*, SE-VO, Art. 40 Rn. 62.
150 Art. 57 SE-VO i.V.m. § 103 Abs. 1 AktG. Die Satzung kann eine geringere Mehrheit vorsehen.
151 Art. 57 SE-VO i.V.m. § 103 Abs. 2 AktG.
152 Art. 57 SE-VO i.V.m. § 103 Abs. 2 AktG.
153 Siehe unten § 3 Rn. 344 ff.
154 Art. 9 Abs. 1 lit. c (ii) SE-VO i.V.m. § 103 Abs. 3 AktG. Zu den Einzelheiten des „wichtigen Grundes" vgl. etwa *Hüffer*, AktG, § 103 Rn. 10 m.w.N.
155 Wenn in den Aufsichtsrat entsandte Mitglieder abberufen werden sollen, können auch Aktionäre den Antrag stellen, die zusammen mindestens 10 % des Grundkapitals repräsentieren oder einen anteiligen Betrag von mindestens einer Million Euro erreichen, Art. 9 Abs. 1 lit. c (ii) SE-VO i.V.m. § 103 Abs. 3 Satz 3 AktG.
156 Art. 50 Abs. 1 SE-VO.
157 Art. 46 Abs. 1 SE-VO.
158 Art. 9 Abs. 1 lit. c (ii) SE-VO.
159 *Frodermann*, in: Jannott/Frodermann, Handbuch der Europäischen Aktiengesellschaft, 5. Kapitel Rn. 100 ff.; *Manz*, in: Manz/Mayer/Schröder, Europäische Aktiengesellschaft SE, Art. 20 SE-VO Rn. 28.
160 *Frodermann*, in: Jannott/Frodermann, Handbuch der Europäischen Aktiengesellschaft, 5. Kapitel Rn. 99.
161 Art. 42 SE-VO.
162 Art. 50 SE-VO.
163 Art. 9 Abs. 1 lit. c (i) bzw. (ii) SE-VO.

aa)   Wahl eines Vorsitzenden des Aufsichtsorgans

Der Aufsichtsrat jeder SE wählt aus seiner Mitte einen Vorsitzenden,[164] der für die Verfahrensleitung und Koordination im Aufsichtsorgan verantwortlich ist. Der Vorsitzende repräsentiert zudem das Aufsichtsorgan nach außen. Im paritätisch besetzten Aufsichtsrat muss der Vorsitzende ein von den Aktionären bestelltes Aufsichtsratsmitglied sein.[165] Für den Fall der Verhinderung des Vorsitzenden muss für ihn ein Stellvertreter gewählt werden.[166]   87

🛑 **Praxishinweis:**   88

> *Das Wahlverfahren für den Vorsitzenden des Aufsichtsrats richtet sich nach den allgemeinen Vorschriften zur Beschlussfassung.[167] Im paritätisch mitbestimmten Aufsichtsorgan kann dies zu einer Pattsituation führen. In der Satzung kann jedoch eine abweichende Regelung getroffen werden. Es ist ratsam, dort für den Fall eines paritätisch mitbestimmten Aufsichtsorgans die entsprechende Anwendung des § 27 Abs. 2 MitbestG für die Wahl des Vorsitzenden festzuschreiben. Dadurch würde folgendes vorgesehen: Wenn in einem ersten Wahlgang wegen einer Pattsituation kein Vorsitzender gewählt wird, findet ein zweiter Wahlgang mit getrennte Wahlen statt. In diesem würden die von den Aktionären bestellten Aufsichtsratsmitglieder den Vorsitzenden und die Arbeitnehmervertreter seinen Stellvertreter jeweils mit der Mehrheit der abgegebenen Stimmen wählen.*

bb)   Beschlussfassung im Aufsichtsorgan

Zur Form der Beschlussfassung im Aufsichtsrat gelten die allgemeinen Regeln.[168] Über die Sitzungen des Aufsichtsrats ist eine Niederschrift anzufertigen, wobei ein gesetzlicher Mindestinhalt zu beachten ist.[169]   89

Das Aufsichtsorgan kann (beschließende) Ausschüsse bilden.[170] Die allgemeine Überwachungsaufgabe des Aufsichtsorgans kann jedoch nicht auf einen Ausschuss delegiert werden.[171]   90

Die Teilnahme an Sitzungen sowie die Sitzungsfrequenz richtet sich bei einer deutschen SE nach Art. 9 Abs. 1 lit. c (ii) SE-VO i.V.m. §§ 109, 110 Abs. 3 AktG. Personen, die weder Aufsichtsratsmitglieder noch Vorstände sind, sollen grundsätzlich nicht an Sitzungen des Aufsichtsrates teilnehmen.[172] Hat der Aufsichtsrat dennoch bei Anwesenheit einer dazu nicht berechtigten Person einen Beschluss gefasst, so ist dieser gleichwohl wirksam.[173] Wenn man davon ausgeht, dass sich Aufsichtsratsmitglieder in Sitzungen des Aufsichtsrats durch Dritte (also Personen, die keine Aufsichtsratsmitglieder sind) vertreten lassen können, so wären diese konsequenterweise berechtigt, zum Zwecke der Vertretung an Sitzungen teilzunehmen.[174] Bei entsprechender Satzungsregelung gilt dies auch, wenn ein verhindertes Mitglied eine Person zur Teilnahme in Textform ermächtigt hat, ohne dass diese Person Vertreter oder Stimmbote sein muss.[175]   91

---

164 Art. 42 Satz 1 SE-VO.
165 Art. 42 Satz 2 SE-VO.
166 Art. 9 Abs. 1 lit. c (ii) SE-VO i.V.m. § 107 Abs. 1 Satz 1, 3 AktG; *Schwarz*, SE-VO, Art. 42 Rn. 20.
167 Art. 50 SE-VO. Einzelheiten oben § 3 Rn. 28 ff.
168 Vgl. oben § 3 Rn. 35 ff.
169 Vgl. § 107 Abs. 2 AktG.
170 Art. 9 Abs. 1 lit. c (i) bzw. (ii) SE-VO i.V.m. § 107 Abs. 3 Ziff. 1 AktG.
171 *Hopt/Roth*, in: Großkommentar AktG, § 107 Rn. 370.
172 § 109 Abs. 1 Satz 1 AktG. Ausnahmen gelten für Sachverständige und Personen, die dem Aufsichtsrat bestimmte Auskünfte geben sollen, § 109 Abs. 1 Satz 2 AktG.
173 *Hüffer*, AktG, § 109 Rn. 4.
174 Vgl. oben § 3 Rn. 31 f.
175 § 109 Abs. 3 AktG.

92   Pro Kalenderhalbjahr müssen zwei Sitzungen des Aufsichtsrats abgehalten werden. In nicht börsennotierten SE kann der Aufsichtsrat jedoch beschließen, dass nur eine Sitzung im Kalenderhalbjahr abzuhalten ist.

III.   Monistisches System

93   Die monistisch strukturierte SE hat neben der Hauptversammlung lediglich ein weiteres Organ,
das Verwaltungsorgan.[176] Das Verwaltungsorgan wird in der deutschen SE „Verwaltungsrat" genannt.[177] Der Verwaltungsrat ist für die Leitung und Überwachung in der SE zuständig. Die Geschäftsführung obliegt den geschäftsführenden Direktoren. Während Leitung und Überwachung
vom Verwaltungsrat wahrgenommen werden, ist die Geschäftsführung also von diesem Organ
(ggf. teilweise) getrennt. Anders als im dualistischen System und in der deutschen Aktiengesellschaft fehlt im monistischen System ein eigenständiges unternehmensinternes Kontrollorgan.

94   🛇 Praxishinweis:

*Die Leitungsstruktur der monistisch strukturierten SE ist in mancher Hinsicht mit derjenigen einer deutschen GmbH vergleich-
bar. Daher kann die SE auch für ein inhabergeführtes Familienunternehmen eine attraktive Rechtsform darstellen. Denn der
Firmengründer kann zugleich Mitglied des Verwaltungsrats und geschäftsführender Direktor sein. Im Rahmen der Nachfolge-
planung können dann zum Beispiel weitere geschäftsführende Direktoren berufen werden, die Mitglied des Verwaltungsrates
sein können oder auch nicht.[178]*

95   Im SEAG ist das monistische System in 30 Bestimmungen recht umfassend geregelt.[179] Trotz des
einheitlichen Organs hat der deutsche Gesetzgeber entsprechend der Ermächtigung in Art. 43
Abs. 1 Satz 2 SE-VO eine funktionale Aufgabenteilung zwischen dem Verwaltungsrat und den geschäftsführenden Direktoren vorgesehen. Letztere sind nur für die laufenden Geschäfte zuständig.[180] Dem Verwaltungsrat, der den geschäftsführenden Direktoren Weisungen erteilen kann,
obliegt dagegen die Oberleitung.

96   Bisweilen wird diese obligatorische Funktionstrennung, wie sie in der deutschen Umsetzung des
monistischen Systems vorgenommen wurde, in Frage gestellt. Einige sprechen sogar von einem
„verdeckten dualistischen System".[181] Es erscheint jedoch als verfehlt, das deutsche monistische
System (mit den obligatorischen geschäftsführenden Direktoren) mit dem dualistischen System
gleichzusetzen. Immerhin können geschäftsführende Direktoren Mitglieder des Verwaltungsrats
sein,[182] während im dualistischen System eine strikte Trennung der Organe vorgeschrieben ist.[183]
Ein weiterer wesentlicher Unterschied ist die unterschiedliche Weisungsabhängigkeit: geschäftsführende Direktoren haben den Weisungen des Verwaltungsrats Folge zu leisten.[184] Mitglieder des
Vorstands einer deutschen (dualistischen) SE sind dagegen von den Weisungen des Aufsichtsrats
unabhängig.[185] Entsprechend kann der Verwaltungsrat Maßnahmen der Geschäftsführung von sich

---

176 Art. 38 lit. b SE-VO.
177 § 20 SEAG.
178 Einzelheiten bei *Lutter/Kollmorgen/Feldhaus*, BB 2005, 2473, 2474; *Eder*, NZG 2004, 544.
179 §§ 20 bis 49 SEAG.
180 Vgl. § 40 Abs. 2 Satz 1 SEAG.
181 *Hopt/Roth*, in: Großkommentar AktG, § 111 Rn. 866.
182 § 40 Abs. 2 Satz 1 SEAG.
183 Art. 39 Abs. 3 SE-VO.
184 Die Weisungsabhängigkeit folgt nicht allein aus § 44 Abs. 2 SEAG, sie wird bereits von der SE-VO vorausgesetzt, siehe
     etwa Art. 43 Abs. 1 SE-VO.
185 Art. 39 Abs. 1 Satz 2 SE-VO.

aus und sogar gegen den Willen der geschäftsführenden Direktoren beschließen und durchsetzen. § 44 Abs. 2 SEAG sieht (anders als § 82 Abs. 2 AktG für die deutsche Aktiengesellschaft) vor, dass die geschäftsführenden Direktoren gegenüber der SE nicht nur die Beschränkungen, sondern auch die Anweisungen zu beachten haben, welche die Satzung, die Hauptversammlung, das Verwaltungsorgan oder die Geschäftsordnung(en) getroffen haben. Zudem ist nach dem Willen des europäischen Gesetzgebers die Trennung von Geschäftsführung und Überwachung wünschenswert.[186] Diese ist im monistischen System der deutschen SE zumindest teilweise verwirklicht.

❗ Praxishinweis: 97

Für die monistisch strukturierte SE ist eine strikte Trennung von Geschäftsführung und Überwachung jedoch nicht zwingend vorgegeben. Deshalb ergeben sich vielfältige Möglichkeiten, die Corporate Governance zu gestalten. Denkbar ist etwa eine Aufteilung der Verwaltungsratsmitglieder in solche, die als geschäftsführende Direktoren die laufenden Geschäfte führen, und solche, die für die außergewöhnlichen Geschäfte zuständig sind, sowie ferner solche, denen Überwachungsaufgaben zugewiesen sind. Es wäre alternativ auch denkbar, außergewöhnliche Geschäfte den Verwaltungsratsmitgliedern zuzuweisen, die zugleich geschäftsführende Direktoren sind.[187]

1.   Der Verwaltungsrat

a)   Aufgaben und Stellung

aa)   Leitung und Geschäftsführung

Der Verwaltungsrat leitet die SE, bestimmt die Grundlinien ihrer Tätigkeit und überwacht deren Umsetzung.[188] Er nimmt nahezu alle Rechte und Pflichten wahr, die dem Vorstand und dem Aufsichtsrat nach dem AktG zugewiesen sind.[189] Der Verwaltungsrat kann nur solche Aufgaben nicht umfassend selbst wahrnehmen, die das SEAG den geschäftsführenden Direktoren zuweist.   98

Der oder die geschäftsführenden Direktoren führen die Geschäfte der SE.[190] Dies ist kein Widerspruch zu Art. 43 Abs. 1 Satz 1 SE-VO, wonach der Verwaltungsrat die Geschäfte führt. Denn die geschäftsführenden Direktoren übernehmen nur die laufenden Geschäfte der Gesellschaft.[191] Bei dieser Tätigkeit sind sie an die Weisungen des Verwaltungsrats gebunden. Außergewöhnliche Geschäfte müssen nach dem Wortlaut der SE-VO grundsätzlich vom Verwaltungsrat geführt werden.[192] Eine Trennung zwischen Leitung und Geschäftsführung, wie sie das deutsche Aktienrecht kennt,[193] sieht die SE-VO nicht vor. Die Grenze zwischen beiden ist deshalb fließend.[194] Wo sie liegt bestimmt der Verwaltungsrat selbst. Der Verwaltungsrat muss nur folgende Aufgaben zwingend[195] selbst übernehmen: 99

---

186 Siehe Erwägungsgrund 14, letzter Satz der SE-VO.
187 Vgl. *Schwarz*, SE-VO, Anh. Art. 43 Rn. 98 ff.
188 § 22 Abs. 1 SEAG.
189 Vgl. die Generalzuweisung in § 22 Abs. 6 SEAG.
190 § 40 Abs. 2 Satz 1 SEAG.
191 *Frodermann*, in: Jannott/Frodermann, Handbuch der Europäischen Aktiengesellschaft, 5. Kapitel Rn. 139, 165, 227 ff.; *Kallmeyer*, ZIP 2003, 1531, 1532.
192 Art. 39 Abs. 1 Satz 2 SE-VO und Art. 43 Abs. 1 Satz 2 SE-VO; europarechtskonforme Auslegung des § 40 Abs. 2 Satz 1 SEAG; *Schwarz*, SE-VO, Anh. Art. 43 Rn. 276.
193 Vgl. oben § 3 Rn. 51.
194 *Merkt*, ZGR 2003, 650, 662; a.A. *Schwarz*, SE-VO, Art. 43 Rn. 11.
195 § 40 Abs. 2 Satz 3 SEAG.

3

- die letztverantwortliche Unternehmens(ober)leitung,

- die Bestimmung der Grundlinien der Tätigkeit der SE,

- die Überwachung der Umsetzung der beiden zuvor Genannten und

- die Entscheidung über die Zustimmung zu den in der Satzung vorgesehenen bestimmten Arten von Geschäften.[196]

100   Deshalb ist letztlich auch im monistischen System die Leitung nicht delegierbar. Sie ist Aufgabe des Verwaltungsrats. Auch bei einer organinternen Aufteilung in geschäftsführende Verwaltungsratsmitglieder (also solche, die zugleich geschäftsführende Direktoren sind) und nicht geschäftsführende Verwaltungsratsmitglieder obliegt die Leitung beiden Gruppen gemeinsam, d.h. dem gesamten Verwaltungsrat.[197]

101   🛈 Praxishinweis:

In der Praxis wird es schwierig werden, ohne weitere Regelungen in Satzung und Geschäftsordnung die Kompetenzen zwischen Verwaltungsrat und geschäftsführenden Direktoren eindeutig abzugrenzen. Deshalb sollten die den geschäftsführenden Direktoren (nicht) übertragenen Kompetenzen und Geschäfte in der Satzung und den Geschäftsordnungen eindeutig beschrieben werden.

102   Das Verwaltungsorgan kann im Wege der Selbstvornahme auch die laufenden Geschäfte selbst führen, soweit dies die Pflicht zu Sicherung der Qualität der Geschäftsführung erfordert.[198] Dies folgt aus der Kompetenz des Verwaltungsrats in seiner Geschäftsordnung[199] oder derjenigen der geschäftsführenden Direktoren[200] entsprechende Anordnungen zu treffen oder den geschäftsführenden Direktoren Weisungen zu erteilen.[201] Da nach dem SEAG die laufende Geschäftsführung zwingend den geschäftsführenden Direktoren obliegt, kann der Verwaltungsrat jedoch nicht alle oder bestimmte Arten von Geschäften generell den geschäftsführenden Direktoren entziehen, sondern lediglich einzelne Geschäfte.

103   🛈 Praxishinweis:

Eine umfangreiche Delegation an die geschäftsführenden Direktoren durch entsprechende Regelungen in der Satzung und den Geschäftsordnungen kann bedenkenlos erfolgen, weil der Verwaltungsrat die Möglichkeiten zur Selbstvornahme und Weisungserteilung hat.

104   Gesetzlich sind dem Verwaltungsrat als Gesamtorgan oder seinen Ausschüssen als spezielle Aufgaben zugewiesen:

- Einberufung der Hauptversammlung;[202]

- Vorbereitung und Ausführung von Hauptversammlungsbeschlüssen;[203]

- Bestellung der geschäftsführenden Direktoren;[204]

---

196 Delegationsverbot des Art. 48 Abs. 1 SE-VO; *Schwarz*, SE-VO, Art. 43 Rn. 56.
197 § 34 Abs. 4 Satz 2 SEAG.
198 Weitergehend *Schwarz*, SE-VO, Art. 43 Rn. 65.
199 § 34 Abs. 2 SEAG.
200 § 40 Abs. 4 SEAG.
201 § 44 Abs. 2 SEAG.
202 § 22 Abs. 2 Satz 1 SEAG. Vgl. unten § 3 Rn. 192 ff.
203 § 22 Abs. 2 Satz 3 SEAG.
204 § 40 Abs. 1 Satz 1 SEAG.

- Leitung der Buchführung und Einrichtung eines Überwachungssystems gegen bestandsgefährdende Entwicklungen;[205]
- Erteilung des Prüfungsauftrags an Abschlussprüfer;[206]
- Prüfung und Feststellung des Jahresabschlusses;[207] sowie
- Anzeige des Verlusts der Hälfte des Grundkapitals[208] und eines Insolvenzgrundes.[209]

Daneben steht dem Verwaltungsrat ein umfassendes Einsichts- und Informationsrecht in die Bücher und sonstigen Akten sowie alle Vermögensgegenstände der SE zu.[210]   105

Soweit nicht im SEAG anders geregelt, sind dem Verwaltungsrat auch alle sonstigen Rechte und   106
Pflichten des Vorstands und des Aufsichtsrats einer deutschen Aktiengesellschaft zugewiesen.[211]
Dazu zählen insbesondere:

- Teilnahme an der Hauptversammlung;[212]
- Änderungen der Satzung, die nur ihre Fassung betreffen;[213]
- Zustimmung zur Übertragung vinkulierter Namensaktien;[214]
- dem Organ ggf. zugewiesene Entscheidungen im Zusammenhang mit der Ausgabe neuer Aktien aus genehmigtem Kapital;[215] und
- die Prüfung des Abhängigkeitsberichts.[216]

bb)   Vertretungsaufgaben

Dem Verwaltungsrat obliegt nicht die allgemeine Vertretung der SE gegenüber Dritten. Dies ist   107
Aufgabe der geschäftsführenden Direktoren. Sie vertreten die SE gerichtlich und außergerichtlich.[217] Der Verwaltungsrat als Ganzes vertritt jedoch die SE gegenüber den geschäftsführenden Direktoren.[218] Diese Aufgabenteilung ist § 112 AktG vergleichbar. Wenn ein Verwaltungsratsmitglied gleichzeitig geschäftsführender Direktor[219] und von dem Beschluss unmittelbar und persönlich betroffen ist, ist es mit seinem Stimmrecht von der Beschlussfassung im Verwaltungsrat ausgeschlossen.[220] Das Gesetz gewährt deshalb für diesen Fall bei Beschlussfassungen dem Vorsitzenden des Verwaltungsrats, bei dessen Verhinderung seinem Stellvertreter, eine zusätzliche Stimme.[221]

---

205 § 22 Abs. 3 SEAG.
206 § 22 Abs. 4 Satz 3 SEAG.
207 § 47 Abs. 3 SEAG.
208 § 22 Abs. 5 Satz 1 SEAG.
209 § 22 Abs. 5 Satz 2 SEAG i.V.m. § 92 Abs. 2 und 3 AktG. Vgl. aber *Schwarz*, SE-VO, Anh. Art. 43 Rn. 71, der das
    Außenhandeln den geschäftsführenden Direktoren zuweist.
210 § 22 Abs. 4 Satz 1 SEAG.
211 § 22 Abs. 6 SEAG.
212 § 118 Abs. 2 AktG i.V.m. § 22 Abs. 6 SEAG.
213 § 179 Abs. 1 Satz 2 AktG i.V.m. § 22 Abs. 6 SEAG.
214 § 68 Abs. 2 Satz 2 AktG i.V.m. § 22 Abs. 6 SEAG.
215 §§ 203 Abs. 2, 204 Abs. 1 Satz 1, 205 Abs. 2 Satz 1 AktG i.V.m. § 22 Abs. 6 SEAG.
216 § 314 Abs. 2 und 3 AktG i.V.m. § 22 Abs. 6 SEAG.
217 § 41 Abs. 1 SEAG.
218 § 41 Abs. 5 SEAG.
219 Dies ist grds. möglich, § 40 Abs. 1 Satz 2 SEAG.
220 Dies folgt aus entsprechender Anwendung des § 34 BGB oder den mitgliedschaftlichen Stimmverboten des
    Gesellschaftsrechts. Siehe auch *Schwarz*, SE-VO, Anh. Art. 43 Rn. 217.
221 *Reichert/Brandes*, in: MünchKomm AktG, Art. 43 SE-VO Rn. 199 ff., Art. 50 SE-VO Rn. 36 ff.

b)   Zahl und Zusammensetzung

108   Allgemein schreibt der deutsche Gesetzgeber vor, dass der Verwaltungsrat aus drei Mitgliedern besteht.[222] Die Satzung kann hiervon nach oben und nach unten abweichen. Anders als bei der Festlegung der Anzahl der Mitglieder des Aufsichtsorgans muss die Zahl nicht durch drei teilbar sein.

109   🛈 Praxishinweis:

Diese Regelung bietet die Möglichkeit, die Anzahl der Organmitglieder im Vergleich zur deutschen Aktiengesellschaft deutlich zu verringern.[223] Dies gilt grundsätzlich auch für die mitbestimmte SE.[224]

110   Der Verwaltungsrat hat jedoch aus mindestens drei Mitgliedern zu bestehen, wenn das Grundkapital der SE drei Mio. EUR übersteigt[225] oder der Verwaltungsrat mitbestimmt ist.[226] Die zulässige Höchstzahl der Mitglieder des Verwaltungsrats ist wie beim Aufsichtsrat im dualistischen System abhängig vom Grundkapital und auf maximal 21 Personen begrenzt. Im Einzelnen gelten für die Anzahl der Mitglieder des Verwaltungsrats folgende Höchstgrenzen:

- Grundkapital von bis zu 1,5 Mio. Euro   höchstens neun Mitglieder
- Grundkapital von mehr als 1,5 bis 10 Mio. Euro   höchstens 15 Mitglieder
- Grundkapital von mehr als 10 Mio. Euro   höchstens 21 Mitgliedern.[227]

111   🛈 Praxishinweis:

Wird die Zahl der Verwaltungsratsmitglieder auf weniger als drei festgelegt, bedeutet dies für die deutsche SE zwingend, dass die geschäftsführenden Direktoren nicht dem Verwaltungsrat angehören können. Denn nach § 40 Abs. 1 Satz 1 SEAG hat die Mehrheit der Verwaltungsratsmitglieder stets aus nicht geschäftsführenden Direktoren zu bestehen.

112   Bei der Zusammensetzung des Verwaltungsrates sind die Beteiligungsrechte der Arbeitnehmer nach dem SEBG zu wahren.[228] Ist streitig, wie sich der Verwaltungsrat zusammenzusetzen hat, so wird auf Antrag in einem gerichtlichen Statusverfahren über die jeweiligen maßgeblichen vertraglichen oder gesetzlichen Vorschriften für eine künftige Zusammensetzung entschieden.[229] Die bestehende Zusammensetzung des Verwaltungsrats ändert sich erst mit Abschluss des Statusverfahrens.[230]

113   Juristische Personen können nicht Mitglied des Verwaltungsrats einer deutschen SE sein.[231]

---

222 § 23 Abs. 1 SEAG.
223 § 95 AktG schreibt mindestens drei Aufsichtsratsmitglieder vor.
224 Sofern die Auffangregel des § 35 Abs. 2 Satz 2 SEBG gilt, müssen in der monistischen und paritätisch mitbestimmten SE insgesamt nur mindestens vier Verwaltungsratsmitglieder bestellt werden. Im Vergleich dazu müsste der Aufsichtsrat einer paritätisch mitbestimmten deutschen Aktiengesellschaft aus mindestens zwölf Mitgliedern bestehen; § 7 Abs. 1 Nr. 1 MitbestG.
225 § 23 Abs. 1 Satz 2 Halbs. 2 SEAG.
226 Art. 43 Abs. 2 Unterabs. 2 SE-VO.
227 Art. 43 Abs. 2 Unterabs. 1 Satz 2 SE-VO i.V.m. § 23 Abs. 1 Satz 2 und 3 SEAG.
228 § 24 Abs. 1 SEAG. Siehe hierzu unten § 3 Rn. 322 ff.
229 § 24 Abs. 2 SEAG.
230 §§ 25, 26 SEAG.
231 § 27 Abs. 3 SEAG. Einzelheiten oben § 3 Rn. 17.

c) Bestellung und Abberufung

aa) Bestellung

Die Verwaltungsratmitglieder werden grundsätzlich von der Hauptversammlung bestellt.[232] Das **114**
gewählte Verwaltungsratsmitglied muss die bereits beschriebenen persönlichen Voraussetzungen
des Art. 47 SE-VO erfüllen.[233] Die Mitglieder des ersten Verwaltungsrats können hiervon abweichend durch die Satzung bestimmt werden.[234] Stellvertreter von Verwaltungsratsmitgliedern können nicht bestellt werden, wohl aber können gleichzeitig mit Mitgliedern des Verwaltungsrats Ersatzmitglieder bestellt werden.[235] Diese rücken jeweils in den Verwaltungsrat auf, wenn das ursprüngliche Mitglied vor Ablauf seiner Amtszeit aus dem Verwaltungsrat ausscheidet.

Die Modalitäten für die Bestellung etwaiger Arbeitnehmervertreter richten sich nach dem jeweiligen Mitbestimmungsregime.[236] Für Entsenderechte gilt wie im dualistischen System § 101 Abs. 2 **115**
AktG.[237] Im Falle eines beschlussunfähigen oder unterbesetzten Verwaltungsrats ist auf Antrag
eine Ergänzung durch das zuständige Gericht möglich.[238]

bb) Abberufung

Die SE-VO selbst enthält keine Bestimmungen über die Abberufung von Verwaltungsratsmit- **116**
gliedern. Bei einer deutschen SE können Mitglieder des Verwaltungsrats, vorbehaltlich einer
abweichenden Satzungsregelung, grundsätzlich jederzeit von der Hauptversammlung mit einer
Dreiviertelmehrheit abberufen werden.[239] Entsandte Mitglieder können vom Entsendungsberechtigten abberufen werden.[240] Besonderheiten gelten für Arbeitnehmervertreter im Verwaltungsrat.[241] Auf Antrag des Verwaltungsrats oder eines ausreichenden Quorums von Aktionären können Verwaltungsratsmitglieder durch das Gericht abberufen werden, wenn ein wichtiger Grund
in der Person des Verwaltungsratsmitglieds dies rechtfertigt.[242]

Wie das AktG enthält das SEAG zu sonstigen Beendigungsgründen (Niederlegung, Tod, Wegfall **117**
der persönlichen Voraussetzungen) keine Regelungen. Es gelten daher dieselben Grundsätze wie
im dualistischen System für den Aufsichtsrat.[243]

d) Vergütung der Verwaltungsratsmitglieder

Für die Vergütung der Verwaltungsratsmitglieder gilt § 113 AktG entsprechend.[244] Danach ent- **118**
scheidet die Hauptversammlung über die Vergütung.[245] Für Einzelheiten kann auf die Vergü-

---

232 Art. 43 Abs. 3 Satz 1 SE-VO.
233 Siehe hierzu oben § 3 Rn. 11 ff., 13.
234 Art. 43 Abs. 3 Satz 2 SE-VO.
235 § 28 Abs. 3 SEAG. Zur Stellvertretung siehe oben § 3 Rn. 30 f.
236 Art. 43 Abs. 3 Satz 3 SE-VO i.V.m. § 24 SEAG. Siehe dazu § 3 Rn. 338 ff.
237 Art. 43 Abs. 3 Satz 3, 47 Abs. 4 SE-VO, § 28 Abs. 2 SEAG. Näheres siehe oben § 3 Rn. 77.
238 § 30 SEAG i.V.m. Art. 43 Abs. 3 Satz 3, Abs. 4, Art. 47 Abs. 4 SE-VO (in Anlehnung an den für den Aufsichtsrat
    geltenden § 104 AktG). Dazu näher *Hopt/Roth*, in: Großkommentar AktG, § 104 Rn. 132; *Reichert/Brandes*, in:
    MünchKomm AktG, Art. 43 SE-VO Rn. 43 ff.; *Schwarz*, SE-VO, Anh. Art. 43 Rn. 159 ff.
239 § 29 Abs. 1 SEAG.
240 § 29 Abs. 2 SEAG.
241 Siehe unten § 3 Rn. 344 ff.
242 § 29 Abs. 3 SEAG. Zu Einzelheiten vgl. oben § 3 Rn. 81 ff.
243 Zu Einzelheiten vgl. oben § 3 Rn. 85.
244 § 38 Abs. 1 SEAG.
245 A. A. *Oechsler*, NZG 2005, 449, 451; *Reichert/Brandes*, in: MünchKomm AktG, Art. 44 SE-VO Rn. 82, die zwischen
    geschäftsführenden und nicht geschäftsführenden Verwaltungsratsmitgliedern unterscheiden.

tungsgrundsätze für das Leitungsorgan (den Vorstand) im dualistischen System zurückgegriffen werden.[246] Es ist daher zum Beispiel zulässig, Verwaltungsratsmitgliedern Aktienoptionen zu gewähren.[247] Dies gilt uneingeschränkt auch für Verwaltungsratsmitglieder, die etwa als Mitglied eines Ausschusses (audit committee) besondere Überwachungsaufgaben wahrnehmen: Denn dies bedeutet nicht, dass die betreffende Person aus der Gesamtverantwortung für die Unternehmens(ober)leitung und die sonstigen Aufgaben des Verwaltungsrates entlassen wäre.

119 Während die Hauptversammlung Art und Höhe der Vergütung festlegt, ist es Aufgabe der geschäftsführenden Direktoren, diese Festlegungen in Verträgen konkret umzusetzen. Es ist zulässig, die Vergütung für einzelne Verwaltungsratsmitglieder, also auch zwischen Aktionärs- und Arbeitnehmervertretern, unterschiedlich festzusetzen.[248] Zwar stehen alle Verwaltungsratsmitglieder in einer Gesamtverantwortung. Sie übernehmen aber ganz unterschiedliche Aufgaben, die auch ganz unterschiedliche Qualifikationen und unterschiedlichen Arbeitseinsatz erfordern. Dies rechtfertigt es, die Vergütung unterschiedlich festzusetzen.

120 🛑 Praxishinweis:

Zur Vergütung von Verwaltungsratsmitgliedern hat sich bisher keine gesicherte Praxis herausgebildet. Vor der Entscheidung für eine gestimmte Vergütungsform und Vergütungshöhe sollten die aktuellen Entwicklungen zur Vergütung der Verwaltungsratsmitglieder der SE beachtet werden. Je nach Sachlage kann es dann sinnvoll sein, bei Vergütungsfragen von der hier vertretenen Auffassung abzuweichen.

121 Auf die Gewährung von Krediten an Verwaltungsratsmitglieder und den Abschluss von Verträgen (z.B. Beratungsverträgen) mit Ihnen sind die §§ 114 und 115 AktG entsprechend anwendbar.[249]

e) Binnenorganisation

122 Der deutsche Gesetzgeber hat bei der Ausgestaltung der Binnenorganisation in den §§ 34 bis 38 SEAG im Wesentlichen auf die bereits bestehenden Vorschriften des deutschen AktG zurückgegriffen.[250] Soweit der Verwaltungsrat nur mit einer Person besetzt ist, haben die Vorschriften über seine Binnenorganisation naturgemäß keinen Anwendungsbereich. Teilweise regelt das SEAG dies ausdrücklich,[251] teilweise ergibt es sich aus der Natur der Sache, wie z.B. bei den Regelungen zu Ausschüssen, zur Beschlussfassung und zur Einberufung des Verwaltungsrates.

123 Während die Leitungsaufgaben vom gesamten Verwaltungsrat wahrgenommen werden müssen,[252] gestattet die SE-VO eine Aufteilung oder Delegation der Geschäftsführungsaufgaben.[253] Für die Überwachung bleibt immer das Gesamtorgan verantwortlich, auch wenn besondere Ausschüsse (zum Beispiel ein *audit committee*) gebildet wurden. Denn dann muss das Gesamtorgan die Arbeit des Ausschusses überwachen.[254]

---

246 *Schwarz*, SE-VO, Art. 43 Rn. 118 ff.
247 A. A. *Oechsler*, NZG 2005, 449, 451; vgl. § 4 Rn. 53.
248 A. A. *Reichert/Brandes*, in: MünchKomm AktG, Art. 44 SE-VO Rn. 88.
249 § 38 Abs. 2 SEAG. Zu Einzelheiten dieser Regelungen vgl. zu § 114 AktG *v. Bünau*, Beratungsverträge mit Aufsichtsratsmitgliedern im Aktienkonzern, S. 5 ff., sowie *Hüffer*, AktG, § 114 Rn. 1 ff. und § 115 Rn. 1 ff.
250 BT-Drs. 15/3405, S. 38 ff.
251 § 34 Abs. 1 Satz 3 und Abs. 3 Satz 5 SEAG.
252 Art. 43 Abs. 1 SE-VO. *Schwarz*, SE-VO, Art. 43 Rn. 10.
253 Umkehrschluss aus Art. 48 Abs. 1 Unterabs. 1 SE-VO; *Schwarz*, SE-VO, Art. 43 Rn. 18.
254 *Schwarz*, SE-VO, Anh. Art. 43 Rn. 50.

Das Verwaltungsorgan muss aus seiner Mitte einen Vorsitzenden wählen.[255] Diese Person koordiniert das Verwaltungsorgan und repräsentiert es nach außen. Für den Fall ihrer/seiner Verhinderung muss nach näherer Bestimmung der Satzung vom Verwaltungsrat mindestens ein Stellvertreter gewählt werden.[256]

124

🛑 **Praxishinweis:**

125

Werden für ein Verwaltungsratsmitglied mehrere Stellvertreter gewählt, sollte die Reihenfolge der Stellvertreter in der Satzung festgelegt werden.

Eine Abwahl des Vorsitzenden oder seiner Stellvertreter ist jederzeit durch Neuwahl möglich.[257] Das Wahlverfahren richtet sich nach den allgemeinen Vorschriften zur Beschlussfassung.[258] Im paritätisch mitbestimmten Verwaltungsrat müssen der Vorsitzende und seine Stellvertreter Aktionärsvertreter sein,[259] weil der Stellvertreter nach § 34 Abs. 1 Satz 2 SEAG alle Rechte des Vorsitzenden einschließlich des ausschlaggebenden Stimmrechts hat.

126

🛑 **Praxishinweis:**

127

Im paritätisch mitbestimmten Verwaltungsrat kann es bei der Wahl des Vorsitzenden zu einer Pattsituation kommen. Da die Satzung eine von den allgemeinen Vorschriften zur Beschlussfassung abweichende Regelung treffen kann, sollte dort die entsprechende Anwendung des § 27 Abs. 2 MitbestG für die Wahl des Vorsitzenden festgeschrieben werden. Dadurch würde Folgendes vorgesehen: Wenn in einem ersten Wahlgang wegen einer Pattsituation kein Vorsitzender gewählt wird, findet ein zweiter Wahlgang mit getrennte Wahlen statt. In diesem würden die von den Aktionären bestellten Aufsichtsratsmitglieder den Vorsitzenden und die Arbeitnehmervertreter seinen Stellvertreter jeweils mit der Mehrheit der abgegebenen Stimmen wählen.

Besteht der Verwaltungsrat nur aus einer Person, so nimmt diese (zugleich) alle dem Vorsitzenden zugewiesenen Aufgaben wahr.[260]

128

Der Verwaltungsrat kann sich durch Beschluss eine Geschäftsordnung geben. Die Satzung kann Einzelfragen dieser Geschäftsordnung bindend vorgeben.[261] Die Satzung darf aber die Geschäftsordnung nicht im Detail vorschreiben.

129

Der Verwaltungsrat kann aus seiner Mitte einen oder mehrere Ausschüsse bilden, die frei gebildet werden können, namentlich um seine Verhandlungen und Beschlüsse vorzubereiten und die Ausführung seiner Beschlüsse zu überwachen.[262] Bei der Besetzung von Ausschüssen muss das Mitbestimmungsverhältnis nicht zwingend gewahrt werden.[263]

130

🛑 **Praxishinweis:**

131

Dies ermöglicht es, bestimmte Aufgaben, insbesondere betreffend die operative Geschäftsführung, der Mitbestimmung der Arbeitnehmer zu entziehen.[264] Zu beachten ist jedoch, dass Verwaltungsratsmitglieder das Recht haben, an Sitzungen von Ausschüssen teilzunehmen, denen sie nicht angehören.[265] Dieses grundsätzliche Recht kann vom Vorsitzenden des Verwaltungsrates nur im Einzelfall beschränkt werden.[266]

---

255 Art. 45 SE-VO.
256 § 34 Abs. 1 SEAG.
257 *Schwarz*, SE-VO, Art. 45 Rn. 11.
258 Art. 50 SE-VO. Zu Einzelheiten vgl. oben § 3 Rn. 28 ff.
259 Art. 45 Satz 2 SE-VO. *Schwarz*, SE-VO, Anh. Art. 43 Rn. 193.
260 § 34 Abs. 1 Satz 3 SEAG.
261 § 34 Abs. 2 SEAG.
262 § 34 Abs. 4 SEAG.
263 Zu den Grenzen vgl. *Reichert/Brandes*, in: MünchKomm AktG, Art. 44 SE-VO Rn. 56 ff.
264 Zu Einzelheiten vgl. *Reichert/Brandes*, in: MünchKomm AktG, Art. 44 SE-VO Rn. 58 ff.
265 § 36 Abs. 2 SEAG.
266 *Schwarz*, SE-VO, Anh. Art. 43 Rn. 229.

132 Nicht beschließende Ausschüsse können unbeschränkt gebildet werden.[267] Beschließende Ausschüsse, die Überwachungsaufgaben hinsichtlich der geschäftsführenden Direktoren wahrnehmen, müssen mehrheitlich mit nicht geschäftsführenden Mitgliedern besetzt werden.[268]

133 Bestimmte Aufgaben mit Leitcharakter dürfen nicht auf einen beschließenden Ausschuss übertragen werden.[269] Hierzu zählen insbesondere:

- Einberufung der Hauptversammlung;[270]
- Bestellung der geschäftsführenden Direktoren;[271]
- Wahl des Vorsitzenden[272] und seines Stellvertreters;[273]
- Leitung der Buchführung und Einrichtung eines Überwachungssystems gegen bestandsgefährdende Entwicklungen;[274]
- Prüfung und Feststellung des Jahresabschlusses;[275]
- Zustimmung zur Übertragung vinkulierter Namensaktien;[276]
- dem Organ ggf. zugewiesene Entscheidungen im Zusammenhang mit der Ausgabe neuer Aktien aus genehmigtem Kapital;[277] und
- Prüfung des Abhängigkeitsberichts.[278]

134 Dem Verwaltungsrat muss regelmäßig über die Arbeit der Ausschüsse berichtet werden.[279]

135 Das Verwaltungsorgan muss mindestens alle drei Monate zusammentreten,[280] wobei die Satzung auch höhere Sitzungsfrequenzen vorsehen kann. Darüber hinaus müssen außerordentliche Sitzungen stattfinden, wenn es das Wohl der Gesellschaft erfordert.

136 🛑 Praxishinweis:

Nach dem Wortlaut des Art. 44 Abs. 1 SE-VO muss die Sitzungsfrequenz des Verwaltungsrats zwingend in der Satzung geregelt werden.[281]

137 Die Sitzungen des Verwaltungsrats werden grundsätzlich vom Vorsitzenden einberufen. Jedes Verwaltungsratsmitglied kann verlangen, dass eine Sitzung einberufen wird.[282] Gegenstand der satzungsmäßigen Sitzungen sind der Gang der Geschäfte und die voraussichtliche Entwicklung.[283] Über die Sitzungen ist eine Sitzungsniederschrift (Protokoll) anzufertigen.[284] Die satzungsmäßig vorgesehenen Sitzungen können nicht auf einen Ausschuss übertragen werden.[285]

---

267 Umkehrschluss aus § 34 Abs. 4 Satz 2 SEAG.
268 § 40 Abs. 1 Satz 2 SEAG. *Schwarz*, SE-VO, Anh. Art. 43 Rn. 204.
269 § 34 Abs. 4 Satz 2 SEAG, der aber insoweit nicht abschließend ist.
270 § 22 Abs. 2 Satz 1 SEAG. Vgl. unten § 3 Rn. 192 ff.
271 § 40 Abs. 1 Satz 1 SEAG.
272 Art. 45 Satz 1 SE-VO.
273 § 34 Abs. 1 Satz 1 SEAG.
274 § 22 Abs. 3 SEAG.
275 § 47 Abs. 3 SEAG.
276 § 68 Abs. 2 Satz 2 AktG i.V.m. § 22 Abs. 6 SEAG.
277 §§ 203 Abs. 2, 204 Abs. 1 Satz 1, 205 Abs. 2 Satz 1 AktG i.V.m. § 22 Abs. 6 SEAG.
278 § 314 Abs. 2 und 3 AktG i.V.m. § 22 Abs. 6 SEAG.
279 § 34 Abs. 4 Satz 3 SEAG.
280 Art. 44 Abs. 1 SE-VO.
281 Es handelt sich nicht um eine Auffangregelung; vgl. *Schwarz*, SE-VO, Art. 44 Rn. 5; a.A. *Reichert/Brandes*, in: MünchKomm AktG, Art. 44 SE-VO Rn. 8.
282 § 37 SEAG.
283 vgl. Art. 41 Abs. 1 SE-VO.
284 § 34 Abs. 3 SEAG.
285 *Schwarz*, SE-VO, Art. 44 Rn. 16.

Nach der SE-VO hat jedes Mitglied des Verwaltungsorgans ein individuelles Informationsrecht.[286]   **138**
Es hat Zugang zu allen Informationen, die dem Verwaltungsorgan zur Verfügung stehen.

Personen, die nicht Mitglied des Verwaltungsrats sind, sollen grundsätzlich von der Teilnahme   **139**
an den Sitzungen des Verwaltungsrates ausgeschlossen bleiben.[287] Dies betrifft auch organfremde
geschäftsführende Direktoren.[288] Hat der Verwaltungsrat die Teilnahme von Nichtmitgliedern
zugelassen, ist ein während der Anwesenheit eines Nichtmitglieds gefasster Beschluss nicht unwirksam.[289] Unterstellt, dass die Vertretung eines Verwaltungsratsmitglieds grundsätzlich zulässig ist, und vorbehaltlich einer abweichenden Satzungsregelung dürfen organfremde Personen
an den Sitzungen des Verwaltungsrats teilnehmen, wenn ein Mitglied ihnen Vertretungsmacht
erteilt hat.[290] Die Satzung kann ausdrücklich zulassen, dass ein verhindertes Verwaltungsratsmitglied eine Person zur Teilnahme an einer Sitzung schriftlich ermächtigt.[291] Zudem können Dritte
die Stimme eines verhinderten Verwaltungsratsmitglieds übermitteln (sogenannte Stimmbotenschaft).

2.   Die geschäftsführenden Direktoren

a)   Stellung

Die geschäftsführenden Direktoren sind Organe der Gesellschaft. Neben dem Organverhältnis,   **140**
das durch die Bestellung entsteht, besteht regelmäßig ein Anstellungsverhältnis mit der Gesellschaft.

In der deutschen SE können Stellvertreter für geschäftsführende Direktoren bestellt werden. Für   **141**
sie gelten die Vorschriften über geschäftsführende Direktoren gleichermaßen.[292] Tatsächlich sind
diese Stellvertreter ordentliche geschäftsführende Direktoren, deren Geschäftsführungsbefug-
nisse (im Innenverhältnis) durch eine Geschäftsordnung eingeschränkt werden können.[293]

b)   Geschäftsführung

Der oder die geschäftsführenden Direktoren führen die Geschäfte der Gesellschaft.[294] Dies betrifft   **142**
jedoch nur die laufende Verwaltung der Gesellschaft.[295] Überdies enthält die SEAG Vorschriften
über einzelne Geschäfte, die ausdrücklich den geschäftsführenden Direktoren zugewiesen werden. Darunter fallen:

- die Anmeldung zum Handelsregister,[296]

---

286 Art. 44 Abs. 2 SE-VO.
287 § 36 Abs. 1 SEAG.
288 *Schwarz*, SE-VO, Anh. Art. 43 Rn. 226.
289 *Schwarz*, SE-VO, Anh. Art. 43 Rn. 228.
290 Vgl. oben § 3 Rn. 31 f.
291 § 36 Abs. 3 SEAG.
292 § 40 Abs. 9 SEAG.
293 § 40 Abs. 4 Satz 1 SEAG.
294 § 40 Abs. 2 Satz 1 SEAG.
295 *Frodermann*, in: Jannott/Frodermann, Handbuch der Europäischen Aktiengesellschaft, 5. Kapitel Rn. 139, 165, 227 ff.;
    Kallmeyer, ZIP 2003, 1531, 1532. Einzelheiten vgl. oben § 3 Rn. 99 ff.
296 § 40 Abs. 2 Satz 4 SEAG, ausgenommen bei der Gründung, § 21 Abs. 1 SEAG.

- die Aufstellung von Jahresabschluß und Lagebericht[297] und

- die Erstellung des konzernrechtlichen Abhängigkeitsberichts.[298]

143 Gesetzlich dem Verwaltungsrat zugewiesene Aufgaben können nicht auf die geschäftsführenden Direktoren übertragen werden.[299]

144 Die geschäftsführenden Direktoren trifft eine allgemeine Berichtspflicht gegenüber dem Verwaltungsrat entsprechend § 90 AktG[300] und eine spezielle Berichtspflicht bei Überschuldung oder Zahlungsunfähigkeit.[301] Neben diesen aktiven Berichtspflichten kann der Verwaltungsrat aufgrund seines Weisungsrechts jederzeit alle Information von den geschäftsführenden Direktoren verlangen. Er kann auch die aktiven Informationspflichten der geschäftsführenden Direktoren einschränken oder ganz aussetzen.[302]

c) Vertretung

145 Die geschäftsführenden Direktoren vertreten die SE gerichtlich und außergerichtlich.[303] Zwar sind die geschäftsführenden Direktoren im Innenverhältnis an die Weisungen des Verwaltungsrats gebunden,[304] jedoch kann ihre Vertretungsmacht im Außenverhältnis nicht beschränkt werden.[305]

146 Für die Aktivvertretung gilt grundsätzlich die Gesamtvertretung durch alle geschäftsführenden Direktoren und für die Passivvertretung (also die Entgegennahme von Erklärungen) die Einzelvertretungsmacht.[306] In der Satzung kann bestimmten geschäftsführenden Direktoren Einzelvertretungsmacht erteilt werden.[307] Ebenso kann die unechte Gesamtvertretung (ein geschäftsführender Direktor vertritt jeweils zusammen mit einem Prokuristen) vorgesehen werden.

147 🛈 Praxishinweis:

Gesamtvertretung bedeutet, dass alle geschäftsführenden Direktoren nur gemeinsam vertreten können. Um die Aktivvertretung der Gesellschaft nicht unnötig zu erschweren, sollte die Satzung zumindest die gemeinschaftliche Vertretung durch zwei oder mehrere aber nicht alle geschäftsführenden Direktoren vorsehen.

148 Einzelne geschäftsführende Direktoren können zur Vornahme bestimmter Geschäfte oder bestimmter Arten von Geschäften ermächtigt werden.[308] Dies muss durch die zur Vertretung der Gesellschaft erforderliche Anzahl weiterer geschäftsführender Direktoren geschehen. Dies gilt entsprechend für die unechte Gesamtvertretung.

149 Die geschäftsführenden Direktoren sollen mit der Firma und dem Zusatz „Geschäftsführender Direktor" zeichnen.[309] Wird dies nicht beachtet, ist die Vertretung nicht unwirksam, solange nur

---

297 § 47 Abs. 1 Satz 1 SEAG.
298 § 49 Abs. 1 SEAG.
299 § 40 Abs. 2 Satz 3 SEAG. Vgl. oben § 3 Rn. 99.
300 § 40 Abs. 6 SEAG.
301 § 40 Abs. 3 SEAG.
302 *Schwarz,* SE-VO, Anh. Art. 43 Rn. 281; a.A. *Merkt,* ZGR 2003, 650, 669.
303 § 41 Abs. 1 SEAG.
304 44 Abs. 2 SEAG.
305 § 44 Abs. 1 SEAG; *Hirte,* DStR 2005, 700, 702; *Frodermann,* in: Jannott/Frodermann, Handbuch der Europäischen Aktiengesellschaft, 5. Kapitel Rn. 232; *Reichert/Brandes,* in: MünchKomm AktG, Art. 43 SE-VO Rn. 193; *Schwarz,* SE-VO, Anh. Art. 43 Rn. 305.
306 § 41 Abs. 2 SEAG.
307 § 41 Abs. 3 Satz 1 SEAG.
308 § 41 Abs. 4 SEAG.
309 § 42 SEAG.

erkennbar bleibt, dass im Namen der Gesellschaft gehandelt wird. Für die Gestaltung von Geschäftsbriefen gilt § 43 SEAG. Danach müssen ähnlich wie für die monistische SE nach § 80 AktG unter anderem auf allen Geschäftsbriefen, die an einen bestimmten Empfänger gerichtet werden, angegeben werden:

- die Rechtsform,

- der Sitz der Gesellschaft,

- das Registergericht des Sitzes der Gesellschaft,

- die Nummer, unter der die Gesellschaft in das Handelsregister eingetragen ist,

- alle geschäftsführenden Direktoren und

- der Vorsitzende des Verwaltungsrats mit dem Familiennamen und mindestens einem ausgeschriebenen Vornamen.

d)   Anzahl und Zusammensetzung

Grundsätzlich muss mindestens ein geschäftsführender Direktor, in der mitbestimmten SE müssen mindestens zwei (davon ein Arbeitsdirektor) geschäftsführende Direktoren bestellt werden.[310] Die Satzung kann die Anzahl festlegen. Fehlt eine solche Satzungsregelung entscheidet der Verwaltungsrat über die Zahl der geschäftsführenden Direktoren durch Beschluss.[311]

150

Als geschäftsführende Direktoren können sowohl Verwaltungsratsmitglieder als auch Dritte bestellt werden.[312] Allerdings dürfen nur weniger als die Hälfte der Verwaltungsratsmitglieder zu geschäftsführenden Direktoren berufen werden.[313]

151

🛑 Praxishinweis:

152

Es ist zulässig, Arbeitnehmervertreter im Verwaltungsrat zu geschäftsführenden Direktoren zu bestellen.[314] Erwägenswert ist dies jedoch nur, wenn deren Eignung zweifelsfrei feststeht. Die Kräfteverhältnisse im Verwaltungsrat nach dem jeweiligen Mitbestimmungsregime müssen nicht zwingend beachtet werden. Dies kommt in § 35 Abs. 3 SEAG zum Ausdruck, da dort das Stimmrecht eines verhinderten geschäftsführenden Direktors und Verwaltungsratsmitglieds dem nach Art. 45 Satz 2 SE-VO von der Anteilseignerseite gestellten Verwaltungsratsvorsitzenden zugewiesen wird.

e)   Persönliche Voraussetzungen

Zum geschäftsführenden Direktor kann nur bestellt werden, wer die persönliche Voraussetzung für Vorstandsmitglieder einer deutschen Aktiengesellschaft erfüllt.[315]

153

f)   Bestellung und Abberufung

Der Verwaltungsrat bestellt die geschäftsführenden Direktoren.[316]

154

---

310 § 40 Abs. 1 Satz 1 und 6 i.V.m. § 38 Abs. 2 SEBG.
311 *Schwarz*, SE-VO, Anh. Art. 43 Rn. 272.
312 § 40 Abs. 1 Satz 2 und 4 SEAG.
313 § 40 Abs. 1 Satz 2 a.E. SEAG.
314 Tendenziell anders Schwarz, SE-VO, Anh. Art. 43 Rn. 269.
315 Dies folgt für solche Personen, die nicht zugleich Mitglied des Verwaltungsrats sind, aus § 40 SEAG i.V.m. § 76 Abs. 3 AktG, und für Verwaltungsratsmitglieder aus Art. 47 Abs. 2 lit. a SE-VO, der ebenfalls auf § 76 Abs. 3 AktG verweist.
316 § 40 Abs. 1 Satz 1 SEAG.

3

155 ❗ **Praxishinweis:**

Die Satzung kann Einzelheiten der Bestellung regeln.[317] Sie kann zum Beispiel bestimmen, ob und wie viele geschäftsführende Direktoren bestellt werden können, die nicht dem Verwaltungsrat angehören, sofern sichergestellt ist, dass die Mehrheit des Verwaltungsrates weiterhin aus nicht geschäftsführenden Mitgliedern besteht.[318]

156 Geschäftsführende Direktoren können jederzeit ohne Begründung vom Verwaltungsrat mit sofortiger Wirkung abberufen werden.[319] Sie sind also von diesem auch persönlich abhängig und haben damit eine wesentlich schwächere Stellung als das Leitungsorgan im dualistischen System und der Vorstand einer deutschen Aktiengesellschaft. Sie können auch ohne wichtigen Grund abberufen werden.[320] Dies ist die Folge der Weisungsgebundenheit der geschäftsführenden Direktoren im monistischen System. Die Abberufung betrifft allerdings nur die Stellung als geschäftsführender Direktor. Eine ggf. zugleich bestehende Mitgliedschaft im Verwaltungsrat bleibt davon unberührt. Denn diesbezüglich gelten die Regeln über die Abberufung der Verwaltungsratmitglieder.[321] Außerdem bleibt ein Anstellungsvertrag von der Abberufung grundsätzlich unberührt.

g) Binnenorganisation

157 Die geschäftsführenden Direktoren können sich eine Geschäftsordnung geben.[322] Zuständig ist das Gremium selbst, wenn nicht die Satzung den Erlass einer Geschäftsordnung dem Verwaltungsrat übertragen hat oder der Verwaltungsrat von sich aus eine Geschäftsordnung erlässt. Die Satzung der SE kann Einzelfragen der Geschäftsordnung bindend vorgeben.[323] Soweit die geschäftsführenden Direktoren selbst über ihre Geschäftsordnung beschließen, muss dies durch einstimmigen Beschluss erfolgen.[324]

158 Soweit mehrere geschäftsführende Direktoren bestellt sind, führen sie die Geschäfte gemeinschaftlich, wobei die Satzung oder die Geschäftsordnung Abweichendes regeln können.[325] Für Beschlüsse der geschäftsführenden Direktoren gelten die allgemeinen Regeln für Beschlüsse nach der SE-VO.[326] Damit gilt grundsätzlich Gesamtgeschäftsführung mit Mehrheitsprinzip. Ohne Satzungs- oder Geschäftsordnungsvorgaben besteht die Möglichkeit zu einer internen Geschäftsverteilung.[327]

159 Die Bestellung bzw. Wahl eines leitenden oder vorsitzenden geschäftsführenden Direktors wird von der SE-VO nicht untersagt.[328] Er muss, anderes als bei der deutschen AG und vorbehaltlich einer Satzungs- oder Geschäftsordnungsregelung, nicht vom Verwaltungsrat bestellt werden, sondern kann auch von den geschäftsführenden Direktoren gewählt werden. Vergleichbar dem Vorstandssprecher kommen ihm keine besonderen Rechte zu; er leitet die Sitzungen der geschäftsführenden Direktoren und tritt für sie gegenüber anderen Organen auf.

---

317 § 40 Abs. 5 Satz 1 SEAG; Schwarz, SE-VO, Anh. Art. 40 Rn. 273.
318 § 40 Abs. 1 Satz 2 Halbs. 2 SEAG.
319 § 40 Abs. 5 Satz 1 SEAG.
320 *Hirte*, DStR 2005, 700, 702; *Kallmeyer* ZIP 2003, 1531, 1533.
321 *Hirte*, DStR 2005, 700, 702; *Ihrig/ Wagner*, BB 2004, 1749, 1758.
322 § 40 Abs. 4 SEAG.
323 § 40 Abs. 4 Satz 2 SEAG.
324 § 40 Abs. 4 Satz 3 SEAG.
325 § 40 Abs. 2 Satz 2 SEAG.
326 Art. 50 SE-VO. Vgl. oben § 3 Rn. 28 ff.
327 *Schwarz*, SE-VO, Anh. Art. 43 Rn. 277.
328 *Schwarz*, SE-VO, Art. 43 Rn. 67.

B. Hauptversammlung

Die Hauptversammlung ist das oberste Organ der SE und im Wesentlichen der Ort, an dem die Aktionäre ihre Gesellschafterrechte, insbesondere die Bestellung des Aufsichtsrats der dualistisch strukturierten SE bzw. die Bestellung der Verwaltungsratsmitglieder der monistischen SE, ausüben. Die in den Kompetenzbereich der Hauptversammlung fallenden Entscheidungsbefugnisse sind begrenzt und können nur eingeschränkt durch die Satzung erweitert werden. Jedoch fallen Entscheidungen von grundlegender Bedeutung, beispielsweise Beschlüsse über Kapitalmaßnahmen, die Sitzverlegung, sonstige Satzungsänderungen, Verschmelzungen oder andere umwandlungsrechtliche Maßnahmen in die Kompetenz der Hauptversammlung.

160

🛑 **Praxishinweis:**

161

Die Funktionsweise und Kompetenzen der Hauptversammlung der SE entsprechen im Wesentlichen denjenigen der Hauptversammlung der deutschen Aktiengesellschaft.

I. Rechtsgrundlagen

Die SE-VO regelt das Recht der Hauptversammlung nur lückenhaft, so dass den nationalen Vorschriften weiterhin eine große Bedeutung zukommt. Enthalten die Art. 52 bis 60 SE-VO keine Regelung, gilt nationales Recht über die Generalverweisung des Art. 9 Abs. 1 lit. c SE-VO. Die Generalverweisung greift jedoch nur, wenn der entsprechende Regelungskomplex nicht bereits abschließend in der SE-VO geregelt ist.[329]

162

🛑 **Praxishinweis:**

163

Für die Praxis bedeutet dies, dass bei Anwendung der nationalen Vorschriften, insbesondere des Aktiengesetzes, stets zunächst zu prüfen ist, ob eine Spezialverweisung vorliegt. Sollte dies nicht der Fall sein, ist vor einem Rückgriff auf die Generalverweisung des Art. 9 Abs. 1 lit. c SE-VO und der Anwendung des nationalen Rechts zu prüfen, ob der entsprechende Regelungskomplex bereits abschließend in der SE-VO geregelt ist.

1. Regelungsermächtigungen

Die Regelungsermächtigungen der SE-VO erlauben den Mitgliedstaaten, bestimmte Regelungen vorzusehen oder in bestimmten Punkten von den Vorgaben der SE-VO abzuweichen. So sieht zum Beispiel Art. 55 Abs. 1 SE-VO vor, dass die Einberufung der Hauptversammlung und die Aufstellung ihrer Tagesordnung von einem oder mehreren Aktionären beantragt werden kann, sofern ihr Anteil am gezeichneten Kapital mindestens 10 % beträgt, wobei die Satzung oder einzelstaatliche Rechtsvorschriften unter denselben Voraussetzungen, wie sie für Aktiengesellschaften gelten, einen niedrigeren Prozentsatz vorsehen können. In Ausübung dieses Gestaltungsspielraums sieht § 50 Abs. 1 SEAG vor, dass bereits Aktionäre, die mit 5 % am Grundkapital beteiligt sind, die Einberufung einer Hauptversammlung verlangen können. Gleiches gilt gemäß Art. 56 SE-VO in Verbindung mit § 50 Abs. 2 SEAG für die Ergänzung der Tagesordnung. Art. 59 Abs. 2 SE-VO ermächtigt die Mitgliedstaaten zu bestimmen, dass die einfache Mehrheit der Stimmen für die Änderung der Satzung ausreichend ist, sofern mindestens die Hälfte des gezeichneten Kapitals vertreten ist.

164

---

329 *Schäfer*, in: MünchKomm AktG, Art. 9 SE-VO Rn. 13.

2.   Subsidiaritätsvorschriften zu Gunsten des nationalen Rechts

165   Die SE-VO räumt abweichend von der in Art. 9 SE-VO vorgesehenen Normenhierarchie in einzelnen Bereichen der SE-VO widersprechenden nationalen Vorschriften Vorrang ein.[330] Im Zusammenhang mit der Hauptversammlung sind dies insbesondere die Art. 54 Abs. 1, 57 und 59 Abs. 1 SE-VO. So sieht zum Beispiel Art. 54 Abs. 1 SE-VO vor, dass die Hauptversammlung mindestens einmal im Kalenderjahr binnen sechs Monaten nach Abschluss des Geschäftsjahres zusammentritt, sofern die im Sitzstaat der SE maßgebliche Rechtsvorschriften für Aktiengesellschaften, die dieselbe Art von Aktivitäten wie die SE betreiben, nicht häufigere Versammlungen vorsehen.[331] Art. 57 SE-VO bestimmt, dass Beschlüsse der Hauptversammlung der SE mit der einfachen Mehrheit der abgegebenen Stimmen gefasst werden, sofern die SE-VO oder gegebenenfalls das im Sitzstaat der SE für Aktiengesellschaften maßgebliche zwingende Recht nicht eine größere Mehrheit vorschreibt.[332] Auf Grund der Subsidiaritätsvorschriften in Art. 59 Abs. 1 SE-VO gelten die im deutschen Aktiengesetz vorgesehenen Bestimmungen, wonach für Beschlüsse über die Änderung der Satzung eine größere Mehrheit als zwei Drittel der abgegebenen Stimmen erforderlich ist auch für die SE mit Sitz in Deutschland.[333]

3.   Spezialverweisungen

166   Neben der Generalverweisung des Art. 9 Abs. 1 lit. c SE-VO enthalten die Art. 52 bis 60 SE-VO eine Reihe ausdrücklicher Spezialverweisungen auf bestimmte Regelungsbereiche der nationalen Vorschriften. So bestimmt Art. 53 SE-VO pauschal, dass für die Organisation und den Ablauf der Hauptversammlung sowie für die Abstimmungsverfahren unbeschadet der Bestimmungen des Abschnitts „Hauptversammlung" in der SE-VO die im Sitzstaat der SE für Aktiengesellschaften maßgeblichen Rechtsvorschriften gelten. Art. 54 Abs. 2 SE-VO sieht vor, dass die Hauptversammlung jederzeit vom Leitungs-, Aufsichts- oder Verwaltungsorgan oder von jedem anderen Organ oder jeder zuständigen Behörde nach den für Aktiengesellschaften im Sitzstaat der SE maßgeblichen einzelstaatlichen Rechtsvorschriften einberufen werden kann. Art. 56 SE-VO bestimmt, dass die Verfahren und Fristen für Anträge zur Ergänzung der Tagesordnung nach dem einzelstaatlichen Recht des Sitzstaats der SE, oder, sofern solche Vorschriften nicht vorhanden sind, nach der Satzung der SE bestimmt werden.[334]

II.   Zuständigkeit

167   Die Zuständigkeit der Hauptversammlung ergibt sich gemäß Art. 52 SE-VO durch die SE-VO selbst, durch die in Anwendung der Richtlinie 2001/86/EG erlassenen Rechtsvorschriften des Sitzstaats der SE, also in Deutschland nach dem SEBG, dem sonstigen im Sitzstaat der SE geltenden nationalen Recht und, soweit entweder in der SE-VO oder den entsprechenden nationalen Vorschriften zugelassen, aus der Satzung. Soweit die in Art. 52 Satz 2 SE-VO enthaltene Spezial-

---

330 *Baatz/Weydner*, in: Jannott/Frodermann, Handbuch der Europäischen Aktiengesellschaft, 6. Kapitel Rn. 8.
331 Dies ist allerdings im deutschen Aktienrecht nicht vorgesehen.
332 Siehe unten § 3 Rn. 227 ff.
333 Siehe hierzu und zu Regelungsmöglichkeiten der Satzung unten § 3 Rn. 229 und § 3 Rn. 255.
334 Siehe hierzu § 50 SEAG.

verweisung in das Recht der einzelnen Mitgliedsstaaten zu einem Konflikt mit den Bestimmungen der SE-VO führt, muss entsprechend der Normenhierarchie das in dem jeweiligen Einzelfall kollidierende Gemeinschaftsrecht vorgehen.[335] Aus dieser zwingenden Einschränkung der Verweisung in das nationale Recht können sich im Einzelfall erhebliche Abgrenzungsschwierigkeiten ergeben. Umstritten ist auch, ob und inwieweit die nach deutscher Rechtsprechung „ungeschriebenen" Hauptversammlungszuständigkeiten über die Verweisung in das nationale Recht auch für die SE mit Sitz in Deutschland gelten (z.B. „Holzmüller"[336], „Gelatine"[337]).[338] Um einer Rechtsvereinheitlichung in der Europäischen Union möglichst nahe zu kommen, sollten die gemeinschaftsrechtlich gezogenen Grenzen soweit wie möglich nicht durch nationale Sonderregelungen verwischt werden, so dass es begrüßenswert wäre, wenn derartige ungeschriebene Zuständigkeiten nicht anzuwenden wären.[339]

🛇 Praxishinweis: 168

Da damit zu rechnen ist, dass insbesondere im Hinblick auf eine ungeschriebene Zuständigkeit der Hauptversammlung aufgrund des „Holzmüller"- und des „Gelatine"-Urteils unterschiedliche Ansichten vertreten werden, bis hierzu sowohl auf nationaler wie auch auf europäischer Ebene entsprechende Gerichtsentscheidungen vorliegen, empfiehlt es sich, bei einer SE mit Sitz in Deutschland stets auch Hauptversammlungsbeschlüsse aufgrund der ungeschriebenen Zuständigkeiten zu fassen.

Die wesentlichen Zuständigkeiten der Hauptversammlung ergeben sich im Einzelnen wie folgt: 169

1.   Zuständigkeiten nach der SE-VO

Die in der SE-VO ausdrücklich geregelten Zuständigkeiten der Hauptversammlung umfassen folgende Bereiche: 170

a)   Gründung

Wie im Detail näher in § 2 beschrieben, beschließt die Hauptversammlung über den jeweiligen Gründungsakt der SE und stellt deren Satzung fest, soweit hierzu nicht die Gesellschafterversammlungen der an der Gründung beteiligten Rechtsträger berufen sind.   171

b)   Wahl der Mitglieder des Aufsichtsorgans

Die Hauptversammlung bestellt in der dualistischen SE die Mitglieder des Aufsichtsorgans (Art. 40 Abs. 2 Satz 1 SE-VO), soweit nicht etwaige Wahl- oder Entsendungsrechte der Arbeitnehmer aufgrund einer nach Maßgabe der Richtlinie 2001/86/EG geschlossenen Vereinbarung, oder Entsendungsrechte einzelner Aktionäre bestehen (Art. 40 Abs. 2 Satz 3 SE-VO).   172

---

335 *Kubis*, in: MünchKomm AktG, Art. 52 SE-VO Rn. 10.
336 BGHZ 83, 122 (Holzmüller).
337 BGHZ 150, 31 (Gelatine).
338 *Brandt*, Die Hauptversammlung der Europäischen Aktiengesellschaft (SE), S. 123 ff.
339 *Kubis*, in: MünchKomm AktG, Art. 52 SE-VO Rn. 22.

c) Wahl der Mitglieder des Verwaltungsorgans

173 Bei der monistischen SE wählt die Hauptversammlung, mit Ausnahme der von den Arbeitneh-mervertretern zu bestimmenden und der von einzelnen Aktionären aufgrund eines Entsendungs-rechts zu entsendenden Mitglieder, sämtliche Mitglieder des Verwaltungsorgans (Art. 43 Abs. 3 Satz 1 SE-VO).

174 🛈 Praxishinweis:

Betrachtet man das Verwaltungsorgan der monistischen SE als eine Kombination von Vorstand und Aufsichtsrat, ergibt sich hier ein deutlicher Unterschied zu der deutschen Aktiengesellschaft, bei der der Vorstand vom Aufsichtsrat und gerade nicht von der Hauptversammlung gewählt wird. Dies eröffnet insbesondere bei der Gestaltung von Gemeinschaftsunternehmen oder Familienunternehmen mit mehreren Familienstämmen neue Gestaltungsmöglichkeiten, so dass die monistische SE je nach den Bedürfnissen des konkreten Einzelfalls deutliche Vorteile gegenüber der dualistischen SE oder einer (stets dualisti-schen) deutschen Aktiengesellschaft bieten kann.

d) Satzungsänderungen

175 Gemäß Art. 59 Abs. 1 SE-VO beschließt die Hauptversammlung über Satzungsänderungen. Als einzige Ausnahme hierzu sieht Art. 12 Abs. 4 SE-VO vor, dass die Mitgliedstaaten bestimmen können, dass das Leitungs- oder Verwaltungsorgan der SE befugt ist, Satzungsänderungen ohne weiteren Beschluss der Hauptversammlung vorzunehmen, die erforderlich sind, falls eine Satzung im Widerspruch zu einer gemäß der Richtlinie 2001/86/EG geschlossenen Vereinbarung über die Beteiligung der Arbeitnehmer steht.[340] Probleme bereitet in diesem Zusammenhang § 179 Abs. 1 Satz 2 AktG, da nicht klar ist, ob die dort geregelte Kompetenz des Aufsichtsrates, aufgrund einer Ermächtigung der Hauptversammlung über redaktionelle Satzungsänderungen zu beschließen, in Einklang mit der SE-VO steht. Insoweit ließe sich argumentieren, dass die Kompetenz zur Sat-zungsänderung durch Art. 59 Abs. 1 SE-VO abschließend der Hauptversammlung der SE zuge-wiesen wurde. Für eine derartige Lesart sind jedoch keine zwingenden Gründe ersichtlich, so dass die Kompetenz des Aufsichtsrats für redaktionelle Änderungen gemäß § 179 Abs. 1 Satz 2 AktG auch in der SE sinnvoll erscheint.[341]

e) Kapitalmaßnahmen

176 Art. 5 SE-VO sieht vor, dass für das Kapital der SE, dessen Erhaltung und dessen Änderung sowie die Aktien, die Schuldverschreibungen und sonstige vergleichbare Wertpapiere der SE, die nati-onalen aktienrechtlichen Vorschriften gelten. Demnach ist die Hauptversammlung einer SE mit Sitz in Deutschland gemäß § 119 Abs. 1 Nr. 6 AktG für alle Entscheidungen über die Kapitalbe-schaffung und die Kapitalherabsetzung zuständig. Die Hauptversammlung kann dabei auch ein genehmigtes oder bedingtes Kapital schaffen und dem Leitungsorgan die Kompetenz über die Ausnutzung entsprechender Ermächtigungen einräumen.[342]

---

340 Der deutsche Gesetzgeber hat von dieser Befugnis keinen Gebrauch gemacht.
341 *Kubis*, in: MünchKomm AktG, Art. 52 SE-VO Rn. 13.
342 Vgl. § 4 Rn. 45 ff.

f)   Sonstige Zuständigkeiten nach der SE-VO

Die SE-VO sieht an weiteren Stellen im Zusammenhang mit bestimmten Maßnahmen eine Zuständigkeit der Hauptversammlung vor. So entscheidet die Hauptversammlung beispielsweise über die Sitzverlegung (Art. 8 Abs. 4 und 6 SE-VO), die Auflösung (Art. 63 SE-VO) und die Umwandlung in eine Aktiengesellschaft (Art. 66 Abs. 4 bis 6 SE-VO).   177

2.   Zuständigkeiten auf Grund nationaler Vorschriften

Über die Spezialverweisung des Art. 52 Abs. 2 Satz 2 SE-VO ist die Hauptversammlung einer SE für die der Hauptversammlung einer Aktiengesellschaft nach dem nationalen Recht zugewiesenen Gegenstände zuständig. Dies gilt allerdings nur insoweit, als die SE-VO den entsprechenden Bereich nicht selbst abschließend regelt oder hierzu im Widerspruch steht.[343] Dabei ist es jedoch möglich, dass sich die eigentliche Befugnis nach der SE-VO bestimmt, während sich die Anschlussbefugnis aus den nationalen Vorschriften ergibt.   178

Die Hauptversammlung einer SE mit Sitz in Deutschland ist aufgrund des Aktiengesetzes insbesondere für folgende Bereiche zuständig: 179

a)   Bestellung der Abschlussprüfer und Verwendung des Bilanzgewinns

Als gegenüber Art. 52 Abs. 2 Satz 2 SE-VO speziellere Verweisung sieht Art. 61 SE-VO vor, dass die SE hinsichtlich der Aufstellung ihres Jahresabschlusses dem nationalen Recht ihres Sitzstaates unterliegt. Damit entscheidet die Hauptversammlung über die Bestellung des Abschlussprüfers (§ 119 Abs. 1 Nr. 4 AktG) und die Verwendung des Bilanzgewinns (§ 119 Abs. 1 Nr. 2 AktG). Von den aktienrechtlichen Vorschriften der §§ 170 f. (Prüfung des Jahresabschlusses durch den Aufsichtsrat) und 172 ff. AktG (Feststellung des Jahresabschlusses) abweichende Regelungen für eine monistisch strukturierte SE enthalten §§ 47, 48 SEAG.   180

b)   Entlastung von Mitgliedern des Leitungs-, Aufsichts- und Verwaltungsorgans

Die Hauptversammlung entscheidet gemäß Art. 52 Abs. 2 Satz 2 SE-VO in Verbindung mit § 119 Abs. 1 Nr. 3 AktG über die Entlastung der Mitglieder des Leitungs- und Aufsichtsorgans. Sinngemäß wird man aus dieser Zuständigkeitszuordnung schließen können, dass die Hauptversammlung im Fall einer monistisch strukturierten SE auch über die Entlastung der Mitglieder des Verwaltungsorgans beschließt. Da die SE-VO zu diesem Thema schweigt, spricht nichts dafür, dass dies im Widerspruch zu der SE-VO stehen könnte. Allerdings ist insoweit anzumerken, dass in der SE-VO zu dem Thema der Entlastung der Organmitglieder jegliche Regelung fehlt. Es sind jedoch keine Gründe ersichtlich, die gegen eine Kompetenzbegründung für die Hauptversammlung sprechen.[344]   181

---

343 Siehe § 3 Rn. 162.
344 *Kubis*, in: MünchKomm AktG, Art. 52 SE-VO Rn. 19.

182   🛇 Praxishinweis:

Um eine mögliche (wenn auch fernliegende) Unsicherheit über die Wirksamkeit von Beschlüssen zu vermeiden, sollte der Beschluss über die Entlastung der Mitglieder des Leitungs-, Aufsichts- und Verwaltungsorgans als getrennter Beschlussgegenstand ausgewiesen werden, um insbesondere nicht die Wirksamkeit der Feststellung des Jahresabschlusses und der Verwendung des Bilanzgewinns zu gefährden.

c)   Kapitalmaßnahmen

183   Für die Zuständigkeit für Kapitalmaßnahmen bestimmt die SE-VO in Art. 5, dass die nationalen Vorschriften des Sitzstaates für die SE gelten. Für die SE mit Sitz in Deutschland bedeutet dies, dass gemäß § 119 Abs. 1 Nr. 6 AktG die Hauptversammlung für Maßnahmen der Kapitalbeschaffung und Kapitalherabsetzung zuständig ist. Dies umfasst neben der tatsächlichen Kapitalerhöhung oder Kapitalherabsetzung auch die Kapitalerhöhung aus Gesellschaftsmitteln nach §§ 207 ff. AktG, die Begebung von Wandel- und Gewinnschuldverschreibungen nach § 221 Abs. 1 AktG und die Schaffung von bedingtem Kapital und genehmigtem Kapital nach §§ 192 ff., 202 ff. AktG.

d)   Umwandlungsrechtliche Maßnahmen

184   Auch ohne ausdrücklichen Hinweis in der SE-VO dürfte es unbestritten sein, dass die Hauptversammlung für die im Umwandlungsgesetz vorgesehenen Maßnahmen zuständig ist, soweit die SE an solchen Maßnahmen beteiligt sein kann.[345]

e)   Geschäftsführungsmaßnahmen

185   Die Hauptversammlung der deutschen Aktiengesellschaft entscheidet gemäß § 119 Abs. 2 AktG über Geschäftsführungsmaßnahmen, wenn dies der Vorstand verlangt. Außerdem bestimmt § 111 Abs. 4 Satz 3 AktG, dass die Hauptversammlung auf Verlangen des Vorstands über vom Aufsichtsrat verweigerte Genehmigungen entscheidet. Diese Kompetenz ist eine Ausnahme von dem Grundsatz, dass der Vorstand alleinig für die Geschäftsführung (vergleiche § 76 Abs. 1 AktG) zuständig ist. Dieser Grundsatz ist für die dualistische SE in Art. 39 Abs. 1 SE-VO und für die monistische SE in Art. 43 Abs. 1 SE-VO festgelegt. Art. 48 SE bestimmt Ausnahmen zu dieser Systematik in der Art, dass bestimmte Arten von Geschäften bei der dualistischen SE vom Aufsichtsorgan genehmigt werden müssen bzw. bei der monistischen SE eines ausdrücklichen Beschlusses des Verwaltungsorgans bedürfen. Eine den § 119 Abs. 2 bzw. § 111 Abs. 4 Satz 3 AktG entsprechende Letztentscheidungskompetenz der Hauptversammlung ist in der SE-VO nicht vorgesehen.

186   Es ließe sich daher die Ansicht vertreten, dass die Entscheidung über Geschäftsführungsmaßnahmen in der SE-VO abschließend geregelt ist. Folge wäre, dass die §§ 111 Abs. 4 Satz 3 und 119 Abs. 2 AktG mit dem Gemeinschaftsrecht kollidierten und somit nicht anzuwenden wären. Im Ergebnis richtig wird hierzu die Ansicht vertreten, dass auch die SE-VO bei der dualistisch strukturierten SE kein uneingeschränktes Alleinentscheidungsrecht für das Leitungsorgan vorsieht, so dass im Ergebnis nichts gegen die Anwendung der §§ 111 Abs. 4 Satz 3 und 119 Abs. 2

---

345 Siehe hierzu § 4 Rn. 1 ff.

AktG spricht. Anders stellt sich die Situation bei der monistisch strukturierten SE dar. Hier ist eine über den Beschluss des Verwaltungsorgans hinausgehende Entscheidung nicht vorgesehen, so dass eine Entscheidung der Hauptversammlung nach den Bestimmungen des Aktiengesetzes im Widerspruch zu der SE-VO stehen würde.

🛑 Praxishinweis: 187

Aus praktischer Sicht sollten entsprechende Hauptversammlungsentscheidungen letztendlich sowohl bei der monistischen wie auch bei der dualistischen SE so lange vermieden werden, bis sich eine entsprechende Rechtsprechung herausgebildet hat.

3.   Zuständigkeit aufgrund von Satzungsbestimmungen

Art. 52 Satz 2 SE-VO sieht vor, dass der Hauptversammlung auch Zuständigkeiten durch im Ein-   188
klang mit nationalen Vorschriften stehende Satzungsbestimmungen übertragen werden können. Im Prinzip entspricht diese Regelung dem § 119 Abs. 1 AktG. Durch die im Aktiengesetz vorgesehene strenge Kompetenzaufteilung und dem Prinzip der Satzungstrenge gemäß § 23 Abs. 5 Satz 1 AktG ist der dadurch eröffnete Spielraum jedoch relativ gering.

III.   Ablauf

Die SE-VO enthält nur einige wenige Vorschriften über die Organisation und den Ablauf der   189
Hauptversammlung und verweist im Übrigen in Art. 53 SE-VO auf die mitgliedstaatlichen Vorschriften. Das SEAG enthält daneben in § 48 sowie in den §§ 50 und 51 Vorschriften für die Hauptversammlung, die jedoch ebenfalls nur Einzelfragen betreffen. Damit gelten die §§ 121 ff. AktG sowie sonstige, für den Ablauf einer Hauptversammlung relevante Vorschriften im Aktiengesetz, vorbehaltlich einiger Spezialvorschriften in der SE-VO, mehr oder weniger vollständig.

1.   Einberufung

a)   Einberufungsgründe

Das Leitungs-, Aufsichts- oder Verwaltungsorgan kann die Hauptversammlung gemäß Art. 54   190
Abs. 2 SE-VO jederzeit ohne besonderen Grund einberufen. Dieses grundsätzlich unbeschränkte Einberufungsrecht kann keiner Einschränkung durch nationale Vorschriften unterliegen.[346] Darüber hinaus besteht unter bestimmten Umständen eine Pflicht für das jeweils zuständige Organ, eine Hauptversammlung einzuberufen. Die wichtigsten Einberufungsgründe ergeben sich wie folgt:

- ■ Nach Art. 55 Abs. 1 SE-VO ist die Hauptversammlung einzuberufen, wenn dies Aktionäre mit einem Anteil am gezeichneten Kapital von mindestens 10 % verlangen. Für eine SE mit Sitz in Deutschland gilt die Regelung des § 50 Abs. 1 SEAG, derzufolge die Einberufung schon zu erfolgen hat, wenn dies Aktionäre mit einem Anteil am gezeichneten Kapital von 5 % verlangen.

---

346 Vgl. *Brandt*, Die Hauptversammlung der Europäischen Aktiengesellschaft (SE) S. 183 f.

- Nach Art. 53 SE-VO in Verbindung mit § 92 Abs. 1 AktG ist die Hauptversammlung bei Verlust der Hälfte des Grundkapitals einzuberufen.

- § 175 Abs. 1 AktG, der durch die Verweisung des Art. 53 SE-VO anwendbar ist, sieht vor, dass die ordentliche Hauptversammlung der dualistischen SE nach Eingang des Berichts des Aufsichtsrats (Vorlage des Jahresabschlusses) einzuberufen ist. Für den Verwaltungsrat der monistischen SE begründet § 48 Abs. 1 SEAG eine entsprechende Einberufungspflicht.

- Die Hauptversammlung ist einzuberufen, wenn dies das Wohl der Gesellschaft erfordert. Für die monistische SE ergibt sich die aus § 22 Abs. 2 SEAG, für die dualistische aus dem insoweit wortgleichen § 121 Abs. 1 AktG, der über Art. 53 SE-VO anwendbar ist.

- Die Hauptversammlung ist gemäß Art. 53 SE-VO (ggf. in Verbindung mit Art. 9 Abs. 2 lit. c iii) SE-VO) und § 121 Abs. 1 AktG in den in der Satzung vorgesehenen Fällen einzuberufen.

191   ❗ Praxishinweis:

Aufgrund des auch für die SE geltenden Prinzips der Satzungsstrenge gemäß § 23 Abs. 5 Satz 1 AktG kann die Satzung der SE mit Sitz in Deutschland nur in begrenztem Spielraum weitere Einberufungsgründe vorsehen.[347] Als Beispiel ist hier etwa die Zustimmung zur Übertragung vinkulierter Namensaktien anzuführen. Grundsätzlich stellen durch die Satzung begründete Einberufungstatbestände eher eine Ausnahme dar.[348]

b)   Einberufungszuständigkeit

192   Gemäß Art. 54 Abs. 2 SE-VO kann die Hauptversammlung jederzeit vom Leitungs-, Aufsichts- oder Verwaltungsorgan oder einer nach den nationalen Vorschriften zuständigen Behörde oder aufgrund von Satzungsbestimmungen zuständigen Organen einberufen werden. Die ordentliche Hauptversammlung einer monistischen SE mit Sitz in Deutschland wird gemäß § 48 Abs. 1 SEAG vom Verwaltungsrat einberufen. Mangels anderweitiger Regelung ist der Verwaltungsrat grundsätzlich auch für die Einberufung einer außerordentlichen Hauptversammlung zuständig.[349] Für die dualistische SE enthält das SEAG keine ausdrückliche Regelung, so dass der Vorstand gemäß § 121 Abs. 2 Satz 1 AktG für die Einberufung zuständig ist.

193   ❗ Praxishinweis:

Auf die Frage, ob das Aufsichts- bzw. Verwaltungsorgan gemäß § 111 Abs. 3 Satz 1 AktG bzw. gemäß § 22 Abs. 2 Satz 1 SEAG zum „Wohl der Gesellschaft" berechtigt ist, die Hauptversammlung einzuberufen, kommt es aufgrund der jederzeitigen Einberufungskompetenz gemäß Art. 54 Abs. 2 SE-VO nicht an.[350] Hiervon unberührt bleibt allerdings die Frage, ob für diese Organe eine Einberufungspflicht besteht. Verlangen Aktionäre mit einem Anteil am gezeichneten Kapital von mindestens 5 % (Art. 55 Abs. 1 SE-VO i.V.m. § 50 Abs. 1 SEAG) die Einberufung und wird diesem Antrag nicht Folge geleistet, kann gemäß Art. 55 Abs. 3 Satz 1, 1. Alt. SE-VO das zuständige Gericht bzw. die zuständige Verwaltungsbehörde des Sitzstaats die Einberufung der Hauptversammlung unmittelbar anordnen oder die Aktionärsminderheit gemäß Art. 55 Abs. 3 Satz 1, 2. Alt. SE-VO ermächtigen, die Hauptversammlung selbst einzuberufen.

---

347 *Baatz/Weydner*, in: Jannot/Frodermann, Handbuch der Europäischen Aktiengesellschaft, S. 214 Rn. 51.
348 Vgl. *Kubis*, in: MünchKomm AktG, § 121 Rn. 5.
349 *Baatz/Weydner*, in: Jannott/Frodermann, Handbuch der Europäischen Aktiengesellschaft, 6. Kapitel Rn. 54.
350 *Kubis*, in: MünchKomm AktG, Art. 54 SE-VO Rn. 9.

c)   Frist und Form

Für die Frist der Einberufung zur Hauptversammlung verweist Art. 53, 54 Abs. 2 SE-VO auf die nationalen Regelungen. Für eine deutsche SE gilt somit auch die Frist von 30 Tagen des § 123 Abs. 1 AktG.   194

Praxishinweis: 195

Höchst vorsorglich empfiehlt sich – wie auch bei der deutschen AG – den Tag der Einberufung bei der Fristberechnung nicht mitzuzählen. Als Feiertage sind für eine SE mit Sitz in Deutschland gleichfalls nur die deutschen Feiertage maßgeblich.

Die Bekanntmachung der Einberufung hat im elektronischen Bundesanzeiger gemäß § 25 Satz 1 AktG und gemäß § 25 Satz 2 AktG in anderen durch die Satzung bestimmten Gesellschaftsblättern zu erfolgen. Börsennotierte SEs müssen außerdem die Einberufung in mindestens einem überregionalem Börsenpflichtblatt veröffentlichen. Für den Inhalt der Einberufung gilt § 121 Abs. 2 AktG. Demnach müssen neben der Firma, dem Sitz der Gesellschaft, Zeit und Ort der Hauptversammlung auch die Bedingungen für die Teilnahme und die Ausübung des Stimmrechts angegeben werden.   196

Praxishinweis: 197

Auch für die SE mit Sitz in Deutschland gilt über Art. 53 SE-VO der § 121 Abs. 6 AktG, wonach bei einer Vollversammlung (d.h. es sind alle Aktionäre erschienen oder vertreten) von der Einhaltung sämtlicher Vorschriften der §§ 121 bis 128 AktG, also sämtlichen Einberufungs- und Bekanntmachungsvorschriften abgesehen werden kann, wenn kein Aktionär der Beschlussfassung widerspricht. Insbesondere im Konzernverbund oder bei einem überschaubaren und bekannten Aktionärskreis kann daher ggf. von der Einhaltung der formalen Einberufungsvorschriften abgesehen werden.

d)   Tagesordnung

Gemäß Art. 53, 54 Abs. 2 SE-VO i.V.m. § 124 Abs. 1 Satz 1 AktG ist mit der Einberufung die Tagesordnung bekannt zu machen. Außerdem sind die Beschlussvorschläge der Verwaltung über die in der Tagesordnung aufgeführten Punkte gemäß § 124 Abs. 3 AktG bekannt zu machen.   198

Praxishinweis: 199

Auch hier gilt, dass eine Vollversammlung gemäß Art. 53, 54 Abs. 2 SE-VO i.V.m. § 121 Abs. 6 AktG über nicht auf der Tagesordnung aufgeführte Beschlussgegenstände entscheiden kann, wenn kein Aktionär der Beschlussfassung widerspricht.

Neben der Bekanntmachung der Tagesordnung gelten über die Verweisung in Art. 53 SE-VO auch die Mitteilungspflichten gemäß §§ 125–127 AktG sowie die Verpflichtungen der Kredit- und Finanzdienstleistungsinstitute gemäß § 128 AktG.   200

Entsprechend dem Recht für Aktionäre mit einem Kapitalanteil von mindestens 10 bzw. 5 % gemäß Art. 55 Abs. 1 SE-VO i.V.m. § 50 Abs. 1 SEAG die Einberufung zu verlangen, sieht Art. 56 SE-VO für Aktionäre mit einem Anteil am gezeichneten Kapital von mindestens 10 % vor, dass diese die Ergänzung der Tagesordnung verlangen können. § 50 Abs. 2 SEAG sieht wiederum vor, dass die Beteiligungsquote auf 5 % oder einen anteiligen Betrag von Euro 500.000 abgesenkt ist. Für Verfahren und Frist sieht Art. 56 Satz 2 SE-VO die Anwendung der nationalen Vorschriften vor. Damit gelten die entsprechenden Vorschriften der §§ 122 ff. AktG über diese Verweisung auch für die SE mit Sitz in Deutschland.   201

2. Versammlungsablauf

a) Teilnehmer

202 Weder die SE-VO noch das SEAG enthalten ausdrückliche Bestimmungen über den Kreis der Teilnehmer an einer Hauptversammlung. Anzuführen wäre allenfalls Art. 38 lit. a SE-VO, der von der „Hauptversammlung der Aktionäre" spricht. Somit gelten über die Verweisung des Art. 53 SE-VO die aktienrechtlichen Vorschriften, insbesondere § 118 AktG, wonach die Hauptversammlung einer SE mit Sitz in Deutschland eine Präsenzhauptversammlung ist und die Mitglieder des Leitungs- und Aufsichtsorgans an der Versammlung teilnehmen sollen. Dabei kann das Teilnahmerecht der Aktionäre von einer Anmeldung oder einem Nachweis über den Anteilsbesitz abhängig gemacht werden. Nach Umsetzung der im Februar 2007 verabschiedeten Aktionärsrechte-Richtlinie wird bei börsennotierten Gesellschaften auch eine Online-Teilnahme möglich sein.

b) Versammlungsleitung

203 Weder die SE-VO noch das AktG enthalten Regelungen über die Person, Aufgaben und Befugnisse des Versammlungsleiters.[351] Lediglich § 122 Abs. 3 Satz 2 und § 130 Abs. 2 AktG setzt die Existenz eines Versammlungsleiters voraus. Man wird daher davon ausgehen müssen, dass über die Generalverweisung des Art. 53 SE-VO auch die in diesem Zusammenhang für die deutschen Aktiengesellschaften entwickelten Grundsätze Anwendung finden.

204 🛑 Praxishinweis:

Aufgrund der rudimentären Gesetzeslage sollte in der Satzung festgelegt werden, in welcher Art und Weise der Vorsitzende der Versammlung zu bestellen ist und welche Aufgaben er im Einzelnen hat. Grundsätzlich hat der Versammlungsleiter unter Beachtung des Neutralitäts-, des Verhältnismäßigkeits- und des Gleichbehandlungsgebots für die ordnungsgemäße Abwicklung der Hauptversammlung zu sorgen. Dies umfasst insbesondere die Festlegung und Überwachung des Abstimmungsverfahrens.[352]

c) Ablauf

205 Auch zum eigentlichen Ablauf der Versammlung finden sich nur sehr rudimentäre Vorschriften. § 48 Abs. 2 Satz 2 bis 4 SEAG enthält spezielle Vorgaben für die Erläuterung der, der Hauptversammlung zu Beginn der Versammlung vorzulegenden Unterlagen. Auch das Aktiengesetz enthält eine Reihe von vereinzelten Vorschriften, ohne dass jedoch ein vollständiger Rahmen vorgegeben wird.[353] Im Übrigen sollte auf die sich für deutsche Aktiengesellschaften typische Versammlungsabläufe einschließlich der entsprechenden Rede- und Auskunftsrechte der Aktionäre zurückgegriffen werden.

---

351 *Baatz/Weydner*, in: Jannott/Frodermann, Handbuch der Europäischen Aktiengesellschaft, 6. Kapitel Rn. 113.
352 *Kubis*, in: MünchKomm AktG, Art. 53 SE-VO Rn. 19.
353 *Baatz/Weydner*, in: Jannott/Frodermann, Handbuch der Europäischen Aktiengesellschaft, 6. Kapitel Rn. 92.

d)   Dokumentation

Für die Dokumentation der Hauptversammlung gelten über die Verweisung des Art. 53 SE-VO   206
die §§ 129 und 130 AktG. Danach hat der Versammlungsleiter ein Teilnehmerverzeichnis zu führen, aus dem sich die erschienenen oder vertretenen Aktionäre und Vertreter von Aktionären mit
Angabe ihres Namens, Wohnortes, sowie bei Nennbetragsaktien des Betrags, bei Stückaktien der
Zahl der von jedem Teilnehmer vertretenen Aktien unter Angabe ihrer Gattung, ergeben. Dieses
Verzeichnis ist vor der ersten Abstimmung allen Teilnehmern gemäß § 129 Abs. 4 AktG zugänglich zu machen.

Gemäß Art. 53 SE-VO i.V.m. § 130 AktG ist über jede Hauptversammlung, in der Beschlüsse ge-   207
fasst werden, eine Niederschrift durch einen Notar aufzunehmen. Mangels anderweitiger Bestimmung gilt bei nicht börsennotierten Gesellschaften die Erleichterung gemäß § 130 Abs. 1 Satz 3
AktG. Danach reicht eine vom Vorsitzenden des Aufsichtsrats unterzeichnete Niederschrift aus,
wenn keine Beschlüsse gefasst werden, für die das Gesetz eine Mehrheit von mindestens drei Vierteln vorschreibt. Unklar ist insoweit, ob die Erleichterung unterhalb einer Dreiviertelmehrheit
der abgegebenen Stimmen oder unterhalb einer Dreiviertelmehrheit des vertretenen Kapitals gilt.
Richtigerweise wird man hier wohl den Dispens von der notariellen Beurkundung bei Beschlüssen geben können, die keine Dreiviertelmehrheit des vertretenen Grundkapitals erfordern.

3.   Versammlungsleitung

Auch die Versammlungsleitung der SE mit Sitz in Deutschland richtet sich gemäß Art. 53 SE-   208
VO nach den aktienrechtlichen Bestimmungen. Für die Leitung der Versammlung gelten damit
grundsätzlich die gleichen Voraussetzungen wie für die deutsche AG.

a)   Leiter der Hauptversammlung

Die Bestimmungen des Aktiengesetzes setzen einen Leiter der Hauptversammlung voraus, ohne   209
jedoch Vorgaben über seine Auswahl oder seine Aufgaben im Einzelnen zu treffen.[354] Diese können aber durch die Satzung der SE oder durch die Hauptversammlung festgelegt werden.

> ⓘ Praxishinweis: 210
>
> *Auswahl und Aufgaben des Hauptversammlungsleiters der SE sollten durch die Satzung erfolgen. Üblicherweise wird diese*
> *Aufgabe dem Vorsitzenden des Aufsichtsrats zugewiesen. Für den Fall einer Verhinderung dieser Person sollte eine Vertre-*
> *tungsperson bestimmt werden.*

Zu beachten ist, dass Beschlüsse der Hauptversammlung der SE, die ohne Mitwirkung eines ge-   211
wählten und satzungsmäßig festgelegten Vorsitzenden gefasst wurden, nichtig sind, weil das Ergebnis nicht ordnungsgemäß festgestellt und auch nicht ordnungsgemäß protokolliert werden
kann.[355]

---

354 Vgl. zum Beispiel §§ 122 Abs. 3, 129 Abs. 4 und 130 II AktG.
355 Im Fall einer Wahl des Leiters durch die Hauptversammlung übernimmt in der Regeln der Vorstandsvorsitzende die
    Versammlungsleitung.

b)   Verfahrensleitung und Anträge

212   Die Grundsätze der Verfahrensleitung einer SE ergeben sich aus dem Zweck der Hauptversammlung. Der Verfahrensleiter hat alle Rechte zur Sicherstellung eines zügigen und geregelten Ablaufs der Hauptversammlung, sog. Leitungsbefugnis.[356] Er hat darauf hinzuwirken, dass die Tagesordnungspunkte sachlich erörtert, die relevanten Fragen ausreichend beantwortet und Beschlüsse der Hauptversammlung ordnungsgemäß gefasst werden.[357] In der Ausübung seiner Leitungsfunktion unterliegt er dem dreifachen Vorbehalt zur Neutralität, Gleichbehandlung und Verhältnismäßigkeit.

213   Eine Bindung des Leiters an die Reihenfolge der Tagesordnungspunkte findet nicht statt, vielmehr kann eine Änderung aus Gründen einer zügigen Abwicklung geboten sein. Hiervon unberührt bleibt die Möglichkeit, das Verfahren in einer Satzung vorher festzulegen.

214   Auch im Hinblick auf die Aktionärsanträge kann der Leiter nach pflichtgemäßem Ermessen über die Reihenfolge der Behandlung entscheiden.[358] Dabei sind jedoch Verfahrensanträge vor dem entsprechenden Sachantrag zu behandeln. Auch die Reihenfolge der Wortmeldungen kann der Versammlungsleiter ohne Bindung an die zeitliche Rangfolge bestimmen.

c)   Ordnungsmaßnahmen

215   Als besondere Ausprägung der Leitungsbefugnis stehen dem Versammlungsleiter diverse Ordnungskompetenzen zu. Unter Wahrung der Verhältnismäßigkeit können Ordnungsmaßnahmen insbesondere zur allgemeinen und individuellen Beschränkung der Redezeit sowie zum Ende einer Debatte oder einer Unterbrechung der Versammlung ausgeübt werden. Regelungen zur Begrenzung des Frage- und Rederechts der Aktionäre können auch in die Satzung aufgenommen werden.[359] Störer können abgemahnt und – in ultima ratio – des Saales verwiesen werden.

216   Abweichend von den Grundsätzen für die AG sind Redebeiträge von SE-Aktionären in anderen Amtssprachen nicht ohne weiteres als unzulässig anzusehen. Aus Gründen der Praktikabilität erscheint bei einer deutschen SE jedoch eine Beschränkbarkeit auf die offiziellen Arbeitssprachen der EU (englisch, deutsch, französisch) sinnvoll.

217   🛑 Praxishinweis:

Um die allgemeine Verständlichkeit der Beiträge zu gewährleisten, empfiehlt sich, für alle Sprachen eine Übersetzungsmöglichkeit bereitzustellen, bis eine rechtsgültige Klärung der zulässigen Sprachen von Redebeiträgen vorliegt.

218   Eine fehlerhafte Ausübung der verfahrensleitenden Maßnahmen kann gemäß Art. 53 SE-VO i.V.m. § 245 Nr. 1 AktG nach erfolgtem Widerspruch zur Anfechtbarkeit des betroffenen Beschlusses führen.

---

356   Vgl. BGHZ 44, 245, 248.
357   *Semler/Vollhard*, in: Arbeitshandbuch, I D 51.
358   Als Ausnahme davon können die Aktionäre einer SE mit zusammen 10 % des Grundkapitals die Wahl von Aufsichtsratmitgliedern vorziehen.
359   § 131 Abs. 2 S. 2 AktG.

erlassen. Dies ist in Deutschland durch die §§ 20 ff. SEAG erfolgt. Gemäß § 29 Abs. 1 Satz 3 SEAG können dabei durch die Satzung die für eine vor Ablauf der Amtszeit erfolgende Abberufung notwendigen Beschlusserfordernisse festgelegt werden. Fehlt es an einer entsprechenden Satzungsregelung, bedarf es gemäß § 29 Abs. 1 Satz 2 SEAG einer Mehrheit von mindestens drei Vierteln der abgegebenen Stimmen.

Schließlich können in der Satzung auch unterschiedliche Regelungen in Bezug auf die innere Ordnung des Verwaltungsrats aufgenommen werden. Zunächst muss in der Satzung der Turnus geregelt werden, in dem das Verwaltungsorgan zusammen tritt, um über die Geschäfte der Gesellschaft sowie die voraussichtliche Entwicklung zu beraten.[433] Unabhängig von der Regelung in der Satzung hat ein solches Treffen mindestens alle drei Monate stattfinden, sowie öfter, soweit es die Belange der Gesellschaft verlangen.   **295**

In der Satzung sind auch Regelungen zur Form der Beschlussfassung und Teilnahme an Sitzungen des Verwaltungsrats möglich. § 35 Abs. 2 SEAG besagt insoweit lediglich, dass mangels einer näheren Regelung durch die Satzung schriftliche, fernmündliche oder andere vergleichbare Formen der Beschlussfassung des Verwaltungsrats und seiner Ausschüsse nur zulässig sind, wenn kein Mitglied diesem Verfahren widerspricht. Es obliegt damit der Satzung, den Anwendungsbereich dieser Beschlussfassungsformen gegebenenfalls auszuweiten.   **296**

Ebenfalls einer Satzungsregelung bedarf es, wenn es einem Mitglied des Verwaltungsorgans gestattet sein soll, an seiner Stelle ein Nichtmitglied an der Sitzung teilnehmen zu lassen. Die Ausübung des Stimmrechts kann jedoch nicht auf ein Nichtmitglied übertragen werden. Zu beachten ist, dass die Satzungsregelung vorsehen muss, dass die Sitzungsvertreter in Schriftform zu ermächtigen sind. An Abstimmungen können verhinderte Verwaltungsratmitglieder durch Überreichung schriftlicher Stimmabgaben teilnehmen.[434]   **297**

Schließlich kann die Satzung Einzelfragen der Geschäftsordnung bindend regeln.   **298**

bb)   Satzungsbezogene Vorschriften in Bezug auf die geschäftsführenden Direktoren

Die geschäftsführenden Direktoren vertreten gemäß § 41 Abs. 1 SEAG die Gesellschaft gerichtlich und außergerichtlich. Sie werden durch den Verwaltungsrat bestellt. Nach § 40 Abs. 1 Satz 5 SEAG ist es dabei zunächst möglich, in der Satzung Regelungen über die Bestellung eines oder mehrerer geschäftsführender Direktoren zu treffen. In der Satzung kann zudem die Möglichkeit der Abberufung der geschäftsführenden Direktoren geregelt werden. Besteht eine solche Regelung nicht, können die geschäftsführenden Direktoren jederzeit abberufen werden.   **299**

🛇 Praxishinweis: **300**

Keiner Satzungsregelung zugänglich ist hingegen der Anstellungsvertrag, dessen Aufhebung sich nach den allgemeinen Vertrags- bzw. Kündigungsregelungen richtet.

Weiter kann die Satzung regeln, ob die Geschäfte der Gesellschaft nur gemeinschaftlich – so der gesetzliche Regelfall – oder aber davon abweichend auch allein geführt werden sollen. Unabhängig von der Art der getroffenen Regelung entfaltet eine Begrenzung der Geschäftsführungsbefugnis im Außenverhältnis grundsätzlich keine Wirkung. Dieses richtet sich vielmehr nach der Vertretungsbefugnis. Auch hier sieht das gesetzliche Regelungskonzept nur ein gemeinschaftliches Handeln der geschäftsführenden Direktoren vor. Eine abweichende Regelung in der Satzung ist   **301**

---

433 Teilweise wird die Auffassung vertreten, ein solche Satzungsregelung sei nicht verpflichtender Bestandteil der Satzung, vgl. *Reichert/Brandes*, in: MünchKomm AktG, Art. 44 SE-VO Rn. 8. Aufgrund der bestehenden Unsicherheiten empfiehlt es sich jedoch, eine solche Regelung aufzunehmen.
434 § 35 Abs. 1 SEAG.

jedoch ausdrücklich zulässig. Die Vertretungsbefugnis kann damit einem geschäftsführenden Direktor allein, mit nur einem oder mehreren anderen geschäftsführenden Direktoren zusammen oder aber mit einem Prokuristen zusammen erteilt werden.

302   Schließlich ist es in der Satzung auch möglich, Einzelfragen der Geschäftsordnung für die geschäftsführenden Direktoren zu regeln sowie die Zuständigkeit für den Erlass einer Geschäftsordnung auf den Verwaltungsrat zu übertragen. Soweit dies nicht der Fall ist und auch der Verwaltungsrat keine Geschäftsordnung erlassen hat, können sich die geschäftsführenden Direktoren auch selbst eine solche geben. In diesem Kontext sind auch die Berichtspflichten der geschäftsführenden Direktoren gegenüber dem Verwaltungsrat zu nennen, die grundsätzlich denen des Vorstands gegenüber dem Aufsichtsrat entsprechen, jedoch in der Satzung oder in der Geschäftsordnung abweichend ausgestaltet werden können.

d)   Satzungsbezogene Vorschriften in Bezug auf die Hauptversammlung

303   Die Regelungen der SE-VO zur Hauptversammlung gelten sowohl in Bezug auf die dualistisch wie auch in Bezug auf die monistisch organisierte SE. Die Zuständigkeit der Hauptversammlung kann dabei teilweise auch durch die Satzung geregelt werden, wobei sich jedoch der Großteil der Kompetenzen der Hauptversammlung bereits unmittelbar aus dem Gesetz ergibt. Satzungsbestimmungen in diesem Zusammenhang sind zulässig, soweit dies auch bei nationalen Aktiengesellschaft der Fall ist. Wegen des Grundsatzes der Satzungsstrenge gemäß § 23 Abs. 5 AktG ist eine Kompetenzverschiebung nur in den gesetzlich erlaubten Fällen möglich, wie beispielsweise bei der Entscheidung über die Zustimmung zur Übertragung vinkulierter Namensaktien.[435]

304   Einfluss nehmen kann der Satzungsgeber auch darauf, unter welchen Voraussetzungen die Einberufung der Hauptversammlung und die Aufstellung ihrer Tagesordnung von einem oder mehreren Aktionären verlangt werden kann. Die einzige Vorgabe besteht insoweit darin, dass das geforderte Mindestkapital nicht mehr als 10 % betragen darf.[436] Finden die gesetzlichen Regelungen Anwendung, so ist gemäß § 50 Abs. 1 SEAG ein Anteil am gezeichneten Kapital von mindestens 5 % erforderlich. Im Übrigen gelten die Vorschriften zur Hauptversammlung des nationalen Rechts. Im Bezug auf die Satzung ist dabei von besonderer Bedeutung, dass in dieser die erforderlichen Beschlussmehrheiten sowie die Einzelheiten des Abstimmungsverfahrens geregelt werden können.[437]

6.   Form der Bekanntmachung

305   Gemäß § 23 Abs. 4 AktG muss die Satzung schließlich Angaben über die Form, d.h. die Art, der Bekanntmachungen der Gesellschaft enthalten. In Betracht kommt eine Bekanntmachung unter anderem im elektronischen Bundesanzeiger, in der Tageszeitung oder mittels eingeschriebenen Briefs. Der Gesellschaft steht insoweit ein Wahlrecht zu. Eine Bekanntgabe mittels eingeschriebenen Briefs empfiehlt sich insbesondere bei einem kleinen Aktionärskreis. Zu beachten ist, dass diese Vorschrift nur für so genannte freiwillige Bekanntmachungen der Gesellschaft gilt. Keine

---

435 *Kubis*, in: MünchKomm AktG, Art. 52 SE-VO Rn. 23. Zu den Einzelheiten der sonstigen Zuständigkeiten vgl. § 3 Rn. 167 ff.
436 Vgl. *Kubis*, in: MünchKomm AktG, Art. 55, 56 SE-VO Rn. 3.
437 Vgl. dazu die Ausführungen unter § 3 Rn. 221 ff.

Anwendung findet sie daher, soweit das Gesetz (oder gegebenenfalls auch die Satzung) ausdrücklich eine Bekanntmachung in den Gesellschaftsblättern vorschreibt, da dann bereits aufgrund § 25 Satz 1 AktG die Art der Bekanntmachung, und zwar in Form einer Bekanntmachung im elektronischen Bundesanzeiger, vorgegeben ist.

🛑 **Praxishinweis:**   306

Bei freiwilligen Bekanntmachungen besteht auch die Möglichkeit, ausschließlich auf das Internet als Medium für die Bekanntmachung abzustellen. Bei Pflichtbekanntgaben kann das Internet hingegen nur zusätzlich zum elektronischen Bundesanzeiger gewählt werden.

Weitere Angaben zur Bekanntgabe, insbesondere zum Zeitpunkt oder zur Unterschrift, sind nicht   307
erforderlich, können jedoch in die Satzung aufgenommen werden.[438]

7.   Gründungskosten

Keiner gesetzlichen Regelungspflicht entspringt die regelmäßig anzutreffende Satzungsbestim-   308
mung, dass die Gesellschaft die Gründungskosten, d.h. insbesondere die Notar- und Gerichtsgebühren sowie die Kosten für die Bekanntmachungen, zu tragen habe.[439] Ziel einer solchen Regelung ist es, nicht die einzelnen Gründer, sondern die Gesellschaft selbst mit den mit der Gründung verbundenen Kosten zu belasten. Eine solche Zuweisung ist gemäß § 26 Abs. 2 AktG allerdings an eine Festsetzung des von der Gesellschaft zu tragenden Gesamtaufwands in der Satzung geknüpft. Anzugeben ist dabei nur die Gesamtsumme. Nicht genügend, aber auch nicht erforderlich ist die Angabe der Einzelkosten. Da sich der Gesamtbetrag regelmäßig noch nicht feststellen lässt, genügt insoweit ein Schätzwert.[440]

D.   Unternehmensmitbestimmung in der SE

I.   Grundsätze der Unternehmensmitbestimmung in Deutschland

Das SEBG regelt die Mitbestimmung in den Unternehmensorganen der SE abschließend. Eine   309
Anwendung der deutschen Mitbestimmungsgesetze auf die SE ist ausgeschlossen.[441] Da die Regelungen des SEBG jedoch eine Aufrechterhaltung der vor der SE-Gründung geltenden Mitbestimmungsstandards beabsichtigen, ist ein Blick auf die wesentlichen in Deutschland geltenden Regelungen zur Unternehmensmitbestimmung unerlässlich. Unternehmensmitbestimmung durch Arbeitnehmer hat in Deutschland eine lange Tradition. Die Einzelheiten der Arbeitnehmerrechte sind in dem MitbestG, dem DrittelBetG und dem Montan-MitbestG geregelt.

---

438 *Pentz*, in: MünchKomm AktG, § 23 Rn. 145.
439 Vgl. zu weiteren Gründungskosten *Hüffer*, AktG, § 26 Rn. 5.
440 BGH, NJW 1989, 1610 f. m.w.N.
441 § 47 Abs. 1 SEBG.

1. Mitbestimmung nach dem Mitbestimmungsgesetz 1976

310 Die Unternehmensmitbestimmung nach dem MitbestG erstreckt sich auf AG, KGaA, GmbH und Genossenschaften. Voraussetzung für die Anwendung des MitbestG ist stets, dass die jeweilige Gesellschaft in der Regel mehr als 2.000 Arbeitnehmer beschäftigt.[442] Die Arbeitnehmer von Konzernunternehmen gelten (für die Bestimmung der Anwendbarkeit des MitbestG) als Arbeitnehmer eines herrschenden Unternehmens eines Konzerns.[443]

311 Die Mitbestimmung wird durch die Arbeitnehmervertreter im Aufsichtsrat ausgeübt. Ein Aufsichtsrat ist, soweit dies nicht bereits nach dem AktG vorgeschrieben ist, in Gesellschaften, auf die das MitbestG Anwendung findet, zwingend zu bestellen.[444] Er besteht aus einer jeweils gleichen Anzahl von Vertretern der Anteilseigner und der Arbeitnehmer.[445]

312 Die Arbeitnehmervertreter im Aufsichtsrat werden entweder unmittelbar von den Arbeitnehmern des Unternehmens oder von Delegierten gewählt.[446] Der regelmäßig von den Anteilseignern bestimmte Vorsitzende hat bei einer Pattsituation in einer Abstimmung im Aufsichtsrat ein Zweitstimmrecht,[447] so dass das verfassungsrechtlich geschützte Eigentumsrecht der Anteilseignervertreter gewährleistet wird.

2. Mitbestimmung nach dem Drittelbeteiligungsgesetz

313 Die Mitbestimmung der Arbeitnehmer nach dem DrittelBetG ist die Form der Unternehmensmitbestimmung, die auf die größte Anzahl deutscher Unternehmen Anwendung findet.

314 Das DrittelBetG schreibt in Kapitalgesellschaften mit 500 bis 2.000 Beschäftigten die Besetzung eines Aufsichtsrates zu einem Drittel mit Arbeitnehmervertretern vor.[448] In Kapitalgesellschaften, bei denen die Bildung eines Aufsichtsrates gesellschaftsrechtlich nicht vorgesehen ist, beispielsweise bei einer GmbH, muss in diesem Fall in Anlehnung an die aktienrechtlichen Vorschriften ein Aufsichtsrat gebildet werden.

315 Die Arbeitnehmervertreter im Aufsichtsrat werden unmittelbar von den Arbeitnehmern des Unternehmens gewählt.[449]

316 ❗ Praxishinweis:

Anders als für die Ermittlung der Arbeitnehmerzahl, die für die Anwendung des MitbestG relevant ist,[450] werden für die Ermittlung der Arbeitnehmerzahl, nach der sich die Anwendung des DrittelBetG richtet, neben den Arbeitnehmern des Unternehmens selbst nur solche Arbeitnehmer berücksichtigt, die in Arbeitsverhältnissen mit Unternehmen stehen, mit denen entweder ein Beherrschungsvertrag besteht oder die in das herrschende Unternehmen eingegliedert sind.[451]

---

442 § 1 Abs. 1 Nr. 1 und 2 MitbestG.
443 Siehe hierzu § 5 MitbestG.
444 § 6 Abs. 1 MitbestG.
445 § 7 Abs. 1 MitbestG.
446 §§ 8 ff. MitbestG.
447 § 29 Abs. 2 MitbestG.
448 §§ 1, 4 DrittelBetG.
449 § 5 DrittelBetG.
450 Siehe hierzu § 5 MitbestG.
451 § 2 Abs. 2 DrittelBetG.

3.   Mitbestimmung nach dem Montan-Mitbestimmungsgesetz

Das Gesetz über die Mitbestimmung der Arbeitnehmer in den Aufsichtsräten und Vorständen   317
der Unternehmen des Bergbaus und der Eisen und Stahl erzeugenden Industrie (Montan-MitbestG) findet Anwendung auf Unternehmen, die in der Rechtsform einer AG oder einer GmbH betrieben werden, in der Regel mehr als 1.000 Arbeitnehmer beschäftigen und Unternehmen der Montanindustrie sind.[452] Dies ist der Fall, wenn der Unternehmensgegenstand in Kohle- und Eisenerzbergbau oder in der eisen- und stahlerzeugenden Industrie liegt.

Der Aufsichtsrat einer montan-mitbestimmten Gesellschaft wird paritätisch gebildet durch eine   318
gleiche Anzahl von Vertretern der Arbeitnehmer und der Anteilseigner sowie durch ein zusätzliches neutrales Mitglied.[453]

4.   Die Zukunft der Unternehmensmitbestimmung in Deutschland

Nicht zuletzt die Befassung der arbeitsrechtlichen Abteilung des 66. Deutschen Juristentags im   319
September 2006 mit dem Thema „Unternehmensmitbestimmung vor dem Hintergrund europarechtlicher Entwicklungen" hat gezeigt, dass die Zeitgemäßheit der tradierten Prinzipien der Unternehmensmitbestimmung in Deutschland auf dem Prüfstand steht. Viele Experten halten die Mitbestimmung in ihrer heutigen Form für nicht mehr zeitgemäß.

Gegen die paritätische Mitbestimmung spricht vor allem die Verlangsamung und Verkomplizie-   320
rung von unternehmerischen Entscheidungsprozessen. Auch bei grenzüberschreitenden Verschmelzungen kann die unternehmerische Mitbestimmung ein Hindernis sein. Viele Experten fordern deshalb die Einführung einer generellen Verhandlungslösung mit gesetzlicher Auffanglösung, parallel zu den Regelungen für die SE.

Die Bundesregierung hat das Thema „Reform der Unternehmensmitbestimmung" aufgegriffen   321
und im Koalitionsvertrag vom November 2005 die Anpassung der nationalen Mitbestimmung an internationale Herausforderungen als Ziel festgeschrieben. Eine noch von der Regierung Schröder eingesetzte Kommission unter der Führung von Professor Dr. Kurt Biedenkopf, in der Wissenschaft und die Spitzen der Gewerkschaften und Arbeitgeber zusammenkamen, hat in ihrem am 20. Dezember 2006 überreichten Bericht u.a. die Empfehlung ausgesprochen, vom jetzigen Gesetz abweichende vertragliche Vereinbarungen hinsichtlich des Mitbestimmungsstatuts in Konzernstrukturen zuzulassen. Auch die Größe des Aufsichtsrates soll durch Vereinbarungen abweichend von der gesetzlichen Vorgabe geregelt werden können. Die an der Kommission beteiligten Spitzen der Gewerkschaften und Arbeitgeber haben jedoch in grundsätzlichen Fragen keine Übereinstimmung erzielt und sich in der Mitbestimmungskommission nicht auf einen gemeinsamen Text verständigen können. Die von der Kommission vorgelegten Empfehlungen stellen deshalb allein die Auffassungen der an der Kommission beteiligten Wissenschaftler dar.

---

452 § 1 Montan-MitbestG.
453 § 4 Montan-MitbestG.

3

II.   Mitbestimmung der Arbeitnehmer in dem Aufsichts- oder Verwaltungsorgan der SE nach SEBG

322   Die gesetzlichen Auffangregelungen über die Mitbestimmung der Arbeitnehmer in dem Aufsichts- oder Verwaltungsorgan der SE regeln im Einzelnen den Umfang der Mitbestimmung, die Bestellung der Arbeitnehmervertreter und die innere Ordnung des mitbestimmten Organs.[454]

1.   Umfang der Mitbestimmung nach SEBG

323   Der Umfang der im SEBG festgeschriebenen Mitbestimmung der Arbeitnehmer im Aufsichts- oder Verwaltungsorgan der SE unterscheidet sich nach den verschiedenen Gründungsformen.

a)   Umfang der Mitbestimmung in einer durch Umwandlung gegründeten SE

324   Wird eine SE durch Umwandlung gegründet, wird das bisher in der Gesellschaft geltende Mitbestimmungsstatut beibehalten.[455]

325   ▶ **Beispiel:**

Eine AG unterliegt vor der formwechselnden Umwandlung in eine SE dem DrittelBetG.

💡 **Lösung:**

Das in der SE gebildete Aufsichts- oder Verwaltungsorgan besteht zwingend zu einem Drittel aus Arbeitnehmervertretern.

326   War die Gesellschaft vor der SE-Gründung mitbestimmungsfrei, setzt sich diese Mitbestimmungsfreiheit auch in der SE fort.

327   ❗ **Praxishinweis:**

Der Grundsatz der Beibehaltung der Mitbestimmungsrechte im Falle der SE-Gründung durch Umwandlung gilt auch dann, wenn die SE-Gründung zum Anlass genommen wird, von dem dualistischen in das monistische System zu wechseln. In einem solchen Fall entspricht die Zahl der Arbeitnehmervertreter in dem Verwaltungsorgan der Zahl, mit der die Arbeitnehmer vor der Umwandlung im Aufsichtsrat der umgewandelten Gesellschaft vertreten waren. Zu Recht wird diese Regelung als verfassungsrechtlich bedenklich angesehen, da sie zu einer erheblichen Ausweitung der Mitbestimmungsrechte der Arbeitnehmer führt. Anders als ein Aufsichtsrat im dualistischen System, vereint das Verwaltungsorgan in einer monistisch strukturierten SE die Aufgaben von Unternehmensleitung und Unternehmenskontrolle. Die Arbeitnehmer entscheiden daher im Verwaltungsorgan in einer monistisch strukturierten SE auch über die operative Führung des Unternehmens.

---

454 Zu den Voraussetzungen für die Anwendung der gesetzlichen Auffangregelungen zur Mitbestimmung in dem Verwaltungs- oder Aufsichtsorgan siehe § 2 Rn. 697 ff.
455 § 35 Abs. 2 SEBG.

b)   Umfang der Mitbestimmung in einer durch Verschmelzung oder durch Errichtung einer Tochter- bzw. Holding-SE errichteten SE

Im Falle von SE-Gründungen, an denen – anders als bei der Gründung durch Umwandlung – mehr als eine Gesellschaft beteiligt ist, ist die Rechtslage unproblematisch, wenn die Formen der Mitbestimmung bei allen an der SE-Gründung beteiligten Gesellschaften identisch sind. Dann gilt diese Form der Mitbestimmung bei der SE weiter.   328

Mit „Form der Mitbestimmung" bezieht sich das SEBG auf die in Europa bestehenden Mitbestimmungssysteme;[456] zum einen die Möglichkeiten der Wahrnehmung des Rechts, einen Teil der Mitglieder des Aufsichts- oder Verwaltungsorgans der Gesellschaft zu wählen oder zu bestellen, zum anderen die Möglichkeit, die Bestellung eines Teils oder aller Mitglieder des Aufsichts- oder Verwaltungsorgans der Gesellschaft zu empfehlen oder abzulehnen (sog. Kooptation).[457] Die Mitbestimmung nach dem DrittelbG, dem MitbestG und dem Montan-MitbestG stellt also nur eine Form der Mitbestimmung i.S.d. SEBG, nämlich die Wahl und Bestellung von Mitgliedern des Aufsichts- oder Verwaltungsorgans, dar.   329

> **Beispiel:**   330

Eine deutsche AG, und eine französische *société anonyme* (S.A.) verschmelzen zur Gründung einer SE.

> **Lösung:**

Da sowohl für die AG als auch für die S.A. das Mitbestimmungssystem der Wahl und Bestellung der Arbeitnehmervertreter Anwendung findet, gilt diese Form der Mitbestimmung auch für die SE.

Galten aber bei den an der SE-Gründung beteiligten Gesellschaften verschiedene Formen der Mitbestimmung, also verschiedene Mitbestimmungssysteme, kann das besondere Verhandlungsgremium einseitig bestimmen, welches Mitbestimmungssystem bei der SE Anwendung finden sollen.[458]   331

> **Beispiel:**   332

Eine mitbestimmte deutsche AG, und eine niederländische *naamloze vennootschap* (n.v.), bei der das Kooptationsmodell Anwendung findet, verschmelzen zur Gründung einer SE.

> **Lösung:**

Das besondere Verhandlungsgremium bestimmt, ob in der SE die Arbeitnehmervertreter gewählt und bestellt sollen, oder ob das Kooptationsmodell gelten soll.

Nehmen die Arbeitnehmer ihre Mitbestimmungsrechte in der SE durch Wahl bzw. Bestellung einer bestimmten Zahl von Mitgliedern in das Aufsichts- oder Verwaltungsorgan der SE wahr, so richtet sich deren Anzahl nach dem höchsten Anteil an Arbeitnehmervertretern, der in den Organen der an der SE-Gründung beteiligten Gesellschaften vor der SE-Gründung bestanden hat.[459]   333

> **Beispiel:**   334

Eine deutsche AG, die dem MitbestG unterliegt und eine französische S.A. verschmelzen zur Gründung einer SE.

---

456 BegrRegE SEEG, BR-Drs. 438/04, S. 136.
457 Siehe dazu §§ 34 Abs. 2 i.V.m. § 2 Abs. 12 SEBG.
458 Siehe zur Regelung des § 34 Abs. 2 SEBG oben § 2 Rn. 755 ff.
459 § 35 Abs. 2 S. 2 SEBG.

3

💡 **Lösung:**

Das Aufsichts- oder Verwaltungsorgan der SE ist zu 50 % mit Arbeitnehmervertretern zu besetzen. Das MitbestG setzt sich durch.

335　❗ **Praxishinweis:**

Die Gesamtgröße des Aufsichts- bzw. Verwaltungsorgans wird von den Anteilseignern in der Satzung der SE festgelegt.

2.　Bestellung der Arbeitnehmervertreter nach SEBG

a)　Verteilung der Sitze auf die Mitgliedstaaten

336　Das SEBG weist die Kompetenz zur Verteilung der Sitze der Arbeitnehmervertreter im Aufsichts- bzw. Verwaltungsorgan der SE auf die Mitgliedstaaten weist das SEBG dem SE-Betriebsrat zu. Dieser hat die Sitze in dem Aufsichts- bzw. Verwaltungsorgan anteilig auf die Mitgliedstaaten zu verteilen, in denen Mitglieder zu wählen oder zu bestellen sind.[460] Die Verteilung der Sitze richtet sich proportional nach der Anzahl der in dem jeweiligen Mitgliedstaat bei der SE, ihren Tochtergesellschaften und in ihren Betrieben beschäftigten Arbeitnehmer.[461]

337　Bleiben bei diesem Verfahren einer oder mehrere Mitgliedstaaten unberücksichtigt, verteilt der SE-Betriebsrat den letzten freien Sitz vorzugsweise auf den Mitgliedstaat, in dem die SE ihren Sitz haben wird. Die Verteilung des letzten Sitzes an einen Vertreter aus einem anderen Mitgliedstaat als dem Sitzstaat kommt nur in Betracht, wenn dem Sitzstaat bereits nach der proportionalen Verteilung der Sitze mindestens ein Sitz zufällt oder wenn eine Bestellung eines Vertreters aus dem Sitzstaat unangemessen erscheint, z.B. weil in dem Sitzstaat unverhältnismäßig wenige Arbeitnehmer beschäftigt sind.

b)　Bestellung der deutschen Arbeitnehmervertreter

338　Für die Bestellung der deutschen Arbeitnehmervertreter greift das SEBG auf die Wahlvorschriften zur Bildung des besonderen Verhandlungsgremiums zurück.[462] Die Arbeitnehmervertreter werden von einem Wahlgremium ermittelt, das sich aus den Arbeitnehmervertretungen der SE, ihrer Tochtergesellschaften und Betriebe zusammensetzt.

339　Auch die Vorschriften zur Beteiligung von Gewerkschaftsvertretern und leitenden Angestellten finden für die Besetzung des Aufsichts- oder Verwaltungsorgans der SE Anwendung.[463]

340　▶ **Beispiel:**

In einer SE entfallen sieben Arbeitnehmersitze im Aufsichts- oder Verwaltungsorgan auf Vertreter aus Deutschland.

460　§ 36 Abs. 1 SEBG.
461　§ 36 Abs. 1 S. 2 SEBG.
462　§ 36 Abs. 3 SEBG; ausführlich dazu oben § 2 Rn. 665 ff.
463　Siehe dazu ausführlich § 2 Rn. 671 ff.

💡 **Lösung:**

Zwei Sitze sind von Gewerkschaftsvertretern, ein Sitz von einem leitenden Angestellten und vier Sitze von Arbeitnehmern zu besetzen.

❗ **Praxishinweis:**   341

Anders als bei der Besetzung des besonderen Verhandlungsgremiums können die leitenden Angestellten, wenn sie nicht durch einen Sprecherausschuss vertreten werden, keine eigenen Wahlvorschläge machen.

Die Ergebnisse der Wahl der deutschen Arbeitnehmervertreter teilt der Vorsitzende der Arbeit-   342
nehmervertretung auf höchster Ebene, der auch für die Einberufung des Wahlgremiums verantwortlich ist,[464] der Leitung der SE, dem SE-Betriebsrat, den Gewählten, den Sprecherausschüssen
und den Gewerkschaften mit.

❗ **Praxishinweis:**   343

Die Wahl der Arbeitnehmervertreter bildet nicht den Legitimationsakt, durch den die Arbeitnehmervertreter zu Mitgliedern des Aufsichts- bzw. Verwaltungsorgans der SE werden. Hierfür ist vielmehr noch die formale Bestellung der Arbeitnehmervertreter zu Mitgliedern des Aufsichts- oder Verwaltungsorgans durch die Hauptversammlung der SE erforderlich.[465] Dies folgt auch aus Art. 40 Abs. 2 SE-VO und Art. 43 Abs. 3 SE-VO. Erst diese Bestellung hat konstitutive Wirkung. Die Hauptversammlung ist aber an die Vorschläge des SE-Betriebsrats gebunden.

Um das Aufsichts- oder Verwaltungsorgan der SE vollständig zu besetzen, ist also nach der Hauptversammlung, die über die Gründung beschließt, stets noch eine zweite Hauptversammlung erforderlich, wenn die gesetzlichen Auffangregelungen des SEBG Anwendung finden. In der Beteiligungsvereinbarung der Allianz SE findet sich in Teil B Ziffer 3.2 abweichend hiervon die Regelung, dass die Arbeitnehmervertreter im ersten Aufsichtsrat gerichtlich bestellt werden.

3.   Abberufung und Anfechtung der Bestellung

Über eine vorzeitige Abberufung von Arbeitnehmervertretern im Aufsichts- oder Verwaltungs-   344
organ der SE entscheidet das Wahlgremium[466] mit einer Mehrheit von drei Vierteln der abgegebenen Stimmen.[467] Die Arbeitnehmervertreter sind von der Hauptversammlung abzuberufen.

❗ **Praxishinweis:**   345

Formal ist die Abberufung der Hauptversammlung ebenso wie die Bestellung von der Hauptversammlung zu vollziehen. Dies wird in der Regel mit einer Neubestellung verbunden werden. Die Hauptversammlung der SE ist an die Entscheidung des Wahlgremiums über die vorzeitige Abberufung eines Arbeitnehmervertreters aus dem Aufsichts- oder Verwaltungsorgan ebenso gebunden wie an die Wahl der Anteilseignervertreter in das Aufsichts- oder Verwaltungsorgan.

Da zwischen zwei Hauptversammlungen regelmäßig ein erheblicher Zeitraum liegt, kann bis zur Wirksamkeit der Abberufung eines Arbeitnehmervertreters nach dem Beschluss des Wahlgremiums einige Zeit vergehen.

Wie nach den Regeln des MitbestG,[468] kann die Wahl eines Vertreters der deutschen Arbeitnehmer   346
in das Aufsichts- oder Verwaltungsorgan der SE vor den Arbeitsgerichten angefochten werden,

---

464 § 36 Abs. 3 i.V.m. § 9 SEBG.
465 § 36 Abs. 4 SEBG.
466 Zur Zusammensetzung des Wahlgremiums siehe § 2 Rn. 681 ff.
467 § 37 Abs. 1 S. 2 SEBG.
468 Siehe § 22 Abs. 1 MitbestG.

wenn bei der Wahl durch das Wahlgremium gegen wesentliche Vorschriften über das Wahlrecht, die Wählbarkeit oder das Wahlverfahren verstoßen wurde und keine Berichtigung erfolgt ist.[469] Ein Anfechtungsgrund besteht indes nur, wenn der Verstoß Auswirkungen auf das Wahlergebnis haben konnte.

347   🛇 Praxishinweis:

Die Frist für die Einlegung einer Anfechtungsklage gegen die Wahl eines Arbeitnehmervertreters beträgt einen Monat.[470] Die Frist beginnt mit dem Tag des Bestellungsbeschlusses der Hauptversammlung. Für die Fristberechnung gelten die Bestimmungen der §§ 186 ff. BGB.[471]

348   Einen Antrag auf Abberufung der Arbeitnehmer oder Anfechtung der Wahl können stellen:[472]

- Die Arbeitnehmervertretungen, die das Wahlgremium gebildet haben;

- Mindestens drei wahlberechtigte Arbeitnehmer, falls die Arbeitnehmervertreter mangels Bestehens einer Arbeitnehmervertretung von den Arbeitnehmern selbst in geheimer und unmittelbarer Wahl gewählt worden sind (sog. Urwahl);[473]

- Für die Abberufung eines Gewerkschaftsvertreters oder die Anfechtung der Wahl eines Gewerkschaftsvertreters nur die Gewerkschaft, die das Mitglied vorgeschlagen hat;

- Für die Abberufung eines Vertreters der leitenden Angestellten oder die Anfechtung der Wahl eines leitenden Angestellten nur der Sprecherausschuss, der das Mitglied vorgeschlagen hat.

4.   Sonderregelungen zur inneren Ordnung

a)   Gleichheit zwischen Arbeitnehmer- und Aktionärsvertretern

349   Die Arbeitnehmervertreter im Aufsichts- oder Verwaltungsorgan haben die gleichen Rechte und Pflichten, wie Anteilseignervertreter.[474] Die Arbeitnehmervertreter haben also nicht nur eine beratende, sondern auch eine beschließende Stimme im Aufsichts- oder Verwaltungsorgan.

350   🛇 Praxishinweis:

Eine Ausnahme von diesem Gleichheitssatz gilt für die Wahl zum Vorsitzenden des Aufsichts- oder Verwaltungsorgan. Besteht das Aufsichts- oder Verwaltungsorgan jeweils zur Hälfte aus Anteilseigner- und aus Arbeitnehmervertretern, darf nur ein Vertreter der Aktionäre zum Vorsitzenden gewählt werden.[475]

351   Art. 50 Abs. 2 SE-VO trifft eine Sonderregelung, die den Vertretern der Aktionäre im Aufsichts- oder Verwaltungsorgan stets die Mehrheit sichert. So gibt im Falle einer paritätischen Zusammensetzung bei Stimmengleichheit die Stimme des Vorsitzenden den Ausschlag.

352   Der Vorsitzende des Verwaltungsrates hat darüber hinaus eine zusätzliche Stimme, wenn ein zum geschäftsführenden Direktor bestelltes Mitglied des Verwaltungsrats aus rechtlichen Gründen an der Teilnahme an der Beschlussfassung gehindert ist.[476]

---

469 § 37 Abs. 2 SEBG.
470 Vgl. die aktienrechtliche Klagefrist zur Anfechtung von Hauptversammlungesbeschlüssen gem. § 24 Abs. 6 AktG.
471 § 17 Abs. 4 SEAG.
472 § 37 Abs. 1 S. 2 SEBG.
473 Näher hierzu auch § 2 Rn. 684.
474 § 38 Abs. 1 SEBG.
475 Art. 42 und 45 SE-VO.
476 § 35 Abs. 3 SEAG.

b)   Arbeitsdirektor

Ein Mitglied des Leitungsorgans im Sinne des § 16 SEAG oder einer der geschäftsführenden Direktoren der SE im Sinne des § 40 SEAG ist für den Bereich Arbeit und Soziales zuständig.[477]   353

🛇 Praxishinweis: 354

Das SEBG übernimmt damit die aus dem deutschen Mitbestimmungsrecht bekannte Funktion des Arbeitsdirektors, ohne hierfür die gesonderte Bestellung eines weiteren Mitglieds des Leitungsorgans oder eines weiteren geschäftsführenden Direktors anzuordnen.[478]

c)   Beteiligung einer montan-mitbestimmten Gesellschaft

Ist an der Gründung der SE eine Gesellschaft beteiligt, auf die die Vorschriften des Montan-MitbestG Anwendung finden, soll sich die besondere Struktur der Montan-Mitbestimmung – die Beteiligung eines sog. weiteren Mitglieds – auch im Aufsichts- oder Verwaltungsorgan der SE fortsetzen.   355

🛇 Praxishinweis: 356

Ein weiteres Mitglied des Aufsichts- oder Verwaltungsorgan der SE ist auf gemeinsamen Vorschlag der Aktionärs- und der Arbeitnehmervertreter zu wählen, falls an der SE-Gründung eine montan-mitbestimmte Gesellschaft beteiligt ist.[479]

III.   Gestaltungsspielraum des Unternehmers

1.   Grundüberlegungen

Die Mitbestimmung in der SE wird dominiert von dem Leitbild der Verhandlungslösung. In diesem Ansatz liegen für den Unternehmer zugleich Chancen, als auch Risiken. Risiken bestehen insbesondere deshalb, weil sich die Leitungen der an der SE-Gründung beteiligten Gesellschaften in der im Vergleich zum besonderen Verhandlungsgremium schlechteren Verhandlungsposition befinden. Die Arbeitnehmer können wählen, ob sie auf die komfortablen gesetzlichen Auffangregelungen zurückfallen, oder eine hiervon abweichende Beteiligungsvereinbarung abschließen wollen.   357

Die Leitungen der an der SE-Gründung beteiligten Gesellschaften müssen geschickt verhandeln, wollen sie eine Lösung erzielen, bei der das Mitbestimmungsniveau hinter dem durch die gesetzlichen Auffangregelungen garantierten Status zurückbleibt. Eine Chance liegt indes darin, dass sich im besonderen Verhandlungsgremium auch Arbeitnehmervertreter aus Mitgliedstaaten befinden können, in denen die unternehmerische Mitbestimmung unbekannt ist oder ein geringeres Ausmaß hat.   358

Das SEBG macht nur wenige Vorgaben für den Inhalt einer Beteiligungsvereinbarung. Gelingt der Abschluss einer solchen Vereinbarung, steht den Parteien deshalb – mit Ausnahme einer SE-   359

---

477 § 38 Abs. 2 S. 2 SEBG.
478 Vgl. hierzu § 33 MitbestG und § 13 Montan-MitbestG.
479 § 38 Abs. 3 SEBG.

Gründung durch Umwandlung – ein beachtlicher Gestaltungsspielraum offen. Sie können die Beteiligung der Arbeitnehmer in der SE weitgehend privatautonom regeln.

360   🛈 Praxishinweis:

Nicht zum Regelungsbereich der Beteiligungsvereinbarung gehören Arbeitsbedingungen der Arbeitnehmer und Belange der inneren Ordnung der Organe der SE, wie z.B. die Einrichtung bestimmter Ausschüsse.

2.   Größe des mitbestimmten Aufsichtsorgans

361   Es ist die alleinige Aufgabe der Hauptversammlung der SE, die Größe des Aufsichtsorgans einer SE im Einklang mit den Vorgaben des § 17 SEAG festzusetzen. Eine Vorschrift über eine bestimmte Größe des Aufsichtsorgans enthält weder das SEAG noch das SEBG. Das SEBG begnügt sich mit einer Regelung, nach der sich im Falle der Gründung einer SE durch Verschmelzung die Zahl der Arbeitnehmervertreter im Aufsichtsorgan der SE nach dem „höchsten Anteil an Arbeitnehmervertretern, der in den Organen der beteiligten Gesellschaften vor der Eintragung der SE bestanden hat" bemisst.[480] Geschützt wird also keine absolute Anzahl an Arbeitnehmervertretern, sondern allein der Anteil der Arbeitnehmervertreter an der durch die Satzung festzusetzenden Gesamtzahl der Mitglieder des Aufsichtsorgans.

362   🛈 Praxishinweis:

Die Größe des Aufsichtsorgans kann bei der SE-Gründung verringert werden. Es ist lediglich zu beachten, dass bei paritätischer Besetzung des Aufsichtsorgans die Zahl der Mitglieder des Aufsichtsorgans nicht nur durch drei, wie es § 17 Abs. 1 S. 3 SEAG fordert, sondern auch durch zwei – folglich durch sechs – teilbar sein muss.

363   Durch diese im Vergleich zur Mitbestimmung nach dem MitbestG, DrittelBetG und Montan-MitbestimmungsG größere Freiheit, kann die Gesamtzahl der Mitglieder des Verwaltungsorgans verringert werden. Dies dürfte in der Praxis zu verringertem Diskussionsbedarf und damit verbunden einer Steigerung der Effizienz des Aufsichtsorgans führen.

3.   Konservierung des Mitbestimmungsstatuts

364   Anders als nach den traditionellen Mitbestimmungsregelungen in Deutschland, ist der Grad der Mitbestimmung nach dem SEBG unabhängig vom Erreichen bestimmter Schwellenwerte hinsichtlich der Zahl der in der SE beschäftigten Arbeitnehmer. Die Mitbestimmung in der SE ist weitgehend statisch.

365   Die Regelungen für die Wiederaufnahme von Verhandlungen über eine Beteiligungsvereinbarungen finden keine Anwendung auf Fälle, in denen z.B. die SE durch Beteiligungszukäufe nach Ablauf der Verhandlungsfrist von 600 Arbeitnehmern auf eine Arbeitnehmeranzahl von mehr als 2.000 Arbeitnehmern anwächst. Eine solche Veränderung stellt insbesondere keine „strukturelle Veränderung der SE" dar, die im Sinne des § 18 Abs. 3 SEBG „geeignet ist, Beteiligungsrechte der Arbeitnehmer zu mindern". Dies folgt unmittelbar aus Sinn und Zweck der Regelung des § 18 Abs. 3 SEBG.[481]

366   🛈 Praxishinweis:

Die Gründung einer SE kann mithin zur Konservierung des Mitbestimmungsstatuts genutzt werden.

---

480 § 35 Abs. 2 SEBG; dazu § 3 Rn. 322 ff.
481 Siehe hierzu oben § 2 Rn. 722 ff. sowie Begr RegE SEBG BR-Drs. 438/04 S. 127.

§ 4 Die SE im Rechtsverkehr

A. Gesellschaftsrechtliche Maßnahmen bei der SE

I. Umwandlungen unter Mitwirkung einer SE

1. Allgemeines

Das deutsche Umwandlungsrecht ermöglicht gesellschaftsrechtliche Strukturänderungen durch Verschmelzung, Formwechsel und Spaltung. Bei Verschmelzungen und Spaltungen nach dem deutschen Umwandlungsgesetz transferiert die übertragende Gesellschaft ihr gesamtes bzw. Teile ihres Vermögens im Wege der Gesamtrechtsnachfolge auf die aufnehmende bzw. im Rahmen des Umwandlungsvorgangs neu entstehende Gesellschaft. Bei einer Verschmelzung oder Aufspaltung erlischt die übertragende Gesellschaft, ohne dass es einer gesellschaftsrechtlichen Auflösung bedarf.

Verschmelzung und Spaltung sind jeweils zur Aufnahme oder zur Neugründung möglich. Bei der Verschmelzung oder Spaltung zur Aufnahme erfolgt eine Vermögensübertragung auf einen bereits existierenden Rechtsträger, bei der Verschmelzung oder Spaltung zur Neugründung erfolgt eine Vermögensübertragung auf einen im Rahmen der Transaktion neu entstehenden Rechtsträger.

Im Wege des Formwechsels kann eine Gesellschaft identitätswahrend, d.h. ohne Auflösung und Neugründung, in eine Gesellschaft anderer Rechtsform umgewandelt werden.

Die vorstehend beschriebenen Strukturmaßnahmen nach dem Umwandlungsgesetz erfordern jeweils die Zustimmung der Gesellschafterversammlungen der beteiligten Gesellschaften und werden mit Eintragung in das Handelsregister wirksam.

Die Teilnahme der SE an Umwandlungsvorgängen ist gesetzlich nur unvollständig geregelt. Es stellt sich deshalb die Frage, an welchen Umwandlungsvorgängen eine SE teilnehmen kann und ob sich Umwandlungsvorgänge unter Mitwirkung einer SE nach den Regeln des nationalen Umwandlungsrechts oder der SE-VO richten. Bis sich eine gegebenenfalls auch durch den EuGH abgesicherte Rechtspraxis herausgebildet oder der (europäische) Gesetzgeber weitere Festlegungen getroffen hat, müssen Umstrukturierungen unter Beteiligung einer SE sorgfältig geplant werden, um Transaktionssicherheit zu gewährleisten.

Das heutige Bild lässt sich wie folgt darstellen, wobei zwischen grenzüberschreitenden Umwandlungsvorgängen und rein nationalen Umwandlungsvorgängen unterschieden wird:

2.   Grenzüberschreitende Umwandlungen

a)   Verschmelzung

7   Eine SE kann selber an der Gründung einer SE im Wege der Verschmelzung teilnehmen.[1] Die Verschmelzung erfolgt nach den oben unter § 2 Rn. 44 ff. dargestellten Regeln und setzt Mehrstaatlichkeit voraus, d.h. mindestens zwei der beteiligten Gesellschaften müssen ihren Sitz in verschiedenen Mitgliedstaaten haben. Beteiligte Gesellschaften können nur Aktiengesellschaften und Gesellschaften in der Rechtsform einer SE sein. Eine SE mit Sitz in Deutschland kann also mit einer Aktiengesellschaft oder einer SE mit Sitz in einem anderen Mitgliedstaat eine neue SE durch Verschmelzung gründen. Die neue SE kann ihren satzungsmäßigen Sitz entweder im Sitzstaat einer der beteiligten Gesellschaften oder in einem anderen Mitgliedstaat haben.[2]

8   Die Verschmelzung nach der SE-VO erfolgt entweder durch Neugründung einer SE oder dadurch, dass die aufnehmende Aktiengesellschaft im Rahmen der SE-Gründung die Rechtsform der SE annimmt.[3] Die SE-VO befasst sich hingegen nicht mit der Verschmelzung einer SE auf eine Gesellschaft anderer Rechtsform zur Aufnahme durch diese Gesellschaft (ohne deren gleichzeitige Transformation in eine SE) oder der Verschmelzung unter Beteiligung einer SE zur Neugründung einer Gesellschaft, die nicht SE ist. Außerdem regelt die SE-VO nicht den Fall der Verschmelzung auf eine bestehende SE.[4] Die Unterschiede veranschaulichen die folgenden Schaubilder:

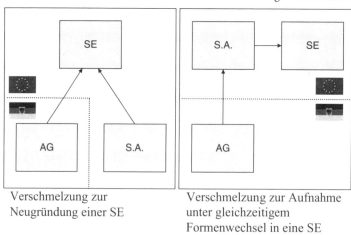

Verschmelzung zur
Neugründung einer SE

Verschmelzung zur Aufnahme
unter gleichzeitigem
Formenwechsel in eine SE

Schaubild 1: Verschmelzungsgründung nach der SE-VO

---

1   Art. 3 Abs. 1 in Verbindung mit Art. 2 Abs. 1 SE-VO.
2   Oben § 1 Rn. 62.
3   Art. 17 Abs. 2 S. 2 SE-VO.
4   Anders *Veil*, in: *Jannott/Frodermann*, Handbuch der Europäischen Aktiengesellschaft, Kapitel 10 Rn. 11; *Oplustil/ Schneider* NZG 2003, 13, 16.

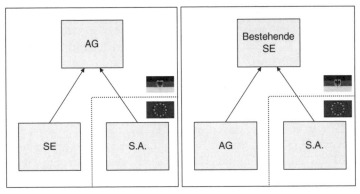

Verschmelzung zur Aufnahme
oder Neugründung

Verschmelzung zur Aufnahme

Schaubild 2: Grenzüberschreitende Verschmelzungen außerhalb des Regelungsbereichs der SE-VO

Es stellt sich die Frage, ob die SE nur an denjenigen Verschmelzungsvorgängen beteiligt sein kann, die in der SE-VO ausdrücklich geregelt sind. Dann stünden der SE nur die in Schaubild 1 genannten Verschmelzungsmöglichkeiten offen.[5] Eine solche Beschränkung der Verschmelzungsmöglichkeiten der SE ist jedoch nicht anzunehmen. Denn die SE-VO enthält zwar einen *numerus clausus* der Gründungsformen der SE, sie befasst sich jedoch nicht mit späteren Restrukturierungen unter Mitwirkung einer SE. Die SE von späteren Umwandlungsvorgängen generell auszunehmen, würde nicht nur die SE gegenüber den nationalen Rechtsformen unangemessen benachteiligen und damit einen Verstoß gegen das Diskriminierungsverbot aus Art. 10 SE-VO darstellen,[6] sondern auch der Verschmelzungsrichtlinie[7] und dem SEVIC-Urteil des EUGH[8] widersprechen. 9

Die Verschmelzungsrichtlinie verpflichtet die Mitgliedstaaten, bis Dezember 2007 Regelungen für grenzüberschreitende Verschmelzungen von Kapitalgesellschaften einzuführen. In Deutschland ist die Verschmelzungsrichtlinie bereits durch einen gesonderten Abschnitt im Umwandlungsgesetz[9] umgesetzt worden. Mit der Einführung grenzüberschreitender Verschmelzungen in das deutsche Umwandlungsgesetz setzt der Gesetzgeber auch die Anforderungen aus der Rechtsprechung des EuGH (SEVIC) in nationales Recht um. Nach dieser Rechtsprechung stellt es einen Verstoß gegen die Niederlassungsfreiheit dar, einer ausländischen Gesellschaft die Verschmelzung auf eine deutsche Gesellschaft zu untersagen. Diese Rechtsprechung ist auch auf eine SE anwendbar. Denn eine Kapitalgesellschaft im Sinne der Verschmelzungsrichtlinie ist auch eine SE.[10] Hiervon geht auch der deutsche Gesetzgeber aus, der in der Gesetzesbegründung zur Umsetzung der Verschmelzungsrichtlinie festhält, dass eine SE mit Sitz in Deutschland eine Kapital- 10

---

5 Vgl. *Veil*, in: *Jannott/Frodermann*, Handbuch der Europäischen Aktiengesellschaft, Kapitel 10 Rn. 17 ff., der neben den in der SE-VO geregelten Verschmelzungsmöglichkeiten nur noch die Verschmelzung einer SE auf eine AG oder eine andere SE für zulässig hält.

6 *Drinhausen/Gesell*, BB-Special 8 (zu BB 2006, Heft 44), 3, 16.

7 RL 2005/56/EG des Europäischen Parlaments und des Rates v. 26.10.2005 über die Verschmelzung von Kapitalgesellschaften verschiedener Mitgliedstaaten (ABl. EU Nr. L310 S. 1).

8 EuGH, Urteil vom 13.12.2005, Rs C-411/03, NZG 2006, 112 f.

9 §§ 122a bis 122l UmwG; Zweites Gesetz zur Änderung des Umwandlungsgesetzes vom 19.04.2007, BGBl. 2007 I, 542.

10 *Bayer/Schmidt*, NJW 2006, 401; *Haritz/v. Wolff*, GmbHR 2006, 340; *Neye/Timm*, DB 2006, 488, 490; *Spahlinger/Wegen*, NZG 2006, 721, 723.

gesellschaft ist, die an einer grenzüberschreitenden Verschmelzung teilnehmen kann.[11] Seit Inkrafttreten der neuen Bestimmungen des UmwG über grenzüberschreitende Verschmelzungen kann demnach auch eine SE mit Sitz in Deutschland nach den Regelungen des UmwG an einer grenzüberschreitenden Verschmelzung teilnehmen, und zwar sowohl als übertragender als auch als aufnehmender Rechtsträger. Der Ablauf einer solchen grenzüberschreitenden Verschmelzung richtet sich nach §§ 122 a ff. UmwG.

11   Da die SE-VO einen *numerus clausus* der Gründungsformen der SE enthält, muss hiervon jedoch eine Ausnahme für den Fall gemacht werden, dass im Rahmen der Verschmelzung eine SE neu entsteht, d.h. dass eine Verschmelzung zur Neugründung einer SE vorgenommen wird. Denn die Gründung einer SE im Wege der Verschmelzung ist abschließend in der SE-VO geregelt und kann deshalb nur nach näherer Maßgabe der SE-VO erfolgen.

12   Teilweise wird darüber hinaus angenommen, grenzüberschreitende Verschmelzungen seien immer nur nach den Regeln der SE-VO zulässig, wenn Endprodukt der Verschmelzung eine SE sei.[12] Auch die Verschmelzung zur Aufnahme durch eine bestehende SE (vgl. oben Schaubild 2, Bild 2) wäre nach dieser Auffassung nur nach den Regelungen der SE-VO zulässig. Da die SE-VO nur Aktiengesellschaften und SE die Teilnahme an einer Verschmelzung gestattet, müssten Kapitalgesellschaften anderer Rechtsform, die sich an der Verschmelzung auf eine SE beteiligen wollen, ihrerseits vorher in eine AG oder SE umgewandelt werden.[13]

13   ▶ Beispiel:

GmbH 1 und GmbH 2 mit Sitz in Deutschland sollen auf eine bestehende SE mit Sitz in Frankreich verschmolzen werden. Lässt man diese Verschmelzung nur nach den Regeln der SE-VO zu, weil Endprodukt der Verschmelzung eine SE ist, müssten GmbH 1 und GmbH 2 in einem ersten Schritt in Aktiengesellschaften (oder SE) umgewandelt werden.

14   Gegen diese Auffassung spricht, dass die SE-VO nur die Gründung einer SE im Blick hat, nicht jedoch die Verschmelzung auf eine bereits bestehende SE. Die Teilnahme einer SE an einer Umstrukturierung unter Fortbestand dieser SE ist nicht mit der Gründung einer SE verbunden und unterfällt deshalb nicht dem Anwendungsbereich der SE-VO.[14] Eine Verschmelzung auf eine bestehende SE kann deshalb nicht nach den Regeln der SE-VO erfolgen. Dies ergibt sich auch aus dem Wortlaut von Art. 17 Abs. 2 SE-VO, der die Verschmelzung nur zur Neugründung einer SE oder durch Verschmelzung auf eine Aktiengesellschaft, die sich im Rahmen der Verschmelzung in eine SE umwandelt, gestattet. Die SE-VO ist aber auch nicht abschließend in dem Sinne, dass sie die Verschmelzung auf eine bestehende SE nicht erlaubt. Denn dies würde, wie bereits dargestellt, gegen das Diskriminierungsverbot, die Verschmelzungsrichtlinie und ihre Umsetzung sowie die Rechtsprechung des EuGH verstoßen. In dem obigen Beispiel ist deshalb die Verschmelzung nach den Regeln des UmwG zulässig, ohne dass es eines vorherigen Formwechsels bedarf. Eine SE kann als übertragender und aufnehmender Rechtsträger an einer grenzüberschreitenden Verschmelzung nach dem UmwG teilnehmen.[15]

---

11   BT-Drs. 16/2919, S. 14.
12   *Oechsler*, in: MünchKomm AktG, Vor Art. 1 SE-VO Rn. 19; *Reichert*, Konzern, 2006, 821, 834.
13   *Reichert*, a.a.O., der voraussetzt, dass die SE-VO die Verschmelzung auf eine bestehende SE gestattet.
14   *Simon/Rubner*, Konzern 2006, 835, 837; ebenso für den Fall der nationalen Verschmelzung *Marsch-Barner*, in: Kallmeyer, UmwG, Anhang Rn. 9.
15   Vgl. *Simon/Rubner,* Konzern 2006, 835, 837; *Casper*, AG 2007, 97, 103, die die grenzüberschreitende Verschmelzung zweier SE den Regeln der SE-VO unterwerfen.

IV. Beschlüsse und Wahlen

Die Hauptversammlung trifft ihre Entscheidungen durch Beschlüsse und Wahlen. Wahlen unter-   219
scheiden sich von Beschlüssen dadurch, dass bei Beschlüssen über Sach- und Verfahrensfragen
entschieden wird, bei Wahlen dagegen Entscheidungen über Personen getroffen werden.

1. Beschlüsse

Mittels Beschlüssen entscheidet die Hauptversammlung über Anträge, indem sie diese annimmt   220
oder ablehnt. Der Antrag muss in der Hauptversammlung gestellt werden. Die Frage der Beschlussfähigkeit der Hauptversammlung bleibt im SE-Statut ungeregelt. Für die SE mit Sitz in
Deutschland ist daher davon auszugehen, dass zur Beschlussfähigkeit bereits die Präsenz eines
einzigen Aktionärs ausreichend ist.[360] Für bestimmte Beschlüsse gelten zusätzliche Voraussetzungen. So ordnet zum Beispiel Art. 8 Abs. 6 SE-VO für den Verlegungsbeschluss an, dass dieser
erst zwei Monate nach Offenlegung des Verlegungsplans gefasst werden kann.

2. Stimmrechte

Das Stimmrecht vermittelt dem Aktionär das Recht, an Beschlüssen der Hauptversammlung mit-   221
zuwirken. Nach § 134 Abs. 2 Satz 1 AktG beginnt das Stimmrecht grundsätzlich mit der vollständigen Leistung der Einlage. Davon abweichend kann die Satzung der SE vorsehen, dass das
Stimmrecht bereits mit der Mindesteinlage oder einer in der Satzung festgelegten höheren Einlage
beginnt.

Da auch für die SE das Prinzip der Präsenz-Hauptversammlung gilt, setzt die Stimmrechtsausü-   222
bung eine Teilnahme an der Hauptversammlung voraus.[361] Der Aktionär kann jedoch einen anderen mit der Ausübung seines Stimmrechts bevollmächtigen. Ein Ausschluss vom Stimmrecht
erfolgt nach § 136 AktG im Falle (i) der eigenen Entlastung als Mitglied des Vorstands oder Aufsichtsrats bzw. des Verwaltungsorgans, (ii) der Befreiung von einer Verbindlichkeit gegenüber der
Gesellschaft sowie (iii) bei der Geltendmachung eines Anspruchs gegen den Aktionär.

a) Abstimmung

Art. 53 SE-VO verweist für das Abstimmungsverfahren ausdrücklich auf die maßgeblichen na-   223
tionalen Rechtsvorschriften. Die Art der Abstimmung richtet sich danach in erster Linie nach
der Satzung. In der Satzung kann jedes Abstimmungsverfahren vorgeschrieben werden, dass dem
Ziel einer Beschlussfassung dient (Stimmkarten, geheime Abstimmung, etc.). Üblicherweise wird
die Bestimmung über die Art der Abstimmung in der Satzung aber dem Versammlungsleiter zugewiesen.

❶ Praxishinweis: 224

*Die übliche Praxis auf Hauptversammlungen einer zusammengefassten Abstimmung (en bloc) ist durch den BGH in jüngster
Zeit in Frage gestellt worden.[362] Bis zur weiteren Klärung dieser Rechtsfrage ist zu empfehlen, dass durch einen Hinweis des*

---

360 *Kubis*, in: MünchKomm AktG, Art. 57, 58 SE-VO Rn. 1.
361 *Kubis*, in: MünchKomm AktG, Art. 53 SE-VO Rn. 21.
362 BGHZ 156, 38 = ZIP 2003, 1788.

Versammlungsleiters zuvor ausdrücklich klargestellt wird, dass durch Ablehnung der Beschlussvorlage eine Einzelabstimmung herbeigeführt werden kann. Dies gilt nicht für den gesetzlich geregelten Fall der Blockabstimmung über die Entlastung der Vorstands- und Aufsichtsmitglieder bzw. des Verwaltungsorgans.[363]

225 Für die Ermittlung des Abstimmungsergebnisses sind in der Praxis das Additions- und Subtraktionsverfahren üblich. Bei großen Hauptversammlungen ist das Subtraktionsverfahren deutlich praktikabler, bei dem lediglich die Stimmenthaltungen und die Stimmen gezählt werden, von denen zu erwarten ist, dass sie die geringere Anzahl darstellen.[364]

226 Gemäß Art. 58 SE-VO werden von den abgegebenen Stimmen diejenigen nicht gezählt, die mit Aktien verbunden sind, deren Inhaber nicht an der Abstimmung teilgenommen oder sich der Stimme enthalten oder – im Fall einer Stimmabgabe durch Stimmzettel – einen leeren oder ungültigen Stimmzettel abgegeben haben.

b) Mehrheitserfordernisse

227 Nach Art. 57 SE-VO werden Beschlüsse der Hauptversammlung mit einfacher Mehrheit der abgegebenen gültigen Stimmen gefasst. Dazu zählen alle Verfahrungs- und Sachbeschlüsse. Sofern das nationale Recht für Aktiengesellschaften jedoch eine größere Mehrheit zwingend vorschreibt, geht dieses vor und diese größere Mehrheit ist auch für Hauptversammlungsbeschlüsse der SE erforderlich.[365] Dieser Vorrang des nationalen Rechts gilt nicht, sofern qualifizierte Mehrheitserfordernisse des nationalen Rechts abdingbar sind.[366] Für unzulässig wird es angesehen, die Mehrheitserfordernisse für Hauptversammlungsbeschlüsse nach Art. 57 SE-VO (zu Satzungsänderungen siehe sogleich Rn. 229) durch Satzungsregelungen zu erhöhen oder sonstige Abstimmungserfordernisse in der Satzung zu regeln. Denn die SE-VO lässt eine solche Erschwerung, außer durch zwingende gesetzliche Regelungen für Aktiengesellschaften, gerade nicht zu.[367]

228 Fraglich ist, ob nationale Verschärfungen, die neben bestimmten Mehrheiten von Stimmen an zusätzliche Kriterien anknüpfen, eine zulässige Abweichung im Sinne von Art. 57 SE-VO darstellen. Dies betrifft in erster Linie mitgliedstaatliche Anforderungen an Kapitalmehrheiten, die in Deutschland zum Beispiel beim Abschluss von Unternehmensverträgen gelten.[368] Es wird argumentiert, diese liefen dem Zweck der SE-VO zur Rechtsvereinheitlichung zuwider und wären daher als Ausnahmen im Sinne von Art. 57 SE-VO abzulehnen.[369] Nach richtiger Auffassung sind gesetzliche Vorschriften über Kapitalmehrheiten SE-spezifisch auszulegen und anzuwenden. Das bedeutet, dass bei der SE anstelle der vom AktG geforderten Kapitalmehrheit eine entsprechende Stimmenmehrheit erforderlich ist.[370]

229 Für Satzungsänderungen ist zu beachten, dass das nationale Mehrheitserfordernis von drei Vierteln des vertretenen Grundkapitals gemäß Art. 59 Abs. 1 SE-VO, § 179 Abs. 2 Satz 1 AktG grundsätzlich nur zum Tragen kommt, wenn die Satzung der SE keine Erleichterung vorsieht. Gemäß § 51 SEAG kann die Satzung bestimmen, dass für einen Beschluss der Hauptversammlung über die Änderung der Satzung die einfache Mehrheit der abgegebenen Stimmen ausreicht, sofern

---

363 Vgl. zur Entlastung des Verwaltungsorgans weiter oben § 3 Rn. 181.
364 Zu beiden Verfahren ausführlich *Semler/Volhard*, in: Arbeitshandbuch, I D 161.
365 Art. 57 SE-VO.
366 *Schwarz*, SE-VO, Art. 57 Rn. 11.
367 Art. 9 Abs. 1 lit. b SE-VO, *Schwarz*, SE-VO, Art. 57 Rn. 15 f.
368 § 293 Abs. 1 S. 2 AktG.
369 Vgl. *Kubis*, in: MünchKomm AktG, Art. 57, 58 SE-VO Rn. 7.
370 *Kubis*, in: MünchKomm AktG, Art. 57, 58 SE-VO Rn. 7; *Schwarz*, SE-VO, Art. 57 Rn. 10.

mindestens die Hälfte des Grundkapitals vertreten ist und die Änderung nicht den Gegenstand des Unternehmens, die Sitzverlegung in einen anderen Mitgliedsstaat oder Angelegenheiten, für die eine höhere Kapitalmehrheit gesetzlich zwingend vorgeschrieben ist, betrifft. Wird über derartige Gegenstände beschlossen, ist eine Dreiviertelmehrheit erforderlich.[371] Wird nicht über derartige Gegenstände beschlossen, jedoch das Quorum der Hälfte des Grundkapitals nicht erreicht, ist gleichfalls eine Dreiviertelmehrheit erforderlich. Die Satzung kann jedoch bestimmen, dass in diesem Fall eine Zweidrittelmehrheit ausreicht. Dabei ist jeweils auf entsprechende Mehrheiten der vertretenen Stimmen, nicht des vertretenen Grundkapitals, abzustellen.[372]

Schließlich schreibt die SE-VO selbst an mehreren Stellen unmittelbar besondere Mehrheiten für Beschlüsse fest, die dem Erfordernis der einfachen Stimmenmehrheit nach Art. 57 SE-VO vorgehen. Hierunter fällt insbesondere die Zustimmung zum Umwandlungsplan mit qualifizierter Mehrheit (Art. 37 Abs. 8 SE-VO). 230

c)   Sonderbeschlüsse

Sonderbeschlüsse sind erforderlich, wenn ein Beschluss der Hauptversammlung ausnahmsweise für die Wirksamkeit nicht ausreicht, sondern zusätzlich ein weiterer Beschluss bestimmter Aktionäre hinzutreten muss. Sind zum Beispiel mehrere Gattungen von Aktien vorhanden, erfordert jeder Beschluss der Hauptversammlung gemäß Art. 60 SE-VO eine gesonderte Abstimmung durch jede Gruppe von Aktionären, deren spezifischen Rechte durch den Beschluss berührt sind. Derartige Sonderbeschlüsse setzen entweder eine qualifizierte Mehrheit von drei Vierteln der Stimmen voraus[373] bzw. es gelten die Mehrheitserfordernisse des Hauptversammlungsbeschlusses.[374] 231

d)   Beschlusskontrolle

Mangels eigener Regelungen in der SE-VO gelten für die Kontrolle der Beschlüsse ausschließlich die mitgliedsstaatlichen Vorschriften. Dies gilt sowohl für die materiell-rechtlichen Vorgaben als auch die Verfahrensbestimmungen. Es verbleibt für die SE in Deutschland damit bei den beiden Fehlerkategorien der Anfechtbarkeit und Nichtigkeit von Hauptversammlungsbeschlüssen. 232

3.   Wahlen

Der Grundsatz der einfachen Stimmenmehrheit gilt auch für Wahlen durch die Hauptversammlung, also die Entscheidung über Personen. Die Satzung kann die Mehrheitserfordernisse für Wahlen nicht herab- oder heraufsetzen.[375] Die Zuständigkeit der Hauptversammlung bezieht sich neben der Wahl von Abschluss- und Sonderprüfern insbesondere auf die Wahl der Aufsichtsratsmitglieder sowie der Mitglieder des Verwaltungsorgans. 233

---

371 Zum Mehrheitserfordernis bei der Sitzverlegung siehe § 5 Rn. 25.

372 Vgl. § 3 Rn. 255.

373 § 141 Abs. 3 AktG.

374 Art. 60 Abs. 2 SE-VO.

375 Art. 57 SE-VO ist abschließend und lässt für die Anwendung von § 133 Abs. 2 AktG keinen Raum, *Schwarz*, SE-VO, Art. 57 Rn. 22.

V.   Auskunftsrechte

234   Das Auskunftsrecht ist die Grundlage sachgerechter Information und damit zentrales Mitverwaltungsrecht des Aktionärs in der Hauptversammlung. Über den Verweis in Art. 53 SE-VO richtet sich das Auskunftsrecht des Aktionärs nach nationalem Recht, mithin nach § 131 AktG einschließlich der einschlägigen Rechtsprechung.[376]

1.   Gegenstand und Umfang

235   Das Auskunftsrecht der Aktionäre bezieht sich auf alle Angelegenheiten der Gesellschaft einschließlich verbundener Unternehmen („erweiterte Auskunftspflicht"). Jedoch muss die gewünschte Auskunft zur sachgemäßen Beurteilung des Gegenstandes der Tagesordnung erforderlich sein, § 131 Abs. 1 AktG. Nach der zur AG ergangenen Rechtsprechung liegt keine Erforderlichkeit vor, wenn die Tagesordnung mit unerheblichen Fragen durch missbräuchliche und ausufernde Auskunftsbegehren belastet wird.[377] Verpflichteter des Auskunftsanspruchs ist bei der dualistischen SE der Vorstand, bei der monistisch strukturierten SE jeder geschäftsführende Direktor des Verwaltungsorgans.[378]

236   🛈 Praxishinweis:

> *Bis zur Klärung der „Erforderlichkeit" von Auskunftsbegehren sollte zur Verhinderung von Anfechtungsklagen bei der SE – wie auch bei der AG – eine möglichst weitgehende Beantwortung sämtlicher Fragen erfolgen, soweit ein Missbrauch bzw. ein Auskunftsverweigerungsgrund nicht ganz offensichtlich vorliegt.*

237   Besondere Auskunftsrechte der SE-Aktionäre betreffen – wie bei der AG – die Vorlage des Jahresabschlusses mit Anhang[379], Auskünfte beim Abschluss von Beherrschungs- und Gewinnabführungsverträgen sowie bei deren Änderung.[380] Ist einem Aktionär außerhalb der Hauptversammlung eine Auskunft erteilt worden, so ist jeder der anderen Aktionäre – unabhängig von der Erforderlichkeit – auf der Hauptversammlung nach § 131 Abs. 4 AktG zur Auskunft berechtigt.

2.   Nichterfüllung der Auskunftspflicht

238   Bei Nichterfüllung der Auskunftspflicht drohen der SE die gleichen Sanktion wie der AG. Insbesondere kann ein Hauptversammlungsbeschluss nach Art. 53 SE-VO i.V.m. § 243 Abs. 4 AktG wegen Verletzung des Informationsrechts eines Aktionärs (§ 131 AktG) gesetzeswidrig und daher gemäß § 243 Abs. 1 AktG anfechtbar sein.[381] Darüber hinaus steht den SE-Aktionären im Rahmen der freiwilligen Gerichtsbarkeit nach § 132 AktG das Auskunftserzwingungsverfahren zur Verfügung.

---

376 Der „Ablauf der Hauptversammlung" gemäß Art. 53 SE-VO ist umfassend zu verstehen und damit auch für das Auskunftsrecht maßgeblich, vgl. auch *Baatz/Weydner*, in: Jannott/Frodermann, Handbuch der Europäischen Aktiengesellschaft, 6. Kapitel Rn. 13.
377 Vgl. zur AG BGH, DB 2004, 2803.
378 Vgl. *Kubis*, in: MünchKomm AktG, Art. 53 SE-VO Rn. 16.
379 Vgl. BGHZ 93, 327, 329 f.
380 Vgl. § 293 g Abs. 3 bzw. § 295 Abs. 2 S. 3 AktG.
381 Vgl. BGH DB 2004, 2803.

VI.   Sonderprüfung

Die Sonderprüfung soll der Aufklärung von Sachverhalten sowie der Vorbereitung einer Entscheidung dienen, ob Schadensersatzansprüche gegen die Gründer bzw. Mitglieder des Vorstands und Aufsichtsrats bzw. des Verwaltungsorgans geltend gemacht werden. Sie ist Ausfluss des Minderheitsschutzes.[382] Trotz ihrer nicht unerheblichen präventiven Wirkung erfolgt ihre praktische Anwendung eher selten.[383]   239

Hierbei gelten aufgrund einer Regelungslücke in der SE-VO und mangels besondere Regelung im SEAG die nationalen Vorschriften gemäß §§ 142, 315 AktG.[384] Danach kann die Hauptversammlung einer SE zur Prüfung etwa von Vorgängen bei der Gründung oder Geschäftsführung, insbesondere von Kapitalbeschaffungs- oder Herabsetzungsmaßnahmen in der Hauptversammlung mit einfacher Stimmenmehrheit einen Sonderprüfer bestellen. Wird ein entsprechender Antrag durch die Hauptversammlung abgelehnt, kann das zuständige Gericht einen Sonderprüfer bestellen, wenn die Antragsteller gemäß § 142 Abs. 2 AktG entweder den hundertsten Teil des Grundkapitals oder den anteiligen Betrag von Euro 100.000 erreichen.[385] Eine Sonderprüfung in der SE kann zum Beispiel zu der Frage gerechtfertigt sein, ob der Vorstand im Rahmen einer Transaktion die Gesellschaft benachteiligt hat oder bei eine Sachkapitalerhöhung die Sacheinlagen korrekt festgelegt wurden. Der Jahresabschluss selbst ist demgegenüber – wie auch bei einer AG – kein Hauptgegenstand einer Sonderprüfung, da die Sonderprüfung in Konkurrenz zur Abschlussprüfung treten würde.[386]   240

C.   Satzungsbestimmungen

I.   Allgemeines

Der Ausgestaltung der Satzungsbestimmungen kommt bei der SE – wie auch bei der Aktiengesellschaft nach nationalem Recht – besondere Bedeutung zu. So wird eine Gesellschaft nicht in das Handelsregister eingetragen, wenn die von den Gründern festgestellte Satzung den gesetzlichen Anforderungen nicht hinreichend Rechnung trägt.[387] Zugleich können die Aktionäre durch eine wohlüberlegte Ausgestaltung der Satzungsbestimmungen aber auch Einfluss auf das weitere, zuweilen auch wirtschaftliche, Schicksal der Gesellschaft nehmen, indem sie innerhalb der gesetzlichen Grenzen die auf die Gesellschaft anzuwendenden Regelungen an deren tatsächliche wie rechtliche Bedürfnisse anpassen.   241

🛇 **Praxishinweis:**   242

Insbesondere bei kleinen und mittleren Gesellschaften in der Rechtsform der SE wird es regelmäßig erforderlich sein, im Rahmen der Satzung vom gesetzlichen Regelungsmodell abzuweichen und die anwendbaren Regelungen an die Besonderheiten der Aktionärsstruktur sowie der Unternehmensführung anzupassen. Als Gestaltungsmöglichkeit kommen beispielsweise die

---

382 Vgl. *Semler/Vollhard,* in: Arbeitshandbuch, II E 54.
383 Als Beispiel eines Sonderprüfungsantrags kann der Antrag der Kleinaktionäre der Strabag SE dienen.
384 Vgl. *Baatz/Weydner,* in: Handbuch der Europäischen Aktiengesellschaft, S. 207, Rn. 17.
385 Wurde durch die Hauptversammlung hingegen ein Sonderprüfer bestellt, so hat das Gericht auf Antrag von einem Prozent der Aktionäre (oder bei Erreichung eines Grundkapitalbetrag von zusammen 100.000 Euro) einen anderen Sonderprüfer zu bestellen, wenn dies aus einem in der Person des bestellten Sonderprüfers geboten erscheint, § 142 Abs. 4 AktG.
386 Vgl. *Hüffer,* AktG, § 142, Rn. 5.
387 *Hüffer,* AktG, § 23 Rn. 43; *Pentz,* in: MünchKomm AktG, § 23 Rn. 173.

Vinkulierung von Namensaktien oder die Regelung von Entsenderechten in den Aufsichtsrat beziehungsweise den Verwaltungsrat in Betracht.[388]

1.   Rechtsgrundlagen

243   Weder die SE-VO noch das SEAG enthalten einen allgemeinen Abschnitt zu Satzungsbestimmungen. Satzungsbezogene Vorschriften finden sich in der SE-VO und im SEAG vielmehr nur dort, wo das Gesetz entweder die zwingende Regelung bestimmter Punkte in der Satzung vorschreibt oder aber den Aktionären die Möglichkeit einräumt, von dem gesetzlichen Regelungsmodell abzuweichen und in der Satzung eine auf die individuellen Bedürfnisse der Gesellschaft zugeschnittene Regelung vorzusehen.

244   Neben den Vorschriften in der SE-VO und im SEAG gelten für die Satzungsbestimmungen der SE auch die nationalen Vorschriften zur Aktiengesellschaft. Dies ist allerdings nur dann der Fall, wenn das SE-spezifische Recht dem nationalen Aktienrecht ausdrücklich den Vorrang einräumt oder wenn die Vorschriften zur SE in einem bestimmten Bereich keine Regelung enthalten. Liegt eine solche Öffnung auf das nationale Recht vor, ist gemäß Art. 9 Abs. 1 lit. c iii) SE-VO das Recht desjenigen Mitgliedsstaats anzuwenden, in dessen Gebiet die SE ihren Sitz begründet hat. Auf eine SE mit Sitz in Deutschland findet deshalb vor allem § 23 AktG Anwendung, der die Feststellung der Satzung sowie deren inhaltliche Anforderungen regelt. Daneben sind jedoch – unter Beachtung der oben genannten Einschränkungen – auch die weiteren Vorschriften des Aktiengesetzes anwendbar.

2.   Inhalt und Grenzen von Satzungsbestimmungen

245   Hinsichtlich des Inhalts von Satzungsbestimmungen muss zwischen Regelungen unterschieden werden, die durch das Gesetz zwingend vorgeschrieben sind und von deren Vorliegen die Eintragung der Gesellschaft in das Handelsregister abhängig gemacht wird, und solchen, die freiwilliger Natur sind.

a)   Zwingende Satzungsbestimmungen

246   Zwingende Satzungsinhalte ergeben sich sowohl aus der SE-VO als auch aus dem anwendbaren nationalen Aktienrecht. Durch die SE-VO wird die Angabe des gewählten Organisationsprinzips (Art. 38 lit. b SE-VO), der Zahl der Mitglieder des Leitungsorgans beziehungsweise der Regelung für ihre Festsetzung (Art. 39 Abs. 4 SE-VO), des Sitzungszyklusses des Verwaltungsrats (Art. 44 Abs. 1 SE-V0), der Art von Geschäften, die der Zustimmung des Aufsichtsrats bzw. des Verwaltungsrats bedürfen (Art. 48 Abs. 1 SE-VO) sowie des Bestellungszeitraums der Mitglieder der Organe der Gesellschaft (Art. 46 Abs. 1 SE-VO) vorgeschrieben. Nach deutschem Aktienrecht ist auf der Grundlage von § 23 Abs. 3 und Abs. 4 AktG zudem die Firma der SE, ihr satzungsmäßiger Sitz und ihr Unternehmensgegenstand, die Form von freiwilligen Bekanntmachungen der SE sowie die Höhe und die Aufteilung ihres Grundkapitals zu regeln.[389]

---

388 Das Entsenderecht in den Verwaltungsrat folgt aus § 28 Abs. 2 SEAG in Verbindung mit § 101 Abs. 2 AktG, das in den Aufsichtsrat aus § 101 Abs. 2 AktG.

389 Zu weiteren, jedoch regelmäßig nicht einschlägigen Regelungspflichten siehe auch *Pentz*, in: MünchKomm AktG, § 23 Rn. 146.

b)   Freiwillige Satzungsbestimmungen

Freiwilliger Natur sind zunächst solche Satzungsbestimmungen, mit denen in bestimmten Punk-   247
ten vom gesetzlichen Leitbild zur SE abgewichen wird.[390] Ein entsprechender Gestaltungsspiel-
raum wird dem Satzungsgeber an verschiedenen Stellen in der SE-VO sowie im SEAG eingeräumt.
Umfasst sind beispielsweise die Benennung der ersten Mitglieder des Aufsichtsrats (Art. 40 Abs. 2
SE-VO), die Möglichkeit einer Wiederbestellung von Mitgliedern der Organe (Art. 46 Abs. 2 SE-
VO) und Regelungen zur Beschlussfähigkeit und Beschlussfassung der Organe der SE (Art. 50
Abs. 1 SE-VO). Daneben eröffnet auch das AktG unterschiedliche Gestaltungsspielräume.

🛈 Praxishinweis: 248

> *Für Zwecke der Eintragung der Gesellschaft ist es in den genannten Bereichen somit nicht erforderlich, entsprechende*
> *Satzungsregelungen aufzunehmen. Allerdings werden es die konkreten Interessen der Gesellschaft regelmäßig erforderlich*
> *machen, von den Gestaltungsmöglichkeiten Gebrauch zu machen.*

Daneben sind in der Praxis häufig solche Bestimmungen anzutreffen, die lediglich eine ohnehin   249
kraft Gesetzes geltende Regelung wiederholen oder das Gesetz in zulässiger Weise ergänzen. Ziel
solcher Regelungen ist es, bereits durch die Satzung selbst ein umfassendes Bild über die rechtlichen Verhältnisse der Gesellschaft und ihrer Organe zu ermöglichen.

c)   Inhaltliche Schranken von Satzungsbestimmungen

Bei der Erstellung der Satzung ist zu berücksichtigten, dass der Gestaltungsspielraum des Sat-   250
zungsgebers beschränkt ist. Schranken der Regelungskompetenz ergeben sich vor allem aus dem
in § 23 Abs. 5 AktG normierten Grundsatz der Satzungsstrenge.[391] Danach ist eine von den gesetzlichen Regelungen abweichende Satzungsbestimmung nur dann zulässig, wenn das Gesetz
die Abweichung ausdrücklich zulässt. Soweit das nationale Recht hingegen lediglich ergänzt werden soll, bedarf es keiner konkreten Ermächtigung, vorausgesetzt, dass das Gesetz keine abschließende Regelung enthält und die gesetzlichen Regelungen ihrem Gedanken nach weitergeführt
und im Grundsatz nicht berührt werden.[392]

🛈 Praxishinweis: 251

> *Die durch den Gesetzgeber eingeräumten Gestaltungsspielräume beziehen sich auf unterschiedliche Regelungsbereiche. Sie*
> *bestehen beispielsweise in Bezug auf die Beschlusserfordernisse bei einer Satzungsänderung, Anforderungen an die Teilnah-*
> *me bei der Hauptversammlung und die Verwendung des Bilanzgewinns.[393]*

Zudem stellt Art. 12 Abs. 3 SE-VO klar, dass die Satzung zu keinem Zeitpunkt im Widerspruch zu   252
einer ausgehandelten Vereinbarung über die Beteiligung der Arbeitnehmer gemäß Art. 4 SE-RL
stehen darf.

---

390 Zu den gesetzlichen Grenzen einer solchen Vorgehensweise, vgl. unten c).
391 *Seibt*, in: Lutter/Hommelhoff, Die Europäische Gesellschaft, S. 67(68) m.w.N.; *Kolster*, in: Handbuch der Europäischen
    Aktiengesellschaft, S. 118 f. Kritisch zum Grundsatz der Satzungsstrenge: Hommelhoff, AG 2001, 279, 287.
392 *Hüffer*, in: AktG, § 23 Rn. 37; *Pentz*, in: MünchKomm AktG, § 23 Rn. 157.
393 Vgl. zu den Gestaltungsspielräumen bei der Aktiengesellschaft insbesondere Röhricht, in: Großkommentar zum
    AktG, § 23 Rn. 177 ff.

3.   Satzungsänderungen

253   Eine Satzungsänderung ist beispielsweise notwendig, wenn die Gesellschaft ihren „Namen" oder ihren unternehmerischen Schwerpunkt ändern möchte und damit Satzungsänderungen in Bezug auf ihre Firma oder ihren Unternehmensgegenstand erforderlich werden. Im Unterschied zum Recht der Aktiengesellschaft ist zu beachten, dass nach zutreffender Ansicht grundsätzlich jede Änderung der Satzung eine Satzungsänderung im Sinne der Art. 59 SE-VO darstellt.[394] Es kommt damit nicht darauf an, ob es sich beim Gegenstand der Änderung um eine sogenannte „materielle" oder eine „formelle" Satzungsbestimmung handelt.[395]

254   Zuständig für die Änderung der Satzung ist gemäß Art. 59 Abs. 1 SE-VO grundsätzlich die Hauptversammlung der SE.[396] § 179 Abs. 1 Satz 2 AktG erlaubt der Hauptversammlung einer SE jedoch nach zutreffender Ansicht auch, die Zuständigkeit für lediglich die sprachliche Form der Satzung betreffende Satzungsänderungen (sogenannte Fassungsänderungen) auf den Aufsichtsrat beziehungsweise den Verwaltungsrat zu übertragen.[397]

255   Satzungsänderungen bedürfen bei einer SE mit Sitz in Deutschland grundsätzlich einer Mehrheit von drei Vierteln der vertretenen Stimmen. Denn die niedrigere Mehrheit von mindestens zwei Dritteln der abgebenene Stimmen, die die SE-VO für Satzungsänderungen ausreichen lässt, gilt nur, sofern die nationalen Regelungen für Aktiengesellschaften im Sitzstaat der SE keine größere Mehrheit vorsehen oder zulassen.[398] Nach deutschem Aktienrecht ist für Satzungsänderungen eine Mehrheit von drei Vierteln des vertretenen Grundkapitals erforderlich.[399] Dies ist für SE mit Sitz in Deutschland SE-spezifisch dahingehend auszulegen, dass Satzungsänderungen einer Mehrheit von drei Vierteln der vertretenen Stimmen bedürfen.[400] Abweichend hiervon kann die Satzung der deutschen SE jedoch vorsehen, dass die einfache Mehrheit der Stimmen ausreicht, wenn mindestens die Hälfte des Grundkapitals vertreten ist und nicht über eine Sitzverlegung, eine Änderung des Unternehmensgegenstands oder Gegenstände beschlossen wird, für die eine höhere Kapitalmehrheit gesetzlich zwingend vorgeschrieben ist.[401] Wird über derartige Angelegenheiten beschlossen, ist eine Mehrheit von mindestens drei Vierteln der Stimmen erforderlich.[402] Wird nicht über eine derartige Angelegenheit beschlossen, jedoch das Quorum der Hälfte des Grundkapitals nicht erreicht, ist für Satzungsänderungen eine Dreiviertelmehrheit erforderlich, es sei denn, die Satzung bestimmt, dass eine Mehrheit von zwei Dritteln der abgegebenen Stimmen ausreichend ist.[403] Anders als bei der deutschen Aktiengesellschaft kann die Satzung der

---

394   *Kubis*, in: MünchKomm AktG, Art. 59 SE-VO Rn. 4.

395   Je nach Einordnung greifen unterschiedlich strenge Regelungen zur Änderung der Satzung ein. Materielle Satzungsbestimmungen, an deren Änderung besonders strenge Voraussetzungen geknüpft werden, werden teilweise auch als echte oder körperschaftliche Satzungsbestimmungen bezeichnet, vgl. *Röhricht*, in: Großkommentar AktG, § 23 Rn. 8. Darunter fallen alle Regelungen hinsichtlich der Gesellschaft und ihrer Beziehungen zu den Gründern oder künftigen Aktionären, also insbesondere die zwingenden Satzungsbestimmungen nach § 23 Abs. 3 und 4 AktG sowie die abweichenden Satzungsbestimmungen gemäß § 23 Abs. 5 AktG, vgl. *Hüffer*, AktG, § 23 Rn. 3 m.w.N.

396   Beachte den Sonderfall des Art. 12 Abs. 4, Unterabs. 2 SE-VO, der in Deutschland allerdings keine Relevanz entfaltet.

397   *Kubis*, in: MünchKomm AktG, Art. 59 SE-VO Rn. 3, vgl. dazu auch § 3 Rn. 175.

398   Art. 59 Abs. 1 SE-VO.

399   § 179 Abs. 2 S. 1 AktG.

400   *Kubis*, in: MünchKomm AktG, Art. 59 SE-VO Rn. 6; *Schwarz*, SE-VO, Art. 59 Rn. 8; vgl. oben § 3 Rn. 228.

401   Art. 59 Abs. 2 SE-VO in Verbindung mit § 51 SEAG. Eine höhere Mehrheit ist z.B. bei der Schaffung von bedingtem oder genehmigtem Kapital zwingend, §§ 193 Abs. 1, 202 Abs. 2 AktG.

402   Zum Mehrheitserfordernis bei der Sitzverlegung siehe § 5 Rn. 25.

403   *Schwarz*, SE-VO, Art. 59 Rn. 15. Hingegen hält *Kubis*, in: MünchKomm AktG, Art. 59 SE-VO Rn. 6, § 179 Abs. 2 S. 2 AktG nicht für anwendbar, mit der Folge, dass bei der SE für Satzungsänderungen stets eine Dreiviertelmehrheit erforderlich ist, die durch Satzungsbestimmung nicht auf zwei Drittel herabgesenkt werden kann.

SE also die für Satzungsänderungen notwendige Mehrheit nicht unabhängig vom auf der Hauptversammlung erreichten Quorum auf die einfache Mehrheit herabsetzen.[404] Sie kann die Mehrheit jedoch oberhalb von zwei Dritteln oder drei Vierteln festschreiben.

⚠ **Praxishinweis:**   256

Durch die Einräumung dieses Gestaltungsspielraums besteht die Möglichkeit, die Mehrheitserfordernisse an die konkreten Bedürfnisse der Gesellschaft anzupassen.

II. Satzungsbestimmungen im Einzelnen

Im Folgenden werden die unterschiedlichen Regelungsbereiche erläutert, die aufgrund gesetz-   257
licher Vorgaben entweder zum Gegenstand von Satzungsbestimmungen gemacht werden müssen
oder aber aufgrund eines eingeräumten Gestaltungsspielraums gemacht werden können. Im Vordergrund stehen dabei diejenigen Bereiche, deren Regelung Voraussetzung für die Eintragung der
Gesellschaft in das Handelsregister ist. Zudem werden vor allem solche Gestaltungsmöglichkeiten
dargestellt, die unmittelbar auf der SE-spezifischen Gesetzgebung basieren.

1. Firma

Die Angabe der Firma in der Satzung ist Voraussetzung für die Eintragung der SE in das Handels-   258
register. Bei der Firma handelt es sich um die Geschäftsbezeichnung einer Gesellschaft. Art. 11
SE-VO stellt klar, dass die SE ihrer Firma den Zusatz „SE" voran- oder nachstellen muss. Zudem
wird festgelegt, dass nur eine SE ihrer Firma den Zusatz „SE" hinzufügen darf. Lediglich Gesellschaften, die bereits vor dem Inkrafttreten der SE-VO ein „SE" in ihrem Namen führten, dürfen
ihre Firmierung beibehalten.

Im Übrigen findet hinsichtlich der Firmierung das nationale Recht[405] Anwendung. In Deutsch-   259
land stehen dabei die Vorschriften des HGB im Vordergrund. Diese gelten auch für die SE, da es
sich bei dieser – wie bei der Aktiengesellschaft – um eine Handelsgesellschaft handelt.[406]

2. Sitz

Gemäß § 23 Abs. 3 Nr. 1 AktG muss die Satzung zwingend Angaben zum Sitz der Gesellschaft ent-   260
halten. Die Bestimmung des Sitzes ist dabei nicht zuletzt für die Zuständigkeit des Registergerichts
entscheidend. Gerade bei international ausgerichteten Unternehmen mit verschiedenen Standorten wird die Bestimmung des Sitzes zuweilen Schwierigkeiten bereiten. Art. 7 Satz 1 SE-VO stellt
insoweit klar, dass der Satzungssitz in dem Mitgliedsstaat liegen muss, in dem sich die Hauptverwaltung der Gesellschaft befindet. § 2 SEAG schränkt dies zusätzlich dahingehend ein, dass eine
SE mit Sitz in Deutschland ihren Satzungssitz unmittelbar am Ort der Hauptverwaltung zu führen

---

404 Unabhängig vom auf der Hauptversammlung erreichten Quorum gestattet § 179 Abs. 2 S. 2 AktG Satzungsregelungen,
nach denen eine einfache Kapitalmehrheit für Satzungsänderungen ausreichend ist, sofern nicht über eine Änderung
des Unternehmensgegenstands beschlossen wird. Qualifizierte Mehrheiten sind nach deutschem Aktienrecht
außerdem für die meisten Kapitalmaßnahmen zwingend erforderlich, die gleichzeitig Satzungsänderungen
darstellen.
405 §§ 17 ff. HGB.
406 Vgl. insoweit Art. 1 Abs. 1 SE-VO sowie § 3 Abs. 1 AktG.

hat. Als Ort der Hauptverwaltung ist dabei der Ort anzusehen, an dem sich die Geschäftsleitung in Form des Leitungsorgans befindet.[407] Es ist der SE daher nicht möglich, ihren satzungsmäßigen Sitz innerhalb von Deutschland unabhängig vom Sitz ihrer Hauptverwaltung zu wählen.

261   🛈 Praxishinweis:

Soweit der Ort der Hauptverwaltung nach den vorstehend skizzierten Ausführungen feststeht, ist bei der Nennung des Sitzes in der Satzung zu beachten, dass nur die Gemeinde, nicht jedoch die vollständige Adresse genannt werden sollte.

3.   Unternehmensgegenstand

262   Aus der Vorschrift des § 23 Abs. 3 Nr. 2 AktG folgt, dass auch der Unternehmensgegenstand in der Satzung aufzuführen ist. Was diesbezüglich in der Satzung anzugeben ist, wird durch das Gesetz lediglich in Bezug auf Industrie- und Handelsunternehmen konkretisiert. § 23 Abs. 3 Nr. 2 AktG schreibt insoweit die Nennung der herzustellenden oder zu handelnden Erzeugnisse und Waren vor. Im Übrigen fehlt es jedoch an einer Präzisierung. Auch die SE-VO und das SEAG enthalten keine präzisierenden Vorschriften.

263   Allgemein wird unter dem Begriff des Unternehmensgegenstands die von der Gesellschaft bereits betriebene oder doch konkret beabsichtigte, in absehbarer Zeit aufzunehmende Tätigkeit verstanden.[408] Dass es sich dabei nicht nur um eine leer laufende Floskel handeln darf, folgt einerseits aus der Formulierung des § 23 Abs. 3 Nr. 2 AktG, andererseits aus dem Informationsbedürfnis der Öffentlichkeit. Die Angabe muss den Schwerpunkt der Geschäftstätigkeit für Außenstehende erkennbar machen. Zum Zwecke der Individualisierung ist beispielsweise die Angabe erforderlich, ob ein Produkt erzeugt, bearbeitet oder gehandelt wird. Zugleich ist das entsprechende Produkt der Art nach zu bezeichnen. Bei Dienstleistungen ist die Art der Tätigkeit anzugeben. Lediglich wenn eine weitere Präzisierung nicht möglich ist, darf auf eine solche verzichtet werden. Durch eine Individualisierung wird im Übrigen eine Tätigkeit in Randbereichen nicht ausgeschlossen.[409]

264   🛈 Praxishinweis:

In der Praxis wird es sich regelmäßig empfehlen, den Unternehmensgegenstand mittels einer Klausel wie „und verwandte Geschäfte" zu einem gewissen Grad flexibel zu gestalten.

4.   Grundkapital und Angaben zur Aktie

265   Die umfangreichsten Angabepflichten innerhalb des § 23 AktG betreffen die Ausführungen zum Grundkapital und zu den Aktien der Gesellschaft. Erforderlich ist gemäß § 23 Abs. 3 Nr. 3 AktG zunächst die Angabe des Grundkapitals. Daneben erfordert § 23 Abs. 3 Nr. 4 AktG Ausführungen, ob das Grundkapital in Stück- oder Nennbetragsaktien zerlegt ist. Zu nennen sind zudem die Anzahl der Stückaktien bzw. die Nennbeträge sowie die Anzahl der Aktien jeden Nennbetrags, soweit Aktien unterschiedlichen Nennbetrags bestehen. Für den Fall, dass verschiedene Aktien-

---

407 *Kolster*, in: Handbuch der Europäischen Aktiengesellschaft, Kapitel 4 Rn. 24 f.; *Oechsler*, in: MünchKomm AktG, Art. 7 SE-VO Rn. 3 m.w.N. Bei Konzerngesellschaften, bei denen sich das Leitungsorgan am Sitz der Gesellschaft befindet, wird teilweise für den Sitz auf den Sitz des abhängigen Unternehmens abgestellt.
408 *Röhricht*, in: Großkommentar AktG § 23 Rn. 80; *Pentz*, in: MünchKomm AktG, § 23 Rn. 69.
409 *Pentz*, in: MünchKomm AktG, § 23 Rn. 82.

gattungen bestehen, muss die Satzung die Gattung dieser Aktien sowie die Zahl von Aktien jeder Gattung bestimmen. Schließlich ist gemäß § 23 Abs. 3 Nr. 5 AktG anzugeben, ob die Aktien auf den Inhaber oder den Namen ausgestellt sind. Dazu im Einzelnen:

a)   Grundkapital

Art. 4 Abs. 2 SE-VO regelt, dass das gezeichnete Kapital der Gesellschaft mindestens 120.000 Euro betragen muss. Damit geht das erforderliche Mindestkapital über das der Aktiengesellschaft hinaus, bei der es nur 50.000 Euro beträgt. Daneben bleiben die für andere Gesellschaftsformen geltenden Rechtsvorschriften eines Mitgliedsstaats anwendbar, die für die Ausübung bestimmter Tätigkeiten ein höheres gezeichnetes Kapital voraussetzen.[410] Gilt in einem Mitgliedstaat eine andere Währung, so kann gemäß Art. 67 Abs. 1 SE-VO das Kapital der SE auch auf diese lauten, wobei es der Gesellschaft freisteht, das Grundkapital in Euro auszudrücken.

Kapitalerhöhungen bei der SE mit Sitz in Deutschland richten sich nach dem Aktiengesetz.

❗ Praxishinweis:

Zur Erleichterung der Kapitalbeschaffung kann es sich empfehlen, bereits in der Gründungssatzung genehmigtes Kapital im Sinne des § 202 Abs. 1 AktG vorzusehen. Durch eine entsprechende Satzungsregelung wird das Leitungsorgan ermächtigt, das Grundkapital bis zu einem bestimmten Betrag durch die Ausgabe neuer Aktien gegen Einlage zu erhöhen. Das Leitungsorgan kann dadurch schnell und flexibel, ohne vorherige Durchführung einer Hauptversammlung, neues Eigenkapital beschaffen.

b)   Zerlegung des Grundkapitals in Nennbetrags- oder Stückaktien

Gemäß Art. 5 SE-VO gelten für die Aktien sowie für Schuldverschreibungen und sonstige vergleichbare Wertpapiere der SE die Regelungen des nationalen Rechts zur Aktiengesellschaft. § 23 Abs. 3 Nr. 4 AktG fordert, dass bei Zerlegung des Grundkapitals in Nennbetragsaktien deren Nennbeträge sowie die Zahl der Aktien jeden Nennbetrags in der Satzung anzugeben sind. Über § 8 Abs. 2 AktG ergibt sich, dass der Nennbetrag auf volle Euro lauten muss. Soweit die Aktien als Stückaktien ausgegeben werden, ist die Zahl der Stückaktien zu nennen. Der anteilige Betrag des Grundkapitals darf jedoch auch bei der Stückaktie einen Euro nicht unterschreiten.[411] Stückaktien sind jeweils im gleichen Umfang an der Gesellschaft beteiligt. Zu beachten ist, dass Nennbetrags- und Stückaktien nicht nebeneinander bestehen können.[412]

❗ Praxishinweis:

Während für Publikumsgesellschaften vorrangig Stückaktien mit geringem rechnerischen Nennwert von Interesse sind, empfiehlt es sich für Gesellschaften, die nur an einer geringen Streuung ihrer Aktien interessiert sind, einen hohen Nennbetrag zu wählen.

---

410 Vgl. zur Rechtslage in Deutschland insoweit *Oechsler*, in: MünchKomm AktG, § 4 SE-VO Rn. 3 sowie *Heider*, in: MünchKomm AktG, § 7 Rn. 13 ff. Entsprechende Regelungen existieren vor allem für Kapitalanlagegesellschaften, Banken, Versicherungen sowie für REIT-Gesellschaften.

411 Vgl. § 8 Abs. 3 Satz 3 AktG.

412 *Hüffer*, AktG, § 23 Rn. 29, § 8 Rn. 4; *Pentz*, in: MünchKomm AktG, § 23 Rn. 116, 122.

266

267

268

269

270

c)   Aktiengattungen

271   Die gesetzlichen Regelungen erlauben es der SE wie der Aktiengesellschaft, innerhalb gewisser Grenzen Aktien mit unterschiedlichen Rechten auszugeben. Das Aktiengesetz selbst benennt in § 139 Abs. 1 AktG namentlich eine Differenzierung bei der Verteilung des Gewinns und in § 271 Abs. 2 AktG eine solche bei der Verteilung des Gesellschaftsvermögens. Daneben kommt nach dem Gesetz auch eine unterschiedliche Ausgestaltung des Stimmrechts in Betracht, § 12 Abs. 1 AktG. Alle Aktien mit den gleichen Rechten bilden dabei eine Gattung. In der Satzung sind die unterschiedlichen Rechte und Pflichten sowie die Zahl der Aktien jeder Gattung aufzuführen.

272   Ein Ausschluss des Stimmrechts ist nur zulässig, wenn die Aktien mit einem nachzuzahlenden Dividendenvorzug ausgestattet werden. Es handelt sich dann um so genannte Vorzugsaktien ohne Stimmrecht, die maximal bis zur Hälfte des Grundkapitals ausgegeben werden dürfen.[413]

273   ❗ Praxishinweis:

Vorzugsaktien bieten sich daher in besonderem Maße als Finanzierungsinstrument für die Gesellschaft an, da sie die Beschaffung von Eigenkapital ermöglichen, ohne dass sich dadurch zwingend die Stimmverhältnisse verändern.

d)   Inhaber- oder Namensaktien

274   Schließlich ist in der Satzung zu bestimmen, inwieweit es sich bei den Aktien der Gesellschaft um Inhaber- oder Namensaktien handeln soll. Welche Aktienart zu wählen ist, hängt von Zweckmäßigkeitserwägungen ab. Da Namensaktien gemäß § 67 Abs. 1 AktG unter Angabe des Namens, Geburtsdatums und der Adresse des Inhabers in das Aktienregister der Gesellschaft einzutragen sind, wird diese Aktienart regelmäßig dann zu empfehlen sein, wenn die Aktiengesellschaft Wert darauf legt, ihre Aktionäre zu kennen.

275   Grundsätzlich besteht ein Wahlrecht zwischen Inhaber- und Namensaktien. Ein solches ist jedoch ausgeschlossen, wenn die Aktien bereits vor der vollen Leistung des Ausgabebetrages ausgegeben werden sollen.[414] In diesem Fall kommt lediglich die Ausgabe von Namensaktien in Betracht.

5.   Angaben zum Organisationssystem

276   Der in der Praxis wichtigste Teil der Satzungsbestimmungen betrifft gewöhnlich die Festlegung des Organisationssystems sowie dessen Ausgestaltung. In der Satzung ist daher zunächst aufzuführen, ob die Gesellschaft monistisch oder dualistisch organisiert sein soll, dass heißt, ob sie neben der Hauptversammlung über ein einheitliches Verwaltungsorgan oder aber über ein Leitungs- und ein Aufsichtsorgan verfügen soll. Daneben enthält die Satzung regelmäßig auch Angaben zur Ausgestaltung des gewählten Systems, wobei insoweit teilweise zwingende Satzungsinhalte existieren. Im Einzelnen:

---

413 Vgl. § 139 Abs. 2 AktG.
414 Daneben gibt es weitere Fälle, in denen die Aktie zwingend als Namensaktie auszugeben ist, vgl. insoweit *Heider*, in: MünchKomm AktG, § 10 Rn. 19 ff.

a) Satzungsbezogene Vorschriften, die sowohl für das monistische als auch das dualistische System gelten

aa) Bestelldauer

Während nach dem Aktiengesetz eine satzungsmäßige Regelung der Bestelldauer freiwillig ist, erfordert Art. 46 Abs. 1 SE-VO in der Satzung zwingend die Regelung des Zeitraums, für den die Mitglieder der Organe bestellt werden.[415] Die Vorschrift räumt dem Satzungsgeber diesbezüglich jedoch einen weiten Gestaltungsspielraum ein und legt lediglich fest, dass der Bestellungszeitraum sechs Jahre nicht überschreiten darf. Zum Vergleich dazu beträgt die maximale Amtszeit des Vorstands einer Aktiengesellschaft fünf Jahre. Nicht eindeutig geregelt ist die Frage, ob die Satzung die Angabe einer bestimmten Dauer der Amtszeit enthalten muss oder ob es ausreicht, lediglich eine Höchstdauer anzugeben. Trotz der unglücklichen Formulierung in der SE-VO muss insoweit davon ausgegangen werden, dass sich die Regelung in der Satzung auf einen Höchstzeitraum beschränken darf.[416] Nur so kann das Bestellorgan den Zeitraum an die individuellen Bedürfnisse sowohl der Gesellschaft als auch des Organmitglieds im Einzelfall anpassen. Es sind keine hinreichenden Gründe ersichtlich, warum bereits in der Satzung ein zwingender Zeitraum festzulegen sein sollte.

277

Eine einmalige oder mehrmalige Wiederbestellung der Organmitglieder wird durch Art. 46 Abs. 2 SE-VO ausdrücklich für zulässig erklärt. Allerdings wird dem Satzungsgeber die Möglichkeit eingeräumt, in der Satzung Einschränkungen zur Möglichkeit der Wiederbestellung vorzusehen. Zulässig ist auch der vollständige Ausschluss der Möglichkeit der Wiederbestellung.

278

bb) Anforderungen an Mitgliedschaft

Gemäß Art. 47 Abs. 3 SE-VO ist es den Satzungsgebern bei der SE ebenso wie bei der Aktiengesellschaft möglich, bestimmte Voraussetzungen für die Mitgliedschaft von Vertretern der Aktionäre im Aufsichtsrats beziehungsweise im Verwaltungsrat festzulegen. Für die Aktiengesellschaft wird es insoweit insbesondere als zulässig erachtet, die Mitgliedschaft an die Aktionärseigenschaft, eine bestimmte Staatsangehörigkeit oder geordnete Vermögensverhältnisse zu knüpfen.[417]

279

cc) Beschlussfähigkeit

Art. 50 Abs. 1 SE-VO regelt die Anforderungen an Beschlussfähigkeit und Beschlussfassung der Organe. Mangels speziellerer Regelungen in der SE-VO und der Satzung der Gesellschaft ist für die Beschlussfähigkeit grundsätzlich erforderlich, dass die Hälfte der Mitglieder eines Organs anwesend oder vertreten ist.[418] Eine § 108 Abs. 2 Satz 3 AktG für die Aktiengesellschaften entsprechende Regelung, dass in jedem Fall mindestens drei Mitglieder bei einer Beschlussfassung durch das Aufsichtsorgan teilnehmen müssen, kennt die SE-VO nicht.[419] Die Satzung kann eine niedrigere oder höhere Quote festlegen. Soweit jedoch eine höhere Quote festgesetzt werden soll, ist zu beachten, dass dies nicht dazu führen darf, dass eine möglicherweise bestehende Arbeitnehmervertretung die Tätigkeit des Organs durch Nichterscheinen blockieren kann. Dies betrifft in der dualistischen SE allerdings nur das Aufsichts- und nicht das Leitungsorgan, da dorthin keine Ar-

280

---

415 *Reichert/Brandes*, in: MünchKomm AktG, Art. 46 SE-VO Rn. 3.
416 *Reichert/Brandes*, in: MünchKomm AktG, Art. 46 SE-VO Rn. 3; Hoffmann-Becking, ZGR 2004, 355, 364.
417 *Hüffer*, AktG, § 100 Rn. 9.
418 Der Begriff des Vertretens ist in diesem Zusammenhang nicht abschließend geklärt. Es werden insoweit unterschiedliche Auffassung vertreten. Zu den Einzelheiten, vgl. unten § 3 Rn. 31 ff. In der Praxis wird es sich bis zur Klärung dieser Frage empfehlen, ein Vertreten auf die Möglichkeit der schriftlichen Stimmabgabe zu beschränken.
419 *Reichert/Brandes*, in: MünchKomm AktG, Art. 30 SE-VO Rn. 5.

beitnehmervertreter entsendet werden. Auch der europäische Gesetzgeber hat eine solche Gefahr erkannt und in Art. 50 Abs. 2 Satz 2 SE-VO festgelegt, dass von der Regelung, dass die Stimme des Vorsitzenden des Aufsichtsorgans bei Stimmengleichheit den Ausschlag gibt, nicht abgewichen werden darf, wenn das Aufsichtsorgan zur Hälfte aus Arbeitnehmervertretern besteht. Die dort enthaltene Regelung ist zu verallgemeinern.[420]

dd)   Beschlussmehrheiten

281   Die Beschlussfassung selbst muss mit der Mehrheit der anwesenden oder vertretenen Mitglieder erfolgen, soweit nicht die SE-VO selbst oder die Satzung ein anderes Mehrheitserfordernis festlegt.[421] Grundsätzlich ist es der Gesellschaft durch die Satzung damit möglich, eine qualifizierte Mehrheit oder gar Einstimmigkeit zu verlangen. Dies gilt aufgrund des eindeutigen Wortlauts im Gegensatz zur Aktiengesellschaft auch beim Aufsichtsrat.[422] Nicht zulässig ist es hingegen, eine Beschlussfassung durch die Minderheit zu ermöglichen.[423] Besonderheiten gelten zudem wiederum beim Bestehen einer Arbeitnehmervertretung. Auch hier darf es nicht zu einer Blockademöglichkeit kommen. Bei der Bestimmung des Quorums der Satzung muss daher stets darauf geachtet werden, dass auch eine Entscheidung gegen die Arbeitnehmervertretung möglich ist.[424] In jedem Fall ist es zulässig, hinsichtlich der Beschlussfassung auf die Mehrheit der abgegebenen Stimmen abzustellen.

282   Schließlich regelt die SE-VO auch die Frage einer möglicherweise auftretenden Stimmengleichheit. Soweit die Satzung keine abweichende Regelung vorsieht, ist die Stimme des Vorsitzenden des jeweiligen Organs ausschlaggebend. Dem Satzungsgeber sind bei einer Regelung in Bezug auf das Aufsichtsorgan insoweit Grenzen gesetzt, als dass eine abweichende Satzungsbestimmung nicht möglich ist, wenn sich das Aufsichtsorgan zur Hälfte aus Arbeitnehmervertretern zusammensetzt. Auch hier gilt es wieder zu verhindern, dass eine Entscheidung durch die Arbeitnehmervertreter entgegen der einheitlichen Meinung der sonstigen Aufsichtsorganmitglieder gefasst wird.

ee)   Zustimmungsbedürftige Geschäfte

283   Gemäß Art. 48 Abs. 1 SE-VO müssen in der Satzung die Arten von Geschäfte festgelegt werden, für deren Durchführung bei der dualistischen SE das Leitungsorgan der Zustimmung des Aufsichtsrats bedarf oder für die bei der monistischen SE ein ausdrücklicher Beschluss des Verwaltungsorgans erforderlich ist. Nicht zulässig ist die Anordnung der Zustimmungsbedürftigkeit einzelner sowie laufender Geschäfte.[425] Schließlich bleibt zu beachten, dass es nicht im Ermessen des Satzungsgebers liegt, ob er zustimmungsbedürftige Geschäfte in der Satzung regeln möchte oder nicht. Die insoweit vertretene Gegenansicht berücksichtigt den eindeutigen Wortlaut der Vorschrift nicht hinreichend.[426]

---

420 *Reichert/Brandes*, in: MünchKomm AktG, Art. 50 SE-VO Rn. 24.
421 Vgl. insoweit zum „Vertreten werden" die Ausführungen weiter oben.
422 *Reichert/Brandes*, in: MünchKomm AktG, Art. 50 SE-VO Rn. 26.
423 *Reichert/Brandes*, in: MünchKomm AktG, Art. 50 SE-VO Rn. 27 f.
424 *Reichert/Brandes*, in: MünchKomm AktG, Art. 50 SE-VO Rn. 24 ff.
425 Vgl. dazu im Einzelnen § 3 Rn. 39.
426 Zur Gegenansicht: *Reichert/Brandes*, in: MünchKomm AktG, Art. 48 SE-VO Rn. 1; *Hoffmann-Becking*, ZGR 2004, 355 f.

b) Satzungsbezogene Vorschriften in Bezug auf das dualistische System

aa) Satzungsbezogene Vorschriften in Bezug auf das Leitungsorgan

Nach der Regelungskonzeption der SE-VO werden die Mitglieder des Leitungsorgans der SE, d.h. der Vorstand, unmittelbar vom Aufsichtsorgan, d.h. dem Aufsichtsrat, bestellt und abberufen. Zugleich räumt Art. 39 Abs. 2 SE-VO den Mitgliedsstaaten jedoch die Möglichkeit ein, entweder anzuordnen, dass die Mitglieder des Leitungsorgans durch die Hauptversammlung bestimmt bzw. abberufen werden, oder dass eine entsprechende Regelung durch die Satzung getroffen werden kann. Der deutsche Gesetzgeber hat von dieser Befugnis allerdings keinen Gebrauch gemacht, so dass es in Deutschland bei der zwingenden Zuständigkeit des Aufsichtsorgans für die Wahl des Vorstands bleibt.

Zwingend regelungsbedürftig ist nach den Vorgaben des Art. 39 Abs. 4 SE-VO die Zahl der Mitglieder des Leitungsorgans. Das Gesetz selbst enthält insoweit jedoch nur teilweise Regelungsvorgaben. § 16 SEAG legt in Übereinstimmung mit § 76 Abs. 2 AktG fest, dass der Vorstand einer SE mit einem Grundkapital von mehr als drei Millionen Euro aus mindestens zwei Personen zu bestehen hat. Allerdings kann im Rahmen der Satzung festgelegt werden, dass das Leitungsorgan nur aus einem Mitglied besteht. Damit soll insbesondere den Interessen mittelständischer Gesellschaften Rechnung getragen werden. Zu beachten bleibt in diesem Zusammenhang die Regelung des § 38 Abs. 2 SEBG, derzufolge im Fall einer Mitbestimmung der Arbeitnehmer, kraft Gesetzes der Vorstand aus mindestens zwei Mitgliedern bestehen muss, von denen einer für den Bereich Arbeit und Soziales zuständig ist.

Im Übrigen gilt für die Zahl der Mitglieder des Leitungsorgans das für die Aktiengesellschaft geltende Recht. Danach ist anerkannt, dass die Angabe einer genauen Zahl nicht erforderlich ist, sofern die Satzung eine Mindest- und/oder Höchstzahl vorgibt oder die Bestimmung der Anzahl der Vorstandsmitglieder dem Aufsichtsrat überlassen wird.[427] Das gleiche muss auch bei der SE gelten.[428]

bb) Satzungsbezogene Vorschriften in Bezug auf das Aufsichtsorgan

Zunächst ermöglicht Art. 40 Abs. 2 Satz 2 SE-VO den Gründern, die Mitglieder des ersten Aufsichtsrats bereits durch die Satzung zu bestellen. Alternativ verbleibt die Möglichkeit der Bestellung durch die Hauptversammlung sowie die Einräumung eines Entsenderechts. Zudem ist zu beachten, dass eine geschlossene Vereinbarung über die Mitbestimmung von Arbeitnehmern unberührt bleibt.[429]

Ebenfalls einer Satzungsregelung zugänglich ist die Zahl der Mitglieder des Aufsichtsrats. Deutschland hat insoweit jedoch von der Ermächtigung in Art. 40 Abs. 3 Satz 2 SE-VO Gebrauch gemacht und dem Gestaltungsspielraum des Satzungsgebers Grenzen gesetzt. Ausgangspunkt ist die Regelung, dass mangels spezieller Satzungsregelung der Aufsichtsrat drei Mitglieder hat. Parallel zur Aktiengesellschaft kann jedoch auch jede höhere Zahl festgesetzt werden, vorausgesetzt, dass diese durch drei teilbar ist und die in § 17 Abs. 1 SEAG genannten Höchstzahlen nicht überschritten werden. Bei einem Grundkapital von bis zu 1.500.000 Euro sind daher maximal neun, bei einem Grundkapital von mehr als 1.500.000 Euro maximal 15 sowie bei mehr als 10.000.000 Euro maxi-

---

427 *Hüffer*, AktG, § 23 Rn. 31 m.w.N; *Pentz*, in: MünchKomm AktG, § 23 Rn. 138; LG Köln, AG 1999, 137 f.
428 *Reichert/Brandes*, in: MünchKomm AktG, Art. 39 SE-VO Rn. 20.
429 Vgl. dazu *Reichert/Brandes*, in: MünchKomm AktG, Art. 40 SE-VO Rn. 26 ff.

mal 21 Aufsichtsratsmitglieder zulässig. Darüber hinaus bestimmt § 17 Abs. 2 SEAG, dass die Beteiligung der Arbeitnehmer nach dem SEBG unberührt bleibt. Das bedeutet, dass die Größe des Aufsichtsrats auf den Inhalt der Vereinbarung über die Beteiligung der Arbeitnehmer in der SE bzw. die Regelungen der Mitbestimmung kraft Gesetzes (§§ 34–38 SEBG) abgestimmt sein muss. Gilt also paritätische Mitbestimmung, erfordert dies zusätzlich eine gerade Zahl von Aufsichtsratsmitgliedern.[430]

289   🛈 Praxishinweis:

Anders als bei der Bestimmung der Zahl der Vorstandsmitglieder ist in der Satzung die Angabe der konkreten Zahl der Aufsichtratsmitglieder erforderlich. Die bloße Angabe einer Mindest- und Höchstzahl ist nicht ausreichend.

c)   Satzungsbezogene Vorschriften in Bezug auf das monistische System

290   Bei den Satzungsbestimmungen einer SE, die nach dem monistischen System strukturiert ist, bedarf es der Unterscheidung zwischen Bestimmungen, die das Verwaltungsorgan, und solchen, die die geschäftsführenden Direktoren betreffen.

aa)   Satzungsbezogene Vorschriften in Bezug auf das Verwaltungsorgan

291   Einer Regelung in der Satzung bedarf zunächst die Zahl der Verwaltungsratsmitglieder. Nach den Vorgaben des § 23 Abs. 1 SEAG beträgt die Anzahl grundsätzlich drei Mitglieder. Allerdings kann durch die Satzung eine höhere Mitgliederzahl festgelegt werden. Bei nicht mitbestimmten Gesellschaften mit einem Grundkapital von bis zu 3 Millionen Euro ist es auch möglich, eine geringere Zahl in der Satzung festzulegen. Hinsichtlich der Höchstzahl der Mitglieder gelten wiederum die vom Aufsichtsrat bei der dualistisch organisierten SE bekannten Grenzen.[431] Im Unterschied zur Anzahl der Aufsichtsräte gibt es jedoch keine Beschränkung dahingehend, dass die Anzahl der Verwaltungsratsmitglieder durch drei teilbar sein muss. Schließlich bleibt zu beachten, dass die Beteiligung der Arbeitnehmer nach dem SEBG unberührt bleibt.[432]

292   🛈 Praxishinweis:

Wie beim Aufsichtsrat ist es erforderlich, eine konkrete Zahl der Verwaltungsratsmitglieder in der Satzung anzugeben.

293   Auch bei der monistisch organisierten SE gilt, dass die Mitglieder des ersten Verwaltungsrats durch die Satzung bestimmt werden können, soweit sie nicht gesondert von der Hauptversammlung bestellt werden sollen. Die Regeln über die Mitbestimmung von Arbeitnehmern sowie die Möglichkeit der Einräumung von Entsendungsrechten werden hierdurch nicht berührt.

294   Hinsichtlich der Abberufung von Verwaltungsratsmitgliedern enthält die SE-VO keine Regelungen. Soweit das nationale Recht ein monistisches System bisher nicht kannte, wird der nationale Gesetzgeber durch Art. 43 Abs. 4 SE-VO dazu ermächtigt, entsprechende Vorschriften zu

---

430 Es ist insoweit umstritten, inwieweit Verhandlungslösungen und mitbestimmungsrechtliche Auffangregelungen von den gesetzlichen und satzungsmäßigen Vorgaben abweichen können. Zu den Einzelheiten, vgl. *Reichert/Brandes*, in: MünchKomm AktG, Art. 40 SE-VO Rn. 70.

431 Bei einem Grundkapital von bis zu 1.500.000 Euro neun, von mehr als 1.500.000 Euro 15 und von mehr als 10.000.000 Euro 21 Verwaltungsmitglieder.

432 Auch in Bezug auf den Verwaltungsrat ist umstritten, inwieweit Verhandlungslösungen und mitbestimmungsrechtliche Auffangregelungen von den gesetzlichen und satzungsmäßigen Vorgaben abweichen können. Zu den Einzelheiten, vergleiche *Reichert/Brandes*, in: MünchKomm AktG, Art. 43 SE-VO Rn. 67.

Nimmt eine SE als übertragende Gesellschaft an einer Verschmelzung auf eine Gesellschaft nationalen Rechts teil, ist allerdings die Wartefrist des Art. 66 Abs. 1 S. 2 SE-VO zu beachten, d.h. die Verschmelzung ist erst zwei Jahre nach Entstehung der SE zulässig.[16] Diese Wartefrist von zwei Jahren ergibt sich bei einer Verschmelzung zur Neugründung auch aus dem UmwG.[17]   **15**

🛑 Praxishinweis: **16**

Solange sich keine Praxis dazu herausgebildet hat, an welchen Verschmelzungsvorgängen die SE nach welchen Regelungen teilnehmen kann, empfiehlt es sich dringend, eine Vorabsprache mit den zuständigen Handelsregistern der beteiligten Mitgliedstaaten vorzunehmen.

b)   Spaltung

Spaltungsvorgänge werden von der SE-VO nicht behandelt, d.h. weder für zulässig noch für unzulässig erklärt. Grenzüberschreitende Spaltungen sind jedoch auch nach nationalem deutschen Umwandlungsrecht gegenwärtig noch nicht zulässig. Auch die Verschmelzungsrichtlinie befasst sich nicht mit grenzüberschreitenden Spaltungen. Sie verpflichtet die Mitgliedstaaten ausschließlich dazu, grenzüberschreitende Verschmelzungen zuzulassen. Dementsprechend gestattet das UmwG grenzüberschreitende Spaltungen auch nach Umsetzung der Verschmelzungsrichtlinie nicht. Dies ist rechtspolitisch zwar durchaus bedauerlich. Vor dem Hintergrund des SEVIC-Urteils des EuGH stellt sich zudem die Frage, ob die Beschränkung der Spaltung auf rein nationale Sachverhalte nicht ebenso einen Verstoß gegen die Niederlassungsfreiheit darstellt, wie die Beschränkung der Verschmelzung auf deutsche Gesellschaften. Solange das deutsche Umwandlungsrecht Aktiengesellschaften mit Sitz in Deutschland eine grenzüberschreitende Spaltung nicht gestattet und eine solche auch nicht im EU-Recht ausdrücklich vorgesehen ist, kann jedoch auch eine SE mit Sitz in Deutschland eine grenzüberschreitende Spaltung nicht durchführen. Teilweise für zulässig erachtet wird allerdings die Gründung einer Tochter-SE durch eine SE im Wege der Ausgliederung zur Neugründung einer SE.[18]   **17**

c)   Formwechsel

Zu einem grenzüberschreitenden Formwechsel kommt es, wenn eine Gesellschaft ihren satzungsmäßigen Sitz in einen anderen Staat verlegt und dabei eine Rechtsform des Aufnahmemitgliedstaats annimmt. Der SE ist ein solcher grenzüberschreitender Formwechsel durch Sitzverlegung nach Art. 8 SE-VO gestattet. Bei einer solchen Sitzverlegung bleibt die SE als solche bestehen und behält auch ihre Rechtsform als SE. Sie wird aber zu einer SE nach näherer Maßgabe des Rechts des Aufnahmemitgliedstaats. Andere Arten des grenzüberschreitenden Formwechsels sind der SE nicht gestattet. Sie stehen auch Gesellschaften anderer Rechtsform nach derzeitiger Rechtslage nicht zur Verfügung.[19]   **18**

---

16 *Oechsler*, in: MünchKomm AktG, Art. 4 SE-VO, Rn. 8; *Simon/Rubner*, Konzern 2006, 835, 837, *Reichert*, Konzern 2006, 821, 834;

17 §§ 122a Abs. 2, 76 Abs. 1 UmwG.

18 Oben § 2 Rn. 627.

19 Unten § 5 Rn. 1 ff.

4

3.   Innerstaatliche Umwandlungsvorgänge

a)   Verschmelzungen

19   Die SE-VO befasst sich nur mit der Teilnahme der SE an grenzüberschreitenden Verschmelzungen. An rein nationalen Verschmelzungsvorgängen kann die deutsche SE grundsätzlich wie eine Aktiengesellschaft deutschen Rechts teilnehmen, weil die SE mit Sitz in Deutschland nach Art. 9 Abs. 1 lit. c) ii) Art. 10 SE-VO einer deutschen Aktiengesellschaft gleichgestellt ist. Es gilt aber das oben (§ 4 Rn. 11) zur grenzüberschreitenden Verschmelzung Gesagte entsprechend, wonach Verschmelzungen zur Neugründung einer SE nur nach den Regeln der SE-VO zulässig sind. Denn für die Gründung einer SE enthält die SE-VO einen *numerus clausus* der Gründungsformen und ist Mehrstaatlichkeit erforderlich.

20   ▶ **Beispiel:**

AG 1 und AG 2 mit Sitz jeweils in Deutschland sollen zur Neugründung einer SE ebenfalls mit Sitz in Deutschland verschmolzen werden. Diese Verschmelzung zur Neugründung einer SE ist nur nach den Regeln der SE-VO zulässig und setzt voraus, dass mindestens zwei der beteiligten Gesellschaften ihren Sitz in verschiedenen Mitgliedstaaten haben.

💡 **Lösung:**

Es wird eine AG mit Sitz in einem anderen Mitgliedstaat in den Verschmelzungsvorgang einbezogen. Ist dies nicht möglich, kann eine Verschmelzung zur Neugründung einer SE nicht erfolgen. Als Alternativen bietet sich die Verschmelzung zur Aufnahme auf eine bestehende (Vorrats-) SE an.

21   Wie bei der grenzüberschreitenden Verschmelzung wird teilweise vertreten, die Verschmelzung richte sich immer nach den Vorschriften der SE-VO, wenn Endprodukt der Verschmelzung ein SE sei.[20] Dies überzeugt aus den oben dargestellten Gründen nicht, weil die SE-VO die Verschmelzung auf eine bestehende SE nicht regelt. Es widerspricht dem Diskriminierungsverbot des Art. 10 SE-VO, die SE nicht ebenso wie eine deutsche Aktiengesellschaft an nationalen Verschmelzungen zu beteiligen. Der *numerus clausus* der Gründungsformen der SE wird hierdurch nicht berührt. Denn auch bei der Verschmelzung auf eine bestehende SE wird die SE nicht gegründet, sondern es nimmt eine SE lediglich wie eine Aktiengesellschaft an einer Umstrukturierung nach nationalem Recht teil. Nur die Verschmelzung zur Neugründung einer SE richtet sich nach der SE-VO und ist deshalb, wie in dem vorstehenden Beispiel dargestellt, nur eingeschränkt zulässig.[21] Folgt man der Ansicht, dass die Verschmelzung mehrerer SE sich nur nach den Regeln der SE-VO vollziehen kann,[22] ist eine rein innerstaatliche Verschmelzung zur Aufnahme zwischen mehreren SE allerdings nicht möglich.

22   Als übertragender Rechtsträger kann eine SE mit Sitz in Deutschland erst nach einer Wartefrist von zwei Jahren nach ihrer Entstehung an einer Verschmelzung teilnehmen, jedenfalls sofern der aufnehmende Rechtsträger keine SE ist. Dies ergibt sich aus Art. 66 Abs. 1 S. 2 SE-VO sowie, im Fall der Verschmelzung zur Neugründung, aus § 76 Abs. 1 UmwG.

---

20   *Oechsler*, in: MünchKomm AktG, Vor Art. 1 SE-VO Rn. 19.
21   *Casper*, AG 2007, 97, 103.
22   Oben § 4 Rn. 12.

b)   Spaltungen

Spaltungen sind in der SE-VO und im SEAG nicht geregelt. Die SE kann an Spaltungsvorgängen   23
nach nationalem Recht jedoch ebenso wie eine AG teilnehmen. Die zur Verschmelzung und zum
Formwechsel erwähnten Argumente gelten auch für die Spaltung. Verschlossen ist der SE aber die
Teilnahme an einer Auf- oder Abspaltung zur Neugründung einer SE. Eine solche wäre, weil sie
zur Gründung einer SE führte, nur nach den Regeln der SE-VO zulässig. Die SE-VO gestattet die
Gründung einer SE aber nur durch Ausgliederung zum Zweck der Gründung einer Tochter-SE
nach Art. 3 Abs. 2 SE-VO, nicht hingegen durch Auf- oder Abspaltung.[23]

Als übertragender Rechtsträger kann eine SE mit Sitz in Deutschland sich erst zwei Jahre nach ih-   24
rer Entstehung an einer Spaltung beteiligen.[24] Für den Fall der Ausgliederung zur Neugründung
wurde diese Wartefrist durch die Änderungen im UmwG im Zusammenhang mit der Umsetzung
der Verschmelzungsrichtlinie allerdings abgeschafft. Für diesen Fall gilt dann keine Wartefrist,
weil auch die entsprechende Frist aus Art. 66 Abs. 2 S. 1 SE-VO nicht eingreift, wenn, wie bei der
Ausgliederung, die SE als übertragender Rechtsträger bestehen bleibt.

c)   Formwechsel einer SE in eine AG

Art. 66 SE-VO regelt den Formwechsel einer SE in eine Aktiengesellschaft nach dem Recht ihres   25
Sitzstaates. Ein solcher Formwechsel ist nach Art. 66 Abs. 2 SE-VO identitätswahrend, d.h. ohne
Auflösung und Neugründung möglich. Der Beschluss über den Formwechsel darf allerdings erst
zwei Jahre nach Eintragung der SE oder nach Genehmigung der ersten beiden Jahresabschlüsse
gefasst werden.

aa)   Ablauf

Der Ablauf des Formwechsels ist in Art. 66 Abs. 3 bis 6 SE-VO geregelt. Ergänzend gelten ge-   26
mäß Art. 9 Abs. 1 c) ii) die Regelungen des nationalen Umwandlungsrechts, d.h. in Deutschland §§ 191 ff. UmwG, insbesondere §§ 238 ff. UmwG sowie, in bestimmten Grenzen (unten
Rn. 35 ff.), die Regeln des nationalen Gründungsrechts der AG.[25] Folgende Maßnahmen müssen
bei Umwandlung einer SE mit Sitz in Deutschland in eine AG erfolgen:

(1) Erstellung eines Umwandlungsplans durch den Vorstand bzw. Verwaltungsrat der SE;

(2) Erstellung eines Umwandlungsberichts durch den Vorstand bzw. Verwaltungsrat der SE, in
dem die rechtlichen und wirtschaftlichen Aspekte der Umwandlung erläutert und begründet sowie die Auswirkungen der Umwandlung für die Aktionäre und die Arbeitnehmer dargelegt werden;

(3) Prüfung durch einen gerichtlich bestellten Sachverständigen, dass die Gesellschaft über Vermögenswerte mindestens in Höhe des Grundkapitals der AG verfügt, also keine Situation der Unterbilanz vorliegt, in der der Formwechsel in die Aktiengesellschaft nicht zulässig ist;

(4) Offenlegung des Umwandlungsplans, d.h. Einreichung zum Handelsregister und Bekanntmachung durch das Handelsregister;

(5) Zuleitung des Entwurfs des Umwandlungsplans an den zuständigen Betriebsrat spätestens
einen Monat vor der Hauptversammlung, die über den Formwechsel beschließt;

---

23   Oben § 2 Rn. 627.
24   § 141 UmwG.
25   *Schäfer*, in: MünchKomm AktG, Art. 66 SE-VO, Rn. 4.

(6) Einberufung der Hauptversammlung, die über den Formwechsel beschließt; Veröffentlichung des Umwandlungsplans in der Einladung;

(7) Auslegung von Umwandlungsplan, Umwandlungsbericht und Bescheinigung des Sachverständigen zur Einsichtnahme durch die Aktionäre und Erteilung kostenloser Abschriften auf Anfrage der Aktionäre ab Einladung der Hauptversammlung;

(8) Beschlussfassung der Hauptversammlung über den Formwechsel frühestens einen Monat nach der Offenlegung;

(9) Anmeldung des Formwechsels zum Handelsregister;

(10) Eintragung des Formwechsels in das Handelsregister.

bb)   Umwandlungsplan

27   Die SE-VO enthält keine Angaben über den Inhalt des Umwandlungsplans. Teilweise werden deshalb die Regelungen des UmwG (§ 194 UmwG) für entsprechend anwendbar erklärt,[26] teilweise die Regelungen der SE-VO über die Gründung der SE durch Verschmelzung bzw. zur Holding-Gründung (Art. 32 Abs. 2 S. 3, 20 Abs. 1 SE-VO).[27] Richtig erscheint es, die Regelungen der SE-VO heranzuziehen, die aber für den Formwechsel zu modifizieren sind. In dieser Weise wird auch bei der Umwandlung einer AG in eine SE vorgegangen, für die Art. 37 SE-VO ebenfalls keine ausdrückliche Regelung für den Inhalt des Umwandlungsplans enthält. Demnach bestimmt sich der Inhalt des Umwandlungsplans nach den Grundsätzen für die Gründung einer SE durch Umwandlung.[28] Gegenüber dem nationalen Umwandlungsrecht ergeben sich einige zusätzliche Angaben, z.B. über Vorteile, die Sachverständigen, die die Umwandlung prüfen, und Mitgliedern von Leitungsorganen gewährt werden. Außerdem ist die neue Satzung Bestandteil des Umwandlungsplans. Der Umwandlungsplan ist wie bei der Umwandlung der AG in die SE notariell zu beurkunden.[29]

cc)   Umwandlungsbericht

28   Für den Umwandlungsbericht und seine Entbehrlichkeit gelten gleichfalls die Ausführungen zur Umwandlung einer AG in eine SE entsprechend.[30]

dd)   Hauptversammlungsbeschluss

29   Die Hauptversammlung der deutschen SE muss dem Umwandlungsplan und der Satzung der Gesellschaft mit einer Mehrheit von drei Vierteln der bei der Beschlussfassung vertretenen Stimmen der SE zustimmen, sofern die Satzung der SE keine größere Mehrheit oder weitere Erfordernisse vorsieht.[31] Sind mehrere Aktiengattungen vorhanden, müssen Sonderbeschlüsse für alle Aktiengattungen erfolgen.[32] Einzelne Aktionäre müssen gesondert zustimmen, wenn sie an der Aktiengesellschaft nach der Umwandlung nicht in Höhe des (rechnerischen) Nennbetrags beteiligt sind, mit dem sie an der SE beteiligt waren.[33] Umwandlungsplan, Umwandlungsbericht und Bescheinigung des gerichtlich bestellten Prüfers müssen ab Einberufung der Hauptversammlung bei der SE ausliegen. Aktionären sind auf Anfrage kostenfreie Abschriften zu erteilen. In der Hauptver-

---

26   *Veil*, in: *Jannott/Frodermann*, Handbuch der Europäischen Aktiengesellschaft, Kapitel 10 Rn. 24 f.
27   *Schäfer*, in: MünchKomm AktG, Art. 66 SE-VO Rn. 6.
28   Oben § 2 Rn. 483 ff.
29   *Schwarz*, SE-VO, Art. 66 Rn. 14. Zur Umwandlung der AG in die SE siehe § 2 Rn. 497.
30   Oben § 2 Rn. 499 f.
31   Art. 66 Abs. 6 SE-VO, § 240 Abs. 1 UmwG; zur Auslegung nationaler Kapitalmehrheiten als Stimmrechtsmehrheiten siehe § 3 Rn. 255.
32   §§ 240 Abs. 1 S. 1, 65 Abs. 2 UmwG.
33   §§ 242, 243 Abs. 3 UmwG.

sammlung der SE, die über den Formwechsel beschließt, müssen diese Unterlagen ausliegen und zu Beginn der Versammlung vom Vorstand bzw. Verwaltungsrat erläutert werden. Der Zustimmungsbeschluss der Hauptversammlung ist nach den allgemeinen Regeln des AktG anfechtbar. Gemäß §§ 198 Abs. 3, 16 Abs. 3 UmwG ist das sogenannte Unbedenklichkeitsverfahren zulässig, mit dem die Eintragung des Formwechsels erreicht werden kann, solange noch Anfechtungsklagen anhängig sind.

ee) Arbeitnehmerbeteiligung

Die Arbeitnehmerbeteiligung in der durch die Umwandlung entstehenden AG richtet sich nach den allgemeinen deutschen Mitbestimmungsregelungen, d.h. nach dem Drittelbeteiligungsgesetz und dem Mitbestimmungsgesetz.[34] **30**

🛑 **Praxishinweis:** **31**

Streitig ist, ob der Umwandlungsplan nach § 194 Abs. 2 UmwG dem zuständigen Betriebsrat zugeleitet werden muss. Dagegen wird vorgebracht, dass die Arbeitnehmer durch die Regelungen des SEBG ausreichend geschützt sind.[35] Um Verzögerungen bei der Eintragung des Formwechsels zu vermeiden, empfiehlt es sich aber, die Zuleitung vorzunehmen.

ff) Ämterkontinuität

Wird eine dualistische SE in eine AG umgewandelt, bleibt der Aufsichtsrat gemäß § 203 UmwG im Amt.[36] Bei der Umwandlung einer monistischen SE ist hingegen eine Neubesetzung erforderlich, weil die AG über ein dualistisches Leitungssystem verfügen muss. Soweit Aufsichtratsmitglieder von der Hauptversammlung zu bestellen sind, kann dies gleichzeitig mit dem Umwandlungsbeschluss erfolgen. **32**

gg) Minderheitenschutz

Nach § 207 UmwG muss der formwechselnde Rechtsträger denjenigen Anteilsinhabern, die gegen den Umwandlungsbeschluss Widerspruch zur Niederschrift erklärt haben, den Erwerb ihrer Anteile gegen ein angemessene Barabfindung anbieten. Bei der Umwandlung einer AG in eine KGaA oder einer KGaA in eine AG besteht ein solches Austrittsrecht jedoch nicht.[37] Das SEAG regelt eine Barabfindung im Fall des Formwechsels nicht, anders als in den Fällen der Verschmelzung und der Sitzverlegung. Beim Formwechsel von der SE in die AG ändert sich die mitgliedschaftliche Rechtsstellung der Aktionäre nicht signifikant. Das ergibt sich daraus, dass die SE den Vorschriften des nationalen Aktienrechts unterliegt.[38] Auch bei einem Übergang vom monistischen zum dualistischen Leitungssystem sind die Auswirkungen für die Aktionäre nicht als gravierender einzustufen als beim Formwechsel der AG in eine KGaA. Deshalb haben Aktionäre beim Formwechsel der SE in eine AG kein Austrittsrecht, so dass sich eine Prüfung einer Barabfindung erübrigt.[39] **33**

hh) Gläubigerschutz

Die SE-VO und das SEAG enthalten keine spezifischen Gläubigerschutzbestimmungen für den Fall der Umwandlung der SE in die AG. Nach nationalem, deutschen Recht können Gläubiger im **34**

---

34 Vgl. hierzu § 3 Rn. 309 ff.
35 Schwarz, SE-VO, Art. 37 Rn. 37.
36 *Schäfer*, in: MünchKomm AktG, Art. 66 SE-VO, Rn. 11.
37 § 250 UmwG.
38 Art. 9 Abs. 1 lit. c (ii) SE-VO.
39 *Veil*, in: *Jannott/Frodermann*, Handbuch der Europäischen Aktiengesellschaft, Kapitel 10 Rn. 39 ff.; *Schwarz*, SE-VO, Art. 37 Rn. 64 für die Umwandlung von der AG in die SE; siehe auch § 2 Rn. 543.

Fall des Formwechsels von der Gesellschaft Sicherheit verlangen, wenn sie binnen sechs Monaten nach Eintragung der Umwandlung ihren Anspruch nach Grund und Höhe schriftlich anmelden und noch keine Befriedigung erlangen können.[40] Zudem müssen sie glaubhaft machen, dass die Erfüllung ihrer Forderungen gefährdet ist. Da das Kapitalschutzsystem von SE und AG identisch ist, kann sich die Umwandlung jedoch nicht nachteilig auf die Gläubiger auswirken. Es ist deshalb davon auszugehen, dass der Verzicht der SE-VO auf spezifischen Gläubigerschutz abschließend ist.[41] Selbst wenn man das nationale Umwandlungsrecht für anwendbar hält, dürfte ein Anspruch auf Sicherheitsleistung mangels Gläubigergefährdung regelmäßig nicht bestehen.

ii)   Anwendbarkeit des nationalen Gründungsrechts

35   Ungeklärt ist, in welchem Umfang das nationale Gründungsrecht auf den Formwechsel der SE in die AG anwendbar ist. Nach § 197 UmwG gelten die Gründungsvorschriften auch im Fall des Formwechsels. Beim Formwechsel einer GmbH in eine AG ist ein Gründungsbericht der Gründer, ein Gründungsprüfungsbericht durch Vorstand und Aufsichtsrat und eine externe Gründungsprüfung durch einen gerichtlich bestellten Sachverständigen vorzunehmen. Als Gründer gelten die Aktionäre, die für den Formwechsel gestimmt haben. Sie müssen den Gründungsbericht unterzeichnen und haften für seine Richtigkeit.[42] Der Formwechsel einer GmbH in eine AG ist nicht zulässig, wenn eine Unterbilanz besteht und diese nicht anlässlich des Formwechsels beseitigt wird.[43] Beim Formwechsel einer AG in eine GmbH ist ein Sachgründungsbericht nicht erforderlich.[44] Eine Gründungsprüfung findet gleichfalls nicht statt, weil sie im Gründungsrecht der GmbH nicht vorgesehen ist. Der Formwechsel von der AG in die GmbH ist außerdem auch bei Vorliegen einer Unterbilanz zulässig.[45] Der Formwechsel der SE in die AG oder der AG in die SE ist im UmwG nicht geregelt. Es stellt sich deshalb die Frage, welche Regelungen des UmwG bzw. des Gründungsrechts ihrem Sinn und Zweck nach anwendbar sind und welche Fragen in der SE-VO abschließend geregelt sind.

36   Für die Kapitalaufbringung beim Formwechsel enthält Art. 66 Abs. 5 SE-VO eine Sonderregelung. Durch einen gerichtlich bestellten Prüfer ist zu bestätigen, dass die Gesellschaft über Vermögenswerte mindestens in Höhe ihres Kapitals verfügt. Wie bei der Umwandlung der AG in die SE ist das dahingehend auszulegen, dass die Nettovermögenswerte der SE das Grundkapital der Zielrechtsform, also der AG, abdecken müssen.[46] Das bedeutet, dass das Grundkapital der Aktiengesellschaft durch entsprechende Vermögenswerte gedeckt sein muss, also keine Unterbilanz bestehen darf. Für die Feststellung der Höhe der Nettovermögenswerte gilt das zur Umwandlung der AG in die SE Gesagte entsprechend, d.h. es sind auch nicht bilanzierte Gegenstände zu berücksichtigen und die Bewertung erfolgt zu Verkehrswerten.[47] Decken die Nettovermögenswerte das Grundkapital der entstehenden Aktiengesellschaft nicht ab, kann der Formwechsel ohne zusätzliche Maßnahmen wie eine Kapitalherabsetzung oder Zuzahlungen durch die Gesellschafter nicht durchgeführt werden. Da das Mindestgrundkapital der deutschen AG mit 50.000 Euro unter dem Mindestgrundkapital der SE von 120.000 Euro liegt, ist eine Kapitalherabsetzung auch möglich, wenn die SE nur mit dem Mindestgrundkapital ausgestattet ist. Zu beachten ist, dass die Regelung

---

40 §§ 204, 22 UmwG.
41 *Schwarz*, SE-VO, Art. 37 Rn. 66 für die Umwandlung der AG in die SE; siehe auch § 2 Rn. 543.
42 § 245 Abs. 1 UmwG, § 46 AktG.
43 §§ 245 Abs. 1, 220 Abs. 1 UmwG.
44 § 245 Abs. 4 UmwG.
45 Zum Kapitalschutz beim Formwechsel von Kapitalgesellschaften vgl. *Dirksen*, in: Kallmeyer, UmwG, § 245 Rn. 4 ff.; § 220 Rn. 5 ff.
46 *Schäfer*, in: MünchKomm AktG, Art. 66 SE-VO Rn. 9; siehe auch § 2 Rn. 504 ff.
47 Oben § 2 Rn. 507 ff.

zur Kapitalaufbringung beim Formwechsel von der SE in die AG weniger streng ist als im umgekehrten Fall des Formwechsels von der AG in die SE. Dort ist gemäß Art. 37 Abs. 6 SE-VO nachzuweisen, dass die Gesellschaft über Vermögenswerte mindestens in Höhe des Grundkapitals und der kraft Gesetzes oder Satzung nicht ausschüttungsfähigen Rücklagen verfügt.[48]

Da die SE-VO eine spezielle Regelung zur Kapitalaufbringung und Prüfung enthält, sind daneben nationale Regelungen grundsätzlich nicht anwendbar.[49] Wie bei der Umwandlung der AG in die SE hat deshalb keine Gründungsprüfung durch die Gründer und keine externe Gründungsprüfung stattzufinden.[50] Die SE-VO enthält insoweit eine abschließende Regelung. Begründen lässt sich jedoch die Notwendigkeit einer Gründungsprüfung durch Vorstand und Aufsichtsrat nach den Vorschriften des AktG.[51] Hält man einen Gründungsbericht der Gründer für erforderlich, müsste man die formwechselnde SE als Gründer betrachten, nicht hingegen die für den Formwechsel stimmenden Aktionäre. Denn andernfalls wäre der Publikumsgeslllschaft der Formwechsel in die AG faktisch verwehrt, was aber mit Art. 66 SE-VO nicht vereinbar wäre, der diesen Formwechsel gerade ermöglichen will.[52]

37

Die neue Satzung der im Rahmen des Formwechsels entstehenden AG muss Festsetzungen über die Sacheinlagen enthalten.[53] Hierfür ist eine Bestimmung, dass die AG durch Formwechsel entstanden ist, ausreichend. Einer Auflistung aller Vermögensgegenstände der formwechselnden Gesellschaft bedarf es nicht.[54]

38

d) Formwechsel in Gesellschaften anderer Rechtsform

Die SE-VO befasst sich nicht mit dem Formwechsel der SE in eine Gesellschaft anderer Rechtsform als die der AG. Sie regelt nur den Formwechsel der SE in die AG, um diesen einheitlich für alle SE zu eröffnen, auch für SE mit Sitz in Mitgliedstaaten, deren nationales Recht diesen Formwechsel nicht vorsieht. Durch diese ausdrückliche Regelung in der SE-VO wird der allgemeine Grundsatz nicht berührt, dass die SE der Aktiengesellschaft in ihrem Sitzstaat gleich gestellt ist. Deshalb sprechen überwiegende Gründe dafür, der SE den Rechtsformwechsel auch in die GmbH sowie alle sonstigen in § 191 Abs. 2 UmwG genannten Rechtsformen zu gestatten.[55] Allerdings sollte die Wartefrist des Art. 66 Abs. 1 S. 2 SE-VO bei der Umwandlung der SE stets beachtet werden, der Formwechsel also frühestens zwei Jahre nach Entstehung der SE erfolgen.

39

🛇 Praxishinweis:

40

Soll eine SE formwechselnd in eine GmbH oder in eine Personengesellschaft umgewandelt werden, sollte dies mit dem zuständigen Handelsregister vorabgesprochen werden. Ist das Handelsregister der Auffassung, ein solcher Formwechsel sei nicht zulässig oder ist mit Anfechtungsklagen von Minderheitsaktionären zu rechnen, empfiehlt sich der Weg einer gestaffelten Umwandlung, d.h. der Umwandlung der SE zuerst in die Rechtsform der Aktiengesellschaft und sodann in eine andere gewünschte Rechtsform. Die Wartefrist von zwei Jahren aus Art. 66 Abs. 1 S. 2 SE-VO gilt nur für die erste Umwandlung der SE in eine Aktiengesellschaft, nicht jedoch für die darauf folgende Umwandlung der Aktiengesellschaft in eine GmbH oder Personengesellschaft.

---

48 Näher § 2 Rn. 504 ff.
49 *Schäfer*, in: MünchKomm AktG, Art. 37 SE-VO Rn. 26 m.w.N.
50 Oben § 2 Rn. 515.
51 § 34 AktG, siehe zur Umwandlung der AG in die SE § 2 Rn. 534.
52 Vgl. oben § 2 Rn. 516 für die Umwandlung der AG in die SE.
53 § 27 AktG.
54 *Schäfer*, in: MünchKomm AktG, Art. 37 SE-VO Rn. 13.
55 *Casper*, Konzern 2007, 97, 104; *Drinhausen/Gesell*, BB-Special 8 (zu BB 2006, Heft 44), 3, 16.

II. Kapitalerhaltung und Kapitalmaßnahmen bei der SE

1. Allgemeines

41 Für das Kapital der SE, dessen Erhaltung, Erhöhung und Herabsetzung sowie für Aktien und Schuldverschreibungen gelten die Vorschriften, die im Sitzstaat der SE für Aktiengesellschaften gelten.[56] Eine SE mit Sitz in Deutschland unterliegt also den Regelungen des Aktiengesetzes zur Kapitalerhaltung (insbesondere dem Verbot der Einlagenrückgewähr aus § 57 AktG), zur Kapitalerhöhung (§§ 182 ff. AktG) und zur Kapitalherabsetzung (§§ 222 bis 240 AktG). Eine deutsche SE kann nach den Regelungen des § 221 AktG Wandel-, Options- und Gewinnschuldverschreibungen ausgeben. Eine SE kann, wie eine AG, ein bedingtes und eine genehmigtes Kapital haben. Einige Besonderheiten ergeben sich bei der Anwendung der aktienrechtlichen Regelungen auf die monistische SE.

2. Bezugsrecht

42 Bei Kapitalerhöhungen steht den Aktionären der deutschen SE ein gesetzliches Bezugsrecht zu. Der Ausschluss des Bezugsrechts erfordert, wie bei der AG, die Einhaltung bestimmter Formalia (vgl. § 186 AktG) sowie eine sachliche Rechtfertigung.[57] Der Vorstand muss der Hauptversammlung der SE einen Bericht über die Gründe für den Bezugsrechtsausschluss erstatten.[58] In der monistischen SE trifft die Pflicht zur Berichterstattung den Verwaltungsrat.[59]

3. Kapitalerhöhung durch Beschluss der Hauptversammlung

43 Die Hauptversammlung der deutschen SE kann über Kapitalerhöhungen gegen Bar- oder Sacheinlage beschließen. Da die Kapitalerhöhung gleichzeitig eine Satzungsänderung ist, gelten die für Satzungsänderungen erforderlichen Mehrheiten, die in der Satzung selber in bestimmten Grenzen geregelt werden können.[60] Demzufolge bedarf der Beschluss der Hauptversammlung einer Mehrheit von drei Vierteln der vertretenen Stimmen, sofern die Satzung der SE keine andere Mehrheit vorsieht.[61] Die Satzung der SE kann die erforderliche Mehrheit für einfache Kapitalerhöhungen mit Bezugsrecht der Aktionäre herabsetzen und bestimmen, dass die einfache Mehrheit der abgegebenen Stimmen ausreicht, sofern mindestens die Hälfte des Grundkapitals der SE bei der Hauptversammlung vertreten ist bzw., sofern dieses Quorum nicht erreicht wird, eine Mehrheit von zwei Dritteln der abgegebenen Stimmen ausreicht.[62] Soll das Bezugsrecht der Aktionäre ausgeschlossen werden, bedarf der Beschluss jedoch stets einer Mehrheit von mindestens drei Vierteln der vertretenen Stimmen, sofern die Satzung keine höhere Mehrheit verlangt.[63]

---

56 Art. 5 SE-VO.
57 BGHZ 71, 40, 43 ff. = NJW 1978, 1316.
58 § 186 Abs. 4 AktG.
59 Art. 22 Abs. 6 SE-VO, vgl. *Schwarz*, SE-VO, Art. 5 Rn. 26.
60 Oben § 3 Rn. 255.
61 Art. 59 SE-VO, § 182 AktG.
62 Art. 59 Abs. 1, 2 SE-VO, § 51 SEAG.
63 § 51 SEAG in Verbindung mit § 186 Abs. 3 AktG.

Der Beschluss über die Kapitalerhöhung sowie seine Durchführung sind vom Vorstand gemein- **44**
sam mit dem Vorsitzenden des Aufsichtsrats zur Eintragung in das Handelsregister anzumelden.[64]
Bei der monistischen SE ist die Anmeldung durch den oder die geschäftsführenden Direktoren
gemeinsam mit dem Vorsitzenden des Verwaltungsrats vorzunehmen.[65] Für die geschäftsführenden Direktoren genügt die Mitwirkung einer vertretungsberechtigten Mitgliederzahl.[66]

4.   Genehmigtes Kapital

Bei der deutschen SE kann, wie bei der AG, ein genehmigtes Kapital von bis zu 50 % des zur Zeit **45**
der Ermächtigung vorhandenen Grundkapitals geschaffen werden. Die Hauptversammlung der
SE beschließt hierüber mit einer Mehrheit von mindestens drei Vierteln der vertretenen Stimmen, sofern die Satzung de SE keine höhere Mehrheit verlangt.[67] Soll die Hauptversammlung den
Vorstand ermächtigen, das Bezugsrecht der Aktionäre bei Ausnutzung des genehmigten Kapitals
auszuschließen, muss der Vorstand (bzw. der Verwaltungsrat bei der monistischen SE) der Hauptversammlung einen schriftlichen Bericht über die Gründe für den Bezugsrechtsausschluss erstatten. Nach den auch auf die deutsche SE anwendbaren Grundsätzen der Rechtsprechung zum Vor-
standsbericht beim genehmigten Kapital reicht eine generell-abstrakte Umschreibung des Zwecks
und der Gründe für den Bezugsrechtsausschluss aus.[68]

Über die Ausübung des genehmigten Kapitals entscheidet der Vorstand bzw. bei der monistischen **46**
SE der Verwaltungsrat.[69]

Nach nationalem Aktienrecht bedarf der Vortand für den Ausschluss des Bezugsrechts und die **47**
Entscheidung über den Inhalt der Aktienrechte und die Bedingungen der Aktienausgabe der Zustimmung des Aufsichtsrats.[70] In der Literatur wird teilweise angenommen, eine Zustimmung des
Aufsichtsrats sei bei der SE nur erforderlich, wenn die Satzung dies ausdrücklich vorsieht. Denn
die SE-VO erlaube es, in der Satzung einen Katalog zustimmungspflichtiger Geschäfte zu regeln;
dies sei eine abschließende Regelung für Zustimmungspflichten.[71] Diese Auffassung überzeugt
nicht. Denn auch § 111 Abs. 4 AktG regelt Zustimmungspflichten des Aufsichtsrats, die in der
Satzung festgelegt werden, ist jedoch nicht abschließend. Bei der dualistischen SE ist deshalb bei
der Ausnutzung des genehmigten Kapitals die Zustimmung des Aufsichtsrats nach den Regelungen des AktG erforderlich.

Bei der monistischen SE kann die Ausnutzung des genehmigten Kapitals nicht den geschäftsfüh- **48**
renden Direktoren übertragen werden. Denn es handelt sich um eine grundlegende Leitungsent-
scheidung.[72] Dies spricht jedoch nicht dagegen, dass der Verwaltungsrat den oder die geschäftsführenden Direktoren damit beauftragt, Entscheidungen über die Ausnutzung des genehmigten
Kapitals vorzubereiten und alle in diesem Zusammenhang notwendigen Maßnahmen einzuleiten
(wie z.B. die Vorbereitung und Verhandlung von Verträgen mit Sacheinlegern oder mit Banken,
die eine Barkapitalerhöhung begleiten sollen). Die Entscheidung über die Ausnutzung des genehm-
migten Kapitals, den Ausschluss des Bezugsrechts und weitere Einzelheiten muss aber durch Be-

---

64   §§ 184 Abs. 1, 188 Abs. 1 AktG.
65   § 40 Abs. 2 Satz 4, 22 Abs. 6 SEAG.
66   *Schwarz*, SE-VO, Art. 5 Rn. 17.
67   Art. 59 SE-VO, § 51 SEAG, § 202 Abs. 2 AktG; vgl. auch § 3 Rn. 255.
68   BGHZ 136, 133 = NJW 1997, 2815 (Siemens/Nold).
69   § 22 Abs. 6 SEAG.
70   § 204 Abs. 1 AktG.
71   *Schwarz*, SE-VO, Art. 5 Rn. 37.
72   *Oechsler*, NZG 2005, 449, 453.

schluss des Verwaltungsrats erfolgen. Es wird vertreten, die im AktG vorgesehene Trennung zwischen Initiativrecht des Vorstands und erforderlicher Zustimmung des Aufsichtsrats könne in der monistischen SE nur dadurch umgesetzt werden, dass dem Vorsitzendes des Verwaltungsrats ein Initiativrecht zukomme und dem Verwaltungsrat als Ganzem die Zustimmungsbefugnis.[73]

49   🛈 Praxishinweis:

Der Beschluss über die Schaffung des genehmigten Kapitals sollte eine ausdrückliche Regelung über Zuständigkeiten bei der Ausübung und über Zustimmungspflichten beinhalten. Bei der monistischen SE empfiehlt sich außerdem eine Regelung in der Geschäftsordnung des Verwaltungsrats, wenn dem Vorsitzenden ein Initiativrecht für die Entscheidung über die Ausnutzung des genehmigten Kapitals zukommen soll.

50   Die Anmeldung der Durchführung der Kapitalerhöhung aus genehmigtem Kapital ist von den geschäftsführenden Direktoren in vertretungsberechtigter Anzahl gemeinsam mit dem Vorsitzenden des Verwaltungsrats vorzunehmen.

5.   Bedingtes Kapital

51   Bedingtes Kapital kann bei der SE zu den im Aktiengesetz vorgesehenen Zwecken geschaffen werden, d.h. insbesondere zur Bedienung von Wandlungs- und Bezugsrechten aus Wandel- oder Optionsschuldverschreibungen und zur Gewährung von Bezugsrechten an Arbeitnehmer und Geschäftsführungsmitglieder (sogenannte Stock Options).[74]

52   Bei der monistischen SE stellt sich die Frage, ob die Gewährung von Stock Options an Verwaltungsratsmitglieder zulässig ist. Für Aktiengesellschaften hat der Bundesgerichtshof entschieden, dass Aufsichtsratsmitglieder nicht mit Stock Options vergütet werden dürfen.[75] Die Schaffung eines bedingten Kapitals ist dort nur für die Gewährung von Bezugsrechten an Arbeitnehmer und Geschäftsführungsmitglieder zulässig. Der Aufsichtsrat ist als Kontrollorgan kein Geschäftsführungsmitglied. Außerdem ist die Hauptversammlung für die Festlegung der Vergütung des Aufsichtsrats zuständig.[76] In dem Hauptversammlungsbeschluss über die Schaffung eines bedingten Kapitals zur Gewährung von Stock Options werden aber nur Eckpunkte festgelegt, die vom Vorstand bzw., soweit es um Stock Options für den Vorstand geht, vom Aufsichtsrat weiter ausgeführt werden. Mit der Festlegung der Einzelheiten der Stock Options für den Vorstand würde der Aufsichtsrat indirekt über seine eigene Vergütung entscheiden, wenn er gleichfalls mit Stock Options vergütet wird. Der Bundesgerichtshof stellte in seiner Entscheidung fest, der Gesetzgeber habe diese Problematik nicht durch eine entsprechende Festsetzungskompetenz der Hauptversammlung für sämtliche Konditionen der Optionsrechte für Aufsichtsratsmitglieder gelöst und folgert hieraus, dass der Gesetzgeber eine Angleichung der Vergütungsinteressen von Vorstand und Aufsichtsrat mit einer Ausrichtung auf den Aktienkurs nicht für angebracht halte.

53   Dem Verwaltungsrat der monistischen SE kommt eine Doppelfunktion zu. Er ist zugleich Leitungsgremium (als Geschäftsführungsinstanz) und Kontrollorgan.[77] Deshalb könnte er als Geschäftsführungsorgan angesehen werden, das mit Stock Options vergütet werden kann. Hinsichtlich der Vergütungsregelung bestehen jedoch für Verwaltungsrat und geschäftsführende

---

73   *Oechsler*, in: MünchKomm AktG, Art. 5 SE-VO Rn. 31.
74   § 192 Absatz 1 Nr. 1 und 3 AktG.
75   BGH, AG 2005, 265 ff. (Mobilcom).
76   § 113 Abs. 1 AktG.
77   § 22 Abs. 1 SEAG.

Direktoren ähnliche Kompetenzzuweisungen wie für Aufsichtsrat und Vorstand der dualistischen AG. Der Verwaltungsrat ist für die Festlegung der Vergütung der geschäftsführenden Direktoren zuständig.[78] Die Vergütung des Verwaltungsrats wird hingegen, wie die Vergütung des Aufsichtsrats in der dualistischen SE bzw. AG, durch die Hauptversammlung festgelegt (§ 38 Abs. 1 SEAG). Der Verwaltungsrat soll also die Vergütung der geschäftsführenden Direktoren kontrollieren, nicht aber seine eigene Vergütung festlegen. Dies spricht dafür, beim Verwaltungsrat dieselbe Gefährdungslage wie beim Aufsichtsrats im dualistischen System anzunehmen und Stock Options für Verwaltungsratsmitglieder als unzulässig anzusehen.[79] Für die Zulässigkeit von Stock Options für Verwaltungsratsmitglieder spricht aber, dass diese stets die Gesamtverantwortung für die Geschäftsführung des Unternehmens trifft. Verwaltungsratsmitglieder haben einen weiteren Aufgabenkreis als Aufsichtsratsmitglieder der dualistischen SE (oder AG). Deshalb ist die Argumentation des Bundesgerichtshofs, eine Angleichung der Vergütungsinteressen von Vorstand und Aufsichtsrat sei vom Gesetzgeber nicht gewollt, bei der monistischen SE nicht einschlägig.[80] Zulässig sind Stock Options in jedem Fall für die geschäftsführenden Direktoren. Denn sie üben keine Kontrollfunktionen aus und ihre Vergütung wird allein vom Verwaltungsrat festgelegt.

⚠ **Praxishinweis:**   54

Bei der Entscheidung für ein dualistisches oder monistisches System sollte bedacht werden, dass die Gewährung von Stock Options an Verwaltungsratsmitglieder, die nicht zugleich geschäftsführende Direktoren sind, derzeit rechtlich nicht abgesichert ist.

6.   Erwerb eigener Aktien

Die Zulässigkeit des Erwerbs eigener Aktien durch die deutsche SE richtet sich nach §§ 71 ff.   55
AktG. Zulässig ist insbesondere der Erwerb eigener Aktien aufgrund einer Ermächtigung der Hauptversammlung, die für bis zu 10 % des Grundkapitals und für einen Zeitraum von 18 Monaten erteilt werden kann.[81] Die Ermächtigung erfolgt bei der dualistischen SE an den Vorstand und bei der monistischen SE an den Verwaltungsrat.[82]

Im Rahmen der SE-Gründung durch Verschmelzung oder Holdinggründung oder bei der Sitz-   56
verlegung ist in bestimmten Fällen den Minderheitsaktionären, die gegen den Verschmelzungs- oder Gründungsplan oder den Verlegungsbeschluss Widerspruch zur Niederschrift erklärt haben, der Erwerb ihrer Anteile gegen angemessene Barabfindung anzubieten.[83] Der Erwerb eigener Aktien durch die SE oder durch eine an der Gründung beteiligte Aktiengesellschaft von Minderheitsaktionären, die dieses Angebot annehmen, kann auf § 71 Abs. 1 Nr. 3 AktG gestützt werden. Zwar sind die Fälle des Erwerbs aufgrund einer Abfindungspflicht nach dem SEAG in § 71 Abs. 1 Nr. 3 AktG nicht ausdrücklich genannt; die dort genannten Fälle sind aber nicht abschließend zu verstehen.[84] Der Erwerb von Anteilen von Minderheitsgesellschaftern nach §§ 7, 9 und 12 SEAG entspricht den in § 71 Abs. 1 Nr. 3 AktG aufgeführten Fällen, so dass Gründe für eine Ungleich-

---

78 § 40 Abs. 7 SEAG in Verbindung mit § 87 AktG.
79 Ebenso *Oechsler*, NZG 2005, 449, 451; a.A. *Schwarz*, SE-VO, Anh. Art. 43 Rn. 250.
80 *Schwarz*, SE-VO, Anh. Art. 43 Rn. 250.
81 § 71 Absatz 1 Nr. 8 AktG.
82 *Oechsler*, NZG 2005, 449, 450.
83 §§ 7 Abs. 1, 9 Abs. 1 und 12 Abs. 1 SEAG. Das Abfindungsangebot ist zu machen, wenn die SE nicht in Deutschland entsteht, sie ihren Sitz aus Deutschland heraus verlegt oder, bei der Holdinggründung, wenn sie abhängig ist.
84 *Hüffer*, AktG, § 71 Rn. 15.

4

behandlung nicht ersichtlich sind.[85] Demnach kann in diesen Fällen der Erwerb der Anteile von Minderheitsaktionären ohne vorherige Ermächtigung durch die Hauptversammlung erfolgen. Die SE bzw. AG kann in diesem Zusammenhang wirksam Verträge über den Erwerb von Aktien, die mehr als 10 % ihres Grundkapitals repräsentieren, abschließen. Sie muss jedoch Aktien, die die 10 %-Grenze überschreiten, innerhalb eines Jahres wieder veräußern.[86]

III. Das Konzernrecht der SE

1. Allgemeines

57   Die SE-VO enthält, abgesehen von den Regelungen in Art. 61 und 62 über die Aufstellung, Prüfung und Offenlegung von Konzernabschlüssen, keine konzernrechtlichen Regelungen. Daraus folgt, dass es kein SE-spezifisches Konzernrecht gibt. Konzerne unter Beteiligung einer SE unterliegen vielmehr dem jeweiligen nationalen Aktienkonzernrecht. In Deutschland sind dies die Regelungen über Unternehmensverträge,[87] faktische Konzernverhältnisse[88] und die Eingliederung.[89] Eine SE kann abhängige und herrschende Gesellschaft eines Vertragskonzerns oder eines faktischen Konzerns sein. Auch eine Eingliederung einer SE in eine AG oder einer AG in eine SE ist möglich. Eine Reihe von Besonderheiten ergibt sich bei der Anwendung des aktienrechtlichen Konzernrechts auf die monistische SE. § 49 SEAG bestimmt hierzu, dass die geschäftsführenden Direktoren an Stelle des Vorstands berufen sind, sofern dem Vorstand in den Regelungen des AktG zum Konzern bzw. zur Eingliederung bestimmte Befugnisse oder Aufgaben zugewiesen sind.

58   Da die Gründung einer SE Mehrstaatlichkeit voraussetzt, nimmt die SE typischer Weise eine Stellung als abhängige oder herrschende Gesellschaft eines internationalen Konzerns ein. Dann sind Konzernrechte verschiedener Staaten betroffen. Befinden sich abhängige und herrschende Gesellschaft in unterschiedlichen Staaten, ist für den Schutz der abhängigen Gesellschaft, ihrer Gläubiger und Minderheitsgesellschafter das Konzernrecht der abhängigen Gesellschaft maßgeblich. Regelungen, die dem Schutz der Obergesellschaft, ihrer außenstehenden Gesellschafter und Gläubiger dienen, richten sich hingegen nach dem Recht der Obergesellschaft.[90] Das bedeutet, dass die Regelungen des AktG über den Schutz der abhängigen Gesellschaft und den Minderheiten- und Gläubigerschutz im Vertragskonzern bzw. im faktischen Konzern anwendbar sind, wenn die abhängige Gesellschaft ihren Sitz in Deutschland hat, unabhängig davon, wo sich der Sitz der herrschenden Gesellschaft befindet.[91]

---

85 *Oechsler*, NZG 2005, 449, 451.
86 Art. 9 Abs. 1 lit. c (ii) SE-VO in Verbindung mit § 71 c AktG. Sofern die SE ihren Sitz nicht (mehr) in Deutschland hat, richtet sich die Veräußerungspflicht allerdings nach dem Recht des neuen Sitzstaates.
87 §§ 291–310 AktG.
88 §§ 310–318 AktG.
89 §§ 319–327 AktG.
90 *Kindler*, in: MünchKomm BGB, IntGesR, Rn. 549.
91 An dieser Stelle soll nicht näher auf die Unterschiede zwischen Sitz- und Gründungstheorie zu dem auf Gesellschaften anwendbaren Recht eingegangen werden (vgl. hierzu *Kindler*, in: MünchKomm BGB, IntGesR, Rn. 1 ff.). Sofern sich Verwaltungssitz und satzungsmäßiger Sitz in demselben Staat befinden, führen beide Theorien zu demselben Ergebnis, nämlich zur Anwendbarkeit des Rechts des Staates, in dem die Gesellschaft gegründet wurde und ihren Verwaltungssitz hat. Eine SE muss nach Art. 7 SE-VO Verwaltungssitz und satzungsmäßigen Sitz stets in demselben Staat unterhalten.

2.   SE als herrschendes Unternehmen

Ist eine SE mit Sitz in Deutschland oder im Ausland herrschendes Unternehmen und hat das   59
abhängige Unternehmen seinen Sitz in Deutschland, sind die konzernrechtlichen Schutzvorschriften des AktG für die abhängige Gesellschaft, ihre Gläubiger und Minderheitsgesellschafter
anwendbar.[92]

Das bedeutet, dass die herrschende SE bei Bestehen eines Beherrschungs- und Ergebnisabfüh-   60
rungsvertrags zur Übernahme der Verluste des beherrschten Unternehmens nach § 302 AktG
verpflichtet ist. Den Minderheitsaktionären der beherrschten Gesellschaft ist ein angemessener
jährlicher Ausgleich nach § 304 AktG zu zahlen und bei Abschluss des Unternehmensvertrags
ein Abfindungsangebot nach § 305 AktG zu unterbreiten. Hat die herrschende SE ihren Sitz in
Deutschland, bedarf der Abschluss eines Beherrschungs- und Ergebnisabführungsvertrags nach
§ 293 Abs. 2 AktG der Zustimmung der Hauptversammlung der herrschenden SE.

Bei faktischen Unternehmensverbindungen hat die herrschende SE mit Sitz im In- oder Ausland   61
nachteilige Maßnahmen gegenüber dem abhängigen Unternehmen nach § 311 AktG auszugleichen.

3.   SE als abhängiges Unternehmen

Ist die SE abhängige Gesellschaft mit Sitz in Deutschland, ergeben sich Besonderheiten gegenüber   62
dem Konzernrecht der abhängigen AG nur für die monistische SE, und zwar sowohl im Vertragskonzern (dort jedoch nur für den Beherrschungsvertrag, nicht für den Ergebnisabführungsvertrag) als auch bei faktischer Abhängigkeit. Nachfolgend werden deshalb nur diese Besonderheiten
dargestellt.

a)   Vertragskonzern

Hat eine monistische SE als abhängige Gesellschaft einen Beherrschungsvertrag abgeschlossen,   63
sind ihre geschäftsführenden Direktoren, nicht der Verwaltungsrat, Empfänger von Weisungen
der Obergesellschaft.[93] Die geschäftsführenden Direktoren sind zur Umsetzung der Weisungen
verpflichtet. Die Weisungen der Obergesellschaft können sich dabei auch auf Entscheidungen
beziehen, die in den Kompetenzbereich des Verwaltungsrats eingreifen. Bei der monistischen
SE ist der Verwaltungsrat für die Leitung der Gesellschaft zuständig, d.h. er legt die Unterneh-
mensstrategie fest und ist für Geschäfte von besonderer Bedeutung zuständig, wohingegen die
geschäftsführenden Direktoren die laufenden Geschäfte der Gesellschaft führen.[94] Dem Zweck
des Beherrschungsvertrags entsprechend muss sich das Weisungsrecht der Obergesellschaft auch
auf Fragen erstrecken, für die innerhalb der monistischen SE der Verwaltungsrat zuständig ist.[95]
Diese Ansicht entspricht der Rechtsprechung des Bundesgerichtshofs zu Beherrschungsverträgen

---

92   Das Konzernrecht des AktG ist anwendbar, wenn die abhängige Gesellschaft eine AG oder SE ist, Art. 9 Abs. 1 lit. c
      (ii) SE-VO; zur Anwendbarkeit des Aktienkonzernrechts auf GmbHs und Personengesellschaften vgl. *Emmerich*, in:
      Emmerich/Habersack, Aktien- und GmbH-Konzernrecht, Vor § 291 Rn. 6 ff.
93   § 49 Abs. 1 SEAG in Verbindung mit § 308 Abs. 1 AktG.
94   §§ 22 Abs. 1, 40 Abs. 2 SEAG.
95   *Maul*, in: Lutter/Hommelhoff, Die Europäische Gesellschaft, S. 254.

mit einer abhängigen GmbH. Auch dort erstreckt sich das Weisungsrecht auf Entscheidungen, für die die Gesellschafterversammlung der GmbH zuständig ist.[96]

64 Auch bei Bestehen eines Beherrschungsvertrags müssen die geschäftsführenden Direktoren die Zustimmung des Verwaltungsrats einholen, wenn dies für die entsprechende Maßnahme in der Satzung vorgesehen ist. Solche Zustimmungspflichten können bei der monistischen SE in deutlich weiterem Umfang begründet werden als der Vorstand einer dualistischen AG an die Zustimmung des Aufsichtsrats gebunden werden kann. Denn der Verwaltungsrat ist das Leitungsgremium der monistischen SE, wohingegen die dualistische SE vom Vorstand geführt und vom Aufsichtsrat nur überwacht wird. Stimmt der Verwaltungsrat einer Maßnahme nicht zu, zu deren Durchführung die Obergesellschaft die geschäftsführenden Direktoren angewiesen hatte, müssen sie der Obergesellschaft hierüber berichten.[97] Wiederholt die Obergesellschaft die Weisung (wozu sie gegebenenfalls der Zustimmung ihres eigenen Aufsichtsrats bedarf), ist die Zustimmung des Verwaltungsrats nicht mehr erforderlich und müssen die geschäftsführenden Direktoren die Maßnahme durchführen.

65 ⓘ Praxishinweis:

Die Obergesellschaft eines Beherrschungsvertrags verfügt typischerweise über eine qualifizierte Mehrheit in der Hauptversammlung der abhängigen (monistischen) SE. Diese Mehrheit sollte sie dazu nutzen, die Satzung der abhängigen SE so auszugestalten, dass der Katalog zustimmungsbedürftiger Geschäfte klein ist. Hierdurch erübrigt sich die Notwendigkeit der Wiederholung von Weisungen wegen fehlender Zustimmung des Verwaltungsrats der abhängigen Gesellschaft.

b) Faktische Unternehmensverbindungen

66 Bei faktischen Unternehmensverbindungen ergeben sich Grenzen des Einflusses der Obergesellschaft und Ausgleichsansprüche der beherrschten SE aus §§ 311 ff. AktG.

67 Die geschäftsführenden Direktoren einer monistisch strukturierten SE, die von einem anderen Unternehmen beherrscht wird, ohne dass ein Beherrschungsvertrag besteht, müssen den Abhängigkeitsbericht nach § 312 AktG erstellen und darin die Beziehungen der SE zum herrschenden Unternehmen erläutern.[98] Der Abhängigkeitsbericht ist vom Abschlussprüfer der SE zu prüfen, wenn die SE prüfungspflichtig ist.[99] Die geschäftsführenden Direktoren müssen den Abhängigkeitsbericht und, sofern zu erstellen, den Prüfbericht des Abschlussprüfers, unverzüglich nach seiner Aufstellung dem Verwaltungsrat vorlegen.[100] Der Verwaltungsrat muss den Bericht prüfen und der Hauptversammlung über das Ergebnis seiner Prüfung berichten.[101]

68 Bei der Prüfung des Abhängigkeitsberichts durch den Verwaltungsrat wird dieser vielfach seine eigene Tätigkeit überprüfen. Denn der Verwaltungsrat ist als oberstes Leitungsorgan der monistischen SE in die Geschäftsführung der SE eingebunden, und zwar deutlich stärker als der Aufsichtsrat in der dualistischen SE oder AG. Hinzu kommt, dass im Verwaltungsrat einer beherrschten Gesellschaft vielfach Vertreter der Obergesellschaft zu finden sind. Die Bedeutung des Abhängigkeitsberichts wird damit entwertet. Unter Corporate Governance Gesichtspunkten wäre es deshalb wünschenswert, wenn die Prüfung einem Ausschuss des Verwaltungsrats übertragen

---

96 BGHZ 105, 324, 331 = NJW 1989, 295 (Supermarkt).
97 § 308 Abs. 3 AktG, § 49 Abs. 1 SEAG.
98 § 49 Abs. 1 SEAG.
99 § 313 AktG.
100 § 314 AktG.
101 § 314 AktG, § 22 Abs. 6 SEAG.

würde, dem auch unabhängige Mitglieder angehören.[102] Nach der derzeitigen gesetzlichen Regelung ist dies jedoch nicht erforderlich.

4. Steuerliche Organschaft

Die Gründung einer SE erfolgt in aller Regel innerhalb eines multinationalen Konzernverbundes. Vielfach ist die SE nach ihrer Gründung an zumindest zwei in- oder ausländischen Kapitalgesellschaften beteiligt. Aus steuerlicher Sicht ist es deshalb sinnvoll, unter Einbeziehung der SE Organschaften zwischen der SE und anderen Konzerngesellschaften zu implementieren.   **69**

So kann durch eine ertragsteuerliche Organschaft im Inland erreicht werden, dass Gewinne und Verluste von einzelnen Körperschaftsteuersubjekten[103] („Organgesellschaften") auf Ebene einer Konzernobergesellschaft („Organträger") konsolidiert werden können. Nur das nach Verrechnung der steuerlichen Konsolidierung verbleibende steuerpflichtige Einkommen der Organschaftsgruppe unterliegt, und zwar nur auf Ebene des Organträgers, einer Körperschaft- und Gewerbesteuerbelastung. So stellen Organschaften ein geeignetes Mittel dar die Konzernsteuerquote[104] zu senken.   **70**

Das deutsche Körperschaftsteuergesetz lässt eine Durchbrechung der isolierten Steuerpflicht einzelner Steuersubjekte im Rahmen einer Organschaftsbesteuerung nur unter bestimmten Voraussetzungen zu. So verlangen die ertragsteuerlichen Organschaftsregelungen, dass der Organträger unmittelbar oder mittelbar die Mehrheit der Stimmrechte aus den Anteilen an der jeweiligen Organgesellschaft zustehen.[105] Eine Stimmenmehrheit in der Gesellschaftsversammlung der Organgesellschaft besteht bei über 50 % der Stimmrechte. Hierbei ist erforderlich, dass die finanzielle Eingliederung bereits zu Beginn des Wirtschaftsjahres der Organgesellschaft bestand, für das die Steuerkonsolidierung erstmals gelten soll.   **71**

Des Weiteren setzt eine steuerliche Organschaft voraus, dass zwischen dem Organträger und der Organgesellschaft ein Ergebnisabführungsvertrag nach Maßgabe des § 291 AktG abgeschlossen wird. In diesem Vertrag hat sich die Organgesellschaft zu verpflichten, ihren gesamten handelsrechtlichen Gewinn an den Organträger abzuführen. Im Gegenzug ist der Organträger verpflichtet, jeglichen während der Laufzeit des Ergebnisabführungsvertrages entstandenen Jahresfehlbetrag der Organgesellschaft auszugleichen.[106]   **72**

In der Vergangenheit war nicht eindeutig geklärt, ob es sich bei der Organgesellschaft nach §§ 14, 17 KStG um eine Kapitalgesellschaft im Sinne von § 1 Abs. 1 Nr. 1 KStG handeln muss. Diese Frage hatte insbesondere für eine Limited englischen Rechts und hätte nunmehr für eine SE praktische Bedeutung. Denn § 1 Abs. 1 Nr. 1 KStG a.F. bezog sich explizit nur auf Gesellschaften in der Rechtsform der Aktiengesellschaft, der Kommanditgesellschaft auf Aktien und auf Gesellschaften mit beschränkter Haftung.   **73**

Aufgrund der nunmehr verabschiedeten Änderungen im neuen Körperschaftsteuergesetz steht nach § 1 Abs. 1 Nr. 1 KStG n.F. die SE steuerlich einer inländischen Kapitalgesellschaft gleich, so dass die Frage der SE als steuerlich taugliche Organgesellschaft gelöst ist. Zusätzlich hat der Gesetzgeber ergänzend in § 14 Abs. 1 KStG n.F. die SE neben der Aktiengesellschaft ausdrücklich als mögliche Organgesellschaft aufgeführt.   **74**

---

102 *Maul*, ZGR 2003, 743, 758 ff.
103 Juristische Personen, insbesondere Kapitalgesellschaften.
104 Die Konzernsteuerquote drückt das Verhältnis von ausgewiesenem Steueraufwand und Vorsteuerergebnis aus.
105 Dies wird als finanzielle Eingliederung bezeichnet.
106 Hierzu instruktiv *Erle*, Der Preis der Organschaft, FS W. Müller, S. 557.

4

75   Als Organträger kommt hingegen jedes gewerbliche Unternehmen gleich welcher Rechtsform in Betracht. Da die SE kraft ihrer kapitalgesellschaftsrechtlichen Rechtsform als gewerblich gilt, kann sie innerhalb eines Organschaftskreises als Konzerngesellschaft eingesetzt werden.

76   Außerdem verlangen die deutschen Organschaftsregelungen, dass die an einer Organschaft beteiligten Rechtsträger für steuerliche Zwecke in Deutschland ansässig sind. Im Hinblick auf die Stellung einer Gesellschaft als Organträger genügt es, dass sie ihre Geschäftsleitung im Inland hat.[107] Demgegenüber muss eine Gesellschaft als Organgesellschaft ihren Sitz und ihre Geschäftsleitung in Deutschland haben.[108] Um Teil eines Organkreises zu werden, genügt es für die Organgesellschaftseigenschaft deshalb nicht, dass eine ausländische Gesellschaft ausschließlich ihren Verwaltungssitz in Deutschland hat.

77   Da eine SE aus gesellschaftsrechtlicher Sicht ihre Geschäftsleitung zwingend in ihrem satzungsmäßigen Sitzstaat haben muss, kommt der Einsatz einer deutschen SE als Organträger wie auch als Organgesellschaft innerhalb eines inländischen Konzernverbunds in fast allen Fallkonstellationen in Betracht.

78   ❯ **Beispiel:**

Eine ausländische S.A. einerseits sowie eine deutsche GmbH und ein deutscher Staatsangehöriger andererseits bringen ihre Beteiligung an einer Kapitalgesellschaft zur Gründung einer Holding in eine dadurch entstehende deutsche SE ein. Durch die Gründungsgesellschaften bzw. Gründer werden an den eingebrachten Gesellschaften jeweils 10 % zurückbehalten. Es wird eine ertragsteuerliche Organschaft angestrebt.

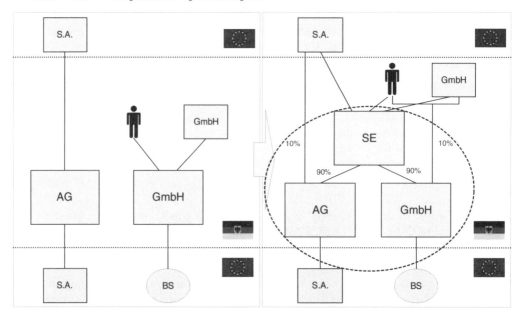

💡 **Lösung:**

Die deutsche AG bzw. GmbH sind taugliche Organgesellschaften. Auch die Holding-SE ist aufgrund von §§ 1 Abs. 1 Nr. 1, 8 Abs. 2 KStG n.F. als gewerbliches Unternehmen tauglicher Organträger. Die Holding-SE hält nach der Einbringung an diesen Gesellschaften die Mehrheit der Stimmrechte (d.h. über 50 %), so dass mit Abschluss und Eintragung eines Ergeb-

107 § 14 Abs. 1 Satz 1 Nr. 2 KStG.
108 § 14 Abs. 1 Satz 1 KStG (sog. doppelter Inlandsnexus).

nisabführungsvertrags zwischen der Holding-SE und der AG bzw. der GmbH eine ertragsteuerliche Organschaft begründet werden kann. Die Organschaft entfaltet erstmals in demjenigen Wirtschaftsjahr der Organgesellschaften steuerliche Wirkung, in dem die Holding-SE zu Beginn des Wirtschaftsjahres die Stimmenmehrheit an der AG bzw. GmbH hält und der Ergebnisabführungsvertrag im Handelsregister eingetragen ist. In diesem Fall erfolgt eine Konsolidierung des steuerpflichtigen Einkommens der beteiligten Gesellschaften auf Ebene der Holding- SE.

B.   Die börsennotierte SE

Eine SE kann börsennotiert sein. Sie unterliegt dann den kapitalmarktrechtlichen Regelungen, die auch für Aktiengesellschaften gelten, insbesondere also den Regelungen des WpHG (wie z.B. Ad-hoc Pflicht, Insiderrecht und Stimmrechtsmeldepflichten), des WpÜG, des Börsengesetzes und der einschlägigen Börsenordnungen. Prominentes Beispiel einer börsennotierten SE in Deutschland ist die Allianz, die seit Oktober 2006 eine SE ist. Seither haben außerdem die Fresenius AG, die BASF AG und die Dr. Ing. h.c. F. Porsche AG die Umwandlung in eine SE vollzogen bzw. beschlossen. Besonderheiten der börsennotierten SE gegenüber der börsennotierten AG ergeben sich wiederum für die monistische SE sowie im Zusammenhang mit der Anwendbarkeit des WpÜG bei der Gründung einer SE.

79

I.   Anwendbarkeit des WpÜG bei Gründung der SE

1.   SE-Gründung durch Verschmelzung

Bei der Gründung einer SE durch Verschmelzung erhalten die Aktionäre der übertragenden Gesellschaften Aktien der aufnehmenden SE. Ist die aufnehmende Gesellschaft börsennotiert und sind Aktionäre einer übertragenden oder der aufnehmenden Gesellschaft nach der Verschmelzung mit 30 % oder mehr der Stimmrechte an der aufnehmenden SE beteiligt, stellt sich die Frage, ob diese Aktionäre den übrigen Aktionären der aufnehmenden Gesellschaft ein Pflichtangebot zum Erwerb ihrer Aktien nach dem WpÜG unterbreiten müssen. Nach § 35 WpÜG trifft diese Pflicht jeden, der die Kontrollschwelle von mindestens 30 % der Stimmrechte an einer Zielgesellschaft erlangt. Zielgesellschaft ist jeder Emittent mit Sitz in Deutschland, dessen Aktien in Deutschland oder in einem anderen Mitgliedstaat des Europäischen Wirtschaftsraums an einem organisierten Markt zugelassen sind.[109] Die BaFin geht davon aus, dass das WpÜG grundsätzlich auch im Rahmen von Verschmelzungen anwendbar ist.[110] Dem ist zuzustimmen, weil § 35 WpÜG nicht danach unterscheidet, auf welche Weise die Kontrolle über eine Zielgesellschaft erlangt wurde. Demnach kann eine SE-Gründung durch Verschmelzung die Pflicht zur Abgabe eines Pflichtangebots auslösen.

80

❗ Praxishinweis:

81

Durch Wahl der geeigneten Transaktionsstruktur lässt sich die Durchführung eines Pflichtangebots bei Gründung einer SE vermeiden. Es bietet sich insbesondere an, die Verschmelzung börsennotierter Unternehmen zur Neugründung einer SE durchzuführen und die Aktien der neu entstehenden SE ihrerseits zum Börsenhandel zuzulassen. Die Aktionäre der übertragenden Gesellschaften werden in diesem Fall mit Eintragung der Verschmelzung Aktionäre der SE (und erlangen dabei möglicher-

---

109 §§ 1 Abs. 2, 2 Abs. 3 Nr. 1, Abs. 7 WpÜG.
110 Vgl. *Krause/Pötzsch*, in: Assmann/Pötzsch/Schneider, WpÜG, § 35 Rn. 139, m.w.N.

4

weise eine Beteiligung von 30 % oder mehr). Die Börsennotierung der SE folgt der Verschmelzung zeitlich nach. Denn sie setzt die Entstehung der SE durch Eintragung der Verschmelzung voraus. In diesem Fall liegt kein Kontrollerwerb im Sinne des WpÜG vor, weil kein Aktionär die Kontrolle an einer börsennotierten Gesellschaft erlangt, sondern der Kontrollerwerb bereits vor der Börsennotierung stattgefunden hat.

Sollen zwei börsennotierte Gesellschaften miteinander verschmolzen werden und besteht bei einer Gesellschaft bereits eine Kontrollsituation, empfiehlt es sich, die Verschmelzung auf diese Gesellschaft durchzuführen. Denn der Großaktionär der aufnehmenden Gesellschaft erlangt im Rahmen der Verschmelzung nicht erneut die Kontrolle, so dass er auch gegenüber den neu hinzutretenden Gesellschaftern der übertragenden Gesellschaft kein Pflichtangebot abgeben muss.

Die Frage der Angebotspflicht ist aber selbstverständlich nur ein Gesichtspunkt neben steuerlichen, organisatorischen, mitbestimmungsrechtlichen und sonstigen Aspekten, die bei der Wahl der geeigneten Transaktionsstruktur berücksichtigt werden müssen.

2.   Holdinggründung

82   Bei der Holdinggründung einer SE wird diskutiert, ob die Aufforderung der Gründungsgesellschaften an ihre Aktionäre, sich durch Einbringung ihrer Anteile an der Holdinggründung zu beteiligen ein öffentliches Übernahmeangebot im Sinne des WpÜG darstellt, das nach den Regeln des WpÜG durchgeführt werden muss.[111] Dagegen spricht, dass die Gründungsgesellschaften ihren Aktionären nicht anbieten, deren Aktien zu erwerben. Denn Erwerber der Aktien wird die zu gründende SE. Beteiligen sich die Aktionäre der Gründungsgesellschaften an dem Gründungsvorgang, werden sie kraft Gesetzes Aktionäre der SE.[112] Deshalb sprechen überwiegende Gründe dagegen, das WpÜG auf den Gründungsvorgang anzuwenden.[113]

83   Die im Rahmen des Gründungsvorgangs entstehende Holding-SE ist zwingend mit mehr als 50 % der Stimmrechte an den Gründungsgesellschaften beteiligt. Ist eine an der Gründung beteiligte Gesellschaft börsennotiert, liegt also stets ein Kontrollerwerb nach dem WpÜG vor. Demnach muss die SE den außenstehenden Aktionären der betreffenden Gründungsgesellschaft, die sich nicht an dem Gründungsvorgang beteiligt haben, ein Pflichtangebot unterbreiten. Hiergegen wird eingewandt, die Aktionäre der Gründungsgesellschaften seien durch das Austrittsrecht nach § 9 SEAG bereits ausreichend geschützt.[114] Das Recht zum Austritt aus der übertragenden Gesellschaft gegen angemessen Barabfindung nach § 9 SEAG besteht jedoch nur, wenn die Holding-SE ihren Sitz im Ausland hat oder eine abhängige Gesellschaft im Sinne von § 17 AktG ist. Demnach besteht kein Austrittsrecht für in der Gründungsgesellschaft verbleibende Aktionäre, wenn eine Holding-SE mit Sitz in Deutschland entsteht, die ihrerseits nicht von einem Mehrheitsaktionär beherrscht wird. In diesem Fall sind die in der Gründungsgesellschaft verbleibenden Aktionäre also nicht bereits durch ein Austrittsrecht nach dem SEAG geschützt. Zwar haben sie nach Art. 33 Abs. 3 Satz 2 SE-VO die Möglichkeit, sich noch nachträglich an der Holdinggründung zu beteiligen. Während einer Frist von einem Monat nach Gründung der Holding-SE können sie ihre Aktien an der übertragenden Gesellschaft gegen Aktien der SE eintauschen. Dies ist grundsätzlich jedoch kein gleichwertiger Ersatz für ein Pflichtangebot nach dem WpÜG, in dem die Aktionäre der Gründungsgesellschaft ihre Aktien gegen eine angemessene Gegenleistung verkaufen

---

111 Für die Anwendbarkeit des WpÜG *Kalss*, ZGR 2003, 593, 642.
112 Art. 33 Absatz 4 SE-VO.
113 *Brandes*, AG 2005, 177, 179.
114 *Brandes*, AG 2005, 177, 186; *Ihrig/Wagner*, BB 2003, 969, 973; a.A. *Teichmann*, AG 2004, 67, 82.

können.[115] Im Ergebnis kommt deshalb nur bei Gründung einer Holding-SE mit Sitz im Ausland oder einer abhängigen Holding-SE eine Befreiung von der Verpflichtung zur Durchführung eines Pflichtangebots in Betracht.

🛇 Praxishinweis: 84

Vor der Gründung einer Holding-SE unter Beteiligung börsennotierter Gesellschaften sollte mit der BaFin (und ggf. mit Aufsichtsbehörden weiterer beteiligter Staaten) Kontakt aufgenommen und die Transaktionsstruktur besprochen werden. Dabei ist zu klären, ob und welche Pflichten im Hinblick auf das anwendbar Übernahmerecht bestehen und welche Befreiungen erteilt werden können.

II.   Die monistische börsennotierte SE

Da die SE den Regelungen des AktG unterliegt, ist auch für die börsennotierte SE eine Entspre-   85
chungserklärung nach § 161 AktG hinsichtlich der Einhaltung der Empfehlungen der Regierungskommission Deutscher Corporate Governance Kodex („Kodex") abzugeben.[116] In der Fassung des Kodex aufgrund der Änderungen vom 14. Juni 2007 ist ausdrücklich klarstellt, dass der Kodex auch für die SE gilt. In der monistischen SE hat die Erklärung durch den Verwaltungsrat zu erfolgen.[117]

In der letzten Änderung des Kodex vom 14. Juni 2007 wurde audrücklich festgehalten, dass   86
das monistische Verwaltungsratssystem und das dualistische Führungssystem sich in der Praxis aufeinander zu bewegen und gleichermaßen erfolgreich sind. Unter Corporate Governance Gesichtspunkten sind beide Leitungssysteme also gleichwertig. Der Kodex enthält jedoch keine spezifischen Regelungen für das monistische Leitungssystem. Vielmehr setzt er, da er für die AG verfasst wurde, ein dualistisches Leitungssystem voraus (nur ein solches ist nach deutschem Recht für die AG gestattet). Dies führt zwangsläufig dazu, dass eine monistische SE einige Bestimmungen des Kodex nicht oder nur in abgewandelter Form einhalten kann. Viele Bestimmungen können aber sinngemäß angewendet werden. So unterliegt die Vergütung der geschäftsführenden Direktoren der monistischen SE den Regelungen über die Vorstandsvergütung bei der AG. Deshalb lassen sich Regelungen des Kodex über die Vorstandsvergütung problemlos auf die geschäftsführenden Direktoren übertragen. Viele Regelungen, die sich auf den Vorstand oder den Aufsichtsrat beziehen, sind auch auf den Verwaltungsrat anwendbar. Dies gilt z.B. für die Behandlung von Interessenkonflikten nach Ziffer 5.5 des Kodex. Soweit der Kodex Regelungen über das Zusammenwirken von Vorstand und Aufsichtsrat enthält, können diese teilweise auf das Verhältnis von Verwaltungsrat und geschäftsführenden Direktoren angewendet werden.

🛇 Praxishinweis: 87

Der Verwaltungsrat sollte im Rahmen seiner Entsprechungserklärung nicht nur pauschal darauf hinweisen, dass er aufgrund des andersartigen Leitungssystems bestimmte Empfehlungen nicht einhalten kann. Vielmehr empfiehlt es sich, in der Erklärung die Arbeitsweise und Organisation des Verwaltungsrats zu erläutern und darzulegen, welche Regeln des Kodex wegen der andersartigen Struktur des monistischen Leitungssystems nicht angewendet wurden.

---

115 § 31 Abs. 2 WpÜG: die Gegenleistung hat in einer Barzahlung oder zum Handel an einem organisierten Markt zugelassenen Aktien zu bestehen. Der Aktientausch im Rahmen der Holdinggründung genügt den Anforderungen des WpÜG allenfalls, wenn die Aktien der SE ihrerseits börsenmäßig handelbar und die Mindestpreisregelungen des WpÜG eingehalten sind.
116 Veröffentlicht unter www.corporate-governance-code.de.
117 § 22 Absatz 6 SEAG.

C.   Laufende Besteuerung der SE

I.   Körperschaftsteuerliche Behandlung der SE

1.   Die SE als Körperschaftsteuersubjekt

88   Bei einer SE handelt es sich nach der SE-VO um eine Gesellschaft, die nach den jeweils einschlägigen Vorschriften des Sitzstaats der SE wie eine Aktiengesellschaft zu behandeln ist.

89   Nach § 1 Abs. 1 Nr. 1 KStG a.F. sind Kapitalgesellschaften in der Rechtsform der Aktiengesellschaft, der Kommanditgesellschaft auf Aktien oder der Gesellschaft mit beschränkter Haftung als unbeschränkt körperschaftsteuerpflichtige Steuersubjekte anzusehen, sofern sie ihre Geschäftsleitung oder ihren Sitz im Inland haben. Andere Gesellschaftsformen, wie beispielsweise die Limited nach englischem Recht, die über einen Verwaltungssitz in Deutschland verfügt, wurden bislang gemäß § 1 Abs. 1 Nr. 4 KStG als sonstige juristische Personen des Privatrechts eingestuft.

90   Die bisherige Differenzierung hatte praktische Bedeutung für die Einordnung der Einkunftsarten nach § 8 Abs. 2 KStG und die Organgesellschaftseigenschaft nach § 17 KStG. In jüngster Zeit sind in der Literatur und der Rechtsprechung jedoch Tendenzen ersichtlich, wonach ausländische Gesellschaftsformen mit Verwaltungssitz im Inland für körperschaftsteuerliche Zwecke als Kapitalgesellschaften nach § 1 Abs. 1 Nr. 1 KStG behandelt werden, sofern sie nach dem Typenvergleich einer deutschen Kapitalgesellschaft vergleichbar sind.[118]

91   Da eine inländische SE gesellschaftsrechtlich einer deutschen Aktiengesellschaft gleichgestellt wird, wäre es auch ohne eine Gesetzesanpassung vertretbar gewesen, die SE als Körperschaftsteuersubjekt nach § 1 Abs. 1 Nr. 1 KStG einzustufen. Der Gesetzgeber hat sich jedoch mit dem neuen Körperschaftsteuergesetz unter anderem in § 1 Abs. 1 Nr. 1 KStG n.F. zu einer Neuregelung entschlossen, wonach als Kapitalgesellschaften insbesondere auch Europäische Gesellschaften zu gelten haben. Aufgrund dieser gesetzgeberischen Klarstellung kommt es zukünftig nicht mehr auf die dogmatische Einordnung einer inländischen SE unter dem deutschen Körperschaftsteuerregime an. Damit gilt eine SE, soweit sie ihren Sitz oder ihre Geschäftsleitung in Deutschland hat, als unbeschränkt körperschaftsteuerpflichtige Kapitalgesellschaft.

2.   Gewerbliche Einkünfte der SE

92   Mit dem neuen Körperschaftsteuergesetz wurde ebenfalls § 8 Abs. 2 KStG modifiziert. Bislang galten ausschließlich für Steuerpflichtige, die nach den Vorschriften des Handelsgesetzbuchs zur Führung von Büchern verpflichtet sind, sämtliche erzielten Einkünfte als Einkünfte aus Gewerbebetrieb. Der geänderte § 8 Abs. 2 KStG n.F. löst nunmehr die steuerliche Verknüpfung zur handelsrechtlichen Buchführungspflicht nach § 238 HGB auf und behandelt alle Einkünfte eines unbeschränkt Steuerpflichtigen im Sinne des § 1 Abs. 1 Nr. 1 bis 3 KStG n.F. als gewerbliche Einkünfte. Damit kommt es nicht mehr darauf an, ob die SE oder andere europäische Gesellschaftsformen als Formkaufmann[119] im Sinne des deutschen Handelsgesetzbuches gelten und deshalb der handelsrechtlichen Buchführungspflicht unterliegen. Von § 8 Abs. 2 KStG n.F. werden nun-

---

118 Hierzu ausführlich *Wachter*, FR 2006, 358.
119 § 6 HGB.

mehr auch alle ausländischen Gesellschaften erfasst, die einem ausländischen Gesellschaftsrechts- oder Handelsrechtsregime unterliegen, wie beispielsweise eine beschränkt steuerpflichtige ausländische SE. Auch deren Einkünfte gelten somit stets als gewerbliche Einkünfte.

Für die SE greifen – wie für alle anderen Kapitalgesellschaften – über § 8 Abs. 1 Satz 1 KStG n.F.   93
die Einkommensermittlungsvorschriften des Einkommensteuergesetzes und die Sondervorschriften des Körperschaftsteuergesetzes ein. Dies gilt insbesondere für die Regelungen zur Gesellschafterfremdfinanzierung nach § 8 a KStG,[120] zu den nicht abziehbaren Aufwendungen nach den §§ 9, 10 KStG, für das steuerliche Einlagekonto nach § 27 KStG sowie für die Sondervorschriften zum Übergang vom Anrechnungsverfahren zum Halbeinkünfteverfahren.[121]

II.   Die SE als Gewerbebetrieb

Grundsätzlich unterliegt nach § 2 Abs. 1 GewStG jedes Unternehmen der inländischen Gewerbe-   94
steuer, soweit ein Gewerbebetrieb im Inland geführt wird und die Gesellschaft sich als gewerbliches Unternehmen nach § 15 EStG qualifiziert.

§ 2 Abs. 2 GewStG a.F. enthielt bislang eine steuerliche Fiktion, wonach eine Kapitalgesellschaft stets   95
einen Gewerbetrieb unterhielt. Mit dem SEStEG wurden auch für das Gewerbesteuergesetz die zuvor skizzierten körperschaftsteuerlichen Änderungen nachvollzogen. Deshalb regelt § 2 Abs. 2 Satz 1 GewStG n.F., dass als Gewerbebetrieb stets und im vollen Umfang die Tätigkeit einer Kapitalgesellschaft gilt, wobei als Kapitalgesellschaft insbesondere auch Europäische Gesellschaften in Betracht kommen.

Diese Klarstellung führt dazu, dass eine inländische SE neben der Körperschaftsteuer in Höhe   96
von derzeit 25 % auch der Gewerbesteuer unterliegt.[122] Die Höhe der Gewerbesteuer hängt von dem durch die betroffenen Gemeinden festgelegten Hebesatz ab, in der die SE ihr gewerbliches Unternehmen betreibt. Der anzusetzende Gewerbeertrag ist auf Ebene der SE nach den Vorschriften der §§ 7–9 GewStG zu ermitteln. Es bestehen somit keine gewerbesteuerlichen Sondervorschriften für eine inländische SE.

> **Beispiel:**   97

> Die A-Holding-SE wurde durch die Einbringung von drei inländischen Aktiengesellschaften mit Inlands- und Auslandsbeteiligungen gegründet. Ein Jahr nach der Gründung veräußert eine der eingebrachten Gesellschaften eine Inlandsbeteiligung und schüttet den Gewinn an die Holding-SE aus. Die Holding-SE erhält zusätzlich Vergütungen aus Dienstleistungsverträgen mit Tochtergesellschaften.

> **Lösung:**

> Die A-Holding-SE erzielt als unbeschränkt steuerpflichtige Körperschaft Dividendengewinne, die nach § 8 b Abs. 1 und 5 KStG zu 95 % körperschaftsteuerbefreit sind. Diese Steuervergünstigungen gelten auch für Zwecke der Gewerbesteuer. Eine gewerbesteuerliche Hinzurechnung des körperschaftsteuerbefreiten Dividendenanteils nach § 8 Nr. 5 GewStG unterbleibt, da die A-Holding-SE mit über 10 % an den Tochtergesellschaften beteiligt ist (§ 9 Nr. 2 a GewStG). Daneben stellen die Tätigkeitsvergütungen aus den Dienstleistungsverträgen laufende steuerpflichtige Einkünfte der Holding-SE dar.

---

120 Beziehungsweise die Zinsschrankenregelung des § 4 h EStG (in Kraft ab dem 1. Januar 2008).
121 Insbesondere die §§ 37 – 40 KStG.
122 Das Gesetz zur Unternehmensteuerreform 2008, welches am 1. Januar 2008 in Kraft tritt, sieht eine Absenkung des Körperschaftsteuersatzes auf 15 % vor. Zur Gegenfinanzierung ist die Gewerbesteuer keine steuerlich absetzbare Betriebsausgabe mehr.

III.   Steuerliche Behandlung des Einlagekontos

98   Die Gründungsformen der SE sind von einem grenzüberschreitenden Vorgang geprägt. Zudem zeichnet sich die SE durch die Möglichkeit der identitätswahrenden Sitzverlegung über die Grenze derzeit als die „mobilste" Gesellschaftsform aus. Durch diese Mobilität kann es insbesondere zu einem steuerlichen Konflikt kommen, wenn einer inländischen SE steuerliche Vergünstigungen aus vorherigen Veranlagungszeiträumen zustehen. Eine solche Vergünstigung wäre unter anderem in dem steuerlichen Einlagekonto nach § 27 KStG zu sehen.

99   Da bislang nur inländische Kapitalgesellschaften ein steuerliches Einlagekonto nach § 27 KStG führen mussten, bestanden bisher keine gesetzlichen Regelungen, wie mit dem steuerlichen Einlagekonto zu verfahren ist, wenn eine SE ihren Sitz nach oder aus Deutschland verlegt oder eine Kapitalgesellschaft zur Gründung einer SE aus der unbeschränkten Steuerpflicht ausscheidet. Die nunmehr vom Gesetzgeber gewählte neue Systematik soll nachfolgend skizziert werden. Hierbei muss auf das Körperschaftsteuergesetz im Jahr 2000 zurückgegriffen werden.

100   Mit dem Steuersenkungsgesetz vom 23.10.2000[123] wurde ab dem Kalenderjahr 2000 das bisherige steuerliche Anrechnungsverfahren durch das sogenannte Halbeinkünfteverfahren ersetzt. Nach der Systematik des Halbeinkünfteverfahrens ist es nicht mehr möglich, die durch eine Kapitalgesellschaft gezahlte Körperschaftsteuer bei den einzelnen Anteilseignern auf ihre persönliche Steuerschuld anzurechnen. Vielmehr kommt es zu einer definitiven Körperschaftsteuerbelastung auf Ebene der jeweiligen Kapitalgesellschaft. Um eine wirtschaftliche Doppelbelastung zu vermeiden, sind Dividenden, die aus den zuvor versteuerten Gewinnen an die Anteilseigner ausgeschüttet werden, bei einem Anteilseigner, der der Körperschaftsteuer unterliegt, zu 95 % von der Steuer freigestellt, wohingegen bei natürlichen Personen als Anteilseigner nur eine 50 %ige Steuerfreiheit eingreift. Damit soll eine etwaige Doppelbelastung der erwirtschafteten Gewinne zumindest abgemildert werden.

101   Mit diesem Systemwechsel mussten jedoch auch die ehemaligen EK-Bestandteile nach § 30 KStG a.F. in eine neue Systematik eingebunden werden. Denn nach dem Anrechnungsverfahren standen sowohl bislang nicht der Steuer unterliegende Gewinnanteile (EK 02) als auch solche Gewinnanteile, die als nicht ausgeschüttete Gewinne mit einem Körperschaftsteuersatz von 40 % belastet waren (EK 40), zur Ausschüttung zur Verfügung. Im Rahmen der Ausschüttung wurde dann ein einheitlicher Ausschüttungssatz von 30 % hergestellt. Hierdurch kam es für Ausschüttungen aus Beständen des EK 02 zur Nachbesteuerung um 30 % und für Ausschüttungen aus Beständen des EK 40 zu einer Steuererstattung von 10 %. Außerdem musste sichergestellt werden, dass eine Rückzahlung von Eigenkapital auf Ebene des Anteilseigners nicht einer Dividendenbesteuerung unterlag.

102   Dies erfolgte im Rahmen des sog. Halbeinkünfteverfahrens durch die Einführung eines Einlagekontos in § 27 KStG und modifizierten Regelungen zur Körperschaftsteuerminderung (§ 37 KStG) bzw. Körperschaftsteuererhöhung (§ 38 KStG), wobei diese Vorschriften bisher nur für reine Inlandssachverhalte galten.

103   Mit dem SEStEG trat nunmehr auch in diesem Bereich eine „Europäisierung" ein. Mit dem erweiterten Anwendungsbereich des Umwandlungssteuergesetzes ging die Frage einher, in welcher Weise das steuerliche Regime des Einlagekontos nach §§ 27–29 KStG bei grenzüberschreitenden Sachverhalten zu behandeln ist. Letztendlich wurde im neuen Körperschaftsteuergesetz das System des Einlagekontos auch auf Gesellschaften mit Sitz innerhalb des Gebiets der

---

123 Steuersenkungsgesetz v. 23.10.2000, BGBl. I 2000, 1433.

EU oder des EWR ausgedehnt. Damit können auch in Deutschland nicht steuerpflichtige oder beschränkt steuerpflichtige EU-Kapitalgesellschaften in den Anwendungsbereich des steuerlichen Einlagekontos kommen.

Die Ausweitung des Einlagekontos ist mit entsprechendem administrativen Aufwand verbunden. **104** So ist beispielsweise bei einer Sitzverlegung einer SE nach Deutschland erstmalig das in der Vergangenheit im Ausland gebildete Einlagekonto festzustellen. Zuständig hierfür ist das Bundeszentralamt für Steuern.

Damit können zukünftig auch ausländische Gesellschaften über ein steuerliches Einlagekonto **105** verfügen. Nach § 27 Abs. 2 Satz 3 KStG n.F. wird bei dem Eintritt einer Gesellschaft in die inländische unbeschränkte Steuerpflicht ein gesondertes Feststellungsverfahren durchgeführt. Zur Bestimmung der Höhe des Einlagekontos wird fingiert, dass die nunmehr unbeschränkt steuerpflichtige Gesellschaft bereits seit ihrer Gründung als unbeschränkt steuerpflichtig galt. Für die Unternehmenspraxis bedeutet dies, dass in der Vergangenheit eingetretene Zugänge und Rückzahlungen von Einlagen für bereits abgelaufene Veranlagungszeiträume nachträglich berechnet werden müssen.

Die Grundsätze der Einlagerückgewähr aus dem steuerlichen Eigenkapitalkonto sind auch für **106** unbeschränkt steuerpflichtige Anteilseigner, die Dividenden einer beschränkt steuerpflichtigen SE erhalten, anzuwenden. Dies bedeutet, dass bei Rückzahlung von Eigenkapital einer ausländischen SE an einen inländischen Anteilseigner bei entsprechendem Nachweis der Rückzahlung von Eigenkapital eine Dividendenbesteuerung bei dem inländischen Anteilseigner unterbleibt. § 27 Abs. 8 KStG n.F. setzt voraus, dass auf Antrag der ausschüttenden Gesellschaft das zuständige Finanzamt die Höhe des steuerlichen Einlagekontos feststellt. Diese Feststellung erfolgt hierbei nach den deutschen Steuerregeln.

> **Beispiel:** **107**

Eine bislang im Ausland ansässige SE verlegt ihren Sitz und ihre Geschäftsleitung nach Deutschland. Der Gesellschafter hatte zuvor Zuzahlungen in Höhe von 500 in die sonstige Rücklage (§ 272 Abs. 4 Nr. 2 HGB) geleistet. Nach der Sitzverlegung soll eine Gewinnausschüttung erfolgen. Die SE verfügt über einen Gewinnvortrag in Höhe von ebenfalls 500. Es soll eine Gewinnausschüttung in Höhe von 800 erfolgen.

> **Lösung:**

Mit dem Zuzug der SE nach Deutschland ist erstmals ein steuerliches Einlagekonto nach § 27 KStG n.F. festzustellen. In diesem Einlagekonto sind alle Zahlungen der Gesellschafter aufzuführen, die in der Vergangenheit nicht in das Grundkapital geleistet wurden. Nach Anwendung der deutschen Steuerregeln handelt es sich hierbei um einen Betrag von 500. Nur im Hinblick auf den ausschüttbaren Gewinn in Höhe von 500 (Gewinnvortrag) hat die SE Kapitalertragsteuer einzubehalten. Der Anteilseigener hat die Ausschüttung als Dividendeneinkünfte zu versteuern. Da bei der Ausschüttung von 800 auch Rückzahlungen aus dem Einlagekonto in Höhe von 300 erfolgten, findet insofern weder ein Kapitalertragsteuereinbehalt noch eine Dividendenbesteuerung statt.

IV. Körperschaftsteuerguthaben bei der SE

Eine dem steuerlichen Einlagekonto vergleichbare steuerliche Problematik tritt bei grenzüberschreitenden Vorgängen im Hinblick auf das Körperschaftsteuerminderungs- bzw. Körperschaftsteuererhöhungspotential nach §§ 37, 38 KStG ein. **108**

4

109   Durch den vorstehend skizzierten Wechsel vom Anrechnungs- zum Halbeinkünfteverfahren wurde bei einer Kapitalgesellschaft, die mit einem Körperschaftsteuersatz von 40 % belastete nicht ausgeschüttete Gewinnanteile besaß, im Rahmen der Umgliederung des steuerlichen Eigenkapitals die Ermittlung eines Körperschaftsteuerguthabens in Höhe von 1/6 des bislang mit 40 % steuerbelasteten Teilbetrags ermittelt und als sog. Körperschaftsteuerguthaben festgestellt (§ 37 KStG). Dieses so festgestellte Körperschaftsteuerguthaben sollte jeweils im Zusammenhang mit ordentlichen Gewinnausschüttungen als Steuergutschrift dem Anteilseigner vergütet werden.

110   In den Veranlagungszeiträumen 2002 und 2003 kam es bei deutschen Unternehmen zu erhöhten Gewinnausschüttungen, um dieses Körperschaftsteuerguthaben zu nutzen. Der Gesetzgeber hatte bei der Einführung des neuen Vergütungssystems anscheinend nicht damit gerechnet, dass dies zu erheblichen Körperschaftsteuerausfällen im gesamten Bundesgebiet führen würde. Deshalb wurde im Jahr 2003 ein sogenanntes Moratorium eingeführt, wonach bei ordentlichen Gewinnausschüttungen bis zum Beginn des Jahres 2006 kein Körperschaftsteuerguthaben vergütet wurde. Für Gewinnausschüttungen ab 2006 sollte eine Vergütung des Körperschaftsteuerguthabens begrenzt werden, um damit eine zeitliche Streckung der Auszahlung der Steuergutschriften zu erzielen.

111   Mit dem SEStEG wurden die Regelungen zur Körperschaftsteuerminderung bzw. Körperschaftsteuererhöhung in §§ 37, 38 KStG n.F. ebenfalls neu konzipiert. Danach wird das Körperschaftsteuerguthaben letztmalig auf den 31. Dezember 2006 festgestellt. Dieser festgestellte Betrag wird nun ratierlich in den Veranlagungszeiträumen 2007 bis 2018 ausbezahlt. Diese Auszahlung soll auch dann erfolgen, wenn die anspruchsberechtigte Kapitalgesellschaft nicht mehr der deutschen Steuerpflicht unterliegt.

112   Die Regelung in § 38 KStG n.F. zur etwaigen Körperschaftsteuererhöhung durch Rückzahlung von ehemaligem EK 02 bleibt demgegenüber grundsätzlich unverändert. Bei einer Sitzverlegung der SE aus Deutschland heraus sieht § 40 Abs. 5 KStG n.F. jedoch vor, dass es durch die Sitzverlegung zugleich zu einer (fiktiven) Vollausschüttung und damit zu einer Nachversteuerung der EK02-Bestände kommt. Dies wird bei einer Sitzverlegung innerhalb der EU durch § 40 Abs. 6 KStG dadurch abgemildert, dass eine zinslose Stundung der Besteuerung des Körperschaftsteuererhöhungsbetrages erfolgt. Die Gesellschaft ist jedoch verpflichtet, jährlich nachzuweisen, dass die ehemaligen Bestände des EK 02 nicht verwendet wurden.

113   Diese Stundung verlängert sich ab dem 31. Dezember 2006 jährlich und läuft mit Ablauf des Wirtschaftsjahrs, dass nach dem 31. Dezember 2018 endet, aus. Sollten dann noch Körperschaftsteuererhöhungsbeträge bestehen, entfallen diese zu Gunsten der SE vollumfänglich. Eine Nachbesteuerung findet nicht mehr statt. Eine Stundung bei Sitzverlegung oder Umstrukturierung innerhalb der EU ist jedoch zu widerrufen, wenn:

- die aufnehmende SE von der Körperschaftsteuer befreit ist;
- die SE aufgelöst oder abgewickelt wird;
- das Vermögen der SE ganz oder teilweise auf eine Körperschaft oder Personenvereinigung übertragen wird, die in einem Staat außerhalb der EU ansässig ist;
- die SE ihren Sitz oder Ort der Geschäftsleitung in einen Staat außerhalb der EU verlegt und dadurch ihre unbeschränkte Steuerpflicht in der EU verliert; oder
- das Vermögen der SE auf eine Personengesellschaft oder eine natürliche Person übertragen wird.

Zusammenfassend stellen sich die Fälle der Körperschaftsteuererhöhung wie folgt dar: 114

Vorgang	Festgestellter Erhöhungsbetrag
Inländische Verschmelzung	Erhöhungsbetrag (§ 38 KStG) geht auf aufnehmende Gesellschaft über
Inländische Auf-/ Abspaltung	Übergang des Erhöhungsbetrages entsprechend dem Umtauschverhältnis
Vermögensübergang auf steuerbefreite Körperschaft	Körperschaftsteuererhöhung tritt ein
Liquidation der Gesellschaft	Körperschaftsteuererhöhung tritt ein
Verschmelzung oder Sitzverlegung in einen anderen Mitgliedstaat	Grds. Körperschaftsteuererhöhung; zinslose Stundung bei unbeschränkter Steuerpflicht in EU und jährlichem Ausschüttungsnachweis

D.   Jahresabschluss und Rechnungslegung

Die SE-VO enthält in Art. 61 und Art. 62 SE-VO Regelungen über den Jahresabschluss einer SE. 115
Danach unterliegt die SE hinsichtlich der Aufstellung ihres Jahresabschlusses und gegebenenfalls ihres konsolidierten Abschlusses einschließlich des dazugehörigen Lageberichts sowie der Prüfung und der Offenlegung dieser Abschlüsse denjenigen Vorschriften, die für die dem Recht des Sitzstaates der SE unterliegenden Aktiengesellschaft gelten. In Art. 62 SE-VO werden Sonderregelungen für Kreditinstitute, Finanzinstitute und Versicherungsunternehmen in der Rechtsform der SE getroffen.

Für eine inländische SE hat dies zur Folge, dass sie die Vorschriften für die Rechnungslegung, die 116
Aufstellung, Feststellung und Offenlegung ihrer Abschlüsse nach den für eine deutsche Aktiengesellschaft anwendbaren Vorschriften vorzunehmen hat. In der Praxis wird eine SE häufig als sogenannte große Kapitalgesellschaft im Sinne des § 267 HGB anzusehen sein, da sie die handelsrechtlichen Größenklassen erfüllt oder ihre Anteile an einem organisierten Markt nach § 2 Abs. 5 WpHG gehandelt werden.

In diesem Fall ist die SE verpflichtet, eine Bilanz, einen Lagebericht und einen Anhang nach den 117
handelsrechtlichen Regelungen aufzustellen. Die Aufstellungspflicht trifft den Vorstand. Sofern sich die SE für das monistische System entschieden hat, obliegen diese Aufgaben nach § 47 SEAG den geschäftsführenden Direktoren.[124] Bei der Aufstellung der Bilanz der SE sind außerdem die Sondervorschriften der §§ 150 ff. AktG zu beachten.[125]

Der durch den Vorstand aufgestellte Jahresabschluss ist nach § 170 Abs. 1 AktG dem Aufsichtsrat 118
zur Feststellung vorzulegen. Bei einem monistisch besetzten Aufsichtsgremium hat der Verwaltungsrat den von den geschäftsführenden Direktoren aufgestellten Jahresabschluss festzustellen. Der Aufsichtsrat bzw. Verwaltungsrat kann die Entscheidung über die Feststellung des Jahresabschlusses auch der Hauptversammlung überlassen.[126] Da eine inländische SE in der Praxis als Ober- oder Zwischengesellschaft in einem Konzernverbund integriert sein wird, sind außerdem die Vorschriften über die Aufstellung eines Konzernabschlusses nach §§ 290 ff. HGB zu beachten.

---

124 Nach § 40 SEAG führen die geschäftsführenden Direktoren die Geschäfte der Gesellschaft. Gesetzlich dem Verwaltungsrat zugewiesene Aufgaben können nicht auf die geschäftsführenden Direktoren übertragen werden.
125 Dies betrifft insbesondere die Bildung einer gesetzlichen Rücklage, der Ausweis des Kapitals in der Bilanz, die besondere Gliederung der Gewinn- und Verlustrechnung sowie den Anhang.
126 § 172 Satz 1 AktG, § 47 Abs. 5 Satz 1 SEAG.

119   Der Jahresabschluss der SE ist nach § 325 HGB offen zu legen. Mit der Einführung des Gesetzes zum elektronischen Unternehmensregister erfolgt dies zukünftig online unter www.unternehmensregister.de und ist für jedermann uneingeschränkt einsehbar.

E.   Arbeitsrecht in der SE

I.   Anwendbarkeit deutschen Arbeitsrechts

120   Die Frage der Anwendbarkeit deutschen Arbeitsrechts auf Arbeitsverhältnisse ist keine Frage der Rechtsform oder des Sitzes des Arbeitgebers. Die auf ein Arbeitsverhältnis anwendbare Rechtsordnung bestimmt sich nach den Regeln des internationalen Privatrechts gemäß Art. 30 ff. EGBGB.[127]

1.   Grundsätze

121   Wie für andere schuldrechtliche Verträge, kann auch die für Arbeitsverträge anwendbare Rechtsordnung grundsätzlich von den Vertragsparteien bestimmt werden. Dieser Grundsatz wird für Arbeitsverhältnisse aber in dem unter 2. in diesem Kapitel dargestellten Rahmen eingeschränkt.

122   Haben sich die Parteien eines Arbeitsvertrags nicht auf die Anwendung einer bestimmten Rechtsordnung geeinigt, ist die auf das Arbeitsverhältnis anwendbare Rechtsordnung nach objektiven Kriterien zu bestimmen. Unabhängig von Sitz und Rechtsform des Arbeitgebers unterliegt ein Arbeitsverhältnis dem Recht des gewöhnlichen Arbeitsorts.[128] Entscheidend ist, wo der Arbeitnehmer den Mittelpunkt seiner Arbeit hat. Dieser Ort stimmt in der Regel mit dem Ort überein, an dem der Arbeitnehmer mehr als die Hälfte seiner Arbeitszeit tätig ist.

123   🛈 Praxishinweis:

   Ist ein Arbeitnehmer einer SE gewöhnlich in Deutschland tätig, findet auf das Arbeitsverhältnis deutsches Arbeitsrecht Anwendung.

124   Hat der Arbeitnehmer ausnahmsweise keinen gewöhnlichen Arbeitsort, weil er seine Arbeitsleistung üblicherweise nicht in ein und demselben Staat erbringt (z.B. Auslandsmonteure), oder weil sein Arbeitsort keinem Staat zuzuordnen ist (z.B. Arbeiter auf Ölplattformen), muss an ein anderes objektives Merkmal angeknüpft werden. In diesem Fall ist ausnahmsweise der Sitz der einstellenden Niederlassung, also des Betriebs, mit dessen Repräsentanten der Arbeitsvertrag geschlossen wurde, für die anzuwendende Rechtsordnung entscheidend.[129]

125   🛈 Praxishinweis:

   Deutsches Arbeitsrecht findet grundsätzlich Anwendung auf Arbeitsverhältnisse von Arbeitnehmern, die keinen gewöhnlichen Arbeitsort haben, wenn der jeweilige Arbeitsvertrag mit der deutschen Niederlassung der SE geschlossen worden ist.

---

127 EGBGB, in der Fassung vom 21.09.1994 (BGBl. I S. 2494), zuletzt geändert durch Gesetz vom 19.04.2006 (BGBl. I S. 866).
128 Art. 30 Abs. 2 Nr. 1 EGBGB.
129 Art. 30 Abs. 2 Nr. 2 EGBGB.

Eine Ausnahme von den dargestellten Grundsätzen gilt dann, wenn sich aus den Gesamtumstän- 126
den des Arbeitsverhältnisses eine engere Verbindung zu einem anderen Staat, als dem nach den
oben stehenden Grundsätzen ermittelten Staat ergibt. Erforderlich ist aber, dass die für die Anwendbarkeit einer anderen Rechtsordnung sprechenden Kriterien deutlich überwiegen. Für eine
solche engere Verbindung ist allein der Sitz der SE in einem anderen Staat nicht ausreichend. Es
muss jeweils im Einzelfall das Arbeitsverhältnis in seiner Gesamtheit betrachtet werden.

2.   Abdingbarkeit deutschen Arbeitsrechts im Rahmen des Internationalen Privatrechts

4

Die Parteien eines Arbeitsverhältnisses sind grundsätzlich frei darin, die für ihr Rechtsverhältnis 127
geltende Rechtsordnung zu bestimmen. Die Anwendbarkeit deutschen Arbeitsrechts kann auch
für Sachverhalte vereinbart werden, die keinen Bezug zu Deutschland haben. Ebenso können Ar-
beitsvertragsparteien, deren Arbeitsverhältnis grundsätzlich nach den dargestellten Grundsätzen
deutschem Arbeitsrecht unterliegen würde, die Anwendung einer anderen Rechtsordnung vereinbaren.

Aus Gründen des Arbeitnehmerschutzes durchbricht das EGBGB aber den Grundsatz der freien 128
Rechtswahl:

- Hat das Arbeitsverhältnis ausschließlich Verbindung zu einem einzigen Staat, so kann eine
  abweichende Rechtswahl die zwingenden Bestimmungen der dort maßgeblichen Rechtsordnung nicht ausschließen.[130]

- Die Rechtswahl darf nicht solche zwingenden arbeitnehmerschützenden Vorschriften ausschließen, die bei objektiver Anknüpfung nach den oben dargestellten Regelungen maßgeblich wären, sofern die gewählte Rechtsordnung insoweit nicht günstiger für den Arbeitnehmer
  ist.[131]

- Sowohl die gewählte als auch die objektiv geltende Rechtsordnung werden durch diejenigen
  inländischen Normen überlagert, die als „international zwingend" gelten.[132]

- Die Vereinbarung der Anwendung einer anderen Rechtsordnung kann nicht zur Anwendung
  solcher Regelungen führen, die gegen den *ordre public*, also den Kernbereich der deutschen
  öffentlichen Ordnung, verstoßen.

❗ Praxishinweis: 129

*Ob eine der vorliegenden Voraussetzungen vorliegt, muss vor der Anwendung einer ausländischen Rechtsordnung auf ein
Arbeitsverhältnis, auf das nach objektiven Kriterien deutsches Arbeitsrecht Anwendung findet, stets im Einzelfall überprüft
werden. Aufgrund des im internationalen Vergleich sehr hohen Schutzniveaus, das Arbeitnehmer in Deutschland genießen,
ist die Gefahr eines Verstoßes gegen die Einschränkungen der Rechtswahlfreiheit groß. So sind zum Beispiel die Regelungen
zur Massenentlassung (§ 17 KSchG) sowie der betriebsverfassungsrechtliche Kündigungsschutz ebenso unabdingbar, wie die
Regelungen zum Schutz von Schwangeren und Müttern.*

---

130 Art. 27 Abs. 3 EGBGB.
131 Art. 30 Abs. 1 EGBGB.
132 Art. 34 EGBGB.

II.   Der SE-Betriebsrat nach dem SEBG

130   Die Vertretung der Arbeitnehmer einer SE auf betrieblicher Ebene erfolgt nach den gesetzlichen Auffangregelungen durch den SE-Betriebsrat. Wie oben dargestellt, können die Parteien in der Vereinbarung über die Beteiligung der Arbeitnehmer in der SE auch ein anderes Verfahren zur Unterrichtung und Anhörung der Arbeitnehmer vereinbaren.

131   Der SE-Betriebsrat erfüllt die Funktion eines Bindeglieds zwischen der Leitung der SE und den nationalen Arbeitnehmervertretungen. Wie das BetrVG verlangt auch das SEBG, dass die Betriebsparteien zum Wohle der Arbeitnehmer und des Unternehmens oder der Unternehmensgruppe vertrauensvoll zusammenarbeiten. Anders als beispielsweise das BetrVG sehen die Regelungen des SEBG keine echten Mitbestimmungsrechte für den SE-Betriebsrat vor.

132   🛈 Praxishinweis:

> *Der SE-Betriebsrat hat weitreichende Unterrichtungs- und Anhörungsrechte. Die Entscheidung zur Umsetzung unternehmerischer Maßnahmen obliegt indes allein der Leitung der SE, soweit nicht Mitbestimmungsrechte nationaler Arbeitnehmervertretungen eingreifen. Der Grundsatz der vertrauensvollen Zusammenarbeit gebietet es indes, dass die zugunsten des SE-Betriebsrats bestehenden Informationspflichten frühzeitig und umfassend erfüllt werden.*

133   Die Beteiligungsrechte der Arbeitnehmer auf betrieblicher Ebene – insbesondere die Beteiligungsrechte aus dem BetrVG und dem Sprecherausschussgesetz – sind neben den Beteiligungs- und Mitbestimmungsvorschriften des SEBG weiter anwendbar.[133] Die Strukturen der betrieblichen Mitbestimmung durch Betriebsräte, Gesamtbetriebsrat, Konzernbetriebsrat bleiben bei der Gründung einer SE bestehen. Das gilt auch dann, wenn die an der Gründung beteiligte Gesellschaft mit Sitz in Deutschland durch die Gründung der SE als eigenständige juristische Person erlischt.

134   § 47 Abs. 1 b SEBG schließt aber die Anwendung des EBRG auf die SE aus. In einer SE gibt es grundsätzlich keinen nach dem EBRG gegründeten europäischen Betriebsrat.[134] Die Anhörung und Unterrichtung der Arbeitnehmer in grenzüberschreitenden Angelegenheiten wird bereits durch das SEBG ausreichend sichergestellt.

1.   Zusammensetzung des SE-Betriebsrats nach SEBG

135   Ein SE-Betriebsrat ist nach denselben Grundsätzen zu bilden wie das besondere Verhandelungsgremium.[135] Die inländischen Mitglieder des SE-Betriebsrats werden durch ein entsprechend zusammengesetztes Wahlgremium gewählt.[136]

136   Die Dauer des Mandats eines deutschen Mitglieds im SE-Betriebsrat beträgt vier Jahre, falls das Mitglied nicht zuvor abberufen wird oder aus anderen Gründen – beispielsweise wegen der Notwendigkeit der veränderten Zusammensetzung des Betriebsrats[137] – ausscheidet.[138]

137   Der SE-Betriebsrat wählt auf seiner konstituierenden Sitzung einen Vorsitzenden und dessen Stellvertreter. Der Vorsitzende und im Falle seiner Verhinderung der Stellvertreter vertritt den SE-Betriebsrat bei der Umsetzung der von ihm gefassten Beschlüsse. Die gleichen Vertretungs-

---

133 § 47 Abs. 1 SEBG.
134 Zur Ausnahme von diesem Grundsatz siehe § 2 Rn. 715.
135 Dazu § 2 Rn. 654 ff.
136 § 23 Abs. 1 SEBG; zur Zusammensetzung des Wahlgremiums siehe § 2 Rn. 681 ff.
137 § 25 Satz 4 SEBG.
138 § 23 Abs. 1 S. 6 SEBG.

regeln gelten für die Entgegennahme von Erklärungen, die gegenüber dem SE-Betriebsrat abzugeben sind.[139]

Nach § 23 Abs. 4 SEBG hat der SE-Betriebsrat einen geschäftsführenden Ausschuss zu bilden, der aus dem Vorsitzenden und zwei weiteren zu wählenden Mitgliedern besteht. Der Ausschuss führt die laufenden Geschäfte des SE-Betriebsrats.   138

🛇 **Praxishinweis:**   139

Die Leitung der SE ist verpflichtet, alle zwei Jahre – beginnend ab dem Tag der konstituierenden Sitzung des SE-Betriebsrats – die ordnungsgemäße Zusammensetzung des SE-Betriebsrats zu prüfen.[140] Veränderungen können sich hier insbesondere durch Verschiebungen der Arbeitnehmerzahlen in der SE, ihren Tochtergesellschaften und Betrieben ergeben. Das Ergebnis der Prüfung ist dem SE-Betriebsrat mitzuteilen. Kommt die Leitung bei ihrer Prüfung zu dem Ergebnis, dass eine veränderte Zusammensetzung des SE-Betriebsrats erforderlich ist, veranlasst der SE-Betriebsrat in den jeweils betroffenen Mitgliedstaaten bei den zuständigen Stellen, dass die Mitglieder des SE-Betriebsrats in diesen Mitgliedstaaten neu gewählt oder bestellt werden.

2.   Zuständigkeit des SE-Betriebsrats nach SEBG

a)   Allgemeine Zuständigkeit für grenzüberschreitende Sachverhalte

Die Zuständigkeit des SE-Betriebsrats ist auf grenzüberschreitende Sachverhalte beschränkt. Der SE-Betriebsrat ist deshalb zuständig für Sachverhalte, die die SE insgesamt betreffen, aber auch für Sachverhalte, von denen mindestens Arbeitnehmer in zwei Mitgliedstaaten betroffen sind. Dies ist beispielsweise der Fall, wenn der Beschluss des Leitungs- oder Verwaltungsorgans einer SE Auswirkungen auf Betriebsteile in einem anderen Mitgliedstaat hat.   140

Die Zuständigkeit des SE-Betriebsrats wird nicht durch die Zuständigkeit einer nationalen Arbeitgebervertretung verdrängt. Vielmehr bestehen beide Zuständigkeiten nebeneinander.   141

b)   Besondere Zuständigkeit für die Neuaufnahme von Verhandlungen über eine Vereinbarung über die Beteiligung der Arbeitnehmer in der SE

Der Wille des europäischen Gesetzgebers, die Regelung der Arbeitnehmerbeteiligung in der SE in die Hände von Arbeitgebern und Arbeitnehmern zu legen und nur für den Notfall gesetzliche Regelungen eingreifen zu lassen findet zusätzliche Betonung in § 26 SEBG. Finden die gesetzlichen Auffangregelungen Anwendung,[141] ist der SE-Betriebsrat nach Ablauf von vier Jahren nach seiner Einsetzung dazu verpflichtet, darüber zu beschließen, ob über den Abschluss einer Vereinbarung über die Beteiligung der Arbeitnehmer in der SE verhandelt werden soll.   142

---

139 § 23 Abs. 3 S. 2 SEBG.
140 § 25 SEBG.
141 Zu den Voraussetzungen für eine Anwendung der gesetzlichen Auffangregelungen siehe § 2 Rn. 743 ff.

143   🛈 Praxishinweis:

Der SE-Betriebsrat ist erst dann eingesetzt, wenn alle SE-Betriebsratsmitglieder ihre Bestellung angenommen haben. Das kann gegebenenfalls nach dem Zeitpunkt der Aufnahme der Tätigkeit des SE-Betriebsrats, also erst nach der konstituierenden Sitzung der Fall sein.

144   Das SEBG öffnet der Verhandlungslösung also eine Hintertür, durch die auch im Falle eines erstmaligen Fehlschlagens der Verhandlungen noch immer eine gemeinsame Basis von Arbeitnehmern und Arbeitgebern für die Mitwirkung der Arbeitnehmer in der SE geschaffen werden kann.

145   🛈 Praxishinweis:

Die Arbeitnehmer haben zu dem Zeitpunkt, zu dem der SE-Betriebsrat seine Entscheidung über die Neuverhandlungen trifft, bereits vier Jahre von den gesetzlichen Regelungen profitiert. Ihr Wille, in neuen Verhandlungen Reduzierungen der Mitbestimmungsrechte in Kauf zu nehmen, dürfte deshalb noch weniger ausgeprägt sein bei den Verhandlungen im Gründungsstadium. Zugeständnisse bei der Mitbestimmung müssen deshalb in diesem Stadium durch Verbesserungen auf anderen Ebenen erkauft werden.

146   Der SE-Betriebsrat muss also prüfen und anschließend mit einfacher Mehrheit darüber beschließen, ob neue Verhandlungen aufgenommen werden sollen. Beschließt er die Neuaufnahme von Verhandlungen, führt er anstelle des besonderen Verhandlungsgremiums die Verhandlungen mit der Leitung der SE.

147   🛈 Praxishinweis:

Aufgrund der oben dargestellten personellen Identität von besonderem Verhandlungsgremium und SE-Betriebsrat ist es sinnvoll, dass die Verhandlungen im Falle der Neuaufnahme auf Beschluss des SE-Betriebsrats von diesem geführt werden.

148   Für die Verhandlungsführung gelten die gleichen Regelungen wie für die erstmaligen Verhandlungen mit der Ausnahme, dass der SE-Betriebsrat keinen Beschluss über die Nichtaufnahme oder den Abbruch der Verhandlungen nach § 16 SEBG fassen kann.

149   Kommt es für die Beschlussfassung über die Vereinbarung über die Beteiligung der Arbeitnehmer in der SE auf einen Vergleich der zu vereinbarenden Beteiligungsrechte mit den zuvor bestehenden Beteiligungsrechten an,[142] ist für den erforderlichen Vorher-Nachher-Vergleich auf den Zustand abzustellen, der vor der Gründung der SE bestanden hat.

150   🛈 Praxishinweis:

Kommt es nach Ablauf der Verhandlungsfrist (sechs plus sechs Monate) nicht zu einer Vereinbarung über die Beteiligung der Arbeitnehmer in der SE, finden die gesetzlichen Auffangregelungen dauerhaft Anwendung. Kommt es zu einer Vereinbarung, ist die Arbeitnehmerbeteiligung entsprechen umzuorganisieren.

---

142 Vgl. dazu oben § 2 Rn. 727 ff. und § 15 Abs. 3 SEBG.

3.   Unterrichtung und Anhörung des SE-Betriebsrats nach SEBG

a)   Ordentliche Information und Anhörung

Das Leitungs- bzw. Verwaltungsorgan der SE muss den SE-Betriebsrat regelmäßig, mindestens einmal pro Kalenderjahr in einer gemeinsamen Sitzung über die Entwicklung der Geschäftslage und die Perspektiven der SE unter rechtzeitiger Vorlage der erforderlichen Unterlagen unterrichten und anhören.[143] Zu den erforderlichen Unterlagen, die dem SE-Betriebsrat vorzulegen sind, gehören insbesondere: **151**

■ Die Geschäftsberichte der SE;

■ Die Tagesordnungen der Sitzungen des Leitungsorgans und des Aufsichts- oder Verwaltungsorgans sowie;

■ Kopien aller Unterlagen, die der Hauptversammlung der Aktionäre der SE vorgelegt werden.

Diese Aufzählung ist nicht abschließend. Sind weitere Unterlagen für die umfassende Unterrichtung des SE-Betriebsrats über die in seine Zuständigkeit fallenden Angelegenheiten erforderlich, sind auch diese Unterlagen dem SE-Betriebsrat vorzulegen.   **152**

❗ **Praxishinweis:**   **153**

Da die Unterlagen „rechtzeitig" vorgelegt werden müssen, sind sie vor den Sitzungen zu einem Zeitpunkt vorzulegen, der eine umfassende Auseinandersetzung, mit den vorgelegten Unterlagen d.h. insbesondere eine eingehende Prüfung der möglichen Auswirkungen auf die Arbeitnehmer, zulässt.[144] Ob diese Voraussetzung erfüllt ist, lässt sich nur im Einzelfall bestimmen.

§ 28 Abs. 2 SEBG zählt die Gegenstände, die zur Entwicklung der Geschäftslage und den Perspektiven der SE gehören, und über die der SE-Betriebsrat demnach regelmäßig von der Leitung der SE zu informieren ist, beispielhaft auf. Hierzu zählen Elemente, über die nach tradierten betriebsverfassungsrechtlichen Grundsätzen der Wirtschaftsausschuss eines Unternehmens zu informieren ist (so z.B. die wirtschaftliche und finanzielle Lage der SE und geplante Investitionsprogramme) ebenso, wie Gegenstände, deren Umsetzung eine interessenausgleichspflichtige Betriebsänderung im Sinne des § 111 BetrVG darstellen würde. Dem SE-Betriebsrat kommt also eine Mischzuständigkeit aus Aufgaben eines Wirtschaftsausschusses und eines Betriebsrats zu.   **154**

❗ **Praxishinweis:**   **155**

Ein Verstoß gegen die Informations- und Anhörungspflichten ist nach § 46 Abs. 1 Nr. 2 SEBG bußgeldbewehrt. Die Geldbuße kann in jedem Einzelfall bis zu Euro 20.000,00 betragen. Zur Vermeidung eines bußgeldpflichtigen Verstoßes sollte deshalb im Zweifelsfalle, soweit unternehmenspolitisch vertretbar, so früh und so umfangreich wie möglich vorgelegt werden.

Die gemeinsame Sitzung von SE-Betriebsrat und Leitung der SE wird von der Leitung unter Benennung von Ort und Zeit der Sitzung einberufen.   **156**

---

143 § 28 SEBG.
144 Siehe hierzu auch die Definition des Begriffs „Anhörung" in § 2 Abs. 11 SEBG.

4

157   🛈 Praxishinweis:

Da der SE-Betriebsrat zu den Gegenständen, die in seinen Zuständigkeitsbereich fallen, anzuhören ist und seine Stellungnahme im Entscheidungsprozess berücksichtigt werden soll, muss die Sitzung jeweils vor der Beschlussfassung des Leitungsorgan über die Umsetzung mitwirkungspflichtiger Maßnahmen liegen.

b)   Außerordentliche Information und Anhörung

158   Neben der regelmäßigen Information und Anhörung ist der SE-Betriebsrat unaufgefordert über außergewöhnliche Umstände zu unterrichten, die erhebliche Auswirkungen auf die Interessen der Arbeitnehmer haben.[145] Über solche Umstände (das Gesetz zählt beispielhaft die Verlegung oder Verlagerung von Unternehmen, Betrieben oder wesentlichen Betriebsteilen, die Stilllegung von Unternehmen, Betrieben oder wesentlichen Betriebsteilen und Massenentlassungen i.S. d § 17 KSchG auf) ist der SE-Betriebsrat jeweils bei Bedarf außerhalb der regelmäßigen Sitzungen von der Leitung zu informieren.

159   🛈 Praxishinweis:

Die Anforderungen an Zeitpunkt und Umfang der Information über außergewöhnliche Umstände entsprechen den Anforderungen an die Informationen, die im Vorfeld der regelmäßigen Sitzungen verlangt werden können.

160   Der Unterschied zwischen den „außergewöhnlichen Umständen" und den Gegenständen der regelmäßigen Information liegt in ihren Auswirkungen auf die Arbeitnehmer. „Außergewöhnliche Umstände" lösen nur dann eine Informationspflicht aus, wenn sie schwerwiegende Auswirkungen auf die Interessen der Arbeitnehmer haben. Der SE-Betriebsrat kann beantragen, über diese Umstände mit den Leitungen zu verhandeln und hierzu Stellung zu nehmen.[146] Hierbei kann er sich von dem geschäftsführenden Ausschuss vertreten lassen. Dies wird insbesondere bei eiligen Entscheidungen sinnvoll sein.

161   🛈 Praxishinweis:

Stellt der SE-Betriebsrats oder der geschäftsführende Ausschuss keinen Antrag, über die außergewöhnlichen Umstände zu verhandeln, findet eine Verhandlung über die Gegenstände der außerordentlichen Information nicht statt.

162   Ist der SE-Betriebsrat oder der geschäftsführende Ausschuss zur Umsetzung einer außergewöhnlichen Maßnahme angehört worden und beschließt die Leitung, dem Ergebnis seiner Stellungnahme nicht zu folgen, hat der SE-Betriebsrat Anspruch auf eine weitere Verhandlungsrunde mit der Leitung der SE. Die abschließende Entscheidung über die Durchführung der Maßnahme bleibt der Leitung der SE vorbehalten.

163   🛈 Praxishinweis:

Bei einem Verstoß gegen die Informationspflicht bei Vorliegen außergewöhnlicher Umstände greifen die gleichen Rechtsfolgen wie bei einem Verstoß gegen die ordentliche Informations-͏und Anhörungspflicht nach § 28 SEBG. Auch hier droht ein Bußgeld von bis zu Euro 20.000,00.

---

145 § 29 SEBG.
146 § 29 Abs. 2 SEBG.

4.   Unterrichtung der Arbeitnehmer durch den SE-Betriebsrat nach SEBG

Zur Erfüllung seiner Funktion als Bindeglied zwischen der Leitung der SE und den nationalen Arbeitnehmervertretungen informiert der SE-Betriebsrat die Arbeitnehmervertreter der SE, ihrer Tochtergesellschaften und Betriebe über den Inhalt und die Ergebnisse der Sitzungen mit der Leitung der SE. Sind keine nationalen Arbeitnehmervertretungen gebildet, informiert der SE-Betriebsrat die Arbeitnehmer unmittelbar.[147]

164

5.   Sonstige Rechte und Pflichten des SE-Betriebsrats und seiner Mitglieder nach SEBG

In Anlehnung an die Regelungen des BetrVG[148] kann der SE-Betriebsrat Mitglieder zur Teilnahme an Schulungs- und Bildungsveranstaltungen bestimmen, soweit diese Kenntnisse vermitteln, die für die Arbeit des SE-Betriebsrats erforderlich sind.[149] Das teilnehmende Mitglied des SE-Betriebsrats ist für die Dauer der Fortbildungsmaßnahme von der Pflicht zur Arbeitsleistung entbunden, ohne dass sein Vergütungsanspruch verloren geht.

165

❗ Praxishinweis:

166

Will die Leitung der SE eine Fortbildungsmaßnahme untersagen, weil dieser betriebliche Notwendigkeiten im Sinne des § 31 Satz 3 SEBG entgegenstehen, dann kann sie ein arbeitsgerichtliches Beschlussverfahren gemäß §§ 2 a Abs. 1 Nr. 3 d, 2 Abs. 2 und 80 ff. ArbGG einleiten.

Wie das besondere Verhandlungsgremium können sich der SE-Betriebsrat oder der geschäftsführende Ausschuss durch Sachverständige ihrer Wahl unterstützen lassen, soweit dies zur ordnungsgemäßen Erfüllung ihrer Aufgaben erforderlich ist.[150] Als Sachverständiger kann auch ein Gewerkschaftsmitglied fungieren. Die erforderlichen Kosten für die Inanspruchnahme von Sachverständigen sowie die sonstigen Kosten der Bildung und Tätigkeit des SE-Betriebsrats trägt die SE.[151]

167

❗ Praxishinweis:

168

Die SE ist nicht verpflichtet, Kosten zu tragen, die nicht der Erfüllung der gesetzlichen oder vertraglich vereinbarten Aufgaben des SE-Betriebsrats dienen. Der Grundsatz der vertrauensvollen Zusammenarbeit gebietet es, die SE über entstehende Kosten frühzeitig zu informieren und das Maß des Erforderlichen mit der SE abzustimmen. Im Streitfall ist auch hier das arbeitsgerichtliche Beschlussverfahren zulässig.

---

147 § 30 SEBG.
148 § 37 Abs. 2 – 6 BetrVG.
149 § 31 SEBG.
150 § 32 SEBG.
151 § 33 SEBG.

III. Allgemeine Rechte und Pflichten der Arbeitnehmer und ihrer Vertreter nach dem SEBG

169 Nach § 41 SEBG gelten für alle Arbeitnehmervertreter weitreichende Pflichten zur Geheimhaltung von Betriebs- und Geschäftsgeheimnissen.

170 🛈 Praxishinweis:

Ein Verstoß gegen die Geheimhaltungspflichten der Arbeitnehmervertreter ist strafbewehrt und kann mit Freiheitsstrafe von bis zu zwei Jahren oder mit Geldstrafe bestraft werden.

171 Für den Schutz der Arbeitnehmervertreter, d.h. der Mitglieder des besonderen Verhandlungsgremiums, des SE-Betriebsrats, der Arbeitnehmervertreter im Aufsichts- oder Verwaltungsorgan der SE sowie aller Arbeitnehmervertreter, die in sonstiger Weise bei einem Verfahren zur Unterrichtung und Anhörung der Arbeitnehmer mitwirken, gelten dieselben Vorschriften wie für inländische Arbeitnehmervertreter.[152] Die deutschen Arbeitnehmervertreter in einer SE können sich demnach auf §§ 37, 103 BetrVG und auf § 15 KSchG berufen.

172 Die Vorschrift des § 44 SEBG regelt parallel zu §§ 78, 119 BetrVG den Errichtungs- und Tätigkeitsschutz für das besondere Verhandlungsgremium, den SE-Betriebsrat und die Arbeitnehmervertreter im Aufsichts- oder Verwaltungsorgan.

173 🛈 Praxishinweis:

Die Behinderung der Tätigkeit der Arbeitnehmervertreter ist strafbewehrt und kann mit Freiheitsstrafe von bis zu einem Jahr oder mit Geldstrafe bestraft werden.

174 Eine SE darf nicht dazu missbraucht werden, den Arbeitnehmern Beteiligungsrechte zu entziehen oder vorzuenthalten.[153] Nach § 43 Abs. 2 SEBG wird ein solcher Missbrauch vermutet, wenn innerhalb eines Jahres nach Gründung der SE strukturelle Veränderungen vorgenommen werden, die bewirken, dass den Arbeitnehmern Beteiligungsrechte vorenthalten oder entzogen werden, ohne dass hierüber mit dem besonderen Verhandlungsgremium verhandelt wird. Missbrauch wird mit einer Freiheitsstrafe von bis zu zwei Jahren bestraft.

175 🛈 Praxishinweis:

Es ist höchst fraglich, ob dieser Straftatbestand, der an einer Vermutung anknüpft, dem strafrechtlichen Erfordernis der hinreichenden Bestimmtheit genüge tut. Seine Vereinbarkeit mit der strafrechtlichen Unschuldsvermutung, die im Grundsatz „in dubio pro reo" ihren Ausdruck findet, ist deshalb zweifelhaft. Bis zur Umsetzung einer zur Herstellung der Verfassungskonformität erforderlichen Änderung des § 43 SEBG gebietet sich hier eine verfassungskonforme Auslegung. Für die Praxis muss jedoch bis zur Änderung dieser Vorschrift davon abgeraten werden, innerhalb eines Jahres nach der SE-Gründung ohne Einschaltung des besonderen Verhandlungsgremiums erhebliche Strukturveränderungen in der SE auf Kosten der Mitbestimmungsrechte der Arbeitnehmer vorzunehmen.

---

152 § 42 SEBG.
153 § 43 SEBG.

IV.   Betriebliche Altersversorgung in der SE

Der hinlänglich bekannte demographische Wandel der deutschen Bevölkerung verbunden mit   176
einem durch weniger Kontinuität geprägtem Erwerbsverhalten der Bevölkerung hat die gesetzliche Rentenversicherung in Deutschland unter Druck gesetzt. Arbeitnehmer sind heutzutage sensibilisiert für das Problem und achten verstärkt auf die Absicherung gegen biometrische Risiken. Betriebliche Altersversorgung ist deshalb ein Thema, das aktueller ist denn je. Moderne Arbeitgeber, die im Wettbewerb um die besten Arbeitskräfte bestehen wollen, müssen sich deshalb mit den Möglichkeiten auseinandersetzen, die ihnen das gesetzliche Umfeld zur Bereitstellung eines attraktiven Vergütungskonzepts bietet. Gerade in modernen Gesamtvergütungssystemen bilden attraktive Angebote betrieblicher Altersversorgung einen wesentlichen Bestandteil.

1.   Anknüpfung der Betriebsrentenzusage am Arbeitsverhältnis

Betriebliche Altersversorgung ist Teil der Vergütung, die ein Arbeitnehmer als Gegenleistung für   177
seine Arbeit vom Arbeitgeber erhält.[154] Das Versprechen betriebliche Altersversorgung zu leisten ist damit Teil des Arbeitsverhältnisses. Für die Betriebsrentenzusagen von Arbeitnehmern einer SE gelten mithin die einschlägigen Regelungen des Betriebsrentenrechts des jeweils auf das gesamte Arbeitsverhältnis anwendbaren Rechtssystems; für Deutschland finden sich diese Regelungen überwiegend in dem Gesetz zur Verbesserung der betrieblichen Altersversorgung.[155]

2.   Gestaltungsmöglichkeiten für Versorgungswerke in Deutschland

Eine SE, die für ihre Arbeitnehmer in Deutschland betriebliche Altersversorgung einrichten will,   178
kann für die Durchführung ihres Versorgungswerks aus fünf Durchführungswegen wählen. Diese Durchführungswege können auch miteinander kombiniert werden.

Innerhalb der Durchführungswege stehen verschiedene Leistungsplangestaltungen zur Verfü-   179
gung. Die Finanzierung der Versorgungsleistungen kann von der SE zusätzlich zum normalen Gehalt angeboten werden; ebenso ist aber auch eine Finanzierung aus dem Gehalt des Arbeitnehmers im Wege einer sogenannten Entgeltumwandlung oder eine Mischfinanzierung denkbar.

❗ Praxishinweis: 180

Den geeigneten Durchführungsweg sowie die geeignete Leistungsplangestaltung muss die SE unter Berücksichtigung der Interessen aller Beteiligten auswählen. Zu bedenken sind u.a. Auswirkungen auf das Unternehmensergebnis aufgrund der bilanziellen Folgen des gewählten Durchführungswegs, Haftungsrisiken, Kalkulierbarkeit des entstehenden Versorgungsaufwands, Fragen der Besteuerung, Anlagemöglichkeiten, anfallender Verwaltungsaufwand und die Transparenz der gewählten Versorgung für die Mitarbeiter. Die wesentlichen Unterschiede der Durchführungswege sind weniger rechtlicher, sondern vielmehr betriebswirtschaftlich-steuerlicher Natur.

---

154 Zum Entgeltcharakter betrieblicher Altersversorgung ausführlich z.B. *Rößler*, Der triftige Grund in der Besitzstandsschutzrechtsprechung des Ruhegeldsenats des BAG, S. 33 ff.
155 Gesetz v. 19.12.1974 (BGBl. I S. 3610), zuletzt geändert durch Gesetz v. 02.12.2006 (BGBl. I S. 2742).

a) Unmittelbare Versorgungszusage

181 Die unmittelbare Versorgungszusage (auch Direktzusage oder schlicht Pensionszusage genannt) ist der in Deutschland am weitesten verbreitete Durchführungsweg betrieblicher Altersversorgung. Der Arbeitgeber sagt einem oder mehreren Arbeitnehmern zu, bei Verwirklichung eines biometrischen Risikos (sogenannter Eintritt des Versorgungsfalls), Versorgungsleistungen zu erbringen.

182 Die Deckungsmittel für die Versorgungspflichten verbleiben beim Arbeitgeber. Es kommt also erst bei Eintritt des Versorgungsfalls zu einem Liquiditätsabfluss. Da der Arbeitgeber selbst Versorgungsträger ist, bestehen hier nur Rechtsbeziehungen im Zweipersonenverhältnis zwischen Arbeitgeber und Arbeitnehmer. Für die Erfüllung der Versorgungsleistung haftet der Arbeitgeber mit seinem Betriebsvermögen.

183 Die Finanzierung unmittelbarer Versorgungszusagen erfolgt regelmäßig durch die Bildung von Pensionsrückstellungen in der Handels- und in der Steuerbilanz. Pensionsverpflichtungen, d.h. Verpflichtungen aus laufenden Pensionen oder Anwartschaften auf Pensionen, begründen vor Eintritt des Leistungsfalls eine aufschiebend bedingte Schuld. Sie sind Verbindlichkeiten im Sinne des § 249 Abs. 1 Satz 1 HGB, für die eine Rückstellung zu bilden ist.

184 In jüngerer Vergangenheit wählen Arbeitnehmer verstärkt den Weg einer Finanzierung ihrer Verpflichtungen aus Direktzusagen über sog. Contractual Trust Arrangements. Hierbei handelt es sich um Treuhandkonstruktionen, bei denen Vermögensmittel, die dem Zweck der Erfüllung und Sicherung von Versorgungsverpflichtungen zugeordnet sind, auf einen externen Rechtsträger übertragen werden.

185 ❗ Praxishinweis:

Durch die Einrichtung eines solchen Contractual Trust Arrangements kann eine SE, die ein intern im Wege unmittelbarer Versorgungszusagen finanziertes Versorgungswerk führt und nach internationalen Rechnungslegungsstandards bilanziert, ihre Bilanz verkürzen und so die nachteiligen Folgen sog. unfunded liabilities in ihren Bilanzen vermeiden. Contractual Trust Arrangements können auch zur Insolvenzversicherung von Altersteilzeitguthaben oder Arbeitszeitguthaben genutzt werden. Contractual Trust Arrangements unterliegen keinen Anlagebschränkungen.

b) Mittelbare Durchführungswege betrieblicher Altersversorgung

186 Zur mittelbaren Durchführung betrieblicher Altersversorgungszusagen stehen der SE nach deutschem Recht die folgenden vier anerkannten Durchführungswege offen:

- Unterstützungskasse
- Direktversicherung
- Pensionskasse
- Pensionsfonds

187 Während es sich bei einer Unterstützungskasse um eine mit Sondervermögen ausgestattete, rechtlich selbständige Einrichtung, die von einem oder mehreren Arbeitgebern (Trägerunternehmen) getragen wird,[156] handelt, sind bei der Durchführung über Direktversicherungen, Pensionskasse

---

156 § 1 b Abs. 4 BetrAVG.

oder Pensionsfonds jeweils Lebensversicherungsunternehmen beteiligt, mit denen die SE zugunsten ihrer Arbeitnehmer Versicherungsverträge auf das Leben ihrer Arbeitnehmer abschließt.

Die arbeitsrechtlichen Verhältnisse sind bei allen unmittelbaren Durchführungswegen weitgehend identisch. Eine Besonderheit ist indes, dass für Pensionsfonds liberalere Anlagevorschriften gelten als für Pensionskassen oder Direktversicherungen und dass die Übertragung von Pensionsverpflichtungen aus bereits bestehenden unmittelbaren Versorgungszusagen auf Pensionsfonds staatlich gefördert wird. Auch der Durchführungsweg des Pensionsfonds bietet – wie das oben angesprochene Contractual Trust Arrangement – den Vorteil der Bilanzverkürzung nach internationalen Rechnungslegungsvorschriften. | 188

3.   Transnationale Durchführungsmöglichkeiten

Durch die Umsetzung der EU-Pensionsfondsrichtlinie[157] im Jahr 2005 hat der deutsche Gesetzgeber erstmals Regelung für grenzüberschreitende Versorgungswerke geschaffen. Sowohl für ein EU-weites Engagement inländischer Pensionsfonds als auch für die inländische Geschäftstätigkeit von Pensionsfonds mit Sitz im EU-Ausland existiert nunmehr ein klarer aufsichtsrechtlicher Rahmen. Hierdurch sollen die folgenden Ziele umgesetzt werden: | 189

- Die europaweite Tätigkeit von Einrichtungen der betrieblichen Altersversorgung;
- Die Nutzung von Einrichtungen der betrieblichen Altersversorgung mit Sitz in einem anderen Mitgliedstaat;
- Die Bündelung der Altersversorgungsverpflichtungen paneuropäisch operierender Arbeitgeber in einem einzigen Mitgliedstaat.

International tätige Einrichtungen der betrieblichen Altersversorgung unterliegen nur der Aufsicht der zuständigen Behörde ihres Herkunftslandes. Für deutsche Pensionsfonds heißt das, dass sie auch bei grenzüberschreitender Tätigkeit grundsätzlich weiterhin der Aufsicht der BaFin unterstehen. Nationales Sozial-, Arbeits- und Steuerrecht wird von der Richtlinie nicht berührt. | 190

Für paneuropäisch operierende Arbeitgeber werfen die neuen Regelungen Möglichkeiten zur europaweiten Vereinheitlichung bestehender Versorgungswerke auf. Hieraus können sich erhebliche Kostenvorteile ergeben. Über die reine Reduzierung von Verwaltungskosten durch die Übertragung aller Betriebsrentenzusagen auf einen Versorgungsträger, der ein weitgehend einheitliches Produkt für alle Berechtigten anbietet, können sich aus einem sog. *Pooling of Assets*, d.h. aus der Steigerung des Anlagevolumens, positive Anlageeffekte ergeben. Zwischen der Höhe des Anlageertrags und den Kosten der betrieblichen Altersversorgung besteht eine seit langem anerkannte unmittelbare Korrelation. | 191

Mit der EU-Pensionsfondsrichtlinie hat die EU einen großen Schritt auf dem Weg zur Schaffung eines Binnenmarkts für die betriebliche Altersversorgung getan. Zur endgültigen Umsetzung dieses Ziels bedarf es jedoch noch einer Angleichung der steuer-, arbeits- und sozialrechtlichen Rahmenbedingungen betrieblicher Altersversorgung in den Mitgliedstaaten. | 192

❶ Praxishinweis: | 193

Als internationaler Arbeitgeber sollte gerade die Leitung einer SE die sich voraussichtlich in näherer Zukunft bietenden Chancen und Möglichkeiten der Vereinheitlichung von Versorgungswerken genauestens beobachten.

---

157 RL 2003/41/EG des Europäischen Parlaments und des Rates vom 03.06.2003 über die Tätigkeiten und die Beaufsichtigung von Einrichtungen zur betrieblichen Altersversorgung.

4

F.   Auflösung und Abwicklung der SE

I.   Allgemeines

194   Gemäß Art. 63 SE-VO unterliegt die SE hinsichtlich der Auflösung, Liquidation, Zahlungsunfähigkeit, Zahlungseinstellung und ähnlicher Verfahren den Rechtsvorschriften, die für Aktiengesellschaften in ihrem Sitzstaat gelten. Sondervorschriften finden sich in Art. 64 SE-VO für den Fall, dass eine SE ihrer Verpflichtung, satzungsmäßigen Sitz und Sitz der Hauptverwaltung in dem selben Mitgliedstaat zu führen[158] nicht mehr nachkommt.

II.   Auflösung und Abwicklung nach allgemeinen Vorschriften

195   Eine SE wird nach den Regeln des AktG aufgelöst, wenn einer der in § 262 Abs. 1 AktG bezeichneten Auflösungsgründe vorliegt, d.h. insbesondere bei Eröffnung des Insolvenzverfahrens über das Vermögen der SE, bei Feststellung eines Satzungsmangels durch das Registergericht und aufgrund Beschlusses der Hauptversammlung.

196   Besonderheiten bei der Abwicklung gegenüber entsprechenden Vorgängen bei einer AG mit Sitz in Deutschland ergeben sich wiederum nur bei der monistischen SE. Nach § 265 AktG wird die Abwicklung im dualistischen System durch die Vorstandsmitglieder durchgeführt, es sei denn, die Satzung oder die Hauptversammlung bestimmen etwas anderes. Bei der monistischen SE treten an die Stelle der Vorstandsmitglieder die Mitglieder des Verwaltungsrats. Für einzelne Abwicklungshandlungen können sie sich der Hilfe der geschäftsführenden Direktoren bedienen.[159]

197   🛈 Praxishinweis:

Bei der monistischen SE empfiehlt es sich, in der Satzung ausdrücklich zu regeln, wer Abwickler sein soll.

III.   Auflösung bei Auseinanderfallen von Sitz und Hauptverwaltung

198   Nach Art. 7 SE-VO müssen sich satzungsmäßiger Sitz und Hauptverwaltung der SE stets in demselben Mitgliedstaat befinden. Der deutsche Gesetzgeber hat von der durch Art. 7 Satz 2 SE-VO eingeräumten Ermächtigung Gebrauch gemacht und diese Anforderung noch verschärft. § 2 SEAG bestimmt, dass die Satzung der SE den Ort (nicht nur das Land) der Hauptverwaltung als Sitz bestimmen muss.

199   Art. 64 SE-VO verpflichtet die Mitgliedstaaten dazu, geeignete Maßnahmen zu treffen, um sicherzustellen, dass ein ordnungsgemäßer Zustand wieder hergestellt wird, sollten satzungsmäßiger Sitz und Hauptverwaltung auseinander fallen. Die SE ist in diesem Fall zu verpflichten, binnen einer bestimmten Frist entweder ihre Hauptverwaltung wieder im Sitzstaat zu errichten oder ihren satzungsmäßigen Sitz nach den Regeln der SE-VO in den Staat zu verlegen, in dem sich ihre

---

158 Art. 7 SE-VO.
159 § 22 Abs. 6 SEAG; *Frege/Klawa*, in: *Jannott/Frodermann*, Handbuch der Europäischen Aktiengesellschaft, Kapitel 12 Rn. 51.

Hauptverwaltung befindet.[160] Diese Regelung der SE-VO hat der deutsche Gesetzgeber in § 52 SEAG umgesetzt. Dabei hat er festgelegt, dass das Auseinanderfallen von Satzungssitz und Sitz der Hauptverwaltung als Satzungsmangel gilt, der zur Auflösung der SE nach § 262 Abs. 1 Nr. 5 AktG führt. Das Registergericht ist dafür zuständig, die SE aufzufordern, binnen einer bestimmten Frist den ordnungsgemäßen Zustand durch Verlegung von Satzungssitz oder Hauptverwaltung wieder herzustellen. Kommt die SE dem nicht nach, hat das Registergericht den Mangel der Satzung festzustellen. Damit ist die SE aufgelöst. Der Vorstand bzw. die geschäftsführenden Dirktoren müssen dies zum Handelsregister anmelden. Sodann ist die SE nach den Vorschriften der §§ 264 ff. AktG abzuwickeln.

---

160 Vgl. § 5 Rn. 1 ff.

§ 5   Die Sitzverlegung der SE

A.   Gesellschaftsrechtliche Anforderungen an die Sitzverlegung

I.   Allgemeines

1   Eine SE kann ihren satzungsmäßigen Sitz von einem Mitgliedstaat der EU bzw. des EWR in einen anderen verlegen, ohne hierdurch im bisherigen Sitzstaat aufgelöst und im Aufnahmestaat neu gegründet zu werden (Art. 8 SE-VO). Die SE bleibt bei der Sitzverlegung als solche bestehen, so dass man von einer identitätswahrenden Sitzverlegung spricht.

2   Allerdings bleibt die SE nicht vollkommen die alte. Denn sie wird mit der Sitzverlegung zu einer SE nach dem Recht des Aufnahmemitgliedstaats. Auf eine SE sind neben der SE-VO, die in allen Mitgliedstaaten gilt, immer auch die Regelungen des nationalen Aktienrechts anwendbar, die sich voneinander unterscheiden. Deshalb wandelt eine SE, die ihren Sitz in einen anderen Mitglied-staat verlegt, in gewissem Umfang ihr Rechtskleid und vollzieht einen grenzüberschreitenden Formwechsel. Verlegt eine SE beispielsweise ihren Sitz von Deutschland nach Frankreich, sind auf sie nach der Sitzverlegung nicht mehr die deutschen Kapitalerhaltungsregelungen des Aktiengesetzes anwendbar, sondern die französischen Regelungen für eine Société Anonyme.

3   Verlegt eine SE ihren in der Satzung bestimmten Sitz nach Art. 8 SE-VO in einen anderen Mitgliedstaat, muss sie auch ihre Hauptverwaltung in den Staat des neuen Satzungssitzes verlegen. Denn nach Art. 7 SE-VO müssen sich satzungsmäßiger Sitz und Sitz der Hauptverwaltung stets in demselben Mitgliedstaat befinden. Kommt die SE dieser Anforderung nicht nach, ist sie nach den Regeln der beteiligten Mitgliedstaaten aufzufordern, einen ordnungsgemäßen Zustand herzustellen. Tut sie dies nicht, wird sie aufgelöst.[1]

4   Mit dieser Möglichkeit, den satzungsmäßigen Sitz identitätswahrend zu verlegen, genießt die SE eine Flexibilität, die Gesellschaften anderer Rechtsform nicht zur Verfügung steht. Verlegt eine Gesellschaft ihren satzungsmäßigen Sitz in einen anderen Staat, geht dies nach überwiegender Auffassung nämlich immer mit der Auflösung der Gesellschaft im Herkunftsmitgliedstaat und der Neugründung im Aufnahmemitgliedstaat einher.[2] Das bedeutet, dass im Aufnahmemitgliedstaat dessen Gründungsvorschriften beachtet werden müssen, insbesondere also das Mindestkapital aufzubringen ist. Eine GmbH, die ihren satzungsmäßigen Sitz von Deutschland nach Frankreich verlegt, wird in Deutschland aufgelöst und muss sich in Frankreich als S.à r.l. neu gründen.

5   Die Rechtsprechung des EuGH gestattet es Gesellschaften zwar, ihre Hauptverwaltung in einem anderen Mitgliedstaat als demjenigen, in dem sie gegründet wurden, zu nehmen. Der Aufnahmemitgliedstaat, in dem sich die Hauptverwaltung befindet, muss die ausländische Gesellschaft auch als solche,

---

1   Art. 64 SE-VO, vgl. hierzu § 4 Rn. 198 ff.
2   Seit längerem wird über eine Sitzverlegungsrichtlinie diskutiert, die Gesellschaften die Verlegung ihres Satzungssitzes gestatten würde. Im Rahmen der Sitzverlegung würden Kapitalgesellschaften zu Kapitalgesellschaften des Aufnahmemitgliedstaats, ohne dabei die Gründungsvorschriften einhalten zu müssen, vgl. www.ec.europa.eu/internal_market/company/seat-transfer/2004-consult_de.htm.

also in ihrer ausländischen Rechtsform, anerkennen.[3] Eine französische S.A., die ihre Hauptverwaltung nach Deutschland verlegt, muss also in Deutschland als französische S.A. anerkannt werden. Will sie jedoch zusätzlich ihren satzungsmäßigen Sitz nach Deutschland verlegen, muss sie sich als S.A. auflösen und als deutsche Aktiengesellschaft neu gründen. Möglich ist derzeit nur die Eintragung einer Zweigniederlassung der ausländischen Gesellschaft in Deutschland. Die Möglichkeit, nur ihre Hauptverwaltung in einen anderen Mitgliedstaat zu verlegen, steht der SE allerdings nicht offen. Denn nach Art. 7 SE-VO müssen satzungsmäßiger Sitz und Hauptverwaltung sich stets in demselben Staat befinden. Will die SE ihre Hauptverwaltung verlegen, muss sie auch den satzungsmäßigen Sitz verlegen.

Für deutsche Kapitalgesellschaften kommt erschwerend hinzu, dass sie als satzungsmäßigen Sitz   6
den Ort ihrer Hauptverwaltung bestimmen sollen (§ 5 Abs. 2 AktG, § 4a Abs. 2 GmbHG). Verlegt eine deutsche GmbH oder AG ihre Hauptverwaltung in das Ausland, verstößt sie gegen diese Regel. Es ist umstritten, ob diese Beschränkungen für den Wegzug deutscher Gesellschaften mit der oben erwähnten Rechtsprechung des EuGH vereinbar sind. Denn der EuGH hatte nur über sogenannte Zuzugsfälle zu entscheiden, gestattete ausdrücklich also nur den Zuzug in einen anderen Mitgliedstaat, nicht jedoch den Wegzug. Hier schafft jetzt der Entwurf des Gesetzes zur Modernisierung des GmbH-Rechts und zur Bekämpfung von Missbräuchen (MoMiG)[4] Abhilfe. Nach diesem Gesetzesentwurf entfallen die Vorschriften über den Gleichlauf von Satzungssitz und Verwaltungssitz. Damit können künftig, sofern der Gesetzesentwurf wie vorgesehen in Kraft tritt, deutsche GmbH und Aktiengesellschaften ihre Hauptverwaltung auch im Ausland betreiben. In anderen EU-Mitgliedstaaten muss die deutsche GmbH oder Aktiengesellschaft aufgrund der Rechtsprechung des EuGH als solche anerkannt werden, ohne die Gründungsvorschriften des Aufnahmemitgliedstaats einzuhalten.

Die SE-VO regelt das Verfahren der Sitzverlegung in Art. 8. Die Mitgliedstaaten bestimmen Einzelheiten des Schutzes von Minderheitsaktionären und Gläubigern.   7

II. Die Sitzverlegung aus Deutschland heraus

1. Das Verfahren der Sitzverlegung

Das Verfahren der Sitzverlegung ist in Art. 8 SE-VO sowie §§ 12–14 SEAG geregelt. Es erfordert   8
folgende Maßnahmen:

(1) Aufstellung eines Verlegungsplans durch den Vorstand bzw. Verwaltungsrat der SE mit folgendem Inhalt:

- bisherige Registernummer der SE;
- bisheriger und vorgesehener neuer Sitz der SE;
- Satzung der SE sowie bisherige und neue Firma;
- etwaige Folgen der Sitzverlegung für die Beteiligung der Arbeitnehmer;
- vorgesehener Zeitplan für die Sitzverlegung;
- Beschreibung der zum Schutz der Aktionäre und/oder Gläubiger der SE vorgesehenen Rechte.

---

3   EuGH, Urteil vom 30.09.2003 – Rs. C-167/01, BB 2003, 2195 (Inspire Art), vorbereitet durch EuGH, Urteil vom 05.11.2002 – Rs. C-208/00, BB 2002, 2402 (Überseering) und EuGH, Urteil vom 09.03.1999 – Rs. C-212/97, BB 1999, 809 (Centros).
4   Gesetzentwurf der Bundesregierung vom 23.05.2007, veröffentlicht unter www.bmj.de/files/-/2109/RegE/20 MoMiG. pdf.

(2) Offenlegung des Verlegungsplans, d.h. Einreichung zum Handelsregister und Bekanntmachung durch das Handelsregister;

(3) Prüfung der Angemessenheit der Barabfindung, die denjenigen Aktionären anzubieten ist, die Widerspruch zur Niederschrift gegen den Sitzverlegungsbeschluss erklären, durch einen gerichtlich bestellten Prüfer;

(4) Bericht des Vorstands bzw. des Verwaltungsrats der SE über die rechtlichen und wirtschaftlichen Aspekte der Sitzverlegung und ihre Auswirkungen für Aktionäre, Gläubiger und Arbeitnehmer (Verlegungsbericht);

(5) Einberufung der Hauptversammlung, die über die Sitzverlegung beschließt und Veröffentlichung des Verlegungsplans in der Einladung;

(6) Auslegung von Verlegungsplan und Verlegungsbericht zur Einsichtnahme durch Gläubiger und Aktionäre, die auch die Erteilung kostenloser Abschriften verlangen können, für die Dauer von mindestens einem Monat ab Einberufung der Hauptversammlung;

(7) Beschlussfassung der Hauptversammlung über die Sitzverlegung frühestens zwei Monate nach Offenlegung des Verlegungsplans;

(8) Offenlegung des Verlegungsbeschlusses;

(9) Sicherheitsleistung an diejenigen Gläubiger der SE, die binnen zwei Monaten nach der Offenlegung des Verlegungsplans ihre Ansprüche schriftlich anmelden und glaubhaft machen, dass durch die Sitzverlegung die Erfüllung ihrer Forderungen gefährdet wird und die nicht Befriedigung verlangen können;

(10) Beantragung einer Bescheinigung des Handelsregisters am bisherigen Sitz der SE darüber, dass die der Verlegung vorangehenden Rechtshandlungen und Formalitäten durchgeführt wurden unter Beifügung

- einer Erklärung des Vorstands bzw. der geschäftsführenden Direktoren, dass eine Klage gegen die Wirksamkeit des Verlegungsbeschlusses nicht oder nicht fristgemäß erhoben wurde oder eine solche Klage rechtskräftig abgewiesen oder zurückgenommen wurde und
- einer Versicherung des Vorstands bzw. des Verwaltungsrats, dass allen Gläubiger, die einen Anspruch auf Sicherheitsleistung haben, eine angemessen Sicherheit geleistet wurde;

(11) Ausstellung der Bescheinigung durch das Handelsregister;

(12) Eintragung der Sitzverlegung der SE und Offenlegung im Aufnahmemitgliedstaat auf der Grundlage der Bescheinigung nach (11) und des Nachweises der Erfüllung der Sitzverlegungsvoraussetzungen im Aufnahmemitgliedstaat;

(13) Eintragung der Sitzverlegung der SE und Offenlegung im Herkunftsmitgliedstaat.

2. Der Verlegungsplan

9   Der Verlegungsplan regelt die Grundlagen der Sitzverlegung. Sein zwingender Inhalt ergibt sich aus Art. 8 Abs. 2 SE-VO.

10   Der Verlegungsplan muss den neuen Sitz und den vollständigen Wortlaut der Satzung beinhalten. Müssen sich nach dem Recht des Aufnahmestaats Satzungssitz und Sitz der Hauptverwaltung an demselben Ort befinden, sollte dies bei der Bestimmung des neuen Satzungssitzes bereits mit bedacht werden. Denn in diesem Fall muss die Hauptverwaltung der SE genau an diesen Ort verlegt werden. Die Satzung ist vollständig in den Verlegungsplan aufzunehmen, auch soweit sie im Rah-

men der Sitzverlegung nicht geändert wird. Satzungsänderungen können erforderlich sein, weil die SE mit der Sitzverlegung den Vorschriften des Aktienrechts des Aufnahmemitgliedstaats unterfällt. Dieses kann beispielsweise Änderungen der Regelungen über die Vorbereitung und Einberufung von Hauptversammlungen, über die Einteilung des Grundkapitals oder über bedingtes und genehmigtes Kapital notwendig machen. Die SE kann anlässlich der Sitzverlegung aber auch weitere, nicht gesetzlich zwingende Satzungsänderungen vornehmen und beispielsweise vom monistischen auf das dualistische Leitungssystem umstellen oder umgekehrt.

Der Verlegungsplan muss die Folgen der Sitzverlegung für die Arbeitnehmer darstellen. Die Folgen für die Arbeitnehmer sind unter § 5 Rn. 100 ff. beschrieben. Zu beachten ist, dass die Sitzverlegung auch die Verlegung der Hauptverwaltung erfordert. Über die hiermit für die betroffenen Arbeitnehmer verbundenen Folgen ist zu informieren.   11

Der in den Verlegungsplan aufzunehmende Zeitplan muss die notwendigen rechtlichen Schritte darstellen. Darüber hinaus wird auch gefordert, den tatsächlichen Ablauf im Plan jedenfalls kursorisch darzustellen.[5]   12

Der Verlegungsplan muss den Wortlaut des Angebots der SE zum Erwerb der Aktien derjenigen Aktionäre, die gegen den Verlegungsbeschluss Widerspruch zur Niederschrift erklärt haben, gegen angemessene Barabfindung enthalten.[6]   13

Hinsichtlich der Gläubiger muss der Verlegungsplan einen Hinweis darauf enthalten, dass sie Sicherheit für ihre Forderungen verlangen können, wenn sie ihre Ansprüche innerhalb von zwei Monaten nach der Offenlegung des Verlegungsplans schriftlicher anmelden, die Gefährdung der Erfüllung ihrer Forderungen aufgrund der Sitzverlegung glaubhaft machen und sie nicht Befriedigung verlangen können.   14

🛑 **Praxishinweis:**   15

Einzelheiten der Sitzverlegung und ihrer Folgen für Aktionäre, Gläubiger und Arbeitnehmer sind im Verlegungsbericht darzustellen. Es ist deshalb ausreichend, wenn der Verlegungsplan insofern nur eine knappe Darstellung enthält und für Details auf den Verlegungsbericht verweist.

Der Verlegungsplan ist schriftlich zu erstatten und zwar in der Sprache des Herkunftsmitgliedstaates.[7] Er sollte von allen Mitgliedern des Vorstands bzw. des Verwaltungsrats unterschrieben werden, so wie dies bei Berichten nach dem Umwandlungsgesetz erforderlich ist.[8]   16

3.   Der Verlegungsbericht

Vorstand bzw. Verwaltungsrat müssen einen Verlegungsbericht erstatten, in dem sie die rechtlichen und wirtschaftlichen Aspekte der Verlegung erläutern und begründen und die Auswirkungen der Verlegung für die Aktionäre, die Gläubiger und die Arbeitnehmer im Einzelnen darlegen. Der Verlegungsbericht entspricht strukturell einem Bericht, der bei Verschmelzungen und Formwechseln nach dem Umwandlungsgesetz oder beim Abschluss von Unternehmensverträgen nach dem Aktiengesetz zu erstellen ist. Es ist deshalb davon auszugehen, dass die für diesen Bericht entwickelten Grundsätze hinsichtlich Form und Inhalt auch auf den Verlegungsbericht   17

---

5   *Hunger*, in: *Jannott/Frodermann*, Handbuch der Europäischen Aktiengesellschaft, Kapital 9 Rn. 47.
6   Art. 8 Abs. 5 SE-VO, § 12 Abs. 1 SEAG.
7   *Zang*, Sitzverlegung, S. 116.
8   *Marsch-Barner*, in: Kallmeyer UmwG, § 8 Rn. 3.

nach Art. 8 Absatz 3 SE-VO Anwendung finden.[9] Das bedeutet, dass der Bericht eine Plausibilitätskontrolle ermöglichen soll, nicht aber alle Einzelheiten der Sitzverlegung und ihrer Folgen erläutern muss.[10] Der Verlegungsbericht ist wie der Verlegungsplan schriftlich in der Sprache des Wegzugsstaats abzufassen.

18   Die folgende Auflistung nennt Aspekte, die typischerweise wesentlich sind und auf die deshalb im Verlegungsbericht eingegangen werden sollte:

- Gründe für die Sitzverlegung und Alternativen;
- Ablauf des Verfahrens, einschließlich Erläuterung der sich anschließenden Verlegung der Hauptverwaltung bzw. weiterer Unternehmensbereiche, sofern dies vorgesehen ist;
- Kosten der Sitzverlegung und der Verlegung der Hauptverwaltung (bzw. weiterer Unternehmensteile, sofern dies vorgesehen ist);
- Erläuterung der Beteiligung der Aktionäre an der SE nach der Sitzverlegung unter Darlegung des Rechtsrahmens im Aufnahmemitgliedstaat hinsichtlich:
  - Einteilung des Grundkapitals und Nennbeträge der Aktien;
  - Stimm-, Informations- und Teilnahmerechte;
  - Bezugsrechte bei Kapitalmaßnahmen und Möglichkeiten ihres Ausschlusses;
  - Mehrheitserfordernisse in der Hauptversammlung sowie Minderheitenrechte;
  - Auswirkungen der Sitzverlegung auf Inhaber besonderer Rechte (beispielsweise Veränderungen bei Vorzugsrechten von Aktionären);
- Steuerfolgen der Sitzverlegung für die SE und ihre Aktionäre;
- Organe der SE und Art und Weise ihrer Bestellung und Abberufung;
- Erläuterung der Angemessenheit der Barabfindung, die Aktionären angeboten wird, die Widerspruch gegen den Verlegungsbeschluss einlegen;
- Erläuterung der Folgen der Sitzverlegung für die Arbeitnehmer der SE und ihrer Tochtergesellschaften, sofern sie von der Sitzverlegung gleichfalls betroffen sind (beispielsweise weil auch Betriebsteile von Tochtergesellschaften verlegt werden);
- Erläuterung der Folgen für Gläubiger der SE, einschließlich Erläuterung des Verfahrens zur Sicherheitsleistung an Gläubiger.

19   🅑 Praxishinweis:

Im Hinblick auf die Beteiligung der Aktionäre an der SE sollte der Bericht besonders auf diejenigen Elemente eingehen, die in den beteiligten Rechtsordnungen voneinander abweichen. Im Übrigen reicht ein Hinweis darauf, dass sich keine Veränderungen ergeben. Die Darstellung kann sich auf die Grundregeln beschränken und muss keine detaillierte Erläuterung der Rechtsordnung des Aufnahmestaats beinhalten. Angaben über Steuerfolgen für Aktionäre sollten stets den Hinweis enthalten, dass die Darstellung nur überblicksartig erfolgt und jeder Aktionär sich selber steuerlichen Rat einholen sollte.

20   Die SE-VO enthält keine Regelungen über den Verzicht oder die Entbehrlichkeit des Verlegungsberichts, wie sie das Umwandlungsgesetz kennt. Da der Bericht auch zur Einsichtnahme durch die Gläubiger auszulegen ist, kann auf die Erstellung des Berichts nicht verzichtet werden.[11]

---

9   Vgl. zur Parallelproblematik bei Erstellung des Verschmelzungsberichts bei der Verschmelzungsgründung einer SE § 2 Rn. 82 ff.
10 *Schwarz*, SE-VO Art. 8 Rn. 20.
11 Art. 8 Abs. 4 SE-VO, vgl. *Schwarz*, SE-VO, Art. 8 Rn. 25.

4. Der Verlegungsbeschluss

Die Hauptversammlung der SE muss über die Sitzverlegung beschließen. Der Beschluss darf frühestens zwei Monate nach Offenlegung des Verlegungsplans gefasst werden. Die Hauptversammlung beschließt nicht nur über die Sitzverlegung als solche, sondern über den gesamten Verlegungsplan mit dem gesamten vorstehend skizzierten Inhalt.   21

In der Bekanntmachung der Tagesordnung der Hauptversammlung ist der wesentliche Inhalt des Verlegungsplans mitzuteilen.[12] Hierzu gehört insbesondere der Wortlaut des Angebots auf Barabfindung an Aktionäre, die Widerspruch gegen den Sitzverlegungsbeschluss erklären.   22

🛈 Praxishinweis: 23

Um Anfechtungen aufgrund fehlerhafter Einladung zu vermeiden, empfiehlt es sich, den Verlegungsplan in seinem vollen Wortlaut in den Einladungstext aufzunehmen.

Nach Art. 8 Abs. 4 SE-VO müssen Verlegungsplan und Verlegungsbericht für die Dauer eines Monats zur Einsichtnahme durch Aktionäre und Gläubiger bei der SE ausgelegt werden. Dies sollte in der Weise erfüllt werden, dass beide Dokumente ab dem Zeitpunkt der Einladung zur Hauptversammlung bereitgehalten werden. Auf Anfrage ist den Aktionären und Gläubigern eine kostenfreie Abschrift zu erteilen. Die Auslegung des Prüfberichts über die Angemessenheit der Barabfindung ist hingegen nicht vorgeschrieben.[13] Die SE-VO enthält keine Verpflichtung, auch den Arbeitnehmern der SE Einsichtnahme in den Verlegungsplan und den Verlegungsbericht zu ermöglichen. Es ist der SE aber gestattet, die Unterlagen auch den Arbeitnehmern zur Verfügung zu stellen.   24

Der Beschluss wird mit einer Mehrheit von mindestens drei Vierteln der vertretenen Stimmen gefasst.[14] Denn die Sitzverlegung hat satzungsändernden Charakter, so dass die Mehrheitsregelungen für Satzungsänderungen bei der SE anwendbar sind.[15] Umstritten ist, ob die Satzung der SE bestimmen kann, dass eine geringere Mehrheit, die jedoch mindestens zwei Drittel der abgegebenen Stimmen betragen muss, für den Sitzverlegungsbeschluss ausreicht.[16] Gegen die Zulässigkeit einer solchen Satzungsregelung spricht, dass § 51 SEAG die Sitzverlegung der Änderung des Unternehmensgegenstands und sonstigen Fällen, in denen eine höhere Kapitalmehrheit zwingend erforderlich ist, gleichstellt. Das bedeutet, dass die Sitzverlegung stets eine Mehrheit von mindestens drei Vierteln der vertretenen Stimmen erfordert. Die Satzung kann aber eine höhere Mehrheit festschreiben. Sind mehrere Aktiengattungen vorhanden und kommt es zu Veränderungen gattungsspezifischer Rechte, ist zusätzlich ein Sonderbeschluss der Aktionäre der betroffenen Aktiengattung einzuholen. Ein Sonderbeschluss ist auch erforderlich, wenn die Rechte anderer Aktiengattungen verstärkt oder erweitert werden.[17] Der Hauptversammlungsbeschluss sowie etwaige Sonderbeschlüsse sind zu beurkunden.   25

---

12 § 124 Abs. 2 S. 2 AktG.
13 Dies ist auch bei Umwandlungsvorgängen nach nationalem Recht nicht erforderlich, BGH NJW 2001, 1428, 1430.
14 Art. 59 SE-VO, § 51 SEAG, § 179 Abs. 2 AktG.
15 Vgl. § 3 Rn. 255.
16 Dafür: *Hunger*, in: *Jannott/Frodermann*, Handbuch der Europäischen Aktiengesellschaft, Kapitel 9 Rn. 88; *Ringe*, Die Sitzverlegung der SE, S. 114; dagegen: *Schwarz*, SE-VO, Art. 8 Rn. 32; *Oechsler*, in: MünchKomm AktG, Art. 8 SE-VO Rn. 26.
17 *Hüffer*, AktG, § 179 Rn. 44.

5.   Rechtsmittel gegen den Verlegungsbeschluss

26   Der Verlegungsbeschluss kann nach den allgemeinen Regeln des AktG angefochten oder für nichtig erklärt werden. Solange eine Klage anhängig ist, kann die Sitzverlegung nicht wirksam werden. Denn die Vertretungsorgane der SE müssen bei Beantragung der Bescheinigung über die Erfüllung der Voraussetzungen für die Sitzverlegung erklären, dass eine Klage nicht oder nicht fristgemäß erhoben, rechtskräftig abgewiesen oder zurückgenommen wurde.[18] Ein sogenanntes Unbedenklichkeitsverfahren, wie es das AktG und das UmwG kennen und mit dem eine Eintragung erzielt werden kann, während eine Anfechtungs- oder Nichtigkeitsklage rechtshängig ist, sieht das SEAG nicht vor. Es ist unwahrscheinlich, dass die Gerichte ein solches Verfahren zulassen, solange es nicht ausdrücklich gesetzlich geregelt ist. Die Ausstellung der Bescheinigung sollte aber vor Ablauf der Anfechtungsfrist möglich sein, wenn alle Aktionäre auf die Anfechtung des Verlegungsbeschlusses verzichtet haben.

27   Nach § 12 Abs. 2, § 7 Abs. 5 SEAG kann eine Klage nicht darauf gestützt werden, dass das Barabfindungsangebot zu niedrig bemessen oder in dem Verlegungsplan gar nicht oder nicht ordnungsgemäß angeboten wurde. Für Klagen auf ein höheres Barabfindungsangebot ist das Spruchverfahren eröffnet.[19] Hierdurch wird erreicht, dass Rechtsstreitigkeiten über die Höhe der Barabfindung, die sich lange hinziehen können, nicht zu einer Verzögerung bei der Sitzverlegung führen. Denn das Spruchverfahren hindert nicht, dass das Handelsregister die Bescheinigung über die Durchführung aller im Herkunftsmitgliedstaat erforderlichen Rechtshandlungen ausstellt und die Sitzverlegung eingetragen wird. Da der Verlegungsplan nach Art. 8 Abs. 2 SE-VO jedoch das Barabfindungsangebot enthalten muss, wird vertreten, dass bei vollständigem Fehlen des Abfindungsangebots die Anfechtungsklage zulässig sei.[20]

28   Das Spruchverfahren zur Überprüfung der Angemessenheit der Barabfindung können die Aktionäre erst nach Bekanntmachung der Eintragung der Sitzverlegung einleiten.[21] Art. 8 Abs. 16 ermöglicht es Aktionären, das Spruchverfahren am bisherigen Sitz der SE zu betreiben, auch wenn eine Zuständigkeit deutscher Landgerichte nach dem SpruchG bzw. der EuGVO an sich nicht begründet wäre. Denn nach Art. 8 Abs. 16 SE-VO gilt eine SE in Bezug auf Forderungen, die vor der Eintragung der Sitzverlegung entstanden sind, als SE mit Sitz im Herkunftsmitgliedstaat. Für die Entstehung einer Forderung vor der Eintragung der Sitzverlegung ist es ausreichend, dass ihr Entstehungsgrund vor der Eintragung gelegt wurde.[22] Das bedeutet, dass die SE wegen aller Forderungen, die vor der Sitzverlegung begründet wurden, an ihrem bisherigen Sitz verklagt werden kann. Der Anspruch auf Barabfindung entsteht spätestens mit der Erklärung des Widerspruchs durch den betroffenen Aktionär in der Hauptversammlung, die über die Sitzverlegung beschließt. Demnach kann ein Aktionär einer SE, die ihren Sitz aus Deutschland heraus verlegt hat, die Höhe der Barabfindung in Deutschland gerichtlich überprüfen lassen.[23] Gegebenenfalls kann aber eine Vollstreckung im Ausland erforderlich werden.

---

18   § 14 SEAG.
19   § 7 Abs. 7 SEAG.
20   *Oechsler*, in: MünchKomm AktG, Art. 8 SE-VO Rn. 17.
21   § 4 Abs. 1 S. 1 Nr. 5 SpruchG (str. vgl. *Wasmann*, in: Kölner Kommentar zum SpruchG, § 4 Rn. 7).
22   *Schwarz*, SE-VO Art. 8 Rn. 71.
23   *Schwarz* SE-VO Art. 8 Rn. 30.

6. Minderheitenschutz und Austrittsrecht

Die SE muss denjenigen Aktionären der SE, die gegen den Verlegungsbeschluss Widerspruch zur Niederschrift erklären, anbieten, ihre Aktien gegen eine angemessene Barabfindung zu erwerben.[24] Dem Widerspruch steht es gleich, wenn ein Aktionär zu Unrecht nicht zur Hauptversammlung zugelassen wurde, wenn die Hauptversammlung nicht ordnungsgemäß einberufen war oder der Gegenstand der Beschlussfassung nicht ordnungsgemäß bekannt gemacht wurde.[25] Das Abfindungsangebot muss binnen zwei Monaten nach Eintrag und Bekanntmachung der SE im neuen Sitzstaat angenommen werden. Wird die Höhe der Barabfindung im Spruchverfahren überprüft, kann das Angebot noch binnen zwei Monaten nach Veröffentlichung der Entscheidung im Bundesanzeiger angenommen werden.[26]

29

Nehmen Aktionäre das Barabfindungsangebot an, erwirbt die SE eigene Aktien. Nach § 12 Abs. 1 S. 2 SEAG ist der Rückerwerb auch dann wirksam, wenn die SE in diesem Zusammenhang mehr Aktien erwirbt, als sie nach den Vorschriften des AktG eigentlich erwerben dürfte. Nach deutschem Aktienrecht wäre sie in diesem Fall jedoch verpflichtet, die überzähligen Aktien binnen eines Jahres nach dem Erwerb wieder zu veräußern (§ 71 c Abs. 1 AktG). Allerdings unterliegt die SE nach der Sitzverlegung nicht mehr den Regelungen des deutschen AktG. Deshalb besteht eine solche Veräußerungspflicht nur, wenn sie auch im Recht des Aufnahmemitgliedstaats vorgesehen ist.[27]

30

Die Aktionäre der SE können auf die Prüfung und den Prüfungsbericht über das Barangebot verzichten.[28] Der Verzicht ist notariell zu beurkunden. Es existiert keine ausdrückliche Regelung darüber, ob das Barabfindungsangebot ganz entfallen kann, wenn die SE eine 100 %ige Tochtergesellschaft ist oder alle Anteilsinhaber auf das Angebot verzichten. In beiden Fällen ist das Angebot entbehrlich, da keine Aktionärsrechte verletzt werden, wenn es unterbleibt. Dies entspricht der Rechtslage bei Vorgängen nach dem Unwandlungsgesetz, bei denen gleichfalls auf das Barangebot nach § 29 UmwG verzichtet werden kann.[29]

31

Aktionäre können Einwände gegen die Höhe der Barabfindung nicht mit der Anfechtungsklage, sondern nur im Spruchverfahren geltend machen.[30]

32

7. Gläubigerschutz

Den Gläubigern der SE, die ihren Anspruch binnen zwei Monaten nach Offenlegung des Verlegungsplans nach Grund und Höhe schriftlich anmelden, ist von der SE Sicherheit zu leisten, wenn sie die Gefährdung der Erfüllung ihrer Forderungen durch die Sitzverlegung glaubhaft machen und nicht bereits Befriedigung verlangen können.[31] Das Recht auf Sicherheitsleistung steht allen Gläubigern zu, deren Forderungen vor oder bis zu 15 Tagen nach Offenlegung des Verlegungsplans entstanden sind.[32] Eine Forderung ist entstanden, sobald der Rechtsgrund für ihre Entste-

33

---

24 Art. 8 Abs. 5 SE-VO, § 12 Abs. 1 SEAG.
25 § 12 Abs. 1 S. 5 SEAG, § 29 Abs. 2 UmwG.
26 §§ 12 Abs. 2, 7 Abs. 4 SEAG.
27 *Hunger*, in: *Jannott/Frodermann*, Handbuch der Europäischen Aktiengesellschaft, Kapitel 9 Rn. 105.
28 § 12 Abs. 2, § 7 Abs. 3 SEAG.
29 *Marsch-Barner*, in: Kallmeyer, UmwG § 29 Rn. 17; ebenso für die Sitzverlegung der SE *Oechsler*, in: MünchKomm AktG, Art. 8 SE-VO Rn. 17.
30 Vgl. § 5 Rn. 27.
31 § 13 SEAG.
32 § 13 Abs. 2 SEAG.

hung gelegt ist. Die Forderung darf aber noch nicht fällig sein. Denn für fällige Forderungen kann der Gläubiger bereits Befriedigung verlangen.

34   Gläubiger haben nur Anspruch auf Sicherheitsleistung, wenn sie glaubhaft machen können, dass die Sitzverlegung zu einer Gefährdung der Erfüllung ihrer Forderungen führt. Da die Sitzverlegung nicht mit einer Änderung der Vermögenslage der Gesellschaft verbunden ist, führt sie nicht per se zu einer Gläubigergefährdung. Gläubiger können die SE nach Art. 8 Abs. 16 SE-VO sogar am bisherigen Sitz verklagen. Der Gesetzgeber ging davon aus, dass es nur dann zu einer Gläubigergefährdung kommt, wenn die SE im Rahmen der Sitzverlegung wesentliche Teile ihres Vermögens in das Ausland verlagert.[33] Deshalb muss die SE nur Sicherheit leisten, wenn die Gefahr einer Vermögensverlagerung besteht. Diese kann nicht allein daraus gefolgert werden, dass die SE im Rahmen der Sitzverlegung auch ihre Hauptverwaltung in den Aufnahmemitgliedstaat verlegen muss. Denn auch danach kann die SE noch über wesentliches Vermögen im Inland verfügen.[34]

35   Die Ausgestaltung des Gläubigerschutzes durch das SEAG überzeugt nicht. Denn Gläubiger haben keinen Anspruch darauf, dass das Vermögen ihres Schuldners im Inland verbleibt. Verbringt die SE wesentliches Vermögen in das Ausland, ohne gleichzeitig ihren Sitz zu verlegen, können Gläubiger keine Sicherheit verlangen. Dies ist innerhalb der EU auch nicht erforderlich, weil die Durchsetzung und Vollstreckung von Ansprüchen durch die EuGVO ausreichend gewährleistet ist.

36   Die Sicherheitsleistung erfolgt nach §§ 232 ff. BGB. Sie ist bereits vor der Beantragung der Bescheinigung des Handelsregisters über die Erfüllung der notwendigen Rechtshandlungen und Formalitäten im Herkunftmitgliedstaat zu gewähren. Denn um diese Bescheinigung zu erlangen, müssen Vorstand bzw. die geschäftsführenden Direktoren der SE versichern, dass allen Gläubigern, die hierauf Anspruch haben, Sicherheit geleistet wurde.[35] Die Richtigkeit der Versicherung ist strafbewehrt. Eine unrichtige Versicherung kann nach § 53 Abs. 3 Nr. 2 SEAG mit Freiheitsstrafe bis zu drei Jahren oder mit Geldstrafe bestraft werden.

8.   Bescheinigung des Handelsregisters über die Erfüllung der Voraussetzungen für die Sitzverlegung

37   Vorstand bzw. Verwaltungsrat der SE müssen beim Handelsregister am bisherigen Sitz eine Bescheinigung beantragen, dass sie alle der Verlegung vorangehenden Rechtshandlungen und Formalitäten durchgeführt haben.[36] Diese Bescheinigung ist Voraussetzung für die Eintragung der Sitzverlegung im Aufnahmemitgliedstaat.[37]

38   Dem Antrag sind der Verlegungsplan, der Verlegungsbericht, der Verlegungsbeschluss und der Prüfbericht über die Angemessenheit der Barabfindung beizufügen. Außerdem ist zu erklären, dass keine Klagen gegen den Beschluss rechtshängig sind[38] und zu versichern, dass den Gläubigern Sicherheit geleistet wurde.[39]

---

33   Begr. zum RegE SEEG, BT-Drs. 15/3405, S. 35.
34   *Schwarz*, SE-VO, Art. 8 Rn. 36.
35   § 13 Abs. 3 SEAG.
36   Art. 8 Abs. 8 SE-VO.
37   Art. 8 Abs. 9 SE-VO.
38   § 5 Rn. 26 ff.
39   § 5 Rn. 33 ff.

Das Handelsregister prüft die Einhaltung der Formalien für eine Sitzverlegung, also: 39

- die ordnungsgemäße Erstellung und Offenlegung des Verlegungsplans;

- die ordnungsgemäße Erstellung des Verlegungsberichts;

- die Gewährung der Einsichtsrechte an Aktionäre und Gläubiger;

- das Vorliegen eines wirksamen Verlegungsbeschlusses;

- die ordnungsgemäße Versicherung des Leitungsorgans zu Anfechtungsklagen (§ 14 SEAG) und zur Gläubigerbesicherung (§13 Abs. 3 SEAG).

9.   Anforderungen im Recht des Aufnahmemitgliedstaats   5

Die Eintragung der Sitzverlegung im Aufnahmemitgliedstaat erfordert nach Art. 8 Abs. 9 SE-VO   40
den Nachweis, dass die im Aufnahmemitgliedstaat erforderlichen Formalitäten erfüllt wurden.
Das Sitzverlegungsverfahren ist in der SE-VO so ausgestaltet, dass die Rechtmäßigkeit des Verfahrens im Herkunftsmitgliedstaat geprüft wird. Im Aufnahmemitgliedstaat können deshalb nur
Formalitäten überprüft, nicht aber das gesamte Verfahren nochmals kontrolliert werden. Da die
Sitzverlegung identitätswahrend erfolgt, sind nach richtiger Auffassung die Vorschriften des Aufnahmemitgliedstaats über die Gründung einer SE oder Aktiengesellschaft nicht einzuhalten.[40]
Formalitäten im Aufnahmemitgliedstaat sind aber zum Beispiel nicht eingehalten, wenn die Satzung der SE Bestimmungen enthält, die mit dem dortigen Aktienrecht nicht vereinbar sind.

Teilweise wird angenommen, die Eintragung im Aufnahmemitgliedstaat könne nur erfolgen,   41
wenn die SE ihre Hauptverwaltung bereits in den Aufnahmemitgliedstaat verlegt hat. Denn aus
der Formulierung von Art. 7 SE-VO folge, dass der Satzungssitz dem Sitz der Hauptverwaltung
nachfolge.[41] Diese Auffassung überzeugt nicht. Die SE-VO will nur sicherstellen, dass satzungsmäßiger Sitz und Sitz der Hauptverwaltung sich in demselben Staat befinden. Ist dies einmal nicht
der Fall, muss nach Art. 64 SE-VO der ordnungsgemäße Zustand hergestellt werden, indem entweder der satzungsmäßige Sitz oder der Sitz der Hauptverwaltung verlegt wird. Eine Maßgeblichkeit des Sitzes der Hauptverwaltung lässt sich hieraus nicht ableiten. Es würde die Sitzverlegung
auch unnötig erschweren, wenn eine zwingende Reihenfolge einzuhalten wäre. Die Verlegung der
Hauptverwaltung ist ein tatsächlicher Vorgang, der eine gewisse Zeit braucht und mit Kosten und
Aufwand verbunden ist. Die SE wird diesen Prozess erst beginnen, wenn feststeht, dass die Verlegung des Satzungssitzes tatsächlich erfolgt, insbesondere also die Hauptversammlung zugestimmt
hat und keine Anfechtungsklagen erhoben oder diese abgewiesen oder sonst beigelegt wurden.
Müsste die SE dann erst ihre Hauptverwaltung verlegen, bis sie die Eintragung der Sitzverlegung
beantragen kann, würde dies den Prozess unnötig verzögern, was dem Grundsatz des effet util
widerspräche. Es ist deshalb ausreichend, wenn die SE ihre Hauptverwaltung nach der Eintragung der Sitzverlegung verlagert. Im Verlegungsbericht ist aber darzulegen, wie und in welchem
Zeitrahmen die Verlagerung der Hauptverwaltung vollzogen werden soll. Das Handelsregister
kann die Ausstellung der Bescheinigung allenfalls dann versagen, wenn konkrete Anhaltspunkte
dafür vorliegen, dass die SE ihrer Pflicht zur Verlegung der Hauptverwaltung nicht nachkommen
wird.[42]

---

40 *Schwarz*, SE-VO, Art. 8 Rn. 51; a.A. *Wenz*, in: Theisen/Wenz, Die Europäische Aktiengesellschaft, C. V 1. a.

41 *Schwarz*, SE-VO, Art. 8 Rn. 52 m.w.N.

42 Vgl. *Oechsler*, in: MünchKomm AktG, Art. 8 SE-VO Rn. 54.

42   **❗ Praxishinweis:**

Um Verzögerungen bei der Eintragung der SE im Aufnahmemitgliedstaat zu vermeiden, sollte vorab mit dem dortigen Handelsregister geklärt werden, welche Nachweise dort verlangt werden.

10.   Rechtsfolgen der Sitzverlegung

43   Mit der Eintragung der SE im Register des Aufnahmemitgliedstaats unterliegt die SE den dortigen mitgliedschaftlichen Vorschriften, d.h. den auf Aktiengesellschaften dieses Staates anwendbaren Regelungen. Gleichzeitig tritt die neue Satzung in Kraft. Im Verhältnis der Aktionäre untereinander wird die Sitzverlegung demnach mit der Eintragung wirksam.

44   Dritten gegenüber treten die Wirkungen der Sitzverlegung erst mit der Offenlegung der Eintragung im Aufnahmemitgliedstaat ein. Ab diesem Zeitpunkt ist der neue Sitz für Klagen gegen die SE maßgeblich. Außerdem richten sich Anknüpfungen des Internationalen Privatrechts nach dem neuen Satzungssitz. Solange allerdings die Löschung der Eintragung der SE im Herkunftsmitgliedstaat noch nicht offen gelegt ist, können Dritte sich weiterhin auf den bisherigen Sitz berufen, es sei denn, die SE weist ihnen nach, dass sie den neuen Sitz kannten.[43] Dritte sind an den Rechtsschein nicht gebunden und können sich in diesem Zeitraum stets auch auf den neuen Sitz berufen.[44]

45   Zusätzlich bestimmt Art. 8 Abs. 16 SE-VO, dass die SE für Forderungen, die vor Eintragung der Sitzverlegung entstanden sind, als SE mit Sitz im Herkunftsmitgliedstaat gilt, also weiter am bisherigen Sitz verklagt werden kann. Insofern besteht ein Wahlrecht des Gläubigers, ob er die SE am bisherigen Sitz oder nach Art. 2 Abs. 1 in Verbindung mit Art. 60 EuGVO am neuen Sitz verklagen will. Für die Entscheidung, welcher Klageort vorzugswürdig ist, sollte in Betracht gezogen werden, welchem Recht der geltend gemachte Anspruch unterliegt und wo sich das Vermögen der SE befinden, also eine Vollstreckung durchgeführt werden müsste.

46   Da die Sitzverlegung identitätswahrend erfolgt, bleiben alle Rechtsverhältnisse der SE im Übrigen unberührt. Verträge bleiben bestehen. Es richtet sich nach dem Inhalt des jeweiligen Vertrags, ob die Sitzverlegung zu vertraglichen Kündigungsrechten führt. Prozesse können unverändert am bisherigen Sitz der SE fortgeführt werden.[45] Die Organe der SE bleiben im Amt, sofern nicht im Rahmen der Sitzverlegung ein Wechsel des Leitungssystems von dualistisch auf monistisch oder umgekehrt erfolgt ist.

11.   Verbote der Sitzverlegung

47   In folgenden Fällen darf eine Sitzverlegung nicht erfolgen:

- anlässlich der Umwandlung einer Aktiengesellschaft in eine SE, d.h. im Rahmen des Verfahrens der Umwandlung;[46] nach Eintragung der Umwandlung kann die Sitzverlegung sofort erfolgen;

- nach Eröffnung eines Verfahrens wegen Auflösung, Liquidation, Zahlungsunfähigkeit, vorläufiger Zahlungseinstellung oder eines ähnlichen Verfahrens.[47]

---

43   Art. 8 Abs. 13 S. 2 SE-VO.
44   *Oechsler*, in: MünchKomm AktG, SE-VO, Art. 8 Rn. 61.
45   Art. 8 Abs. 16 SE-VO.
46   Art. 37 Abs. 3 SE-VO.
47   Art. 8 Abs. 15 SE-VO.

III. Sitzverlegung nach Deutschland hinein

Die Sitzverlegung einer SE wird im Herkunftsmitgliedstaat eingeleitet. Dort werden die nach Art. 8 SE-VO notwendigen Rechtshandlungen wie Aufstellung von Verlegungsplan und Verlegungsbericht sowie deren Offenlegung vorgenommen und wird der Verlegungsbeschluss gefasst. Einzelheiten der notwendigen Maßnahmen ergeben sich deshalb neben der SE-VO aus dem jeweiligen nationalen Recht.

48

Zu beachten ist, dass Art. 8 Abs. 14 SE-VO den Mitgliedstaaten gestattet, ein Widerspruchsrecht von Behörden gegen die Sitzverlegung vorzusehen. Dieses Widerspruchsrecht muss binnen zwei Monaten nach Offenlegung des Verlegungsplans ausgeübt werden und ist nur aus Gründen des öffentlichen Interesses zulässig. Das Widerspruchsrecht kann auch einer Finanzaufsichtsbehörde eingeräumt werden, wenn die SE der Aufsicht dieser Behörde unterliegt. Hierdurch kann eine Sitzverlegung erheblich erschwert werden. Deutschland hat von dieser Möglichkeit keinen Gebrauch gemacht.

49

In Deutschland erfordert die Sitzverlegung die Eintragung der SE in das deutsche Handelsregister. Die Eintragung erfolgt aufgrund einer Bescheinigung der zuständigen Stelle des Herkunftsmitgliedstaats nach Art. 8 Abs. 8 SE-VO darüber, dass im Herkunftsmitgliedstaat alle der Verlegung vorangehenden Rechtshandlungen und Formalitäten durchgeführt wurden. Außerdem muss nachgewiesen werden, dass die für die Eintragung in Deutschland erforderlichen Formalitäten erfüllt wurden. Das deutsche Recht enthält keine ausdrücklichen Regelungen über Voraussetzungen für die Eintragung der Sitzverlegung nach Deutschland hinein. Da die Sitzverlegung identitätswahrend erfolgt, ist das deutsche Gründungsrecht nicht anwendbar.[48] Mit der Eintragung der SE in das deutsche Handelsregister sind auf die SE die Vorschriften des AktG anwendbar. Ab Offenlegung der Eintragung in Deutschland ist die Sitzverlegung gegenüber Dritten wirksam und können Klagen gegen die SE an ihrem Satzungssitz in Deutschland erhoben werden.

50

B. Steuerliche Aspekte

I. Steuerliche Grundlagen bei Sitzverlegung einer SE

Wie zuvor ausgeführt, regelt Art. 8 SE-VO für eine SE, dass diese ihren satzungsmäßigen Sitz und damit auch ihre Hauptverwaltung in einen anderen Mitgliedstaat verlegen kann, ohne dass die Sitzverlegung zugleich zu einer gesellschafts- und steuerrechtlichen Auflösung der SE im bisherigen Sitzstaat führt. Bislang waren die steuerlichen Folgen aus der aufgrund der Sitzverlegung bedingten, gesellschaftsrechtlichen Auflösung einer inländischen Gesellschaft in den §§ 11, 12 KStG a.F. geregelt. Danach führte eine Verlegung der Geschäftsleitung oder des satzungsmäßigen Sitzes einer unbeschränkt steuerpflichtigen Gesellschaft in einen anderen Staat[49] zu einer Endbesteuerung der vorhandenen stillen Reserven in den Wirtschaftsgütern der wegziehenden Gesellschaft. Dies galt bislang zumindest nach dem Wortlaut der deutschen Steuerrechtsvorschriften auch für eine wegziehende SE, obwohl die SE-VO bereits Ende 2004 in Kraft trat. Damit fehlte es bisher an einer steuerlichen Abstimmung mit Art. 8 SE-VO. Mit Inkrafttreten des SEStEG[50] hat sich diese steuerliche Ausgangslage nunmehr grundlegend verändert.

51

---

48 § 5 Rn. 40 ff.
49 Hierdurch entfällt die steuerliche Ansässigkeit der wegziehenden Gesellschaft.
50 Zur steuerlichen Behandlung der Sitzverlegung durch das SEStEG, *Kessler/Huck*, Der Konzern 2006, 352, 361.

52   Bei der Sitzverlegung einer SE muss aus steuerlicher Sicht zwischen dem Wegzugsfall und dem Zuzugsfall einer SE unterschieden werden. Während der Wegzug zu einem Wegfall des inländischen Besteuerungsrechts und damit zu einer Steuerentstrickung vorhandener Wirtschaftsgüter führen kann, liegt bei einem Zuzugsszenario in der Regel die erstmalige inländische Steuerverstrickung von Wirtschaftsgütern aus dem Ausland vor. Aus steuerlicher Sicht hat sowohl der Zuzug als auch der Wegzug einer SE Auswirkungen nicht nur auf Ebene der SE, sondern auch auf die an der SE beteiligten Anteilseigner.

II.   Wegzug einer SE in einen anderen Mitgliedstaat

53   Verlegt eine inländische SE ihren Satzungssitz und ihre Geschäftsleitung in einen anderen Mitgliedstaat, scheidet sie automatisch aus der unbeschränkten Steuerpflicht in Deutschland aus. Soweit weiterhin inländische Einkünfte im Sinne des § 49 EStG erzielt werden, ist die SE mit diesen Einkünften nach § 2 KStG zumindest weiterhin beschränkt steuerpflichtig.

54   Wird hingegen nur der Sitz oder alternativ die Geschäftsleitung der SE in einen anderen Mitgliedstaat verlegt, bleibt es grundsätzlich bei der unbeschränkten Steuerpflicht nach § 1 KStG n.F. In einer solchen Konstellation kann es jedoch zu einer Doppelbesteuerung der Einkünfte kommen, da der Zuzugsstaat in aller Regel sein Besteuerungsrecht ebenfalls geltend machen wird. Dies wird vermieden, wenn zwischen dem Wegzugs- und dem Zuzugsstaat ein Doppelbesteuerungsabkommen besteht. Folgt dieses dem OECD-Musterabkommen, wird nach Art. 4 Abs. 3 OECD-MA demjenigen Staat das ausschließliche Besteuerungsrecht hinsichtlich der Gewinne der SE zustehen, in dem sich die Geschäftsleitung der SE befindet. Der andere Staat hat die Einkünfte grundsätzlich freizustellen.

55   ❗ Praxishinweis:

Aus gesellschaftsrechtlicher Sicht muss mit dem satzungsmäßigen Sitz auch die Hauptverwaltung der SE verlegt werden. Andernfalls wäre die SE aufzulösen. In diesem Fall kommt es zur Liquidationsbesteuerung.

56   Mit dem Wegzug der SE stellt sich deshalb die Frage, ob die Gesellschaft sämtliche bis zum Zeitpunkt des Wegzugs entstandene inländische stille Reserven in den Wirtschaftsgütern versteuern muss.

1.   Steuerfolgen auf Ebene der SE

57   Mit Inkrafttreten des SEStEG wurde im Einkommen- und Körperschaftsteuergesetz erstmals eine ausdrückliche Gesetzesnorm geschaffen, die die Steuerfolgen bei einem steuerlichen „Wegzug" bzw. „Zuzug" von Wirtschaftsgütern aus bzw. nach Deutschland regelt.

a)   Steuerentstrickung bei Überführung von Wirtschaftsgütern

58   Werden Wirtschaftsgüter, die bislang bei einer inländischen SE bilanziert waren, beispielsweise in eine ausländische Betriebsstätte der SE überführt, bestand bislang keine gesetzliche Regelung, derzufolge das tatsächliche Verbringen von Wirtschaftsgütern in das Ausland zu einem steuerlichen Realisationstatbestand führte.[51] Da die ausländische Betriebsstätte Teil des Gesamtunter-

---

51   Hierzu *Wassermeyer*, DB 2006, 1176.

nehmens der Gesellschaft ist, konnte dieser Vorgang weder als Veräußerung noch als Rechtsträgerwechsel angesehen werden. Die Überführung führte jedoch bei Bestehen eines DBA dazu, dass bei einer zukünftigen Veräußerung dieser Wirtschaftsgüter Deutschland sein Besteuerungsrecht hinsichtlich des Veräußerungsgewinns verlor („steuerliche Entstrickung"). Denn nach Art. 7 Abs. 2 OECD-MA ist ein solcher Gewinn ausschließlich im Betriebsstättenstaat zu besteuern. Die Finanzverwaltung ging deshalb bei einem Wegfall des deutschen Besteuerungsrechts von einer steuerlichen Entnahme des Wirtschaftsguts aus dem Betriebsvermögen aus.[52] Dies hatte zur Folge, dass es zur Aufdeckung der stillen Reserven in dem Wirtschaftsgut kam. Die Finanzverwaltung gestattete nur im Billigkeitswege, dass der Steuerpflichtige für diese stillen Reserven einen Ausgleichsposten über einen Zeitraum von 10 Jahren bilden durfte, aufgrund dessen es nicht zu einer sofortigen Besteuerung kam.

Mit Inkrafttreten des SEStEG ist in § 4 EStG n.F. und § 12 KStG n.F. eine gesetzliche Entnahmeregelung für die Überführung von Wirtschaftsgütern in das Ausland eingefügt worden.[53] Während § 4 EStG n.F. eine Entnahmeregelung nur für Einzelkaufleute und Personengesellschaften enthält, erfolgt die Besteuerung von Entstrickungstatbeständen bei Kapitalgesellschaften ausschließlich nach den Regelungen des § 12 KStG n.F.[54] Nach diesen Vorschriften führt der Ausschluss oder die Beschränkung des inländischen Besteuerungsrechts hinsichtlich der zukünftigen Veräußerung eines überführten Wirtschaftsgutes zu einer Aufdeckung der stillen Reserven. Nach § 6 Abs. 1 Nr. 4 EStG n.F. ist hierbei der gemeine Wert des überführten Wirtschaftsgutes anzusetzen.[55]

59

Zumindest bei einer Überführung von einzelnen Wirtschaftsgütern ist der Steuerpflichtige jedoch gemäß § 4g EStG n.F. berechtigt, über einen Zeitraum von fünf Jahren einen Ausgleichsposten zu bilden und diesen „ratierlich" aufzulösen. Damit wird eine Sofortversteuerung der stillen Reserven in den überführten Wirtschaftsgütern vermieden.

60

🛑 Praxishinweis:

61

Dieser Ausgleichsposten gilt zwar nach der Gesetzessystematik ausschließlich im Rahmen von Einkommensteuersubjekten. Es ist jedoch davon auszugehen, dass § 4g EStG n.F. auch dann eingreift, wenn eine Entstrickung von Wirtschaftsgütern bei Körperschaften nach § 12 KStG n.F. eintritt.[56]

b)   Steuerentstrickung bei Sitzverlegung

Die vorgenannten Entstrickungsgrundsätze gelten auch dann, wenn eine inländische SE ihren Sitz in einen anderen Mitgliedstaat verlegt und dadurch aus der deutschen Steuerpflicht ausscheidet. Mit der Sitzverlegung kommt es somit nach § 12 KStG n.F. grundsätzlich zu einer Aufdeckung sämtlicher stillen Reserven in den überführten Wirtschaftsgütern der SE.[57] Diese bei einer Sitzverlegung der SE eintretende Endbesteuerung steht grundsätzlich nicht im Widerspruch zur europarechtlichen Konzeption des Art. 10b Abs. 1 FRL.

62

---

52 Betriebsstättenerlass vom 24.12.1999, BStBl. I 1999, 1076.
53 *Voß*, BB 2006, 411, 412; *Wassermeyer*, DB 2006, 1176; *Nosky*, GmbHR 2006; aus Unternehmersicht *Werra/Teiche*, DB 2006, 1455.
54 *Körner*, IStR 2006, 469; *Rödder/Schumacher* DStR 2006, 1481, 1488.
55 *Rödder/Schumacher*, DStR 2006, 1481, 1483.
56 *Benecke/Schnitger*, IStR 2007, 22, 23. Eine entsprechende Regelung wurde in § 12 KStG n.F. vergessen. Eine Korrektur ist im Referentenentwurf zum Jahressteuergesetz 2008 mit Rückwirkung ab dem VZ 2006 vorgesehen (§ 34 Abs. 8 E-KStG) *Häuselmann*, BB 2007, 1535.
57 *Dötsch/Pung*, DB 2006, 2648.

63   Vielfach verbleibt jedoch bei einer Sitzverlegung in das Ausland eine Betriebsstätte in Deutschland erhalten. Dies ist insbesondere dann der Fall, wenn inländische Betriebseinrichtungen bestehen, die im Rahmen der bisherigen Unternehmenstätigkeit ungeachtet des Wegzugs der SE im Inland weiter genutzt werden.

64   **❯ Beispiel:**

Eine inländische SE verlegt ihren Sitz und ihre Geschäftsleitung nach Großbritannien. Ihr Betriebsvermögen besteht vornehmlich aus Umlaufvermögen und inländischem Grundbesitz. Zudem unterhält die SE eine Betriebsstätte in England und eine Beteiligung an einer deutschen GmbH.

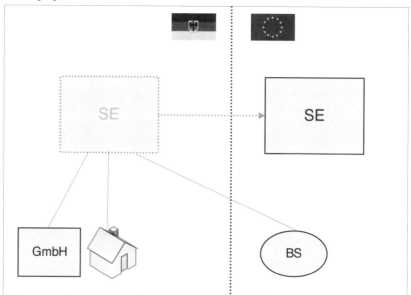

❂ Lösung:

Durch die Sitzverlegung nach Großbritannien entfällt gemäß § 1 Abs. 1 KStG n.F. die unbeschränkte Steuerpflicht der SE in Deutschland. Dies führt nach § 12 Abs. 1 KStG n.F. jedoch nur dann zu einer Entstrickung und damit zu einer Aufdeckung der stillen Reserven in den Wirtschaftsgütern der SE, wenn das Besteuerungsrecht der Bundesrepublik Deutschland hinsichtlich des Gewinns aus der zukünftigen Veräußerung dieser Wirtschaftsgüter ausgeschlossen oder beschränkt wird. Dies ist hinsichtlich des Betriebsstättenvermögens in England nicht der Fall, da nach Art. III Abs. 1 DBA Großbritannien-Deutschland das Besteuerungsrecht auch schon vor der Sitzverlegung bei Großbritannien lag. Damit kommt es nicht zu einem Ausschluss oder zu einer Beschränkung des Besteuerungsrechts hinsichtlich der der Betriebsstätte zuzuordnenden Wirtschaftsgüter. Ebenso wenig kommt es zu Aufdeckungen der stillen Reserven im Hinblick auf den inländischen Grundbesitz. Denn die wegziehende SE bleibt hinsichtlich der Immobilieneinkünfte nach § 49 Abs. 1 Nr. 2 f EStG grundsätzlich in Deutschland steuerpflichtig. Dieses Besteuerungsrecht wird im Fall einer Sitzverlegung nach Großbritannien nicht eingeschränkt, da Art. VIII DBA Großbritannien-Deutschland ein Besteuerungsrecht aus der Veräußerung unbeweglichen Vermögens dem Belegenheitsstaat (d.h. weiterhin Deutschland) zubilligt. Eine Aufdeckung der stillen Reserven hinsichtlich des inländischen Grundbesitzes erfolgt deshalb nicht. Abweichendes gilt jedoch für den Anteil an der inländischen GmbH. Nach Art. VIII Abs. 3 DBA Großbritannien-Deutschland steht das Besteuerungsrecht dem Staat der Ansässigkeit des Anteilseigners und somit nach der Sitzverlegung Großbritannien zu. Damit verliert Deutschland das Besteuerungsrecht aus einer späteren Veräußerung der Anteile. In Ermangelung einer verbleibenden deutschen Betriebsstätte tritt eine

Sofortversteuerung der stillen Reserven in den GmbH-Anteilen ein. Der hierdurch eintretende Veräußerungs- bzw. Entstrickungsgewinn ist jedoch nach § 8 b Abs. 2, 3 KStG zu 95 % steuerbefreit.

Beispiel: 65

Die deutsche SE verlegt ihren Sitz und Geschäftsleitung nach Frankreich. Die SE hält vor der Sitzverlegung Anteile an einer Kapitalgesellschaft in Frankreich, wo sie auch eine Betriebsstätte unterhielt. Zugleich hält die SE Grundbesitz in Frankreich.

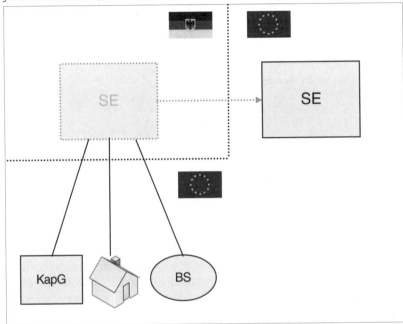

Lösung:

Für die Frage der Besteuerung nach § 12 Abs. 1 KStG n.F. ist das Doppelbesteuerungsabkommen zwischen Deutschland und Frankreich ausschlaggebend. Nach Art. 4 Abs. 2 DBA Frankreich-Deutschland erfolgt in Deutschland keine Aufdeckung der stillen Reserven in den Wirtschaftsgütern der Betriebsstätte, da Deutschland aufgrund des DBA auch vor der Sitzverlegung kein Besteuerungsrecht an den französischen Betriebsstätteneinkünften bzw. Betriebsstättenwirtschaftsgütern besaß. Nach Art. 19 DBA Frankreich-Deutschland steht Frankreich zudem das Besteuerungsrecht aus der Veräußerung von unbeweglichem Vermögen zu. Dieses Besteuerungsrecht entfällt gerade nicht aufgrund der Sitzverlegung. Jedoch kommt es zur Aufdeckung der stillen Reserven hinsichtlich der Beteiligung an der französischen Kapitalgesellschaft, da Deutschland nach Art. 19 Abs. 5 DBA Frankreich-Deutschland vor der Sitzverlegung das Besteuerungsrecht zustand und dieses durch die Sitzverlegung verliert.

2.   Auswirkungen auf die Anteilseigner

Mit der Sitzverlegung kann eine Steuerlast auf Ebene der Anteilseigner einhergehen, sofern der   66
Wegzug steuerlich wie eine Veräußerung der Beteiligung an der SE behandelt wird. Die dabei eintretenden steuerlichen Auswirkungen auf die Anteilseigner hängen vornehmlich davon ab, ob die jeweils betroffene Beteiligung im Privat- oder Betriebsvermögen gehalten wird.

a) Anteile an der SE im Betriebsvermögen

67 Werden die Anteile an der SE im Betriebsvermögen gehalten, sieht § 12 Abs. 1 KStG n.F. in Verbindung mit § 4 Abs. 1 Satz 3 EStG n.F. vor, dass bei einer Beschränkung oder dem Wegfall des Besteuerungsrechts der im Betriebsvermögen gehaltenen Anteile grundsätzlich ein Veräußerungsvorgang fingiert wird. Der Anteilseigner wird steuerlich so behandelt, als hätte er im Zeitpunkt der Sitzverlegung seine Anteile zum gemeinen Wert veräußert.

68 Dieser Grundsatz wird jedoch bei Anteilen an einer SE durchbrochen.[58] Hier tritt eine nachgelagerte Besteuerung des Veräußerungsgewinns ein. Das bedeutet, dass bei einem Wegfall des Besteuerungsrechts aus einer zukünftigen Veräußerung von SE-Anteilen mit dem Wegzug der SE nicht zugleich eine Aufdeckung der stillen Reserven erfolgt. Vielmehr unterliegt der Gewinn in Deutschland – auch bei abweichender Regelung in dem dann anwendbaren DBA – der deutschen Steuerpflicht, wenn die SE-Anteile zu einem zukünftigen Zeitpunkt tatsächlich veräußert werden.

69 Eine nachgelagerte Besteuerung tritt jedoch nur bei einer Beschränkung des Besteuerungsrechts bei einer zukünftigen Veräußerung der Anteile an der SE ein. Bleiben die Anteile an der SE weiterhin in Deutschland steuerverhaftet, besteht kein Grund, einen Veräußerungsvorgang zu fingieren. Ob es jedoch bei einem Wegzug der SE tatsächlich zu einer Einschränkung des deutschen Besteuerungsrechts im Hinblick auf die Beteiligung an der SE kommt, ist letztlich davon abhängig, ob der jeweils betroffene Anteilseigner für steuerliche Zwecke ebenfalls in Deutschland oder in einem Mitgliedstaat bzw. Drittstaat ansässig ist.

70 Bei einem rein innerdeutschen Sachverhalt, bei dem ein deutscher Anteilseigner nach der Sitzverlegung an der nunmehr ausländischen SE beteiligt ist, tritt in aller Regel keine Beschränkung des deutschen Besteuerungsrechts ein. Der Anteilseigner bleibt als unbeschränkt Steuerpflichtiger mit seinem Welteinkommen in Deutschland einkommen- oder körperschaftsteuerpflichtig. Dieses Besteuerungsrecht wird auch nicht durch die für Anteilsveräußerungen einschlägige Abkommensregelung des Art. 13 Abs. 5 OECD-MA eingeschränkt, da Deutschland als dem Ansässigkeitsstaat des Anteilseigners weiterhin das ausschließliche Besteuerungsrecht zusteht.

71 Vom OECD-MA abweichende Regelungen finden sich beispielsweise im Doppelbesteuerungsabkommen mit Tschechien, der Slowakei und Zypern. Dort wird in Abkehr von Art. 13 Abs. 5 OECD-MA auch dem neuen Sitzstaat der SE ein Besteuerungsrecht für eine zukünftige Anteilsveräußerung auf Anteilseignerebene zuerkannt. Nach den Abkommensregelungen hätte Deutschland die ausländische Steuer auf den Veräußerungszeitpunkt bei der inländischen Steuerpflicht anzurechnen. Mangels Abschlusses eines Doppelbesteuerungsabkommens mit Liechtenstein tritt auch bei einer Sitzverlegung der SE in diesen Staat eine Beschränkung des inländischen Besteuerungsrechts ein, da Deutschland nicht mehr das alleinige Besteuerungsrecht zusteht.

72 Kommt es deshalb zu einer Sitzverlegung in einen der vorstehend genannten Staaten, liegt eine Beschränkung des deutschen Besteuerungsrechts vor. Bei der SE wird zwar eine Sofortversteuerung durch § 4 Abs. 1 Satz 4 EStG n.F. vermieden.[59] Bei einer zukünftigen Veräußerung der Anteile an der dann beispielsweise tschechischen SE nimmt der deutsche Fiskus jedoch sein Besteuerungsrecht im Zeitpunkt der tatsächlichen Veräußerung wahr. Hierbei kann es zu einer Doppelbesteuerung kommen.

---

58 §§ 4 Abs. 1 Satz 4, 15 Abs. 1 a EStG n.F.
59 Bei der Sitzverlegung einer anderen Kapitalgesellschaftsform tritt hingegen eine Sofortversteuerung ein.

Die Besteuerung des Anteilseigners bei Wegzug der SE ist ebenfalls relevant, wenn dieser nicht   73
in Deutschland, sondern im Ausland ansässig ist. Sind an der wegziehenden inländischen SE
Steuerausländer beteiligt, würde ein Veräußerungsgewinn bei einer inländischen SE-Beteiligung
nach Maßgabe des § 49 Abs. 1 Nr. 2 f., Nr. 8 EStG der deutschen beschränkten Steuerpflicht des
ausländischen Anteilseigners unterliegen. Sofern der Steuerausländer in einem Abkommenstaat
ansässig ist, steht aber nach Art. 13 Abs. 5 OECD-MA grundsätzlich dem Ansässigkeitsstaat das
ausschließliche Besteuerungsrecht zu.[60] Mit dem Wegzug würde Deutschland, obwohl damit die
beschränkte Steuerpflicht entfällt, in seinem Besteuerungsrecht nicht eingeschränkt werden, da
Deutschland ein definitives Besteuerungsrecht an der Anteilsveräußerung aufgrund der Abkommensregelungen nie zustand.

Eine Beschränkung des Besteuerungsrechts greift deshalb in einer solchen Konstellation nur ein,   74
wenn ein Anteilseigner mit Ansässigkeit in einem Nicht-DBA Staat an einer wegziehenden SE
beteiligt ist. In diesem Fall sind aufgrund des Wegfalls der beschränkten Steuerpflicht[61] die stillen
Reserven in den Anteilen an der SE aufzudecken und im Rahmen der beschränkten Steuerpflicht
zu besteuern.

Wie vorstehend beschrieben, tritt auch bei einer Beschränkung oder einem Wegfall des Besteue-   75
rungsrechts bei einem nur beschränkt Steuerpflichtigen keine fiktive Anteilsveräußerung mit Sofortversteuerung ein, da es sich um Anteile an einer SE handelt.[62] Die nachgelagerte Besteuerung
des § 4 Abs. 1 Satz 4 EStG n.F. greift auch für einen beschränkt Steuerpflichtigen ein. In diesem
Fall kommt es erst im Zeitpunkt der tatsächlichen Veräußerung der Anteile zu einer Besteuerung.

Als Grundfall des Eintritts der nachgelagerten Besteuerung von Anteilen an einer weggezogenen   76
SE sieht § 15 Abs. 1 a EStG n.F. die tatsächliche Veräußerung der Anteile an der SE durch den
in- oder ausländischen Anteilseigner vor. Das Gesetz stellt jedoch eine verdeckte Einlage der SE-
Anteile in eine Kapitalgesellschaft, die Auflösung der SE, eine Kapitalherabsetzung oder Kapital-
rückzahlung auf Ebene der SE oder die Ausschüttung und Rückzahlung des Einlagekontos bei
der SE als steuerschädliche Vorgänge dar, die einer Veräußerung der SE-Anteile gleichstehen.
Somit sind nachfolgende Umstrukturierungsmaßnahmen unter Einbeziehung von SE-Anteilen
aufgrund eines möglichen Eintritts der Nachversteuerung sorgsam zu planen.

---

60 Abweichendes gilt ggf. bei Grundstücksgesellschaften.
61 Diese bleibt mangels abweichendem Doppelbesteuerungsabkommens bestehen.
62 *Benecke/Schnitger*, IStR 2006, 765, 766.

b)   Anteile an der SE im Privatvermögen

77   Zwar werden bei einer Gründung einer SE als Gründungsgesellschaften in der Praxis in aller Regel nur Gesellschaften beteiligt sein, die nicht über Privatvermögen verfügen. Es bleibt einer Gründungsgesellschaft aber unbenommen, nach der Gründung die SE-Anteile beispielsweise auf eine natürliche Person zu übertragen. Diese kann die Beteiligung an der SE im Privatvermögen halten.

78   Für im Privatvermögen gehaltene Anteile an einer wegziehenden SE sieht § 17 Abs. 5 EStG n.F. vor, dass bei einer Beschränkung oder bei einem Ausschluss des Besteuerungsrechts der Bundesrepublik Deutschland hinsichtlich des Gewinns aus der zukünftigen Veräußerung dieser SE-Anteile aufgrund einer Sitzverlegung in einen anderen Mitgliedstaat, dieser Vorgang steuerlich wie eine Veräußerung der Anteile an der SE behandelt wird.[63] Somit werden Anteile im Privatvermögen gesetzgeberisch nicht anders behandelt als solche im Betriebsvermögen. Auf die vorstehenden Ausführung wird deshalb verwiesen.

79   Die Fiktion eines Veräußerungsvorgangs durch den Wegzug soll nach § 17 Abs. 5 Satz 2 EStG n.F. dann nicht eingreifen, wenn es sich um eine Sitzverlegung einer SE auf Grundlage des Art. 8 SE-VO handelt. In einer solchen Fallkonstellation ist erst bei einer zukünftigen tatsächlichen Veräußerung oder bei einem steuerlich vergleichbaren Realisationstatbestand der Gewinn aus der dann erfolgten Anteilsveräußerung in Deutschland steuerpflichtig. Dies gilt ungeachtet dessen, ob ein einschlägiges Doppelbesteuerungsabkommen das Besteuerungsrecht für diesen Veräußerungsvorgang einem anderen Staat zuweist.[64] Dies ist umso erstaunlicher, da mit diesem treaty override bei einer zukünftigen Veräußerung auch solche stillen Reserven versteuert werden, die erst nach der Sitzverlegung entstanden sind.

80   ▶ **Beispiel:**

Eine SE mit satzungsmäßigem Sitz und Geschäftsleitung im Inland beabsichtigt, ihren Sitz und ihre Geschäftsleitung nach Luxemburg (alternativ Zypern) zu verlegen. An der SE sind eine inländische Kapitalgesellschaft mit 90 % und ein deutscher Staatsangehöriger mit 10 % beteiligt.

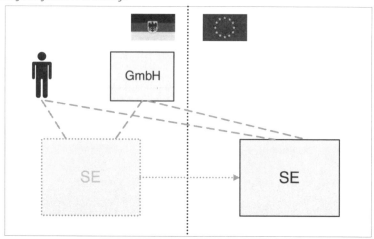

---

63   *Rödder/Schumacher*, DStR 2006, 1481, 1486; *Benecke/Schnitger*, IStR, 2006, 765, 768.
64   Dies stellt einen sogenannten „treaty override" dar.

☼ Lösung:

Die Sitzverlegung der inländischen SE nach Luxemburg löst weder bei der GmbH noch beim deutschen Staatsangehörigen einen Besteuerungstatbestand in Bezug auf die Anteile an der SE aus. Zwar regelt § 12 Abs. 1 KStG n.F., dass die von einer Körperschaft (hier GmbH) im Betriebsvermögen gehaltenen Anteile an der SE bei einer Sitzverlegung wie eine Veräußerung dieser Anteile behandelt wird. Im Fall der Sitzverlegung einer SE kommt es jedoch nicht zu einer Sofortversteuerung des Veräußerungsgewinns. Vielmehr tritt eine nachgelagerte Besteuerung der fiktiven Anteilsveräußerung nach § 4 Abs. 1 Satz 4 EStG i. V. m § 15 Abs. 1 a EStG n.F. und § 12 Abs. 1 KStG n.F. ein. Bisher kommt es jedoch nicht auf eine nachgelagerte Besteuerung nach den vorgenannten Vorschriften an (also kein treaty override), da nach Art. 8 Abs. 1 DBA Luxemburg-Deutschland auch nach der Sitzverlegung das Besteuerungsrecht aus der Veräußerung der SE-Anteile weiterhin Deutschland zusteht und somit keine Beschränkung eintritt. Abweichendes gilt für Zypern, da hier das Besteuerungsrecht durch die abkommensrechtliche Anrechnungsmethode eingeschränkt wird. Die vorstehend skizzierten Rechtsfolgen treten auch für den deutschen Staatsangehörigen ein, da der Tatbestand der fiktiven Veräußerung nach § 17 Abs. 5 EStG n.F. mangels Einschränkung des Besteuerungsrechts auch bei diesem ebenfalls nicht einschlägig ist. Bei einem Wegzug nach Zypern ist Art. 8 SE-VO einschlägig, so dass eine Sofortversteuerung ausscheidet. Eine nachgelagerte Besteuerung ist jedoch vorzunehmen.

III.   Wegzug einer SE in einen Drittstaat

Das neue Einkommen- oder Körperschaftsteuergesetz sieht ausschließlich Regelungen über eine nachgelagerte Besteuerung im Fall einer Sitzverlegung einer SE innerhalb der EU bzw. EWR vor. Demgegenüber fehlen bei einem Wegzug in einen Staat außerhalb der EU bzw. des EWR spezialgesetzliche Steuerregelungen.[65]   81

1.   Steuerfolgen auf Ebene der SE

Sofern eine Sitzverlegung in einen Staat außerhalb der EU oder EWR erfolgt, regelt § 12 Abs. 3 KStG n.F., dass eine solche Gesellschaft[66] als aufgelöst gilt. Als Folge tritt die Liquidationsbesteuerung nach § 11 KStG n.F. ein.[67] Die bei der SE befindlichen Wirtschaftsgüter werden zur Ermittlung des steuerpflichtigen Gewinns mit dem gemeinen Wert angesetzt.   82

Diese Steuerfolgen gelten unabhängig davon, ob eine inländische Betriebsstätte verbleibt und deshalb das Besteuerungsrecht des deutschen Fiskus bezogen auf die weiterhin steuerbehafteten Wirtschaftsgüter nicht eingeschränkt wird. Somit kommt es stets zu einer Aufdeckung sämtlicher stiller Reserven, auch wenn eine Steuergefährdung basierend auf der Sitzverlegung für den deutschen Fiskus gerade nicht besteht. Demgegenüber lässt sich § 12 Abs. 1 KStG n.F. von dem Grundsatz leiten, dass es bei einer Sitzverlegung einer SE innerhalb der EU nur dann zu einer Endbesteuerung der in der SE befindlichen Wirtschaftsgüter kommt, soweit das Besteuerungsrecht der Bundesrepublik Deutschland hinsichtlich des Gewinns aus der Veräußerung oder der Nutzung eines Wirtschaftsgutes ausgeschlossen oder beschränkt wird.   83

---

65   Auch die SE-VO gestattet die Sitzverlegung nur in einen anderen Mitgliedstaat.
66   Hiervon erfasst ist auch eine SE.
67   *Rödder/Schumacher*, DStR 2006, 1481, 1489.

2. Auswirkungen auf die Anteilseigner

84 Die SE-VO gestattet nur die Sitzverlegung in einen anderen Mitgliedstaat. Wird demgegenüber der satzungsmäßige Sitz der SE in einen Drittstaat verlegt, führt dies zur gesellschaftsrechtlichen Auflösung der SE. Wie zuvor ausgeführt, geht damit zugleich eine Sofortversteuerung der stillen Reserven in den Anteilen einher, ohne dass es darauf ankommt, ob das Besteuerungsrecht bei deren zukünftigen Veräußerung verloren gehen würde. Da die SE mit der Sitzverlegung aufgelöst wird, tritt die Liquidationsbesteuerung nach § 11 KStG n.F. ein. Die Anteile gehen mit der Auflösung unter.

85 Die aus der Auflösung resultierenden Steuerfolgen für die Anteile an der SE hängen davon ab, ob die Beteiligung im Betriebs- oder Privatvermögen gehalten wurde. Im Betriebsvermögen tritt stets ein steuerpflichtiger Gewinn in Höhe des Differenzbetrags zwischen dem Buchwert und dem gemeinen Wert ein. Dieser Veräußerungsgewinn ist im Rahmen des Halbeinkünfteverfahrens steuerbegünstigt.

86 Ein etwaiger Veräußerungsgewinn der im Privatvermögen gehaltenen Anteilen ist – ebenfalls begünstigt durch das Halbeinkünfteverfahren – nur steuerpflichtig, wenn der inländische oder ausländische Anteilseigner an der wegziehenden SE innerhalb der letzten fünf Jahre zumindest 1 % der Stimmrechte besaß oder die Beteiligung noch nicht ein Jahr gehalten hatte.

IV. Zuzug einer SE nach Deutschland

87 Erfolgt eine Sitzverlegung einer ausländischen SE nach Deutschland, sind im Vergleich zu den Wegzugsfällen die steuerlichen Auswirkungen in „umgekehrte Richtung" zu betrachten.

88 Im Zuzugsfall findet keine Entstrickung, sondern vielmehr die Begründung des deutschen Besteuerungsrechts[68] im Hinblick auf die „zugezogenen" Wirtschaftsgüter statt. Dies wird als sogenannte „Verstrickung" bezeichnet. Mit dem Zuzug unterliegt die SE erstmals der unbeschränkten Steuerpflicht in Deutschland.

1. Steuerfolgen auf Ebene der SE

89 Mit dem Zuzug nach Deutschland hat die SE erstmals eine Steuerbilanz nach deutschen Steuerregelungen aufzustellen. § 4 Abs. 1 Satz 7 EStG n.F. regelt in diesem Fall, dass die Begründung des Besteuerungsrechts der Bundesrepublik Deutschland hinsichtlich des Gewinns aus der Veräußerung eines Wirtschaftsgutes einer steuerlichen Einlage gleichsteht. Die „zugezogenen" Wirtschaftsgüter sind nach § 6 Abs. 1 Nr. 5 a EStG n.F. mit dem gemeinen Wert anzusetzen.

90 🛈 Praxishinweis:

Der Ansatz der Wirtschaftsgüter mit dem gemeinen Wert erfolgt nach den Bewertungsregelungen des deutschen Steuerrechts (§§ 5, 6 EStG). Dies hat zur Folge, dass ein originär geschaffener Firmenwert und selbst geschaffene immaterielle Wirtschaftsgüter nicht in der inländischen Steuerbilanz der zugezogenen SE angesetzt werden dürfen, da dies auch bei einer rein inländischen Gesellschaft nicht möglich wäre.

91 Der Ansatz mit dem gemeinen Wert nach § 6 Abs. 1 Nr. 5 a EStG n.F. erfolgt nur für solche Wirtschaftsgüter, für die erstmals ein deutsches Besteuerungsrecht begründet wird. Nicht erfasst wer-

---

68 *Rödder/Schumacher*, DStR 2006, 1481, 1486.

den hingegen solche Wirtschaftsgüter, die bereits in Deutschland im Rahmen der beschränkten Steuerpflicht steuerverstrickt waren. Dies betrifft beispielsweise Wirtschaftsgüter in einer deutschen Betriebsstätte oder in Deutschland belegenen Grundbesitz.

Sofern die ausländische SE vor dem Zuzug über ertragsteuerliche Verlustvorträge verfügte und im Ausland nach dem Zuzug weiterhin eine Betriebsstätte unterhält, ist der Verlustvortrag nach Maßgabe des internationalen Steuerrechts der ausländischen Betriebsstätte zuzuordnen. Verbleibt jedoch keine ausländische Betriebsstätte, sind die ausländischen Verlustvorträge im Inland bei der zugezogenen SE anzuerkennen.   92

⊘ Praxishinweis: 93

Der Transfer von Verlustvorträgen nach Deutschland ist nicht zweifelsfrei, da dies bislang gesetzlich nicht geregelt ist. Das neue Umwandlungssteuergesetz sieht nur ein Verbot für den Übergang von ausländischen Verlustvorträgen im Fall der Hineinverschmelzung vor. Da sich die Sitzverlegung rechtsidentitätswahrend vollzieht und somit die SE als Steuerrechtssubjekt unverändert fortbesteht, hätte Deutschland mangels abweichender gesetzlicher Regelungen die Verlustvorträge anzuerkennen.

Mit dem Eintritt der SE in die unbeschränkte inländische Steuerpflicht ist der Bestand nicht in das Kapital geleisteter Einlagen nach § 27 Abs. 2 Satz 3 KStG n.F. erstmals gesondert festzustellen.[69] Damit wird sichergestellt, dass zukünftige Ausschüttungen aus dem steuerlichen Eigenkapitalkonto weder der Dividendenbesteuerung noch dem Kapitalertragsteuereinbehalt unterliegen.   94

⊙ Beispiel: 95

Eine spanische SE verlegt ihren Sitz und ihre Geschäftsleitung nach Deutschland. Die SE ist an einer deutschen GmbH beteiligt und besitzt spanischen Grundbesitz. Zudem unterhält sie eine spanische Betriebsstätte, die nach der Sitzverlegung weiter besteht.

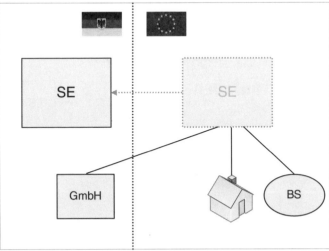

⚙ Lösung:

Die Wirtschaftsgüter der spanischen Betriebsstätte bleiben nach Art. 7 Abs. 2 DBA Spanien-Deutschland weiterhin in Spanien steuerverstrickt. Auch der spanische Grundbesitz unterliegt nach Art. 13 Abs. 1 DBA Spanien-Deutschland auch

---

69   Siehe hierzu § 4 Rn. 98 ff.

zukünftig in Spanien der Steuer. Eine deutsche Verstrickung tritt nicht ein. Abweichendes gilt jedoch bezüglich der Beteiligung an der deutschen GmbH. Nach Art. 13 Abs. 3 DBA Spanien-Deutschland hat Deutschland nach der Sitzverlegung das Besteuerungsrecht hinsichtlich einer zukünftigen Veräußerung dieser Anteile. Durch die Sitzverlegung wird demnach das Besteuerungsrecht der Bundesrepublik Deutschland hinsichtlich des Gewinns aus der Veräußerung eines Wirtschaftsgutes erstmals begründet. Dies wird nach § 4 Abs. 1 Satz 7 EStG n.F. wie eine Einlage behandelt. Die Beteiligung an der deutschen GmbH ist deshalb auf Ebene der SE nach § 6 Abs. 1 Nr. 5 a EStG n.F. mit dem gemeinen Wert anzusetzen. Die „zugezogenen" Wirtschaftsgüter unterliegen den deutschen Abschreibungsregeln und der inländischen Besteuerung im Fall der zukünftigen Veräußerung.

2.   Steuerliche Auswirkungen auf die Anteilseigner

96   Aus Sicht des deutschen Fiskus können sich nur dann steuerliche Auswirkungen auf Ebene der Anteilseigner der zuziehenden SE ergeben, wenn diese bereits vor der Sitzverlegung in Deutschland ansässig waren. Für ausländische Anteilseigner ist dieser Vorgang ausschließlich nach ausländischem Steuerrecht zu behandeln.

97   Mit dem Zuzug der SE nach Deutschland tritt gerade keine Beschränkung, sondern eher eine Begründung des deutschen Besteuerungsrechts im Hinblick auf die zukünftige Veräußerung der SE-Anteile ein. Denn sowohl nach nationalem Recht[70] als auch nach der Abkommensbestimmung des Art. 13 Abs. 5 OECD-MA ist eine zukünftige Anteilsveräußerung in Deutschland (als Ansässigkeitsstaat der Anteilseigner) steuerpflichtig. Deshalb treten bei einer Sitzverlegung nach Deutschland für die betroffenen deutschen Anteilseigner aus Sicht des deutschen Fiskus keine negativen Steuerfolgen ein. Die Buchwerte bzw. Anschaffungskosten sind fortzuführen.

98   ▶ **Beispiel:**

Die französische SE verlegt ihren Sitz und ihre Geschäftsleitung nach Deutschland. An der SE sind ein französischer Staatsangehöriger und eine französische S.A. beteiligt.

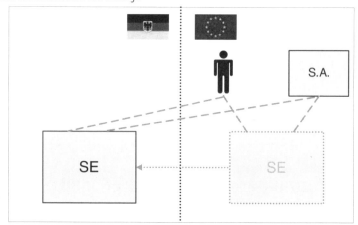

⚙ **Lösung:**

Sofern Frankreich Art. 10 d FRL richtlinienkonform umgesetzt hat, tritt mit der Sitzverlegung keine fiktive Veräußerung der SE-Anteile auf Ebene der S.A. oder des französischen Staatsangehörigen ein. Frankreich behält als Ansässigkeitsstaat

---

70   § 1 Abs. 1 EStG und § 1 Abs. 1 KStG.

der Anteilseigner nach Art. 7 Abs. 1 und Art. 19 Abs. 5 DBA Frankreich-Deutschland weiterhin das Besteuerungsrecht im Hinblick auf eine zukünftige Anteilsveräußerung.

▶ **Beispiel:**   99

Der Sachverhalt entspricht dem vorstehenden Beispiel, jedoch werden die Anteile an der französischen SE von einem deutschen Staatsangehörigen und einer GmbH mit Sitz in Deutschland gehalten.

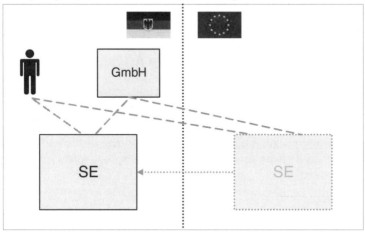

⚙ **Lösung:**

Eine fiktive Anteilsveräußerung der Beteiligung an der SE liegt nur vor, wenn die Sitzverlegung zu einem Wegfall des deutschen Besteuerungsrechts in Bezug auf die SE-Anteile führen kann. Bei einem Zuzug nach Deutschland ist dies in der Regel nicht der Fall. Da die Anteile an der zugezogenen SE abkommensrechtlich bereits vor dem Zuzug in Deutschland steuerverstrickt waren, sind die Buchwerte bzw. Anschaffungskosten fortzuführen. Eine erstmalige Steuerverstrickung liegt nicht vor.

C.   Arbeitsrechtliche Aspekte einer Sitzverlegung

Da Arbeitsverhältnisse regelmäßig vom Sitz des Arbeitgebers unbeeinflusst sind, sind die arbeits-   100
rechtlichen Auswirkungen einer Sitzverlegung gering. Indirekte Auswirkungen können sich daraus ergeben, dass im Zuge der Sitzverlegung auch die Hauptverwaltung des Unternehmens verlegt werden muss.

I.   Arbeitsrechtliche Folgen der Sitzverlegung einer SE nach Deutschland

1.   Auswirkungen auf die Arbeitsverhältnisse

Die Rechtsordnung, die auf die Arbeitsverhältnisse der Arbeitnehmer der SE Anwendung findet,   101
ist grundsätzlich unabhängig vom Sitz der SE zu bestimmen. Die Verlegung des Sitzes einer SE

nach Deutschland hat deshalb regelmäßig keine Auswirkungen auf die Arbeitsverhältnisse der Arbeitnehmer der SE.

102 Etwas anderes kann in speziellen Fällen für Arbeitsverhältnisse mit Arbeitnehmern gelten, die keinen gewöhnlichen Arbeitsort haben.[71] Stellt die SE kurz vor und kurz nach der Verlegung ihres Sitzes solche Arbeitnehmer ein, so kann für die Arbeitsverträge der Arbeitnehmer, die vor der Sitzverlegung angestellt wurden, ausländisches Recht und für die Arbeitnehmer, die nach der Sitzverlegung angestellt wurden, deutsches Recht gelten. Auch hier ist aber stets eine Betrachtung der Umstände des Einzelfalls erforderlich.

2. Betriebsverfassungsrechtliche Auswirkungen

103 Ist ein SE-Betriebsrat eingerichtet, so ist er rechtzeitig und umfassend über die geplante Sitzverlegung nach Deutschland zu informieren, falls auch ein wesentlicher Betriebsteil nach Deutschland verlegt wird.

104 Entstehen durch die Sitzverlegung neue Arbeitsplätze in einem deutschen Betrieb der SE, so ist auch der Betriebsrat des Betriebs, in dem die neuen Arbeitsplätze entstehen, hierüber rechtzeitig umfassend zu informieren.[72]

3. Auswirkungen auf die Unternehmensmitbestimmung

105 Die Auswirkungen der Verlegung des Sitzes einer SE nach Deutschland auf die Unternehmensmitbestimmung bestimmen sich nach der Rechtsgrundlage der Beteiligung der Arbeitnehmer in der betroffenen SE.

106 ■ Sind die Arbeitnehmer in der SE auf Grundlage einer Beteiligungsvereinbarung beteiligt, so ist der Inhalt dieser Beteiligungsvereinbarung maßgebend.

107 ❗ Praxishinweis:

Die Verhandlungspartner können in der Beteiligungsvereinbarung regeln, dass im Falle der Sitzverlegung Neuverhandlungen durchzuführen sind.

108 ■ Besteht in der SE keine Beteiligungsvereinbarung weil die Leitungen der an der SE-Gründung beteiligten Gesellschaften und das besondere Verhandlungsgremium die Verhandlungsfrist ergebnislos verstreichen lassen,[73] finden auf die SE nach einer Verlegung ihres Sitzes nach Deutschland die gesetzlichen Auffangvorschriften für die Arbeitnehmerbeteiligung nach dem SEBG Anwendung.[74]

---

71 Siehe hierzu ausführlich § 4 Rn. 124.
72 Vgl. § 92 BetrVG.
73 Siehe dazu § 2 Rn. 711.
74 Hierzu ausführlich § 3 Rn. 322 und § 4 Rn. 130 ff.

II.   Arbeitsrechtliche Folgen der Sitzverlegung einer SE in das Ausland

1.   Auswirkungen auf die Arbeitsverhältnisse

a)   Unmittelbare Auswirkungen

Verlegt eine SE ihren Sitz von Deutschland in einen anderen Mitgliedstaat, bleiben die Arbeits-   109
verhältnisse der in Deutschland beschäftigten Arbeitnehmer hiervon unberührt. Die auf ein Arbeitsverhältnis anwendbare Rechtsordnung bestimmt sich grundsätzlich unabhängig vom Sitz des
Arbeitgebers.[75]

b)   Mögliche Mittelbare Auswirkungen infolge der Verlegung der Hauptverwaltung

Da die Verlegung des Sitzes der SE auch die Verlegung der Hauptverwaltung des Unternehmens   110
erforderlich macht, können sich arbeitsrechtliche Konsequenzen ergeben. Möglicherweise werden betriebsbedingte Kündigungen der Arbeitsverhältnisse Arbeitnehmer der Hauptverwaltung
erforderlich, weil die SE diesen Arbeitnehmern keine Beschäftigungsmöglichkeit mehr anbieten
kann.

Im Rahmen einer solchen Restrukturierung des deutschen Standortes sind die allgemeinen kün-   111
digungsrechtlichen Vorgaben zu beachten. Bei der Prüfung der Weiterbeschäftigungsmöglich-
keiten für die Arbeitnehmer der Hauptverwaltung, sind möglicherweise am neuen Sitz der SE
entstehende neue Stellen nicht zu berücksichtigen, sofern eine Auslandsbeschäftigung arbeitsver-
traglich nicht ausnahmsweise ausdrücklich vorgesehen ist.[76] Den Arbeitnehmern in der Hauptverwaltung, deren Beschäftigungsmöglichkeit infolge der Sitzverlegung wegfällt, muss deshalb
in diesen Fällen vor Ausspruch einer Beendigungskündigung nicht die Weiterbeschäftigung am
neuen Sitz der SE angeboten werden.

Etwas anderes kann im Einzelfall dann gelten, wenn der Arbeitsvertrag eines betroffenen Arbeit-   112
nehmers eine so genannte Konzernversetzungsklausel enthält.

2.   Betriebsverfassungsrechtliche Auswirkungen

Der SE-Betriebsrat ist, wie bei einer Sitzverlegung nach Deutschland, auch über die Sitzverlegung   113
aus Deutschland heraus rechtzeitig und zu informieren, falls auch ein wesentlicher Betriebsteil
verlegt wird.

Abhängig vom Umfang der durch die Sitzverlegung ausgelösten Restrukturierung ergeben sich   114
Beteiligungsrechte für die deutsche Arbeitnehmervertretung. Denkbar ist, dass durch die Sitzverlegung eine interessenausgleichspflichtige Betriebsänderung im Sinne des § 111 BetrVG ausgelöst

---

75   Dazu ausführlich § 4 Rn. 120 ff.
76   ArbG Frankfurt/Main vom 21.08.2002 – 2 Ca 1502/02, veröffentlicht in juris.

wird. Möglicherweise wird auch die Pflicht zur Massenentlassungsanzeige gemäß § 17 KSchG ausgelöst.

115   In jedem Fall ist der deutsche Betriebsrat gemäß § 102 BetrVG vor dem Ausspruch jeder durch die Sitzverlegung ausgelösten Kündigung zu hören. Weitere Maßnahmen können erforderlich werden, wenn von der Restrukturierung Arbeitnehmer mit Sonderkündigungsschutz (z.B. Schwerbehinderte) betroffen sind.

3.   Auswirkungen auf die Unternehmensmitbestimmung

116   Die Auswirkungen der Verlegung des Sitzes einer SE aus Deutschland in einen anderen Mitgliedstaat auf die Unternehmensmitbestimmung bestimmen sich nach der Rechtsgrundlage der Beteiligung der Arbeitnehmer in der betroffenen SE.

117

- Sind die Arbeitnehmer in der SE auf Grundlage einer Beteiligungsvereinbarung beteiligt, so ist der Inhalt dieser Beteiligungsvereinbarung maßgebend.
- Besteht in der SE keine Beteiligungsvereinbarung, finden auf die SE nach einer Verlegung ihres Sitzes aus Deutschland heraus, die in dem neuen Sitzstaat in Umsetzung der SE-RL geschaffenen gesetzlichen Auffangregelungen Anwendung.

Anhang I. Mustersatzungen

Mustersatzung einer dualistischen SE (börsennotiert)

A. Allgemeine Bestimmungen

§ 1 Firma und Sitz

1. Die Gesellschaft führt die Firma [...].
2. Die Gesellschaft hat ihren Sitz in [...].

§ 2 Gegenstand des Unternehmens

1. Der Gegenstand des Unternehmens ist [...].
2. Die Gesellschaft ist zu allen Geschäften und Maßnahmen berechtigt, die dem Gegenstand des Unternehmens dienen. Sie ist insbesondere zu Gründung, Erwerb und Beteiligung an anderen Unternehmen gleicher oder verwandter Art, zur Übernahme ihrer Geschäftsführung und/ oder Vertretung, zur Übertragung auch wesentlicher Unternehmensbereiche auf Unternehmungen, an denen die Gesellschaft mindestens mit Mehrheit des stimmberechtigten Kapitals und/oder beherrschend beteiligt ist, und zur Errichtung von Zweigniederlassungen im In- und Ausland berechtigt.

§ 3 Bekanntmachungen

Die Bekanntmachungen der Gesellschaft erfolgen im elektronischen Bundesanzeiger.

§ 4 Geschäftsjahr

Das Geschäftsjahr ist das Kalenderjahr.

B. Grundkapital und Aktien

§ 5 Grundkapital und Aktien

1. Das Grundkapital der Gesellschaft beträgt EUR [...] (in Worten: Euro [...]).
2. Das Grundkapital ist eingeteilt in [...] (in Worten: [...]) Stückaktien (Aktien ohne Nennbetrag).

3. Bei Kapitalerhöhungen kann die Gewinnbeteiligung abweichend von § 60 AktG bestimmt werden.

4. Die Aktien lauten auf den Inhaber.

5. Der Anspruch des Aktionärs auf Verbriefung seines Anteils ist ausgeschlossen.

6. [*Ggf. Bestimmungen zu genehmigtem und bedingtem Kapital.*]

7. [*Bei Umwandlungsgründung: Das Grundkapital ist erbracht worden im Wege der Umwandlung der […] AG in eine Europäische Gesellschaft (SE).*]

8. Die Gesellschaft ist berechtigt, auf den Inhaber lautende Aktienurkunden auszustellen, die je mehrere Aktien verkörpern (Sammelaktien). Der Anspruch der Aktionäre auf Verbriefung ihrer Anteile ist ausgeschlossen, soweit nicht eine Verbriefung nach den Regeln erforderlich ist, die an der Börse gelten, an der die Aktien zugelassen sind.

9. Die Form der Aktienurkunden und Gewinn- und Erneuerungsscheine bestimmt der Vorstand mit Zustimmung des Aufsichtsrats.

C.   Organe der Gesellschaft

§ 6   Organe der Gesellschaft

Die Organe der Gesellschaft sind:

- der Vorstand,
- der Aufsichtsrat und
- die Hauptversammlung.

D.   Vorstand

§ 7   Zusammensetzung, Wahl und Amtszeit

1. Der Vorstand besteht aus mindestens zwei Mitgliedern. Der Aufsichtsrat kann eine höhere Zahl bestimmen.

2. Die Mitglieder des Vorstands werden vom Aufsichtsrat bestellt.

3. Die Bestellung erfolgt für maximal sechs Jahre. Die Bestellung des Nachfolgers eines vor der Amtszeit ausgeschiedenen Mitglieds erfolgt für den Rest der Amtszeit des ausgeschiedenen Mitglieds. Dies gilt nicht, sofern der Aufsichtsrat eine längere Amtszeit für dieses Mitglied bestimmt.

4. [*Ggf.: „Eine Wiederbestellung der Vorstandsmitglieder ist statthaft.“ bzw. Einschränkung der Wiederbestellungsmöglichkeit*]

5. Der Aufsichtsrat kann einen Vorsitzenden des Vorstands sowie einen stellvertretenden Vorsitzenden ernennen.

§ 8 Beschlüsse

Der Vorstand fasst Beschlüsse mit einfacher Mehrheit, soweit nicht zwingende gesetzliche Vorschriften oder diese Satzung entgegenstehen. Sind mehr als zwei Vorstandsmitglieder bestellt, so gibt bei Stimmengleichheit die Stimme des Vorstandsvorsitzenden den Ausschlag.
[*Ggf. zusätzlich Vetorecht des Vorstandsvorsitzenden.*]

§ 9 Vertretung

1. Soweit der Vorstand nur aus einer Person besteht, wird die Gesellschaft nur durch diese Person vertreten. Im Übrigen wird die Gesellschaft durch zwei Vorstandsmitglieder oder durch ein Vorstandsmitglied in Gemeinschaft mit einem Prokuristen gesetzlich vertreten.

2. Der Aufsichtsrat kann einzelnen oder mehreren Vorstandsmitgliedern das Recht zur Einzelvertretung erteilen und jederzeit wieder entziehen.

3. Die Vorstandsmitglieder können durch den Aufsichtsrat vom Verbot der Mehrfachvertretung befreit werden.

§ 10 Geschäftsordnung und Zustimmungsvorbehalt

1. Der Vorstand gibt sich aufgrund einstimmigen Beschlusses eine Geschäftsordnung, es sei denn, der Aufsichtsrat erlässt eine Geschäftsordnung für den Vorstand.

2. Vor der Vornahme folgender Arten von Geschäften durch den Vorstand ist unabhängig von der Geschäftsordnung zuvor die Zustimmung des Aufsichtsrats durch Beschluss einzuholen:

   a) Erwerb, Übernahme und Aufgabe von Beteiligungen an anderen Unternehmen und Errichtung anderer Unternehmen;

   b) Erwerb, Belastung und Veräußerung von Grundstücken;

   c) […].

3. Der Aufsichtsrat kann weitere Arten von Geschäften von seiner Zustimmung abhängig machen.

E. Aufsichtsrat

§ 11 Anzahl, Bestellung

1. Der Aufsichtsrat besteht aus […] Mitgliedern. Die Mitglieder des Aufsichtsrats werden von der Hauptversammlung gewählt. Von den […] Mitgliedern sind […] Mitglieder auf Vorschlag der Arbeitnehmer zu wählen. Die Hauptversammlung ist an die Vorschläge zur Wahl der Arbeitnehmervertreter gebunden.

2. Die Wahl der Aufsichtsratsmitglieder erfolgt für einen Zeitraum bis zur Beendigung der Hauptversammlung, die über die Entlastung für das vierte Geschäftsjahr nach Beginn der Amtszeit beschließt, wobei das Geschäftsjahr, in dem die Amtszeit beginnt, nicht mitgerechnet wird, längstens jedoch für sechs Jahre. Eine Wiederwahl der Aufsichtsratsmitglieder ist statthaft. Die Bestellung des Nachfolgers eines vor Ende der Amtszeit ausgeschiedenen Mit-

glieds erfolgt für den Rest der Amtszeit des ausgeschiedenen Mitglieds. Dies gilt nicht, sofern die Hauptversammlung eine längere Amtszeit für dieses Mitglied bestimmt.

3. Der Aufsichtsrat wählt im Anschluss an die Hauptversammlung, in der die Aufsichtsratsmitglieder gewählt worden sind, in einer ohne besondere Einberufung stattfindenden Sitzung aus seiner Mitte einen Vorsitzenden und einen Stellvertreter für die Dauer seiner Amtszeit im Aufsichtsrat. Der Stellvertreter hat die Rechte des Vorsitzenden, wenn dieser verhindert ist. [*Bei paritätischer Mitbestimmung im Aufsichtsrat ggf. Klausel über die entsprechende Anwendung des § 27 Abs. 2 MitbestG.*]

§ 12   Einberufung

1. Sitzungen des Aufsichtsrats sind mindestens einmal pro Kalenderquartal abzuhalten.

2. Die Einberufung der Sitzungen des Aufsichtsrats erfolgt durch den Vorsitzenden des Aufsichtsrats, der zugleich auch den Tagungsort bestimmt. Jedes Aufsichtsratsmitglied sowie der Vorstand können unter Angabe des Zwecks und der Gründe verlangen, dass der Vorsitzende des Aufsichtsrats unverzüglich den Aufsichtsrat einberuft.

3. Die Einberufungsfrist beträgt zwei Wochen. Bei der Berechnung der Frist werden der Tag der Absendung der Einladung und der Tag der Sitzung nicht mitgerechnet. In dringenden Fällen kann der Vorsitzende des Aufsichtsrats die Einberufungsfrist abkürzen.

4. Die Einberufung kann per Brief, Telefax, Telefon oder E-Mail erfolgen. Die Einladung muss die einzelnen Punkte der Tagesordnung beinhalten. Über Punkte der Tagesordnung, die nicht angekündigt worden sind, kann nur durch den Aufsichtsrat beschlossen werden, wenn keins seiner Mitglieder widerspricht.

§ 13   Beschlussfassung, innere Ordnung

1. Der Aufsichtsrat ist beschlussfähig, wenn zumindest die Hälfte der Mitglieder des Aufsichtsrats anwesend oder vertreten sind. Mitglieder, die durch Telefon- oder Videokonferenz zugeschaltet sind, gelten als anwesend.

2. Der Aufsichtsrat beschließt mit der Mehrheit der Stimmen der anwesenden Mitglieder, sofern das Gesetz oder diese Satzung nicht eine andere Mehrheit vorschreibt.

3. Beschlüsse werden in Sitzungen gefasst. Auf Anordnung des Vorsitzenden sind Beschlussfassungen auch im Wege schriftlicher oder fernschriftlicher (Telefax, E-Mail) Abstimmung zulässig. Abwesende Aufsichtsratsmitglieder können dadurch an der Beschlussfassung teilnehmen, dass sie durch ein anderes Aufsichtsratsmitglied schriftliche Stimmabgaben überreichen lassen. Sie können sich auch durch andere Mitglieder des Aufsichtsrats vertreten lassen.

4. Über die Sitzungen und über jede Beschlussfassung des Aufsichtsrats ist eine Niederschrift anzufertigen, die vom Vorsitzenden zu unterzeichnen ist.

5. Der Aufsichtsrat kann aus seiner Mitte einen oder mehrere Ausschüsse bestellen. Hinsichtlich der Beschlussfassung in den Ausschüssen finden § 13 Abs. 1 bis 4 entsprechende Anwendung.

6. Der Aufsichtsrat kann sich innerhalb der zwingenden gesetzlichen Vorschriften und der Bestimmungen dieser Satzung eine Geschäftsordnung geben.

7. Der Aufsichtsrat ist zu Änderungen der Satzung, welche ihre Fassung betreffen, ohne Beschluss der Hauptversammlung befugt.

§ 14 Vergütung des Aufsichtsrats

1. Den Aufsichtsratsmitgliedern wird für ihre Tätigkeit eine Vergütung gewährt, deren Höhe von der Hauptversammlung festgelegt wird. [*Alternativ: Festlegung der Vergütungshöhe in der Satzung.*]

2. Die Aufsichtsratsmitglieder haben zudem Anspruch auf Ersatz ihrer mit der Wahrnehmung ihres Amtes unmittelbar verbundenen Aufwendungen. Sie können auch Ersatz des eventuell auf die Aufsichtsratsvergütung entfallenden Mehrwertsteuerbetrags verlangen, soweit sie berechtigt sind, der Gesellschaft die Umsatzsteuer gesondert in Rechnung zu stellen und dieses Recht ausüben.

3. Die Mitglieder des Aufsichtsrats werden in eine im Interesse der Gesellschaft von dieser in angemessener Höhe unterhaltene Vermögensschadenshaftpflichtversicherung für Organe und bestimmte Führungskräfte einbezogen. Die diesbezüglichen Prämien entrichtet die Gesellschaft.

4. Sondervergütungen (zum Beispiel im Sinne des § 114 AktG), die Mitgliedern des Aufsichtsrats von der Gesellschaft oder mit ihr im Sinne des § 15 AktG verbundenen Unternehmen gezahlt werden, bedürfen der vorherigen Zustimmung des Aufsichtsrats der Gesellschaft.

F. Hauptversammlung

§ 15 Ort, Einberufung

1. Die Hauptversammlung findet am Sitz der Gesellschaft oder in einer deutschen Stadt mit mindestens 100.000 Einwohnern statt.

2. Die Hauptversammlung wird durch den Vorstand einberufen. Das auf Gesetz beruhende Recht anderer Organe und Personen, die Hauptversammlung einzuberufen, bleibt unberührt.

3. Die Einberufung hat mindestens 30 Tage vor dem Tage, bis zu dessen Ablauf sich die Aktionäre vor der Versammlung anzumelden haben (Anmeldetag), zu erfolgen. Sie erfolgt durch Bekanntgabe im elektronischen Bundesanzeiger. Bei der Fristberechnung werden der Tag der Absendung und der Anmeldetag nicht mitgerechnet.

4. Die Hauptversammlung, die den festgestellten Jahresabschluss entgegennimmt oder gegebenenfalls über die Feststellung des Jahresabschluss sowie über die Entlastung der Mitglieder des Aufsichtsrats und des Vorstands und die Gewinnverwendung beschließt (ordentliche Hauptversammlung), findet innerhalb der ersten sechs Monate eines jeden Geschäftsjahres statt.

§ 16 Teilnahmerecht

1. Aktionäre, die an der Hauptversammlung teilnehmen oder das Stimmrecht ausüben wollen, müssen sich zur Hauptversammlung anmelden. Die Anmeldung muss der Gesellschaft unter der in der Einladung dafür mitgeteilten Adresse bis spätestens am siebten Tag vor der Hauptversammlung zugehen. Fällt das Ende der Frist auf einen Sonnabend, Sonntag oder einen am Sitz der Gesellschaft gesetzlich anerkannten Feiertag, ist der vorhergehende Werktag für den Zugang maßgeblich.

2. Die Berechtigung zur Teilnahme an der Hauptversammlung und zur Ausübung des Stimmrechts ist der Gesellschaft nachzuweisen. Der Nachweis des Anteilsbesitzes hat schriftlich, per Telefax oder in Textform zu erfolgen. Als Nachweis genügt eine Bestätigung durch das depotführende Institut. Der Nachweis muss in deutscher oder englischer Sprache erfolgen. Er hat sich auf den in der Einberufung bestimmten Zeitpunkt vor der Versammlung zu beziehen und muss der in der Einberufung mitgeteilten Stelle spätestens bis zum Ablauf des siebten Tages vor der Hauptversammlung zugehen.

§ 17 Teilnahme von Mitgliedern des Vorstands und des Aufsichtsrats

Die Mitglieder des Vorstands und des Aufsichtsrats sollen an der Hauptversammlung teilnehmen. Die Teilnahme der Mitglieder des Aufsichtsrats darf jedoch per Bild- und Tonübertragung erfolgen, soweit diese ihren Wohnsitz im Ausland haben.

§ 18 Vorsitz

1. Den Vorsitz in der Hauptversammlung führt der Vorsitzende des Aufsichtsrats. Auf Wunsch des Vorsitzenden oder im Falle seiner Verhinderung führt dessen Stellvertreter den Vorsitz in der Hauptversammlung. Falls sowohl der Vorsitzende des Aufsichtsrats als auch sein Stellvertreter verhindert sein sollten, wird der Vorsitzende durch die Hauptversammlung gewählt.

2. Die Vorsitzende leitet die Versammlung, bestimmt die Reihenfolge der Verhandlungsgegenstände und der Redner sowie die Art und Form der Abstimmung. Der Vorsitzende kann angemessene Beschränkungen der Redezeit, der Fragezeit und der zusammengenommenen Rede- und Fragezeit zu Beginn oder während der Hauptversammlung, für die Aussprache zu einzelnen Gegenständen der Tagesordnung sowie für einzelne Rede- und Fragebeiträge festsetzen.

§ 19 Beschlussfassung und Wahlen

1. Jede Stückaktie gewährt eine Stimme. Das Stimmrecht kann durch einen Bevollmächtigten ausgeübt werden. Die Vollmacht ist in schriftlicher Form zu erteilen.

2. Die Beschlüsse der Hauptversammlung werden, soweit nicht zwingend gesetzliche Vorschriften entgegenstehen, mit der Mehrheit der abgegebenen gültigen Stimmen gefasst. Soweit nicht zwingende gesetzliche Vorschriften entgegenstehen, bedarf es für Satzungsänderungen einer Mehrheit von zwei Dritteln der abgegebenen Stimmen bzw., sofern mindestens die Hälfte des Grundkapitals vertreten ist, der einfachen Mehrheit der abgegebenen Stimmen. Sofern das Gesetz außer der Stimmenmehrheit eine Kapitalmehrheit vorschreibt, genügt, soweit gesetzlich zulässig, die einfache Mehrheit des bei der Beschlussfassung vertretenen Grundkapitals.

G.   Jahresabschluss

§ 20   Aufstellen des Jahresabschlusses

1. Der Vorstand hat innerhalb der gesetzlichen Fristen den Jahresabschluss (Bilanz, Gewinn- und Verlustrechnung, Anhang), den Lagebericht und den Konzernabschluss und -lagebericht für das vergangene Geschäftsjahr aufzustellen und dem Aufsichtsrat und dem Abschlussprüfer vorzulegen. Zugleich hat der Vorstand dem Aufsichtsrat den Vorschlag vorzulegen, den er der Hauptversammlung für die Verwendung des Bilanzgewinns machen will. Der Aufsichtsrat hat den Jahresabschluss, den Lagebericht, den Vorschlag für die Verwendung des Bilanzgewinns und den Konzernabschluss und -lagebericht zu prüfen.

2. Nach Eingang des Berichts des Aufsichtsrats hat der Vorstand unverzüglich die ordentliche Hauptversammlung einzuberufen.

H.   Gründungsaufwand

§ 21   Gründungsaufwand

Die Gesellschaft trägt den Gründungsaufwand, insbesondere eine etwa anfallende Gesellschaftssteuer, die Kosten des Registergerichts und des Notars sowie die Kosten der Bekanntmachungen in Höhe von insgesamt bis zu […].

Mustersatzung einer monistischen SE (nicht börsennotiert)

A.   Allgemeine Bestimmungen

§ 1   Firma und Sitz

1. Die Gesellschaft führt die Firma […].
2. Die Gesellschaft hat ihren Sitz in […].

§ 2   Gegenstand des Unternehmens

1. Der Gegenstand des Unternehmens ist […].
2. Die Gesellschaft ist zu allen Geschäften und Maßnahmen berechtigt, die dem Gegenstand des Unternehmens dienen. Sie ist insbesondere zu Gründung, Erwerb und Beteiligung an anderen Unternehmen gleicher oder verwandter Art, zur Übernahme ihrer Geschäftsführung und/oder Vertretung, zur Übertragung auch wesentlicher Unternehmensbereiche auf Unternehmungen, an denen die Gesellschaft mindestens mit Mehrheit des stimmberechtigten Kapitals und/oder beherrschend beteiligt ist, zum Abschluss von Unternehmensverträgen und zur Errichtung von Zweigniederlassungen im In- und Ausland berechtigt.

§ 3   Bekanntmachungen

Die Bekanntmachungen der Gesellschaft erfolgen im elektronischen Bundesanzeiger.

§ 4   Geschäftsjahr

Das Geschäftsjahr ist das Kalenderjahr.

B.   Grundkapital und Aktien

§ 5   Grundkapital und Aktien

1. Das Grundkapital der Gesellschaft beträgt EUR […] (in Worten: Euro […]).
2. Das Grundkapital ist eingeteilt in […] (in Worten: […]) Stückaktien (Aktien ohne Nennbetrag).
3. Bei Kapitalerhöhungen kann die Gewinnbeteiligung abweichend von § 60 AktG bestimmt werden.
4. Die Aktien lauten auf den Inhaber/den Namen.
5. Der Anspruch des Aktionärs auf Verbriefung seines Anteils ist ausgeschlossen.

6. [*Bei Namensaktien ggf.*: „Die Aktien können nur mit Zustimmung der Gesellschaft übertragen werden. Die Zustimmung erteilt der Verwaltungsrat."]

C.   Organe der Gesellschaft

§ 6   Organe der Gesellschaft

Die Organe der Gesellschaft sind:

- der Verwaltungsrat,
- die geschäftsführenden Direktoren und
- die Hauptversammlung.

D.   Verwaltungsrat

§ 7   Aufgabe, Zusammensetzung

1. Der Verwaltungsrat leitet die Gesellschaft, bestimmt die Grundlinien ihrer Tätigkeit und überwacht deren Umsetzung.
2. Er besteht aus drei Mitgliedern.

§ 8   Bestellung des Verwaltungsrats

1. Die Mitglieder des Verwaltungsrats werden von der Hauptversammlung bestellt.
2. Die Bestellung erfolgt für maximal sechs Jahre. Eine Wiederbestellung der Mitglieder des Verwaltungsrats ist statthaft. Die Bestellung des Nachfolgers eines vor der Amtszeit ausgeschiedenen Mitglieds erfolgt für den Rest der Amtszeit des ausgeschiedenen Mitglieds. Dies gilt nicht, sofern die Hauptversammlung eine längere Amtszeit für dieses Mitglied bestimmt.

§ 9   Wahl der Vorsitzenden

Der Verwaltungsrat wählt im Anschluss an die Hauptversammlung, in der die von der Hauptversammlung zu wählenden Mitglieder des Verwaltungsrats gewählt worden sind, in einer ohne besondere Einberufung stattfindenden Sitzung aus seiner Mitte einen Vorsitzenden und einen Stellvertreter für die in § 8 Abs. 2 bestimmte Amtszeit. Der Stellvertreter hat die Rechte und Pflichten des Vorsitzenden, wenn dieser verhindert ist.

§ 10   Einberufung

1. Sitzungen des Verwaltungsrats sind mindestens alle drei Monate abzuhalten.
2. Die Einberufung der Sitzungen des Verwaltungsrats erfolgt durch den Vorsitzenden des Verwaltungsrats, der zugleich auch den Tagungsort bestimmt. Jedes Verwaltungsratsmitglied

kann unter Angabe des Zwecks und der Gründe verlangen, dass der Vorsitzende des Verwaltungsrats unverzüglich den Verwaltungsrat einberuft.

3. Die Einberufung des Verwaltungsrats hat mit einer Frist von zwei Wochen zu erfolgen. Bei der Berechnung der Frist werden der Tag der Absendung der Einladung und der Tag der Sitzung nicht mitgerechnet. In dringenden Fällen kann der Vorsitzende des Verwaltungsrats die Einberufungsfrist abkürzen.

4. Die Einberufung kann per Brief, Telefax, Telefon oder E-Mail erfolgen. Die Einladung muss die einzelnen Punkte der Tagesordnung beinhalten. Über Punkte der Tagesordnung, die nicht angekündigt worden sind, kann der Verwaltungsrat nur beschließen, wenn kein Mitglied widerspricht.

§ 11   Beschlussfassung und innere Ordnung

1. Mitglieder des Verwaltungsrats können sich in den Sitzungen des Verwaltungsrats durch Personen, die nicht dem Verwaltungsrat angehören, vertreten lassen, wenn diese Personen durch das jeweils vertretene Mitglied in Textform dazu ermächtigt wurden.

2. Mitglieder, die durch Telefon- oder Videokonferenz zugeschaltet sind, gelten als anwesend.

3. Der Verwaltungsrat ist beschlussfähig, soweit zumindest die Hälfte der Mitglieder des Verwaltungsrats anwesend oder vertreten ist.

4. Der Verwaltungsrat beschließt mit der Mehrheit der Stimmen der anwesenden oder in zulässiger Weise vertretenen Mitglieder, sofern das Gesetz oder diese Satzung nicht eine andere Mehrheit vorschreibt.

5. Beschlüsse werden in Sitzungen gefasst. Auf Anordnung des Vorsitzenden sind Beschlussfassungen auch durch schriftliche, telefonische oder in Textform übermittelte Stimmabgaben zulässig. Ein Recht zum Widerspruch gegen diese Art der Beschlussfassung besteht nicht.

6. Über die Sitzungen des Verwaltungsrats ist eine den Vorgaben des § 34 Abs. 3 SEAG entsprechende Niederschrift anzufertigen, die der Vorsitzende zu unterzeichnen hat.

7. Der Verwaltungsrat kann aus seiner Mitte Ausschüsse bestellen. Hinsichtlich der Beschlussfassung in den Ausschüssen finden § 11 Abs. 1 bis 6 entsprechende Anwendung.

8. Der Verwaltungsrat kann sich innerhalb der zwingenden gesetzlichen Vorschriften und der Bestimmungen dieser Satzung eine Geschäftsordnung geben.

§ 12   Vergütung des Verwaltungsrats

1. Den Verwaltungsratsmitgliedern wird für ihre Tätigkeit eine Vergütung gewährt, deren Höhe von der Hauptversammlung festgelegt wird.

2. Die Verwaltungsratsmitglieder haben zudem Anspruch auf Ersatz ihrer mit der Wahrnehmung ihres Amtes unmittelbar verbundenen Aufwendungen. Sie können auch Ersatz des eventuell auf die Verwaltungsratsvergütung entfallenden Mehrwertsteuerbetrags verlangen, soweit sie berechtigt sind, der Gesellschaft die Umsatzsteuer gesondert in Rechnung zu stellen und dieses Recht ausüben.

3. Die Mitglieder des Verwaltungsrats werden in eine im Interesse der Gesellschaft von dieser in angemessener Höhe unterhaltene Vermögensschadenshaftpflichtversicherung für Organe

und bestimmte Führungskräfte einbezogen. Die diesbezüglichen Prämien entrichtet die Gesellschaft.

E.   Geschäftsführende Direktoren

§ 13   Bestellung, Geschäftsführung, Vertretung

1. Der Verwaltungsrat bestellt einen oder mehrere geschäftsführende Direktoren. Zu geschäftsführenden Direktoren bestellt werden können auch Mitglieder des Verwaltungsrats, sofern die Mehrheit des Verwaltungsrats weiterhin aus nicht geschäftsführenden Mitgliedern besteht.

2. Sind mehrere geschäftsführende Direktoren bestellt, so fassen sie ihre Beschlüsse, soweit nicht zwingende gesetzliche Vorschriften oder diese Satzung entgegenstehen, in Sitzungen und mit einfacher Mehrheit.

3. Die geschäftsführenden Direktoren sind beschlussfähig, wenn alle geschäftsführenden Direktoren eingeladen sind und mindestens die Hälfte der geschäftsführenden Direktoren an der Sitzung teilnimmt. Abwesende geschäftsführende Direktoren können ihre Stimme schriftlich, telefonisch, per Telefax oder per E-Mail abgeben. Die abwesenden geschäftsführenden Direktoren sind unverzüglich schriftlich über die gefassten Beschlüsse zu informieren.

4. Die Gesellschaft wird gesetzlich durch zwei geschäftsführende Direktoren oder durch einen geschäftsführenden Direktor in Gemeinschaft mit einem Prokuristen vertreten.

5. Der Verwaltungsrat kann einzelnen oder mehreren geschäftsführenden Direktoren das Recht zur Einzelvertretung erteilen und jederzeit wieder entziehen.

6. Die geschäftsführenden Direktoren können durch den Verwaltungsrat vom Verbot der Mehrfachvertretung befreit werden.

§ 14   Geschäftsordnung und Zustimmungsvorbehalt

1. Die geschäftsführenden Direktoren geben sich aufgrund einstimmigen Beschlusses eine Geschäftsordnung, es sei denn, der Verwaltungsrat erlässt eine Geschäftsordnung.

2. Für die Vornahme folgender Arten von Geschäften durch die geschäftsführenden Direktoren ist ein ausdrücklicher vorheriger Beschluss des Verwaltungsrats notwendig:
   a) Erwerb, Übernahme und Aufgabe von Beteiligungen an anderen Unternehmen und Errichtung anderer Unternehmen;
   b) Erwerb, Belastung und Veräußerung von Grundstücken;
   c) […].

2. Der Verwaltungsrat kann weitere Arten von Geschäften von seiner Zustimmung abhängig machen.

3. Die geschäftsführenden Direktoren haben die Weisungen des Verwaltungsrats zu beachten und auszuführen.

4. Gegenüber der Gesellschaft sind die geschäftsführenden Direktoren allgemein dazu verpflichtet, jegliche Beschränkungen, die die Satzung, der Verwaltungsrat, die Hauptversammlung und die Geschäftsordnungen des Verwaltungsrats und der geschäftsführenden Direktoren für

die Geschäftsführungsbefugnis der geschäftsführenden Direktoren im Rahmen der gesetzlichen Bestimmungen für die SE treffen, zu beachten.

F.   Hauptversammlung

§ 15   Ort, Einberufung

1. Die Hauptversammlung findet am Sitz der Gesellschaft oder in einer anderen Stadt der Bundesrepublik Deutschland mit mindestens 100.000 Einwohnern statt.

2. Die Hauptversammlung wird durch den Verwaltungsrat einberufen. Das auf Gesetz beruhende Recht anderer Organe und Personen, die Hauptversammlung einzuberufen, bleibt unberührt.

3. Die Einberufung hat mindestens 30 Tage vor dem Tage, bis zu dessen Ablauf sich die Aktionäre vor der Versammlung anzumelden haben (Anmeldetag), zu erfolgen. Sie erfolgt durch Bekanntgabe im elektronischen Bundesanzeiger. Bei der Fristberechnung werden der Tag der Absendung und der Anmeldetag nicht mitgerechnet.

4. Die Hauptversammlung, die den festgestellten Jahresabschluss entgegennimmt oder gegebenenfalls über die Feststellung des Jahresabschluss sowie über die Entlastung des Verwaltungsrats und der geschäftsführenden Direktoren und die Gewinnverwendung beschließt (ordentliche Hauptversammlung), findet innerhalb der sechs Monate eines jeden Geschäftsjahrs statt.

§ 16   Teilnahmerecht

Aktionäre, die an der Hauptversammlung teilnehmen oder das Stimmrecht ausüben wollen, müssen sich zur Hauptversammlung anmelden. Die Anmeldung muss der Gesellschaft unter der in der Einladung dafür mitgeteilten Adresse bis spätestens am siebten Tag vor der Hauptversammlung zugehen. Fällt das Ende der Frist auf einen Sonnabend, Sonntag oder einen am Sitz der Gesellschaft gesetzlich anerkannten Feiertag, ist der vorhergehende Werktag für den Zugang maßgeblich.

§ 17   Teilnahme von Mitgliedern des Verwaltungsrats

Die Mitglieder des Verwaltungsrats sollen an der Hauptversammlung teilnehmen. Die Teilnahme darf jedoch per Bild- und Tonübertragung erfolgen, soweit Verwaltungsratsmitglieder ihren Wohnsitz im Ausland haben.

§ 18   Vorsitz

1. Den Vorsitz in der Hauptversammlung führt der Vorsitzende des Verwaltungsrats. Auf Wunsch des Vorsitzenden oder im Falle seiner Verhinderung führt dessen Stellvertreter den Vorsitz in der Hauptversammlung. Falls sowohl der Vorsitzende des Verwaltungsrats als auch sein Stellvertreter verhindert sein sollten, wird der Vorsitzende durch die Hauptversammlung gewählt.

2. Die Vorsitzende leitet die Versammlung, bestimmt die Reihenfolge der Verhandlungsgegenstände und der Redner sowie die Art und Form der Abstimmung. Der Vorsitzende kann angemessene Beschränkungen der Redezeit, der Fragezeit und der zusammengenommenen Rede- und Fragezeit zu Beginn oder während der Hauptversammlung, für die Aussprache zu einzelnen Gegenständen der Tagesordnung sowie für einzelne Rede- und Fragebeiträge festsetzen.

§ 19 Zuständigkeit der Hauptversammlung

Unabhängig von den gesetzlichen Zuständigkeiten der Hauptversammlung beschließt die Hauptversammlung auch in folgenden Angelegenheiten:

1. […].

§ 20 Beschlussfassung und Wahlen

1. Jede Stückaktie gewährt eine Stimme. Das Stimmrecht kann durch einen Bevollmächtigten ausgeübt werden. Die Vollmacht ist in schriftlicher Form zu erteilen.

2. Die Beschlüsse der Hauptversammlung werden, soweit nicht diese Satzung oder zwingende gesetzliche Vorschriften entgegenstehen, mit der Mehrheit der abgegebenen gültigen Stimmen, und, sofern das Gesetz außer der Stimmenmehrheit eine Kapitalmehrheit vorschreibt, mit der einfachen Mehrheit des bei der Beschlussfassung vertretenen Grundkapitals gefasst. Satzungsänderungen und Kapitalerhöhungen und -herabsetzungen bedürfen einer Mehrheit von mindestens [drei Vierteln] der abgegebenen Stimmen.

G. Jahresabschluss

§ 21 Aufstellen des Jahresabschlusses

1. Der Vorstand hat innerhalb der gesetzlichen Fristen den Jahresabschluss (Bilanz, Gewinn- und Verlustrechnung, Anhang), den Lagebericht und den Konzernabschluss und -lagebericht für das vergangene Geschäftsjahr aufzustellen und dem Aufsichtsrat und dem Abschlussprüfer vorzulegen. Zugleich hat der Vorstand dem Aufsichtsrat den Vorschlag vorzulegen, den er der Hauptversammlung für die Verwendung des Bilanzgewinns machen will. Der Aufsichtsrat hat den Jahresabschluss, den Lagebericht, den Vorschlag für die Verwendung des Bilanzgewinns und den Konzernabschluss und -lagebericht zu prüfen.

2. Nach Eingang des Berichts des Aufsichtsrats hat der Vorstand unverzüglich die ordentliche Hauptversammlung einzuberufen.

H.   Gründungsaufwand

§ 22   Gründungsaufwand

Die Gesellschaft trägt den Gründungsaufwand, insbesondere eine etwa anfallende Gesellschafts-steuer, die Kosten des Registergerichts und des Notars sowie die Kosten der Bekanntmachungen in Höhe von insgesamt bis zu […].

Anhang II. Tabellarische Aufstellung der anwendbaren Rechtsvorschriften

- Gesetz über die Beteiligung der Arbeitnehmer in einer Europäischen Gesellschaft vom 29.12.2004, BGBl. I 2004, 3675, www.gabler-steuern.de
- Gesetz zur Ausführung der Verordnung (EG) Nr. 2157/2001 des Rates vom 08.10.2001 über das Statut der europäischen Gesellschaft (SE) vom 22.12.2004, BGBl. I 2004, 3675, www.gabler-steuern.de
- Verordnung (EG) Nr. 2157/2001 des Rates vom 08.10.2001 über das Statut der Europäischen Gesellschaft (SE), ABl. Nr. L 294 vom 10.11.2001, 1, www.gabler-steuern.de
- Richtlinie 90/434/EWG des Rates vom 23.07.1990 über das gemeinsame Steuersystem für Fusionen, Spaltungen, Abspaltungen, die Einbringung von Unternehmensteilen und den Austausch von Anteilen, die Gesellschaften verschiedener Mitgliedstaaten betreffen, sowie für die Verlegung des Sitzes einer Europäischen Gesellschaft oder einer Europäischen Genossenschaft von einem Mitgliedstaat in einen anderen Mitgliedstaat, ABl. L 225 vom 20.08.1990, 1. Zuletzt geändert durch Art. 1 ÄndRL 2005/19/EG vom 17.02.2005, ABl. Nr. L 58, 19, www.gabler-steuern.de
- Richtlinie 2001/86/EG des Rates vom 8. Oktober 2001 zur Ergänzung des Statuts der Europäischen Gesellschaft hinsichtlich der Beteiligung der Arbeitnehmer, ABl. Nr. L 294 vom 10.11.2001, 22, www.gabler-steuern.de
- Synopse zu ausgewählten Bereichen des Einkommensteuergesetzes und des Körperschaftsteuergesetzes in der Fassung des SEStEG vom 12.12.2006, www.gabler-steuern.de
- Synopse zum Umwandlungssteuergesetz a.F. und Umwandlungsgesetz n.F., www.gabler-steuern.de

Stichwortverzeichnis

fette Zahlen = Kapitel

andere Zahlen = Randnummer

A